Friedrich Nietzsche

OBRAS ESCOLHIDAS

Todos os livros da presente edição encontram-se publicados na Coleção **L&PM** POCKET

A filosofia na era trágica dos gregos: tradução de Gabriel Valladão Silva
Título original: *Die Philosophie im tragischen Zeitalter der Griechen*

Além do bem e do mal: Prelúdio a uma filosofia do futuro: tradução de Renato Zwick
Título original: *Jenseits von Gut und Böse: Vorspiel einer Philosophie der Zukunft*

Crepúsculo dos ídolos: ou Como se filosofa com o martelo: tradução de Renato Zwick
Título original: *Götzen-Dämmerung oder wie man mit dem Hammer philosophiert*

O anticristo: Maldição contra o cristianismo: tradução de Renato Zwick
Título original: *Der Antichrist: Fluch auf das Christentum*

Ecce homo: De como a gente se torna o que a gente é: tradução de Marcelo Backes
Título original: *Ecce homo: Wie man wird, was man ist*

Friedrich Nietzsche

OBRAS ESCOLHIDAS

A filosofia na era trágica dos gregos

Além do bem e do mal

Prelúdio a uma filosofia do futuro

Crepúsculo dos ídolos

ou Como se filosofa com o martelo

O anticristo

Maldição contra o cristianismo

Ecce homo

De como a gente se torna o que a gente é

L&PM EDITORES

Texto de acordo com a nova ortografia.

Capa: Marco Cena
Revisão: L&PM Editores

CIP-Brasil. Catalogação na fonte
Sindicato Nacional dos Editores de Livros, RJ

N581f

Nietzsche, Friedrich Wilhelm, 1844-1900
Friedrich Nietzsche: obras escolhidas / Friedrich Nietzsche; tradução Gabriel Valladão Silva, Marcelo Backes, Renato Zwick. – 1. ed. – Porto Alegre, RS: L&PM, 2013.
576 p. ; 23 cm

Tradução de: *Die Philosophie im tragischen Zeitalter der Griechen; Jenseits von Gut und Böse; Götzen-Dämmerung oder wie man mit dem Hammer philosophiert; Der Antichrist. Fluch auf das Christentum; Ecce homo. Wie man wird, was man ist*
ISBN 978-85-254-2875-2

1. Nietzsche, Friedrich Wilhelm, 1844-1900. 2. Filosofia alemã. I. Título.

13-00064 CDD: 193
CDU: 1 (43)

Rua Comendador Coruja 314, loja 9 – Floresta – 90220-180
Porto Alegre – RS – Brasil / Fone: 51.3225.5777 – Fax: 51.3221.5380

Pedidos & Depto. Comercial: vendas@lpm.com.br
Fale conosco: info@lpm.com.br
www.lpm.com.br

Impresso no Brasil
Inverno de 2013

Sumário

A filosofia na era trágica dos gregos

Tradução, apresentação e notas de

Gabriel Valladão Silva

Apresentação

Gabriel Valladão Silva[1]

"As coisas que se pode ver, ouvir
e conhecer são as que eu prefiro."
(Heráclito de Éfeso, fragmento DK B61)

A primeira pergunta que virá à mente de quem abrir este livro provavelmente será: "Mas que interesse tem, para mim, leitor do século XXI, um texto como este, escrito por um homem do século XIX sobre homens do século VI a.C.?". Curiosamente, uma questão semelhante ocupava Nietzsche – na época um jovem professor de filologia – enquanto este se debruçava sobre os manuais e coletâneas dos fragmentos pré-socráticos. Com apenas 24 anos de idade, o jovem Nietzsche, alemão de nascença, ainda sem doutorado completo, recebera em 1869 a oferta irrecusável de ocupar a cadeira de filologia da Universidade da Basileia, na Suíça. Lá, onde permaneceu os dez anos seguintes de sua vida (1869-79), ministrou, entre outros, um curso sobre a filosofia pré-socrática, um dos temas que mais contribuíram para despertar definitivamente o seu espírito filosófico.

"Por que os relatos acadêmicos se tornam tão enfadonhos?", indagava-se Nietzsche, enquanto lia volumosos manuais sobre a filosofia grega. Só podia ser por não conterem – ou não enfocarem direito – aquilo que realmente importava na filosofia desses homens. Mas pode existir algo num sistema desses que resista à correnteza impiedosa da História, que não se deixe apagar com o passar das eras? Existe algo que seja *verdadeiramente irrefutável* em um sistema filosófico?

É com a resposta a essas questões que Nietzsche abre *A filosofia na era trágica dos gregos*, um texto surgido por volta de 1874, sem fins de publicação, como uma reflexão não apenas filológica (histórica e linguística), mas já propriamente filosófica, a respeito do pensamento pré-socrático: o valor de uma obra filosófica para a posteridade não se encontra no âmbito

1. Bacharel em filosofia pela Universidade Estadual de Campinas (Unicamp) e mestrando em filosofia pela mesma universidade. É tradutor de Nietzsche, Arthur Schopenhauer (*Assim falou Zaratustra*, L&PM, 2013) e Walter Benjamin (*A obra de arte na era de sua reprodutibilidade técnica*, L&PM, 2013). (N.E.)

da ciência e não pode, portanto, ser obtido por meio da pesquisa puramente filológica. No aspecto científico, como nos alerta Nietzsche, há pouco o que resgatar, e as concepções físicas dos pré-socráticos, diante de nossas concepções modernas, parecem-nos simplórias, até mesmo risíveis. Porém essa não é uma comparação válida. Para Nietzsche, o verdadeiro legado da filosofia pré-socrática não deve ser buscado nessa esfera, mas na relação séria e direta que para esses gregos havia entre pensar e viver – uma relação esquecida em nossa era "esclarecida". Segundo ele, é o *elemento pessoal*, o modo pelo qual escreviam e viviam, que interessa ao homem moderno; é isso que devemos guardar, que permanece para sempre irrefutável em um sistema filosófico. É *como filósofo* que se deve buscar algo a aprender com "aquela república genial que foi de Tales a Sócrates".

A filosofia pré-socrática, surgida na Grécia por volta do século VI a.C., é considerada o berço da filosofia ocidental. Isso porque nela se encontra o primeiro indício, em solo grego, de uma tentativa de explicar o mundo sem recorrer a formulações míticas. Em outras palavras, esses homens souberam encarar a natureza – a *physis* – pela primeira vez como um *objeto em si*, e não como mero "disfarce, máscara e metamorfose" de uma realidade divina, antropomorfizada, daquilo que Nietzsche chama de "homens-deuses". Teria sido nesse espírito que Tales de Mileto (aprox. 625-547 a.C.), supostamente o primeiro dentre esses primeiros filósofos, olhou para o mundo e não viu ali um Zeus, uma Hera, um Posídon, mas – a água! E, por ter prescindido da fabulação mitológica em favor de uma explicação *não figurativa* do mundo e de suas origens, tornou-se assim o primeiro filósofo grego de que se tem notícia.

Há de se admitir, no entanto, que não sabemos quase nada de certo sobre esses homens, que viveram há mais de 2.500 anos, e o pouco que sabemos é via de regra fragmentário, incerto, provindo, na maioria das vezes, de fontes secundárias ou mesmo terciárias. Acima de tudo, é fundamental saber que não nos chegou às mãos nenhum texto original desse período. Ao que tudo indica, o próprio Tales – o primeiro filósofo grego – jamais escreveu uma linha. Quanto aos textos de outros filósofos pré-socráticos, apesar da existência de algumas citações que aparentemente foram extraídas dos originais, não podemos ter realmente certeza de sua fidelidade. Isso porque o mundo antigo não tinha o costume, como temos hoje, de citar suas fontes com precisão. Nem mesmo se fazia uso de sinais de pontuação, imagine-se então de aspas ou notas de rodapé. Sendo assim, as referências aos pré-socráticos nos escritos da Antiguidade estão normalmente mescladas de tal modo em meio ao texto que muitas vezes fica incerta a distinção entre citação direta, citação de memória, paráfrase e elaboração própria.

Além disso, devemos lembrar ainda que, naqueles tempos, aqueles que citavam os pré-socráticos eram também eles mesmos filósofos. Já com os filósofos áticos do século IV a.C. (Platão, Aristóteles) começa uma longa e interessante história de torções, distorções e recortes da fragmentada obra pré-socrática, de modo a adequá-la às mais diversas doutrinas que foram surgindo desde então. Pois todos querem, com razão, sentir-se legitimados pela originalidade, pela força e pela autoridade titânicas de um Tales, de um Heráclito, um Parmênides – os grandes pais da filosofia ocidental. Todos querem sentar-se sob suas longas sombras e iluminar as próprias ideias com a chama reavivada, o brilho (*Schein*) vivaz dos primórdios da filosofia.

É claro que Nietzsche tinha plena consciência das dificuldades que se interpõem a todos aqueles que buscam visitar o pensamento pré-socrático. É justamente por isso que *A filosofia na era trágica dos gregos* é considerado um texto fundamental desse primeiro período do pensamento nietzschiano. Dentre os textos acerca da cultura grega – que incluem também a sua principal obra do período, *O nascimento da tragédia*, publicado em 1872, além de uma série de textos póstumos que começaram a ser desenvolvidos desde 1869, entre os quais destacam-se *O drama musical grego*, *Sócrates e a tragédia*, *A visão de mundo dionisíaca* e *O nascimento do pensamento trágico* –, é em *A filosofia na era trágica dos gregos*, um texto já mais tardio (os primeiros esboços datam de 1873-4), que entrevemos com maior clareza o verdadeiro tema da filosofia de Nietzsche: a crítica à cultura de seu próprio tempo. Esta pode também ser percebida em suas *Considerações extemporâneas* – quatro ensaios críticos sobre a cultura e os estabelecimentos de ensino europeus –, embora ainda, como no próprio *O nascimento da tragédia*, sob forte influência do pessimismo de Arthur Schopenhauer, no campo da filosofia, e da verve romântica de Richard Wagner, no da cultura.

O leitor, portanto, não deve esperar de *A filosofia na era trágica dos gregos* uma lição de história, uma enumeração dos parcos fragmentos que ainda nos restam desses grandes sistemas ("como é de costume encontrar-se nos manuais", segundo suas próprias palavras), mas uma crítica feroz à nossa própria modernidade. Para Nietzsche, a pretensão de acuidade, a pretensão de verdade mesma, em qualquer matéria histórica e especialmente no caso dos longínquos pré-socráticos, é puramente falsa, além de enfadonha e inútil. Assim, ele não ocultará a subjetividade de sua interpretação. Não se trata de analisar a validade dos sistemas, mas de resgatar o valor subjetivo da visão de mundo pré-socrática – seu modo de ver, experimentar e viver –, e opô-lo à visão moderna.

Nietzsche descreve essa modernidade como "um tempo que sofre da assim chamada 'formação universal', mas desprovido de cultura e de qualquer unidade de estilo em sua vida", em que os indivíduos *escondem-se de si próprios* sob costumes e opiniões. Um tempo sem espírito próprio, artificial e vazio de sentido. Para o jovem Nietzsche, a personalidade e a individualidade são as forças para combater essa "tendência à preguiça e à temeridade" inerente à natureza humana. Portanto, quando identifica nos filósofos pré-platônicos (com Sócrates aí incluso) os "tipos puros" da filosofia, ele está querendo falar-nos desse elemento de originalidade, de distanciamento da massa geral, que é para Nietzsche o *gênio*, o ideal do homem livre.

Esses filósofos tiveram, porém, uma grande vantagem a seu favor: por serem os *primeiros*, ainda não havia, em seu tempo, nada que se assemelhasse a seu modo de pensar. Naquele momento, "não havia nenhuma moda para ajudá-los ou facilitar as coisas para eles", o que os forçou a uma formulação original, *genial*. Já do assim chamado "filósofo contemporâneo" pode-se dizer, "no melhor dos casos: que é um filólogo, antiquário, linguista, historiador competente; mas nunca: ele é um filósofo"[2]. Pois a filosofia consistia ainda para o jovem Nietzsche na *busca pelo ser*, e pela verdade desse ser; coisas que são eternas e que não são aumentadas nem diminuídas pelo matraquear incessante da história. Segundo ele, o ensino da história da filosofia nas academias serve para instilar o medo e acovardar os jovens aspirantes a filósofos perante os grandes pensadores, em vez de estimular o pensamento filosófico. Quer dizer: o modelo acadêmico de estudo da filosofia, ensinando a *erudição* – isto é, a submissão à tradição –, poda a criatividade e a originalidade como ervas daninhas indesejáveis. Contra isso, contra esse moderno esconder-se de si próprio, Nietzsche relembra-nos a sabedoria imortal de Delfos, "conhece-te a ti mesmo", segundo ele o preceito básico da liberdade filosófica. E realizá-lo só é possível uma vez que nos permitimos desvencilhar-nos do conforto da opinião geral. O pessoal é o oposto do geral, do costumeiro, e, por isso mesmo, tem em si o potencial libertador.

Dentre os pré-socráticos, é em Heráclito de Éfeso (aprox. 535-475 a.C.) que Nietzsche vê elevar-se ao máximo esse elemento de personalidade e originalidade que caracteriza, para ele, o verdadeiro espírito filosófico. Para compreender, porém, o real valor de Heráclito para a filosofia nietzschiana, devemos voltar-nos primeiro para o problema deixado por seu antecessor, Anaximandro de Mileto (aprox. 610-546 a.C.) – um "verdadeiro pessimista" –, e para aquilo que Nietzsche denomina *visão trágica de mundo*.

2. *Considerações extemporâneas*, "Schopenhauer como educador", VIII.

O modo como Nietzsche vê essa oposição entre Anaximandro e Heráclito reflete em si o conflito nascente entre os pensamentos de Nietzsche e de Arthur Schopenhauer (1788-1860) – sua grande influência nesta primeira fase. A ruptura com a filosofia de Schopenhauer será fundamental para a passagem daquilo que chamamos de seu período de juventude à maturidade completa do pensamento nietzschiano. É conhecido o favoritismo que Nietzsche mantém em relação a Heráclito ao longo de toda a vida. Isso porque, enquanto Anaximandro encarna a percepção *pessimista* de mundo, Heráclito será para Nietzsche o filósofo *trágico*, que simboliza o triunfo de sua própria filosofia sobre o pessimismo schopenhaueriano.

Anaximandro foi, segundo Nietzsche, "o primeiro grego a agarrar (...) o emaranhado do mais significativo problema ético": "Como pode perecer algo que tem direito a ser?", perguntava-se. "De onde vem esse incessante vir a ser e dar à luz, de onde vem essa expressão contorcida de dor no rosto da natureza, de onde vem o interminável lamento fúnebre em todos os reinos da existência?" Se é justo que tenhamos nascido, como pode ser justo que algum dia venhamos a morrer? E, se a morte é justa, por que nascemos? Anaximandro tira daí uma conclusão sombria: "Onde as coisas têm a sua origem – é lá também que devem perecer, por necessidade; pois devem fazer penitência e redimir-se de suas injustiças conforme a ordem do tempo". Não é somente o homem, mas a natureza como um todo que chora pelos filhos perdidos. Toda a vida, o sofrimento e também a morte são, para Anaximandro, a expiação do pecado que é ter nascido, ter ousado desprender-se da unidade original que ele chama de *indefinido* (em grego απειρον – sem delimitação, sem restrição).

Ouvimos, no lamento de Anaximandro em *A filosofia na era trágica dos gregos*, o prelúdio àquilo que Nietzsche chamou, em *O nascimento da tragédia*, de *visão trágica de mundo* – do mesmo modo que a filosofia de Schopenhauer encarna o pessimismo do qual nasce a filosofia trágica do jovem Nietzsche. Assim como Anaximandro, o pessimista Schopenhauer vê o homem como "um ente que de fato não deveria de todo existir, e que expia sua existência por meio de toda sorte de sofrimentos e pela morte". O trágico, como superação do pessimismo, dá o tom fundamental de toda a produção de Nietzsche naqueles dez anos como professor na Universidade da Basileia, e é também o primeiro passo em direção à independência do pensamento nietzschiano.

Esse *pessimismo*, o solo fértil no qual florescerá a tragédia, é caracterizado por Nietzsche como "uma propensão intelectual para o duro, o horrendo, o mal, o problemático da existência, devido ao bem-estar, a uma saúde transbordante, a uma *plenitude* da existência (...), um sofrimento devido à própria superabundância".[3] Ou seja: o pessimismo, a fascinação pelo horrendo, é fruto e sinal da saúde. Somente um povo satisfeito pode encarar com tanta seriedade o problema fundamental da existência ("Por que nascemos?"; "Por que morremos?"); só aí se torna possível a *filosofia da era trágica*. O positivismo da ciência moderna, por outro lado, e a dose de *otimismo* que lhe é correspondente são sintomas de decadência.

Mas, como dissemos, o pessimismo é somente o *prelúdio* à verdadeira visão trágica de mundo. Podemos dizer que o pessimismo *introduz* a questão acerca da existência; o trágico *resolve* este problema – não pela *negação* dessa existência contraditória, como o faz a moral, mas, pelo contrário, por meio de sua *afirmação*. Aquilo que define o trágico – e que o torna superior à visão de mundo moderna – é o fato de ser capaz de justificar as contradições do vir a ser sob uma perspectiva *estética*; e não *lógica* e *moral*, como nós modernos nos acostumamos a fazer. Enquanto a moral é o reino da *lógica*, o trágico caracteriza-se pelo elemento estético, *intuitivo*. Segundo Nietzsche, é essa *intuição estética* que permite aos filósofos pré-socráticos libertarem-se do previamente pensado para inventarem a filosofia. É o elemento estético que os torna de fato *os primeiros*, confirmando o parentesco entre filosofia e *arte*.

Aquilo que o verso é para o poeta, é para o filósofo o pensamento dialético: ele o agarra para prender seu encantamento, para petrificá-lo. E, assim como palavra e verso são para o dramaturgo apenas um balbuciar numa língua estrangeira, para nela dizer o que via e vivia, a expressão de qualquer intuição filosófica mais profunda pela dialética e pela reflexão científica é, por um lado, o único meio para compartilhar o vislumbrado, mas, no entanto, também um meio lastimoso, sendo, no fundo, uma transposição nada confiável para uma esfera e uma linguagem totalmente distintas.

Ambas, filosofia e arte, compartilham a mesma fonte intuitiva. São, como diz Nietzsche, "irmãs". O artista traduz a intuição para o verso; o filósofo, para a dialética. E o exemplo máximo desse uso *estético* da dialética encontra-se, para ele, em Heráclito de Éfeso; nele ocorre a fusão completa entre artista e filósofo que o torna único aos olhos de Nietzsche.

Nietzsche nos conta como Heráclito olhou para o mesmo vir a ser que tanto atormentara Anaximandro, mas sem ver ali nenhuma injustiça. Como ele mesmo nos diz, em um dos poucos fragmentos que nos restam de sua doutrina (DK B102), "para o deus tudo é belo e bom e justo, mas os homens tomaram umas coisas por injustas, outras por justas". Para Heráclito existe, sim, a injustiça; mas apenas para o homem débil, que não enxerga as coisas

3. *O nascimento da tragédia*, "Tentativa de Autocrítica", 1.

em sua totalidade. O "deus omni-intuitivo" vê, através das particularidades que vêm e vão, a única realidade perene de nosso mundo: a *eterna mudança.* E essa visão maravilhosa se deve, segundo Nietzsche, unicamente à capacidade descomunal – mesmo se comparada à de outros gigantes pré-socráticos – da *intuição heraclítica.* A intuição é, para Nietzsche, a virtude específica do gênio, e liga-se intimamente àquele desapego em relação às convenções e opiniões gerais. Oposta a ela está o pensamento dialético, racional. Pois ater-se à intuição implica desapegar-se do previamente pensado, da tradição, da própria linguagem que engana e confunde, para então, uma vez neutralizado o veneno do preconceito, perceber o mundo tal como se apresenta aos sentidos e seguir uma noção própria, extraída da experiência individual, sem deixar-se trair pelos sofismas do senso comum.

A moral reflete racionalmente acerca do vir a ser segundo leis previamente estabelecidas e condena-o; a intuição, porém, é *estética* por natureza: ela não conhece, não julga, não condena – apenas contempla e admira. A razão age sempre por meio de *conceitos*, que são fixos, inamovíveis; a intuição, a pura observação do mundo à nossa volta, porém, ensina justamente o contrário: nada é fixo, nada *é*, tudo *vem a ser.* E é munido dessa intuição divina, *puramente artística*, que Heráclito se torna capaz de superar aquela inquietação anaximândrica e de justificar, assim, o vir a ser sem recorrer a um mundo metafísico do ser.

Para Heráclito existe apenas o vir a ser, a eterna mudança – é isso, e somente isso, que lhe ensina a intuição: ela não lhe diz nada sobre o ser ou qualquer outro fundamento eterno subjacente ao mundo sensível. O vir a ser não é mais o dilaceramento terrível de algum ser eterno, uma decadência, como o fora para Anaximandro ("Onde as coisas têm a sua origem – é lá também que devem perecer (...); pois devem fazer penitência e redimir-se de suas injustiças"), mas tão somente *o jogo do artista ou da criança.* Levados por um *impulso criativo* eternamente renovado, a criança e o artista criam e destroem continuamente, sem precisar de um fim último, nem de uma justificativa. O artista cria por criar, a criança brinca por brincar – e só. Isto é, o jogo justifica-se por si próprio, seu fim está nele mesmo. É este o cerne da visão trágica de mundo: o mundo é, em sua totalidade, *uma grande obra de arte.* A arte não é *boa ou má*, mas *bela e sublime.*

Segundo Heráclito, o fogo – soberano supremo de nossa realidade – é como uma grande criança que constrói castelos de areia na praia, somente para depois destruí-los. O fogo é a origem e o fim de todas as coisas, eternamente. Porém não há tristeza alguma nisso: a redenção do vir a ser, a sua justificação, é o sorriso satisfeito dessa criança, estampado em tudo quanto é cambiável e perecível; ele está na beleza das cores, no fluir da vida e na multiplicidade das aparências. Mas é claro que é necessário um olho descomunal, como foi o olho de Heráclito, para ver a arte, e não a injustiça, por detrás de todo o sofrimento terreno. Segundo Nietzsche, é justamente a *visão estética* que salva Heráclito do terrível problema anaximândrico sobre o vir a ser e perecer das coisas. A redenção do vir a ser é artística, e jamais pode ser alcançada moralmente. O homem, portanto, para tornar-se filósofo, deve retomar o treinamento de seu olhar, tendo sempre como modelo o olho flamejante de Heráclito.

É este, segundo Nietzsche, o legado da filosofia pré-socrática à posteridade, e é também aqui que se encontra o germe da própria filosofia nietzschiana: não devemos nos pautar por modas, ideias célebres ou qualquer outro pensamento pré-fabricado – pelo contrário, *devemos sempre pensar por conta própria*: como crianças, devemos olhar para o mundo sempre como que pela primeira vez, sem jamais perdê-lo de vista nem nos deixarmos iludir pelo que venham a falar dele. A liberdade do homem consiste em tirar suas próprias conclusões acerca do mundo que o rodeia.

Campinas, 13 de abril de 2011.

A filosofia na era trágica dos gregos

Quando se trata de homens distantes de nós, basta conhecermos seus fins para logo os aceitar ou rejeitar em sua totalidade. Quanto aos mais próximos, julgamo-los de acordo com os meios pelos quais atingem seus fins: frequentemente desprezamos seus fins, porém os amamos pelos meios e pelo modo de seu querer. Afinal, os sistemas filosóficos são totalmente verdadeiros apenas para seus fundadores: para todos os filósofos posteriores são normalmente *um* grande erro; para as cabeças mais fracas, uma soma de erros e verdades. Enquanto fim supremo, no entanto, são um equívoco, na medida em que são refutáveis. É por isso que muita gente despreza os filósofos – por seu fim não ser o deles mesmos; e são estes os que estão mais afastados. Quem, em contrapartida, alegra-se com os grandes homens, encontra sua alegria também nesses sistemas, mesmo que estejam completamente equivocados: pois estes últimos têm em si um ponto totalmente irrefutável, uma disposição pessoal, uma coloração, e pode-se utilizá-los para vislumbrar a figura do filósofo: assim como se pode, a partir de uma planta, tirar conclusões acerca do solo em que cresce. Essa maneira de viver e de ver as coisas humanas existiu algum dia, e é, portanto, possível: o "sistema", ou ao menos uma parte desse sistema, é a planta que cresce nesse solo – –

Narro a história desses filósofos de maneira simplificada: quero extrair de cada sistema somente o fragmento que é um pedaço de *personalidade* e que pertence ao que há de irrefutável e indiscutível, aquilo que a História deve guardar: é um começo para reconquistar e reconstruir essas naturezas pela comparação, para finalmente deixar soar mais uma vez a polifonia da natureza grega: a tarefa consiste em trazer à luz aquilo que devemos *sempre amar e honrar*, e que não pode ser roubado por nenhum conhecimento posterior: o grande homem.

Esta tentativa de contar a história dos filósofos gregos mais antigos diferencia-se de tentativas semelhantes pela sua brevidade, a qual foi alcançada mencionando-se somente um número mínimo de suas doutrinas, e, portanto, por meio da incompletude. Foram, no entanto, escolhidas aquelas doutrinas nas quais aquilo que há de pessoal em cada filósofo ressoa com maior força, enquanto que uma completa enumeração de todos os aforismos que nos foram deixados pela tradição, como é de praxe nos manuais, leva inevitavelmente ao total emudecimento do que é pessoal. É por isso que tais relatos se tornam tão enfadonhos: porque em sistemas já refutados a única coisa que pode nos interessar é o pessoal, pois é isto que será eternamente irrefutável. A partir de três anedotas é possível constituir o retrato de um homem; tentarei extrair três anedotas de cada sistema, deixando o restante de lado.

1

Existem inimigos da filosofia: e fazemos bem em escutá-los, especialmente quando desaconselham a metafísica às cabeças adoecidas dos alemães e pregam a purificação pela *physis*, como Goethe, ou a cura pela música, como Richard Wagner. Os médicos do povo rejeitam a filosofia; e quem quiser justificá-la deverá mostrar para que necessitam e têm necessitado dela os povos saudáveis. Caso este possa demonstrá-lo, talvez até os convalescentes compreendam, para sua própria vantagem, por que a filosofia tem sido danosa precisamente a eles. Há, pois, bons exemplos de uma saúde capaz de constituir-se totalmente isenta de filosofia ou utilizando-se dela com grande moderação, de maneira quase jocosa; foi assim que os romanos viveram seus melhores tempos sem filosofia. Mas onde se pode encontrar um exemplo de povo adoecido cuja saúde tenha sido restaurada pela filosofia? Se ela alguma vez mostrou-se útil, salvadora, protetora, o fez para os saudáveis; os doentes ela tornava sempre mais doentes. Sempre que um povo esteve disperso, estando enfraquecidas as relações com seus elementos singulares, a filosofia jamais reatou esses elementos de volta com o todo. Sempre que alguém desejou pôr-se à parte e construir em torno de si a cerca da autossuficiência, a filosofia estava pronta para isolá-lo ainda mais, e assim destruí-lo pelo isolamento. Ela é perigosa quando não está em plena posse de seus direitos: e somente a saúde de um povo, mas também não de qualquer povo, lhe dá esse direito.

Busquemos agora pela maior autoridade naquilo que se pode chamar de saúde de um povo. Os gregos, como os verdadeiramente saudáveis, *justificaram de uma vez por todas* a filosofia simplesmente pelo fato de terem filosofado; e, com efeito, muito mais que todos os outros povos. Nem ao menos puderam parar no tempo certo; pois mesmo em idade avançada comportavam-se como ardentes adoradores da filosofia, embora já entendessem por filosofia apenas os sofismas piedosos e as ninharias sacrossantas da dogmática cristã. Por não terem sabido parar a tempo, eles próprios reduziram largamente o serviço prestado à posteridade bárbara, que, na ignorância e no ímpeto de sua juventude, caiu direto nesta rede habilmente tecida, para lá se prender.

Em contrapartida, os gregos souberam começar no momento propício, e esse aprendizado, o de saber quando se faz necessário começar a filosofar, eles compreenderam com mais clareza do que qualquer outro povo. Pois não começaram na miséria como atestam alguns, que derivam a filosofia do desgosto. Começaram antes afortunados, no momento de sua viril maturidade, na cálida alegria da robusta e vitoriosa idade adulta. Que os gregos tenham filosofado nesse momento nos ensina tanto algo sobre o que a filosofia é e o que deve ser, como sobre os próprios gregos. Tivessem sido esses homens práticos e alegres, prosaicos e precoces, assim como os imagina o filisteu erudito de nossos tempos, ou caso tivessem vivido em um mero flutuar, tinir, respirar e sentir, como quer presumir o fantasista ignorante, a fonte da filosofia jamais teria vindo à tona entre eles. No máximo, teria existido um riacho que logo desapareceria na areia ou dissipar-se-ia em nevoeiro, mas jamais aquela correnteza larga, entornando em orgulhosa ondulação, que nós conhecemos por filosofia grega.

Pois se empenharam em apontar o quanto os gregos podiam encontrar e aprender no oriente estrangeiro, e quantas coisas eles realmente de lá trouxeram. Com certeza era um espetáculo curioso observar os pretensos mestres do oriente e os possíveis alunos da Grécia lado a lado, exibindo Zoroastro ao lado de Heráclito, os hindus ao lado dos eleatas, os egípcios ao lado de Empédocles, ou mesmo Anaxágoras entre os judeus e Pitágoras entre os chineses. No particular, poucas coisas foram resolvidas; mas deixamo-nos persuadir pela ideia como um todo, contanto que não nos molestassem com a consequência de que com isso a filosofia na Grécia seria exclusivamente importada, e não cultivada em um solo natural e doméstico, e que, sendo algo estrangeiro, teria antes arruinado os gregos do que trazido benefícios. Nada é mais tolo do que sugerir uma formação autóctone para os gregos. Muito pelo contrário: eles absorveram toda a formação que vivia em outros povos, sendo justamente por isso que chegaram tão longe – porque souberam arremessar para ainda mais longe a lança a partir do ponto onde outro povo a havia deixado cair. São admiráveis na arte do aprendizado frutífero; e, assim como eles, nós *devemos* aprender com nossos vizinhos – para a vida, e não para o conhecimento erudito, utilizando todo o aprendizado como suporte do qual podemos impulsionar-nos para o alto, mais alto do que o próprio vizinho. As perguntas acerca das origens da filosofia são totalmente indiferentes, pois em toda parte vêm no início o cru, o amorfo, o vazio e o feio, e em todas as coisas apenas os patamares mais elevados merecem consideração. Aquele que prefere, no lugar da filosofia grega, ocupar-se com a egípcia ou com a persa, porque estas sejam talvez mais "originais" e certamente mais antigas, procede de modo tão imprudente quanto aqueles outros que são incapazes de tranquilizar-se com a mitologia tão bela e profunda dos gregos até que a tenham reduzido a trivialidades físicas, como o sol, o raio, a tempestade e o nevoeiro, como se a tivessem reconduzido às suas origens primordiais, e que pretendem, por exemplo, ter reencontrado, na limitada adoração da abóbada celeste praticada pelos ingênuos indo-germanos, uma forma mais pura da religião do que o politeísmo grego. O caminho para as origens leva por todos os lados à barbárie; e quem se dedica aos gregos deve sempre ter em mente que o impulso de saber em si, quando indomado, é em todas as épocas tão barbarizante quanto o ódio ao saber, e que os gregos domaram seu próprio impulso de saber, em si insaciável, por meio de uma vida prudente, por uma ideal necessidade de viver – pois logo queriam viver aquilo que aprendiam. Os gregos também filosofaram como homens da cultura e com os fins da cultura, e, assim, pouparam-se de inventar mais uma vez, a partir de alguma presunção autóctone, os elementos da filosofia e da ciência, mas começaram diretamente a preencher, reforçar, elevar e purificar esses elementos adquiridos, de modo que agora, já num sentido superior e numa esfera mais pura, tornaram-se inventores. Pois eles inventaram as *típicas cabeças de filósofos*, e toda a posteridade não lhes acrescentou nada de significativo.

Todo povo se encabula quando se lhes aponta uma comunidade filosófica tão maravilhosamente idealizada como a destes mestres gregos da Antiguidade: Tales, Anaximandro, Heráclito, Parmênides, Anaxágoras, Empédocles, Demócrito e Sócrates. Todos esses homens foram talhados a partir de uma só pedra. Entre seus pensamentos e seu caráter reina uma rígida necessidade. A eles falta toda e qualquer convenção, uma vez que não existia uma classe de filósofos e eruditos naquele tempo. Estão todos em grandiosa solidão, pois são os únicos de sua época que viviam apenas do conhecimento. Todos possuem a energia virtuosa dos antigos, graças à qual superam todos os seus sucessores, para encontrar sua própria forma e desenvolvê-la, por metamorfose, até alcançar os estágios mais refinados e mais grandiosos. Pois não havia nenhuma moda para ajudá-los ou facilitar as coisas para eles. Assim, constroem em conjunto aquilo que Schopenhauer chamou de república de gênios, em oposição à república erudita: um gigante chama o outro através dos intervalos desérticos dos tempos, e, sem deixar-se perturbar pela multidão de anões galhofeiros e barulhentos que fogem rastejantes ao redor, inicia o elevado diálogo espiritual.

Propus-me a relatar aquilo que nossa dureza de ouvido moderna pode ainda ouvir e compreender desse elevado diálogo espiritual: quer dizer, precisamente o mínimo. A mim parece que esses velhos sábios, de Tales a Sócrates, proferiram tudo aquilo que a nosso ver constitui o que é propriamente helênico, ainda que da forma mais geral possível. Cunham, em seu diálogo, e já em suas personalidades, os grandes traços do gênio grego, cuja marca obscura, cuja cópia apagada, e por isso pouco clara, constitui toda a história grega. Se observássemos corretamente a vida conjunta do povo grego, encontraríamos nela apenas o reflexo daquilo que brilha, em seus mais elevados gênios, com as cores mais vibrantes. Já a primeira vivência da filosofia em solo grego, a sanção dos Sete Sábios, é uma pincelada clara e inesquecível no quadro do helênico. Outros povos têm homens sagrados, os gregos têm sábios. Foi dito, com razão, que um povo não se caracteriza tanto por seus grandes homens, porém muito mais pelo modo como os reconhece e honra. Em outros tempos, o filósofo é um caminhante solitário, entregue ao acaso em meio a um ambiente hostil, passando – ou às furtadelas, ou abrindo caminho com os punhos crispados – através da multidão. Apenas entre os gregos o filósofo não é um acaso: quando o vemos surgir, nos séculos VI e V, em meio aos terríveis perigos e exigências da secularização, emergido, por assim dizer, da gruta de Trofônio[4], em meio à exuberância, à alegria da descoberta, à riqueza e sensualidade das colônias gregas, supomos que ele vem como um solene mensageiro, e justamente com o mesmo fim para o qual nascia a tragédia naqueles séculos, o qual também é sugerido pelos mistérios órficos, por detrás dos grotescos hieróglifos de suas práticas. O juízo desses filósofos acerca da vida e da existência em geral diz muito mais do que um juízo moderno, pois tinham a vida em opulento acabamento diante de si, e porque entre eles os sentimentos do pensador não se confundiam, como entre nós, na dicotomia entre o desejo por liberdade, beleza e grandeza de vida e o impulso para a verdade, que pergunta apenas: qual é, afinal, o valor da vida? Por isso, não é fácil adivinhar, a partir de nossa condição e vivência, a tarefa que o filósofo deve realizar dentro dos termos de uma cultura efetiva e orientada para uma unidade de estilo, pois nós não possuímos tal cultura. Apenas uma cultura como a grega pode responder a pergunta acerca do papel do filósofo. É somente ela que sabe, e é capaz de provar, por que e como o filósofo *não é* um mero caminhante qualquer, derramando-se aqui ou acolá, ao sabor do acaso. Existe uma intensa necessidade que prende o filósofo a uma cultura verdadeira; mas como, quando essa cultura não está disponível? Nesse caso o filósofo será sempre um cometa imprevisível, e, por isso mesmo, assustador, brilhando em sua suntuosa queda, como um astro-mor no sistema solar da cultura. É por isso que o filósofo está legitimado pelos gregos, pois é somente entre eles que ele não é nenhum cometa.

---

4. A expressão "descer à gruta de Trofônio" tem sua origem em um mito narrado por Pausânias. No culto a Trofônio, aquele que buscasse seu oráculo devia passar por uma série de rituais antes de descer à caverna, que supostamente guardava visões tão terríveis que faziam com que o iniciado se esquecesse de tudo. Assim, a expressão "descer à gruta de Trofônio" significa passar por um grande susto ou sentir medo, simplesmente.

2

Depois de tais considerações, aceitar-se-á sem objeções que eu fale dos filósofos pré-platônicos como de uma comunidade coesa, e que dedique somente a eles este escrito. Com Platão inicia-se algo totalmente novo; ou, como pode ser dito com igual direito, falta aos filósofos, desde Platão, algo de essencial em comparação àquela república genial que foi de Tales a Sócrates. Quem quiser se expressar de maneira invejosa acerca desses mestres antigos irá chamá-los de unilaterais, e seus epígonos, com Platão no topo, de multifacetados. Mais correto e menos parcial seria, porém, compreender os últimos como caracteres filosóficos mistos, e os primeiros como os tipos puros. O próprio Platão é o primeiro grande caráter misto, exprimindo-se como tal tanto em sua filosofia como em sua própria personalidade. Em sua teoria das ideias estão unificados elementos tanto socráticos como pitagóricos e heraclíticos; por isso, esta não constitui um fenômeno de tipo puro. Também como homem Platão mistura as tendências ao isolamento monárquico e à autossuficiência de Heráclito com aquelas de altruísmo melancólico e legislativas de Pitágoras, e também com as do dialético conhecedor da alma, Sócrates. Todos os filósofos posteriores são de caráter misto; quando algo de unilateral emerge neles, como no caso dos cínicos, não se trata de tipo, mas de caricaturas. Muito mais importante é, ainda, o fato de eles serem fundadores de seitas, e de que as seitas por eles fundadas foram, no conjunto, instituições de oposição à cultura helênica e à unidade de estilo que até então lhe tinha sido própria. Buscam, a seu modo, uma redenção, mas uma redenção meramente individual, ou, no máximo, para amigos e jovens que lhes sejam próximos. Enquanto isso, a atividade dos filósofos mais antigos aponta, ainda que de maneira inconsciente, para uma cura e uma purificação em larga escala; a grandiosa marcha da cultura grega não deve ser impedida; é necessário limpar de seu caminho perigos amedrontadores; o filósofo protege e defende seu lar. Mas agora, desde Platão, o filósofo encontra-se em exílio e conspira contra sua pátria. – É um grande infortúnio que nos reste tão pouco desses mestres filosóficos mais antigos, e que qualquer completude nos tenha sido subtraída. Devido a essa carência, medimo-los imparcialmente, mas com medidas equivocadas, e assim deixamo-nos desfavorecer os mais antigos, apenas pelo fato plenamente casual de a Platão e Aristóteles jamais terem faltado comentadores e copistas. Alguns creem num destino próprio dos livros, um *fatum libellorum*: seria, porém, um destino sem dúvida perverso se nos privasse de Heráclito, do maravilhoso poema de Empédocles, dos escritos de Demócrito, que os antigos equiparam a Platão e que o excede ainda em engenhosidade, e substituísse-os por estoicos, epicuristas e Cícero. Provavelmente perdeu-se a mais grandiosa porção do pensamento grego e de sua expressão em palavras: um destino nada excepcional, para quem se recordar do infortúnio de Scotus Erigena ou de Pascal[5] e considerar que, mesmo nesse século esclarecido, a primeira edição de *O mundo como vontade e representação* de Schopenhauer tenha se tornado papel de rascunho. Caso alguém queira atribuir um poder fatalista próprio a tais coisas, deverá dizer com Goethe: "Do infame ninguém deve fazer queixa; pois, o que quer que digam, o poder é próprio da baixeza".[6] E esta é especialmente mais poderosa que o poder da verdade. É muito raro para a humanidade gerar um livro no qual, com ousada liberdade, se entoe o canto guerreiro da verdade, a canção do heroísmo filosófico: e, no entanto, são os mais reles acasos, um súbito obscurecimento das cabeças, espasmos e antipatias supersticiosos, e, por fim, até mesmo dedos preguiçosos ou as traças e a umidade que determinam se este livro viverá por mais um século, ou se será transformado em mofo e pó. Não desejamos, no entanto, nos lamentar. Preferimos deixar soar as palavras de despacho e consolo de Hamman[7], dirigidas aos eruditos que lamentam as obras perdidas:

> Não teria o artista capaz de passar uma lentilha pelo furo de uma agulha, em um alqueire de lentilhas, grãos suficientes para treinar a habilidade adquirida? Esta pergunta deve ser feita a todos os eruditos que não sabem fazer melhor uso das obras da Antiguidade do que o artista das lentilhas.

---

5. John Scotus Erigena (810-877): teólogo, filósofo e tradutor escocês. Suas duas obras principais, que tentavam conciliar as doutrinas platônica e cristã, foram condenadas pela Igreja. A última obra de Blaise Pascal (1623-1662), intitulada *Pensamentos*, tinha a intenção de conciliar os pensamentos cético e estoico para fundamentar a crença em Deus. Foi alterada por temor de que incitasse as pessoas ao ceticismo, mais que à piedade.

6. "Über's Niederträchtige niemand sich beklage; denn es ist das Mächtige, was man dir auch sage". GOETHE, J. W., *West-östlicher Divan*, *Buch des Unmuts*, "Wanderers Gemütsruhe". (N.A.)

7. Johann Georg Hamman (1730-1788): filósofo conterrâneo e contemporâneo de Kant. Hamman encabeçou o movimento *Sturm und Drang*, do qual também Schiller e Goethe fizeram parte.

Neste caso ainda se poderia acrescentar que nenhuma palavra, nenhuma anedota, nenhuma data precisam ser transmitidas a nós além das que já o foram, uma vez que assim obteríamos muito menos para estabelecer o conhecimento geral de que os gregos legitimam a filosofia. – Um tempo que sofre da assim chamada formação universal, mas desprovido de cultura e de qualquer unidade de estilo em sua vida, não saberá realizar nada de direito com a filosofia, mesmo que esta fosse proclamada nas ruas e mercados pela boca do próprio gênio da verdade. Em um tempo como este, permanece antes como o monólogo erudito do caminhante solitário, ou o espólio ocasional de um indivíduo, ou como segredo oculto no gabinete, ou como tagarelice inofensiva entre anciãos acadêmicos e crianças. Ninguém se atreve a realizar em si a lei da filosofia, ninguém vive filosoficamente, com aquela lealdade simples que obrigava um antigo, onde quer que estivesse e independentemente do que estivesse fazendo, a comportar-se como um estoico, caso tenha alguma vez declarado lealdade à Stoa. Todo o filosofar moderno está, política e policialmente, por meio de governos, igrejas, academias, costumes, modas e covardias, atado à aparência erudita: ele permanece no suspirar "Ah, se..." ou na sentença "Era uma vez...". A filosofia encontra-se privada dos seus direitos, e por isso o homem moderno, se tivesse a mínima coragem e a mínima consciência, devia repudiá-la e bani-la com palavras semelhantes às que Platão empregou ao banir os poetas trágicos de seu Estado.[8] Restar-lhe-ia, porém, uma réplica, assim como restou aos poetas trágicos contra Platão. Ela poderia, por exemplo, quando se a forçasse a falar, dizer: "Povo mesquinho! Acaso é minha culpa se eu, como uma adivinha, preciso esconder-me e deslocar-me como se fosse a pecadora, e vós, os meus juízes? Observai minha irmã, a arte! A ela ocorre o mesmo que a mim – estamos perdidas entre bárbaros, e não sabemos mais como nos salvar. Aqui nos falta, é verdade, todo e qualquer direito: mas os juízes, diante dos quais encontraremos justiça, julgam também a vós, e assim vos dirão: Tende primeiro uma cultura, e então sabereis o que a filosofia quer e pode". –

8. "Assiste-nos, por conseguinte, inteira razão de não o recebermos [o poeta] na futura cidade de legislação modelar, visto despertar ele, alimentar e fortalecer a parte maldosa da alma e, com isso, arruinar o elemento racional." PLATÃO, *República*, X, 605b. (N.A.)

3

A filosofia grega parece iniciar-se com uma noção desarmônica, a saber, com a proposição de que a água seria o primórdio e o ventre materno de todas as coisas: é realmente necessário deter-se neste ponto e proceder com seriedade? Sim, e por três motivos: primeiramente, porque a sentença profere algo acerca do primórdio das coisas, em segundo lugar porque ela o faz sem imagem ou fabulação e, finalmente, porque nela, ainda que apenas em forma embrionária, obteve-se o pensamento: tudo é um. O primeiro motivo posiciona Tales ainda entre religiosos e supersticiosos; o segundo o retira dessa sociedade e o revela a nós como pesquisador da natureza; mas, graças ao terceiro motivo, considera-se Tales como o primeiro filósofo grego. – Tivesse ele dito: da água se faz terra, então teríamos apenas uma hipótese científica; falsa, porém dificilmente refutável. Mas ele foi além do científico. Com a apresentação dessa noção de unidade, por meio da hipótese da água, Tales não apenas superou o patamar reduzido dos conhecimentos físicos de seu tempo, mas passou de um salto por sobre eles. As pobres e desordenadas observações empíricas que Tales fez sobre o surgimento e as transformações da água, ou, mais precisamente, do úmido, teriam ao menos permitido, se não de fato indicado uma generalização monstruosa como essa; mas aquilo que levou a essa generalização foi uma doutrina metafísica, que teve seu primórdio em uma intuição mística, a qual encontramos, acompanhada de sempre renovadas tentativas de melhor expressá-la, em todas as filosofias: "tudo é um".

É notável a violência que esta crença adota no trato com toda empiria: justamente em Tales pode-se aprender como procedeu a filosofia, em todos os tempos, quando desejava saltar, puxada pelos seus fins magicamente atraentes, por sobre as moitas da experiência. Ela salta com toda leveza: a esperança e o pressentimento lhe dão asas aos pés. Vagaroso, o entendimento calculante vem, ofegante, mais atrás, buscando apoios melhores, para que também ele atinja aquele fim atraente, o qual a companheira mais divina já alcançou. Supõe-se estar vendo dois caminhantes diante de uma correnteza selvagem, que arrasta consigo pedregulhos diversos: o primeiro atravessa-o com leveza nos pés, utilizando as pedras para impulsionar-se cada vez mais adiante, mesmo que estas afundem assim que ele as deixa. O outro permanece à margem, desamparado; ele precisa primeiro construir os fundamentos que irão suportar o seu passo pesado e prudente. Vez por outra ele não consegue fazê-lo, e então não há deus que possa ajudá-lo a atravessar aquela correnteza. O que leva, então, o pensar filosófico com tanta agilidade para o seu fim? Acaso diferencia-se do pensar calculante e comedido apenas por atravessar grandes distâncias com maior agilidade? Não, pois o seu pé é erguido por um poder estranho e ilógico: a fantasia. Alçado por ela, ele salta adiante, de possibilidade em possibilidade, que por ora toma por certezas: de vez em quando apanha realmente alguma certeza durante o voo. Com um pressentimento genial, a fantasia indica ao pensar filosófico que é possível adivinhar de longe que em certo ponto há certezas comprováveis. A força da fantasia é, porém, especialmente poderosa na compreensão e na elucidação quase instantânea de semelhanças: a reflexão trará mais tarde suas trenas e medidas e buscará substituir as semelhanças por igualdades, as contiguidades observadas por causalidades. Mas, mesmo que isso não fosse jamais possível, mesmo no caso de Tales, o filosofar incomprovável tem ainda algum valor; mesmo que todos os apoios venham abaixo, quando a lógica e a rigidez da empiria desejarem saltar para a proposição "tudo é água", restará ainda alguma coisa após o desmantelamento do construto científico; e exatamente nesse resto reside uma força impulsiva, assim como a esperança de um futuro frutífero.

Evidentemente, não pretendo dizer que esse pensamento contenha talvez ainda algum tipo de "verdade", mesmo que de forma limitada ou enfraquecida, ou como alegoria: é como quando imaginamos o artista plástico parado diante de uma queda d'água, observando nas formas que colapsam umas sobre as outras um jogo artístico de prefiguração da água com imagens humanas e animalescas, máscaras, plantas, rochas, ninfas, anciãos, enfim, com todos os tipos existentes: de modo que para ele a proposição "tudo é água" pareceria autêntica. O valor da ideia de Tales está, no entanto – e mesmo após o reconhecimento de que ela é incomprovável –, muito mais na intenção de ser absolutamente não mítica e não alegórica. Os gregos, dentre os quais Tales subitamente tornou-se tão notável, cultivavam nesse campo o exato oposto de qualquer realismo, uma vez que acreditavam somente na realidade de homens e deuses, e concebiam a natureza em sua totalidade apenas como disfarce, máscara e metamorfose desses homens-deuses. O homem era para eles a verdade e o cerne das coisas. Todo o restante eram meras aparências e jogos ilusórios. Justamente por isso lhes era tão difícil apreender os conceitos como conceitos: e, ao contrário do que ocorre com os modernos, para os quais até mesmo o mais pessoal é sublimado a abstrações, o abstrato se condensava para eles sempre de volta em uma pessoa. Tales, porém, dizia: "não o ser humano, mas a água é a realidade das coisas". Assim, ele começa a crer na natureza, uma vez que crê ao menos na água. Como matemático e astrônomo, Tales desenvolvera uma alergia a tudo que fosse mítico e alegórico, e se não foi entibiado a ponto de chegar à abstração pura "tudo é um", atendo-se a uma expressão física, não deixou por isso de ser uma estranha raridade entre os gregos de seu tempo. É possível que os órficos, pessoas altamente notáveis, tenham possuído, em grau ainda maior do que ele, a capacidade para apreender abstrações e pensar de modo não figurativo: mas só puderam, no entanto, exprimir o mesmo na forma de alegorias. Também Ferécides de Siros, que se aproxima de Tales tanto na idade como em algumas concepções físicas, oscila, ao lhes dar expressão, na mesma fronteira que une a alegoria ao mito: de modo que ousa, por exemplo, comparar a Terra a uma bolota de carvalho alada, flutuando no ar de asas abertas e, após a derrota de Cronos, envolta por Zeus em trajes suntuosos, nos quais ele próprio havia bordado terras, águas e rios. Em oposição a este filosofar obscuro e alegórico, quase intraduzível para a tangibilidade, Tales é um mestre criativo, que começou a observar a natureza em profundidade sem o auxílio de qualquer fabulação fantástica. O fato de, após utilizar-se da ciência e do comprovável, ter saltado para além destes, é outra marca típica da cabeça filosófica. A palavra grega que designa o "sábio" origina-se etimologicamente de *sapio* – "eu saboreio", *sapiens* – "o saboroso", *sysiphos* – "o homem de gosto mais picante". Um discernimento e um conhecimento extrativos, afiados, além de uma capacidade para a distinção significativa, constituíam, então, na mente do povo, a arte própria do filósofo. Ele não é astuto, se considerarmos astuto aquele que extrai o bem de seus próprios interesses; Aristóteles diz com razão que "Tales e Anaxágoras conhecem coisas que podem ser chamadas de notáveis, admiráveis, difíceis e divinas, mas improfícuas. Isso porque não são os bens humanos que procuram." Por meio desse discernir e separar, do incomum, do impressionante, do difícil, do divino, a filosofia diferencia-se da ciência assim como se diferencia da astúcia pelo foco na inutilidade. A ciência lança-se, sem tal discernimento, sem tal gosto sofisticado, sobre tudo quanto é cognoscível, guiada pela cega ganância de querer conhecer tudo a qualquer custo; em contrapartida, o pensar filosófico está sempre no encalço das coisas mais dignas de conhecimento, dos conhecimentos maiores e mais importantes. Mas o conceito de grandeza é passível de transformação, tanto no campo da moralidade como no da estética: assim, a filosofia inicia com a legislação da grandeza, com um nomear atado a ela. "Isto é grande", diz, e assim eleva os homens acima da ganância cega e indomada de seu impulso em direção ao conhecimento. Ela doma esse impulso por meio do conceito de grandeza: e mais ainda quando considera alcançáveis ou mesmo alcançados os maiores conhecimentos, a saber, aqueles sobre a essência e o cerne das coisas. Quando Tales diz "tudo é água", o ser humano, com um sobressalto, eleva-se acima do tatear e rastejar verminoso das ciências singulares; ele pressente a solução final das coisas e sobrepuja, com esse pressentimento, todo o embaraço dos graus mais baixos de conhecimento. O filósofo busca deixar ressoar em si a consonância do mundo, para então extraí-la de si mesmo na forma de conceitos: enquanto é contemplativo como o artista plástico, compassivo como o religioso e ansioso por fins e causalidades como o homem da ciência, enquanto sente-se inflar ao nível do macrocosmo, mantém a prudência para observar-se friamente, como imagem refletida do mundo, a mesma prudência que possui o artista dramático, que, mesmo se transformando em outros corpos e falando por intermédio deles, ainda assim sabe projetar essa transformação para fora, na forma de versos escritos. Aqui, aquilo que o verso é para o poeta, é para o filósofo o pensamento dialético: ele o agarra para poder agarrar seu encantamento, para poder petrificá-lo. E, assim como palavra e verso são para o dramaturgo apenas um balbuciar numa língua estrangeira, para nela dizer o que via e vivia, a expressão de qualquer intuição filosófica mais profunda pela dialética e pela reflexão científica é, por um lado, o único meio para compartilhar o vislumbrado, mas, no entanto, também um meio lastimoso, sendo, no fundo, uma transposição nada confiável para uma esfera e uma linguagem totalmente distintas. Assim via Tales a unidade de tudo aquilo que é: e, desejoso de comunicar-se, falava da água!

4

Enquanto o tipo geral do filósofo emerge, na imagem de Tales, como que saído de um nevoeiro, a imagem de seu grande sucessor já fala conosco de forma muito mais clara. *Anaximandro* de Mileto, o primeiro escritor filosófico da Antiguidade, escreve do modo como o filósofo típico deverá escrever, enquanto o desacanhamento e a ingenuidade não lhe tiverem sido roubados por estranhas exigências: em linguagem pétrea, altamente estilizada, testemunhando a cada frase uma nova iluminação e uma nova expressão do demorar-se em contemplações sublimes. O pensamento e sua forma são marcos miliários no caminho para esta sabedoria suprema. Com essa eficácia lapidar, disse Anaximandro certa vez: "Onde as coisas têm a sua origem – é lá também que devem perecer, por necessidade; pois devem fazer penitência e redimir-se de suas injustiças, conforme a ordem do tempo". Misteriosa sentença de um verdadeiro pessimista, inscrição oracular no marco divisório da filosofia grega, como interpretá-la?

O único moralista sério de nosso século nos apresenta, no *Parergis*, vol. II, uma reflexão similar:

> A justa medida para avaliar qualquer pessoa é considerá-la como um ente que de fato não deveria de todo existir, e que expia sua existência por meio de toda sorte de sofrimentos e pela morte: o que podemos esperar de tal ente? Não somos todos pecadores condenados à morte? Expiamos nosso nascimento primeiro com a vida, e, depois, com a morte.

Quem extrai esse ensinamento da fisionomia do destino conjunto da humanidade e é capaz de reconhecer a má condição fundamental da vida humana já no fato de que jamais se sujeita a uma observação atenta e aproximada – muito embora nossa época, acostumada à epidemia biográfica, aparentemente considere a dignidade humana de forma mais imponente –, quem, como Schopenhauer, ouviu das "alturas do ar indiano" a palavra sagrada sobre o valor moral da existência dificilmente será dissuadido de conceber uma metáfora altamente antropomórfica para extrair este ensinamento taciturno da obscuridade da vida humana e aplicá-lo, por transferência, ao caráter geral de toda existência. Pode não ser lógico, mas é com certeza genuinamente humano, e, ademais, precisamente no estilo desse primeiro desabrochar da filosofia, ver, com Anaximandro, todo o vir a ser como uma emancipação repreensível do ser eterno, como uma injustiça a ser expiada com o ocaso. Tudo que alguma vez veio a ser logo volta a perecer, pouco importando se com isso pensamos na vida humana, na água, ou no calor e no frio: em toda parte, onde quer que se pense encontrar propriedades definidas, poderemos, segundo uma terrível evidência empírica, profetizar o ocaso dessas propriedades. Deste modo, um ser que possua propriedades definidas e que delas se constitua não poderá jamais ser o primórdio e o princípio das coisas; o verdadeiramente existente, concluiu Anaximandro, não pode possuir propriedades definidas, pois, se assim fosse, esta coisa também teria, como todas as outras, que ter sido criada e caminhar para um fim. Para que o vir a ser não cesse, o ser primordial deve ser indefinido. A imortalidade e a eternidade do ser primordial não se encontram na infinitude e na ausência de origem – como via de regra presumem os intérpretes de Anaximandro –, mas na falta de qualidades definidas que o levem ao ocaso: daí também o seu nome, "o indefinido". O assim chamado ser primordial paira sobre o vir a ser e garante, justamente por isso, a eternidade e o livre decurso do vir a ser. Essa unidade final no "indefinido", o ventre materno de todas as coisas, certamente só pode ser concebida de modo negativo, como algo que não possa receber nenhum predicado extraído do mundo do vir a ser presente, e que por isso poderia ser considerado como equivalente à "coisa em si" kantiana.

O nosso filósofo nem mesmo compreendia aqueles que eram capazes de disputar entre si para definir o que, afinal, teria sido esse elemento primordial, se alguma coisa intermediária entre ar e água, ou talvez entre ar e fogo: o que também se pode dizer a respeito daqueles que se perguntam seriamente se Anaximandro teria imaginado sua matéria primordial como mistura de todos os materiais existentes. Devemos, pelo contrário, voltar nosso olhar para lá onde podemos aprender que, já desde que proferiu essa primeira frase lapidar, Anaximandro não mais tratava a pergunta pela origem do mundo de modo puramente físico. Do contrário, por ver na multiplicidade das coisas existentes uma soma de injustiças expiáveis, foi ele o primeiro grego a agarrar com ousadia e tenacidade o emaranhado do mais significativo problema ético. Como pode perecer algo que tem direito a ser? De onde vem esse incessante vir a ser e dar à luz, de onde vem essa expressão contorcida de dor no rosto da natureza, de onde vem o interminável lamento fúnebre em todos os reinos da existência? Foi desse mundo da injustiça, da insolente renúncia à unidade primordial, que Anaximandro escapou para uma fortaleza metafísica, na qual, debruçado, deixa agora seu olhar correr por toda a volta para finalmente, após calar pensativo, questionar todos os seres: qual é o valor de estardes aí? E, se não há valor nisso, para que estais aí? É por vossa própria culpa, constato, que vos demorais nessa existência. Com a morte devereis expiá-la. Vede como definha a vossa terra; os mares minguam e secam, a concha marinha na colina vos mostra em que medida já secaram; o fogo, já agora, destrói o vosso mundo, e finalmente ele irá dissipar-se em vapor e fumo. Mas esse mundo da inconstância irá sempre se reconstruir outra vez: quem poderá livrar-vos da maldição do vir a ser?

A um homem que se faz tais questões, cujo pensamento flutuante rasgava continuamente a costura da empiria para imediatamente apanhar o mais alto impulso supralunar, a este homem é possível que nem toda maneira de viver tenha sido bem-vinda. Acreditamos com gosto na tradição, segundo a qual andava por aí vestido de maneira especialmente digna e demonstrava em atitudes e costumes um sincero orgulho trágico. Vivia como escrevia; falava tão solenemente quanto se vestia, erguia a mão e assentava o pé como se essa existência fosse uma tragédia na qual ele nascera para interpretar o papel do herói. Em tudo isso, foi o grande modelo de Empédocles. Seus concidadãos o escolheram para liderar um movimento migratório para a fundação de uma colônia – talvez se alegrassem em poder ao mesmo tempo honrá-lo e verem-se livres dele. Também seu pensamento emigrou e fundou colônias: em Éfeso e em Eleia não puderam livrar-se dele, e quando não podiam decidir-se a ficar parados ali, onde ele estava, sabiam, no entanto, que tinham sido guiados por ele até ali, onde agora, sem ele, preparavam-se para continuar a marcha.

Tales mostra a necessidade de simplificar o reino da multiplicidade e reduzi-lo a um simples desdobramento ou disfarce da única qualidade existente – a água. Anaximandro vai dois passos além. Primeiramente, pergunta-se: se existe mesmo uma unidade eterna, como é possível essa multiplicidade?, para então extrair a resposta do próprio caráter contraditório, autodestrutivo e negativo dessa mesma multiplicidade. A sua existência torna-se, para ele, um fenômeno moral; ela não está justificada – muito pelo contrário: ela expia-se a si mesma constantemente pelo ocaso. Mas então lhe vem à mente outra pergunta: por que é que tudo existente já não foi há muito por terra, uma vez que já passou toda uma eternidade de tempo? De onde provém o fluxo sempre renovado do vir a ser? Dessa pergunta ele só conseguirá salvar-se por meio possibilidades místicas: o eterno vir a ser só pode ter tido seu primórdio no eterno ser, as condições do decaimento injusto desse ser para um vir a ser são sempre as mesmas, a constelação das coisas constitui-se de tal modo que não se pode prever nenhum fim para este exilar-se do ser individual a partir do seio do "Indefinido". Por aqui ficou Anaximandro: ou seja, ficou sob uma sombra profunda, que se estendia como um fantasma gigantesco por sobre a paisagem de tal visão de mundo. Quanto mais de perto se desejasse abordar o problema de como, pela decadência, surgia do indefinido o definido, do eterno o temporal, do justo a injustiça, mais densa tornava-se a noite.

5

Foi para o meio dessa noite mística, na qual estava envolto o problema do vir a ser de Anaximandro, que adentrou *Heráclito* de Éfeso, iluminando-a com um raio divino. "Observo o vir a ser", exclama ele, "e ninguém assistiu com tanta atenção esse eterno ondular rítmico das coisas. E o que via eu? Regularidades, segurança infalível, as vias sempre idênticas do direito; para cada transgressão à lei, o julgamento das Erínias, o mundo inteiro como o espetáculo de uma justiça soberana e de forças demoníacas onipresentes da natureza a ela subordinadas. Eu não via a punição do que veio a ser, mas a justificação do vir a ser. Quando foi que o sacrilégio, a decadência em formas invioláveis, revelou-se como lei sagradamente reverenciada? Onde domina a injustiça, lá há arbitrariedade, desordem, desregramento, contradição; por outro lado, num mundo como este, onde regem solitárias a lei e a filha de Zeus, Diké[9], como poderia existir a esfera da culpa, da expiação, do sentenciamento, e, ainda, como poderia este mundo ser o patíbulo de todos os condenados?"

Dessa intuição extraiu Heráclito duas objeções gerais, atreladas entre si, que só podem ser trazidas à luz pela comparação com as proposições de seus predecessores. Primeiramente, desmentiu a dualidade de mundos totalmente diversos, a cuja suposição Anaximandro tinha sido forçado; ele não diferenciava mais um mundo físico de um metafísico, um reino das qualidades determinadas de um reino de indeterminidade indefinível. Após esse primeiro passo, tampouco poderia ser impedido de cometer uma ousadia ainda maior da negação: ele desmentiu o próprio ser. Pois esse mundo, o único que lhe restou – envolto em leis eternas e não escritas, vindo à tona e afundando na brônzea cadência do ritmo –, não evidencia em parte alguma persistência, indestrutibilidade, algum baluarte na correnteza. Mais alto que Anaximandro gritou Heráclito: "Vejo apenas o vir a ser. Não vos deixeis enganar! É devido a vossa miopia, e não à essência das coisas, que credes ver no mar do vir a ser e do perecimento alguma terra firme. Vós empregais os nomes das coisas como se tivessem uma rígida duração: mas até mesmo a

9. *Diké*: palavra grega que é usualmente traduzida por "justiça".

correnteza, na qual pondes vossos pés pela segunda vez, não é a mesma que na primeira vez".

Heráclito tem, como posse régia, um poder supremo de representação intuitiva; enquanto se mostra frio, insensível e até mesmo hostil à outra forma de representar, que se dá por meio de conceitos e combinações lógicas, ou seja, a razão, e parece sentir uma certa satisfação quando pode contradizê-la com uma verdade adquirida intuitivamente: e o faz com tanta desfaçatez em frases como "Tudo tem a todo tempo o seu oposto em si" que Aristóteles o acusa do crime supremo diante do tribunal da razão, isto é, de ter pecado contra o princípio da contradição. A representação intuitiva, porém, abrange dois níveis distintos: primeiro, o do mundo atual, que se precipita a nosso encontro, colorido e cambiante, a cada experiência; depois, o das condições primárias pelas quais toda e qualquer experiência desse mundo se faz possível – tempo e espaço. Pois estes, sendo desprovidos de conteúdo definido, podem ser percebidos, ou melhor, observados intuitivamente, desvinculados de qualquer experiência, puramente em si. De modo que Heráclito, observando o tempo dessa maneira, despojado de qualquer experiência, tinha diante de si o mais instrutivo monograma de tudo aquilo que pertencia ao domínio da representação intuitiva. Da mesma maneira que ele reconhecia o tempo, reconhecia-o, por exemplo, também Schopenhauer, tendo alegado muitas vezes que nele cada instante é apenas na medida em que exterminou o anterior, seu pai, para instantaneamente ser ele próprio novamente consumido; que passado e futuro nada mais são além de um sonho; e que o presente é apenas uma fronteira sem dimensão ou duração entre ambos, mas que, como o tempo, também o espaço e, como este, também todo o resto, que é ao mesmo tempo nele e no tempo, tem uma existência meramente relativa, somente por meio de e para um outro de mesmo estatuto, ou seja, que igualmente só persiste relativamente. Essa é uma verdade da mais imediata, mais acessível clareza, e por isso mesmo muito difícil de se alcançar conceitual e racionalmente. Quem, porém, a tiver diante dos olhos, deverá também avançar imediatamente para a consequência heraclítica e dizer que toda a essência da efetividade é, na verdade, somente atividade, e que para ela não há outra forma de ser; Schopenhauer também chegou à mesma concepção (*O mundo como vontade e representação*, I, p. 10):

> Apenas enquanto efetiva ela [a matéria] preenche o espaço e o tempo: seu efeito sobre o objeto imediato[10] condiciona a percepção, e é somente nesse

10. Na terminologia schopenhaueriana, o corpo sensível de cada um é considerado um objeto como todos os outros, a não ser pelo fato de ser um objeto imediato em relação ao sujeito.

efeito que ela existe: a consequência da ação de qualquer objeto material sobre outro só é conhecida porque o último age agora de modo distinto do que antes sobre o objeto imediato, e constitui-se somente disso.
Causa e efeito constituem, portanto, toda a essência da matéria: seu ser é causar. Altamente acertado é, pois, o conceito alemão que denomina o conjunto de tudo que é material como *Wirklichkeit*, palavra que é muito mais significativa do que *Realität*.[11] Aquilo sobre o qual ela age é sempre igualmente matéria: todo o seu ser e sua essência constituem-se, portanto, apenas da modificação regular, que traz à tona *uma* parte do mesmo no distinto; logo, é totalmente relativa, segundo uma relação que vale somente no interior de suas próprias fronteiras, do mesmo modo que o tempo e o espaço.

A unidade absoluta no eterno vir a ser, a total instabilidade de tudo que é efetivo, que, como nos ensina Heráclito, continuamente age e vem a ser, e jamais é, constitui uma representação assombrosa e atordoante, cuja influência tem como mais próxima de si a sensação de alguém que, durante um terremoto, perde a confiança nos fundamentos da terra em que pisa. Era necessária uma força impressionante para transformar esse efeito em seu oposto, na sublime e alegre admiração. Esta foi atingida por Heráclito por meio de uma observação do próprio desenrolar de cada vir a ser e perecer, o qual compreendia na forma de polaridades, como a diferenciação de uma força em duas atividades, qualitativamente distintas, opostas e ansiosas pela reunião. Continuamente uma qualidade se desdobra e se divide em seus contrários: continuamente anseiam esses contrários um pelo outro. O vulgo acredita reconhecer algo de rígido, terminado, persistente; na verdade, a todo instante luz e trevas, amargor e doçura estão pegados um ao outro e um pelo outro, como dois combatentes, dos quais por vezes um, por vezes o outro obtém vantagem. O mel é, segundo Heráclito, a um só tempo doce e amargo, e o próprio mundo é um caldeirão que precisa ser constantemente mexido. Todo vir a ser se faz da guerra entre os opostos: as qualidades definidas, que a nós parecem persistentes, expressam apenas a preponderância momentânea de um dos combatentes, mas a guerra não termina com isso; a contenda continua pela eternidade. Tudo ocorre conforme essa luta, e é ela mesma que explicita a justiça eterna. É uma representação maravilhosa, engendrada na mais pura fonte helênica, a qual vê a luta como o domínio contínuo de uma justiça uniforme, severa, atada a leis eternas. Somente um grego estaria

11. O alemão tem dois termos para a noção de "realidade". *Realität*, de raiz latina, e *Wirklichkeit*, de raiz germânica. Como o autor ressalta a distinção entre os termos, traduzimos *Wirklichkeit* por "efetividade", uma vez que a raiz da palavra está associada etimologicamente ao verbo *wirken* (fazer efeito). Este último, como é costume nas palavras de raiz germânica, possui um sentido muito mais concreto, e literalmente significa "efetividade".

na posição de encontrar essa representação como fundamento de uma cosmodiceia; é a boa Éris de Hesíodo[12], transfigurada em princípio de mundo, é o pensamento competitivo do indivíduo e do Estado gregos, dos ginásios e palestras, dos artísticos *agonai*[13], das disputas dos partidos políticos e das cidades entre si, generalizado ao extremo, de modo que as engrenagens do cosmo girassem nele. Assim como todo grego luta como se somente ele estivesse com a razão, e uma medida de julgamento infinitamente segura determinasse, a cada momento, para onde tende a vitória, do mesmo modo lutam as qualidades umas com as outras, de acordo com leis e medidas invioláveis, imanentes à luta. As próprias coisas que as cabeças estreitas dos homens e dos animais creem ser imóveis e imutáveis não têm nenhuma existência real; são apenas o lampejo e o cintilar de espadas desembainhadas, o brilho da vitória na luta das qualidades opostas.

Esse combate, que é próprio de todo vir a ser, esse eterno alternar de vitórias é também descrito por Schopenhauer (*O mundo como vontade e representação*, I, p. 175):

> A matéria persistente necessita alterar constantemente a sua forma, na qual, seguindo o fio condutor da causalidade, empurram-se mutuamente aparições mecânicas, físicas, químicas e orgânicas, ávidas por emergir, arrancando a matéria uma à outra, pois todas desejam manifestar sua ideia. Esse combate está em toda a natureza, e é somente deste que ela se constitui.

As páginas seguintes nos apresentam as mais notáveis ilustrações dessa luta: apenas o tom fundamental dessa descrição é sempre distinto do de Heráclito, pois a luta é para Schopenhauer uma evidência da autodivisão da vontade para a vida, um dilacerar-se a si mesmo dessa sinistra e surda pulsão, o qual é, via de regra, um fenômeno terrível e de modo algum alegre. A arena e o objeto dessa luta é a matéria, a qual as forças naturais buscam alternadamente arrancar umas às outras, bem como o espaço e o tempo, para os quais a matéria nada mais é senão a sua união por meio da causalidade.

12. Na mitologia grega, Éris é a deusa da discórdia. Na obra de Hesíodo ela é filha da Noite.

13. *Agon* era o nome dado, no teatro grego, às regras que regiam a ordem das falas nos embates verbais entre os atores. Nietzsche faz a comparação no sentido de que são ambos combates que seguem leis rígidas e determinadas.

6

Enquanto a imaginação de Heráclito media o cosmo em constante movimento, a "efetividade", com o olho do bem-aventurado espectador que vê pares inumeráveis engajados em alegres brincadeiras de luta sob a guarda de rígidos juízes de guerra, veio-lhe uma noção ainda mais elevada; ele não podia mais observar os pares em luta e os juízes separadamente; os próprios juízes pareciam lutar, os próprios lutadores pareciam julgar a si mesmos – sim, pois, já que considerava, no fundo, apenas a eternamente dominante justiça como verdadeira, ousou exclamar: a própria briga do múltiplo é a única justiça! E, acima de tudo: o uno é o múltiplo. Pois o que são todas essas qualidades, do ponto de vista da essência? Serão deuses imortais? Serão entes separados, funcionando para si perpetuamente desde o princípio? E, se o mundo que vemos conhece apenas vir a ser e perecer, mas nenhuma persistência, não deveriam essas qualidades constituir um mundo metafísico de outro tipo; não um mundo da unidade, como aquele que Anaximandro buscava por detrás do véu esvoaçante da multiplicidade, mas um mundo de eternas e essenciais multiplicidades? Terá Heráclito, após um desvio, retornado à dupla ordenação do mundo, por mais veementemente que a negasse, com um Olimpo de numerosos deuses e demônios imortais – a saber, *muitas* realidades – e com um mundo dos homens, o qual vê apenas a nuvem de poeira da batalha olímpica e o reluzir de lanças divinas – isto é, apenas um vir a ser? Foi justamente contra as qualidades definidas que Anaximandro se refugiou no seio do "indefinido" metafísico; negou-lhes existência verdadeira e essencial, pois elas vinham a ser e pereciam; mas não parecerá agora que o vir a ser é apenas o tornar-se visível de uma batalha entre qualidades eternas? Não deverá ser atribuído à fraqueza característica do conhecimento humano se nós falamos de um vir a ser – quando talvez nem mesmo haja vir a ser no ser das coisas, mas apenas uma justaposição de muitas realidades verdadeiras, não vindas a ser e indestrutíveis?

Essas são falsas trilhas e saídas não heraclíticas; ele exclama mais uma vez: "O uno é o múltiplo". As muitas qualidades que podem ser tomadas como verdadeiras não são nem essências eternas, tampouco fantasmagorias de nossos sentidos (mais tarde, Anaxágoras irá pensá-las como sendo do primeiro tipo, e Parmênides, do último); não são nem o ser estático, automaravilhante, nem aparência fugidia e inconstante nas cabeças dos homens. A terceira possibilidade, a única que resta a Heráclito, não pode ser adivinhada pelo faro dialético, nem pelo recurso ao cálculo: pois o que ele aqui inventou é uma raridade mesmo no âmbito das incredibilidades místicas e das metáforas cósmicas inesperadas. – O mundo é o *jogo* de Zeus, ou, expresso de modo mais físico, do fogo consigo mesmo. O uno é apenas nesse sentido igual ao múltiplo. –

Para explicar, em seguida, a inserção do fogo como uma força formadora do mundo, relembrarei de que maneira Anaximandro desenvolveu a teoria da água como primórdio das coisas. Embora tenha confiado em Tales no que era essencial, fortalecendo e multiplicando suas observações, Anaximandro não se deixou convencer de que não haveria mais outro patamar de qualidades antes e também por detrás da água: pois a própria umidade parecia para ele surgir do quente e do frio, e por isso quente e frio deveriam ser o patamar anterior à água, qualidades ainda mais primordiais. Com seu desprendimento do estado primordial do "indefinido" inicia-se o vir a ser. Heráclito, que, enquanto físico, era subordinado à importância de Anaximandro, ressignifica esse quente anaximândrico como o hálito, a respiração morna, os fumos secos, em resumo, como o ígneo: desse fogo diz ele então o mesmo que Tales e Anaximandro disseram da água, ou seja, que percorre agora, em inumeráveis transformações, as vias do vir a ser, principalmente em suas três formas principais, a saber: quente, úmido e sólido. Pois a água passa parcialmente à terra ao descender, e ao fogo, quando ascende: ou, como Heráclito parece ter expressado melhor: do mar se elevam apenas os vapores puros, que servem como alimento ao fogo celestial dos astros, e da terra apenas os escuros, nebulosos, dos quais o úmido extrai sua nutrição. Os vapores puros são a passagem do mar ao fogo, os impuros são a passagem da terra à água. Assim correm sem cessar as duas vias de transformação do fogo, para cima e para baixo, para lá e para cá, uma ao lado da outra, do fogo à água, de lá para a terra, da terra de volta à água, da água ao fogo. Apesar de Heráclito permanecer discípulo de Anaximandro no que há de mais importante nessas representações – por exemplo, ao aceitar que o fogo é mantido por meio de evaporações, ou que da água se separa por um lado a terra e por outro o fogo –, torna-se independente e o contradiz ao remover o frio do processo físico, enquanto Anaximandro atribuiu-lhe o mesmo valor e o pôs ao lado do quente, para deixar o úmido formar-se de ambos. Fazê-lo foi decerto uma necessidade para Heráclito: pois se tudo deve ser fogo, então não pode haver, por qualquer possibilidade de sua transformação, nada que seja seu oposto absoluto; ele interpretou, então, aquilo que se chama de frio apenas como um grau do quente, e podia justificar essa interpretação sem dificuldades. Muito mais importante, porém, do que essa divergência em relação à doutrina de Anaximandro é uma outra concordância: Heráclito, como aquele, crê em um fim do mundo periódico e repetido, e em um nascimento sempre renovado de um novo mundo a partir do incêndio mundial que a tudo destrói. O período no qual o mundo se precipita em tal incêndio e na dissolução no puro fogo é caracterizado por Heráclito, de modo bastante nítido, como um desejo e uma necessidade, e o estar totalmente devorado pelo fogo como a satisfação; e a nós resta a pergunta de como compreendeu e nomeou o novo impulso de formação do mundo que então acorda, o entornar-se nas formas da multiplicidade. O ditado grego, que diz que "a satisfação engendra o sacrilégio (a *hybris*)", parece ajudar-nos com a ideia; e, de fato, pode-se perguntar por um instante se Heráclito não conduziu tal retorno à multiplicidade a partir da *hybris*. Tomemos essa ideia a sério: sob sua luz o rosto de Heráclito transforma-se diante de nós, o brilho orgulhoso se apaga de seus olhos, surgem-lhe rugas de resignação dolorosa, a impotência se revela, e parece que compreendemos por que a Antiguidade tardia o chamava de o "filósofo que chora". Não é agora todo o processo do mundo um ato punitivo da *hybris*? A multiplicidade, o resultado de uma transgressão? A transformação do puro no impuro, consequência da injustiça? Não fica agora a culpa deslocada para o cerne das coisas, aliviando, com isso, o mundo do vir a ser e dos indivíduos, mas ao mesmo tempo condenando-os a suportar suas consequências sempre outra vez?

7

Essa palavra perigosa, a *hybris*, é de fato a pedra de toque para todo heraclítico; aqui ele pode mostrar se realmente compreendeu ou não o seu mestre. Existe culpa, injustiça, contradição, sofrimento neste mundo?

Sim, exclama Heráclito, mas apenas para o ser humano limitado, que vê separadamente e não junto, não para o deus omni-intuitivo; para ele, toda contrariedade conflui para uma harmonia, a qual, embora invisível para o olho humano comum, é compreensível para quem, como Heráclito, se assemelha ao deus contemplativo. Diante de seu olhar ígneo não resta nenhuma gota de injustiça no mundo derramado em seu entorno; e mesmo esse impulso fundamental, pelo qual o fogo pode alojar-se em formas tão impuras, é por ele explicado por meio de uma sublime analogia. Um vir a ser e perecer, um construir e destruir, sem qualquer acréscimo moral, numa inocência eternamente idêntica, neste mundo existe apenas no jogo do artista e da criança. E, do mesmo modo que a criança ou o artista brincam, brinca também o fogo eternamente vivo, construindo e destruindo, sem culpa – e esse jogo o éon joga consigo mesmo. Transformando-se em água e terra, ele constrói – como uma criança que faz castelos de areia na praia –, constrói e destrói; de tempos em tempos, recomeça o jogo do início. Um instante de satisfação: então ele é novamente tomado pela necessidade, assim como o artista é forçado por necessidade a criar. Não é um impulso sacrílego, mas o sempre renovado impulso de brincar que invoca novos mundos à existência. A criança, por vezes, deixa de lado o brinquedo: mas logo recomeça a brincar inocentemente. Porém, assim que começa a construir, encaixa e monta e modela de acordo com leis e ordenações que lhe são próprias.

Apenas o homem estético vê o mundo dessa maneira. Pois o homem estético descobriu, no artista e na configuração da obra de arte, que a luta da multiplicidade pode, sim, trazer em si lei e direito; ele viu como o artista permanece, contemplativo, acima da obra de arte e nela atuante; e também como necessidade e jogo, antagonismo e harmonia devem emparelhar-se para a constituição da obra de arte.

Quem irá, ainda, exigir de tal filosofia uma ética, com os imperativos categóricos "tu deves", ou criticar em Heráclito a ausência da mesma? O homem é, até a última fibra, necessidade, e totalmente "não livre" – se compreendermos por liberdade a tola pretensão de poder trocar arbitrariamente de *essentia*, do mesmo modo que se troca de vestido, uma pretensão que toda filosofia séria até agora rechaçou com o devido escárnio. Que tão poucas pessoas vivam com consciência no *logos* e em conformidade com o olhar do artista, que a tudo abrange, deve-se ao fato de suas almas estarem molhadas, e de os olhos e ouvidos do ser humano, bem como o intelecto em geral, serem testemunhas pouco confiáveis, uma vez que "lama úmida envolve sua alma". Não se questiona o porquê disso, tampouco por que o fogo se transforma em água e terra. Pois Heráclito não *precisou* (como Leibniz) provar que esse mundo é realmente o melhor de todos; para ele é suficiente que ele seja o belo e inocente jogo do *éon*. O homem é, para ele, até mesmo no sentido mais genérico, um ente irracional: o que não entra em conflito com o fato de que a lei da razão todo-poderosa se realiza em todo o seu ser. Ele não ocupa de modo algum um lugar privilegiado na natureza, cuja manifestação mais elevada é o fogo, por exemplo na forma de estrelas, mas não o homem simplório. Este é de certo modo mais ajuizado, uma vez que, pela necessidade, toma parte no fogo; na medida em que se constitui de água e de terra, sua razão encontra-se em maus lençóis. Já uma obrigação para reconhecer o *logos*, simplesmente por ser humano, não existe de todo. Mas por que existe água e terra? Esse é para Heráclito um problema muito mais sério do que perguntar-se por que os homens são tão estúpidos e ruins. Tanto no homem mais elevado como no mais desviado revelam-se a mesma regularidade e a mesma justiça imanentes. Porém, se desejássemos fazer a Heráclito a seguinte pergunta: "Por que o fogo não é sempre fogo, por que ele é ora água, ora terra?", responderia apenas, "Trata-se de um jogo; não o leve tão a sério, e acima de tudo não moralmente!" Heráclito descreve apenas o mundo existente, e tem nele o prazer contemplativo do artista que observa sua obra em formação. Ele parece sombrio, taciturno, lacrimoso, obscuro, atrabiliário, pessimista e, sobretudo, odioso apenas àqueles que têm motivos para não se sentirem satisfeitos com sua descrição da natureza do homem. Estes, porém, com suas antipatias e simpatias, com seu ódio e seu amor, teriam lhe sido indiferentes, e ele lhes dedicaria ensinamentos como "Os cães ladram para todos que não conhecem" e "O burro prefere o feno ao ouro".

É também desses descontentes que provêm as numerosas queixas relativas à obscuridade do estilo heraclítico: é provável que nenhum homem jamais tenha escrito mais clara e luminosamente. Ele é, decerto, bastante breve, e, justamente por isso, obscuro para o leitor-maratonista. Por que um filósofo iria escrever intencionalmente de modo obscuro – como se costuma dizer de Heráclito – é totalmente inexplicável, caso este não tenha razões para omitir pensamentos ou seja malicioso o suficiente para ocultar sua ausência de ideias sob palavras. Pelo contrário, deve-se, como diz Schopenhauer, até mesmo nas ocasiões da vida prática comum, evitar meticulosamente, pela clareza, possíveis mal-entendidos; como, então, se poderia, no objeto mais difícil, abstruso, quase inalcançável do pensamento – as tarefas da filosofia –, expressar-se de modo impreciso ou mesmo enigmático? Mas no que tange à brevidade, Jean Paul nos dá uma boa lição.[14]

No geral é correto que toda grandiosidade – de sentidos múltiplos para um sentido raro – seja expressa apenas de maneira breve e (portanto) obscura, de modo que o gênio raso antes a declare uma insensatez do que a traduza para sua própria ignorância. Pois os gênios ordinários têm uma grotesca habilidade para, diante do dito mais profundo e rico, nada ver a não ser sua própria opinião corrente.

Heráclito, no entanto, não escapou desses "gênios rasos"; já os estoicos o transsignificaram para a superficialidade e reduziram, em proveito do ser humano, sua percepção estética fundamental do jogo do mundo a uma atenção ordinária às utilidades[15] do mundo: de maneira que de sua física, em tais cabeças, se fez um grosseiro otimismo, com a constante intimação de fulano e sicrano ao *plaudite amici*[16].

14. Jean Paul é o pseudônimo do escritor romântico, da passagem do século XVIII para o XIX, Johann Paul Friedrich Richter.

15. *Zweckmäßigkeiten* (pl. de *Zweckmäßigkeit*). O termo significa, literalmente, "conformidade em relação a um fim". Nesse sentido, *Zweckmäßigkeit* pode significar tanto "conveniência" ou "utilidade", simplesmente, como também "finalidade", "intencionalidade". Em outros trechos, traduzimo-lo também por "adequação".

16. Nietzsche refere-se à exclamação que Beethoven teria proferido em seu leito de morte, após a extrema-unção ter-lhe sido aplicada contra sua vontade: "*Plaudite, amici, comedia finita est*" ("Aplausos, amigos, a comédia chegou ao fim").

8

Heráclito era orgulhoso: e quando se trata do orgulho de um filósofo, este é sempre um grande orgulho. Sua atividade jamais o remete a um "público", ao aplauso das massas e ao coro jubiloso de seus contemporâneos. Trilhar o caminho sozinho pertence à essência do filósofo. Sua vocação é a mais rara, e, de certo modo, a mais antinatural, e por isso é excludente e hostil até mesmo em relação às vocações que se lhe assemelham. O muro de sua autossuficiência deve ser de diamante para que não seja destruído e despedaçado, pois tudo se move contra ele. Sua viagem rumo à imortalidade é mais dificultada e impedida que qualquer outra; e, no entanto, ninguém pode crer que irá alcançá-la com mais segurança do que o filósofo – pois ele nem mesmo sabe onde deve se colocar, se não nas asas abertas de todos os tempos; pois a desatenção a tudo que é contemporâneo e momentâneo está na própria essência da grande natureza filosófica. O filósofo detém a verdade: para onde quer que a roda da história esteja girando, jamais poderá escapar da verdade. É importante aprender que esses homens viveram um dia. Não seria possível, por exemplo, imaginar o orgulho de Heráclito como uma mera possibilidade. Toda ambição pelo conhecimento aparece em si, de acordo com sua essência, como eternamente insatisfeita e insatisfatória. Por isso ninguém acreditaria, a menos que seja instruído pela história, em uma dignidade tão régia, em tamanha convicção de ser o único bem-aventurado libertador da verdade. Essas pessoas vivem em seu próprio sistema solar; é preciso buscá-las dentro dele. Também Pitágoras e Empédocles tratavam-se a si mesmos com uma consideração sobre-humana, quase um temor religioso; mas as amarras da compaixão, ligadas ao grande convencimento na transmigração das almas e na unidade de tudo que é vivo, levavam-nos de volta aos outros homens, à sua cura e salvação. Contudo, não podemos ter mais do que uma noção do sentimento de solidão que permeava o eremita efésio do templo de Ártemis, ainda que observemos a mais selvagem desolação montanhosa. Nele não há um sentimento prepotente de excitação compassiva, dele não flui a ambição de querer ajudar, curar e salvar. Ele é um astro sem atmosfera. Seu olho flamejante, voltado para dentro, encara o exterior de forma mortiça e gélida, como que observando apenas a aparência. À sua volta, as ondas da ilusão e do absurdo batem diretamente contra a fortaleza de seu orgulho: enojado, ele volta-se para outra parte. Pois até homens sensíveis esquivam-se de uma uma larva tão asquerosa; é mais compreensível que este ser tenha surgido em uma sacralidade distante, sob imagens de deuses, ao lado de uma arquitetura fria e sublime. Entre os homens, Heráclito era, enquanto homem, inacreditável; e quando era visto, enquanto atentava ao jogo de crianças barulhentas, levava em consideração o que nenhum homem jamais considerou nesta ocasião: o jogo da grande criança cósmica Zeus. Ele não precisava dos homens, nem mesmo para seu conhecimento; nada do que se pudesse perguntar a ele, e que os sábios anteriores esforçaram-se em perguntar, dizia-lhe respeito. Falava com desdém desses homens perguntadores, colecionadores, em suma, desses homens "históricos". "Eu buscava e explorava a mim mesmo", dizia ele a respeito de si, nos mesmos termos com que se designa a exploração de um oráculo: como se ele, e mais ninguém, fosse o verdadeiro cumpridor e realizador do preceito délfico "conhece-te a ti mesmo".

E, aquilo que ouvia desse oráculo, ele o tomava por sabedoria imortal e eternamente significativa, de efeitos ilimitados, segundo o exemplo da fala profética da Sibila. Basta para a humanidade mais tardia compreender na forma de oráculos aquilo que, tal como o deus délfico, Heráclito "não declara nem oculta". Aquilo que proclama, "sem sorrisos, adornos ou unguento" – pelo contrário, de "boca espumante" – *deve* penetrar milhares de anos no futuro. Pois o mundo necessita eternamente da verdade, e, portanto, necessitará eternamente de Heráclito: embora este não precise do mundo. Que importa para *ele* a sua fama? A fama entre o que é "eternamente fluido e mortal!", conforme exclama com escárnio. Sua fama importa aos homens, não a ele; a imortalidade da humanidade necessita dele, mas ele próprio não necessita da imortalidade do homem Heráclito. Aquilo que observava, *a doutrina da lei contida no vir a ser e do jogo contido na necessidade*, precisa, de agora em diante, ser eternamente observada: pois Heráclito fez subir a cortina do maior de todos os espetáculos.

9

Enquanto o orgulho e a majestade da verdade, mas da verdade apreendida pela intuição, não aquela escalada com a escada de corda da lógica, é proferida em cada palavra de Heráclito, enquanto observa em um êxtase sibílico, mas sem espreitar, enquanto conhece, mas não calcula, o contemporâneo *Parmênides* se lhe é posto ao lado como par complementar; da mesma forma, ele possui o tipo do profeta da verdade, porém esculpido em gelo, e não em fogo, e uma luz fria e ofuscante dele emana. Parmênides teve, certa vez, provavelmente apenas em idade mais avançada, um momento da mais pura, serena e totalmente exangue abstração; esse momento – sem dúvida o menos grego nos dois séculos da era trágica –, cujo produto é a doutrina do ser, tornou-se um marco divisório para sua própria vida e separava-a em dois períodos: simultaneamente, o mesmo momento divide o pensamento pré-socrático em duas metades, a primeira das quais pode ser chamada de anaximândrica, e a segunda, de parmenídica. O primeiro e mais antigo período do próprio filosofar de Parmênides traz ainda a feição de Anaximandro; nele, apresentava-se um sistema filosófico-físico elaborado como resposta às perguntas de Anaximandro. Quando, mais tarde, Parmênides foi tomado pelo gélido calafrio da abstração, e o mais simples dos princípios, aquele que trata do ser e do não ser, foi apresentado por ele, também o seu próprio sistema anterior estava entre aqueles lançados por ele ao aniquilamento. Parmênides, no entanto, parece não ter perdido totalmente a piedade paternal em relação à criança forte e saudável que fora na juventude, e por isso permitiu-se dizer: "Existe, pois, apenas um caminho correto; se alguém desejar, porém, conhecer algum outro, então meu parecer anterior, de acordo com suas qualidades e consequências, é o único direito". Protegendo-se por meio dessa inflexão, Parmênides consagrou, mesmo em seu grande poema sobre a natureza – o qual, na realidade, devia proclamar sua nova noção como o único guia para a verdade –, um lugar amplo e digno ao seu sistema físico anterior. Essa consideração paterna era, ainda que nela se insinuasse um equívoco, um resquício de sensibilidade humana em meio a uma natureza totalmente petrificada por uma rigidez lógica e quase transformada por ela em uma máquina pensante.

Parmênides, cujas relações pessoais com Anaximandro não me parecem implausíveis, e que partia, não apenas provavelmente, mas com toda a certeza, da doutrina de Anaximandro, tinha a mesma desconfiança em relação à completa separação entre um mundo que apenas é e um outro que apenas vem a ser, desconfiança esta que também Heráclito apreendera e conduzira ao desmentir do ser em geral. Ambos buscavam uma saída da oposição e da segregação de uma dupla ordenação do mundo. Esse salto para o indefinido, indefinível, por meio do qual Anaximandro escapara de uma vez por todas do reino do vir a ser e de suas qualidades empíricas, não era fácil para cabeças independentes como as de Heráclito e Parmênides; ambos buscavam primeiramente ir tão longe quanto pudessem, e guardavam o salto para aquele ponto no qual já não é mais possível parar e torna-se forçoso saltar para não cair. Ambos observavam amiúde justamente aquele mundo que Anaximandro condenara com tanta melancolia, e que explicara como sendo o local do sacrilégio e igualmente o purgatório para a injustiça do vir a ser. Em sua observância descobriu Heráclito, como nós já sabemos, a maravilhosa ordem, regularidade e segurança que se revela em cada vir a ser: daí concluiu que o vir a ser em si não podia ser nada de sacrílego e injusto. Parmênides teve uma visão completamente diferente: comparou as qualidades umas com as outras e acreditou descobrir que não eram todas do mesmo tipo, mas que deviam ser organizadas em pares de rubricas. Se comparava, por exemplo, claro e escuro, então a segunda qualidade era manifestamente apenas a *negação* da primeira; e assim diferenciava qualidades positivas e negativas, em um sério esforço por reencontrar e apontar essa oposição fundamental em todo o domínio da natureza. Nisso, seu método era o seguinte: ele tomava alguns opostos – por exemplo, leve e pesado, raro e denso, ativo e passivo –, atendo-se àquela oposição entre claro e escuro como modelo: a propriedade que correspondia ao claro era a propriedade positiva, e a que correspondia ao escuro, a negativa. Caso tomasse, por exemplo, o pesado e o leve, então o leve ficava para o lado da luz, e o pesado do lado do escuro: desse modo, o pesado valia apenas como negação do leve, enquanto o leve valia como uma propriedade positiva. Já o próprio método implica uma disposição para a resistência à insinuação dos sentidos, e para o procedimento lógico-abstrato. O pesado parece, de fato, impor-se com bastante insistência aos sentidos como qualidade positiva; isso não impediu Parmênides de qualificá-lo como uma negação. Do mesmo modo, qualificava como meras negações a terra em oposição ao fogo, o frio em oposição ao quente, o denso em oposição ao rarefeito, o feminino em oposição ao masculino e o passivo em oposição ao ativo, de modo que para seu olhar o nosso mundo empírico se diferenciava em duas esferas distintas: a das propriedades positivas – de caráter claro, ígneo, quente, leve, rarefeito, masculino-ativo – e a das propriedades negativas. Estas últimas exprimem na realidade apenas a carência, a ausência das outras, positivas; ele descreveu, então, a esfera na qual faltam as propriedades positivas como escura, terrosa, fria, pesada, densa e, no geral, como sendo de caráter feminino-passivo. No lugar das expressões "positivo" e "negativo", utilizava ele a terminologia "ser" e "não ser"[17], e assim chegou, ao contrário de Anaximandro, à doutrina segundo a qual este nosso mundo contém em si algo que é: todavia também algo que não é. Não se deve buscar por aquilo que é fora do mundo, como que por detrás de nosso horizonte; mas diante de nós, e em toda parte, em todo vir a ser está contido algo que é e que age.

Assim, restava para ele ainda a tarefa de dar resposta mais precisa à questão: "O que é o vir a ser?" – e este foi o momento no qual precisou saltar para não cair, embora, para naturezas como a de Parmênides, qualquer salto equivalha a uma queda. Enfim penetramos na bruma, na mística das *qualitates ocultae* e até mesmo um pouco na mitologia. Parmênides observa, como Heráclito, o vir a ser e a inconstância universais, e só pode interpretar o perecimento de modo que aquilo que não é tenha que ser culpado por ele. Pois como poderia aquilo que é levar a culpa pelo perecimento? Do mesmo modo, porém, a gênese deve ocorrer com ajuda daquilo que não é: pois o que é sempre existe e não poderia, a partir de si, gerar, quanto menos explicar uma gênese. Desse modo, tanto a gênese como o perecimento são levados a cabo pelas propriedades negativas. Por outro lado, se aquilo que é gerado possui um conteúdo, e se aquilo que perece perde um conteúdo, pressupõe-se que as propriedades positivas – isto é, o conteúdo propriamente dito – estejam igualmente envolvidas em ambos os processos. Resumindo, esta é a origem da doutrina segundo a qual "Para o vir a ser são necessários tanto aquilo que é como aquilo que não é; quando agem conjuntamente, resulta um vir a ser". Mas como se aproximam o positivo e o negativo? Não deveriam, ao contrário, enquanto opostos, se afastar incessantemente um do outro, tornando assim impossível qualquer vir a ser? Aqui Parmênides apela para uma *qualitas occulta*, uma tendência mística daquilo que é oposto a aproximar-se e atrair-se

17. A forma que Nietzsche utiliza para traduzir as expressões gregas *to ón* e *to me ón* – encontradas no poema de Parmênides – para o alemão é *seiend* e *nicht seiend*. Essa forma participial, que também ocorre na expressão grega, não tem uma tradução simples para o português e significa, aproximadamente, "aquilo que é" e "aquilo que não é".

mutuamente, e assim sensualiza toda oposição sob o nome de Afrodite e pelo comportamento empiricamente conhecido do feminino e do masculino, um em relação ao outro. É o poder de Afrodite que acopla os opostos, aquilo que é com aquilo que não é. Um anseio leva os elementos antagônicos e odiosos entre si à união: o resultado é um vir a ser. Quando o desejo é saciado, o ódio e o antagonismo inerentes impelem o que é e o que não é a se separarem novamente – e então o homem diz que "a coisa perece". –

10

Mas ninguém se atém impunemente a abstrações profanas como o "ser" e o "não ser"; o sangue coagula aos poucos quando se as toca. Houve um dia no qual Parmênides foi tomado de uma estranha impressão, a qual parecia privar de valor as suas combinações anteriores, de modo que quis deixá-las de lado, como uma bolsa de moedas velhas e gastas. Costumeiramente, assume-se que também uma impressão externa, e não apenas a consequência interna de tais conceitos como "ser" e "não ser" esteve ativa na invenção deste dia: a intimidade com a teologia do velho e viajado rapsodo, do cantor de um endeusamento místico da natureza, *Xenófanes* de Cólofon. Xenófanes viveu uma vida fora do comum como poeta andarilho e tornou-se um homem muito ensinado e ensinador, o qual sabia tanto perguntar como narrar; motivo pelo qual Heráclito enquadrava-o entre as naturezas poli-históricas e entre as naturezas "históricas" em geral, no sentido já mencionado. Ninguém poderá calcular, agora, quando e onde lhe ocorreu a mística atração para o uno e o eternamente inerte; talvez seja a concepção do homem ancião, enfim tornado sedentário, para o qual, após a agitação de suas perambulações e após incansáveis aprendizados e pesquisas, o mais alto e o maior surgissem na alma como a visão de um repouso divino, da persistência de todas as coisas em uma panteística paz primordial. De resto, parece-me mera coincidência que, logo no mesmo local, em Eleia, dois homens tenham vivido juntos por algum tempo e que ambos tenham carregado uma concepção de unidade na mente: eles não constituem nenhuma escola e nada têm em comum que um pudesse ter aprendido com o outro para depois o ensinar. Pois a origem de tal concepção de unidade é em um totalmente distinta, até mesmo oposta à do outro; e, caso um tenha conhecido a doutrina do outro, então lhe teria sido necessário, simplesmente para compreendê-la, transpô-la para a sua própria linguagem. Mas nessa tradução era perdido justamente o que havia de específico na outra doutrina. Enquanto Parmênides chegou à unidade daquilo que é puramente por meio de uma suposta consequência lógica, a partir do desdobramento dos conceitos de ser e não ser, Xenófanes é um místico religioso e pertence, com sua unidade mística, propriamente ao século VI. Embora não tivesse uma personalidade transformadora como a de Pitágoras, teve, no entanto, durante suas perambulações, a mesma atração, o mesmo impulso de melhorar, purificar, curar as pessoas. Ele é o professor ético, mas ainda no patamar dos rapsodos; em tempos posteriores, teria sido um sofista. Na ousada reprovação dos costumes e opiniões correntes, não teve na Grécia o seu par; assim, não se retirou para a solidão, como fizeram Heráclito e Platão, mas confrontou justamente aquele público cujo clamor admirado por Homero, cuja inclinação apaixonada pelas honras dos festivais de jogos ginásticos, cuja adoração a rochas com formas humanas censurava, embora não com ódio e desprezo, como um Thersites[18] ralhento. A liberdade do indivíduo atinge em Xenófanes o nível mais elevado; e ele se aproxima de Parmênides mais nesse abster-se de toda e qualquer convenção do que por essa suprema unidade divina, que certa vez vislumbrou, com um olhar digno desse século, que não partilha praticamente nada em termos de expressão e de palavra com o ser único de Parmênides, e certamente nada em termos de origem.

Foi muito antes em condições opostas a essas que Parmênides encontrou a doutrina do ser. Nesse dia e nessa situação, pôs à prova ambos os seus opostos coatuantes, cujo desejo e ódio constitui o mundo e o vir a ser, aquilo que é e aquilo que não é, as propriedades positivas e negativas – e, de repente, ficou pendurado, desconfiado, no conceito da propriedade negativa, daquilo que não é. Pois pode algo que não é ser uma propriedade? Ou, mais fundamentalmente: pode, acaso, ser algo que não é? A única forma de conhecimento à qual damos imediatamente uma confiança incondicional, e cujo desmentimento equivale à loucura, é a tautologia *A* = *A*. Porém justo esse conhecimento tautológico gritava implacavelmente para ele: aquilo que não é, não é! Aquilo que é, é! De repente, Parmênides sentiu um pecado lógico monstruoso pesar sobre sua vida; pois sempre presumira, sem reflexão, que existiam propriedades negativas, ou seja, coisas absolutamente inexistentes, que formalmente se expressariam sob a forma *A* = *não A*: algo que só poderia constituir uma total perversão do pensar. Ocorre que, conforme ele percebeu, todo o conjunto da humanidade julgava com a mesma perversão: ele próprio apenas tomara parte no crime universal contra a lógica. Mas o mesmo instante que o acusa desse crime ilumina-o com a glória de uma descoberta: pois encontrou um princípio, a chave para o segredo do mundo, para além de qualquer ilusão humana; agora, de mãos dadas com a segura e

18. Personagem da *Ilíada*. É descrito como um homem feioso e galhofeiro, que critica a ganância de Agamênon e a covardia de Aquiles. Ele também ressurge em Shakespeare e Goethe. Sempre aparece como uma personagem desprezível, que traz alguma opinião polêmica.

terrível verdade tautológica acerca do ser, Parmênides descende para o abismo das coisas.

No caminho para lá, ele encontra-se com Heráclito – que encontro infeliz! Justamente quando se empenhava na mais severa segregação entre ser e não ser, ele devia odiar mais do que nunca o jogo de antinomias de Heráclito; proposições como "Nós somos e ao mesmo tempo não somos", ou "Ser e não ser são o mesmo, e ao mesmo tempo o distinto", nas quais tudo aquilo que Parmênides acabara de esclarecer e desenredar tornava-se novamente turvo e emaranhado, irritavam-no profundamente: "Fora com os homens", exclamava, "que aparentam ter duas cabeças, mas que no entanto nada sabem! Neles, tudo é fluido, inclusive o pensamento! Eles admiram apaticamente as coisas, e só podem ser surdos e cegos para mesclar de tal maneira os opostos entre si!" A falta de entendimento das massas, glorificada por antinomias infantis e adorada como o apogeu de todo conhecimento, era para ele uma vivência dolorosa e incompreensível.

Agora ele mergulhava no banho frio de suas terríveis abstrações. Aquilo que é verdadeiro deve estar eternamente no presente dele não se pode dizer que "foi" ou que "será". Aquilo que é não pode ter vindo a ser: pois de onde poderia ter surgido? Daquilo que não é? Mas este não é, e não pode trazer nada à existência. Daquilo que é? Mas este não realiza nada mais além de si mesmo. O mesmo ocorre com o perecimento; ele é igualmente impossível, assim como o vir a ser, assim como qualquer mudança, como qualquer crescimento, qualquer redução. Esta proposição tem validade absoluta: tudo aquilo do qual é possível dizer que "foi" ou que "será" não é, e daquilo que é jamais pode-se dizer que "ele não é". Aquilo que é é indivisível, pois onde estará a segunda potência que irá dividi-lo? Ele é imóvel, pois para onde deverá se mover? Ele não pode ser nem infinitamente grande, nem infinitamente pequeno, pois é acabado, e uma infinitude acabada é uma contradição. Assim flutua ele, limitado, acabado, imóvel, equilibrado em toda parte, igualmente completo em cada ponto, como uma esfera, mas não em um espaço: pois, se assim fosse, esse espaço seria algo mais que é. Não podem, no entanto, haver diversas coisas que sejam, pois para separá-las deveria existir algo que não fosse ser: uma suposição que se anula a si mesma. Desse modo, existe apenas a unidade eterna.

Quando Parmênides voltava agora seu olhar para o mundo do vir a ser, cuja existência ele procurara compreender por meio de combinações tão significativas, irritava-se com seus olhos pelo simples fato de verem o vir a ser, e com seus ouvidos, que o ouviam. "Só não sigais o olho estúpido", proclamava agora seu imperativo, "tampouco os ouvidos ressonantes ou a língua, mas provai somente com a força do pensamento!” Com isso, ele consumava a primeira crítica do aparato cognitivo, uma crítica sumamente importante, mesmo que tão insuficiente e tão funesta em suas consequências: segregando os sentidos e a aptidão para pensar abstrações, rasgando em dois a razão, como se fossem duas faculdades distintas, ele destroçou o próprio intelecto, reduzindo-o a esta separação equivocada entre “espírito” e “corpo”, a qual, especialmente desde Platão, paira como uma maldição sobre a filosofia. Todas as constatações dos sentidos levam apenas a ilusões, sentencia Parmênides; e sua principal ilusão é justamente o fato de sugerirem que também aquilo que não é seja, e que também o vir a ser tenha um ser. Toda a multiplicidade e todo o colorido do mundo conhecido pela experiência, a sua permutação de qualidades, a ordenação de seu sobe e desce, tudo é jogado de lado impiedosamente como mera aparência e ilusão; dela nada se pode aprender, de modo que todo esforço que se gasta com esse mundo, em essência inexistente e apresentado igualmente de modo enganoso pelos sentidos, é em vão. Quem julga assim, no todo, como o fez Parmênides, deixa com isso de ser um estudioso da natureza no particular; seu interesse pelos fenômenos definha, chega até mesmo a crescer um ódio pelo fato de não poder jamais se livrar dessa eterna fraude dos sentidos. A verdade deve, doravante, viver apenas nas generalidades mais desbotadas, mais afastadas, nos invólucros vazios das palavras mais imprecisas, como em uma morada de teias de aranha: e, ao lado de tal “verdade”, senta-se agora o filósofo, igualmente exangue, como uma abstração, envolto por todos os lados em teias de fórmulas. A aranha deseja o sangue de sua vítima; mas o filósofo parmenídico odeia justamente o sangue da vítima, o sangue da empiria por ele sacrificada.

11

E este era um grego, cujo florescimento foi mais ou menos contemporâneo à eclosão da revolução jônica. Àquela época era possível a um grego fugir da efetividade superabundante como que de um esquematismo enlevador das forças da imaginação – não como o fez Platão, para a terra das ideias eternas, para as oficinas do criador do universo, de modo a apascentar o olhar sob as imaculadas e inquebráveis formas primordiais das coisas – mas para um rígido e mortal silêncio do mais frio e vazio de todos os conceitos: o de ser. Nós desejamos precaver-nos de interpretar um fato extravagante como esse por meio de falsas analogias. Essa fuga não era uma fuga da realidade no sentido da filosofia indiana, ela não era exigida por um profundo convencimento religioso da corruptibilidade, efemeridade e desgraça da existência, cujo fim último, a serenidade no ser, não era almejado como uma imersão mística em *uma* representação arrebatadora, autossuficiente, que é para o homem comum um enigma e um incômodo. O pensamento de Parmênides não carrega consigo nada do obscuro e inebriante perfume indiano, o qual talvez não seja totalmente inverossímil de se presumir em Pitágoras e Empédocles: o surpreendente, neste caso, nessa época, é muito antes justamente o desodorizado, descolorido, desalmado, o não formado, a carência total de sangue, religiosidade e calor ético, o esquemático-abstrato – num grego! –, mas acima de tudo a terrível energia da atração pela *certeza*, em uma era de pensamento mítico e de um fantasismo extremamente flexível. Concedei-me apenas uma certeza, ó deuses, é a prece de Parmênides, e que ela seja, no mar de incertezas, apenas uma tábua larga o suficiente para que se possa deitar sobre ela! Tudo aquilo que vem a ser, que é abundante, colorido, florido, enganoso, sedutor, vivo, tudo isso, tomai apenas para vós: e dai-me somente essa única, pobre, vazia certeza!

Na filosofia de Parmênides preludia-se o tema da ontologia. A experiência não lhe ofereceu em parte alguma um ser tal como ele o pensava, mas, do fato de ele poder pensá-lo, concluiu que ele deveria existir: uma conclusão que repousa sobre o pressuposto de que nós possuímos um órgão do conhecimento, o qual penetra na essência das coisas e que é independente da experiência. O material de nosso pensamento não é, segundo Parmênides, de modo algum proveniente de intuições, mas é de uma origem distinta, de um mundo extrassensorial, ao qual temos acesso direto pelo pensamento. Aristóteles, porém, já fez valer contra todas as conclusões semelhantes que a existência jamais pertence à essência da coisa. Justamente por isso não é possível, a partir do conceito "ser" – cuja *essentia* é, de fato, apenas o próprio ser –, concluir sobre uma *existentia* do ser. A verdade lógica de uma oposição como "ser" e "não ser" é totalmente vazia, caso não possa ser dado o objeto a ela subjacente, a intuição a partir da qual essa oposição é derivada por meio de abstração; ela é, sem esse retorno à intuição, apenas um jogo de representações, pelo qual nada é conhecido de fato. Pois o critério meramente lógico de verdade, como nos ensina Kant, isto é, a concordância de um conhecimento com as leis gerais e formais do entendimento e da razão, é apenas a *conditio sine qua non* e, logo, a condição negativa de toda verdade: a lógica não pode, porém, ir mais adiante, e não pode descobrir, por meio de nenhuma pedra de toque, o erro que diz respeito não à forma, mas ao conteúdo. Porém, se nos empenharmos em buscar um conteúdo para a verdade lógica "aquilo que é, é; aquilo que não é, não é", não encontraremos de fato nenhuma efetividade que se constitua rigidamente segundo essa oposição; eu bem posso dizer de uma árvore que "ela é", em comparação com todas as outras coisas, como que "ela vem a ser", em comparação com ela mesma em um outro momento temporal, como, finalmente, também que "ela não é" – por exemplo, que "ela ainda não é uma árvore", se eu observo uma muda. As palavras são meros símbolos para as relações das coisas entre si e conosco, e não tocam em parte alguma a verdade absoluta: e os próprios termos "ser" e "não ser" designam apenas a relação mais geral que prende todas as coisas umas às outras. Sendo, portanto, a existência das coisas em si indemonstrável, logo, a relação das coisas entre si, o assim chamado "ser" e "não ser", tampouco poderá levar-nos um passo sequer em direção aos domínios da verdade. Jamais avançaremos, com palavras e conceitos, para além da fronteira das relações, para algum fundamento primordial das coisas – e mesmo nas formas puras da sensibilidade e do entendimento, no espaço, no tempo e na causalidade, não ganhamos nada que possa assemelhar-se a uma *veritas aeterna*. É inevitável para o sujeito que lhe seja impossível pretender ver e conhecer algo para além de si mesmo, tão impossível que conhecer e ser são as esferas mais contraditórias entre si. E enquanto Parmênides, na ingênua ignorância da crítica do intelecto de seu tempo, podia acreditar que chegaria, a partir do conceito eternamente subjetivo, a um ser em si, é hoje, desde Kant, de uma ignorância grosseira quando, aqui e ali – especialmente entre teólogos mal-ensinados que querem bancar o filósofo –, se coloca como tarefa da filosofia "apreender o absoluto com a consciência", seja na forma "o absoluto já está dado, se não, como poderia ser buscado?", como se expressou Hegel, ou com a inflexão de Beneke[19], pela qual "é necessário que o ser esteja de alguma maneira dado, ou que seja alcançável para nós, pois do contrário não poderíamos ter nem mesmo o conceito de ser". O conceito de ser! Como se ele não explicitasse sua origem empírica mais miserável já na etimologia da palavra! Pois *esse*[20] significa, a princípio, apenas "respirar": se o homem a utiliza para todas as outras coisas é porque ele transfere a convicção de que ele mesmo respira e vive, por meio de uma metáfora, isto é, de algo ilógico, para as outras coisas; ele compreende, numa analogia humanizante, sua existência como um respirar. E logo se apaga a significação original da palavra: mas permanece sempre o suficiente para que o homem represente a existência das outras coisas segundo uma analogia com a sua própria existência, ou seja, antropomorficamente, por meio de uma transferência ilógica. Mesmo para o homem, desconsiderando-se tal transferência, a proposição "eu respiro, logo há um ser" é totalmente insuficiente: de modo que deve-se fazer contra ela a mesma objeção que contra o *ambulo, ergo sum* ou *ergo est*[21]

19. Friedrich Eduard Beneke (1798-1854): filósofo alemão precursor da psicologia do inconsciente.

20. *Esse* é o verbo "ser" no infinitivo, em latim.

21. "Ando, logo existo". Referência a uma famosa objeção de Gassendi à formulação *cogito ergo sum* ("Penso, logo existo") de René Descartes.

12

O outro conceito, de conteúdo maior que o de ser, e igualmente já inventado por Parmênides, embora ainda não aplicado por ele tão destramente quanto por seu discípulo Zenão, é o do infinito. Não pode existir nada infinito: pois de tal pressuposição resultaria o conceito contraditório de uma infinitude realizada. Uma vez que nossa efetividade, o mundo existente, carrega em toda parte o caráter de uma tal infinitude realizada, então ele significa, segundo sua essência, uma contradição lógica, e, com isso, também uma contradição em relação ao real, e é ilusão, mentira, fantasia. Zenão utilizava-se especialmente do método de comprovação indireta: ele dizia, por exemplo, que "não pode haver movimento de um lugar ao outro: pois, se houvesse tal movimento, então se realizaria uma infinitude completa: mas isso é impossível". Aquiles não pode alcançar, em uma corrida, a tartaruga que tem uma pequena distância de vantagem em relação a ele: pois, apenas para alcançar o ponto do qual a tartaruga começa a correr, ele já deverá ter percorrido inúmeros, infinitos espaços, a saber, primeiro a metade de tal distância, então um quarto, então um oitavo, então um dezesseis avos, e assim por diante *in infinitum*. Caso ele realmente alcance a tartaruga, então este será um fenômeno ilógico, jamais uma verdade, nem uma realidade, nem um ser verdadeiro, mas apenas uma ilusão. Pois não é o possível finalizar o infinito. Um outro meio popular de expressar essa doutrina é com a flecha que, embora voando, está em repouso. A cada instante de seu voo ela tem uma posição: e nessa posição ela está em repouso. Seria agora a soma das infinitas posições de repouso idêntica ao movimento? Seria agora o repouso, quando infinitamente repetido, movimento, ou seja, seu próprio oposto? O infinito é utilizado aqui como solvente da efetividade: ela se desfaz nele. Pois se os conceitos são firmes, eternos e existentes – e ser e pensar coincidem para Parmênides –, se, então, o infinito não pode jamais ser realizado, se repouso não pode jamais se tornar movimento, então, na verdade, a flecha jamais voou: ela nunca saiu do lugar nem do repouso, nenhum momento se passou no tempo. Ou, expresso de outro modo: não há, nessa assim chamada, porém apenas pretensa efetividade, nem tempo, nem espaço, nem movimento. Por fim, a própria flecha é uma ilusão: pois ela origina-se da multiplicidade, da fantasmagoria do não uno produzida pelos sentidos. Supondo-se que a flecha tivesse um ser, então este seria inamovível, atemporal, não vindo a ser, rígido e eterno – uma representação impossível! Supondo-se que o movimento fosse verdadeiramente real, então não haveria repouso, logo, nenhuma posição para a flecha, e, logo, nenhum espaço – uma representação impossível! Supondo-se que o tempo fosse real, ele não poderia ser infinitamente divisível; o tempo do qual a flecha necessitaria deveria constituir-se de um número limitado de momentos temporais, cada um desses momentos deveria ser um átomo – uma representação impossível! Todas as nossas representações levam a contradições, tão logo se tome como *veritas aeterna* o seu conteúdo, que é sempre empiricamente dado, criado desse mundo sensível. Se há movimento absoluto, então não há espaço: se há espaço absoluto, então não há movimento; se há um ser absoluto, então não há multiplicidade. Se há uma multiplicidade absoluta, então não há unidade. Com isso, deveria ficar claro o quão pouco nós tocamos o coração das coisas ou afrouxamos o nó da realidade com tais conceitos: mas Parmênides e Zenão prendem-se, inversamente, à verdade e validade absoluta dos conceitos, e recusam o mundo sensível como sendo o oposto desses conceitos verdadeiros e absolutamente válidos, como uma objetivação do ilógico e do contraditório. Eles partem, em todas as suas demonstrações, do pressuposto totalmente incomprovável, mesmo inverossímil, de que nós possuímos, com tal habilidade conceitual, o mais alto e mais decisivo critério sobre ser e não ser, isto é, sobre a realidade objetiva e seu oposto: tais conceitos não devem confirmar e se corrigir na efetividade, já que são, de fato, derivados dela, mas devem, ao contrário, medir e regular a efetividade, e, no caso de uma contradição com o lógico, até mesmo condená-la. Para poder atribuir a esses conceitos tal autoridade reguladora, Parmênides teve de imputar-lhes o mesmo ser que ele fazia valer como o ser em geral: o pensar e aquela bola una, não vinda a ser e completa daquilo que é, não deviam mais ser compreendidos como dois modos distintos do ser, uma vez que não poderia haver dualidade do ser. Desse modo, tornou-se necessária a noção excessivamente ousada de explicar pensar e ser como idênticos; nenhuma forma da intuição, nenhum símbolo, nenhuma analogia poderia oferecer ajuda nesse caso; uma noção completamente irrepresentável, mas absolutamente necessária. Ela celebrava, na ausência de qualquer possibilidade de reconciliação, o mais elevado triunfo sobre o mundo e as exigências dos sentidos. O pensar e aquele ser bulboso-arredondado, composto de massa morta e rigidamente imóvel, devem, segundo o imperativo parmenídico, para o horror de toda fantasia, coincidir num só, e ser, assim, uma e a mesma coisa. Que essa identidade contradiga os sentidos! É justamente essa a garantia de que ela não provém dos sentidos.

13

Aliás, era possível apresentar contra Parmênides também um forte par de *argumenta ad hominem* ou *ex concessis*, os quais, apesar de não possibilitarem trazer a própria verdade à luz, podiam, no entanto, revelar a inverdade de tal separação absoluta entre o mundo dos sentidos e o mundo dos conceitos e da identidade entre ser e pensar. Primeiramente: se o pensar da razão em conceitos é real, então também a multiplicidade e o movimento devem ter realidade, pois o pensamento racional é movimentado, e esse movimento é um movimento de conceito para conceito, ou seja, no interior de uma multiplicidade de realidades. Contra isso não há escapatória, é totalmente impossível qualificar o pensar como uma rígida persistência, como um eternamente imóvel pensar a si mesmo da unidade. Em segundo lugar: se tudo que provém dos sentidos é mera enganação e aparência, se na verdade só existe a real identidade entre ser e pensar, o que são então os sentidos mesmos? Haverão, nesse caso, de ser também mera aparência: uma vez que nem eles coincidem com o pensar, nem o seu produto, o mundo sensível, com o ser. Mas se os sentidos são eles mesmos aparência, do que serão aparência? Como podem eles, enquanto irreais, ainda assim iludir? Aquilo que não é não pode nem mesmo enganar. O "de onde?" da ilusão e da aparência permanece, portanto, um enigma, até mesmo uma contradição. Nós chamamos esses *argumenta ad hominem*, respectivamente, de objeção da razão movimentada e aquela da origem da aparência. Do primeiro segue-se a realidade do movimento e da multiplicidade, do segundo, a impossibilidade da aparência parmenídica; pressupondo-se que se assuma a doutrina principal de Parmênides, aquela sobre o ser, como fundamentada.

Essa doutrina principal, no entanto, diz apenas: somente aquilo que é tem um ser; aquilo que não é, não é. Mas se o movimento for um tal ser, então vale, acerca dele, aquilo que vale, absolutamente e sem exceção, acerca daquilo que é: ele é não vindo a ser, eterno, indestrutível, não aumenta nem diminui. Mas, tendo-se renegado a condição de mera aparência desse mundo, com ajuda daquela pergunta acerca do "de onde?" da aparência, tendo-se protegido da refutação parmenídica o palco do assim chamado vir a ser, da mudança, de nosso rico estar aí multiforme e infatigável, torna-se necessário caracterizar esse mundo da troca e da mudança como uma *soma* de essências verdadeiras, que existem simultaneamente por toda a eternidade. Com essa suposição, naturalmente, tampouco é possível falar de uma mudança ou de um vir a ser em sentido estrito. Mas agora a multiplicidade tem um ser verdadeiro, todas as qualidades têm um ser verdadeiro, inclusive o movimento: e de cada momento desse mundo, mesmo que esses momentos escolhidos ao acaso estejam a milênios uns dos outros, deveria ser possível dizer: todas as essências verdadeiras que nele havia, sem exceção, estão lá simultaneamente, inalteradas, indiminutas, sem crescimento, sem redução. Um milênio depois, o mundo permanece o mesmo, nada se transformou. Se este parece, mesmo assim, totalmente diferente numa vez e noutra, não se trata de uma ilusão, não é nada meramente aparente, mas a consequência do movimento eterno. Aquilo que é verdadeiramente movimenta-se ora de um modo, ora de outro, une, separa, vai para cima, para baixo, confluindo, mesclando-se.

14

Com essa representação já penetramos um passo nos domínios da doutrina de *Anaxágoras*. É ele quem levanta, contra Parmênides, com todo ímpeto, essas duas objeções – aquela do pensar movimentado e aquela do "de onde?" da aparência: mas, em sua tese principal, Parmênides subjugou-o, assim como a todos os filósofos e estudiosos da natureza mais jovens. Todos eles negam a possibilidade do vir a ser e do perecer do modo como o bom senso do povo o imagina para si e como supuseram, com mais reflexão, e ainda assim irrefletidamente, Anaximandro e Heráclito. Um brotar do nada e desaparecer no nada mitológico, uma modificação arbitrária do nada em algo, um trocar, despir e vestir arbitrário de qualidades valiam daquele momento em diante como sem sentido: igualmente, e pelos mesmos motivos, descartou-se a tese da origem do múltiplo a partir do uno, das diversas qualidades a partir da única qualidade primordial – resumindo, a derivação do mundo a partir de um material primordial, à maneira de Tales ou de Heráclito. Agora se erigia o gravíssimo problema de transferir a doutrina do ser não gerado e imperecível para este mundo existente, sem refugiar-se na teoria da aparência e da ilusão pelos sentidos. Mas se o mundo empírico não deve ser apenas aparência, e se as coisas não devem ser derivadas do nada, e tampouco de um "algo" único, então essas coisas devem conter, elas mesmas, um ser verdadeiro, seu material e seu conteúdo devem necessariamente ser reais, e toda mudança pode apenas referir-se à forma, ou seja, ao posicionamento, à ordem, ao agrupamento, à mescla e à separação dessas essências eternas e simultaneamente existentes. Seria como no jogo de dados: os dados são sempre os mesmos, mas, caindo ora de um jeito, ora de outro, eles significam para nós coisas distintas. Todas as teorias mais antigas reconduziam a um elemento primordial para torná-lo seio e causa do vir a ser, seja ele água, ar, fogo ou o indefinido de Anaximandro. Contra isso, Anaxágoras assevera agora que do mesmo jamais pode surgir o distinto, e que a mudança jamais pode ser explicada a partir de uma única coisa que é. Por mais rarefeito ou comprimido que se possa imaginar um suposto material, jamais será possível alcançar, por meio de tal compressão ou rarefação, aquilo que se deseja explicar: a multiplicidade das qualidades. Mas, se o mundo é de fato pleno das mais distintas qualidades, então elas devem, caso não sejam aparência, possuir um ser, isto é, ser eternas, não vindas a ser, imperecíveis e sempre simultaneamente existentes. Pois aparência elas não podem ser, dado que, permanecendo sem resposta a pergunta pelo "de onde?" da aparência, ela responde a si mesma com um sonoro "não". Os pesquisadores mais antigos pretenderam facilitar o problema do vir a ser estabelecendo apenas uma substância, a qual carregaria as possibilidades de todo o vir a ser em seu seio; agora diz-se o contrário: há inumeráveis substâncias, mas nunca mais, nunca menos, e nunca novas. Apenas o movimento lança-as sempre renovadamente umas sobre as outras, feito dados, mesclando-as: pois que o movimento é uma verdade e não uma aparência, isso provou Anaxágoras, contra Parmênides, pela incontestável sucessão de nossas representações ao pensarmos. Nós possuímos, portanto, do modo mais imediato, uma compreensão da verdade do movimento e da sucessão justamente no fato de pensarmos e termos representações. Desse modo tira-se do caminho de uma vez por todas o ser rígido, repousante, morto e uno de Parmênides; há seguramente muitas coisas que são, e é igualmente seguro que todas essas muitas coisas que são (existências, substâncias) estão em movimento. Mudança é movimento – mas de onde provém o movimento? Se esse movimento deixa a essência propriamente dita dessas muitas substâncias independentes e isoladas totalmente intocada, não *deverá* ele próprio ser, de acordo com o conceito mais rígido daquilo que é, estranho a essas substâncias tomadas em si? Ou pertence ele mesmo assim às próprias coisas? Encontramo-nos diante de uma decisão importante: logo que tomarmos um rumo, penetraremos no terreno de Anaxágoras, de Empédocles ou de Demócrito. A seguinte grave questão deve ser colocada: se há muitas substâncias, e se essas se movimentam, o que as faz se moverem? Movimentam-se umas às outras? Será apenas a gravidade que as move? Ou haverá poderes mágicos de atração e repulsão nas próprias coisas? Ou estará o motivo do movimento fora dessas muitas substâncias reais? Ou, perguntando de forma mais rigorosa: quando duas coisas revelam uma sucessão, uma modificação mútua de estado, isso parte delas mesmas? E deve-se explicar o ocorrido mecânica ou magicamente? Ou, se não for nenhuma destas, será alguma terceira coisa que as move? É um problema terrível: pois Parmênides, mesmo pressupondo múltiplas substâncias, teria podido, ainda assim, comprovar, contra Anaxágoras, a impossibilidade do movimento. Pois ele poderia dizer, por exemplo: tomemos dois entes que são em si, cada um destes com um ser totalmente diferenciado, autônomo e incondicionado – e é dessa sorte que são as substâncias Anaxagóricas –; estes jamais poderão chocar-se um com o outro, nem mover-se, nem atrair-se mutuamente; não há entre eles nenhuma causalidade, nenhuma ponte, eles não se tocam, não incomodam um ao outro, um não tem nenhuma relação com o outro. O choque é assim tão inexplicável quanto a atração mágica; aquilo que é necessariamente estranho a outro não pode ter qualquer tipo de influência sobre este, nem vice-versa, e logo também não pode se movimentar, nem se deixar movimentar. Parmênides teria acrescentado, ainda: a única saída que vos resta é atribuir o movimento às próprias coisas; mas então, tudo aquilo que vedes e conheceis como movimento será, ainda assim, apenas uma ilusão e não o verdadeiro movimento, pois a única forma de movimento cabível para essas substâncias necessariamente peculiares seria apenas uma movimentação sobre si mesmas sem qualquer efeito. No entanto, pressupondes o movimento justamente para explicar os efeitos da troca, do deslocamento no espaço, da mudança, enfim, as causalidades e relações das coisas entre si. Mas logo esses efeitos não se explicariam e permaneceriam tão problemáticos quanto antes; por isso, não se pode em absoluto deixar de notar a inutilidade de pressupor um movimento, uma vez que ele nem mesmo pode realizar aquilo que dele desejais. O movimento não atinge a essência das coisas, e lhe é eternamente estranho.

Para superar uma tal argumentação, esses inimigos da unidade imóvel eleática deixaram-se seduzir por um preconceito proveniente da sensibilidade. Parece irrefutável que tudo aquilo que é verdadeiramente seja um corpo que preenche o espaço, um torrão de matéria, grande ou pequeno, mas em todo caso espacialmente extenso: de modo que dois ou mais desses torrões não podem ocupar um mesmo espaço. A partir desta pressuposição, supôs Anaxágoras – assim como, mais tarde, também Demócrito – que deviam chocar-se entre si, caso viessem a se encontrar no curso de seus movimentos, que eles disputariam o mesmo espaço, e que essa luta seria, então, a causa de toda mudança. Em outras palavras: aquelas substâncias totalmente isoladas, completamente distintas entre si, não eram, na verdade, concebidas como absolutamente distintas, mas tinham, todas elas, devido a uma qualidade específica e deveras peculiar, um substrato totalmente idêntico: um pedaço de matéria que preenche o espaço. Enquanto participantes da matéria, estavam todas em pé de igualdade e podiam, por isso, agir umas sobre as outras, isto é, chocar-se entre si. Sendo assim, a mudança não dependeria da distinção entre tais substâncias, mas somente de sua identidade enquanto matéria. Encontramos aqui um deslize lógico na base da pressuposição de Anaxágoras: pois aquilo que é verdadeiramente em si deve ser totalmente incondicionado e uniforme, e não pode, por isso, pressupor nada como sua causa – enquanto que todas aquelas substâncias anaxagóricas ainda possuem uma condição, a matéria, cuja existência pressupõem de antemão: a substância "vermelho", por exemplo, era para Anaxágoras não apenas o vermelho em si, mas, além disso, ocultamente, também um pedaço de matéria sem qualidades. Apenas por meio dela o "vermelho em si" agia sobre outras substâncias, não com a vermelhidão, mas com aquilo que não é vermelho, nem colorido, totalmente indefinido qualitativamente. Se se tivesse tomado o vermelho enquanto vermelho, em sentido rigoroso, como a verdadeira substância em si, isto é, sem tal substrato, então Anaxágoras certamente não teria ousado falar de uma ação do vermelho sobre outras substâncias, e com certeza não o teria expressado dizendo que o "vermelho em si" encadearia por meio do impulso o movimento apreendido do "carnal em si". Então ficaria claro que aquilo que é verdadeiramente jamais poderá ser movimentado.

15

Deve-se olhar para os oponentes dos eleatas para apreciar as vantagens extraordinárias da suposição de Parmênides. Que embaraços – dos quais Parmênides escapara – esperavam por Anaxágoras e todos aqueles que acreditavam em uma multiplicidade de substâncias na pergunta: quantas substâncias? Anaxágoras realizou o salto, fechou os olhos e disse: uma quantidade infinita. Desse modo, ao menos contornava a demonstração incrivelmente trabalhosa de um número definido de materiais elementares. Uma vez que esses deviam existir há uma eternidade, sem aumento ou modificação, encontrava-se nessa suposição a contradição de uma infinitude pensada como cerrada e completa. Resumidamente, a multiplicidade, o movimento, a infinitude, afugentados por Parmênides por meio da admirável proposição sobre o ser uno, retornavam do exílio e arremessavam sua munição sobre os oponentes de Parmênides, causando ferimentos para os quais não há nenhuma cura. Sem dúvida esses oponentes não possuem uma consciência clara da terrível força do pensamento eleático: "não pode haver tempo, nem movimento, nem espaço, pois só podemos pensá-los como infinitos, a saber, uma vez como infinitamente grandes, e, logo, também como infinitamente divisíveis; mas tudo que é infinito não tem um ser, não existe" – algo de que ninguém que tome rigorosamente o sentido da palavra "ser" e que considere impossível a existência de algo contraditório, como por exemplo uma infinitude acabada, pode duvidar. Mas, se justamente a efetividade nos apresenta tudo apenas sob a forma da infinitude realizada, então se vê logo que ela mesma se contradiz, ou seja, que não possui uma realidade verdadeira. E, se esses oponentes desejassem objetar, dizendo: "mas em vosso próprio pensar há uma sucessão, logo vosso pensamento também não pode ser real e, sendo assim, tampouco poderá provar qualquer coisa", então Parmênides talvez tivesse respondido, semelhantemente a Kant em um caso parecido, diante de uma objeção como essa, afirmando que

> [...] de fato, posso dizer que minhas representações seguem-se umas às outras: mas isso quer dizer apenas: nós nos tornamos conscientes delas como

> que em uma ordem temporal, isto é, segundo a forma do sentido interno. O tempo é, portanto, não algo em si, nem uma determinação objetivamente atrelada às coisas.[22]

Ou seja, dever-se-ia distinguir o puro pensar, que seria atemporal como o ser uno parmenídico, da consciência desse pensar, pois esta última já traduziria o pensar para a forma da aparência, ou seja, da sucessão, da multiplicidade e do movimento. É possível que Parmênides tenha se servido dessa saída: nesse caso, deveríamos, então, fazer-lhe a mesma objeção que A. Spir (*Pensamento e efetividade*, p. 264)[23] fez a Kant.

Que fique claro, em primeiro lugar, que eu não posso saber nada de tal sucessão se não tiver seus membros sucessivos simultaneamente em minha consciência. A representação de uma sucessão não é, portanto, de modo algum sucessiva, e por consequência é também totalmente distinta da sucessão em si de nossas representações. Em segundo lugar, a suposição de Kant implica absurdos tão gritantes que é espantoso pensar como ele pôde não ter lhes dado atenção. Segundo essa suposição, César e Sócrates não estão realmente mortos, mas vivem ainda, tão bem como há dois mil anos, e meramente aparentam estar mortos, devido a uma disposição de meu "sentido interno". Pessoas do futuro vivem já hoje, e se elas ainda não se adiantaram como vivas, então é de se culpar igualmente essa disposição do "sentido interno". Aqui cabe perguntar, antes de mais nada: como podem os próprios início e fim da vida consciente, juntos com todos os seus sentidos internos e externos, existir apenas na apreensão do sentido interno? Pois a realidade da mudança é um fato inegável. Se arremessam-na janela afora, ela logo entra de novo, enfiando-se pelo buraco da fechadura. Dir-se-á: "apenas parece a mim que situações e representações mudam" – mas então essa aparência é ela mesma algo de objetivo e existente, e nela a sucessão possui, sem dúvida, uma realidade objetiva, nela as coisas seguem-se realmente umas às outras. – Além disso, é preciso notar que a Crítica da Razão como um todo só pode ter razão e estar em seu direito sob a condição de que nossas representações apareçam elas próprias tais como são. Pois, se até as representações aparecessem para nós de maneira distinta do que efetivamente são, então também não seria possível construir acerca delas nenhuma asserção válida, ou seja, não se poderia fundar nenhuma teoria do conhecimento e nenhum exame "transcendental" de validade objetiva. Não restam, portanto, dúvidas de que nossas representações aparecem, elas mesmas, como sucessivas.

---

22. KANT, I., *Crítica da razão pura*, III. (N.A.)

23. Afrikan A. Spir (1837-1890): filósofo neo-kantiano russo-ucraniano.

A consideração dessa sucessão e dessa agitação indubitavelmente seguras forçou Anaxágoras a uma hipótese notável. Visivelmente as representações movimentavam-se a si mesmas, não eram empurradas e não tinham nenhum princípio de movimento fora de si. Então existe algo, dizia ele para si, que carrega a origem e o início do movimento em si mesmo. Em segundo lugar, porém, notou que essa representação movimenta não só a si própria, mas também algo completamente distinto, o corpo. Ele descobre, portanto, na experiência mais imediata, um efeito de representações sobre matéria extensa, o qual se faz conhecer por intermédio do movimento desta última. Isso valia para ele como fato; apenas secundariamente ele se comprazia em esclarecer também esse fato. Por fim, ele tinha um esquema regulativo para o movimento no mundo, que agora pensava ou como o movimento das entidades verdadeiras e isoladas movidas pelo representante[24], o *nous*, ou como movimento a partir do já previamente movimentado. Que essa última forma, a transposição mecânica de movimentos e topadas, também contivesse em si um problema diante de seu pressuposto fundamental deve ter lhe escapado: a generalidade e o aspecto cotidiano do efeito por choque possivelmente embotara seu olhar, fazendo passar-lhe despercebido o aspecto enigmático do mesmo. Em contrapartida, Anaxágoras certamente admitiu com facilidade a natureza problemática, mesmo contraditória, de um efeito de representações sobre substâncias que fossem em si, e buscava por isso reconduzir também esse efeito a um empurrar e chocar-se mecânico, que para ele valesse como explicável. O próprio *nous* era uma tal substância em si, e foi caracterizado por ele como uma matéria bastante delicada e fina, dotada da qualidade específica do pensar. Tendo assumido esse caráter, o efeito dessa matéria sobre a outra matéria deveria ser inteiramente do mesmo tipo daquele que uma outra substância tem sobre uma terceira, a saber, movimentos mecânicos por meio de empurrões e choques. Ainda assim, ele tinha agora uma substância, a qual movimentava a si mesma e a outras, cujo movimento não provinha de fora e não dependia de ninguém além dela mesma: enquanto que parecia quase indiferente como essa automovimentação deveria ser pensada – possivelmente algo como o empurrar-se mutuamente de um lado para o outro de pequenas e delicadas esferas de mercúrio. Dentre todas as questões que dizem respeito ao movimento, não há nenhuma mais incômoda do que a pergunta sobre o seu início; pois se é possível pensar todos os outros movimentos como consequências e efeitos, então se faz necessário explicar o primeiro, o movimento primordial; para os movimentos mecânicos, o primeiro elo da corrente não pode de modo algum ser um movimento mecânico, já

24. No sentido daquele que tem representações, ou seja, o sujeito – no caso, o *nous*.

que isso significaria o mesmo que recorrer ao conceito paradoxal da *causa sui*. Mas, igualmente, tampouco é pertinente conferir movimento próprio às coisas eternas e incausadas, como que presente desde seu início, como uma dádiva de sua existência. Pois o movimento não é imaginável sem uma direção para onde ir nem por onde ir, isto é, enquanto mera relação e condição; uma coisa deixa de ser em si e incausada se ela se refere necessariamente e segundo sua natureza a algo existente fora de si. Nesse embaraço, Anaxágoras julgava possuir uma ajuda e salvação fora do comum nesse *nous*, que movimentava a si mesmo sem depender de mais nada: pois sua essência é escura e velada o suficiente para poder dissimular o fato de que também a sua suposição envolve, no fundo, aquela *causa sui* proibida. É algo manifesto, para a observação empírica, que a representação não é uma *causa sui*, mas o efeito do cérebro, e sob essa ótica deverá parecer um estranho exagero separar o "espírito", o conteúdo cerebral, de sua *causa*, e ainda presumir a sua existência após essa dissolução. Foi o que fez Anaxágoras; ele esqueceu-se do cérebro, de sua impressionante engenhosidade, da delicadeza e complexidade de seus sinuosos condutos, e decretou o "espírito em si". Quanto a esse "espírito em si", somente ele, dentre todas as substâncias, possuía o livre arbítrio – um conhecimento maravilhoso! Podia começar a qualquer hora com o movimento das coisas fora de si, e, por outro lado, passar tempos intermináveis ocupado consigo mesmo – em suma, Anaxágoras podia supor um *primeiro momento* do movimento, em tempos primordiais, como o ponto germinal de todo o assim chamado vir a ser, isto é, de toda mudança, de todo deslocar e rearranjar das substâncias eternas e de seus pedacinhos. Mesmo que o próprio espírito seja eterno, ele não está de modo algum obrigado a se torturar há eternidades empurrando os grãos de matéria: e deve ter havido um tempo e um estado de tais matérias – sendo indiferente se de curta ou longa duração – no qual o *nous* ainda não havia agido sobre elas, no qual elas ainda encontravam-se imóveis. É esse o período do caos anaxagórico.

16

O caos anaxagórico não é nenhuma concepção imediatamente esclarecedora: para apreendê-la, é necessário ter compreendido a representação do assim chamado vir a ser que nosso filósofo criou para si. Pois do estado de todas as diversas existências elementares antes de qualquer movimento, se tomado em si, não é de modo algum necessário que resulte uma mistura absoluta de todas as "sementes das coisas", como diz a expressão de Anaxágoras – uma mistura que ele imaginava como uma confusão total até as partes mais diminutas, na qual todas essas existências elementares estariam pulverizadas e reduzidas a átomos de poeira, de modo que, nesse estado, pudessem ser remexidos no caos, como em um caldeirão. Poder-se-ia dizer que uma tal concepção do caos não contém nada de necessário; seria suficiente supor somente um estado qualquer ao acaso de todas essas existências, mas não que elas estejam divididas ao infinito; um enfileiramento desregrado já seria suficiente, não sendo necessária nenhuma confusão, e menos ainda uma confusão tão completa. Como, então, chegou Anaxágoras a essa representação difícil e complicada? Como já dissemos, por sua interpretação do vir a ser empiricamente dado. A partir da experiência, ele criou primeiramente uma proposição altamente notável, e essa proposição forçou, como sua consequência, uma tal doutrina do caos.

A observação dos processos de gênese na natureza, e não um voltar-se para um sistema anterior, levou Anaxágoras à doutrina segundo a qual *tudo provém de tudo*: era essa a convicção do pesquisador da natureza, fundada sobre uma indução múltipla, no fundo radicalmente insuficiente. Ele a provava do seguinte modo: se até mesmo o oposto pode ser gerado do oposto, como por exemplo o preto do branco, então tudo é possível: e isso realmente ocorria na dissolução da neve branca em água negra. Ele explicava a nutrição do corpo dizendo que nos alimentos devia haver pequeninos e invisíveis componentes de carne ou de sangue ou de osso, os quais se destacavam durante a alimentação e uniam-se com o que lhes fosse semelhante no corpo. Mas se tudo pode vir a ser a partir de tudo, o sólido do líquido, o duro do macio, o preto do branco, o carnal do pão, então tudo também precisa estar contido em tudo. Os nomes das coisas expressam, assim, apenas a preponderância de uma substância sobre as outras, que também estariam presentes em massas menores, muitas vezes inverificáveis. O ouro, isto é, aquilo que designamos *a potiore* pelo nome de ouro, deve também conter em si prata, neve, pão e carne, mas em porções muito diminutas, e assim chamamos o todo de acordo com o preponderante, a substância ouro.

Mas como é possível que uma substância seja preponderante e que preencha uma coisa com uma massa maior do que as outras? A experiência mostra que é apenas por meio do movimento que a preponderância gradativamente se realiza, e que esta, portanto, é o resultado de um processo, o qual normalmente chamamos vir a ser; que tudo esteja em tudo é, por outro lado, não o resultado de um processo, mas, ao contrário, o pressuposto de todo o vir a ser e de todo o estar em movimento, e, portanto, precede todo e qualquer vir a ser. Em outras palavras: a empiria ensina que constantemente – por exemplo, na nutrição – o idêntico é levado a unir-se com o idêntico, o que quer dizer que originalmente ele não era coeso e aglomerado, mas dividido. Vê-se, nos fenômenos empíricos observados, o idêntico sempre sendo extraído e posto em movimento a partir do não idêntico (por exemplo, os pedacinhos de carne que são extraídos do pão pela nutrição etc.), e assim se conclui que a confusão das diferentes substâncias é a forma mais antiga da constituição das coisas e encontra-se, temporalmente, antes de qualquer vir a ser e movimento. Se, desse modo, todo o assim chamado vir a ser é uma segregação que pressupõe uma mistura, então se pergunta que grau essa mistura, essa confusão, precisaria ter tido originalmente. Embora o processo consista numa movimentação do semelhante para o semelhante, mesmo o vir a ser já tendo durado um tempo imenso, ainda assim pode-se reconhecer como até hoje ainda estão contidas em todas as coisas os restos e grãos germinais de todas as outras coisas, aguardando por sua segregação, e como apenas aqui e ali uma preponderância se estabelece; a mistura primordial deve ter sido completa, isto é, deve ter ido até o infinitamente pequeno, uma vez que a desmisturação exige um período infinito de tempo. Para isso, deve-se agarrar firmemente a ideia de que tudo que possua um ser essencial deve ser divisível ao infinito, sem com isso perder a sua especificidade.

Depois dessas suposições, Anaxágoras imagina a existência primordial do mundo como algo semelhante a uma massa poeirenta de pontos sólidos infinitamente pequenos, dos quais cada um é simples em termos de especificidade e possui apenas uma qualidade, mas de tal modo que cada qualidade específica seja representada por uma quantidade infinita de pontos individuais. Aristóteles chamou tais pontos de homeômeros, em consideração ao fato de serem partes semelhantes entre si de um todo que, por sua vez, é semelhante a suas partes. Seria, porém, um grande erro igualar a confusão primordial de todos esses pontos, essas "sementes das coisas", ao elemento primordial único de Anaximandro; pois este último, chamado de "indefinido", é uma massa totalmente uniforme e homogênea, e o primeiro, um agregado de elementos. É verdade que se pode dizer desse agregado de elementos o mesmo que do "indefinido" de Anaximandro, como o faz Aristóteles; ele não podia ser nem branco nem cinza nem preto, nem colorido de nenhuma maneira, era insípido, inodoro, e, como um todo, indeterminado em termos tanto quantitativos quanto qualitativos: até aí alcança a semelhança entre o indefinido anaximândrico e a mistura primordial anaxagórica. Mas, sem contar com essa semelhança negativa, eles se diferenciam positivamente pelo fato de o último ser um composto, enquanto o primeiro é uma unidade. Anaxágoras tinha, pela suposição de seu caos, pelo menos a vantagem sobre Anaximandro de não precisar derivar a multiplicidade da unidade, aquilo que vem a ser daquilo que é.

É certo que ele precisava permitir uma exceção em sua mistura total das sementes: o *nous* não se misturava então, e nem está misturado hoje com nenhuma coisa. Pois se fosse passível de mesclar-se com um ser que fosse, então teria de morar, em repartições infinitas, em todas as coisas. Essa exceção é logicamente deveras precária, sobretudo diante da natureza material com a qual o *nous* fora anteriormente caracterizado – ela tem algo de mitológico e parece arbitrária, mas era, segundo as premissas anaxagóricas, uma rígida necessidade. O espírito também deve ser divisível até o infinito, como todo outro material, apenas não por outros materiais, mas por si próprio. Mas, mesmo dividindo-se a si próprio e sendo ora grande, ora pequeno e aglomerado, ele mantém a mesma massa e qualidade desde toda a eternidade: e aquilo que, neste momento, no mundo todo, em animais, plantas, humanos, é espírito, também o era há um milênio, sem acréscimo ou dedução, mas apenas distribuído diferentemente. Mas, onde quer que tenha tido uma relação com alguma outra substância, jamais se misturou com ela; pelo contrário, agarrava-a voluntariamente, movia-a e a empurrava segundo seu desejo, isto é, dominava-a. O espírito, o único que tem movimento em si, possui também exclusivamente a soberania no mundo e demonstra-a pela movimentação dos grãos de substância. Mas para onde ele os move? Ou será imaginável um movimento sem direção, sem rotas? Será o espírito tão arbitrário em seu empurrar quanto o é em relação a quando empurra e quando não empurra? Em suma, será que o acaso, isto é, a mais cega arbitrariedade, reina no domínio do movimento? Nessa fronteira penetramos a porção mais sagrada do âmbito da representação anaxagórica.

17

O que devia ser feito com aquela confusão caótica da situação primordial antes de todo o movimento, para que dela, sem nenhum acréscimo de novas substâncias e forças, surgisse o mundo existente, com as órbitas regulares das estrelas, com as formas ordenadas das estações do ano e dos períodos do dia, com a sua variedade de beleza e ordem – ou seja, para que do caos surgisse um cosmo? Isso só pode ser consequência do movimento, mas de um movimento determinado e astuciosamente disposto. Esse próprio movimento é o meio do *nous*, sendo seu fim a completa segregação do idêntico, uma meta até agora inalcançada, porque a desordem e a mistura eram inicialmente infinitas. Essa meta só pode ser perseguida por meio de um processo gigantesco, e não alcançada de uma vez com um passe de mágica mitológico: quando, alguma vez, em um momento infinitamente distante, se vier a alcançar o estado no qual tudo que é semelhante seja reunido, de modo que as existências primordiais descansem, indivisas, na mais perfeita ordem, quando cada pedacinho tiver encontrado seus companheiros e seu lar, quando tiver início a grande paz após o grande despedaçamento e fragmentação das substâncias, e quando não houver mais nada fragmentado ou dividido, então o *nous* retornará à sua automovimentação e não mais vagará pelo mundo, fragmentado, ora em massas maiores, ora menores, como espírito vegetal ou animal, hospedando-se em matéria alheia. Por enquanto a tarefa ainda não foi levada a cabo: mas a forma do movimento que o *nous* inventou para realizá-la denota uma consonância formidável com essa finalidade, pois, por meio desse modo de mover-se, a tarefa é resolvida um pouco mais a cada instante. Seu movimento é de caráter circular, concêntrico e progressivo: em algum ponto da mistura caótica ele começou, com uma pequena rotação, e, em órbitas cada vez maiores, esse movimento circular varre tudo quanto existe, precipitando por toda parte o idêntico em direção ao idêntico. Primeiramente esse impulso rotatório traz tudo que é denso para o denso, tudo que é raro para o raro, e igualmente tudo que é escuro, claro, úmido, seco, para seu semelhante: para além dessas rubricas gerais há duas que são por sua vez ainda mais abrangentes, a saber, o éter, quer dizer, tudo que é quente, claro e raro, e o ar, que designa tudo que é escuro, frio, pesado e duro. Pela segregação das massas etéreas em relação às aéreas forma-se, como o próximo efeito dessa roda que gira em círculos cada vez maiores, algo semelhante a um turbilhão causado por alguém em um espelho d'água: as partes componentes mais pesadas são levadas ao centro e aglomeradas. Forma-se, assim, um ciclone que progride através do caos; os componentes raros, claros e etéreos vão para fora, e aqueles que são nebulosos, pesados e úmidos, para dentro. Então se segrega, no desenrolar desse processo, daquela massa aérea que se aglomera no interior, a água, e da água, o terroso, e do terroso, pela ação do frio terrível, as rochas. Por sua vez, algumas massas rochosas são arrancadas lateralmente da terra pela força da rotação e arremessadas para o domínio quente e claro do éter; lá, trazidas à incandescência pelos elementos ígneos dessa esfera e carregadas junto com o movimento circular etéreo, emitem luz, iluminando e aquecendo a Terra, em si escura e fria, na forma de sol e estrelas. A concepção toda é de uma audácia e de uma simplicidade extraordinárias, e não tem nada daquela teleologia desajeitada e antropomorfizada que é frequentemente associada ao nome de Anaxágoras. Essa concepção tem sua grandeza e seu orgulho justamente no fato de que faz decorrer desse círculo movimentado todo o cosmo do vir a ser, enquanto Parmênides via o ser verdadeiro como uma esfera morta em repouso. Uma vez que esse círculo é movimentado pela primeira vez e posto em rotação pelo *nous*, então toda a ordem, regularidade e beleza do mundo são a consequência natural desse primeiro impulso. Que injustiça se faz a Anaxágoras quando se interpreta erroneamente a manifesta abstenção da teleologia nessa concepção, falando desdenhosamente de seu *nous* como que de um *deus ex machina*. Pelo contrário, Anaxágoras poderia, pelo afastamento de intervenções miraculosas mitológicas e deísticas, e de finalidades e utilidades antropomórficas, ter se utilizado das mesmas palavras orgulhosas que Kant profere em sua *História natural do céu*. Pois se trata de um pensamento sublime reconduzir inteiramente a maravilha do cosmo e a impressionante organização das órbitas estelares a um movimento simples e puramente mecânico, a uma figura matemática em movimento, não a intenções e às mãos interventoras de um deus mecânico, mas apenas a uma espécie de impulso que, uma vez começado, é necessário e definido em seu decorrer, atingindo efeitos que se igualam ao cálculo mais afinado da perspicácia e ao mais refletido finalismo, sem sê-los. Como nos diz Kant:

Eu gozo da satisfação de ver realizar-se, sem a ajuda de ficções arbitrárias, sob o grilhão de leis do movimento bem definidas, um todo bem-ordenado, o qual é tão semelhante ao nosso sistema cósmico que não posso resistir a considerá-lo o mesmo. Parece-me possível, neste caso, em certo sentido, dizer sem presunção: dai-me matéria, quero construir um mundo com ela!

18

Mesmo que se faça valer essa mistura primordial como uma dedução correta, alguns escrúpulos, oriundos da mecânica, parecem se opor a esse grande projeto da construção do mundo. Pois se também o espírito gera um movimento circular num só lugar, então a continuação deste, especialmente ao considerar-se que deva ser infinito e que deva também impulsionar consigo gradualmente todas as massas existentes, fica ainda muito difícil de imaginar. De início suspeitar-se-ia de que a pressão de toda a matéria restante deveria oprimir essa movimentação circular pequenina, mal tendo começado a formar-se; que isso não aconteça revela, a respeito do *nous* agitador, que ele entra em ação repentinamente com uma força terrível, tão rápido que nós devemos denominar esse movimento um turbilhão: assim como também Demócrito imaginou tal turbilhão. E, uma vez que esse turbilhão deva ser infinitamente forte para que não seja inibido pelo universo infinito que faz peso contra ele, então será infinitamente rápido, pois a força originalmente só pode revelar-se na velocidade. Quanto mais afastados, por outro lado, estiverem os círculos concêntricos, mais devagar será esse movimento; caso esse movimento pudesse algum dia alcançar o fim do universo infinitamente extenso, então nesse ponto ele já deveria ter uma velocidade de impulso infinitamente pequena. Inversamente, se nós imaginamos o movimento como infinitamente grande, isto é, infinitamente rápido, a saber, na primeiríssima investida do movimento, então também o círculo inicial deve ter sido infinitamente pequeno; chegamos, assim, ao início como sendo um ponto que gira sobre si próprio, de conteúdo material infinitamente pequeno. Mas este não explicaria jamais a continuidade do movimento: poder-se-ia imaginar até mesmo vários pontos da massa primordial girando sobre si próprios, e ainda assim a massa como um todo permaneceria imóvel e indivisa. Caso, do contrário, aquele ponto material de pequenez infinitesimal tomado e impulsionado pelo *nous* não girasse em torno de si mesmo, mas circunscrevesse uma periferia em qualquer medida maior que ele próprio, isso já seria suficiente para fazê-lo chocar-se com outros pontos materiais, locomovê-los, arremessá-los, fazê-los ricochetear e instaurar assim gradualmente um tumulto movimentado que se propagaria, gerando dentro de si, como próximo resultado, a segregação entre a massa aérea e a etérea. Assim como a entrada em ação do movimento é em si um ato arbitrário do *nous*, igualmente arbitrário é o modo dessa entrada, desde que o primeiro movimento descreva um círculo cujo raio seja em qualquer medida maior que um ponto.

19

Aqui poderíamos decerto nos perguntar o que poderia ter ocorrido ao *nous*, assim de repente, para que começasse a impulsionar um pontículo material qualquer dentre aqueles inumeráveis pontos, fazendo-o girar qual um redemoinho dançante, e por que não começou a fazê-lo antes. A isso, Anaxágoras responderia: ele tem o privilégio da arbitrariedade, ele pode começar em qualquer momento, ele depende de si, enquanto todo o resto é determinado de fora. Ele não tem nenhuma obrigação e, portanto, tampouco nenhuma finalidade a qual esteja forçado a perseguir; se começou com esse movimento e estabeleceu para si uma finalidade, isso foi, no entanto, apenas – a resposta é difícil, completaria Heráclito – um *jogo*.

Essa parece ter sido a solução última, a saída que sempre esteve na ponta da língua dos gregos. O espírito anaxagórico é um artista, o gênio mais poderoso da mecânica e da engenharia, criando com os meios mais simples as mais grandiosas formas e vias, uma verdadeira arquitetura móvel, embora ainda a partir daquela arbitrariedade irracional que jaz nas profundezas do artista. É como se Anaxágoras apontasse para Fídias[25], e, diante da obra de arte monstruosa que é o cosmo, gritasse para nós, do mesmo modo que diante do Parthenon: o vir a ser não é um fenômeno moral, mas meramente artístico. Aristóteles conta que Anaxágoras, ao responder por que a existência tinha para ele qualquer valor, teria dito: "Para observar o firmamento e a ordem conjunta do cosmo". Ele tratava das coisas físicas com tanta devoção e com uma reserva tão misteriosa como a que sentimos quando parados diante de um templo antigo; sua doutrina tornou-se uma espécie de exercício religioso livre-pensante, protegendo-se por meio do *odi profanum vulgus et arceo*[26] e escolhendo seus discípulos cuidadosamente dentre a mais alta e nobre sociedade ateniense. Na comunidade fechada dos anaxagóricos atenienses, a mitologia do povo só era permitida como uma forma simbólica de expressão; todos os mitos, todos os deuses, todos os heróis valiam aqui somente como

25. Arquiteto e engenheiro grego do século V a.C. Supostamente participou da construção do Parthenon.

26. "Odeio o vulgo profano, e afasto-o."

hieróglifos da interpretação da natureza, e mesmo o *epos* homérico devia ser o canto canônico do domínio do *nous* e das batalhas e leis da *physis*. Aqui e ali um tom dessa sociedade de sublimes livres-pensadores forçava seu caminho até o povo; e especialmente o grande e audaz Eurípides, sempre refletindo sobre o novo, ousava, volta e meia, tornar audível, por intermédio da máscara trágica, aquilo que penetrava pelos sentidos da massa como uma flecha e do qual esta podia livrar-se apenas com caricaturas burlescas e trocadilhos ridículos.

O maior anaxagórico, no entanto, é Péricles, o homem mais poderoso e digno do mundo; e é logo sobre ele que Platão dá o testemunho segundo o qual o sublime voo de seu gênio era devido unicamente à filosofia de Anaxágoras. Quando se apresentava diante de seu povo como orador público, na bela rigidez e imobilidade de um marmóreo habitante do Olimpo, e agora, calmamente, envolto em um manto, sem modificar um detalhe sequer do pregueado, sem qualquer mudança de expressão facial, sem sorrir, com o tom de voz potente e regular, ou seja, completamente ademostênico, mas falando, trovejando, relampejando, destruindo e solvendo pericleticamente – então Péricles se revelava como a síntese do cosmo anaxagórico, o retrato do *nous*, que construíra para si a mais bela e digna morada; e, ao mesmo tempo, ele era a forma humana visível daquela força construtora, agitadora, segregadora, organizadora, supervisora e artisticamente indeterminada do espírito. O próprio Anaxágoras disse que o homem, que possui esses órgãos tão admiráveis que são as mãos, é por isso o ente mais racional – *nous* de modo mais completo que os outros entes; a partir disso, conclui-se que o *nous*, de acordo com o tamanho e a massa na qual ele se apodera de um corpo material, sempre construiria para si, a partir dessa matéria, ferramentas correspondentes a essa quantidade e, logo, fazia as mais belas e mais adequadas onde surgisse mais completamente. E, assim como o ato mais admirável e mais adequado do *nous* deveria ser aquele movimento circular primordial, já que naquele tempo o espírito ainda estava indiviso e unido em si, do mesmo modo o efeito da fala periclética deve ter aparecido frequentemente, para os ouvidos de Anaxágoras, como um retrato fiel daquele movimento circular primordial; pois também aqui sentia ele, num primeiro momento, um turbilhão de pensamentos que se movimentava com uma força terrível, porém ordenada, o qual tomava e arrebatava, em círculos concêntricos, progressivamente os mais próximos e os mais distantes, e que, ao atingir seu fim, deixava o povo todo transfigurado, ordenando e diferenciando-o.

Para os filósofos posteriores da Antiguidade, o modo como Anaxágoras se valia do *nous* para explicar o mundo era surpreendente, embora de modo algum perdoável; a eles parecia que ele teria encontrado uma ferramenta maravilhosa, mas que não a compreendera direito, e buscavam recuperar o que o descobridor tinha deixado passar. Ou seja, eles não reconheciam qual era o sentido da doutrina de Anaxágoras, inspirada pelo mais puro espírito metódico do cientista da natureza, o qual se pergunta, sempre e antes de tudo, por meio de que algo é (*causa efficiens*), e não por que algo é (*causa finalis*). O *nous* é introduzido por Anaxágoras como uma resposta à seguinte pergunta específica: "por meio de quê há movimento, e por meio de quê há movimentos regulares?"; Platão, por outro lado, censura-o, dizendo que deveria ter demonstrado, mas não demonstrou, que todas as coisas se encontram no estado mais belo, melhor e mais adequado quando de seu modo e em seu lugar. Mas Anaxágoras não teria ousado, em hipótese alguma, fazer essa alegação; para ele o mundo existente não era de modo algum o mais completo imaginável, pois via todas as coisas serem geradas de todas as coisas, e não achava que a segregação das substâncias por meio do *nous* seria levada a cabo e consumada, nem no fim do espaço preenchido do universo, nem nos entes singulares. Para seu conhecimento, era totalmente suficiente ter encontrado um movimento, o qual, com uma simples ação progressiva, podia gerar a ordem visível a partir de um caos totalmente misturado, e abstinha-se de fazer a pergunta acerca do porquê do movimento, pela finalidade racional do movimento. Pois, caso o *nous* tivesse, segundo sua essência, uma finalidade necessária a ser realizada por meio dele, então não dependeria mais de sua arbitrariedade começar o movimento alguma vez; tão logo é eterno, ele também já teria de estar determinado há uma eternidade por essa finalidade, e então não poderia ter havido um momento no qual ainda faltasse o movimento; seria até mesmo uma impossibilidade lógica supor um ponto de partida para o movimento: de modo que a representação do caos primordial, o fundamento de toda a interpretação anaxagórica do mundo, tornar-se-ia, por sua vez, igualmente logicamente impossível. Para escapar dessas dificuldades impostas pela teleologia, Anaxágoras precisava sempre acentuar e reiterar que o espírito é arbitrário; todos os seus atos, inclusive aquele movimento primordial, são atos de "livre arbítrio", enquanto o resto do mundo é formado, após esse momento primordial, de modo rigidamente e mesmo mecanicamente determinado. Porém um livre arbítrio absoluto só pode ser pensado desligado de finalidades, mais ou menos à maneira da brincadeira infantil ou do impulso artístico para o jogo. É um engano atribuir a Anaxágoras a confusão corrente do teleólogo, o qual, na admiração da adequação fora do comum a uma suposta finalidade, da harmonia das partes com o todo, notadamente no que é orgânico, sugere que aquilo que existe para o intelecto seja também trazido à existência por meio do intelecto, e que aquilo que ele mesmo só pode erigir sob a condução do conceito de finalidade deveria também ter sido erigido pela natureza por meio de reflexão e conceitos de finalidade (Schopenhauer, *O mundo como vontade e representação*, vol. 2, p. 373). Mas, pensadas à maneira de Anaxágoras, a ordem e a adequação das coisas em relação a um fim, pelo contrário, são diretamente apenas o resultado de um movimento cego e mecânico; e é apenas para poder ocasionar esse movimento, para algum dia romper o silêncio mortal do caos, que Anaxágoras supôs o *nous* arbitrário e dependente somente de si. Ele estimava nele justamente a propriedade de poder agir arbitrariamente, isto é, de maneira incondicionada, indeterminada, guiado nem por causas, nem por fins.

Além do bem e do mal

Prelúdio a uma filosofia do futuro

Tradução e notas de Renato Zwick

Apresentação de Marcelo Backes

Apresentação

Marcelo Backes[1]

Friedrich Nietzsche (1844-1900) é um dos pensadores mais importantes de todos os tempos, um dos filósofos mais estudados nos dias de hoje. Estendeu sua influência para muito além da filosofia, adentrando a literatura, a poesia e todos os âmbitos das belas-artes. Marcou movimentos que vão do naturalismo alemão ao existencialismo francês, e escritores tão diferentes quanto os irmãos Heinrich e Thomas Mann. Com sua obra aparentemente fragmentária, que adquire unidade e vitalidade orgânica ao manejar o aforismo, Nietzsche mostrou, desde o início, que todo o pensador – todo o artista – genuíno tem de conspurcar o próprio ninho. E, assim, ele, que nasceu em uma família de pastores protestantes, cercado de moral e religião por todos os lados, fez da moral e da religião o alvo de seus combates, considerando sua guerra pessoal contra ambas sua maior vitória.

Além do bem e do mal (1886) é o centro dessa guerra, o primeiro livro "destrutivo" após o ainda "construtivo" *Zaratustra* (1883-85), o primogênito entre seus escritos negativos e negadores, conforme o próprio Nietzsche declara em seu *Ecce homo* (1888, publicado apenas em 1908), a mais singular entre as autobiografias que o mundo jamais conheceu. Em *Ecce homo*, essa obra maior do egocentrismo humano, Nietzsche afirma ainda que *Além do bem e do mal* é a primeira crítica séria da modernidade, da ciência moderna, da arte moderna e até mesmo da política moderna, e que, depois do olhar distante do *Zaratustra*, concentrou o foco sobre aquilo que está mais próximo do homem, aquilo que o rodeia na vida cotidiana.

De um modo geral, *Além do bem e do mal* retoma os temas mais decisivos de *Humano, demasiado humano* (1878-80), mas o faz de forma ainda mais livre, mais ousada, mais profunda e ao mesmo tempo mais escondida, misteriosa e labiríntica. Na obra, Nietzsche desenvolve uma verdadeira crítica da filosofia, da religião e da moral, apontando as congruências existentes entre as três. Alega que o cristianismo representou a orientalização do

1. Escritor, tradutor, professor e crítico literário. Doutor em Germanística e Romanística pela Albert-Ludwigs-Universität de Freiburg, foi professor de literatura brasileira e tradução na mesma universidade. Traduziu diversos clássicos da literatura alemã, entre eles obras de Schiller, Goethe, Nietzsche, Kafka e Arthur Schnitzler. (N.E.)

mundo antigo e a reversão nefasta de todos os valores ainda nobres da Grécia e de Roma, que ele significou a revolta fundamentalmente plebeia do escravo oriental contra seu senhor e é uma enfermidade vital que transformou o homem europeu de seu tempo em um monstro sublime. Nietzsche diz ainda que toda a filosofia praticada até sua época continua presa a preconceitos morais. Mais que isso, acusa a filosofia de assumir de maneira acrítica as noções da moral vigentes e de não se posicionar – conforme deveria – *além do bem e do mal*; e isso desde Platão, mas mais do que nunca em Kant, o filósofo da ética. A saída proposta por Nietzsche é a psicologia. Ele a declara instância decisiva na solução do embate, e única "ciência" capaz de jogar a âncora da análise mais fundo; só com a ajuda dela o pensamento – a especulação – pode tentar alcançar as distâncias mais noturnas da alma humana.

Na esteira desse debate e no centro de *Além do bem e do mal*, Nietzsche desenvolve conceitos como os de "moral de senhor" e "moral de escravo". A "moral do senhor" seria nobre, soberana, animicamente elevada; uma moral da hierarquia que despreza tudo aquilo que é baixo, que pensa baixo, uma moral que vê no baixo o ruim. Já a "moral de escravo" teria tendência niveladora, vontade de igualdade, e enalteceria tudo que é pobre, fraco e enfermo; tudo que é baixo. E mais uma vez o vigoroso espírito crítico de Nietzsche se volta contra a ética do ocidente, e especificamente contra a ética cristã. Se para ela o bom é o humilde, o pacífico, o maleável, e o mau é o forte, o enérgico e o altivo, para Nietzsche isso significa apenas a moralidade de um mundo dividido entre senhores e escravos. O valor supremo que deve nortear o critério do que é bom, verdadeiro e belo é, para Nietzsche, a vontade do forte. Trocando em miúdos e esboçando o pensamento de Nietzsche a grosso modo: é bom o que vem da força, é mau o que vem da fraqueza. No mesmo sentido, aliás, Nietzsche ataca a democracia e os movimentos socialistas e comunistas mais à esquerda, dizendo que eles propagam o apequenamento do homem e a mediocridade geral.

Para Nietzsche o homem aspira à imortalidade, mas isso não significa – nem importa – nada, já que a realidade se repete a si mesma num devir renitente, que constitui o eterno retorno. O homem só se salva pela aceitação da finitude, pois assim se converte em dono de seu destino, se liberta do desespero para afirmar-se soberanamente no gozo e na dor de existir, ultrapassando os limites de sua condição. De modo que o futuro da humanidade depende dos super-homens, capazes de se sobrepor à fraqueza, e não da integração destes ao rebanho comum dos fracos.

O filósofo e seus intérpretes

Nietzsche viveu sempre sobre a navalha da interpretação. Mal interpretado como filósofo, tanto em função de seu estilo poético – Nietzsche foi um dos maiores estilistas de uma língua que critica ferozmente, sobretudo em *Além do bem e do mal* –, quanto devido à exploração de certos aspectos de seu pensamento, mal versados pela irmã Elisabeth e pelo nazismo, Nietzsche demorou a ser levado a sério no âmbito da filosofia.

Primeiro foram as acusações duras vindas da esquerda, que deturparam seu pensamento depois do impulso inicial dado pela irmã. Nacionalista – alemã fanática, assim como o marido morto, Elisabeth chegou a escrever uma biografia do irmão. Na biografia (1897-1904), deturpou – a serviço dos ideais chauvinistas – os fatos biográficos e as opiniões políticas de Nietzsche, atribuindo caráter nacionalista às investidas do filósofo contra os valores cristãos e a seus conceitos da "vontade de poder" e do "super-homem". A obra póstuma *A vontade de poder*, abandonada por Nietzsche, foi organizada pela irmã. Nela, Elisabeth reuniu arbitrariamente notas e rascunhos de Nietzsche, muitas vezes infiéis às ideias do autor. Elisabeth chegou a falsificar algumas cartas do filósofo, responsáveis em parte pela má fama que cairia sobre ele anos mais tarde, como profeta da ideologia alemã que veio a culminar no nazismo. (Erich Podach, editor das obras do filósofo, diz que a irmã malversou, sim, o legado de Nietzsche, mas mostra-se coerente ao alegar que ela jamais teria alcançado ludibriar o mundo acadêmico e letrado da Alemanha inteira se o mesmo mundo não estivesse preparado para tanto, e inclusive não sentisse uma espécie de "necessidade" de cair no engodo.)

Mais tarde, Nietzsche foi limitado à condição de mero poeta-filósofo e, na melhor das hipóteses, filósofo-poeta; e o máximo que alcançou por muito tempo foi ser caracterizado como um "filósofo da vida" na esteira de Schopenhauer, ou seja, um filósofo que deixa para trás o mundo dos conceitos abstratos e sua interpretação teórica para se ocupar dos motivos da precariedade espiritual e cultural de seu tempo. De fato e na realidade, Nietzsche foi um dos críticos mais ferozes da religião, da moral e da tradição filosófica do ocidente; um dos primeiros filósofos desde a Antiguidade a tentar abarcar – de maneira inteiriça – o homem na condição de fenômeno. Sua potência na condição de antípoda da superficialidade de um mundo cristão e burguês é equivalente a de Kierkegaard e Karl Marx. Seu ímpeto prospectivo e especulativo encontrou força semelhante apenas em seus antecessores do "Sturm und Drang", o movimento literário de índole romântica e exacerbada, que festejou o gênio e a inspiração da musa.

Assim – e merecidamente –, os intérpretes de Nietzsche sempre colocaram o filósofo no apogeu de um desenvolvimento, no fim de uma evolução, no auge de um processo histórico; ou no princípio da decadência...

Karl Jaspers, por exemplo, dividiu a história do pensamento ocidental em dois períodos, fazendo de Nietzsche um divisor de águas. Se antes de Nietzsche dominava o "conhece-te a ti mesmo" socrático – que perdurou até Hegel, com o qual alcançou seu ápice –, depois dele a filosofia se caracteriza por um profundo desengano em relação à racionalidade, pela dissolução de todos os elos entre as coisas e pela queda de todas as autoridades.

György Lukács viu em Nietzsche o "destruidor da razão", a "expressão da ideologia reacionária do imperialismo mundial", principalmente no livro intitulado *De Nietzsche a Hitler ou o Irracionalismo e a Política Alemã*. Heidegger, por sua vez, identificou Nietzsche como o último dos filósofos metafísicos e colocou o divisor de águas em si mesmo, dizendo ter sido ele o primeiro filósofo não metafísico da história da filosofia ocidental. Coisa que Karl Marx já postulava um século antes, seja dito.[2]

Max Weber, de sua parte, disse: "O mundo onde nós mesmos existimos em termos de pensamento é um mundo cunhado pelas figuras de Marx e Nietzsche". Michel Foucault desenvolveu a Teoria do Filósofo e a base de todo seu pensamento sobre a visão que ele mesmo tinha da obra do pensador alemão. Foucault vê Marx e Hegel como os responsáveis pelo humanismo de seu tempo e Nietzsche como a opção não dialética – e, portanto, não humanista – a esse ponto de vista.

Fundamentais na reavaliação recente da obra de Nietzsche foram a biografia escrita pelo professor da Universidade de Basileia Curt Paul Janz, em três volumes (que através de uma intensa pesquisa genética desvendou aspectos da vida e da obra de Nietzsche até então desconhecidos), as investidas polêmicas de Erich Podach e sobretudo a edição de suas Obras Completas encaminhada por Giorgio Colli e Mazzino Montinari em 1969.

UMA FILOSOFIA EM AFORISMOS

O aforismo sempre viveu na fronteira entre a poesia e a filosofia. Se a origem do aforismo no mais das vezes é espontânea como a da lírica, ele pensa o mundo com a consciência extrema típica da filosofia. Fragmentário e antissistemático, sentencioso no ato de lapidar uma sensação ou um pen-

2. Ver MARX, Karl e ENGELS, Friedrich. *A ideologia alemã*. Tradução, organização e prefácio de Marcelo Backes. Rio de Janeiro: Record, 2007.

samento e propício tanto a representar a realidade quanto a esboçar aquilo que ainda não é real, o aforismo pode alcançar o estatuto de obra na extensão exígua de apenas três linhas. É um estilhaço de pensamento, uma máxima espirituosa de fôlego curto e sabedoria imensa. É uma formulação arguta – ora combativa, ora contemplativa –, apta a desvelar o mundo na ligeireza de um espasmo.[3] Mais que uma conceituação do aforismo, o esboço de conceito serviria muito bem para caracterizar a filosofia de Nietzsche, sobretudo quando assume a forma que assume em livros como *Além do bem e do mal*.

A tradição do aforismo é antiga. Hipócrates foi o primeiro escritor de aforismos e criou um gênero ao publicar seus *Aphorismoi*, por volta de 400 a.C. O opúsculo era apenas uma compilação de regras de tratamento médico, expostas de forma curta e programática. O procedimento aforístico também marcou a obra de Heráclito, a especulação moral de Sêneca, a observação histórica de Plutarco, as cartas de Marco Aurélio, a ética de Confúcio e as sentenças de Salomão. A partir do renascimento, a abrangência do aforismo estendeu-se ao estudo dos caracteres e ao ensinamento humano, ganhando desenvolvimento moderno com os adágios de Erasmo e com a teoria de Bacon. Mas foi só no barroco que o gênero veio a se desenvolver de verdade. A tentativa de iluminar, em sentenças curtas, os paradoxos vitais que surgiram a partir do período deu origem ao aforismo segundo o conhecemos hoje. O espanhol Baltasar Gracián, carro-chefe do conceptismo espanhol, foi decisivo na popularização do gênero, com a publicação de *Oráculo manual y arte de prudencia*, em 1647. Pascal, com a seriedade religiosa dos *Pensamentos*, e La Rochefoucauld, com a satirização do amor-próprio em suas *Máximas*, modernizaram o gênero.

Na Alemanha a contemplação interior ganharia importância e o aforismo se tornaria mais subjetivo. Se na França ele teve sempre uma forma mais fechada e uma tendência didática – até La Rochefoucauld escreve para a sociedade –, na Alemanha o aforismo nasce mais aberto, é bem mais privado e configura uma arte essencial na lida consigo mesmo.

Lichtenberg foi o primeiro aforista alemão. Inaugurou uma tradição secundada pelo romantismo universalizante de Friedrich von Schlegel e Novalis, incrementada pelo "irracionalismo" brilhante de Schopenhauer, pessoalizada por Heine, trabalhada de forma oculta nos *Diários* de Hebbel e levada aos píncaros por Nietzsche. Karl Kraus, já no século XX, voltaria a fazer uso do aforismo em toda sua força; assim como Franz Kafka e Ernst Jünger. Antes de Lichtenberg, o aforismo já existia na Alemanha, na

3. O assunto é desenvolvido extensivamente em meu livro *Estilhaços*, sobretudo no Prelúdio (Record, 2006), e ecoa inclusive em meu romance *Maisquememória* (Record, 2007).

condição de procedimento, nos provérbios de Lutero, nos epigramas de Gryphius e nas fábulas de Lessing.

A importância do aforismo na obra de Nietzsche é tão grande a ponto de ser a base formal de suas obras e de sua filosofia, como já era, em parte, no caso de Schopenhauer e, mais ainda, no de Blaise Pascal, cuja obra Nietzsche aliás ataca seguidamente, e no de Nicolas Chamfort, a quem Nietzsche elogia constantemente.

O impressionismo de Nietzsche desvendava o mundo aforisticamente. Na verdade, o autor parece capaz de filosofar apenas através do espasmo do aforismo e do fulgor poético do ditirambo. Nietzsche filosofou em aforismos e considerava-se o mestre do gênero na pátria literária de Lichtenberg. Sobre o aforismo, Nietzsche chegou a dizer, manifestando toda a humildade que sempre o caracterizou e unindo seu nome eternamente ao destino do gênero:

> O aforismo, a sentença, gêneros nos quais eu sou o primeiro entre os mestres alemães, são as formas da "Eternidade"; minha ambição é dizer, em dez frases, o que todos os outros dizem num livro... o que todos os outros *não* dizem num livro...

Além do bem e do mal – que agora encontra nova edição na tradução cuidadosa e precisa de Renato Zwick – é um dos maiores exemplos do vigor aforístico de Nietzsche.

Muito além de toda a "petulância" que caracteriza a obra, Nietzsche afirma a vida onde Schopenhauer a nega, e arranca a compaixão do centro da ética, lançando um vitupério contra o amolecimento humanitário de sua época. *Além do bem e do mal* também não deixa de ser uma espécie de síntese da obra de Nietzsche pelo seu caráter provocador, pelo fato de levar a provocação às últimas consequências, por representar um universo no qual ninguém entra sem alguma expectativa e do qual ninguém sai sem reagir.

Além do bem e do mal

Prelúdio a uma filosofia do futuro

Prólogo

Friedrich Nietzsche

Pressupondo que a verdade seja uma mulher – o quê?, não é fundamentada a suspeita de que todos os filósofos, na medida em que foram dogmáticos, pouco entendiam de mulheres? De que a medonha seriedade, a canhestra impertinência com que até agora eles costumaram abordar a verdade foram meios inábeis e indecorosos para conquistar justamente uma moça? O certo é que ela não se deixou conquistar – e todo tipo de dogmatismo está hoje parado por aí numa atitude de tristeza e desânimo. *Se* é que ainda está parado! Pois há zombeteiros que dizem que ele caiu, que todo dogmatismo se encontra por terra, e mais, que todo dogmatismo se encontra nas últimas. Falando seriamente, há boas razões para esperar que toda dogmatização na filosofia, por mais solene, por mais definitiva e acabada que tenha se mostrado, possa ter sido tão somente uma nobre criancice e coisa de principiantes; e está talvez bastante próximo o tempo em que mais e mais se compreenderá *o que* efetivamente já não bastou para servir de pedra fundamental a tais sublimes e absolutos edifícios filosóficos que os dogmáticos até agora construíram – alguma superstição popular de um tempo imemorial (tal como a superstição da alma, que, como superstição do sujeito e do eu, ainda hoje não cessou de gerar absurdos), talvez algum jogo de palavras, uma sedução por parte da gramática ou uma atrevida generalização de fatos por demais limitados, por demais pessoais, por demais humanos, demasiado humanos. A filosofia dos dogmáticos foi, assim esperamos, apenas uma promessa para daqui a milênios: da mesma forma que em época ainda mais antiga a astrologia, a cujo serviço talvez se despendeu mais trabalho, dinheiro, sagacidade, paciência do que até agora a serviço de qualquer ciência efetiva: – devemos à astrologia e às suas pretensões "supraterrenas" o grande estilo da arquitetura da Ásia e do Egito. Parece que todas as grandes coisas, a fim de se inscrever no coração da humanidade com exigências eternas, devem primeiramente vagar pela Terra como carantonhas monstruosas e aterradoras: uma dessas carantonhas foi a filosofia dogmática, exemplos dela a doutrina vedanta na Ásia e o platonismo na Europa. Não sejamos ingratos com ela, por mais certo que também se deva admitir que o mais grave, o mais duradouro e o mais perigoso de todos os erros cometidos até agora tenha sido um erro de dogmático, a saber, a invenção platônica do espírito puro e do bem em si. Doravante, porém, quando esse erro está superado, quando a Europa respira aliviada desse pesadelo e pelo menos pode gozar um – sono mais saudável, nós, *cuja tarefa é a própria vigília*, somos os herdeiros de toda a energia que a luta contra esse erro acumulou.[4] Falar do espírito e do bem conforme Platão o fez significa, de fato, colocar a verdade de pernas para o ar e mesmo negar o *caráter perspectivo*, a condição fundamental de toda a vida; deve-se até, na condição de médico, perguntar: "Donde semelhante doença na mais bela planta da Antiguidade, em Platão? Corrompeu-o realmente o malvado Sócrates? Teria Sócrates sido realmente o corruptor da juventude? E teria merecido sua cicuta?" – Mas a luta contra Platão, ou, para dizê-lo de modo mais compreensível e para o "povo", a luta contra a opressão cristã-eclesiástica de milênios – pois o cristianismo é platonismo para o "povo" –, criou na Europa uma magnífica tensão do espírito como jamais houve igual sobre a Terra: com um arco assim tensionado pode-se doravante atirar nos alvos mais distantes. Todavia, o homem europeu sente essa tensão como um estado de necessidade; e por duas vezes já se tentou em grande estilo distender o arco, a primeira delas através do jesuitismo, a segunda através do Esclarecimento democrático – o qual, com a ajuda da liberdade de imprensa e da leitura de jornais, pôde realmente conseguir que o espírito não sinta mais a si mesmo tão facilmente como "necessidade"! (Os alemães inventaram a pólvora – parabéns! Mas eles também a liquidaram – eles inventaram a imprensa.) Mas nós, que não somos nem jesuítas, nem democratas, nem mesmo alemães o bastante, nós, *bons europeus* e espíritos livres, *muito* livres – nós ainda as possuímos, a inteira necessidade do espírito e a inteira tensão de seu arco! E talvez também a seta, a tarefa e, quem sabe?, o *alvo*.....

Sils-Maria, Alta Engandina
Junho de 1885

4. O travessão que parece partir a frase inexplicavelmente ao meio (tal como ocorre na frase inicial, onde é seguido de uma irônica perguntinha) é, na verdade, um recurso de que o autor se vale – com muita frequência, aliás – para indicar uma pausa, a qual como que prepara o espírito do leitor para alguma ideia inesperada, surpreendente, incômoda.

Primeira parte

Dos preconceitos dos filósofos

1

A vontade de verdade, que ainda nos seduzirá a muitas ousadias, essa célebre veracidade, da qual todos os filósofos até agora falaram com veneração: que questões essa vontade de verdade já não nos colocou! Que estranhas, graves, questionáveis questões! Essa já é uma longa história – e, no entanto, não parece que ela começou agorinha mesmo? Será de espantar se enfim nos tornamos desconfiados, perdemos a paciência, olhamos em volta impacientemente? Que também *nós* aprendemos com essa esfinge, por nossa parte, a questionar? *Quem* é propriamente que nos coloca questões aqui? *O que* em nós almeja propriamente "à verdade"? – Na realidade, detivemo-nos longamente diante da pergunta pela causa dessa vontade – até que, por fim, estacamos completamente diante de uma pergunta ainda mais fundamental. Nós perguntamos pelo *valor* dessa vontade. Supondo que queremos a verdade: *por que não, preferentemente*, a inverdade? E a incerteza? Ou mesmo a ignorância? – O problema do valor da verdade se colocou diante de nós – ou fomos nós que nos colocamos diante do problema? Quem de nós aqui é Édipo? Quem a Esfinge? É um encontro, assim parece, de interrogações e pontos de interrogação. – E acreditariam em nós se por fim disséssemos que, segundo nos parece, o problema jamais foi colocado até agora – que fomos nós que o vimos, encaramos, *ousamos* pela primeira vez? Pois há uma ousadia nisso, e talvez não haja maior.

2

"Como *poderia* algo se originar de seu oposto? Por exemplo, a verdade do erro? Ou a vontade de verdade da vontade de ilusão? Ou a ação desinteressada do interesse próprio? Ou a pura e solar contemplação do sábio a partir da concupiscência? Semelhante origem é impossível; quem sonha com isso, um louco, até algo pior; as coisas de supremo valor devem ter uma outra origem, *própria* – elas não podem ser deriváveis desse mundo transitório, sedutor, ilusório, baixo, dessa confusão de loucura e cobiça! Sua origem está antes no seio do ser, no eterno, no deus oculto, na 'coisa em si' – *aí* deve estar seu fundamento, e em mais nenhum outro lugar!" – Esse modo de julgar constitui o preconceito[5] típico pelo qual os metafísicos de todos os tempos se deixam reconhecer; esse tipo de valoração se encontra por trás de todos os seus procedimentos lógicos; dessa sua "crença" se esforçam por extrair seu "saber"[6], por algo que no final será solenemente batizado de "a verdade". A crença fundamental dos metafísicos é *a crença nas oposições de valores.* Nem ao mais cauteloso deles ocorreu duvidar disso já aqui na soleira, onde, porém, era o mais necessário: mesmo quando eles haviam jurado para si próprios "*de omnibus dubitandum*"[7]. Pois se pode duvidar, em primeiro lugar, se há mesmo oposições e, em segundo lugar, se essas valorações e oposições de valor populares sobre as quais os metafísicos imprimiram seu selo não são talvez somente avaliações de fachada, somente perspectivas provisórias, e talvez, além disso, a partir de um ângulo, talvez de baixo para cima, perspectivas de rã[8], por assim dizer, para tomar de empréstimo uma expressão familiar aos pintores. Apesar de todo o valor que possa caber àquilo que é verdadeiro, veraz, desinteressado: existe a possibilidade de que devêssemos atribuir à aparência, à vontade de ilusão, ao interesse próprio e à cobiça um valor superior e mais fundamental para toda vida. Seria até mesmo possível que *aquilo* que constitui o valor dessas boas e veneradas coisas resida precisamente em serem elas insidiosamente aparentadas, ligadas, entrelaçadas, talvez até essencialmente iguais a essas coisas ruins, aparentemente contrárias. – Talvez! – Mas quem está disposto a se preocupar com tais perigosos talvezes! Para tanto é já preciso esperar a chegada de uma nova espécie de filósofos, tais que possuam um outro gosto e inclinação, contrários aos que até agora existiram – filósofos do perigoso "talvez" em todos os sentidos. – E falando com toda seriedade: eu vejo esses novos filósofos surgirem no horizonte.

3

Depois que atentei por tempo o bastante para as entrelinhas e para os manejos dos filósofos, digo a mim mesmo: deve-se incluir a maior parte do

5. Intraduzível jogo de palavras entre *urteilen* (julgar) e *Vorurteil* (preconceito, "pré-juízo").

6. Alusão a Kant, mesmo caso da antes referida "coisa em si". Em *Crítica da razão pura* (Prefácio à segunda edição, XXX), Kant afirma: "Tive, portanto, que suprimir o *saber* para obter lugar para a *fé* (...)".

7. "De tudo duvidar." Ponto de partida da filosofia de Descartes.

8. A "perspectiva de rã" (*Froschperspektive*) opõe-se à "perspectiva de pássaro" (*Vogelperspektive*), que representa objetos vistos de cima. Significa também, em sentido figurado, "ponto de vista limitado, vistas curtas".

pensamento consciente entre as atividades instintivas, e inclusive no caso do pensamento filosófico; aqui se precisa mudar a maneira de ver da mesma forma que se mudou a maneira de ver com respeito à hereditariedade e ao "inato". Assim como o ato do nascimento pouco interessa a todo o processo e progresso da hereditariedade, assim tampouco "estar consciente"[9] é *oposto* em qualquer sentido decisivo ao que é instintivo – a maior parte do pensamento consciente de um filósofo é secretamente guiada e compelida a determinados rumos pelos seus instintos. Mesmo por trás de toda lógica e de sua aparente soberania de movimentos se encontram valorações, falando mais claramente, exigências fisiológicas de conservação de uma determinada espécie de vida. Por exemplo, que o determinado valha mais que o indeterminado, a aparência valha menos que a "verdade": semelhantes avaliações, apesar de toda a sua importância reguladora para *nós*, poderiam ser tão somente avaliações de fachada, uma determinada espécie de *niaiserie*[10], tal como seria necessária precisamente para a conservação de seres como os que somos. Admite-se, pois, que não é exatamente o homem a "medida das coisas"...

4

A falsidade de um juízo não chega a ser para nós objeção alguma contra um juízo; é nisto que a nossa nova linguagem talvez soe mais estranha. A questão é até que ponto ele é fomentador da vida, conservador da vida, conservador da espécie, talvez inclusive melhorador da espécie; e nós estamos fundamentalmente inclinados a afirmar que os juízos mais falsos (entre os quais se incluem os juízos sintéticos *a priori*) são os mais imprescindíveis para nós, que sem uma aceitação das ficções lógicas, sem medir a realidade pelo mundo puramente inventado do absoluto, idêntico a si mesmo, sem uma constante falsificação do mundo através do número, o homem não poderia viver – que a renúncia a juízos falsos seria uma renúncia à vida, uma negação da vida. Admitir a inverdade como condição da vida: isso significa, sem dúvida, opor-se de uma maneira perigosa aos sentimentos de valor habituais; e uma filosofia que ousa isso apenas por fazê-lo já se coloca além do bem e do mal.

---

9. Na edição de Colli e Montinari, "*Bewusstsein*", na de Karl Schlechta, "*Bewusst-sein*". Ainda que o hífen seja omitido na edição de Colli e Montinari, o contexto deixa evidente que o autor joga com *Bewusstsein* ("consciência") e *bewusst sein* ("ser, estar consciente"). Sutileza que a tradução não permite conservar.

10. "Tolice."

5

O que incita a olhar todos os filósofos de um modo meio desconfiado, meio zombeteiro não é o fato de mais e mais se descobrir o quanto eles são inocentes – com que frequência e com que facilidade eles se enganam e se perdem, em poucas palavras, sua criancice e infantilidade –, mas o fato de que eles não procedem de modo honesto o bastante, ao mesmo tempo em que fazem em conjunto um grande e virtuoso alarido tão logo o problema da veracidade seja tocado ainda que de leve. Todos fazem de conta que descobriram e alcançaram suas autênticas opiniões através do desenvolvimento próprio de uma dialética fria, pura, divinamente despreocupada (à diferença dos místicos de todas as categorias, mais honestos que eles e mais simplórios – os místicos falam de "inspiração"): enquanto, no fundo, defendem uma tese adotada antecipadamente, uma ideia repentina, uma "inspiração", geralmente um anelo abstratizado e peneirado, com razões procuradas posteriormente: – são, todos eles, advogados que não querem ser chamados por esse nome, e, na sua maioria, até mesmo defensores manhosos de seus preconceitos, que batizam de "verdades" – e estão *muito* distantes da coragem de consciência que confessa isso, precisamente isso, a si própria, muito distantes do bom gosto da coragem que também dá isso a entender, seja para advertir um inimigo ou um amigo, seja por uma alegria incontida e para zombar de si própria. A tão rígida quanto decorosa tartufice do velho Kant, com a qual ele nos atrai às vias dialéticas clandestinas que conduzem, ou melhor, seduzem, ao seu "imperativo categórico" – esse espetáculo faz sorrir a nós, exigentes, que encontramos um divertimento nada pequeno em atentar para os manejos de velhos moralistas e pregadores da moral em suas sutis perfídias. Ou então aquele *hocus-pocus*[11] de forma matemática com o qual Espinosa como que blinda com bronze e mascara sua filosofia – "o amor à *sua* sabedoria", afinal, interpretada a palavra correta e justamente – com o propósito de amedrontar de antemão a coragem do atacante que ouse lançar o olhar a essa inconquistável virgem e Palas Atena[12]: – quanto do próprio temor e vulnerabilidade não trai essa mascarada de um doente ermitão!

6

Pouco a pouco se tornou evidente para mim o que foi toda grande filosofia até agora: a saber, a confissão pessoal de seu autor e uma espécie

11. Fórmula mágica, truque de prestidigitação, charlatanice.

12. Palas Atena: deusa da sabedoria, da guerra, das ciências e das artes. Foi tirada por Hefestos da cabeça de Zeus, donde já saiu armada e dançando uma dança de guerra.

de *mémoires* involuntárias e inadvertidas; também se tornou evidente que os propósitos morais (ou imorais) de toda filosofia constituíram o autêntico broto vital a partir do qual sempre cresceu a planta inteira. De fato, para explicar o modo como verdadeiramente surgiram as mais remotas asserções metafísicas de um filósofo, age-se bem (e com prudência) ao perguntar sempre em primeiro lugar: de que moral partem (*ele* parte)? Eu não acredito, por conseguinte, que um "impulso ao conhecimento" seja o pai da filosofia, mas que um outro impulso, aqui como em outros casos, serviu-se do conhecimento (e do desconhecimento!)[13] apenas como de um instrumento. Mas quem observar, a partir disso, os impulsos fundamentais do homem para ver até que ponto, precisamente aqui, eles poderiam ter exercido sua influência como gênios (ou demônios e duendes) *inspiradores*, descobrirá que todos eles alguma vez já fizeram filosofia – e que cada um deles gostaria por demais de mostrar que justamente ele *próprio* é o alvo último da existência e o legítimo *senhor* de todos os demais impulsos. Pois todo impulso é sequioso de poder: e como *tal* ele busca filosofar. – Todavia: com os eruditos, os autênticos homens de ciência, pode ser diferente – "melhor", caso se queira –, pode haver realmente algo como um impulso cognitivo, algum pequeno mecanismo de relojoaria independente que, dando uma boa corda, funciona a valer a partir de então, *sem* que nenhum dos demais impulsos do erudito tome parte essencial aí. É por isso que os autênticos "interesses" do erudito residem habitualmente em coisas completamente diferentes, por exemplo, na família ou em ganhar dinheiro ou na política; é até quase indiferente se a sua pequena máquina é posta a funcionar neste ou naquele campo da ciência, e se o "promissor" jovem trabalhador faz de si um bom filólogo ou micólogo ou químico – não o *caracteriza* que ele se torne isto ou aquilo. No filósofo, ao contrário, não há absolutamente nada de impessoal; e sua moral, em especial, dá um decidido e decisivo testemunho de *quem ele é* – quer dizer, em que hierarquia os mais íntimos impulsos de sua natureza estão colocados uns em relação aos outros.

7

Quão maldosos podem ser os filósofos! Não conheço nada mais venenoso do que o chiste que Epicuro se permitiu contra Platão e os platônicos: ele os chamou de *dionysiokolakes*. Isto significa literalmente e em primeiro

13. Em alemão, *Verkenntnis*. A tradução não é precisa: "desconhecimento" em alemão é *Unkenntnis*, e o termo forjado por Nietzsche a partir do verbo *verkennen* é algo mais rico: *verkennen*, além de "desconhecer", "ignorar", também significa "não compreender", "compreender mal", "interpretar mal".

lugar "aduladores de Dionísio", portanto, apetrechos de tiranos e lambe-botas; mas além de tudo também quer dizer que "são todos *atores*, neles não há nada autêntico" (pois *dionysokolax* era uma designação popular para ator)[14]. E neste último sentido está propriamente a maldade que Epicuro disparou contra Platão: aborrecia-o a maneira grandiosa, o colocar-se em cena, do qual Platão, juntamente com seus discípulos, entendia bem – do qual Epicuro nada entendia! Ele, o velho mestre-escola de Samos que vivia escondido em seu jardinzinho de Atenas e escreveu trezentos livros, quem sabe, talvez, por ambição e raiva de Platão? – Foram necessários cem anos até que a Grécia descobrisse quem foi esse deus dos jardins chamado Epicuro. – Ela descobriu? –

8

Em toda filosofia há um ponto em que a "convicção" do filósofo entra em cena: ou, para dizê-lo na linguagem de um antigo mistério:

adventavit asinus
pulcher et fortissimus.[15]

9

Quereis *viver* "segundo a natureza"? Ó nobres estoicos, que intrujice de palavras! Imaginai um ser semelhante à natureza, desmedidamente pródigo, desmedidamente indiferente, sem propósitos e consideração, sem misericórdia e justiça, fecundo e estéril e incerto ao mesmo tempo, imaginai a própria indiferença como poder – como *poderíeis* viver segundo essa indiferença? Viver – isso não é justamente um querer-ser-diferente do que essa natureza é? Viver não é avaliar, estabelecer preferências, ser injusto, limitado, querer ser diferente? E supondo que vosso imperativo "viver segundo a natureza" signifique no fundo o mesmo que "viver segundo a vida" – como é que poderíeis *não* fazê-lo? Para que fazer um princípio daquilo que vós próprios sois e tendes de ser? – Na verdade, as coisas são bem diferentes: enquanto

14. *Dionysiokolakes*/*dionysokolax*: a graça da piada de Epicuro está na semelhança entre os nomes do deus Dioniso e de Dionísio, tirano de Siracusa. Sendo Dioniso também o deus do teatro, os atores eram seus "aduladores".

15. "Chegou o asno, belo e muito forte." O trecho pertence a um *festum asinorum* ("festa do asno") medieval, ritual originalmente destinado a comemorar a fuga da Sagrada Família para o Egito, mas que se transformou numa exaltação do asno, símbolo da humildade e da tolice.

afirmais, encantados, tomar da natureza o cânone de vossa lei, quereis algo que é o oposto, vós, estranhos comediantes e autoenganadores! Vosso orgulho quer prescrever e incorporar à natureza, inclusive à natureza, a vossa moral, o vosso ideal; quereis que ela seja uma natureza "segundo a Stoa"[16] e gostaríeis que toda a existência apenas existisse à vossa própria imagem – como uma imensa, eterna glorificação e generalização do estoicismo! Não obstante todo o vosso amor à verdade, vos obrigais por tanto tempo, tão teimosamente, com tamanha fixidez hipnótica, a ver a natureza *falsamente*, isto é, estoicamente, até que não sois mais capazes de vê-la de outro modo – e por fim algum abismal orgulho ainda vos inspira a louca esperança de que, *visto que* sabeis tiranizar a vós próprios – estoicismo é autotirania –, também a natureza se deixe tiranizar: pois não é o estoico um *fragmento* de natureza?... Mas esta é uma velha, longa história: o que daquela vez sucedeu com os estoicos, sucede ainda hoje tão logo uma filosofia começa a acreditar em si mesma. Ela sempre cria o mundo à sua imagem, ela não pode fazer diferente; a filosofia é esse impulso tirânico mesmo, a mais espiritual vontade de poder, de "criação do mundo", de *causa prima*.[17]

10

A diligência e a sutileza, eu quase diria a astúcia, com que hoje se ataca por toda parte na Europa o problema "do mundo real e do mundo aparente"[18], dá o que pensar e o que escutar; e quem aqui escuta ao fundo apenas uma "vontade de verdade" e nada mais certamente não goza dos ouvidos mais aguçados. Em casos raros e isolados pode realmente estar implicada aí tal vontade de verdade, alguma coragem descomedida e aventureira, alguma ambição de metafísico ao posto perdido, ambição que, afinal, sempre prefere um punhado de "certeza" a um vagão inteiro cheio de belas possibilidades; pode até mesmo haver fanáticos da consciência puritanos que preferem morrer estendidos sobre um nada certo a fazê-lo sobre um algo incerto. Mas isto é niilismo e sinal de uma alma desesperada, morta de cansaço: por mais valentes que os gestos de semelhante virtude possam parecer. Entre os

16. Zenão de Cítio (c.333-c.264 a.C.) reunia-se com quem quisesse ouvi-lo junto a um pórtico (*stoá*, em grego) de Atenas, donde a designação de "estoicos" dada aos seus discípulos.

17. "Causa primeira."

18. Alusão à obra do filósofo G. Teichmüller (1832-1888), *Die wirkliche und die scheinbare Welt* ("O mundo real e o mundo aparente"), publicada em 1882. Teichmüller ocupava a cátedra de filosofia da Universidade de Basileia, e quando a deixou, em 1871, Nietzsche candidatou-se ao cargo – sem sucesso, porém.

pensadores mais fortes, mais cheios de vida, ainda sedentos de vida, as coisas parecem se dar de outro modo: ao tomar partido *contra* a aparência e pronunciar a palavra "perspectivo" quase com orgulho, ao avaliar a credibilidade de seus próprios corpos como sendo aproximadamente tão pequena quanto a credibilidade da evidência que diz "a Terra está imóvel", e desse modo aparentemente bem-disposto deixam escapar entre os dedos a mais segura das posses (pois no que se acredita agora com mais firmeza do que no próprio corpo?), quem sabe se no fundo eles não querem reconquistar algo que se possuía outrora ainda *mais firmemente*, alguma parte das velhas terras da fé de antigamente, talvez "a alma imortal", talvez "o velho deus", em suma, ideias com as quais se podia viver melhor, quer dizer, de modo mais vigoroso e mais jovial, do que com as "ideias modernas"? Há nisso *desconfiança* contra essas ideias modernas, há descrença de tudo aquilo que foi construído ontem e hoje; há talvez um ligeiro fastio e um escárnio aí mesclados que não suportam mais o *bric-à-brac* de conceitos da mais variada procedência, que é como o assim chamado positivismo se apresenta hoje no mercado, uma repulsa do gosto mais exigente diante do colorido de feira e da andrajosidade de todos esses filosofastros da realidade,[19] nos quais nada há de novo e genuíno a não ser esse colorido. Nisto, segundo me parece, deve-se dar razão a esses céticos antirrealistas e microscopistas do conhecimento atuais: seu instinto, que os afasta da realidade *moderna*, não é refutado – que nos importam seus atalhos retrógrados! O essencial neles *não* é que eles querem "voltar": mas que eles querem – *afastar-se*. Um pouco *mais* de energia, voo, coragem, senso artístico: e eles quereriam ir *adiante* – e não de volta! –

11

Parece-me que por toda parte ocorre hoje um esforço no sentido de desviar o olhar da verdadeira influência que Kant exerceu sobre a filosofia alemã e, em particular, de se esquivar astutamente do valor que ele concedia a si próprio. Antes de tudo e em primeiro lugar, Kant tinha orgulho de sua tábua de categorias, e com essa tábua nas mãos, dizia: "isto é o mais difícil que alguma vez pôde ser empreendido em prol da metafísica". – Mas entenda-se este "pôde ser"! Ele tinha orgulho de haver *descoberto* no homem uma nova faculdade, a faculdade para os juízos sintéticos *a priori*. Supondo que ele tenha se enganado quanto a isso: mas o desenvolvimento e o rápido desabrochar da filosofia alemã se ligam a esse orgulho e à competição de toda

19. Referência a Eugen Dühring (1833-1921), que definia seu pensamento como "filosofia da realidade".

a juventude para descobrir talvez maiores motivos de orgulho – e, em todo caso, "novas faculdades"! – Mas reflitamos: está na hora. Como são *possíveis* os juízos sintéticos *a priori*?, perguntava-se Kant – e o que propriamente ele respondeu? *Eles são facultados por uma faculdade*[20] mas, infelizmente, não o fez em tão poucas palavras, mas de modo tão cerimonioso, venerável e com tal dispêndio de gravidade e tortuosidade[21] alemãs, que não se percebeu a divertida *niaiserie allemande* que se encontra em tal resposta. Grande foi o entusiasmo com essa nova faculdade, e o júbilo chegou ao seu ápice quando Kant, não bastasse isso, ainda descobriu uma faculdade moral no homem – pois naquele tempo os alemães ainda eram morais, e absolutamente ainda não eram "*real-politisch*"[22]. – Veio a lua de mel da filosofia alemã; todos os jovens teólogos do Seminário de Tübingen[23] se embrenhavam imediatamente nas moitas – todos procuravam por "faculdades". E quanta coisa não se encontrou – naquela época inocente, rica, ainda juvenil do espírito alemão, em que a malévola fada do romantismo soprava, cantava, tempo em que ainda não se sabia distinguir entre "encontrar" e "inventar"![24] Em primeiro lugar, uma faculdade para o "suprassensível": Schelling a batizou de intuição intelectual, vindo, com isso, ao encontro dos desejos mais íntimos de seus alemães, no fundo desejosos de devoção. Não se pode fazer injustiça maior a todo esse buliçoso e exaltado movimento, que era juventude, por mais que se disfarçasse ousadamente com conceitos grisalhos e decrépitos, do que levá-lo a sério e tratá-lo até mesmo com indignação moral; enfim, a idade chegou – o sonho acabou. Chegou um momento em que as pessoas punham a mão na cabeça: e assim continuam até hoje. As pessoas haviam sonhado: antes de todos e em primeiro lugar – o velho Kant. "Facultado por uma faculdade" – dissera ele, ou pelo menos, dera a entender. Mas então isto é – uma resposta? Uma explicação? Ou não é antes apenas uma repetição da pergunta? Como

20. Em alemão, *vermöge eines Vermögens*, ou seja, "graças a uma faculdade".

21. Outro jogo de palavras, não menos espirituoso: formando par com *Tiefsinn* (reflexão profunda, profundidade, gravidade), Nietzsche forja *Schnörkelsinn* (*Schnörkel*: linha tortuosa, floreio, voluta), que traduzimos de modo aproximado e sem o mesmo grau de invenção por "tortuosidade". *Niaiserie allemande*, pouco depois: "tolice alemã".

22. Referência à *Realpolitik* (política realista), concepção apresentada por L. von Rochau na obra *Princípios de política realista* (1853). Na definição precisa do *Houaiss*: "Política internacional que se baseia em fatores pragmáticos e materiais, especialmente nas relações entre as forças vigentes e em cenários concretos, em detrimento de influências ideológicas ou considerações sobre doutrina e princípios". O termo *Realpolitik* passou a ser aplicado sobretudo à política de Bismarck.

23. Foi no seminário protestante de Tübingen que estudaram Hegel, Schelling e Hölderlin.

24. "Encontrar" e "inventar": em alemão, *"finden" und "erfinden"*.

afinal o ópio faz dormir? "Facultado por uma faculdade", a saber, a *virtus dormitiva* – responde aquele médico de Molière:

> *quia est in eo virtus dormitiva,*
> *cujus est natura sensus assoupire.*[25]

Mas respostas assim são próprias de comédia, e está finalmente na hora de substituir a pergunta kantiana, "como são possíveis os juízos sintéticos *a priori*?", por uma outra pergunta, "por que é *preciso* crer em tais juízos?" – ou seja, está na hora de compreender que para o objetivo de conservação de seres de nossa espécie, tais juízos têm de ser *cridos* como verdadeiros; razão pela qual eles naturalmente também poderiam ser juízos *falsos*! Ou, dito de modo mais claro, grosseiro e radical: juízos sintéticos *a priori* não deveriam absolutamente "ser possíveis": não temos qualquer direito a eles, em nossa boca eles são todos juízos falsos. Só que é preciso, contudo, a crença na sua verdade como uma crença de fachada e aparência que pertence à ótica de perspectivas própria da vida. – E para recordar, por fim, a enorme influência que "a filosofia alemã" – compreende-se, como espero, seu direito às aspas? – exerceu em toda a Europa, não se duvide que uma certa *virtus dormitiva* teve parte nisso: entre nobres ociosos, virtuosos, místicos, artistas, cristãos três-quartos e obscurantistas políticos de todas as nações, as pessoas estavam encantadas por possuir, graças à filosofia alemã, um antídoto contra o sensualismo ainda predominante que transbordou do século anterior para o presente, em suma – "*sensus assoupire*".....

12

No que respeita ao atomismo materialista: este pertence às coisas melhor refutadas que existem; e talvez não haja atualmente na Europa ninguém entre os doutos tão indouto a ponto de ainda lhe atribuir, exceto para o cômodo uso diário e doméstico (ou seja, como uma abreviação dos meios de expressão), um significado sério – graças, em primeiro lugar, àquele polonês Boscovich,[26] que, juntamente com o polonês Copérnico, foi até agora o

25. Molière, *O doente imaginário*: comédia-balé, Ato III, 3º interlúdio. Na cerimônia burlesca em que Argan, o doente imaginário, recebe o título de médico, um dos examinadores lhe interroga sobre as razões do efeito soporífero do ópio. Num latim macarrônico, Argan responde: "Porque há nele uma faculdade dormitiva, cuja natureza é entorpecer os sentidos".

26. O jesuíta R.J. Boscovich (1711-1787), matemático, físico e astrônomo, autor de *Philosophiae naturalis theoria redacta ad unicam legem virium in natura existentium* (Teoria da filosofia natural, redigida segundo a única lei das forças existentes na natureza), obra publicada em 1769, era na verdade croata.

maior e o mais vitorioso adversário da aparência. Pois enquanto Copérnico nos persuadiu a acreditar, contrariamente a todos os sentidos, que a Terra *não* está parada, Boscovich nos ensinou a abjurar da crença na última coisa da Terra que "estava parada", a crença na "substância"[27], na "matéria", no átomo, montinho e resto de Terra: foi o maior triunfo sobre os sentidos até agora conquistado sobre a Terra. – Mas é preciso ir ainda mais longe e declarar guerra também à "necessidade atomista", que, do mesmo modo que aquela mais famosa "necessidade metafísica", ainda leva uma perigosa sobrevida em áreas onde ninguém imagina – uma guerra sem piedade por todos os meios: – deve-se aniquilar, em primeiro lugar, também aquele outro e mais funesto atomismo que o cristianismo ensinou melhor e por mais tempo, o *atomismo da alma.* Que nos seja permitido designar com essa expressão a crença que considera a alma como sendo algo inextinguível, eterno, indivisível, uma mônada, um átomo: *essa* crença deve ser eliminada da ciência! Ao fazer isso, não é absolutamente preciso, dito entre nós, livrar-se da "alma" mesma e renunciar a uma das mais antigas e mais respeitáveis hipóteses: como costuma ocorrer à falta de jeito dos naturalistas, que, mal tocam na "alma", também a perdem. Mas o caminho para novas versões e refinamentos da hipótese da alma se encontra aberto: e conceitos como "alma mortal", "alma como multiplicidade do sujeito" e "alma como estrutura social dos impulsos e afetos" querem doravante ter direito de cidadania na ciência. Ao dar um fim à superstição que até agora se alastrava com um viço quase tropical em torno da ideia de alma, o *novo* psicólogo sem dúvida se lançou, por assim dizer, em um novo deserto e em uma nova desconfiança – pode ser que para os psicólogos mais velhos as coisas fossem mais cômodas e alegres –: mas, no fim, justamente por isso ele também se sabe condenado à *invenção* – e, quem sabe, talvez à *descoberta.*[28]

13

Os fisiólogos deveriam refletir ao estabelecer o impulso de autoconservação como o impulso cardinal de um ser orgânico. Algo que é vivo quer

27. O termo "substância" não é a melhor tradução para *Stoff*, usualmente vertida por "matéria". *Materie*, porém, vem logo a seguir... Caso comum no alemão, há duas palavras diferentes para designar a mesma coisa: uma de origem latina, outra propriamente alemã. "Substância" satisfaz apenas parcialmente pelo fato de que possui usualmente a conotação de "elemento químico", e se Nietzsche tivesse empregado "substância" em seu sentido metafísico, provavelmente usaria *Substanz*...

28. Repete-se o jogo entre *finden* e *erfinden*: desta vez, porém, os verbos são substantivados: *Erfinden* (invenção) e *Finden* (descoberta).

sobretudo *dar vazão* à sua força – a vida mesma é vontade de poder –: a autoconservação é apenas uma das *consequências* indiretas e mais frequentes disso. – Em suma, nisso, como em tudo, cuidado com princípios teleológicos *supérfluos*! – caso do impulso de autoconservação (que se deve à inconsequência de Espinosa). Assim ordena o método, que deve ser essencialmente economia de princípios.

14

Talvez cinco, seis cabeças começam agora a compreender que também a física é apenas uma interpretação e ordenação do mundo (de acordo conosco!, permitam-me dizê-lo) e *não* uma explicação do mundo: mas, na medida em que ela se apoia na crença nos sentidos, ela passa por ser algo mais, e por longo tempo ainda deve passar por ser algo mais, a saber, por explicação. Ela tem olhos e dedos a seu favor, ela tem a evidência e a palpabilidade a seu favor: sobre uma época cujo gosto fundamental é plebeu, isto exerce um efeito encantador, persuasivo, *convincente* – isto até segue instintivamente o cânone de verdade do eterno sensualismo popular. O que é claro, o que "esclarece"? Primeiramente, aquilo que pode ser visto e tocado – até esse ponto é preciso levar cada problema. De modo inverso: precisamente na resistência *contra* a evidência dos sentidos consistia o encanto do modo de pensar platônico, que era um modo de pensar *nobre* – talvez entre homens que inclusive gozavam de sentidos mais fortes e mais exigentes do que os de nossos contemporâneos, mas que sabiam encontrar um triunfo mais elevado em permanecer senhores desses sentidos: e isto através de pálidas, frias, cinzentas redes conceituais que lançavam sobre o colorido turbilhão dos sentidos – a turba dos sentidos, como disse Platão[29]. Nessa sujeição do mundo e nessa interpretação do mundo à maneira de Platão, havia um tipo de *gozo* diverso daquele que nos oferecem os físicos de hoje, bem como os darwinistas e antiteleólogos dentre os operários da fisiologia, com seu princípio da "força mínima" e da idiotice máxima. "Onde o homem não tem mais nada para ver e tocar, ali ele também não tem mais nada a fazer" – este é sem dúvida um imperativo diverso do platônico, o qual, porém, para uma rude e laboriosa espécie futura de operadores de máquinas e construtores de pontes, que apenas tem trabalho *grosseiro* a fazer, pode ser precisamente o imperativo adequado.

---

29. Platão, *Leis*, 689 a-b.

15

Para praticar a fisiologia com boa consciência, é preciso sustentar que os órgãos dos sentidos *não* são fenômenos no sentido da filosofia idealista: como tais, eles não poderiam ser causas! Assim, o sensualismo é ao menos hipótese reguladora, para não falar de princípio heurístico. – O quê? E outros até dizem que o mundo externo seria obra de nossos órgãos? Mas então nosso corpo, sendo uma parte desse mundo externo, seria obra de nossos órgãos! Mas então nossos órgãos mesmos seriam – obra de nossos órgãos! Esta é, assim me parece, uma radical *reductio ad absurdum*[30]: supondo que o conceito de *causa sui* seja algo radicalmente absurdo. Por conseguinte, o mundo externo *não* é obra de nossos órgãos –?

16

Ainda há cândidos autoobservadores que acreditam na existência de "certezas imediatas", por exemplo, "eu penso", ou, caso da superstição de Schopenhauer, "eu quero": como se aqui o conhecer conseguisse apreender seu objeto puro e nu, como "coisa em si", e nem por parte do sujeito nem por parte do objeto ocorresse uma falsificação. Repetirei cem vezes, porém, que "consciência imediata", do mesmo modo que "conhecimento absoluto" e "coisa em si", implica uma *contradictio in adjecto*[31]: deveríamos nos libertar, afinal, da sedução das palavras! Que o povo acredite que o conhecer é um conhecer até o fim, o filósofo deve dizer a si próprio: "Se decomponho o processo que está expresso na proposição 'eu penso', obtenho uma série de ousadas afirmações, cuja fundamentação é difícil, talvez impossível – por exemplo, que sou *eu* quem pensa, que de fato deve haver um algo que pensa, que pensar é uma atividade e um efeito por parte de um ser que é pensado como causa, que existe um 'eu', e finalmente, que já está estabelecido o que designar com pensar – que eu *sei* o que é pensar. Pois se acerca disso eu já não tivesse me decidido comigo, pelo que eu deveria medir que aquilo que acaba de acontecer não é talvez 'querer' ou 'sentir'? Enfim, aquele 'eu penso' pressupõe que eu *compare* meu estado atual com outros estados que conheço em mim, para assim estabelecer o que ele é: devido a essa relação retrospectiva com outro 'saber', ele não tem para mim, em todo caso, qualquer 'certeza' imediata." –

30. "Redução ao absurdo." Em lógica, regra de derivação que permite demonstrar que determinada proposição, por implicar uma contradição, levaria necessariamente a uma conclusão absurda. *Causa sui*: "causa de si mesmo".

31. "Contradição nos termos." Neste caso, o adjetivo "imediato" implicaria em contradição com o substantivo "consciência".

No lugar dessa "certeza imediata", na qual o povo eventualmente pode acreditar, o filósofo recebe nas mãos, assim, uma série de questões de metafísica, verdadeiras questões de consciência para o intelecto, que são: "Donde tomo o conceito de pensar? Por que acredito em causa e efeito? O que me dá o direito de falar de um eu, e até de um eu como causa, e, por fim, ainda de um eu como causa dos pensamentos?" Quem se atreve a responder de imediato tais questões metafísicas apelando a uma espécie de *intuição* do conhecimento, como faz aquele que diz: "Eu penso, e sei que pelo menos isso é verdadeiro, real, certo" – esse, hoje, num filósofo, encontrará prontos um sorriso e dois pontos de interrogação. "Meu senhor", o filósofo talvez lhe dê a entender, "é improvável que não te enganes: mas por que afinal sempre a verdade?" –

17

No que respeita à superstição dos lógicos: eu não me cansarei de voltar a sublinhar um pequeno, ínfimo fato que esses supersticiosos confessam de má vontade – a saber, que um pensamento vem quando "ele" quer, e não quando "eu" quero; de modo que é uma *falsificação* dos fatos afirmar: o sujeito "eu" é a condição do predicado "penso". Isso pensa[32]: mas que este "isso" seja precisamente aquele velho, célebre "eu", é, para dizer o mínimo, apenas uma suposição, uma afirmação, sobretudo não é qualquer "certeza imediata". No fim, com esse "isso pensa" já se foi longe demais: esse "isso" já contém uma *interpretação* do processo e não pertence ao próprio processo. Aqui se tiram conclusões segundo o hábito gramatical de que "pensar é uma atividade, a cada atividade corresponde alguém que age, logo –". Aproximadamente segundo o mesmo esquema, o mais antigo atomismo ainda procurava, além da "força" que atua, aquele montinho de matéria no qual ela se encontra, a partir do qual ela age, o átomo; mentes mais rigorosas aprenderam por fim a passar sem esse "resto de Terra", e talvez um dia as pessoas se habituem, e os lógicos também, a passar sem esse pequeno "isso" (no qual o velho e venerável eu se volatilizou).

18

Numa teoria, não é realmente o menor de seus atrativos o fato de ela ser refutável: precisamente com isso ela atrai mentes mais sutis. Parece que a

32. Em alemão: *es denkt*. A palavrinha "*es*", equivalente ao *it* do inglês, possui múltiplos usos no idioma alemão. No presente caso, aponta para a impessoalidade do ato de pensar, que não dependeria de um eu, mas ocorreria à sua revelia.

cem vezes refutada teoria do "livre-arbítrio" deve sua perduração tão somente a esse atrativo –: sempre volta a aparecer alguém e se sente forte o bastante para refutá-la.

19

Os filósofos costumam falar da vontade como se ela fosse a coisa mais conhecida do mundo; até Schopenhauer deu a entender que somente a vontade nos é verdadeiramente conhecida, completamente conhecida, conhecida sem desconto e sem acréscimo. Mas sempre volta a me parecer que também nesse caso Schopenhauer apenas fez precisamente aquilo que os filósofos costumam fazer: ele assumiu e exagerou um *preconceito popular*. Querer me parece antes de tudo algo *complicado*, algo que é uma unidade apenas como palavra – e precisamente em uma palavra reside o preconceito popular que se assenhoreou da sempre apenas escassa cautela dos filósofos. Sejamos, então, ao menos uma vez, mais cautelosos, sejamos "afilosóficos" – digamos: em todo querer há, primeiro, uma multiplicidade de sensações, a saber, a sensação do estado do qual nos *afastamos*, a sensação do estado ao qual nos *dirigimos*, a própria sensação desse "afastamos" e "dirigimos", e então, ainda, uma sensação muscular concomitante, que, por uma espécie de hábito, ainda que não coloquemos "braços e pernas" em movimento, principia seu jogo tão logo nós "queremos". Como, portanto, sentir, e mais precisamente, um sentir múltiplo, pode ser reconhecido como ingrediente do querer, assim, em segundo lugar, também o pensar: em todo ato de vontade há um pensamento que comanda; – e não se deve acreditar que se possa separar esse pensamento do "querer", como se então ainda restasse vontade! Terceiro, a vontade não é apenas um complexo de sentir e pensar, mas antes de tudo, ainda um *afeto*:[33] e, mais precisamente, esse afeto do comando. Aquilo que é chamado de "livre-arbítrio" é essencialmente o afeto de superioridade com respeito àquele que tem de obedecer: "eu sou livre, 'ele' tem de obedecer" – essa consciência reside em toda vontade, e do mesmo modo, aquela tensão da atenção, aquele olhar direto que fixa exclusivamente uma coisa, aquela valoração absoluta, "agora é necessário isso e não outra coisa", aquela certeza interior de que haverá obediência e o que mais ainda pertença à condição do mandante. Um homem que *quer* – ordena a um algo em si que obedece ou que ele acredita que obedece. Mas atente-se para o que há de mais estranho na vontade – nessa coisa tão múltipla, para a qual o povo tem apenas uma

33. A palavra alemã é *Affekt*. Traduções alternativas seriam "paixão" ou "emoção", termos que talvez abrangessem melhor o que há de impetuoso e veemente em *Affekt*.

palavra: na medida em que no caso dado somos ao mesmo tempo os mandantes *e* os obedecentes, e, como obedecentes, conhecemos as sensações de coação, insistência, pressão, resistência, movimento, que costumam iniciar imediatamente após o ato de vontade; na medida em que, por outro lado, temos o hábito de não fazer caso, de nos enganar acerca dessa dualidade graças ao conceito sintético "eu", prendeu-se ao querer ainda toda uma cadeia de conclusões errôneas e, por conseguinte, de falsas valorações da própria vontade – de tal modo que o querente acredita de boa-fé que o querer *basta* para a ação. Visto que na maioria dos casos apenas se quis quando também o efeito da ordem, portanto a obediência, portanto a ação, podia ser *esperado*, a *aparência* se traduziu na sensação de que aí haveria uma *necessidade do efeito*; em suma, o querente acredita, com um razoável grau de certeza, que vontade e ação, de algum modo, são uma só coisa – ele atribui o êxito, a execução do querer, à própria vontade, gozando com isso de um aumento daquela sensação de poder que todo êxito traz consigo. "Livre-arbítrio" – essa é a expressão para aquele multiforme estado de prazer do querente que ordena e ao mesmo tempo se funde num só com o executante – que, como tal, goza conjuntamente o triunfo sobre as resistências, mas julga consigo mesmo que foi sua própria vontade que verdadeiramente superou as resistências. O querente toma assim as sensações de prazer dos instrumentos executantes bem-sucedidos, das serviçais "subvontades" ou subalmas – nosso corpo é tão somente uma estrutura social de muitas almas – em acréscimo às suas sensações de prazer como mandante. *L'effet c'est moi*[34]: ocorre aqui o que sucede em toda comunidade bem constituída e feliz, a classe reinante se identifica com os êxitos da comunidade. Em todo querer, trata-se simplesmente de mandar e obedecer, sobre a base, como dissemos, de uma estrutura social de muitas "almas": razão pela qual um filósofo deveria se arrogar o direito de compreender o querer em si já dentro do horizonte da moral: moral, pois, entendida como a teoria das relações de dominação sob as quais se origina o fenômeno "vida". –

20

Que os diversos conceitos filosóficos não são algo casual, que não são algo que cresce por si, mas que medrem em relação e com parentesco entre si, que eles, por mais súbita e arbitrariamente que pareçam surgir na história do pensamento, pertençam a um sistema tanto quanto o conjunto dos

34. "O efeito sou eu": paródia da frase atribuída a Luís XIV, *L'Etat c'est moi* ("O Estado sou eu").

membros da fauna de um continente: isso é algo que ainda se revela, por fim, no modo seguro como os mais diferentes filósofos sempre voltam a preencher um certo esquema básico de filosofias *possíveis*. Sob um encantamento invisível, eles percorrem sempre do início, mais uma vez, a mesma órbita: por mais independentes que eles possam se sentir uns dos outros com sua vontade crítica ou sistemática: algo neles os guia, algo os impulsiona numa determinada ordem um atrás do outro, precisamente aquela inata sistemática e afinidade de conceitos. Seu pensamento é de fato muito menos uma descoberta do que um reconhecimento, uma rememoração, um retorno e um regresso a um distante e remoto lar geral da alma, do qual esses conceitos um dia saíram – o filosofar, nesse sentido, é uma espécie de atavismo da mais alta categoria. A singular semelhança de família de todo filosofar indiano, grego e alemão esclarece-se de modo bastante simples. Precisamente onde existe parentesco linguístico, é absolutamente inevitável que, graças à comum filosofia da gramática – quero dizer, graças ao inconsciente domínio e condução por meio de idênticas funções gramaticais –, tudo esteja preparado de antemão para um idêntico desenvolvimento e sequência de sistemas filosóficos: do mesmo modo que para certas possibilidades diversas de interpretação do mundo, o caminho parece como que bloqueado. Filósofos do âmbito linguístico uralo-altaico (no qual o conceito de sujeito é menos desenvolvido) com grande probabilidade olharão "para o mundo" de maneira diferente, e serão encontrados em outras trilhas, do que indo-germânicos ou muçulmanos: o encantamento de determinadas funções gramaticais é, em seu fundamento último, o encantamento de juízos de valor *fisiológicos* e de condições raciais. – É o que basta para a rejeição da superficialidade de Locke no que respeita à origem das ideias.

21

A *causa sui* é a melhor autocontradição que até agora foi imaginada, uma espécie de violação e antinatureza lógicas: mas o desmedido orgulho do homem o levou a se enredar de modo profundo e terrível precisamente com esse absurdo. O anseio por "livre-arbítrio",[35] naquele superlativo sentido metafísico que infelizmente ainda impera nas cabeças dos semi-instruídos, o anseio de carregar sozinho a inteira e última responsabilidade por suas ações e dela desobrigar Deus, mundo, antepassados, acaso, sociedade, não é nada menos do que o de ser precisamente essa *causa sui* e, com uma audácia maior

35. No texto alemão, *Freiheit des Willens*, literalmente "liberdade da vontade". Também empregamos "livre-arbítrio" para traduzir *freie Wille* ("vontade livre"), logo abaixo.

que aquela de Münchhausen,[36] puxar-se pelos cabelos do pântano do nada para a existência. Supondo que, desse modo, alguém se dá conta da ingenuidade campônia desse célebre conceito de "livre-arbítrio" e o risca de sua mente, então lhe peço agora que leve seu "esclarecimento" um passo adiante e também risque de sua mente a inversão desse não conceito de "livre-arbítrio": refiro-me à "vontade não livre", que chega a ser um abuso de causa e efeito. Não se deve *coisificar* erroneamente "causa" e "efeito" tal como fazem os investigadores da natureza (e aqueles que, como eles, naturalizam no pensamento hoje em dia) conforme a dominante palermice mecanicista que aperta e pisa a causa até que ela "produza efeito"; devemos nos servir da "causa", do "efeito", meramente como de puros *conceitos*, quer dizer, como de ficções convencionais para fins de designação, de comunicação, *não* de explicação. No "em si" não há nada de "associações causais", de "necessidade", de "não liberdade psicológica", aí *não* se segue "o efeito à causa", não rege nenhuma "lei". Fomos *nós* somente que inventamos as causas, a sucessão, a reciprocidade, a relatividade, a coação, o número, a lei, a liberdade, o motivo, a finalidade; e quando introduzimos pela imaginação, quando misturamos às coisas esse mundo de signos considerado como algo "em si", agimos novamente como sempre agimos, a saber, *mitologicamente*. A "vontade não livre" é mitologia: na vida real, trata-se apenas de vontade *forte* e *fraca*. – Já é quase sempre um sintoma daquilo que lhe falta, quando um pensador percebe em toda "conexão causal" e "necessidade psicológica" algo de coação, carência, obediência compulsória, pressão, não liberdade: é revelador sentir justamente assim – a pessoa se revela. E, em geral, se observei corretamente, a "não liberdade da vontade" é tomada como um problema por dois lados completamente opostos, mas sempre de um modo profundamente *pessoal*: uns não querem perder por nada deste mundo sua "responsabilidade", a fé em *si*, o direito pessoal ao *seu* mérito (as raças vaidosas aí se incluem); outros, ao contrário, não querem responder por nada, não querem ser culpados

36. Nietzsche se refere ao Barão de Münchhausen (1720-1797), cujas patranhas se tornaram populares especialmente através do livro de Gottfried August Bürger (1747-1794). Eis aquela a que Nietzsche se refere: "*De como o Barão de Münchhausen salva-se a si mesmo e a seu cavalo puxando-se pela trança do cabelo para fora do lamaçal.* De outra feita eu quis pular sobre um lamaçal, que de primeiro não me pareceu tão largo. No meio do salto, no entanto, me dei conta de seu verdadeiro tamanho. Suspenso no ar, me virei e voltei para o lugar donde saíra, a fim de tomar maior impulso. Entretanto, voltei a pular muito pouco pela segunda vez e caí no lamaçal, afundando até o pescoço, não muito distante da margem oposta. Eu estaria irremediavelmente perdido naquela situação, não tivesse a força de meu próprio braço me agarrado pela minha própria trança e me puxado, junto com meu cavalo – que eu abracei com força entre meus joelhos –, para fora dali." (In: Marcelo Backes. *A arte do combate*. São Paulo, Boitempo, 2003.)

de nada e exigem, a partir de um autodesprezo íntimo, poder *se eximir* de qualquer maneira. Estes últimos, quando escrevem livros, costumam hoje intervir a favor dos criminosos; uma espécie de compaixão socialista é o seu disfarce mais agradável. E, realmente, o fatalismo dos fracos de vontade ganha espantosamente em beleza quando sabe se apresentar como "*la religion de la souffrance humaine*"[37]: esse é o *seu* "bom gosto".

22

Na condição de um velho filólogo que não pode abrir mão da maldade de apontar o dedo para artes de interpretação ruins, peço que me perdoem: mas essa "lei da natureza", da qual vós, físicos, falais tão orgulhosamente, como se – – apenas existe graças à vossa interpretação e vossa péssima "filologia" – ela não é nenhum fato, nenhum "texto", antes somente um arranjo ingênuo-humanitário e uma deturpação de sentido com que vindes à saciedade ao encontro dos instintos democráticos da alma moderna! "Igualdade perante a lei por toda parte – nisso a natureza não é diferente e nem melhor do que nós": uma graciosa segunda intenção em que mais uma vez se encontra disfarçada a hostilidade plebeia contra tudo que é privilegiado e autocrático, bem como um segundo e mais refinado ateísmo. "*Ni dieu, ni maître*"[38] – assim também o quereis vós: e por isso, "viva a lei natural"! – não é verdade? Mas, como foi dito, isso é interpretação, não texto; e poderia vir alguém que, com intenção e arte de interpretação contrária, soubesse ler na mesma natureza e com vista aos mesmos fenômenos precisamente a imposição tirânica-impiedosa e implacável de pretensões de poder – um intérprete que colocasse de tal modo diante de vossos olhos a ausência de exceção e a incondicionalidade existente em toda "vontade de poder", que quase toda palavra, e mesmo a palavra "tirania", parecesse por fim inútil ou já como metáfora debilitante e atenuante – como demasiado humana –; um intérprete que, não obstante, concluiria afirmando acerca do mundo o mesmo que afirmais, a saber, que ele possui um decurso "necessário" e "calculável", mas *não* porque nele regem leis, senão porque absolutamente *faltam* as leis, e todo poder, a todo momento, extrai sua última consequência. Supondo que também isso é apenas interpretação – e sereis rápidos o bastante em objetar isso? –, então, tanto melhor. –

37. "A religião do sofrimento humano."

38. "Nem deus, nem senhor." Nome de um jornal fundado em 1880 por Louis Auguste Blanqui (1805-1881), político, escritor e socialista francês. A expressão também foi *slogan* anarquista.

23

Até agora, toda a psicologia ficou presa a preconceitos e temores morais: ela não se arriscou nas profundezas. Concebê-la como morfologia e *teoria do desenvolvimento da vontade de poder*, como eu a concebo – ninguém tocou nisso ainda, sequer em pensamentos: desde que seja lícito, pois, reconhecer naquilo que até agora se escreveu, um sintoma daquilo que até agora se calou. A força dos preconceitos morais penetrou profundamente no mundo mais espiritual, aparentemente mais frio e mais desprovido de pressupostos – e, como é obvio, causando danos, tolhendo, ofuscando, distorcendo. Uma verdadeira fisiopsicologia tem de lutar com resistências inconscientes no coração do investigador, ela tem "o coração" contra si: já uma teoria do condicionamento mútuo dos impulsos "bons" e dos "maus" provoca, como uma imoralidade mais sutil, aflição e desgosto numa consciência mais enérgica e corajosa – ainda mais uma teoria da derivabilidade de todos os impulsos bons a partir dos maus. Supondo-se, porém, que alguém considere que mesmo os afetos do ódio, da inveja, da cobiça, da ambição de poder são afetos condicionantes da vida, são algo que precisa existir na economia global da vida de modo fundamental e essencial e, por conseguinte, que ainda devam ser intensificados caso se deva intensificar a vida – esse sofrerá, por tal orientação de seu juízo, como de um enjoo marítimo. E, no entanto, mesmo essa hipótese não é nem de longe a mais penosa e a mais estranha nesse imenso, ainda quase inexplorado reino de perigosos conhecimentos – e há realmente cem boas razões para que permaneça longe dele todo aquele que o – *consiga*! Por outro lado: uma vez que se veio parar aqui com sua embarcação, pois bem! Dentes bem cerrados agora! Olhos abertos! A mão firme no leme! – nós *partimos* diretamente rumo à moral, e nisso nós esmagamos, nós reduzimos a pó, talvez, nosso próprio resto de moralidade ao fazer e ousar nossa viagem nesse rumo – mas o que importamos *nós*! Jamais se abriu antes para ousados viajantes e aventureiros um *mundo mais profundo* de conhecimento: e o psicólogo que desse modo "faz sacrifício" – *não* é o *sacrifizio dell'intelletto*,[39] ao contrário! – ao menos poderá pedir em troca que a psicologia seja novamente reconhecida como rainha das ciências, a cujo serviço e para cuja preparação existem as demais ciências. Pois doravante a psicologia volta a ser o caminho para os problemas fundamentais.

39. "Sacrifício do intelecto." A partir da subordinação dos bispos católicos ao dogma da infalibilidade papal, estabelecido pelo Concílio Vaticano Primeiro (1870), a expressão passou a designar a submissão cega do próprio entendimento a alguma instância superior.

Segunda parte

O espírito livre

24

O sancta simplicitas![40] Em que simplificação e falsificação singulares vive o homem! O espanto não tem fim se por uma vez apenas voltamos os olhos para essa coisa espantosa! Como tornamos tudo à nossa volta claro e livre e fácil e simples! Como soubemos dar aos nossos sentidos um passe livre para tudo que é superficial, e ao nosso pensamento uma divina ânsia por levianos saltos e conclusões falsas! – como soubemos, desde o início, conservar nossa ignorância a fim de gozar uma liberdade, uma irreflexão, uma imprudência, um destemor, uma jovialidade da vida dificilmente compreensíveis, a fim de gozar a vida! E somente sobre essa base agora firme e granítica de ignorância é que até aqui se pôde edificar a ciência, a vontade de saber sobre a base de uma vontade muito mais forte, a vontade de ignorar, de incerteza, de inverdade! Não como o seu oposto, mas – como seu refinamento! Ainda que a *linguagem*, aqui como em outros assuntos, não possa deixar da sua grosseria e continue a falar de oposições onde há apenas graus e variada sutileza de níveis; ainda que também a entranhada tartufice da moral, que agora pertence aos nossos insuperáveis "carne e sangue",[41] distorça a nós próprios, sabedores, as palavras na boca: vez por outra nos damos conta, e disso rimos, de como justamente ainda a melhor ciência nos quer manter presos da melhor maneira nesse mundo *simplificado*, completamente artificial, inventado, falsificado, de como, de maneira involuntária-submissa[42], ela ama o erro, pois ela, a vivente – ama a vida!

---

40. "Ó santa simplicidade!" Exclamação de São Jerônimo (c.347-c.419) a propósito da linguagem singela dos discípulos no Novo Testamento. Também proferida, diz-se, pelo sacerdote tcheco, mártir e precursor da Reforma Protestante Jan Hus (1349-1415) ao ver uma velhinha colocar um galho na fogueira onde ele ardia.

41. Figuradamente, "hábitos entranhados".

42. Em alemão, *unfreiwillig-willig.* Note-se: involuntário: que *independe* da *própria* vontade; submisso: que *depende* da vontade *alheia.*

25

Depois de um início tão jovial, uma palavra séria não deveria passar despercebida: ela se dirige aos mais sérios. Acautelai-vos, filósofos e amigos do conhecimento, e cuidado com o martírio! Com o sofrimento "por amor à verdade"! E mesmo com a defesa de si próprios! Corrompe toda a inocência e sutil neutralidade de vossa consciência, torna-os teimosos diante de objeções e panos vermelhos, idiotiza, enfurece e entourece[43], se, na luta contra o perigo, a difamação, a suspeição, a proscrição e outras ainda mais rudes consequências da hostilidade, por fim ainda tendes de fazer o papel de defensores da verdade sobre a Terra – como se "a verdade" fosse uma mocinha tão inocente e desajeitada que precisasse de defensores! E precisamente vós, cavaleiros da mais triste figura, meus senhores mandriões e fiadores de teia do espírito! Afinal, sabeis bem o bastante que nada deve importar se precisamente *vós* tendes razão, e sabeis igualmente que até agora nenhum filósofo ainda teve razão, e que poderia haver uma veracidade mais digna de louvor em cada pequeno ponto de interrogação que colocais após vossas palavras favoritas e teorias prediletas (e ocasionalmente após vós próprios) do que em todos os solenes gestos e trunfos diante de acusadores e tribunais! Preferi o distanciamento! Fugi para a clandestinidade! E tende vossa máscara e sutileza para que vos confundam com outros! Ou para que vos temam um pouco! E não esquecei o jardim, o jardim de cercas douradas! E tende pessoas ao vosso redor que sejam como um jardim – ou como uma música sobre as águas, na hora do entardecer, quando o dia já se torna lembrança: – escolhei a *boa* solidão, a solidão livre, deliberada, leve, que também vos dá um direito de permanecer bons em algum sentido! Quão venenoso, quão ardiloso, quão ruim torna toda guerra prolongada que não pode ser feita abertamente! Quão *pessoal* torna um temor prolongado, uma atenção prolongada voltada para inimigos, para possíveis inimigos! Esses proscritos da sociedade, esses longamente perseguidos, terrivelmente acossados – e também os reclusos forçados, os Espinosa ou os Giordano Bruno –, tornam-se sempre, por fim, ainda que seja sob a mais espiritual mascarada, e talvez sem que eles próprios o saibam, rancorosos e envenenadores refinados (desencave-se uma vez o fundamento da ética e da teologia de Espinosa!) – para não falar da palermice que é a indignação moral, que num filósofo é o sinal infalível de que seu humor filosófico se foi. O martírio do filósofo, seu "sacrifício pela verdade", traz à luz o que nele se esconde de agitador e de comediante; e supondo que até agora se o tenha contemplado apenas com curiosidade circense, no

43. Em alemão, *vertiert und verstiert*; literalmente: "animaliza e transforma em touro".

que se refere a muitos filósofos pode decerto ser compreensível o perigoso desejo de, por uma vez, também vê-lo em sua degeneração (degenerado em "mártir", em gritalhão de estrados e tribunas). Só que se deve ter claro, com semelhante desejo, *o que*, em todo caso, se verá: – apenas um drama satírico[44], apenas uma farsa final, apenas a constante demonstração de que a longa, verdadeira tragédia *chegou ao fim*: pressupondo que toda filosofia tenha sido em sua origem uma longa tragédia. –

26

Todo homem seleto busca instintivamente seu castelo e seu recolhimento, onde ele esteja *a salvo* da massa, da multidão, da maioria, onde lhe seja permitido, como sua exceção, esquecer da regra "homem" – apenas excetuado o caso em que ele seja impelido por um instinto ainda mais forte diretamente a essa regra, como cognoscente no sentido grande e excepcional. Quem, no trato com as pessoas, não oscila ocasionalmente entre todas as cores da aflição, ruborizado e pálido de asco, fastio, compaixão, abatimento, isolamento, esse com certeza não é homem de gosto superior; supondo, porém, que ele não carregue todo esse fardo e essa repugnância voluntariamente, que ele sempre se esquive deles e permaneça, como foi dito, quieto e orgulhoso, escondido em seu castelo, então uma coisa é certa: ele não é feito, não é predestinado para o conhecimento. Pois, se fosse, um dia ele teria de dizer a si próprio: "Que o diabo leve meu bom gosto! A regra é mais interessante do que a exceção – do que eu, a exceção!" – e se dirigiria *para baixo*, sobretudo "para dentro". O estudo do homem *mediano*, estudo prolongado, sério e, para esse fim, exigindo muito disfarce, autossuperação, intimidade, más companhias – toda companhia é má companhia, exceto a de nossos iguais –: isso constitui uma parte necessária da biografia de todo filósofo, talvez a parte mais desagradável, mais malcheirosa, mais rica em desilusões. Mas se ele tem sorte, como convém a um felizardo do conhecimento, ele encontra verdadeiros abreviadores e facilitadores de sua tarefa – refiro-me aos assim chamados cínicos, àqueles, portanto, que simplesmente reconhecem em si próprios o animal, a vulgaridade, a "regra", e, ao fazê-lo, ainda possuem aquele grau de espiritualidade e prurido que os obriga a falar de si e de seus iguais *diante de testemunhas* – às vezes, eles se espojam inclusive em livros tal como o fazem em seus próprios excrementos. O cinismo é a única

44. O drama satírico (*satyriká*; em alemão *Satyrspiel*) foi introduzido na tragédia por Pratinas no século V a.C. Tratava-se de um epílogo burlesco-jovial à representação de uma trilogia trágica, contrastando com esta, e do qual tomava parte apenas o coro de sátiros.

forma pela qual as almas vulgares tocam de leve naquilo que é a honestidade; e o homem superior tem de aguçar seus ouvidos para todo cinismo grosseiro ou refinado, e felicitar-se a cada vez que, precisamente diante dele, falar o bufão despudorado ou o sátiro da ciência. Há casos, inclusive, em que ao asco se mescla o encantamento: a saber, ali onde, por um capricho da natureza, o gênio está unido a um desses bodes e macacos indiscretos, como no caso do *abbé* Galiani,[45] o mais profundo, o mais perspicaz e talvez também o mais imundo homem de seu século – ele era muito mais profundo que Voltaire e, por conseguinte, um bom tanto mais calado. Ocorre com mais frequência, como foi aludido, que a cabeça científica está colocada sobre um corpo de macaco, um sutil intelecto excepcional sobre uma alma vulgar – um caso nada raro particularmente entre médicos e entre fisiólogos da moral. E quando alguém fala do homem sem exasperação, antes com inocência, como sendo um ventre com duas necessidades e uma cabeça com uma; por toda parte em que alguém sempre vê, *quer* ver e procura apenas fome, desejo sexual e vaidade, como se estes fossem os verdadeiros e únicos móveis das ações humanas; em suma, onde se fala "mal" do homem – mas de modo algum *maldosamente* –, ali o amante do conhecimento deve ouvir de modo sutil e diligente, ele deve estar de ouvido atento sobretudo lá onde se fala sem indignação. Pois o homem indignado, quem sempre despedaça e dilacera com os próprios dentes a si mesmo (ou, em substituição de si, o mundo, ou Deus, ou a sociedade), decerto pode ser superior, calculando moralmente, ao sátiro risonho e auto-satisfeito, mas em qualquer outro sentido ele é o caso mais habitual, mais indiferente, menos instrutivo. E ninguém *mente* tanto quanto o indignado. –

27

É difícil ser compreendido: particularmente quando se pensa e se vive *gangasrotogati*[46] entre pessoas que, todas elas, pensam e vivem diferente, ou seja, *kurmagati* ou, no melhor dos casos, "no andar da rã", *mandeikagati* – não faço tudo para que eu mesmo seja compreendido com dificuldade? –, e já se deve ser reconhecido de coração pela boa vontade de alguma sutileza de

45. Ferdinando Galiani (1728-1787), economista italiano, despertou o interesse de Nietzsche em razão de sua correspondência.

46. "No fluir da corrente do Ganges"; *kurmagati*: "no andar da tartaruga". Numa analogia musical do próprio Nietzsche: *presto, lento* e *staccato* (*Friedrich Nietzsche Sämtliche Werke – Kritische Studienausgabe*, vol. XII, 3 [18], conforme indica Paulo César de Souza em sua tradução de *Além do bem e do mal*, Companhia das Letras, 1992).

interpretação. Mas no que se refere aos "bons amigos", que são sempre muito acomodados e, justamente por ser amigos, acreditam possuir um direito à acomodação: faz-se bem ao conceder-lhes de antemão um espaço e um terreno de incompreensão: – assim ainda temos do que rir; – ou dispensá-los completamente, esses bons amigos – e rir também!

28

O que mais dificilmente se deixa traduzir de uma língua para a outra é o *tempo*[47] de seu estilo: que tem seu fundamento no caráter da raça, falando mais fisiologicamente, no *tempo* médio de seu "metabolismo". Há traduções feitas honestamente que são quase falsificações, como vulgarizações involuntárias do original, apenas porque seu *tempo* valente e alegre não pôde ser traduzido junto, *tempo* que salta por cima, que ajuda a passar por cima de tudo que é perigoso em palavras e coisas. O alemão é quase incapaz do *presto* em sua língua: portanto, como razoavelmente se pode concluir, também incapaz de muitas das mais deleitosas e ousadas nuances do pensamento livre, do pensamento do espírito livre. Assim como o bufão e o sátiro lhe são estranhos, no corpo e na consciência, assim Aristófanes e Petrônio lhe são intraduzíveis. Tudo que é grave, xaroposo, solene-deselegante, todos os gêneros claudicantes e maçantes de estilo desenvolveram-se em profusa variedade entre os alemães – que me perdoem, mas o fato é que mesmo a prosa de Goethe, em sua mescla de rigidez e graciosidade, não constitui exceção, como um reflexo dos "bons velhos tempos" aos quais ela pertence, e como expressão do gosto alemão na época em que ainda havia um "gosto alemão": que era um gosto rococó, *in moribus et artibus.*[48] Lessing constitui uma exceção, graças a sua natureza de comediante, que entendia muitas coisas e entendia de muitas coisas: ele, que não por acaso era tradutor de Bayle e gostava de se refugiar junto a Diderot e Voltaire, e ainda mais entre os comediógrafos romanos: – Lessing também amava no *tempo* o livre-pensar, a fuga da Alemanha. Mas como poderia a língua alemã, mesmo que fosse na prosa de um Lessing, imitar o *tempo* de Maquiavel, que no seu *Príncipe* nos deixa respirar o ar seco e fino de Florença e não pode deixar de apresentar o assunto mais sério num indômito *allegrissimo*: não talvez sem um malicioso sentimento de artista acerca do contraste a que se atreve – pensamentos demorados, graves, duros, perigosos, e um *tempo* de galope e o melhor de todos, o mais buliçoso

47. Em italiano no texto alemão: "andamento", "velocidade", "ritmo".

48. "Nos costumes e nas artes." Gotthold Ephraim Lessing (1729-1781): dramaturgo e crítico alemão. Pierre Bayle (1647-1706): filósofo cético francês.

dos humores. Quem afinal poderia arriscar uma tradução alemã de Petrônio, que, mais do que qualquer grande músico até agora, foi o mestre do *presto* em invenções, ideias, palavras: – que importam, afinal, todos os pântanos do mundo doente, adoentado, mesmo do "mundo antigo", quando se possui, conforme ele possuía, os pés de um vento, o fôlego e o alento, o escárnio libertador de um vento que torna tudo saudável à medida que coloca tudo a *correr*! E no que toca a Aristófanes, esse espírito transfigurador, complementar, por cujo amor se *perdoa* todo o helenismo por haver existido, supondo que se tenha compreendido em toda a sua profundidade tudo *o que* aí precisa de perdão, de transfiguração: – eu não saberia de algo que mais me fizesse meditar acerca do recolhimento e da natureza esfíngica de *Platão* do que esse *petit fait*[49] felizmente conservado: sob o travesseiro de seu leito de morte não se encontrou nenhuma "Bíblia", nada de egípcio, de pitagórico, de platônico – mas o Aristófanes. E como é que mesmo um Platão teria suportado a vida – uma vida grega, à qual ele disse um não – sem um Aristófanes? –

29

Ser independente é coisa de muito poucos – é um privilégio dos fortes. E quem tenta ser independente, ainda que com o melhor direito a tanto, sem, porém, *ter de* sê-lo, demonstra que provavelmente não é apenas forte, mas ousado ao extremo. Ele entra num labirinto, ele multiplica por mil os perigos que por si só a vida já traz consigo; dos quais não é o menor o de que ninguém vê claramente como e onde se perde, se isola e é despedaçado por algum Minotauro dos covis da consciência. Supondo que alguém assim sucumba, isso ocorre tão longe da compreensão dos homens que eles não o sentem e nem se compadecem: – e ele não pode mais voltar! Ele não pode mais voltar sequer para a compaixão dos homens! – –

30

Nossas compreensões mais elevadas precisam – e devem! – soar como tolices, às vezes como crimes, quando chegam ilicitamente aos ouvidos daqueles que não são feitos e predestinados para elas. O exotérico e o esotérico, distinção feita outrora pelos filósofos, entre indianos assim como entre gregos, persas e muçulmanos, em suma, por toda parte onde se acreditava em hierarquia e *não* na igualdade e em direitos iguais – não se distinguem tanto

49. "Pequeno fato."

um do outro pelo fato de o exoterista estar fora e ver, avaliar, medir, julgar de fora, e não de dentro: o mais essencial é que ele vê as coisas de baixo para cima – o esoterista, porém, *de cima para baixo*! Há alturas da alma em que, olhando-se a partir delas, mesmo a tragédia deixa de ter efeito trágico; e, tomada em conjunto toda a dor do mundo, quem poderia atrever-se a decidir se seu aspecto seduziria e coagiria *de modo necessário* justamente à compaixão e, dessa maneira, à duplicação da dor?... Aquilo que para a espécie superior de homem serve de alimento ou de refrigério, para uma espécie muito diferente e inferior deve ser quase veneno. As virtudes do homem ordinário talvez significassem, num filósofo, vícios e fraquezas; seria possível que um homem superiormente constituído, supondo que ele degenerasse e sucumbisse, somente então entrasse na posse de atributos em razão dos quais seria preciso, no mundo inferior a que teria descido, venerá-lo doravante como a um santo. Há livros que possuem um valor inverso para a alma e para a saúde, conforme se sirvam deles a alma inferior, a força vital inferior, ou a mais elevada e mais enérgica: no primeiro caso, se trata de livros perigosos, despedaçadores, desagregadores, no outro, de chamados de arauto que desafiam os mais valentes à *sua* valentia. Livros para todo mundo são sempre livros malcheirosos: o odor da gentinha gruda-se neles. Ali onde o povo come e bebe, mesmo ali onde ele venera, ali costuma feder. Não se deve frequentar igrejas caso se queira respirar ar *puro*. – –

31

Nos anos de juventude, ainda se venera e despreza sem aquela arte da nuance que constitui o melhor ganho da vida e, como é justo, precisa-se pagar caro por ter atacado desse modo homens e coisas com um sim ou um não. Tudo está disposto para que o pior de todos os gostos, o gosto pelo incondicional, seja cruelmente enganado e abusado até que o homem aprenda a colocar alguma arte em seus sentimentos e, de preferência, ainda ousar na tentativa com o que é artificial: como o fazem os verdadeiros artistas da vida. A cólera e a veneração, próprias da juventude, parecem não sossegar antes de falsear homens e coisas de tal modo que possam desafogar-se sobre eles: – a juventude já é em si algo falsificador e enganador. Mais tarde, quando a alma jovem, torturada por grande número de desilusões, finalmente se volta desconfiada contra si própria, ainda ardente e selvagem, também em suas desconfianças e remorsos: como então ela se irrita, como ela se despedaça impacientemente, como ela se vinga por sua prolongada auto-obcecação, como se ela tivesse sido uma cegueira voluntária! Nessa transição, ela pune a si própria através da desconfiança para com seu sentimento; tortura seu entusiasmo através da dúvida, até já sente a boa consciência como um perigo, uma autodissimulação e um cansaço da honestidade mais sutil, por assim dizer; e, sobretudo, toma partido, e partido por princípio, *contra* "a juventude". – Uma década depois: e se compreende que mesmo tudo isso ainda – era juventude!

32

Durante a mais longa época da história humana – a chamada época pré-histórica –, o valor ou o desvalor de uma ação era derivado de suas consequências: a ação em si interessava tão pouco quanto sua origem, mas, mais ou menos assim como ainda hoje na China uma distinção ou desonra do filho volta-se contra os pais, assim era que a força retroativa do sucesso ou do fracasso levava o homem a pensar bem ou mal de uma ação. Chamemos esse período de período *pré-moral* da humanidade: o imperativo "conhece-te a ti mesmo!" ainda era desconhecido naquele tempo. Nos dez últimos milênios, entretanto, em algumas grandes regiões da Terra se chegou passo a passo ao ponto de deixar a origem da ação, e não mais as consequências, decidir acerca de seu valor: um grande acontecimento como um todo, um considerável refinamento do olhar e do metro, a inconsciente repercussão do domínio de valores aristocráticos e da crença na "origem", o emblema de um período que em sentido estrito pode-se designar de *moral*: com isso, fez-se a primeira tentativa de autoconhecimento. Em vez das consequências, a origem: que inversão da perspectiva! E, certamente, uma inversão lograda somente após longas lutas e hesitações! Todavia: uma nova e funesta superstição, uma peculiar estreiteza de interpretação alcançou justamente por isso o domínio: a origem de uma ação foi interpretada no mais preciso sentido de origem a partir de uma *intenção*; chegou-se à crença unânime de que o valor de uma ação reside no valor de sua intenção. A intenção como a inteira origem e pré-história de uma ação: sob este preconceito se louvou, repreendeu, condenou e também se filosofou moralmente sobre a Terra quase até a época moderna. – Não teríamos hoje, porém, chegado à necessidade de mais uma vez nos decidirmos acerca de uma inversão e de um deslocamento radical dos valores, graças a uma repetida autorreflexão e aprofundamento do homem – não estaríamos no limiar de um período que, negativamente, poderia ser designado em primeiro lugar de *extramoral*: hoje, quando pelo menos entre nós, imoralistas, se faz sentir a suspeita de que precisamente naquilo que *não é intencional* numa ação reside o seu valor decisivo, e de que toda a sua intencionalidade, tudo que dela pode ser visto, sabido, "conhecido",[50] ainda pertence à sua superfície e epiderme – a qual, como toda epiderme, revela algo, mas *oculta* muito mais? Em suma, acreditamos que a intenção é apenas um sinal e um sintoma que primeiro precisa de interpretação, um sinal, além disso, que significa coisas demais e, por conseguinte, não significa quase nada por si mesmo – que a moral, no sentido em que ela foi entendida até agora, portanto, como moral de intenções, foi um preconceito, uma precipitação, uma provisoriedade talvez, uma coisa mais ou menos da categoria da astrologia e da alquimia, mas em todo caso algo que precisa ser superado. A superação da moral, num certo sentido até a autossuperação da moral: este pode ser o nome para esse longo e clandestino trabalho que ficou reservado às mais sutis e honestas, também às mais maliciosas consciências de hoje, como viventes pedras de toque da alma. –

33

De nada adianta: deve-se pedir-lhes satisfações e levar a julgamento impiedosamente os sentimentos de abnegação, de sacrifício pelo próximo, toda a moral da autorrenúncia: do mesmo modo, a estética da "contemplação desinteressada", sob a qual a emasculação da arte procura criar hoje para si uma boa consciência de modo bastante sedutor. Há encanto e açúcar demais nesses sentimentos do "para outros", do "para mim *não*", para que aqui não fosse preciso desconfiar em dobro e perguntar: "será que eles não são – *seduções*?" – Que eles *agradem* – àquele que os possui e àquele que goza seus frutos, também ao mero espectador –, isso ainda não constitui um argumento a seu *favor*, mas convida justamente à cautela. Sejamos, pois, cautelosos!

34

Qualquer que seja o ponto de vista que hoje se assuma na filosofia: vista a partir de qualquer ponto, a *equivocidade*[51] do mundo no qual acreditamos viver é o mais certo e o mais seguro que o nosso olho ainda pode apreender: – encontramos razão após razão para isso, as quais poderiam nos atrair a conjecturas acerca de um princípio enganador na "essência das coisas". Quem, no entanto, responsabiliza nosso próprio pensamento, ou seja, "o espírito",

50. Sabido, "conhecido": *gewusst*, *"bewusst"*. A última palavra também possui o sentido de "intencionado".

51. Ou "erroneidade", se pudéssemos ser mais literais e menos... equívocos. O termo alemão é *Irrtümlichkeit* (*Irrtum* = erro).

pela falsidade do mundo – uma saída honrosa, tomada por todo *advocatus dei*[52] consciente ou inconsciente –: quem toma esse mundo como falsamente *inferido*, juntamente com o espaço, o tempo, a forma, o movimento: esse teria pelo menos um bom motivo para aprender a finalmente desconfiar de todo o pensamento mesmo: ele não teria nos pregado até agora a maior de todas as peças? E que garantia poderia haver de que ele não continue a fazer o que sempre fez? Com toda a seriedade: a inocência dos pensadores tem algo de tocante e que inspira respeito, o que lhes permite ainda hoje postar-se diante da consciência com o pedido de que lhes dê respostas *honestas*: por exemplo, se ela é "real", e por que ela mantém o mundo exterior tão decididamente inacessível, e outras perguntas do mesmo gênero. A crença em "certezas imediatas" é uma ingenuidade *moral* que honra a nós, filósofos: mas – de modo algum devemos ser homens "*apenas* morais"! Abstraída a moral, essa crença é uma bobagem que pouco nos honra! Na vida civil, a desconfiança sempre a postos pode ser considerada um sinal de "mau-caráter" e, por conseguinte, ser contada entre as imprudências: aqui entre nós, além do mundo civil e de seus sins e nãos – o que deveria nos impedir de ser imprudentes e afirmar: o filósofo possui, quase se poderia dizer, um *direito* ao "mau-caráter", como a criatura que até agora sempre foi a mais ludibriada sobre a Terra – hoje ele possui o *dever* da desconfiança, do mais malicioso olhar de esguelha a partir de cada abismo da suspeita? – Que me perdoem a pilhéria dessa sombria carantonha e mudança de rumo: pois eu próprio há muito aprendi a pensar diferente, a avaliar diferente o enganar e o ser enganado, e tenho prontos pelo menos alguns golpes para a raiva cega com que os filósofos se defendem de ser enganados. Por que *não*? Que a verdade valha mais que a aparência não passa de um preconceito moral; é, inclusive, a hipótese mais mal demonstrada que há no mundo. Que se admita pelo menos isso: não haveria vida nenhuma se não fosse sobre a base de avaliações e aparências perspectivas; e caso se quisesse, com o virtuoso entusiasmo e a palermice de certos filósofos, eliminar completamente o "mundo aparente", supondo que *vós* o pudésseis – nem ao menos de vossa "verdade" restaria alguma coisa! Sim, o que nos compele afinal à suposição de que há uma oposição essencial entre "verdadeiro" e "falso"? Não basta supor graus de aparência e, por assim dizer, sombras e tonalidades gerais da aparência, mais claras e mais escuras – diferentes *valeurs*,[53] para falar na linguagem do pintor? Por que o mundo *que nos diz algum respeito* – não poderia ser uma ficção? E àquele que pergunta: "Mas

52. "Advogado de Deus."

53. "Valores." Conforme o *Houaiss*, em artes plásticas "valor" significa o "grau de intensidade luminosa de uma cor, em escala de tonalidades que vai do branco ao preto".

à ficção não cabe um autor?" – não se deveria responder-lhe francamente: *Por quê*? Esse "cabe" não cabe talvez também à ficção? Não é permitido ser enfim um pouco irônico em relação ao sujeito, assim como em relação ao predicado e ao objeto? Não poderia o filósofo elevar-se acima da credulidade na gramática? Todo o respeito para com as governantas: mas não estaria na hora de a filosofia renegar a crença das governantas?[54] –

35

Ó Voltaire! Ó humanidade! Ó imbecilidade! A "verdade", a *busca* da verdade, tem lá a sua importância; e se o homem a conduz de modo demasiado humano – "*il ne cherche le vrai que pour faire le bien*"[55] –, aposto que não encontra nada!

36

Supondo que nenhuma outra coisa seja "dada" como real a não ser o nosso mundo de apetites e paixões, que não possamos descer ou subir a nenhuma outra "realidade" a não ser justamente à realidade de nossos impulsos – pois pensar é apenas um modo de comportar-se desses impulsos uns em relação aos outros –: não seria permitido fazer a experiência e perguntar se isso que é dado não *bastaria* para compreender, a partir de algo semelhante, também o assim chamado mundo mecânico (ou "material")? Não me refiro a compreendê-lo como uma ilusão, uma "aparência", uma "representação" (no sentido de Berkeley e de Schopenhauer), mas como sendo da mesma categoria de realidade que têm nossos próprios afetos – como uma forma mais primitiva do mundo dos afetos, no qual ainda se encontra, numa unidade mais ampla, tudo aquilo que então se ramifica e configura (e também, como é razoável, se atenua e se enfraquece –) no processo orgânico, como uma espécie de vida dos impulsos[56] em que todas as funções orgânicas, de autorregulação, assimilação, nutrição, excreção, metabolismo, ainda estão sinteticamente unidas umas às outras – como uma *forma prévia* da vida? – Por

54. Vale reproduzir a nota de Paulo César de Souza: "A ideia é de que aprendemos a língua, a gramática – e as ficções nela incorporadas – com as babás, governantas ou preceptoras" (*Além do bem e do mal*, Companhia das Letras, 1992).

55. "Não busca a verdade senão para fazer o bem."

56. "Vida dos impulsos": *Triebleben*. Não se trata da vida de cada um dos impulsos, mas da *totalidade* de ações, comportamentos etc. condicionados por impulsos (conforme definição – que abreviamos – do *Duden Deutsches Universalwörterbuch*).

fim, não é apenas permitido fazer essa experiência: a partir da consciência do *método*, ela é forçosa. Não supor várias espécies de causalidade enquanto não se tiver feito experiência suficiente com uma única, levando essa experiência até seu limite extremo (– até ao absurdo, permitam-me dizê-lo): eis uma moral do método da qual a gente não pode hoje se esquivar – é o que se segue "a partir de sua definição", como diria um matemático. A questão, por fim, é se reconhecemos efetivamente a vontade como *efetiva*, se acreditamos na causalidade da vontade: se o fizermos – e, no fundo, a crença *nisso* é justamente nossa crença na própria causalidade –, então *temos de* fazer a experiência de estabelecer hipoteticamente a causalidade volitiva como sendo a única. "Vontade", naturalmente, só pode atuar sobre "vontade" – e não sobre "matéria" (não sobre "nervos", por exemplo) –, enfim, é preciso arriscar a hipótese de que por toda parte onde se reconhecem "efeitos", vontade atua sobre vontade – e de que todo acontecer mecânico, na medida em que uma força se torna ativa nele, é justamente força da vontade, efeito da vontade. – Supondo, finalmente, que se conseguisse explicar toda a nossa vida dos impulsos como a configuração e ramificação de uma forma básica da vontade – a saber, da vontade de poder, como é *minha* tese –; supondo que se pudessem reduzir todas as funções orgânicas a essa vontade de poder, e que nela também se encontrasse a solução do problema da geração e da nutrição – trata-se de um único problema –, então se obteria com isso o direito de definir inequivocamente *toda* força atuante como: *vontade de poder*. O mundo visto de dentro, o mundo definido e classificado no seu "caráter inteligível" – ele seria precisamente "vontade de poder" e nada além disso. –

37

"O quê? Isso não significa, falando de maneira popular: Deus está refutado, mas não o Diabo –?" Pelo contrário! Pelo contrário, meus amigos! E, com os diabos, quem vos obriga a falar de maneira popular? –

38

Assim como finalmente, em plena claridade dos tempos modernos, também aconteceu com a Revolução Francesa, essa farsa horrenda e, julgada de perto, supérflua, mas na qual os nobres e exaltados espectadores de toda a Europa introduziram de longe, por tanto tempo e tão apaixonadamente, a interpretação de suas próprias indignações e arrebatamentos *até que o texto desapareceu sob a interpretação*: do mesmo modo uma nobre posteridade poderia mais uma vez entender mal todo o passado e só assim tornar talvez o seu aspecto suportável. – Ou antes: isso já não aconteceu? Não fomos nós próprios – essa "nobre posteridade"? E não é precisamente agora, na medida em que o compreendemos – que isso já é passado?

39

Ninguém tomará tão facilmente uma doutrina por verdadeira apenas porque ela torna feliz ou torna virtuoso: exceto talvez os graciosos "idealistas", que se entusiasmam com o bom, o verdadeiro, o belo, e deixam toda espécie de aspirações coloridas, toscas e bonachonas nadarem misturadas em seus tanques. A felicidade e a virtude não são argumentos. Mas se esquece de bom grado, mesmo entre espíritos circunspectos, que tornar infeliz e tornar mau tampouco são contra-argumentos. Algo poderia ser verdadeiro: ainda que fosse prejudicial e perigoso em grau máximo; poderia até mesmo ser parte da constituição fundamental da existência que o seu conhecimento completo levasse à ruína – de tal modo que a fortaleza de um espírito se medisse pelo quanto de "verdade" ele suporta, ou, de modo mais claro, pelo grau em que ele *necessitasse* diluir, disfarçar, adoçar, amortecer, falsificar a verdade. Mas não resta qualquer dúvida de que para a descoberta de certas *partes* da verdade os maus e infelizes são mais favorecidos e possuem uma maior probabilidade de êxito; para não falar dos maus que são felizes – uma espécie acerca da qual os moralistas silenciam. A dureza e a astúcia são talvez condições mais favoráveis para o surgimento do espírito e do filósofo forte, independente do que essa afável, fina, tolerante boa índole e arte de não se importar que se aprecia num douto, e com razão se aprecia. Pressupondo, em primeiro lugar, que não se restrinja o conceito de "filósofo" ao filósofo que escreve livros – ou que até mesmo apresenta *sua* filosofia em livros! – Um último traço para o retrato do filósofo de espírito livre é dado por Stendhal, que, por causa do gosto alemão, não quero deixar de sublinhar: – pois esse traço se *opõe* ao gosto alemão. "*Pour être bon philosophe*", afirma este último grande psicólogo, "*il faut être sec, clair, sans illusion. Un banquier, qui a fait fortune, a une partie du caractère requis pour faire des découvertes en philosophie, c'est-à-dire pour voir clair dans ce qui est.*"[57]

57. "Para ser um bom filósofo, é preciso ser seco, lúcido, sem ilusões. Um banqueiro que tenha feito fortuna possui uma parte do caráter requerido para fazer descobertas em filosofia, isto é, para ver lucidamente naquilo que é" (citado por P. Mérimée em *Notes et souvenirs* na *Corréspondence inédite* de Stendhal).

40

Tudo que é profundo ama a máscara; as coisas mais profundas possuem inclusive ódio à imagem e à parábola. Não deveria antes o *oposto* ser o disfarce adequado em que o pudor de um deus anda por aí? Uma pergunta digna de ser feita: seria estranho se algum místico já não tivesse ousado algo semelhante. Há acontecimentos de espécie tão delicada, que a gente faz bem ao soterrá-los e torná-los irreconhecíveis através de uma grosseria; há atos de amor e de uma magnanimidade descomedida, após os quais nada é mais aconselhável que tomar um porrete e espancar a testemunha ocular: com isso a gente turva sua memória. Há quem saiba turvar e maltratar a própria memória, a fim de vingar-se pelo menos desse consabedor: – o pudor é inventivo. Não é das piores coisas que a gente mais tem pudor: não há apenas manha atrás de uma máscara – há demasiada bondade na astúcia. Eu poderia imaginar que um homem que tivesse algo precioso e vulnerável a ocultar rolasse pela vida grosseira e redondamente como um tonel de vinho, verde velho e pesadamente guarnecido: a sutileza de seu pudor assim o quereria. A um homem que tem profundidade no pudor, também seus destinos e delicadas decisões o encontram em sendas às quais poucos alguma vez chegaram, e de cuja existência seus próximos e mais íntimos não devem tomar conhecimento: o perigo que corre sua vida se oculta aos olhos deles, da mesma maneira que a sua reconquistada certeza de vida. Semelhante homem oculto, que precisa por instinto da fala para calar e silenciar, e que é inesgotável em subterfúgios diante da comunicação, *quer* e exige que uma máscara de si passeie em seu lugar nos corações e nas mentes de seus amigos; e supondo que ele não o quer, um dia seus olhos se abrirão para o fato de que não obstante existe lá uma máscara sua – e de que é bom que seja assim. Todo espírito profundo precisa de uma máscara: mais ainda, em torno de todo espírito profundo cresce continuamente uma máscara, graças à interpretação constantemente falsa, ou seja, *rasa*, de cada palavra, cada passo, cada sinal de vida que ele dá. –

41

É preciso dar a si mesmo provas de que se está destinado à independência e ao mando; e isso no tempo oportuno. Não se deve evitar suas provas, ainda que elas talvez sejam o jogo mais perigoso que se possa jogar, e apenas provas, por fim, das quais sejamos as únicas testemunhas, sem a presença de qualquer outro juiz. Não permanecer preso a uma pessoa: ainda que seja a mais amada – toda pessoa é uma prisão, e também um recanto.

Não permanecer preso a uma pátria: ainda que seja a mais sofredora e mais necessitada – de uma pátria vitoriosa, já é menos difícil desligar seu coração. Não permanecer preso a uma compaixão: ainda que seja com relação a homens superiores, cujo raro martírio e desamparo um acaso nos permitiu vislumbrar. Não permanecer preso a uma ciência: ainda que ela atraia alguém com as descobertas mais preciosas, que parecem reservadas justamente a *nós*. Não permanecer preso a sua própria libertação, àquela lasciva lonjura e país longínquo do pássaro, que voa sempre mais longe nas alturas para ver sempre mais abaixo de si – o perigo daquele que voa. Não permanecer presos às nossas próprias virtudes e nos tornarmos, como um todo, vítimas de alguma particularidade nossa, por exemplo, de nossa "hospitalidade": o que é o perigo dos perigos para almas superiormente constituídas e ricas, que lidam consigo mesmas dispendiosamente, quase com indiferença, e que levam a virtude da liberalidade tão longe até que chegue a se tornar um vício. É preciso saber *preservar-se*: a prova mais forte de independência.

42

Uma nova espécie de filósofos está surgindo: ouso batizá-los com um nome nada inofensivo. Tal como eu os adivinho, tal como eles se deixam adivinhar – pois é de sua índole *querer* permanecer um enigma em algum aspecto –, esses filósofos do futuro poderiam ter algum direito, talvez também uma ausência de direito, de ser designados como *tentadores*.[58] Esse nome é ele mesmo, afinal, apenas uma tentativa e, caso se queira, uma tentação.

43

Serão novos amigos da "verdade", esses filósofos vindouros? É bastante provável: pois, até agora, todos os filósofos amaram suas verdades. Mas certamente não serão dogmáticos. Iria de encontro ao seu orgulho, e também de encontro ao seu gosto, caso a verdade deles ainda fosse tida por uma verdade para qualquer um: o que até agora foi o secreto desejo e o sentido por trás de todos os esforços dogmáticos. "Meu juízo é o *meu* juízo: não é tão facilmente que um outro também tem direito a ele" – diz talvez um desses filósofos do futuro. É preciso acabar com o mau gosto de querer concordar com muitos. O "bom" deixa de ser bom se o vizinho passa a papagueá-lo. E como poderia afinal haver um "bem comum"? A expressão contradiz a si

---

58. Em alemão, *Versucher*, que também pode significar "experimentadores". Na frase seguinte: tentativa (*Versuch*, também "experimento", "experiência", "ensaio"); tentação (*Versuchung*).

própria: aquilo que pode ser comum sempre possui pouco valor. Deve ser de tal modo, por fim, como é e sempre foi: as grandes coisas ficam para os grandes, os abismos para os profundos, as delicadezas e arrepios para os sutis e, de modo geral e para resumir, tudo que é raro para os raros. –

44

Depois de tudo isso, ainda preciso dizer expressamente que esses filósofos do futuro também serão espíritos livres, *muito* livres – tão certo quanto eles também não serão meramente espíritos livres, mas algo mais, mais elevado, maior e fundamentalmente distinto, que não quer ser mal-interpretado e confundido com outra coisa? Mas, ao dizer isso, sinto quase tanto em relação a eles quanto em relação a nós, que somos seus arautos e precursores, nós, espíritos livres! – sinto a *obrigação* de varrer para longe de nós todos um velho e estúpido preconceito e mal-entendido que turvou como um nevoeiro o conceito de "espírito livre" por tempo demasiado. Em todos os países da Europa, assim como na América, há quem hoje cometa abusos com esse nome, uma espécie de espíritos muito estreita, aprisionada, agrilhoada, que quer mais ou menos o contrário daquilo que se encontra em nossos propósitos e instintos – para não falar que, em vista desses *novos* filósofos vindouros, eles devem ser antes de tudo janelas fechadas e portas aferrolhadas. Eles pertencem, para dizê-lo numa só e horrenda palavra, aos *niveladores*, esses falsamente denominados "espíritos livres" – como eloquentes e escrevinhadores escravos do gosto democrático e de suas "ideias modernas": todos eles homens sem solidão, sem solidão própria, rapazes toscos e bem-comportados, aos quais não se deve negar coragem nem costumes respeitáveis, só que eles são acanhada e ridiculamente superficiais, sobretudo na sua inclinação fundamental de ver nas formas da sociedade antiga até agora existente mais ou menos a causa de *toda* miséria e fracasso humanos: no que, felizmente, a verdade vem a estar de pernas para o ar! O que eles gostariam de obter com todas as forças é a felicidade campestre do rebanho, universal, verde, com segurança, inofensividade, bem-estar, facilitação da vida para todo mundo; suas duas cantilenas e doutrinas mais cantadas chamam-se "igualdade de direitos" e "compaixão para com tudo que sofre" – e o próprio sofrimento é tomado por eles como algo que se deve *eliminar*. Nós, os contrários, que abrimos um *olho* e uma consciência para a questão de saber onde e como até agora a planta "homem" cresceu nas alturas com mais vigor, somos da opinião de que isso ocorreu toda vez sob as condições contrárias, que para isso a periculosidade de sua situação teve antes de crescer até a exorbitância, sua força inventiva e dissimuladora (seu "espírito" –), de desenvolver-se sob prolongada pressão e coação até tornar-se algo sutil e ousado, sua vontade de vida, de elevar-se até chegar a ser absoluta vontade de poder: – somos da opinião de que a dureza, a violência, a escravidão, o perigo na rua e no coração, o ocultamento, o estoicismo, a arte de tentador e a diabolice de toda espécie, de que tudo que no homem é mau, terrível, tirânico, rapinante e ofídico serve tão bem para a elevação da espécie "homem" quanto o seu contrário: – nós até nem mesmo dizemos o bastante quando apenas dizemos isso, e nos encontramos, em todo caso, com o nosso falar e calar nesse aspecto, na *outra* ponta de toda a moderna ideologia e aspiração de rebanhos: como seus antípodas, talvez? Será de admirar que nós, "espíritos livres", não somos exatamente os espíritos mais comunicativos? Que nós não desejamos, em cada aspecto, revelar *do que* um espírito pode se libertar e *para onde* ele talvez seja então impelido? E quanto à importância da perigosa fórmula "além do bem e do mal", com a qual, pelo menos, nos resguardamos de ser confundidos com outros: nós *somos* algo diverso dos "*libres-penseurs*", "*liberi pensatori*", "livres-pensadores" ou seja lá como for que todos esses honrados porta-vozes das "ideias modernas" gostam de se denominar. Estivemos em casa em muitos países do espírito, pelo menos na condição de hóspedes; esgueirando-nos sempre outra vez do recanto abafado e agradável em que a afeição e a desafeição,[59] a juventude, a origem, o acaso de pessoas e livros, ou mesmo a fadiga das andanças pareciam nos cativar; cheios de maldade para com os chamarizes da dependência que se encontram escondidos em honras, ou dinheiro, ou cargos, ou entusiasmos dos sentidos; gratos inclusive à privação e às vicissitudes da doença, pois sempre nos livraram de alguma regra e de seu "preconceito", gratos para com deus, diabo, cordeiro e verme em nós, curiosos que chegam ao ponto do vício, investigadores que chegam ao ponto da crueldade, com dedos que não hesitam diante do inapreensível, com dentes e estômagos para o mais indigesto, prontos para todo ofício que exija agudeza e sentidos aguçados, prontos a toda ousadia, graças a um excesso de "livre-arbítrio", com almas de fachada e de fundos, às quais ninguém vê facilmente seus propósitos últimos, com fachadas e fundos que nenhum pé deveria percorrer até o fim, ocultos sob o manto da luz, conquistadores, ainda que herdeiros e esbanjadores pareçamos, ordenadores e colecionadores desde a manhã até a noite, avarentos de nossa riqueza e de nossas gavetas abarrotadas, econômicos no aprender e no esquecer, inventivos em esquemas, às vezes orgulhosos de tábuas de categorias, às vezes pedantes, às vezes corujas do trabalho mesmo em dia claro; e

59. Em alemão, *Vorliebe und Vorhass*. *Vorliebe* significa propriamente "predileção" (amar com preferência); *Vorhass* (odiar com preferência) é criação de Nietzsche.

até, caso seja necessário, inclusive espantalhos – e hoje é necessário: ou seja, na medida em que somos os amigos natos, jurados, ciumentos da *solidão*, a nossa própria, mais profunda, mais noturna, mais meridiana solidão: – semelhante espécie de homem somos nós, nós, espíritos livres! E talvez *vós* também sejais algo disso, vós, vindouros? Vós, *novos* filósofos? –

Terceira parte

O mal religioso[60]

45

A alma humana e suas fronteiras, as proporções até agora em geral alcançadas pelas experiências humanas interiores, as alturas, profundidades e distâncias dessas experiências, toda a história da alma *até agora* e as suas possibilidades ainda não esgotadas: para um psicólogo nato e amigo da "caça grande", esse é o campo de caçadas que lhe foi predestinado. Mas com que frequência ele precisa dizer para si mesmo, desesperado: "Um indivíduo! Ah, apenas um indivíduo! E essa grande floresta e floresta virgem!" E assim ele deseja para si algumas centenas de ajudantes de caça e cães de busca doutos e sutis, que ele pudesse enviar pela história da alma humana adentro para que lá reunissem a *sua* caça. Em vão: ele sempre volta a experimentar, profunda e amargamente, o quanto é difícil encontrar ajudantes e cães para todas as coisas que precisamente excitam a sua curiosidade. O inconveniente que há em enviar doutos a campos de caça novos e perigosos, onde se fazem necessárias coragem, esperteza e sutileza em todos os sentidos, reside no fato de que eles

---

60. O título original desta parte é *Das religiöse Wesen*. *Wesen* é termo de tradução sempre problemática, dada a sua grande variedade de sentidos. Dá uma ideia disso a evolução da palavra, de seu sentido mais concreto ao mais abstrato, conforme observa, por exemplo, Johann Christoph Adelung (1732-1806) em seu *Grammatisch-kritisches Wörterbuch der Hochdeutschen Mundart*. Assim, o sentido mais concreto de *Wesen* é "ruído, barulho", ainda conservado em expressões tais como *viel Wesens machen von* ("fazer muito caso de"), ao passo que entre os sentidos mais abstratos encontramos "natureza", "existência", "ser", "essência". Dentre os sentidos mais concretos também se inclui o uso de *Wesen* para designar doenças, patologias, moléstias: genericamente, pode ser usado para indicar qualquer doença, conforme exemplo oferecido pelo *Deutsches Wörterbuch* dos irmãos Grimm: *er hat ein schlimmes Wesen an einem Bein, an einem Auge etc.* ("ele possui uma doença/moléstia na perna, no olho etc."); mais especificamente, o termo aparece numa expressão para designar a epilepsia, que é chamada de *das böse Wesen*. Essa "ressonância patológica" de *Wesen* decerto não estava fora das intenções de Nietzsche ao optar por essa palavra, bastando considerar o uso de termos e expressões como "epilepsia", "neurose religiosa" (seção 47) e "infecção cristã" (seção 48). Daí a nossa opção por "O mal religioso", escolha que apresenta as desvantagens de ser um tanto "escancarada" demais em comparação à sutilíssima zombaria que o autor se permite a partir da polissemia do termo alemão, além de criar uma ressonância (vantajosa, talvez) com o título da obra que não ocorre no original.

não são mais úteis precisamente ali onde começa a "caça *grande*", mas também o grande perigo: precisamente ali eles perdem sua visão e seu faro. Para adivinhar e averiguar, por exemplo, qual foi até agora a história do problema da *ciência e da consciência*[61] na alma dos *homines religiosi*, talvez fosse preciso alguém tão profundo, tão ferido, tão imenso quanto foi profunda, ferida e imensa a consciência intelectual de Pascal – e então ainda seria sempre necessário aquele céu estendido de espiritualidade clara, malvada, que pudesse, de cima, abranger com a vista, ordenar, coagir em fórmulas esse bulício de experiências perigosas e dolorosas. – Mas quem me faria esse serviço? Quem teria tempo de esperar por tais serviçais? – É evidente que eles crescem muito raramente, eles são tão improváveis em todas as épocas! Por fim é preciso fazer tudo *sozinho* para saber alguma coisa: isso significa que se tem *muito* a fazer! – Mas uma curiosidade do meu tipo permanece como o mais agradável de todos os vícios – perdão! Eu quis dizer: o amor à verdade recebe seu salário no Céu e já sobre a Terra.

46

A fé, conforme o cristianismo primitivo a exigiu e não raro alcançou, em meio a um mundo cético e de espírito livre meridional que tinha atrás de si e dentro de si uma luta secular de escolas filosóficas, somada à educação para a tolerância dada pelo *imperium Romanum* – essa fé *não* é aquela cândida e rabugenta fé de súditos com a qual talvez um Lutero ou um Cromwell ou outro bárbaro nórdico do espírito estiveram presos ao seu Deus e ao seu cristianismo; é, muito antes, aquela fé de Pascal, que se parece terrivelmente a um constante suicídio da razão – uma razão tenaz, longeva, vermiforme, que não se pode matar de uma vez e de um só golpe. A fé cristã é sacrifício desde o princípio: sacrifício de toda liberdade, de todo orgulho, de toda autoconfiança do espírito; ao mesmo tempo, servilização e autoescárnio, automutilação. Há crueldade e fenicismo[62] religioso nessa fé que é exigida de uma consciência domada, múltipla e muito mal-acostumada: sua precondição é que a submissão do espírito *doa* indescritivelmente, que todo o passado e hábito de semelhante espírito se defendam contra o absurdíssimo que a "fé" representa para ele. Os homens modernos, com seu embotamento para toda a

61. No original, *Wissen und Gewissen. Wissen*: saber; *Gewissen*: consciência moral (distinta, portanto, da consciência dos estados mentais e da realidade, *Bewusstsein*). *Homines religiosi*: "homens religiosos".

62. Uma explicação para esse termo pode ser encontrada na seção 229, em que Nietzsche fala da "automutilação de fenícios e ascetas".

nomenclatura cristã, não compreendem mais o que de horrendo-superlativo se encontrava para um gosto antigo no paradoxo da fórmula "Deus na cruz". Nunca houve até agora e em parte alguma semelhante ousadia na inversão, algo igualmente terrível, questionador e questionável quanto essa fórmula: ela prometia uma transvaloração[63] de todos os valores antigos. – É o Oriente, o Oriente *profundo*, é o escravo oriental que assim se vinga de Roma e de sua nobre e frívola tolerância, do "catolicismo"[64] romano da fé: – e não foi a fé, mas a liberdade da fé, aquela despreocupação meio estóica e risonha com a seriedade da fé, o que sempre revoltou os escravos em seus senhores, contra seus senhores. O "Esclarecimento" provoca revolta: pois o escravo quer algo incondicional, ele compreende apenas aquilo que é tirânico, também na moral, ele ama tal como odeia, sem nuance, até as profundezas, até chegar à dor, até chegar à doença – seu enorme sofrimento *oculto* se revolta contra o gosto nobre, que parece *negar* o sofrimento. O ceticismo diante do sofrimento, no fundo apenas uma pose da moral aristocrática, também não está menos implicado na origem da última grande rebelião de escravos que principiou com a Revolução Francesa.

47

Onde quer que até agora a neurose religiosa tenha aparecido sobre a Terra, nós a encontramos ligada a três perigosas prescrições dietéticas: solidão, jejum e abstinência sexual – mas sem que aqui se possa decidir com segurança o que aí é causa e o que é efeito, e *se* existe de fato aqui uma relação de causa e efeito. A última dúvida é autorizada pelo fato de que justamente entre seus sintomas mais regulares, tanto em povos selvagens quanto domesticados, também se encontra a mais súbita, mais desregrada voluptuosidade, a qual, do mesmo modo súbito se transforma em convulsão de penitência e em negação do mundo e da vontade: ambas, talvez, interpretáveis como epilepsia mascarada? Mas em parte alguma mais se deve renunciar a interpretações: em torno de nenhum outro tipo cresceu até agora semelhante profusão de absurdo e superstições, nenhum outro parece até agora ter interessado

63. Em alemão, *Umwertung*. Por infelicidade, a melhor palavra para traduzir *Umwertung* também é a pior escolha possível: "revaloração". Pois, se por um lado "revaloração" aponta uma nova valoração, também indica a repetição de uma valoração já existente. De modo que optamos, por fim, pelo mesmo termo utilizado por Rubens Rodrigues Torres Filho (Nietzsche, *Obras incompletas*, Abril, 1984, Coleção "Os pensadores"). "Transvaloração", além de conservar a referência a valores, não perde de vista o sentido de "transformação", pode-se dizer, implicado numa nova valoração.

64. Etimologicamente: "universalismo".

mais as pessoas, mesmo os filósofos – estaria na hora de justamente aqui tornar-se um pouco frio, aprender cautela, melhor ainda: apartar o olhar, *apartar-se.* – Mesmo no fundo da mais recente filosofia, a de Schopenhauer, encontra-se, quase como o problema em si, essa terrível questão da crise e do despertar religiosos. Como é *possível* a negação da vontade? Como é possível o santo? – essa parece ter sido realmente a questão que transformou Schopenhauer em filósofo e pela qual ele começou. E assim foi uma autêntica consequência schopenhaueriana que seu mais convicto adepto (o último, talvez, no que se refere à Alemanha –), a saber, Richard Wagner, levasse a termo precisamente aqui a própria obra da sua vida e, por fim, ainda levasse a palco esse terrível e eterno tipo na figura de Kundry, *type vécu,*[65] e em carne e osso; na mesma época em que os alienistas de quase todos os países da Europa tinham uma oportunidade para estudá-lo de perto por toda parte em que a neurose religiosa – ou, como a denomino, "o mal religioso" – fez sua última apresentação e eclosão epidêmica como "Exército de Salvação"[66]. – Mas caso se pergunte o que propriamente, para homens de toda espécie e época, inclusive os filósofos, foi tão extraordinariamente interessante em todo esse fenômeno do santo: sem qualquer dúvida, a aparência de milagre a ele ligada, a saber, a imediata *sucessão de oposições,* de estados da alma valorados de modo moralmente oposto: aqui se acreditava ser palpável o fato de que a partir de um "homem ruim" surgisse de repente um "santo", um homem bom. Nesse ponto, a psicologia praticada até agora naufraga: isso não teria acontecido principalmente porque ela se colocou sob o domínio da moral, porque ela inclusive *acreditou* nas oposições morais de valor e enxergou, leu, *interpretou* essas oposições no texto *e* nos fatos? – O quê? O "milagre" apenas um erro de interpretação? Uma falta de filologia? –

48

Parece que o catolicismo das raças latinas lhes cabe mais intimamente do que a nós, habitantes do Norte, todo o cristianismo: e que, por conseguinte, nos países católicos a descrença deve significar algo bem diferente do que em países protestantes – ou seja, uma espécie de revolta contra o espírito da raça, enquanto entre nós ela é antes um retorno ao espírito (ou à falta de espírito –)[67] da raça. Nós, habitantes do Norte, descendemos

65. "Tipo vivido." Kundry é personagem da ópera *Parsifal.*

66. Organização religiosa e caritativa, hierarquizada nos moldes militares, cuja finalidade é a evangelização e a melhoria social das classes pobres (*Houaiss*).

67. A expressão "falta de espírito" não traduz muito bem *Ungeist,* que significa "espírito (mentalidade, ideologia) destrutivo, nocivo".

indubitavelmente de raças bárbaras, também no que respeita aos nossos dotes para a religião: somos *maldotados* para ela. Podemos excetuar os celtas, que, por isso, também proporcionaram o melhor solo para a recepção da infecção cristã no Norte – o ideal cristão, até onde o sol pálido do Norte o permitiu, chegou a florescer plenamente na França. Quão estranhamente piedosos são para o nosso gosto até mesmo esses recentes céticos franceses, na medida em que há algum sangue celta em suas origens! Quão católico, quão não alemão é para nós o odor da sociologia de Auguste Comte,[68] com sua lógica romana dos instintos! Quão jesuítico aquele amável e astuto cicerone de Port-Royal, Sainte-Beuve, apesar de toda sua hostilidade com os jesuítas! E Ernest Renan então: quão inacessível soa para nós, do Norte, a linguagem desse Renan, em que a todo o momento qualquer nada de tensão religiosa faz perder o equilíbrio de sua alma, voluptuosa num sentido sutil e que se deita comodamente! Que se repitam uma vez essas suas belas frases – e que maldade e alegria endiabrada logo se faz sentir como resposta em nossa alma provavelmente menos bela e mais dura, ou seja, mais alemã! – "*disons donc hardiment que la religion est un produit de l'homme normal, que l'homme est le plus dans le vrai quand il est le plus religieux et le plus assuré d'une destinée infinie (...) C'est quand il est bon qu'il veut que la vertu corresponde à un ordre éternel, c'est quand il contemple les choses d'une manière désintéressée qu'il trouve la mort révoltante et absurde. Comment ne pas supposer que c'est dans ces moments-là, que l'homme voit de mieux?(...)*"[69] Essas frases são tão *antípodas* a meus hábitos e ouvidos que, quando as encontrei, minha primeira cólera escreveu ao lado "*la niaiserie religieuse par excellence!*"[70] – até que minha última cólera até mesmo se afeiçoou a elas, essas frases com sua verdade de pernas para o ar! É tão cortês, tão distinto, ter seus próprios antípodas!

---

68. A. Comte (1789-1857): filósofo francês, fundador do positivismo. Charles-Augustin Sainte-Beuve (1804-1869): crítico literário e escritor francês. Um de seus livros intitula-se precisamente *Histoire de Port-Royal*, em que oferece uma interpretação do movimento espiritual jansenista que se desenvolveu na abadia de Port-Royal durante o século XVII. E. Renan (1823-1892): historiador e filósofo francês.

69. "Digamos pois ousadamente que a religião é um produto do homem normal, que o homem está mais próximo da verdade quando ele é mais religioso e mais seguro de um destino infinito (...) É quando ele é bom que ele quer que a virtude corresponda a uma ordem eterna, é quando ele contempla as coisas de uma maneira desinteressada que ele julga a morte revoltante e absurda. Como não presumir que é durante esses momentos que o homem vê melhor? (...)"

70. "A tolice religiosa por excelência."

49

O que provoca assombro na religiosidade dos gregos antigos é a exuberante plenitude de gratidão que dela emana – é uma espécie de homem muito nobre que *assim* se coloca diante da natureza e da vida! – Mais tarde, quando o populacho passa a preponderar na Grécia, também viceja o *medo* na religião; e o cristianismo se preparava. –

50

A paixão por Deus: há espécies campônias, cândidas e impertinentes, como a de Lutero – todo o protestantismo carece da *delicatezza* meridional. Há nessa paixão um êxtase oriental, como o de um escravo imerecidamente indultado ou promovido, por exemplo, em Agostinho, que carece de um modo insultante de toda nobreza de gestos e apetites. Há, nessa paixão, ternura e concupiscência feminis, que anseiam pudicamente e sem o saber por uma *unio mystica et physica*: caso de Madame de Guyon.[71] Em muitos casos ela aparece de modo bastante estranho como disfarce da puberdade de uma mocinha ou de um rapaz; aqui e ali, inclusive como histeria de uma solteirona velha, também como sua última ambição: – várias vezes a Igreja já canonizou a mulher em tais casos.

51

Até agora os homens mais poderosos sempre se curvaram reverentes diante do santo, como se ele fosse o enigma da autossubjugação e da privação extrema e deliberada: por que eles se curvavam? Eles pressentiam nele – e como que por detrás do ponto de interrogação de sua aparência frágil e lastimável – a força superior que quis pôr-se à prova através de semelhante subjugação, a fortaleza da vontade na qual eles reconheciam e sabiam reverenciar a sua própria fortaleza e gozo senhoril: eles reverenciavam algo em si mesmos ao reverenciar o santo. Acrescentava-se a isso que o aspecto do santo lhes inspirava uma suspeita: semelhante monstruosidade de negação, de contranatureza, não deve ter sido desejada em vão, diziam-se e perguntavam-se eles. Haveria talvez uma razão para isso, um perigo enorme acerca do qual o asceta, graças a seus secretos consoladores e visitantes, estaria mais

71. Jeanne Marie de Guyon (1648-1717): escritora e mística, principal representante do quietismo na França.

instruído? Enfim, os poderosos do mundo aprendiam dele um novo temor, eles pressentiam um novo poder, um inimigo estranho, ainda não subjugado – era a "vontade de poder" que os obrigava a se deter diante do santo. Eles tinham de perguntar-lhe – –

52

No "Antigo Testamento" judaico, o livro da justiça divina, há homens, coisas e falas em um estilo tão grandioso, que as literaturas grega e indiana nada possuem que possa ser a ele comparado. Detemos-nos com espanto e respeito diante desse imenso vestígio daquilo que o homem foi outrora e, ao fazê-lo, temos nossos pensamentos tristes acerca da Ásia antiga e de sua peninsulazinha avançada, a Europa, que pretendia realmente significar frente à Ásia o "progresso do homem". Todavia: quem é ele próprio apenas um franzino e manso animal doméstico, que conhece apenas necessidades de animal doméstico (semelhantemente a nossos homens cultos de hoje, junto com os cristãos do cristianismo "culto" –), esse, sob essas ruínas, não tem do que se admirar nem muito menos por que se afligir – o gosto pelo Antigo Testamento é uma pedra de toque com relação a "grande" e "pequeno" –: talvez ele ache o Novo Testamento, o livro da graça, muito mais conforme ao seu coração (nele há muito do autêntico odor suave e mofado dos carolas e das almas pequenas). Ter grudado esse Novo Testamento, uma espécie de rococó do gosto sob todos os aspectos, ao Antigo Testamento para formar um só livro, a "Bíblia", "o livro em si": esse é talvez o maior atrevimento e o maior "pecado contra o espírito" que a Europa literária tem em sua consciência.

53

Por que ateísmo hoje? – "O pai" em Deus está radicalmente refutado; do mesmo modo "o juiz", "o recompensador". Igualmente seu "livre arbítrio": ele não ouve – e se ouvisse, ainda assim não poderia ajudar. O pior é: ele parece incapaz de se comunicar claramente: ele é obscuro? – Isso foi o que descobri a partir de muitas conversas, perguntando, ouvindo, como as causas para o declínio do teísmo europeu; parece-me que precisamente o instinto religioso cresce com vigor – mas que ele recusa justamente a satisfação teísta com profunda desconfiança.

54

O que faz afinal, no fundo, toda a filosofia moderna? Desde Descartes – e mais por resistência contra ele do que em razão de seu proceder – todos os filósofos cometem um atentado contra o antigo conceito de alma, sob a aparência de uma crítica do conceito de sujeito e do conceito de predicado – ou seja: um atentado contra o pressuposto fundamental da doutrina cristã. A filosofia moderna, como um ceticismo relativo à teoria do conhecimento, é, oculta ou abertamente, *anticristã*: embora, dito para ouvidos mais sutis, de modo algum antirreligiosa. Pois outrora se acreditava na "alma" assim como se acreditava na gramática e no sujeito gramatical: dizia-se que "eu" é condição, "penso" é predicado e condicionado – pensar é uma atividade para a qual *deve* ser pensado um sujeito como causa. Então se procurou ver, com uma tenacidade e astúcia admiráveis, se não se poderia sair dessa rede – se, talvez, o contrário não seria verdade: "penso" condição, "eu" condicionado; "eu", portanto, apenas uma síntese *feita* pelo próprio pensamento. *Kant* queria demonstrar, no fundo, que o sujeito não poderia ser demonstrado a partir do sujeito – o objeto também não: a possibilidade de uma *existência aparente* do sujeito, portanto, da "alma", pode não lhe ter sido sempre estranha, pensamento este que, como filosofia vedanta, já esteve uma vez, e com formidável poder, sobre a Terra.

55

Há uma grande escala da crueldade religiosa, com muitos degraus; mas três deles são os mais importantes. Outrora se sacrificava homens ao seu deus, talvez justamente aqueles que mais se amava – aí se incluem os sacrifícios de primogênitos de todas as religiões pré-históricas, aí também o sacrifício do imperador Tibério na gruta de Mitra, na ilha de Capri, esse que é o mais terrível de todos os anacronismos romanos. Então, na época moral da humanidade, se sacrificavam ao seu deus os instintos mais fortes que se possuía, sua "natureza"; *esta* alegria festiva brilhava no olhar cruel do asceta, do entusiasta "antinatural". Por fim: o que ainda restava para sacrificar? Não se deveria sacrificar de uma vez tudo que é consolador, santo, curativo, toda a esperança, toda a fé em uma harmonia oculta, em bem-aventuranças e justiças futuras? Não se deveria sacrificar o próprio deus e, por crueldade contra si, adorar a pedra, a estupidez, a gravidade, o destino, o nada? Sacrificar Deus ao nada – esse mistério paradoxal da crueldade extrema permanece reservado para a geração que agora surge: todos nós já conhecemos algo disto. –

56

Quem, semelhantemente a mim, com algum desejo enigmático, se esforçou longamente por pensar a fundo o pessimismo e salvá-lo da estreiteza e da simplicidade meio cristã, meio alemã com a qual ele recentemente se apresentou neste século, ou seja, em forma de filosofia schopenhauriana; quem realmente olhou ao menos uma vez com um olho asiático e mais que asiático para o interior e para o fundo desse modo de pensar que, dentre todos os modos de pensar possíveis, é o que mais nega o mundo – além do bem e do mal, e não mais, como Buda e Schopenhauer, sob o encanto e na ilusão da moral –, esse talvez tenha, precisamente com isso, sem que propriamente o quisesse, aberto os olhos para o ideal contrário: para o ideal do homem mais pleno de alegria, mais vivo e mais afirmador do mundo, que não somente aprendeu a contentar-se e suportar aquilo que foi e que é, mas que o quer novamente *tal como foi e é*, por toda a eternidade, exclamando insaciavelmente *da capo*[72], não apenas para si, mas para a peça e o espetáculo inteiros, e não somente para um espetáculo, mas no fundo para aquele que justamente precisa desse espetáculo – e faz com que ele seja preciso: pois ele sempre precisa de si outra vez – e faz com que seja preciso – – O quê? E isto não seria – *circulus vitiosus deus*?

57

Com a força de seu olhar e compreensão[73] espirituais, cresce a distância e como que o espaço em torno do homem: seu mundo se torna mais profundo, estrelas sempre novas, enigmas e imagens sempre novos tornam-se visíveis para ele. Talvez tudo aquilo em que o olho do espírito exercitou sua acuidade e profundidade era tão somente um pretexto para seu exercício, um objeto de brincadeiras, algo para crianças e criançolas. Talvez um dia os mais solenes conceitos, pelos quais mais se lutou e sofreu, os conceitos de "Deus" e de "pecado", não nos pareçam mais importantes do que parece ao homem velho um brinquedo de criança e uma dor de criança – e talvez então "o homem velho" precise novamente de um outro brinquedo e de uma outra dor – ainda criança o bastante, uma eterna criança!

72. "Do início", "de novo".

73. Em alemão, *Blick und Einblick. Einblick* (literalmente, "olhar para dentro"): "olhadela", "lance de olhos"; mas também, figuradamente: "conhecimento", "compreensão", "ideia".

58

Será que se observou bem até que ponto o ócio exterior ou o semiócio exterior é necessário para uma vida autenticamente religiosa (e tanto para o seu microscópico trabalho predileto de autoexame, quanto para aquela suave serenidade que se chama "oração" e que é uma contínua preparação para a "vinda de Deus"), quero dizer, o ócio com consciência tranquila, oriundo de antigamente, de linhagem, ao qual não é inteiramente estranho o sentimento aristocrático de que o trabalho *desonra* – ou seja, rebaixa a alma e o corpo? E que, consequentemente, a laboriosidade moderna, ruidosa, gastadora de tempo, orgulhosa, tolo-orgulhosa de si, mais do que todo o resto, educa e prepara justamente para a "incredulidade"? Entre aqueles que, por exemplo, vivem à parte da religião na Alemanha atual, encontro homens de variado tipo e procedência "livre-pensante"[74], mas sobretudo uma maioria cuja laboriosidade, de geração a geração, dissolveu os instintos religiosos: de modo que eles nem sabem mais para que servem as religiões, e apenas registram, por assim dizer, sua existência no mundo com uma espécie de assombro estúpido. Eles já se sentem por demais solicitados, essa gente bem-comportada, quer pelos seus negócios, quer pelas suas diversões, para não falar da "pátria" e dos jornais e dos "deveres familiares": parece que eles não possuem nenhum tempo de sobra para a religião, tanto mais que não lhes fica claro se ela se trata de um novo negócio ou uma nova diversão – pois é impossível, dizem-se eles, ir à igreja puramente para arruinar o bom humor. Eles não são inimigos dos rituais religiosos; se alguém exige em certos casos, talvez por parte do Estado, a participação em tais rituais, então eles fazem o que se exige, tal como se faz tanta coisa – com uma seriedade paciente e modesta, e sem muita curiosidade e mal-estar: eles vivem por demais à parte e do lado de fora para achar que seja mesmo preciso em seu foro íntimo um pró e um contra em tais coisas. A esses indiferentes pertence hoje a maioria dos protestantes alemães das classes médias, especialmente nos laboriosos grandes centros comerciais e de negócios; do mesmo modo, a maioria dos doutos laboriosos e todo o apetrecho das universidades (com exceção dos teólogos, cuja existência e possibilidade ali fornece sempre mais enigmas, e cada vez mais sutis, para o psicólogo decifrar). Raramente se faz, por parte de homens piedosos ou somente religiosos, uma ideia de *quanta* boa vontade, poderia dizer-se, vontade voluntária[75], é hoje necessária para que um douto alemão leve a sério o problema da religião; em razão de seu ofício (e, como foi dito, em razão

74. O termo alemão é um substantivo, *Freidenkerei,* de conotação nitidamente pejorativa.

75. Em alemão, *willkürlicher Wille,* "vontade que depende do arbítrio, da vontade"...

da laboriosidade profissional à qual sua consciência moderna o obriga), ele se inclina a uma jovialidade superior, quase bonachona, para com a religião, à qual se mescla por vezes um ligeiro menosprezo, dirigido ao "desasseio" do espírito que ele pressupõe por toda parte em que ainda se é membro da Igreja. Somente com a ajuda da história (*não*, portanto, a partir de sua experiência pessoal) é que se consegue levar o douto a uma seriedade respeitosa e a uma certa consideração medrosa para com as religiões; mas se ele elevou seu sentimento inclusive até a gratidão para com elas, com sua pessoa ele ainda não se aproximou nem um passo daquilo que ainda subsiste como Igreja e religiosidade: talvez o contrário. A indiferença prática diante das coisas religiosas, em meio à qual ele nasceu e foi educado, costuma sublimar-se nele em cautela e asseio, que temem, ambas, o contato com homens e coisas religiosas; e pode ser justamente a profundidade de sua tolerância e humanidade que lhe ordena evitar a sutil situação de emergência que o próprio tolerar traz consigo. – Todas as épocas possuem sua própria espécie divina de ingenuidade, por cuja invenção outras épocas as devem invejar – e quanta ingenuidade, venerável, infantil e ilimitadamente simplória ingenuidade se encontra nessa crença na superioridade do douto, na consciência tranquila de sua tolerância, na segurança simples, ignorante, com a qual seu instinto trata o homem religioso como um tipo inferior e mais baixo, que ele próprio ultrapassou, superou, *sobrepujou* com seu desenvolvimento – ele, o pequeno anão e plebeu arrogante, o diligente-lesto trabalhador intelectual, e também manual, das "ideias", das "ideias modernas"!

59

Quem olhou profundamente para dentro do mundo, decerto adivinha que sabedoria se encontra no fato de os homens serem superficiais. É o seu instinto conservativo que os instrui a serem ligeiros, levianos e falsos. Aqui e ali é possível encontrar uma adoração passional e exagerada das "formas puras", tanto entre filósofos como entre artistas: que ninguém duvide do fato de que quem *necessita* de tal maneira do culto da superfície teve uma vez, algum dia, uma sorte infeliz *sob* ela. Talvez, a propósito dessas crianças escaldadas, os artistas natos que encontram o gozo da vida tão somente no intuito de *falsificar* sua imagem (como que numa vingança crônica da vida –), haja inclusive uma hierarquia: o grau em que a vida perdeu o gosto para eles poderia ser inferido a partir do quanto eles desejam ver sua imagem falsificada, diluída, transcendentalizada[76], divinizada – os *homines religiosi* poderiam ser

76. Em alemão, *verjenseitigt*, verbo criado a partir de *Jenseits* ("além").

incluídos entre os artistas como sua categoria *suprema*. É o profundo e desconfiado temor a um pessimismo incurável que impele milênios inteiros a se aferrar com unhas e dentes a uma interpretação religiosa da existência: o temor desse instinto que suspeita que se poderia entrar na posse da verdade *muito cedo*, antes que o homem tenha se tornado forte o bastante, duro o bastante, artista o bastante.... A religiosidade, a "vida em Deus", contemplada com esse olhar, aparece então como o mais sutil e último produto do *temor* à verdade, como adoração e embriaguez de artistas diante da mais consequente de todas as falsificações, como a vontade de inversão da verdade, de inverdade a qualquer preço. Pode ser que até agora não tenha existido meio mais eficiente de embelezar o próprio homem do que justamente a religiosidade: através dela o homem pode se tornar tão demasiadamente arte, superfície, jogo de cores, bondade, que seu aspecto não provoca mais sofrimento. –

60

Amar o homem *por amor a Deus* – este foi até agora o sentimento mais nobre e mais extraordinário alcançado entre os homens. Que o amor ao homem sem qualquer segunda intenção santificadora é uma tolice e uma animalidade *a mais*, que a inclinação a esse amor ao homem recebeu sua medida, sua finura, seu grãozinho de sal e seu pozinho de âmbar somente de uma inclinação superior – quem quer que tenha sido o homem que primeiramente sentiu e "vivenciou" isto, por mais que sua língua tenha tropeçado ao tentar expressar tal delicadeza, que ele permaneça para nós em todos os tempos santo e venerável, como aquele que até agora voou mais alto e que mais se enganou!

61

O filósofo, tal como *nós* o compreendemos, nós, espíritos livres – como o homem da mais ampla responsabilidade, que possui a consciência para o desenvolvimento global do homem: esse filósofo se servirá das religiões para sua obra de cultivo e educação, tal como se servirá das condições políticas e econômicas do momento. A influência seletiva, cultivadora, o que sempre quer dizer tanto destruidora quanto criadora e plasmadora, que pode ser exercida com a ajuda das religiões, é, conforme a espécie de homens que é colocada sob o seu cativeiro e proteção, múltipla e diversa. Para os fortes, independentes, preparados e predestinados ao mando, nos quais se corporificam a razão e a arte de uma raça dirigente, a religião é um meio a mais para superar resistências, para poder dominar: é como um laço que amarra em conjunto soberanos e súditos, e que denuncia e entrega a consciência dos últimos, o que eles ocultam e lhes é mais íntimo, que de bom grado gostaria de se esquivar à obediência, aos primeiros; e caso naturezas isoladas de semelhante origem nobre, através de elevada espiritualidade, se inclinarem a uma vida mais retirada e mais contemplativa, reservando-se somente o gênero mais sutil de domínio (sobre discípulos escolhidos ou confrades), então a religião pode ser inclusive utilizada como meio para conseguir sossego do ruído e da labuta do mando *mais grosseiro* e como limpeza da *necessária* sujeira de todo fazer político. Assim o compreendiam, por exemplo, os brâmanes: com a ajuda de uma organização religiosa, eles se outorgaram o poder de nomear os reis do povo, enquanto eles próprios se mantinham e se sentiam à parte e do lado de fora, como os homens de tarefas superiores e suprarrégias. Entretanto, a religião também dá instrução e ocasião de se preparar para dominar e mandar futuramente a uma parte dos dominados, ou seja, àquelas classes e categorias que ascendem lentamente, nas quais, através de costumes matrimoniais propícios, a força e o prazer da vontade, da vontade de autodomínio, está sempre em ascensão – a religião lhes oferece estímulos e tentações suficientes para seguir as sendas da espiritualidade superior, para experimentar os sentimentos da grande autossuperação, do silenciar e da solidão – o ascetismo e o puritanismo são meios quase imprescindíveis de educação e enobrecimento quando uma raça quer se assenhorear de sua origem plebeia e progredir pelo esforço para o domínio futuro. Por fim, ao homem comum, à maioria que existe para servir e para o uso geral, e apenas nessa medida *pode* existir, a religião oferece uma incalculável satisfação com sua situação e seu modo de ser, renovada paz do coração, um enobrecimento da obediência, uma felicidade e um sofrimento a mais com seus iguais e alguma transfiguração e embelezamento, alguma justificação de todo o cotidiano, de toda a baixeza, de toda a pobreza semianimal de sua alma. A religião e a significação religiosa da vida colocam um esplendor solar sobre tais homens sempre atormentados e torna-lhes suportável seu próprio aspecto, ela atua como uma filosofia epicurista costuma atuar sobre sofredores de categoria superior, aliviando, refinando, como que *aproveitando* o sofrimento, por fim até o santificando e justificando. Talvez não haja nada tão respeitável no cristianismo e no budismo quanto sua arte de instruir, mesmo aos mais ordinários, a se colocarem através da religiosidade num superior ordenamento de aparência das coisas, e com isso, perseverar na satisfação com o verdadeiro ordenamento, no interior do qual eles vivem de maneira dura o bastante – e precisamente essa dureza é necessária!

62

Por fim, todavia, para registrar também a contrapartida ruim de tais religiões e lançar luz sobre a sua sinistra periculosidade – o preço a pagar é sempre alto e terrível quando as religiões dominam *não* como meios de cultivo e educação nas mãos do filósofo, mas o fazem por si e *soberanamente*, quando elas próprias querem ser os alvos finais e não meios entre outros meios. Há entre os homens, como entre todas as outras espécies animais, um excedente de malogrados, doentes, degenerados, débeis, necessariamente sofredores; também entre os homens, os casos bem-sucedidos são sempre a exceção, e inclusive, tendo em vista o fato de que o homem é *o animal ainda não fixado*, a escassa exceção. Mas o que ainda é pior: quanto mais elevadamente constituído é o tipo de um homem, que por ele é representado, tanto mais se eleva a impossibilidade de que ele *medre*: o casual, a lei do absurdo na economia global da humanidade, mostra-se da maneira mais terrível em seu efeito destrutivo sobre os homens superiores, cujas condições vitais são delicadas, complexas e difíceis de calcular. Como se comportam, pois, as mencionadas duas maiores religiões com relação a esse *excedente* de casos malogrados? Elas procuram conservar, manter em vida tudo o que se possa manter, e como religiões *para sofredores*, elas até tomam, por princípio, partido a seu favor, elas dão razão a todos aqueles que sofrem da vida como de uma doença, e gostariam de impor que qualquer outra percepção da vida seja considerada falsa e impossível. Ainda que se tenha na mais alta conta essa solicitude cuidadosa e conservadora, na medida em que ela, ao lado de todos os outros tipos, também diz e disse respeito ao homem superior, até agora quase sempre também o tipo de homem mais sofredor: no cálculo geral, as religiões até agora existentes, ou seja, religiões *soberanas*, contam-se entre as causas principais que fixaram o tipo "homem" num degrau inferior – elas conservaram muito daquilo *que deveria sucumbir*. Há uma dívida incalculável com elas; e quem seria rico o bastante em gratidão para não ficar pobre diante de tudo o que, por exemplo, os "homens espirituais" do cristianismo fizeram até agora pela Europa! E no entanto, se eles davam consolo ao sofredor, ânimo ao oprimido e desesperado, um bastão e um apoio ao dependente, se afastavam da sociedade os intimamente arruinados e os asselvajados, atraindo-os para dentro de claustros e penitenciárias da alma: o que, além disso, eles tiveram de fazer para trabalhar com a consciência tranquila de tal maneira radical na conservação de tudo que é doente e sofredor, quer dizer, de fato e em verdade, no *pioramento da raça europeia*? Colocar todas as valorações *de pernas para o ar* – foi *isto* o que tiveram de fazer! E despedaçar os fortes, adoentar as grandes esperanças, lançar suspeitas sobre a felicidade na beleza, dobrar, quebrando, tudo que é autocrático, viril, conquistador, que ambiciona o poder, todos os instintos que são próprios do mais elevado e mais bem-logrado tipo "homem", lançando-os na incerteza, no tormento da consciência, na autodestruição, converter inclusive todo amor ao que é terreno e todo amor ao domínio sobre a Terra em ódio contra a Terra e ódio ao que é terreno – foi *esta* a tarefa que a Igreja se impôs e teve de se impor até que finalmente, segundo a sua avaliação, "desmundanização", "dessensualização" e "homem superior" se fundissem num só sentimento. Supondo que se pudesse abranger com o olho zombeteiro e imparcial de um deus epicurista a comédia espantosamente dolorosa e tão grosseira quanto sutil do cristianismo europeu, acredito que o assombro e o riso não teriam mais fim: pois não parece que uma só vontade, a de fazer do homem um *sublime aborto*, dominou sobre a Europa por dezoito séculos? Mas aquele que se dirigisse com necessidades contrárias, não mais epicuristas, mas com algum martelo divino na mão a essa degeneração e estiolamento quase voluntários do homem que é o cristão europeu (Pascal, por exemplo), não deveria vociferar com cólera, com compaixão, com horror: "Ó vós, palermas, vós palermas presunçosos e compassivos, o que fizestes aí! Era esse um trabalho para vossas mãos? Como espancastes e estropiastes minha mais bela pedra! O que *vós* tirastes dela!" – Eu quis dizer: o cristianismo foi até agora a mais funesta espécie de arrogância. Homens, não elevados e duros o bastante para, sendo artistas, poder modelar *o homem*; homens, não fortes e perspicazes o bastante para, com um soberbo autodomínio, *fazer* valer a lei de fachada do fracasso e do soçobro multiplicados por mil; homens, não nobres o bastante para ver a hierarquia abismalmente vária e o abismo de categorias entre um homem e outro: – *tais* homens, com o seu "igual perante Deus", reinaram até agora sobre o destino da Europa, até que finalmente se obteve uma espécie apequenada, quase ridícula, um animal de rebanho, algo bonachão, adoentado e medíocre, o europeu atual...

Quarta parte

Ditos e interlúdios

63

Quem é radicalmente professor, leva todas as coisas a sério apenas em relação aos seus alunos – inclusive a si próprio.

64

"O conhecimento pelo conhecimento" – eis a última armadilha colocada pela moral: com isso se está outra vez inteiramente enredado nela.

65

O encanto do conhecimento[77] seria diminuto se, no caminho que a ele conduz, não houvesse tanto pudor a ser superado.

65a

É com seu deus que as pessoas são mais desonestas: não lhe é *permitido* pecar!

66

A propensão a se rebaixar, a se deixar roubar, enganar e explorar, poderia ser o pudor de um deus entre os homens.

67

O amor a uma só pessoa é uma barbaridade: pois ele é praticado às custas de todas as outras. Também o amor a Deus.

---

77. Em alemão, *Erkenntnis*, um substantivo feminino. No *Prólogo* a verdade é comparada a uma mulher; aqui, fica subjacente uma comparação análoga.

68

"Eu fiz isso", diz minha memória. "Não posso ter feito isso" – diz meu orgulho, e se mantém inexorável. Por fim – a memória cede.

69

Observou-se mal a vida caso não se tenha visto também a mão que cuidadosamente – mata.

70

Caso se possua caráter, então também se possui sua experiência típica, que sempre se repete.

71

O sábio na condição de astrônomo. – Enquanto ainda sentes as estrelas como um "sobre-ti", falta-te ainda o olhar do cognoscente.

72

Não a intensidade, mas a duração da impressão superior faz os homens superiores.

73

Quem alcança seu ideal, precisamente com isso o ultrapassa.

73A

Muito pavão esconde aos olhos de todos a sua cauda de pavão – e chama isso de seu orgulho.

74

Um homem de gênio é insuportável se não possui ao menos mais duas coisas: gratidão e asseio.

75

O grau e o tipo de sexualidade de um homem alcançam até o último cimo de seu espírito.

76

Em circunstâncias pacíficas, o homem guerreiro investe contra si mesmo.

77

Com seus princípios, quer-se tiranizar ou justificar ou honrar ou insultar ou ocultar seus hábitos: – é provável que dois homens com princípios idênticos queiram com eles algo fundamentalmente diferente.[78]

78

Quem despreza a si mesmo, ainda se preza, contudo, como desprezador.

79

Uma alma que se sabe amada, mas que não ama, revela sua borra – o que há nela de mais fundo vem à tona.

80

Uma coisa que se esclarece deixa de ter qualquer interesse para nós. – O que queria dizer aquele deus que aconselhava: "Conhece a ti mesmo"? Talvez significasse: "Deixa de ter qualquer interesse por ti! Torna-te objetivo!" – E Sócrates? – E o "homem científico"? –

81

É terrível morrer de sede no mar. Tendes, pois, de salgar tanto vossa verdade para que ela nem sequer mais – mate a sede?

---

78. Perdeu-se na tradução o jogo entre *Grundsätzen* (princípios) e *Grund-Veschiedenes* (fundamentalmente diferente).

82

"Compaixão para com todos" – seria dureza e tirania para *contigo*, meu senhor vizinho! –

83

O instinto. – Quando a casa queima, esquece-se até do almoço. – Sim: mas depois se almoça sobre as cinzas.

84

A mulher aprende a odiar na medida em que desaprende a – enfeitiçar.

85

Os mesmos afetos no homem e na mulher diferem contudo no ritmo: por isso o homem e a mulher não param de se desentender.

86

As próprias mulheres, no fundo de toda a vaidade pessoal, ainda possuem seu desprezo impessoal – pela "mulher".

87

Coração atado, espírito livre. – Quando se amarra firmemente e se prende o seu coração, pode-se conceder muitas liberdades ao seu espírito: eu já o disse uma vez. Mas não me creem, supondo que já não o saibam.....

88

Começa-se a desconfiar das pessoas muito sagazes quando elas se embaraçam.

89

Experiências terríveis levam a pensar se aquele que as experimenta não é algo terrível.

90

Pessoas graves, melancólicas,[79] precisamente através daquilo que torna graves as outras, por meio do ódio e do amor, tornam-se mais leves e vêm por momentos à própria superfície.

91

Tão frio, tão gélido, que se queima os dedos nele! Toda mão que o toca, assusta-se! – E precisamente por isso muitos o tomam por ardente.

92

Quem, pela sua boa reputação, não sacrificou alguma vez – a si próprio? –

93

No bom trato com as gentes não há nada de ódio pelos homens, mas, precisamente por isso, demasiado desprezo por eles.[80]

94

A maturidade do homem: isso significa ter reencontrado a seriedade que se tinha ao brincar quando criança.

95

Envergonhar-se de sua imoralidade: eis um degrau da escada em cujo fim as pessoas acabam por se envergonhar também de sua moralidade.

---

79. Em alemão: *Schwere, schwermütige Menschen.* Numa tradução alternativa, bem mais literal: "pessoas pesadas, de ânimo pesado". O autor joga com o duplo sentido de *schwer*, que também significa "pesado".

80. Em alemão: *In der Leutseligkeit ist Nichts von Menschenhass, aber eben darum allzuviel von Menschenverachtung.* O adjetivo *leutselig* (afável, jovial, tratável, urbano) – do qual se deriva o substantivo *Leutseligkeit* –, considerada a sua etimologia, designa "aquele que é benévolo no trato com as gentes (*Leute*) mais simples ou subordinados". Assim, uma tradução mais precisa para *Leutseligkeit* talvez fosse "condescendência". De todo modo se perderia a relação de contraste do "bom trato das gentes", *Leutseligkeit,* com o "ódio aos homens" (ou à humanidade), *Menschenhass,* e o "desprezo aos homens", *Menschenverachtung.*

96

Devemos nos despedir da vida do modo que Ulisses se despediu de Nausícaa – mais abençoando do que apaixonado.

97

O quê? Um grande homem? Eu vejo somente o comediante de seu próprio ideal.

98

Quando se adestra a sua consciência, então ela beija ao mesmo tempo em que remorde.[81]

99

Fala o desiludido. – "Fiquei à escuta de eco, e ouvi apenas louvor –"

100

Diante de nós mesmos, todos nós nos fazemos mais simples do que somos: assim nos descansamos de nosso próximo.

101

Hoje um cognoscente poderia facilmente sentir-se como a encarnação animal de Deus.[82]

102

Descobrir que o amor é correspondido deveria realmente desiludir o amante acerca da criatura amada. "O quê? *Ela* é modesta o bastante para amar inclusive a ti? Ou tola o bastante? Ou – ou –"

81. Em alemão, "consciência (moral)" é *Gewissen*, e "remorso", "remordimento", *Gewissensbiss* – literalmente, "mordida da consciência".

82. "Encarnação animal": *Tierwerdung*. Como observa o tradutor espanhol Andrés Sánchez Pascual, trata-se de palavra forjada por analogia com *Menschwerdung*, termo teológico que designa a encarnação do filho de Deus no cristianismo (*Más allá del bien y del mal*, Alianza Editorial, 2003).

103

O perigo na felicidade. – "Agora tudo me faz bem, agora amo qualquer destino: – quem gostaria de ser meu destino?"

104

Não o seu amor ao homem, mas a impotência de seu amor ao homem é o que impede os cristãos de hoje de nos – queimar.

105

Ao espírito livre, ao "devoto do conhecimento", a *pia fraus*[83] repugna ainda mais ao gosto (à *sua* "devoção") do que a *impia fraus*. Por isso a sua profunda incompreensão face à Igreja, que considera, visto que ele pertence ao tipo "espírito livre" – a *sua* escravidão.

106

Graças à música, as paixões gozam a si próprias.

107

Uma vez tomada a decisão, tapar os ouvidos inclusive para as melhores contrarrazões: sinal de caráter forte. Portanto, uma ocasional vontade de tolice.

108

Não há quaisquer fenômenos morais, mas apenas uma interpretação moral de fenômenos.....

109

Com bastante frequência o criminoso não está à altura do seu ato: ele o apequena e o difama.

83. "Fraude piedosa", "mentira piedosa". A expressão remonta a Ovídio (*Metamorfoses*, IX, 711) e significa o uso da mentira motivado por uma boa intenção. Logo, *impia fraus* é a mentira mal-intencionada.

110

Os advogados de um criminoso raramente são artistas[84] o bastante para voltar o belo horror do ato a favor de seu autor.

111

Quando nosso orgulho acabou de ser ferido, precisamente então é mais difícil ferir nossa vaidade.

112

Para quem se sente predestinado a ver, e não a crer, todos os crentes são demasiado estrepitosos e impertinentes: ele se defende deles.

113

"Queres ganhar sua simpatia? Então mostre-se embaraçado diante dele –"

114

A imensa expectativa com relação ao amor sexual e a vergonha que há nessa expectativa arruínam de antemão todas as perspectivas às mulheres.

115

Onde o amor ou o ódio não fazem parte do jogo, a mulher joga mediocremente.[85]

116

As grandes épocas de nossa vida são aquelas em que ganhamos a coragem de rebatizar o nosso mal como o nosso melhor.

84. O autor emprega *Artisten*, e não *Künstler*. O primeiro termo é mais comumente empregado para designar os artistas de circo (malabaristas, acrobatas, ilusionistas etc.), e o segundo para se referir aos criadores de obras de arte (ainda que às vezes um *Künstler* também possa ser chamado de *Artist* em razão da extrema habilidade que apresente em seu ofício).

85. Nietzsche joga com dois dos sentidos do verbo *spielen*, "jogar" e "representar" (atuar numa peça).

117

A vontade de superar um afeto é por fim tão somente a vontade de um outro ou vários outros afetos.

118

Existe uma inocência da admiração: a possui aquele ao qual ainda não ocorreu que também ele possa ser admirado alguma vez.

119

O asco diante da imundície pode ser tão grande a ponto de nos impedir de nos limparmos – de nos "justificarmos".

120

A sensualidade precipita frequentemente o crescimento do amor, de modo que a raiz permanece fraca e fácil de arrancar.

121

É uma sutileza que Deus aprendesse grego quando quis se tornar escritor – e que não o aprendesse melhor.

122

Alegrar-se em razão de um elogio é para muitos apenas uma cortesia do coração – e justamente a contrapartida de uma vaidade do espírito.

123

Mesmo o concubinato foi corrompido: – através do casamento.

124

Quem se rejubila mesmo na fogueira não triunfa sobre a dor, mas sobre o fato de não sentir dor onde a esperava. Uma parábola.

125

Se tivermos de mudar de opinião acerca de alguém, então lhe cobraremos caro pelo inconveniente que com isso nos causa.

126

Um povo é o rodeio da natureza para chegar a seis ou sete grandes homens. – Sim: e para então se esquivar deles.

127

A ciência ofende o pudor de todas as verdadeiras mulheres. Elas sentem como se com ela se quisesse lhes espiar sob a pele – pior ainda!, sob os vestidos e os adornos.

128

Quanto mais abstrata for a verdade que quiseres ensinar, tanto mais precisas seduzir os sentidos a ela.

129

O Diabo possui as mais amplas perspectivas acerca de Deus, por isso se mantém tão distante dele – o Diabo na condição de mais antigo amigo do conhecimento.

130

O que alguém *é* começa a se revelar quando o seu talento diminui – quando ele para de mostrar o que ele *pode*. O talento é também um adorno; um adorno é também um esconderijo.

131

Os sexos se enganam um acerca do outro: isso faz com que no fundo honrem e amem apenas a si mesmos (ou ao seu próprio ideal, para expressá-lo de modo mais agradável –). Assim, o homem quer a mulher pacífica – mas justamente a mulher é *essencialmente* não pacífica, como o gato, por melhor que ela também tenha ensaiado a aparência da paz.

132

Em razão de suas virtudes é que se é mais bem punido.

133

Quem não sabe encontrar o caminho para o *seu* ideal, vive de modo mais leviano e mais insolente que o homem sem ideal.

134

Dos sentidos, somente, provém toda credibilidade, toda consciência tranquila, toda evidência de verdade.

135

O farisaísmo não é uma degeneração no homem bom: uma porção generosa do mesmo é antes a condição de toda vida reta.[86]

136

Um procura um parteiro para suas ideias, o outro, alguém a quem possa ajudar: assim começa um bom diálogo.

137

No trato com doutos e artistas, nos enganamos facilmente em sentidos opostos: atrás de um douto notável não raro encontramos um homem medíocre, e atrás de um artista medíocre, com frequência até – um homem bastante notável.

138

Fazemos em vigília o mesmo que em sonhos: primeiro inventamos e criamos a pessoa com a qual tratamos – e logo esquecemos disso.

86. "Vida reta" foi nossa tradução para *Gut-sein* (literalmente, "ser-bom"), segundo explicação oferecida no verbete *Gutsein* do *Deutsches Wörterbuch* dos irmãos Grimm.

139

Na vingança e no amor, a mulher é mais bárbara que o homem.

140

Admoestação em forma de adivinhação.[87] – "Para o laço não se romper – deves antes nele morder."

141

O baixo-ventre é o motivo pelo qual o homem não se toma tão facilmente por um deus.

142

A frase mais pudica que eu ouvi: "*Dans le véritable amour c'est l'âme, qui enveloppe le corps*".[88]

143

Nossa vaidade gostaria que aquilo que melhor fazemos fosse justamente considerado como o mais difícil para nós. Contribuição à origem de muitas morais.

144

Se uma mulher apresenta tendências eruditas, então geralmente algo não está em ordem com sua sexualidade. Basta a esterilidade para dispor a uma certa virilidade do gosto; pois o homem, permitam-me dizê-lo, é "o animal estéril".

145

Comparados o homem e a mulher no todo, pode-se dizer: a mulher não teria o gênio do adorno se não tivesse o instinto do papel *secundário.*

87. Em alemão, *Rat als Rätsel*, literalmente, "conselho em forma de enigma".

88. "No verdadeiro amor, é a alma que envolve o corpo."

146

Quem luta com monstros, que se cuide para não se tornar um monstro ao fazê-lo. E se olhas por longo tempo para dentro de um abismo, o abismo também olha para dentro de ti.

147

De antigas novelas florentinas, além disso – da vida: *buona femmina e mala femmina vuol bastone.*[89] Saccheti, nov. 86.

148

Seduzir o próximo a uma boa opinião e depois acreditar credulamente nessa opinião: quem iguala as mulheres nessa habilidade? –

149

O que uma época sente como mau, geralmente é uma reverberação extemporânea daquilo que outrora foi sentido como bom – o atavismo de um ideal mais antigo.

150

Em torno do herói tudo se transforma em tragédia, em torno do semideus, drama satírico; e em torno de Deus tudo se transforma – o quê? Talvez em "mundo"? –

151

Possuir um talento não é o bastante: também é preciso possuir vossa autorização para tanto – o quê, meus amigos?

152

"Lá onde se encontra a árvore do conhecimento é sempre o paraíso": assim falam as mais velhas e as mais jovens serpentes.

89. "Mulher boa, mulher ruim, ambas querem bastão." Franco Saccheti (c.1330-1400) foi um escritor italiano.

153

O que é feito por amor, ocorre sempre além do bem e do mal.

154

A objeção, a escapadela, a desconfiança jovial, o gosto pela zombaria são sinais de saúde: tudo o que é incondicional pertence à patologia.

155

O sentido para o trágico aumenta e diminui com a sensualidade.

156

A loucura é algo raro em indivíduos – mas em grupos, partidos, povos e épocas, a regra.

157

A ideia do suicídio é um consolo poderoso: com ela se consegue superar bem muita noite ruim.

158

Ao nosso impulso mais forte, ao tirano em nós, submete-se não apenas nossa razão, mas também nossa consciência.

159

Precisa-se retribuir o bom e o ruim: mas por que exatamente à pessoa que nos fez algo bom ou ruim?

160

Não se ama mais suficientemente o próprio conhecimento assim que ele é compartilhado.

161

Os poetas são despudorados em relação às suas experiências: eles as exploram.

162

"Nosso próximo não é o nosso vizinho, mas o vizinho deste" – assim pensa cada povo.

163

O amor traz à luz as qualidades elevadas e ocultas de uma pessoa que ama – o que ela tem de raro, de excepcional: nessa medida, ele engana facilmente acerca daquilo que nela é regra.

164

Jesus disse aos seus judeus: "A Lei era para servos – amai a Deus como eu o amo, na condição de seu filho! Que importa a nós, filhos de Deus, a moral!" –

165

Com vista a todos os partidos. – Um pastor ainda precisa também de um carneiro-guia – ou ele mesmo precisa ser carneiro ocasionalmente.

166

É certo que se mente com a boca; mas com o esgar que então se faz, ainda se diz a verdade.

167

Nos homens duros, a intimidade é objeto de pudor – e algo precioso.

168

O cristianismo deu de beber veneno a Eros – é verdade que ele não morreu por isso, mas degenerou, em vício.

169

Falar muito de si também pode ser um meio de se ocultar.

170

No elogio há mais impertinência que na censura.

171

Em um homem do conhecimento, a compaixão quase leva ao riso, assim como mãos delicadas num ciclope.

172

Por amor à humanidade, às vezes se abraça uma pessoa qualquer (porque não se pode abraçar todo mundo): mas precisamente isso não se deve revelar a essa pessoa qualquer.....

173

Não se odeia enquanto ainda se menospreza, mas somente quando se julga o outro igual ou superior.

174

Vós utilitaristas, também vós amais tudo o que é útil apenas como um *veículo* para vossas inclinações – também vós achais o ruído de suas rodas verdadeiramente insuportável?

175

Ama-se por fim seus desejos, e não o desejado.

176

A vaidade dos outros só repugna ao nosso gosto quando repugna à nossa vaidade.

177

Sobre o que seja a “veracidade”, talvez ninguém ainda tenha sido veraz o bastante.

178

Não se dá crédito às tolices de homens inteligentes: que desrespeito aos direitos humanos!

179

As consequências de nossas ações agarram-nos pelo topete, muito indiferentes ao fato de que entrementes tenhamos nos tornado “melhores”.

180

Há uma inocência na mentira que é o sinal da boa-fé numa coisa.

181

É desumano abençoar quando alguém é amaldiçoado.

182

A familiaridade do superior provoca amargura, pois não pode ser retribuída. –

183

“Não o fato de me mentires, mas sim o fato de eu não acreditar mais em ti é que me perturbou.” –

184

Há uma desmedida alegria da bondade que se parece com maldade.

185

“Ele me desagrada.” – Por quê? – “Não estou à sua altura.” – Algum homem já respondeu assim?

Quinta parte

Contribuição à história natural da moral

186

A sensibilidade moral na Europa de hoje é tão fina, avançada, variada, excitável, refinada quanto a "ciência da moral" que lhe corresponde ainda é jovem, incipiente, tosca e canhestra – uma oposição atraente, que às vezes se torna evidente e se corporifica na própria pessoa de um moralista. Já a expressão "ciência da moral", com respeito àquilo que ela designa, é demasiado presunçosa e contrária ao *bom* gosto: que sempre costuma ser um antegosto para as palavras mais modestas. Com todo rigor se deveria reconhecer *o que* por longo tempo ainda é necessário aqui, *o que* somente possui direitos por ora: ou seja, a coleta de material, a formulação e o ordenamento conceitual de um formidável domínio de delicados sentimentos de valor e distinções de valor que vivem, crescem, se reproduzem e perecem – e, talvez, tentativas de dar uma ideia clara das formações recorrentes e mais frequentes dessa cristalização viva – como preparação para uma *tipologia* da moral. Todavia: até agora ninguém foi tão modesto. Todos os filósofos exigiram de si, com uma seriedade cerimoniosa que provoca o riso, algo muito mais elevado, mais pretensioso e mais solene tão logo se ocuparam da moral como ciência: eles quiseram a *fundamentação* da moral – e cada filósofo acreditou até agora ter fundamentado a moral; a própria moral, porém, foi considerada como "dada". Quão distante de seu orgulho tosco permaneceu essa tarefa de uma descrição, aparentemente insignificante e abandonada à poeira e ao mofo, ainda que para ela as mãos e os sentidos mais sutis dificilmente poderiam ser sutis o bastante! Precisamente porque os filósofos da moral conheciam apenas grosseiramente os *facta*[90] morais, num excerto arbitrário ou como resumo ocasional, mais ou menos como a moralidade de seu ambiente, de sua classe, de sua Igreja, do espírito de sua época, de seu clima e de sua região – precisamente porque eles estavam mal-informados e mesmo porque foram pouco curiosos com respeito a povos, épocas e tempos passados é que eles absolutamente não chegaram a ver os verdadeiros problemas da moral – que

90. "Fatos."

surgem todos como tais somente através de uma comparação de *muitas* morais. Em toda a "ciência da moral" feita até agora ainda *faltou*, por estranho que possa soar, o problema da própria moral: faltou a suspeita de que aqui existe algo problemático. O que os filósofos chamavam de "fundamentação da moral" e que exigiam de si foi, visto sob a luz adequada, apenas uma forma erudita de *fé* ingênua na moral dominante, um novo meio de sua *expressão*, um fato mesmo, portanto, no interior de uma determinada moralidade, e inclusive, bem no fundo, uma espécie de negação de que seja *permitido* tomar essa moral como problema – e, em todo o caso, o contrário de um exame, uma análise, um questionamento, uma vivissecção dessa fé. Ouça-se, por exemplo, com que inocência quase venerável mesmo Schopenhauer coloca sua própria tarefa, e tire-se suas conclusões acerca da cientificidade de uma "ciência" cujos últimos mestres ainda falam como as crianças e as velhinhas: – "o princípio", afirma (*Problemas fundamentais da moral*, p. 136)[91], "o fundamento acerca de cujo conteúdo todos os eticistas são *verdadeiramente* unânimes, *neminem laede, immo omnes, quantum potes, juva*[92], esta é *verdadeiramente* a tese por cuja fundamentação todos os moralistas se esforçam (...), o *verdadeiro* fundamento da ética, que se procura há milênios tal como se procura a pedra filosofal". – A dificuldade de fundamentar a tese mencionada pode todavia ser grande – é sabido que também Schopenhauer não foi bem-sucedido –; e quem por uma vez apenas compreendeu profundamente quão banal, falsa e sentimental é essa tese em um mundo cuja essência é vontade de poder – esse talvez se deixe recordar que Schopenhauer, embora pessimista, *verdadeiramente* – tocava flauta... Diariamente, depois das refeições: leia-se acerca disso o seu biógrafo. E, perguntando de passagem: um pessimista, um negador de Deus e do mundo, que se *detém* diante da moral – que diz um sim à moral e toca flauta, à moral do *laede neminem*: o quê? Esse é verdadeiramente – um pessimista?

187

Mesmo abstraindo-se do valor de asserções tais como "há em nós um imperativo categórico", pode-se ainda perguntar: o que diz semelhante asserção acerca daquele que a faz? Há morais que devem justificar seu autor diante dos outros; outras morais devem tranquilizá-lo e fazê-lo sentir-se bem consigo mesmo; com outras, ele quer pregar a si mesmo na cruz e humilhar-se;

91. Na verdade, o título exato da obra de Schopenhauer é *Os dois problemas fundamentais da ética*.

92. "Não firas a ninguém, antes ajude a todos no que puderes."

com outras ele quer vingar-se, com outras esconder-se, com outras transfigurar-se e colocar-se nas alturas e à distância; esta moral serve ao seu autor para esquecer, aquela para fazer-se esquecer ou fazer esquecer algo de si; muitos moralistas gostariam de exercer poder e capricho criador sobre a humanidade; muitos outros, talvez precisamente também Kant, dão a entender com sua moral: "O que é respeitável em mim é que sou capaz de obedecer – e não *deve* ser diferente convosco do que é comigo!" – em suma, as morais também são apenas uma *linguagem de sinais dos afetos.*

188

Toda moral, em oposição ao *laisser aller*[93], é um tanto de tirania sobre a "natureza", também sobre a "razão": mas isto ainda não constitui qualquer objeção contra ela, mesmo que se tivesse de decretar novamente a partir de alguma moral que toda espécie de tirania e desrazão é ilícita. O essencial e inestimável em toda moral é o fato de que ela é uma prolongada coação: para compreender o estoicismo ou Port-Royal ou o puritanismo, recorde-se da coação sob a qual até agora toda língua adquiriu força e liberdade – da coação métrica, da tirania da rima e do ritmo. Quanta aflição não se causaram os poetas e os oradores de todos os povos! – não excetuados alguns prosadores de hoje, em cujo ouvido reside uma consciência inexorável – "por causa de uma tolice", como dizem os palermas utilitaristas, que por isso se presumem espertos; "por subserviência a leis arbitrárias", como dizem os anarquistas, que por isso se julgam "livres", até de espírito livre. Mas o fato estranho é que tudo que existe ou existiu de liberdade, sutileza, audácia, dança e segurança magistral sobre a Terra, quer no próprio pensar, ou no governar, ou no falar e persuadir, tanto nas artes quanto nos costumes, somente se desenvolveu graças à "tirania de tais leis arbitrárias"; e, falando com toda seriedade, não é pequena a probabilidade de que justamente isso seja "natureza" e "natural" – e *não* esse *laisser aller*! Todo artista sabe o quão distante do sentimento de deixar-se ir se encontra o seu estado "mais natural", o livre ordenar, pôr, dispor e modelar nos momentos de "inspiração" – e de que modo severo e sutil ele obedece precisamente então a milhares de leis, que zombam de toda formulação através de conceitos justamente por causa de sua dureza e precisão (mesmo o conceito mais sólido, feita a comparação, tem algo de dúbio, múltiplo, multívoco –). O essencial, "no Céu e sobre a Terra"[94], como parece, é, repetindo, que se *obedeça* por longo tempo e numa só direção:

93. "Deixar ir."

94. A expressão é do Novo Testamento. Veja-se, por exemplo, Mateus 28,18.

assim sempre se produz e se produziu a longo prazo algo pelo qual vale a pena viver sobre a Terra, por exemplo, virtude, arte, música, dança, razão, espiritualidade – algo transfigurador, refinado, louco e divino. A prolongada escravidão do espírito, a desconfiada coação na comunicabilidade dos pensamentos, a disciplina que o pensador se impôs para pensar dentro de uma norma eclesiástica e cortesã ou sob pressupostos aristotélicos, a prolongada vontade espiritual de interpretar tudo o que acontece segundo um esquema cristão e de redescobrir e justificar o deus cristão mesmo em qualquer acaso – todo o violento, arbitrário, duro, terrível e antirracional disso provou-se o meio através do qual se disciplinou a força do espírito europeu, sua impiedosa curiosidade e sua sutil mobilidade: admitindo-se que com isso, também, muito de energia e de espírito teve de ser irrecuperavelmente esmagado, sufocado e arruinado (pois aqui como em toda parte "a natureza" se mostra como ela é, em toda a sua pródiga e *indiferente* grandiosidade, que provoca revolta, porém é nobre). Que por milênios a fio os pensadores europeus apenas pensassem com o propósito de provar algo – hoje, inversamente, nos é suspeito todo pensador que "quer provar algo" –, que eles sempre já estavam certos acerca de qual *deveria* ser o resultado de sua mais rigorosa reflexão, mais ou menos como outrora na astrologia asiática, ou como ainda hoje na ingênua interpretação cristã-moral dos mais imediatos acontecimentos pessoais "em honra de Deus" e "para a salvação da alma" – essa tirania, essa arbitrariedade, essa austera e grandiosa bobagem *educou* o espírito; a escravidão é, segundo parece, no sentido mais grosseiro como no mais sutil, o meio imprescindível também para a disciplina e para o cultivo espiritual. Pode-se observar toda moral por este aspecto: é a "natureza" nela que ensina a odiar o *laisser aller*, a liberdade demasiada, e que planta a necessidade de horizontes limitados, de tarefas mais imediatas – que ensina o *estreitamento* da *perspectiva* e, portanto, em certo sentido, a estupidez como uma condição de vida e crescimento. "Tu deves obedecer, não importa a quem, e por longo tempo: *senão* sucumbirás e perderás o derradeiro respeito por ti mesmo" – esse me parece ser o imperativo moral da natureza, que todavia não é "categórico", como o velho Kant dele exigia (por isso o "senão" –), nem se dirige ao indivíduo (que lhe importa o indivíduo!), mas antes a povos, raças, épocas, classes, mas sobretudo a todo o animal "homem", *ao* homem.

189

Às raças laboriosas causa grande fadiga suportar a ociosidade: foi um golpe de mestre do instinto *inglês* santificar e tornar aborrecido o domingo, ao ponto de que nele o inglês se torne despercebidamente outra vez ansioso por seus dias de semana e trabalho: – como uma espécie de *jejum* espertamente inventado, espertamente intercalado, como também se pode observar profusamente no mundo antigo (ainda que, como é justo entre povos meridionais, não exatamente com respeito ao trabalho –). Deve haver jejuns de várias espécies; e por toda parte em que dominam fortes impulsos e hábitos, os legisladores têm de cuidar de introduzir dias intercalares em que um tal impulso seja agrilhoado e novamente aprenda a sentir fome. Olhando de um ponto mais elevado, gerações e épocas inteiras, quando surgem possuídas por algum fanatismo moral, aparecem como tais períodos interpostos de coação e jejum, durante os quais um impulso aprende a se curvar e se prostrar, mas também a se *purificar* e se *aguçar*; determinadas seitas filosóficas (a Stoa, por exemplo, em meio à cultura helenística e sua atmosfera tornada lasciva e saturada de odores afrodisíacos) também permitem uma tal interpretação. – Com isso também é dada uma indicação para o esclarecimento daquele paradoxo de por que precisamente no período mais cristão da Europa, e sobretudo apenas sob a pressão de juízos de valor cristãos, o impulso sexual se sublimou em amor (*amour-passion*)[95].

190

Há algo na moral de Platão que não pertence propriamente a Platão, mas que apenas se encontra em sua filosofia, poderíamos dizer, apesar de Platão: a saber, o socratismo, para o qual ele era na verdade demasiado nobre. "Ninguém quer causar dano a si mesmo, por isso tudo o que é ruim acontece involuntariamente. Pois o homem ruim provoca dano a si mesmo: ele não o faria, caso ele soubesse que o ruim é ruim. Por conseguinte, o homem ruim apenas é ruim por um erro; se o privamos de seu erro, então o tornamos necessariamente – bom." – Esse modo de inferir cheira a *plebe*, que na ação ruim enxerga apenas as consequências desagradáveis, e na verdade julga que "é *estúpido* agir mal"; enquanto ela toma sem maiores dificuldades "bom" e "útil e agradável" por idênticos. Em todo utilitarismo da moral se pode adivinhar de antemão essa mesma origem e obedecer ao seu nariz: raramente alguém se enganará. – Platão fez de tudo para introduzir na tese de seu mestre a interpretação de algo fino e nobre, sobretudo a si mesmo – ele, o mais audaz de todos os intérpretes, que tomou todo o Sócrates das ruas apenas como um tema popular e uma canção do povo para variá-lo ao infinito e

95. "Amor-paixão" é um conceito que Stendhal apresenta em *Do amor* [Volume 610 da Coleção L&PM Pocket].

ao impossível: ou seja, em todas as suas próprias máscaras e complexidades. Falando de brincadeira, e além disso homericamente: que é o Sócrates platônico senão

πρόσθε Πλάτων ὄπιθέν τε Πλάτων μέσση τε Χίμαιρα?[96]

191

O velho problema teológico da "fé" e do "saber" – ou, mais claramente, do instinto e da razão –, a questão, portanto, de, se com respeito à valoração das coisas o instinto merece mais autoridade que a racionalidade, que deseja que se avalie e se aja conforme razões, conforme um "por quê?", em vez de conforme a conveniência e a utilidade – ainda é aquele velho problema moral tal como ele primeiramente se apresentou na pessoa de Sócrates, e que muito antes do cristianismo já tinha dividido os espíritos. O próprio Sócrates tinha, sem dúvida com o gosto de seu talento – o de um eminente dialético –, se colocado inicialmente do lado da razão; e, na verdade, que fez ele toda a sua vida senão rir da canhestra incapacidade de seus nobres atenienses, que eram homens de instinto tal como todos os homens nobres, e jamais podiam dar explicações satisfatórias acerca das razões do seu agir? Mas por fim, no silêncio e em segredo, ele riu também de si mesmo: ele encontrou em si, diante de sua sutil consciência e autoinquirição, a mesma dificuldade e incapacidade. Mas para que, ele procurava se persuadir, livrar-se por isso dos instintos! É preciso fazer justiça a eles e *também* à razão – deve-se seguir os instintos, mas persuadir a razão a ajudar nisso com boas razões. Esta foi a verdadeira *falsidade* desse grande e misterioso ironista; ele levou sua consciência a se dar por satisfeita com uma espécie de autoengano: no fundo, ele percebeu o que há de irracional no juízo moral. – Platão, em tais coisas mais inocente e desprovido da manha do plebeu, quis, com o empenho de toda a energia – a maior energia que até agora um filósofo teve para empenhar! –, provar a si mesmo que razão e instinto tendem espontaneamente a uma única meta, ao bem, a "Deus"; e desde Platão todos os teólogos e filósofos estão no mesmo caminho – ou seja, em coisas de moral, venceu até agora o instinto, ou como o chamam os cristãos, "a fé", ou como eu o chamo, "o rebanho". Deveríamos excetuar Descartes, o pai do racionalismo (e, por conseguinte, o avô da Revolução), que reconheceu autoridade somente à razão: mas a razão é apenas um instrumento, e Descartes era superficial.

---

96. "Platão na frente, Platão atrás, no meio Quimera." Nietzsche parodia a descrição da Quimera dada na *Ilíada* (canto VI, verso 181): "Leão na frente, serpente atrás, no meio cabra".

192

Quem investigou a história de uma ciência específica, encontra em seu desenvolvimento um fio condutor para a compreensão dos mais antigos e mais comuns procedimentos de todo "saber e conhecer": tanto num caso quanto no outro, as hipóteses precipitadas, as ficções, a estúpida boa vontade de ter "fé", a falta de desconfiança e de paciência se desenvolveram primeiro – nossos sentidos aprendem tardiamente, e nunca aprendem inteiramente, a ser órgãos do conhecimento sutis, fiéis e cautelosos. É mais cômodo para o nosso olho, numa dada ocasião, produzir novamente uma imagem muitas vezes já produzida em vez de se ater ao diferente e novo de uma impressão: o que exige mais energia, mais "moralidade". Ouvir algo novo é penoso e difícil para o ouvido; ouvimos mal música estrangeira. Ao ouvir uma outra língua, involuntariamente tentamos dar aos sons ouvidos a forma de palavras que nos soem mais familiares e mais domésticas: foi assim, por exemplo, que ao ouvir no passado a palavra *arcubalista,* o alemão fez dela *Armbrust*[97]. O novo também encontra hostis e relutantes os nossos sentidos; e em geral, já nos "mais simples" processos da sensibilidade *dominam* os afetos, como medo, amor, ódio, incluindo os afetos passivos da preguiça. – Tão pouco quanto hoje um leitor lê uma a uma todas as palavras (sem falar nas sílabas) de uma página – antes toma de vinte palavras aproximadamente cinco ao acaso e "adivinha" o provável sentido correspondente –, assim tampouco observamos uma árvore minuciosa e inteiramente quanto a suas folhas, ramos, cor, forma; parece-nos muito mais fácil imaginar uma aproximação de árvore. Mesmo em meio à mais rara experiência ainda fazemos assim: nós inventamos a maior parte da experiência e dificilmente podemos ser obrigados a *não* observar como "inventores" qualquer acontecimento. Isso tudo significa: nós estamos desde a raiz, desde tempos idos – *habituados à mentira.* Ou, para expressá-lo de modo mais virtuoso e mais hipócrita, em suma, mais agradável: somos muito mais artistas do que o sabemos. – Em uma conversa animada, vejo frequentemente o rosto da pessoa com que falo, conforme o pensamento que ela expressa, ou que eu acredito ter evocado nela, tão clara e distintamente definido, que esse grau de clareza vai muito além da *força* de minha capacidade visual: a sutileza do jogo dos músculos e da expressão dos olhos *deve,* portanto, ter sido acrescentada como invenção por mim. Provavelmente a pessoa fazia uma cara muito diferente, ou absolutamente nenhuma.

97. "Balestra." *Armbrust* é de fato palavra bastante estranha, sem nenhuma afinidade genuína com *arcubalista,* visto que *Arm* significa "braço" (ou ainda, como adjetivo, "pobre") e *Brust* significa "peito". Logo, algo como "peito do braço".

193

Quidquid luce fuit, tenebris agit[98]: mas também o contrário. Aquilo que vivenciamos em sonho, pressupondo que o vivenciamos frequentemente, por fim pertence tanto à economia geral de nossa alma quanto algo "realmente" vivido: graças a isso somos mais ricos ou mais pobres, possuímos uma necessidade mais ou menos, e somos finalmente, em plena luz do dia, e mesmo nos mais joviais instantes de nosso espírito desperto, um pouco conduzidos pelos hábitos de nossos sonhos. Supondo que alguém tenha voado frequentemente em seus sonhos e, por fim, tão logo sonha, toma consciência de uma força e arte do voo como seu privilégio, também sua mais própria e invejável felicidade: tal pessoa, que acredita poder realizar toda espécie de arco e ângulo com o mais leve impulso, que conhece a sensação de uma certa leveza divina, um "para cima" sem tensão e esforço, um "para baixo" sem condescendência e degradação – sem *gravidade*! –, como não deveria o homem que tivesse tais vivências e hábitos oníricos achar finalmente, mesmo para o seu dia de vigília, a palavra "felicidade" diferentemente colorida e definida! Como ele não deveria – ansiar *diferentemente* pela felicidade? A "elevação", tal como descrita pelos poetas, deve, comparada àquele "voo", parecer-lhe já demasiado terrena, muscular, violenta, já demasiado "pesada".

194

A diversidade dos homens não se mostra apenas na diversidade de suas tábuas de bens, no fato, portanto, de que tomam por desejáveis bens distintos e de que também estão em desacordo uns com os outros acerca do valor maior ou menor, acerca da hierarquia dos bens que todos reconhecem – ela se mostra ainda mais naquilo que consideram como sendo realmente *ter* e *possuir* um bem. Em relação a uma mulher, por exemplo, o mais modesto já considera o dispor de seu corpo e o gozo sexual como sinal suficiente e satisfatório do ter, do possuir; um outro, com sua sede de posse mais desconfiada e mais exigente, vê o "ponto de interrogação", o que há de apenas aparente em um tal possuir, e quer provas mais sutis, sobretudo para saber se a mulher não apenas se entrega, mas também abandona por ele aquilo que ela tem ou que gostaria de ter –: somente *assim* ele a considera "possuída". Mas para um terceiro, nem mesmo aqui acaba sua desconfiança e desejo de posse, ele se pergunta se a mulher, quando abandona tudo por ele, não o faz acaso por um fantasma dele: ele quer primeiro ser conhecido bem profundamente, até

98. "O que aconteceu na luz, age nas trevas." De um poema de Petrônio, Fragmento 30, verso 5.

abissalmente,[99] para de fato poder ser amado, ele ousa se deixar decifrar –. Somente então ele sente a amada inteiramente em sua posse, quando ela não mais se engana a respeito dele, quando ela o ama tanto pela sua diabolice e insaciabilidade oculta quanto pela sua bondade, paciência e espiritualidade. Este gostaria de possuir um povo: e todas as artes superiores de Cagliostro e Catilina[100] parecem-lhe adequadas para esse fim. Um outro, com uma sede de posse mais refinada, diz para si: "Não se pode enganar quando se quer possuir" – ele se irrita e se impacienta com a ideia de que uma máscara sua dá ordens ao coração do povo: "Portanto eu preciso me *deixar* conhecer e, em primeiro lugar, conhecer a mim mesmo!" Entre pessoas solícitas e caridosas encontramos quase sempre aquela tosca astúcia que primeiro arranja aquele que deve ser ajudado: achando que ele, por exemplo, "merece" ajuda, que pede justamente a *sua* ajuda, e que se mostrará profundamente grato, fiel e subserviente por toda a ajuda – com essas presunções elas dispõem do necessitado como de uma propriedade, pois é sobretudo por um desejo de propriedade que elas são pessoas caridosas e solícitas. Elas se tornam ciumentas se, ao ajudar, alguém atravessa seu caminho ou as precede. Os pais involuntariamente fazem da criança algo semelhante a eles – chamam a isso de "educação" –, e nenhuma mãe duvida no fundo de seu coração de que a criança foi uma propriedade que ela deu à luz, nenhum pai se nega o direito de lhe ser permitido submetê-la aos *seus* conceitos e valorações. Outrora, inclusive, parecia justo aos pais dispor a seu bel-prazer sobre a vida e a morte do recém-nascido (como entre os antigos alemães). E do mesmo modo que o pai, assim também o professor, a classe, o sacerdote e o príncipe veem ainda hoje em cada novo ser humano uma ocasião indubitável de novas posses. Donde se segue.....

195

Os judeus – um povo "nascido para a escravidão", como afirma Tácito[101] e todo o mundo antigo, "o povo escolhido entre os povos", como eles mesmos dizem e acreditam –, os judeus realizaram esse portento de inversão dos valores graças ao qual a vida sobre a Terra recebeu por alguns milênios um novo e perigoso atrativo: – seus profetas fundiram "rico", "sem-deus", "mau", "violento" e "sensual" numa só coisa, e pela primeira vez cunharam

99. Profundamente, abissalmente: em alemão, *gründlich, abgründlich.*

100. Lúcio Sérgio Catilina (c.108-62 a.C.): conspirador romano; Alessandro Cagliostro: pseudônimo de Giuseppe Balsamo (1743-1795), aventureiro italiano.

101. Tácito, *Histórias*, V, 8.

a palavra "mundo" na forma de um vitupério. Nessa inversão dos valores (à qual pertence a utilização da palavra "pobre" como sinônimo de "santo" e "amigo") reside a importância do povo judeu: com ele inicia a *rebelião escrava na moral.*

196

Há incontáveis corpos escuros além do sol a serem *inferidos* – tais que nunca veremos. Isto, seja dito entre nós, é uma alegoria; e um psicólogo da moral lê a totalidade da escrita estelar apenas como uma linguagem alegórica e de sinais que permite silenciar muita coisa.

197

Entende-se profundamente mal o animal de rapina e o homem de rapina (por exemplo, Cesare Borgia[102]), entende-se mal a "natureza" enquanto ainda se procura por uma "morbosidade" no fundo desses mais sadios de todos os animais[103] e plantas tropicais, ou até por um "inferno" que lhes seja inato – como o fizeram até agora quase todos os moralistas. Não parece que há entre os moralistas um ódio contra a selva e contra os trópicos? E que o "homem tropical" deve ser desacreditado a todo custo, seja como doença e degeneração do homem, seja como inferno de si mesmo e automartírio? Mas por quê? Em favor das "zonas temperadas"? Em favor do homem temperado? Do homem "moral"? Do homem medíocre? – Isto a propósito do capítulo "moral como pusilanimidade". –

198

Todas essas morais que se dirigem à pessoa particular, com vistas a sua "felicidade", como se diz – que outra coisa são senão prescrições de conduta com relação ao grau de *periculosidade* no qual a pessoa particular vive consigo mesma; receitas contra suas paixões, seus pendores bons ou ruins, na medida em que eles possuem a vontade de poder e gostariam de fazer o papel de senhores; pequenas e grandes espertezas e arteirices impregnadas do cheiro de despensa de velhos remédios caseiros e de sabedoria de mulheres velhas; todas barrocas e irracionais na forma – pois se dirigem a "todos",

102. Cesare Borgia (1476-1507): político italiano, foi o modelo do *Príncipe* de Maquiavel.

103. Na verdade, Nietzsche emprega *Untiere*, ou seja, "monstros" (ou talvez: "animais monstruosos"), palavra afim a "animais", *Tiere*.

pois generalizam no que não deve ser generalizado –, todas falando de modo incondicional, tomando-se de modo incondicional, todas temperadas não apenas com um grão de sal, antes somente tragáveis, e às vezes até sedutoras, quando aprendem a cheirar perigosamente e de um modo excessivamente temperado, sobretudo "ao outro mundo": tudo isto, medido intelectualmente, é de pouco valor e nem de longe "ciência", para não falar de "sabedoria", mas, dito mais uma vez, dito três vezes, esperteza, esperteza, esperteza, mesclada com estupidez, estupidez, estupidez – seja aquela indiferença e frieza de estátua diante da fogosa loucura dos afetos, que os estoicos aconselhavam e remediavam; ou também aquele não-mais-rir e não-mais-chorar de Espinosa, sua tão ingenuamente recomendada destruição dos afetos através da análise e vivissecção dos mesmos; ou aquela redução dos afetos a um meio-termo inofensivo no qual eles têm a permissão de ser satisfeitos, o aristotelismo da moral; mesmo a moral como gozo dos afetos numa intencional diluição e espiritualização através do simbolismo da arte, talvez em forma de música, ou como amor a Deus, ou ao homem por amor a Deus – pois na religião as paixões têm novamente direito de cidadania, contanto que...; finalmente, mesmo aquela transigente e atrevida entrega aos afetos, tal como Hafiz[104] e Goethe ensinaram, aquele ousado soltar as rédeas, aquela *licentia morum* espiritual-corporal no caso excepcional de velhos e sábios esquisitões e beberrões, para os quais "não há mais perigo". Também isto para o capítulo "moral como pusilanimidade".

199

Uma vez que em todas as épocas, desde que há seres humanos, também houve rebanhos humanos (clãs, comunidades, tribos, povos, Estados, Igrejas), e sempre muitos obedecentes em relação ao pequeno número de mandantes – visto, portanto, que até agora a obediência foi a coisa melhor e por mais tempo exercitada e cultivada entre os homens, pode-se supor com justiça que, em média, a necessidade dela é agora inata a cada um, como uma espécie de *consciência formal* que ordena: "Deves fazer algo incondicionalmente, deves deixar de fazer algo incondicionalmente", em suma, "Tu deves". Esta necessidade procura se saciar e preencher sua forma com um conteúdo; nisso ela se serve, conforme sua força, impaciência e tensão, de modo pouco exigente, como um apetite grosseiro, e aceita seja o que for que

104. Pseudônimo do poeta persa Muhammed Chams al-Din (c. 1327-1390), autor de *Divã*. Goethe inspirou-se em Hafiz ao escrever o seu *West-östlicher Divan* (*Divã ocidental-oriental*). *Licentia morum*: "Licença nos costumes".

quaisquer mandantes – pais, professores, leis, preconceitos de classe, opiniões públicas – lhe gritem ao ouvido. A singular limitação da evolução humana, o que há nela de hesitante, demorado, frequentemente retrógrado e volteante, repousa no fato de que o instinto gregário da obediência é herdado mais facilmente e às custas da arte de ordenar. Imagine-se esse instinto, por uma vez apenas, indo até os seus últimos excessos, e então faltarão por fim precisamente os comandantes e independentes; ou eles sofrerão no seu íntimo sob o peso de suas consciências e primeiro precisarão se iludir para então poder mandar: quer dizer, como se também eles apenas obedecessem. Esta situação existe hoje de fato na Europa: eu a chamo a hipocrisia moral dos mandantes. Eles não sabem se proteger de outro modo de sua consciência pesada senão dando-se ares de executantes de ordens mais antigas ou mais elevadas (dos antepassados, da Constituição, do direito, das leis ou até de Deus), ou mesmo tomando máximas gregárias de empréstimo ao modo de pensar gregário, passando-se por "primeiros servidores de seu povo"[105] ou por "instrumentos do bem comum", por exemplo. Por outro lado, na Europa de hoje o homem gregário considera-se a única espécie permitida de homem, e glorifica suas qualidades, graças às quais ele é manso, tratável e útil ao rebanho, como as verdadeiras virtudes humanas: ou seja, solidariedade, benevolência, consideração, diligência, moderação, modéstia, indulgência, compaixão. Para os casos, porém, em que se acredita não poder dispensar o líder e carneiro-guia, faz-se hoje tentativa após tentativa de substituir os comandantes pelo somatório de homens gregários prudentes: dessa origem são, por exemplo, todas as constituições representativas. Apesar disso tudo, que benefício, que libertação de uma pressão que ia se tornando insuportável significa o surgimento de um comandante incondicional para esses animais de rebanho europeus, disso o efeito provocado pelo surgimento de Napoleão deu o último grande testemunho: – a história do efeito de Napoleão é quase a história da felicidade mais elevada alcançada por todo este século em seus mais valorosos homens e momentos.

200

O homem de uma época de dissolução que mistura as raças umas com as outras, homem que, como tal, tem em seu corpo a herança de uma ascendência múltipla, ou seja, impulsos e escalas de valor antagônicos, e com

105. O tradutor espanhol A.S. Pascual observa que Nietzsche faz alusão a uma frase de Frederico, o Grande (1712-1786, rei da Prússia a partir de 1740), que em suas *Memoires de Brandenbourg* afirma: "Un prince est le premier serviteur et le premier magistrat de l'Etat".

frequência nem sequer apenas antagônicos, que se combatem uns aos outros e raramente se dão trégua – um tal homem de culturas tardias e de luzes enfraquecidas será em média um homem mais fraco: seu anseio mais profundo é que a guerra que ele *é* um dia acabe; a felicidade lhe parece, de acordo com uma medicina e modo de pensar tranquilizante (epicurista ou cristão, por exemplo), principalmente como sendo a felicidade do descanso, da imperturbabilidade, da saciedade, da unidade final, como "sábado dos sábados", para falar com o santo rétor Agostinho, que era ele próprio um desses homens. – Mas se o antagonismo e a guerra agem sobre tal natureza como um estímulo e um prurido de vida *a mais* – e se, por outro lado, juntamente com seus impulsos poderosos e irreconciliáveis também foi herdada e cultivada a genuína mestria e sutileza no guerrear consigo, ou seja, autodomínio, autoengano: então surgem essas mágicas incompreensibilidades e inimaginabilidades, esses homens enigmáticos predestinados à vitória e à sedução, cujas mais belas expressões são Alcibíades e César (e aos quais eu gostaria de acrescentar esse que é o *primeiro* europeu conforme ao meu gosto, o Hohenstaufen Frederico II[106]), e entre os artistas talvez Leonardo da Vinci. Eles surgem precisamente nas mesmas épocas em que aquele tipo mais fraco, com o seu anseio por sossego, avança para o primeiro plano: ambos os tipos se correspondem e surgem das mesmas causas.

201

Enquanto a utilidade dominante nos juízos de valor morais for somente a utilidade gregária, enquanto o olhar estiver voltado unicamente para a conservação da comunidade e o imoral for procurado precisa e exclusivamente naquilo que parece perigoso para a subsistência da comunidade: enquanto for assim, não pode ainda haver nenhuma "moral do amor ao próximo". Supondo que aí também já exista um pequeno exercício constante de consideração, compaixão, equidade, clemência, reciprocidade na prestação de auxílio, supondo que também nesse estado da sociedade já atuem todos aqueles impulsos que mais tarde serão designados com nomes honrosos, na forma de "virtudes", e que por fim quase irão coincidir com o conceito "moralidade": nessa época eles ainda não fazem, absolutamente, parte do reino das valorações morais – eles ainda são *extramorais*. Uma ação compassiva, por exemplo, na melhor época romana não é chamada nem boa nem má,

106. Alcibíades (c. 450-404 a.C): estadista e general grego; Gaio Júlio César (100-44 a.C): estadista, general e historiador romano. Frederico II viveu de 1194 a 1250 e foi imperador da Alemanha a partir de 1220.

nem moral nem imoral; e se ela é mesmo louvada, então ainda coexiste com esse louvor, da melhor maneira, uma espécie de menosprezo irritado tão logo ela seja comparada com qualquer ação que sirva à promoção do todo, da *res publica*[107]. No fim das contas, o "amor ao próximo" é sempre algo secundário, em parte convencional e arbitrário-aparente comparado com o *medo ao próximo*. Depois que a estrutura da sociedade parece estabelecida em seu todo e assegurada contra perigos exteriores, é esse medo ao próximo que volta a criar novas perspectivas de valoração moral. Certos impulsos fortes e perigosos, como a iniciativa, a audácia, a sede de vingança, a astúcia, a rapacidade, a sede de poder, que até agora não tiveram de ser apenas respeitados em um sentido de utilidade pública – sob outros nomes, como é razoável, diferentes dos recém-assinalados –, mas criados e cultivados (pois correndo perigo o todo, necessitava-se constantemente deles contra os inimigos do todo), são daí por diante sentidos em sua periculosidade com força redobrada – agora, que lhes faltam os desaguadouros – e passo a passo, como imorais, estigmatizados e entregues à calúnia. Agora são os impulsos e pendores opostos que recebem honras morais; o instinto gregário extrai, passo a passo, sua conclusão. O muito ou pouco de perigoso para a comunidade, de perigoso para a igualdade, que reside em uma opinião, em um estado e afeto, em uma vontade, em uma aptidão, esta é agora a perspectiva moral: também aqui a pusilanimidade[108] é novamente a mãe da moral. Quando os mais elevados e mais fortes impulsos, irrompendo passionalmente, impelem o indivíduo muito além e acima da média e da planície da consciência gregária, o amor-próprio da comunidade sucumbe, sua fé em si, sua espinha dorsal, por assim dizer, se quebra: logo, justamente esses impulsos serão os mais estigmatizados e caluniados. A elevada espiritualidade independente, a vontade de independência, mesmo a grande razão serão sentidas como perigo; tudo o que eleva o indivíduo acima do rebanho e provoca medo ao próximo passa daí por diante a ser chamado de *mau*; a mentalidade razoável, modesta, dócil, igualitária, a *média* dos apetites, alcança renome e honra morais. Por fim, em situações muito pacíficas, falta sempre mais a ocasião e imposição de educar seu sentimento para o rigor e a dureza; e agora todo rigor, mesmo na justiça, começa a perturbar a consciência; uma elevada e dura nobreza e responsabilidade para consigo quase ofende e desperta desconfiança, "o cordeiro", mais ainda "a ovelha", ganha em consideração. Há um ponto de mórbido amolecimento e abrandamento na história da sociedade em que ela

107. "Coisa pública", "república".

108. Na realidade, aqui o autor emprega *Furcht* (medo, temor), e não *Furchtsamkeit* (pusilanimidade). Em alemão, ambas as palavras são substantivos femininos.

própria toma partido a favor de seu lesador, o *criminoso*, e isso de modo sério e honesto. Punir: isso lhe parece de alguma maneira injusto – certo é que a ideia "punição" e "ter de punir" lhe causa dor, lhe provoca medo. "Não basta torná-lo *inofensivo*? Para que ainda punir? O próprio punir é terrível!" – com essa pergunta a moral gregária, a moral da pusilanimidade, extrai sua última consequência. Supondo que se pudesse de fato eliminar o perigo, o motivo para ter medo, então seria eliminada também essa moral: ela não seria mais necessária, ela não mais *consideraria a si mesma* necessária! – Quem examina a consciência do europeu atual, sempre terá de extrair de milhares de dobras e esconderijos morais o mesmo imperativo, o imperativo da pusilanimidade gregária: "Nós queremos que algum dia *não haja mais nada a temer*!" Algum dia – a vontade e o caminho *rumo a ele* chamam-se hoje, por toda parte na Europa, "progresso".

202

Digamos imediatamente mais uma vez o que já dissemos cem vezes: pois para tais verdades – para *nossas* verdades – os ouvidos hoje não são receptivos. Já sabemos o bastante o quanto soa ofensivo quando alguém de fato conta o homem cruamente e sem alegoria entre os animais; mas nos será atribuído quase como uma *culpa* que justamente em relação aos homens das "ideias modernas" empreguemos constantemente as expressões "rebanho", "instintos de rebanho" e que tais. De que adianta! Não podemos agir de outro modo: pois justamente nisso reside nossa nova compreensão. Nós descobrimos que em todos os juízos morais capitais a Europa se tornou unânime, também incluídos os países em que a influência europeia é dominante: *sabe-se* evidentemente na Europa o que Sócrates não julgava saber, e que aquela velha célebre serpente um dia prometeu ensinar – "sabe-se" hoje o que são o bem e o mal. Por isso deve soar duro e ser desagradável aos ouvidos quando insistimos sempre do início: o que aqui acredita saber, o que aqui se glorifica com seu louvor e censura, que aprova a si mesmo, é o instinto do animal de rebanho homem: que obteve êxito, preponderância, predomínio sobre outros instintos, e obtém cada vez mais conforme a crescente aproximação e assemelhação fisiológica cujo sintoma ele é. *Moral é hoje, na Europa, moral de animais de rebanho* – portanto, tal como nós compreendemos as coisas, apenas uma espécie de moral humana, ao lado da qual, antes da qual, depois da qual, muitas outras morais, sobretudo *mais elevadas*, são possíveis ou deveriam sê-lo. Mas contra semelhante "possibilidade", contra semelhante "deveriam", essa moral se defende com todas as forças: ela diz obstinada e implacavelmente "eu sou a própria moral, e nada mais é moral!" – chegou-se até, com o auxílio de uma religião que lisonjeou e fez as vontades dos mais sublimes apetites do animal de rebanho, ao ponto de mesmo nas instituições políticas e sociais encontrarmos uma expressão sempre mais evidente dessa moral: o movimento *democrático* constitui a herança do movimento cristão. Mas que o seu ritmo ainda é por demais vagaroso e modorrento para os mais impacientes, para os doentes e enfermos do mencionado instinto, indicam-no os uivos cada vez mais raivosos, os arreganhos cada vez mais indisfarçáveis dos cães anarquistas que agora vagueiam pelos becos da cultura europeia: aparentemente em oposição aos pacífico-laboriosos democratas e ideólogos da Revolução, mais ainda aos filosofastros palermas e aos fanáticos da fraternidade que se denominam socialistas e querem a "sociedade livre", mas na verdade unânimes com todos eles na radical e instintiva hostilidade contra qualquer outra forma de sociedade que não a do rebanho *autônomo* (chegando à própria recusa dos conceitos "senhor" e "servo" – *ni dieu ni maître*[109] reza uma fórmula socialista –); unânimes na tenaz resistência contra todo direito especial, todo privilégio e prerrogativa[110] (o que significa, bem no fundo, contra *todo* direito: pois então, quando todos são iguais, ninguém mais precisa de "direitos" –); unânimes na desconfiança contra a justiça punidora (como se ela fosse uma violação feita ao mais fraco, uma injustiça à consequência *necessária* de toda a sociedade antiga –); mas igualmente unânimes na religião da compaixão, na simpatia[111], bastando que algo sinta, viva, sofra (descendo até o animal, subindo até "Deus" – a libertinagem de uma "compaixão para com Deus" pertence a uma época democrática –); unânimes todos eles no clamor e na impaciência da compaixão, no ódio mortal contra o sofrimento em geral, na quase feminina incapacidade de poder permanecer espectador diante dele, poder *deixar* sofrer; unânimes no involuntário obscurecimento e abrandamento sob cujo feitiço a Europa parece ameaçada por um novo budismo; unânimes na crença na moral da compaixão *recíproca*, como se ela fosse a moral em si, o ápice, o *alcançado* ápice do homem, a única esperança do futuro, o consolo dos contemporâneos, a grande remissão de toda a culpa de outrora – unânimes todos eles na crença na comunidade como sendo a *redentora*, no rebanho portanto, em "si mesmos".....

---

109. Cf. *Primeira parte*, § 22.

110. Em alemão, "privilégio" e "prerrogativa" são *Sonderrecht* e *Vorrecht*, o que permite o jogo com *Recht* ("direito"). "Direito especial" foi como traduzimos *Sonder-Anspruch*, sendo que *Anspruch* também pode significar "título", ou ainda "pretensão" ou "reivindicação".

111. "Da compaixão, na simpatia": *des Mitleidens, im Mitgefühl*. Este último termo também admite a tradução por "compaixão".

203

Nós, que somos de uma outra crença – nós, que consideramos o movimento democrático não meramente como uma forma de decadência da organização política, mas como forma de decadência do homem, mais precisamente, de amesquinhamento do homem, como sua mediocrização e degradação de valor: para onde devemos *nós* voltar as nossas esperanças? – Para *novos filósofos*, não resta qualquer alternativa; para espíritos fortes e originais o bastante para dar impulso a valorações contrárias e transvalorar, inverter "valores eternos"; para precursores, para homens do futuro que atem no presente o nó e a coação que compelem a vontade de milênios a seguir *novos* rumos. Ensinar ao homem o futuro do homem como *vontade* sua, como dependente de uma vontade humana, e preparar grandes ousadias e tentativas globais de disciplina e cultivo, para com isso dar um basta a esse horripilante domínio do absurdo e do acaso que até agora se chamou "história" – o absurdo do "maior número" é somente sua última forma –: para isso será preciso algum dia uma nova espécie de filósofos e comandantes, diante de cuja imagem tudo o que já houve sobre a Terra de espíritos ocultos, terríveis e benevolentes pareça pálido e ananicado. É a imagem de tais líderes que paira diante de *nossos* olhos – posso dizê-lo em alta voz, espíritos livres? As circunstâncias que em parte se deveriam criar, em parte aproveitar para o seu surgimento; as presumíveis vias e provas, graças às quais uma alma crescesse a uma altura e força tais a ponto de sentir a *coação* a essas tarefas; uma transvaloração dos valores, sob cuja nova pressão e martelo uma consciência fosse transformada em aço, um coração em bronze[112] para que suportasse o peso de semelhante responsabilidade; por outro lado, a necessidade de tais líderes, o pavoroso perigo de que eles pudessem faltar ou malograr e degenerar – essas são *nossas* verdadeiras preocupações e angústias, vós o sabeis, espíritos livres? Esses são os graves, longínquos pensamentos e tormentas que atravessam o céu de *nossa* vida. Poucas dores há tão fortes quanto a de alguma vez ter visto, adivinhado, sentido[113] como um homem extraordinário perde o seu rumo e degenera: mas quem possui a rara visão para o perigo global de que o próprio "homem" *degenere*, quem, como nós, reconheceu a ingente casualidade que até agora jogou seu jogo com respeito ao futuro do homem – um jogo em que nenhuma mão e nem sequer um "dedo de Deus" tomou parte! –, quem adivinha a fatalidade que se encontra escondida na estúpida ingenuidade e credulidade das "ideias modernas", e mais ainda em toda a moral cristã-

112. No texto alemão, há um jogo entre *Herz* (coração) e *Erz* (bronze).

113. Na verdade, o verbo aqui não é *fühlen* (sentir), mas *mitfühlen*, cognato de *Mitgefühl* (compaixão).

-europeia: esse padece de uma angústia com a qual não há outra comparável – ele compreende num só olhar tudo o que, com uma favorável acumulação e aumento de forças e tarefas, ainda poderia *ser cultivado a partir do homem*, ele sabe com toda a ciência de sua consciência como o homem ainda não está esgotado para as maiores possibilidades e com que frequência o tipo homem já se encontrou diante de misteriosas decisões e novos caminhos: – ele sabe ainda melhor, a partir de sua mais dolorosa lembrança, contra que coisas deploráveis um ser em formação de categoria superior habitualmente até agora se despedaçou, se partiu, afundou, tornou-se deplorável. A *degeneração total do homem* naquilo que hoje parece aos palermas e cabeças-ocas socialistas como o seu "homem do futuro" – como o seu ideal! –, essa degeneração e amesquinhamento do homem em perfeito animal de rebanho (ou, como dizem eles, em homem da "sociedade livre"), essa animalização do homem em animal-anão dos direitos e exigências iguais é *possível*, não resta qualquer dúvida! Quem alguma vez pensou essa possibilidade até o fim, conhece um asco a mais que os demais homens – e talvez também uma nova *tarefa*!....

SEXTA PARTE

NÓS, OS DOUTOS

204

Com o risco de que o moralizar se revele também aqui o que sempre foi – ou seja, um intrépido *montrer ses plaies*,[114] conforme Balzac –, ousarei me opor a uma indevida e perniciosa mudança hierárquica que hoje, inteiramente despercebida e como que com a consciência mais tranquila, ameaça se produzir entre a ciência e a filosofia. Sou da opinião de que fundados em nossa *experiência* – experiência significa, parece-me, sempre experiência ruim? – devemos ter um direito a intervir nessa elevada questão de hierarquia: para não fazer como os cegos que falam das cores ou as mulheres e artistas que falam *contra* a ciência ("ah, essa terrível ciência!", suspiram seu instinto e seu pudor, "ela sempre descobre o que há *por detrás*!" –). A declaração de independência do homem de ciência, sua emancipação da filosofia, constitui uma das mais sutis consequências da ordem e da desordem democráticas: a autoglorificação e a presunção do douto se encontram hoje por toda parte em pleno florescimento e na sua melhor primavera – com o que não se quer dizer que nesse caso o autoelogio tenha um odor agradável[115]. "Livre de todos os senhores!" – assim quer também aqui o instinto plebeu; e depois que a ciência se afastou com o mais afortunado êxito da teologia, da qual foi "serva" por longo tempo, agora ela pretende com toda a petulância e insensatez ditar leis à filosofia e, de sua parte, fazer por uma vez o papel de "senhor" – que estou dizendo! –, de *filósofo*. Minha memória – a memória de um homem de ciência, com licença! – transborda de ingenuidades, oriundas da altivez, que ouvi da parte de jovens naturalistas e velhos médicos acerca da filosofia e dos filósofos (para não falar dos mais cultos e mais presunçosos[116] de todos os doutos, os filólogos e pedagogos, que são ambas as coisas por

114. "Mostrar suas chagas."

115. Alusão ao provérbio *Eigenlob stinkt*, "o autoelogio fede".

116. Em alemão: *gebildetsten und eingebildetsten.*

ofício –). Num momento era o especialista, parado no seu canto,[117] que se colocava instintivamente na defensiva contra todas as tarefas e capacidades sintéticas; noutro, o trabalhador diligente que percebera um odor de *otium* e nobre opulência na economia da alma do filósofo e que se sentia prejudicado e diminuído com isso. Num momento era esse daltonismo do homem utilitário que nada vê na filosofia a não ser uma série de sistemas *refutados* e um gasto dispendioso que a ninguém "beneficia". Noutro, surgia o temor diante do misticismo disfarçado e da retificação dos limites do conhecimento; noutro ainda, o desdém por filósofos isolados que involuntariamente se generalizara em desdém pela filosofia. Com mais frequência, por fim, encontrei em jovens doutos, por detrás do altivo menosprezo pela filosofia, o efeito deletério de um filósofo mesmo, ao qual decerto se recusara a obediência no todo, sem contudo abandonar o círculo de suas valorações depreciativas de outros filósofos – com o resultado de uma indisposição geral contra toda a filosofia. (De tal sorte me parece ser, por exemplo, a repercussão de Schopenhauer sobre a Alemanha mais recente: – com a sua desinteligente sanha contra Hegel, ele conseguiu arrancar a última geração inteira de alemães da sua relação com a cultura alemã, cultura que, bem pesadas todas as coisas, foi um ápice e uma sutileza divinatória do *sentido histórico*: mas precisamente nesse ponto o próprio Schopenhauer era pobre, insensível e não alemão até a genialidade.) Considerando de um modo geral, pode ter sido sobretudo o elemento humano, demasiado humano, numa palavra, a própria pobreza dos novos filósofos, o que mais fundamentalmente prejudicou o respeito pela filosofia e abriu os portões aos instintos plebeus. Que se admita até que grau nosso mundo moderno carece de toda espécie de Heráclitos, Platões, Empédocles ou como quer que se tenham chamado todos esses régios e esplêndidos ermitões do espírito; e com que boas razões, em face desses representantes da filosofia que hoje, graças à moda, estão tanto por cima quanto por baixo – na Alemanha, por exemplo, os dois leões de Berlim, o anarquista Eugen Dühring e o amalgamista Eduard von Hartmann[118] –, é *permitido* a um honrado homem de ciência sentir-se como sendo de melhor espécie e proveniência. Em especial,

117. Em alemão, *Spezialist und Eckensteher*. Quer traduzindo-se *Eckensteher* ("alguém que fica parado em uma esquina, um canto") pelo seu sentido próprio (moço de fretes, carregador), quer pelo sentido figurado (desocupado, vadio, quebra-esquinas), a brincadeira de Nietzsche com a palavra acaba perdida; daí a perífrase. Pouco depois, *otium*: "ócio".

118. Dühring, que Nietzsche já alcunhara de "filosofastro da realidade" (§ 10), é chamado de anarquista por julgar que a origem da justiça se encontra no ressentimento e na vingança, uma interpretação característica, para Nietzsche, do anarquismo; Hartmann (1842-1906), autor, entre outras obras, de *A filosofia do inconsciente* (1869) e *Neokantismo, schopenhaurianismo e hegelianismo* (1877), pretendeu ter efetuado uma síntese entre Hegel e Schopenhauer.

é o aspecto desses filósofos da misturada que se denominam "filósofos da realidade" ou "positivistas" que pode lançar uma perigosa desconfiança na alma de um douto jovem e ambicioso: no melhor dos casos, eles próprios são doutos e especialistas, isso é algo que salta aos olhos! – são todos eles homens subjugados, *reconduzidos* à dominação da ciência, que um dia quiseram *mais* de si mesmos sem ter um direito a esse "mais" e a sua responsabilidade – e que agora, honestos, rancorosos, vingativos, representam com palavras e atos a *descrença* na tarefa senhoril e na senhorilidade da filosofia. Por fim: como poderia ser diferente! Hoje a ciência floresce e tem a boa consciência bem estampada no rosto, enquanto aquilo a que toda a nova filosofia gradativamente se reduziu, esse resto de filosofia de hoje, desperta contra si desconfiança e desgosto, quando não zombaria e compaixão. A filosofia reduzida à "teoria do conhecimento", realmente não mais do que uma acanhada epoquística[119] e doutrina da abstenção: uma filosofia que absolutamente não atravessa a soleira e que se *recusa* escrupulosamente o direito de entrada – isso é filosofia nas últimas, um fim, uma agonia, algo que desperta compaixão. Como poderia uma filosofia dessas – *dominar!*

205

Os perigos para o desenvolvimento do filósofo são hoje na verdade tão variados que é de duvidar que esse fruto ainda possa mesmo amadurecer. A extensão e a edificação da torre das ciências cresceu tremendamente, e com isso também a probabilidade de que o filósofo se canse já quando aprendiz ou que se deixe prender e "especializar" em qualquer coisa: de tal modo que ele absolutamente não atinja mais a sua altura, ou seja, a vista de cima, ao seu redor, *abaixo de si*. Ou a alcança muito tarde, quando a sua melhor época e força já se foram; ou quando machucado, embrutecido, degenerado, de tal modo que seu olhar, seu juízo geral de valor já pouco signifique. Precisamente a sutileza de sua consciência intelectual talvez o faça hesitar e se demorar no meio do caminho; ele teme a sedução de se tornar um diletante, uma centopeia e centicórneo,[120] ele sabe muito bem que alguém que perdeu o respeito

119. No texto alemão, *Epochistik*, palavra forjada por Nietzsche a partir do grego *epokhé*, a "suspensão do juízo" dos antigos céticos, entendida como um estado de repouso mental em que não se fazem afirmações nem negações, e que levaria à imperturbabilidade (*ataraksía*).

120. No original, *Tausendfuss und Tausend-Fühlhorn*, literalmente, "centopeia e (animal) com mil antenas". Numa interpretação possível: com a sua sensibilidade dispersa em muitos assuntos. Logo adiante, "pega-ratos" traduz *Rattenfänger*, alusão à lenda medieval do flautista de Hamelin (*Der Rattenfänger von Hameln*), o qual, após livrar a cidade dos ratos, também conduziu (seduziu...) para fora, com o tocar de sua flauta, todas as crianças.

por si mesmo também na condição de cognoscente não mais ordena, não mais *dirige*: a não ser que ele quisesse se tornar um grande comediante, um Cagliostro e pega-ratos filosófico dos espíritos, em suma, um sedutor. Essa é, afinal, uma questão de gosto: se não fosse mesmo uma questão de consciência. Acrescenta-se a isso, para ainda duplicar a dificuldade do filósofo, que ele não exige de si um juízo, um sim ou não, acerca das ciências, mas acerca da vida e do valor da vida – que é de má vontade que aprende a acreditar que possui um direito ou até um dever a esse juízo, e que é apenas a partir das mais vastas vivências – talvez mais perturbadoras, mais destruidoras –, e com frequência hesitando, duvidando, emudecendo, que deve procurar seu caminho a esse direito e a essa crença. Na realidade, a multidão não compreendeu e confundiu o filósofo por muito tempo, seja com o homem de ciência e douto ideal, seja com o religioso-sublime, dessensualizado, "desmundanizado" fanático e borracho de Deus; e se hoje ouvimos alguém louvar que ele vive "sabiamente" ou "tal qual um filósofo", isso quase não significa mais do que "prudente e apartado". Sabedoria: isso parece à plebe uma espécie de fuga, um meio e um artifício de se sair bem de um jogo ruim; mas o autêntico filósofo – não parece assim a *nós*, meus amigos? – vive de modo "afilosófico" e "não sábio", sobretudo *imprudentemente*, e sente o fardo e o dever de cem tentativas e tentações[121] da vida: – ele arrisca a *si mesmo* constantemente, ele joga *o* jogo ruim.....

206

Comparado a um gênio, ou seja, a uma criatura que ou *gera* ou *pare*, ambas as palavras tomadas em sua mais elevada amplitude, o douto, o homem de ciência mediano, sempre tem algo da solteirona: pois, igual a ela, nada entende das duas mais valiosas funções humanas. De fato, concede-se a ambos, o douto e a solteirona, como que numa compensação, a respeitabilidade – sublinha-se nesses casos a respeitabilidade –, com o equivalente acréscimo de contrariedade por se ver forçado a essa concessão. Olhemos com mais atenção: o que é o homem de ciência? Em primeiro lugar, uma espécie de homem sem nobreza, com as virtudes de uma espécie de homem sem nobreza, ou seja, que não domina, não tem autoridade e que também não é autossuficiente: ele possui laboriosidade, paciência para ficar em seu lugar na fila, proporção e medida nas capacidades e carências, ele possui o

121. Em alemão, *Versuchen und Versuchungen*. Jogos que se perderam na tradução: *zögern und sich verzögern* (hesitar e demorar-se), *störendsten, zerstörendsten* (mais perturbadoras, mais destruidoras).

instinto para distinguir os seus iguais e para aquilo de que os seus iguais precisam, por exemplo, aquele tanto de independência e pasto verde sem o qual não há sossego no trabalho, aquela aspiração por honra e reconhecimento (que pressupõe, antes e acima de tudo, ser reconhecido, reconhecível[122] –), aquela luz solar do bom-nome, aquela constante afirmação de seu valor e de sua utilidade, com a qual a íntima *desconfiança*, que é o fundamento do coração de todos os homens e animais de rebanho dependentes, precisa ser repetidamente superada. O douto possui, como é justo, também as doenças e maus hábitos de uma espécie sem nobreza: ele é rico de inveja mesquinha e possui um olho de lince para o que há de baixo nas naturezas a cujas alturas não pode chegar. Ele é confiante, mas apenas como alguém que se deixa levar, não *fluir como uma corrente*; e precisamente diante do homem de grande correnteza ele permanece mais frio e mais reservado – seu olho é então como um lago calmo e relutante, no qual não ondula mais nenhum encanto, nenhuma simpatia. O pior e o mais perigoso de que um douto é capaz provém do instinto da mediocridade de sua espécie: daquele jesuitismo da mediocridade que trabalha instintivamente na aniquilação do homem invulgar e que procura quebrar todo arco tensionado ou – de preferência! – afrouxá-lo. Afrouxar com consideração, com mão cuidadosa naturalmente – *afrouxar* com confiável compaixão: eis a verdadeira arte do jesuitismo, que sempre soube se apresentar como religião da compaixão. –

207

Por mais grato que se possa ser ao espírito *objetivo* – e quem é que alguma vez já não teria ficado saciado até a morte de tudo que é subjetivo e de sua maldita ipsissimosidade?[123] –, por fim também é preciso aprender a ter cautela para com sua gratidão e pôr um termo ao exagero com que ultimamente a autorrenúncia e a despersonalização do espírito são celebradas como se fossem um fim em si, como redenção e transfiguração: o que costuma ocorrer particularmente na escola dos pessimistas, que possui de fato

122. Reconhecimento (...) ser reconhecido, reconhecível: precioso jogo entre *Anerkennung* (reconhecimento, no sentido de honras, elogios), *Erkennung* (reconhecimento, no sentido de que se reconhece um rosto, um lugar) e *Erkennbarkeit* ("reconhecibilidade", facilidade de ser distinguido, percebido), quase perdido na tradução.

123. *Ipsissimosität* é palavra inventada por Nietzsche a partir de *ipsissìmus* ("mesmíssimo"), superlativo do pronome demonstrativo latino *ipse*, "(o) mesmo". Traduzindo-se integralmente o hibridismo teríamos, portanto, "mesmissimidade". "Autorrenúncia", logo adiante, traduz apenas razoavelmente outra criação de Nietzsche, *Entselbstung*, algo como "privação de si mesmo", ou, se a palavra não soasse tão horrivelmente, "dessimesmação".

boas razões para prestar de sua parte as mais elevadas honras ao "conhecimento desinteressado". O homem objetivo, que não mais amaldiçoa e pragueja como o faz o pessimista, o douto *ideal*, no qual o instinto científico, após milhares de fracassos completos e parciais, chega por uma vez a iniciar e terminar seu florescimento, é seguramente um dos mais preciosos instrumentos que existem: mas o seu lugar é na mão de alguém mais poderoso. Ele é apenas um instrumento, afirmamos: ele é um *espelho* – ele não é nenhum "fim em si mesmo". O homem objetivo é de fato um espelho: habituado à sujeição diante de tudo que quer ser conhecido, sem outro prazer que não o dado pelo conhecer, pelo "espelhar" – ele aguarda até que algo venha e então se estende suavemente, de modo que nem mesmo as leves pegadas e o deslizar de seres fantasmagóricos se percam de sua pele e superfície. O que nele ainda resta de "pessoa" lhe parece casual, frequentemente arbitrário, mais frequentemente ainda incômodo: de tal modo ele se tornou passagem e reflexo de figuras e acontecimentos alheios. Ele se dá conta de "si" com esforço, não raro de maneira errada; ele se confunde facilmente com outros, equivoca-se quanto às próprias necessidades e somente nisso é grosseiro e negligente. Talvez o atormente a saúde ou a mesquinhez e a atmosfera de cubículo de mulher e amigo, ou a falta de companheiros e de companhia – sim, ele se obriga a refletir sobre seu tormento: em vão! Já se dispersa seu pensamento em um caso *mais geral*, e amanhã ele sabe tão pouco quanto sabia ontem sobre o modo de ser ajudado. Ele perdeu a seriedade para consigo, também o tempo: ele é sereno, *não* por falta de misérias, mas por falta de dedos e manuseios para as *suas* misérias. A habitual boa vontade para com toda coisa e vivência, a solar e franca hospitalidade com que ele recebe tudo que nele topa, sua espécie de desconsiderada benevolência, de perigosa despreocupação com sins e nãos: ah, existem casos bastantes em que ele precisa expiar essas suas virtudes! – e na condição de homem ele se torna demasiado facilmente o *caput mortuum*[124] dessas virtudes. Caso se queira dele amor e ódio, refiro-me a amor e ódio conforme deus, mulher e animal o entendem –: ele fará o que puder, e dará o que puder. Mas não deverá causar espanto se não for muito – se precisamente aí ele se mostrar inautêntico, frágil, duvidoso e débil. Seu amor é propositado, seu ódio artificial e mais *un tour de force*,[125] uma pequena vaidade e exagero. Ele apenas é autêntico na medida em que lhe é permitido ser objetivo: somente em seu sereno totalismo ele ainda é "natureza" e "natural". Sua alma reflexiva e eternamente a polir-se não sabe mais afirmar, não mais negar; ele não

124. "Cabeça morta." Nome dado outrora pelos alquimistas ao resíduo de uma destilação, representado por uma caveira estilizada.

125. "Um enorme esforço."

ordena; ele também não destrói. "*Je ne méprise presque rien*"[126] – diz ele com Leibniz: que não se deixe de ouvir e não se subestime o *presque*! Ele também não é um homem exemplar; ele não vai adiante de ninguém, nem após; ele se coloca afastado demais para que tivesse motivo de tomar partido entre o bem e o mal. Se por longo tempo ele foi confundido com o *filósofo*, com o cesáreo cultivador e homem brutal da cultura: então lhe foram dadas honras por demais elevadas e não se viu nele o mais essencial – ele é um instrumento, um exemplar de escravo, ainda que certamente a mais sublime espécie de escravo, nada porém em si mesmo – *presque rien*! O homem objetivo é um instrumento, um precioso, facilmente danificável e embaçável instrumento de medição e obra de arte de espelho, que se deve tratar com cuidado e honrar; mas ele não é qualquer fim, qualquer desfecho e ascensão, qualquer homem complementar no qual a existência *restante* se justifica, qualquer fecho – e muito menos um começo, uma concepção e causa primeira, nada rude, poderoso, posto sobre seus pés, que quer ser senhor: antes apenas um delicado, vazio, fino, mole recipiente de formas, que primeiro precisa esperar por algum conteúdo e substância para "tomar forma" de acordo com ele – comumente um homem sem substância e conteúdo, um homem "sem si"[127]. Por conseguinte, também nada para mulheres, *in parenthesi*. –

208

Se hoje um filósofo dá a entender que não é um cético – espero que se tenha percebido isso na descrição do espírito objetivo que acabo de fazer –, todo mundo escuta isso com desagrado; passa-se a olhá-lo com algum temor, há tanta coisa que se gostaria de perguntar, perguntar... sim, entre ouvintes medrosos, como agora existem aos montes, ele passa a partir de então a ser chamado de perigoso. Na recusa do filósofo ao ceticismo é como se ouvissem à distância algum estrondo terrível e ameaçador, como se em algum lugar fosse testado um novo explosivo, uma dinamite do espírito, talvez uma recém-descoberta niilina russa, um pessimismo *bonae voluntatis*[128] que não apenas diz não, quer não, mas – coisa terrível de imaginar! – *faz* não. Contra essa espécie de "boa vontade" – uma vontade efetiva, chegando às vias de fato, de negação da vida – não há hoje reconhecidamente melhor sonífero

---

126. "Eu não desprezo quase nada."

127. Tradução literal do adjetivo *selbstlos*, "desinteressado", "altruísta", "abnegado". Jogos de palavras perdidos nesta seção: *Auf-und Ausblühen* (iniciar e terminar seu florescimento), *Ausgang und Aufgang* (desfecho e ascensão), *Inhalt und Gehalt* (conteúdo e substância).

128. "De boa vontade." Mais adiante, *l'art pour l'art*: "a arte pela arte".

e calmante do que o ceticismo, a suave, delicada, embaladora papoula do ceticismo; e mesmo Hamlet é agora receitado pelos médicos da época contra o "espírito" e seu rumorejar sob o chão. "Já não temos os ouvidos cheios de terríveis estrondos?", pergunta o cético na condição de um amigo do sossego e quase na de uma espécie de polícia de segurança pública: "Este subterrâneo 'não' é terrível! Silenciai de uma vez, toupeiras pessimistas!" Pois o cético, essa criatura delicada, assusta-se com demasiada facilidade; sua consciência é treinada, diante de todo *não*, até diante de um decidido e duro *sim*, a estremecer e perceber algo como uma mordida. Sim! e não! – para ele, isso vai contra a moral; inversamente, ele prefere festejar sua virtude com a nobre abstenção, talvez ao dizer com Montaigne: "Que sei eu?" Ou com Sócrates: "Sei que nada sei". Ou: "aqui eu não me atrevo, aqui não há porta aberta para mim". Ou: "Supondo que ela estivesse aberta, por que entrar logo?" Ou: "De que servem todas as hipóteses precipitadas? Não levantar quaisquer hipóteses poderia facilmente ser próprio do bom gosto. Tendes pois, absolutamente, de logo endireitar algo torto? De preencher todo buraco com qualquer estopa? Não há tempo para isso? O tempo não tem tempo? Ó, criaturas audaciosas, não podeis absolutamente *esperar*? O incerto também possui seus encantos, também a Esfinge é uma Circe, também Circe era uma filósofa." – Assim consola-se um cético; e é verdade que ele precisa de algum consolo. Pois o ceticismo é a mais espiritual expressão de certa complexa constituição fisiológica que em linguagem vulgar se chama fraqueza nervosa e achaque; ele surge toda vez em que se cruzam de modo decisivo e súbito raças ou classes por longo tempo separadas umas das outras. Na nova geração que, por assim dizer, recebe de herança em seu sangue distintas medidas e valores, tudo é inquietação, perturbação, dúvida, experimento; as melhores forças atuam inibindo, as próprias virtudes se impedem mutuamente de crescer e se fortalecer, no corpo e na alma falta equilíbrio, gravidade, segurança perpendicular. Mas o que mais profundamente adoece e degenera nesses mestiços é a *vontade*: eles absolutamente não conhecem mais a independência da decisão, a corajosa sensação de prazer no querer – eles duvidam do "livre-arbítrio" mesmo em seus sonhos. Nossa Europa de hoje, o cenário de um experimento absurdamente súbito de radical mistura de classes e, *por conseguinte*, de raças, é por isso cética em todas as alturas e profundidades, ora com esse ágil ceticismo que pula impaciente e cobiçoso de um galho a outro, ora sombria como uma nuvem carregada com pontos de interrogação – e com frequência saciada de sua vontade até a morte! Paralisia da vontade: há algum lugar em que hoje não se encontre sentado esse aleijão? E, ainda com frequência, quão enfeitado! Quão sedutoramente enfeitado! Há os mais belos trajes de gala e mentira para essa doença; e que, por exemplo, a maior parte daquilo que hoje se expõe nas vitrines como "objetividade", "cientificidade", "*l'art pour l'art*", "conhecimento puro e liberto da vontade" é apenas ceticismo enfeitado e paralisia da vontade – por esse diagnóstico da doença europeia eu quero responder. – A doença da vontade está alastrada de modo desigual na Europa: ela se mostra mais forte e mais variada lá onde a cultura já está há muito tempo aclimatada, ela desaparece na medida em que "o bárbaro" ainda – ou novamente – faz valer o seu direito sob as vestes desleixadas da formação[129] ocidental. Assim, na França atual, como se pode facilmente deduzir quanto ver com os próprios olhos, a vontade está enferma da maneira mais grave; e a França, que sempre possuiu uma habilidade magistral para converter inclusive as funestas reviravoltas de seu espírito em algo encantador e sedutor, mostra hoje verdadeiramente sua preponderância cultural na Europa como escola e exibição de todos os encantos do ceticismo. A energia de querer e, para ser mais preciso, de querer uma vontade por longo tempo, já é um tanto mais forte na Alemanha, e no norte alemão, por sua vez, mais forte do que na Alemanha central; consideravelmente mais forte na Inglaterra, na Espanha e na Córsega, lá vinculada à fleuma, aqui a cabeças duras – para não falar da Itália, que é muito jovem para que já soubesse o que quer, e que primeiro precisa provar se é capaz de querer –, mas é fortíssima e das mais espantosas nesse imenso império intermediário em que a Europa, por assim dizer, reflui para a Ásia, na Rússia. Ali a energia de querer está há tempos reservada e acumulada, ali a vontade aguarda ameaçadoramente – incerta quanto a ser vontade de negação ou de afirmação – para ser desencadeada, tomando de empréstimo aos físicos atuais sua palavra predileta. Não seriam necessárias apenas guerras na Índia e complicações na Ásia para aliviar a Europa de seu maior perigo, mas revoltas internas, a explosão do império em pequenas partes e sobretudo a introdução da estupidez parlamentar, somada à obrigatoriedade de cada um ler seu jornal no café da manhã. Não digo isso na condição de alguém que o deseje: o contrário é que seria mais do meu agrado – falo de um tal aumento do caráter ameaçador da Rússia que a Europa tivesse de se decidir a ser ameaçadora na mesma medida, ou seja, *adquirir uma só vontade* pelo recurso a uma nova casta dominante sobre a Europa, uma prolongada e terrível vontade própria que pudesse colocar-se alvos para daqui a milênios – para que enfim a arrastada comédia de sua divisão em pequenos

129. Aqui o termo alemão é *Bildung* ("formação", "educação", mas também "cultura"); pouco antes, "cultura" traduz *Cultur*.

Estados, e igualmente a de suas múltiplas vontades,[130] tanto dinásticas quanto democráticas, tenha um termo. A época da pequena política passou: já o próximo século traz a luta pelo domínio da Terra – a *coação* à grande política.

209

Até que ponto a nova época guerreira que nós, europeus, manifestamente adentramos, talvez também possa ser propícia ao desenvolvimento de uma outra e mais forte espécie de ceticismo, acerca disso eu gostaria de me exprimir por enquanto somente através de uma alegoria, que os amigos da história alemã logo entenderão. Aquele inofensivo entusiasta de granadeiros bonitos e bem crescidos que, na condição de rei da Prússia, deu existência a um gênio militar e cético – e com isso, no fundo, a esse novo tipo de alemão que acaba de ascender vitoriosamente –, o pai problemático e doido de Frederico, o Grande, possuía em um ponto até mesmo a destreza e a garra feliz do gênio: ele sabia o que faltava naquela época à Alemanha, e que carência era mais aflitiva e mais urgente do que, por exemplo, a carência de formação e de trato social – sua relutância para com o jovem Frederico provinha do temor de um instinto profundo. *Faltavam homens*; e ele suspeitava, para seu mais amargo desgosto, que seu próprio filho não fosse homem o bastante. Enganou-se nisso: mas quem em seu lugar não teria se enganado? Ele via seu filho à mercê do ateísmo, do *esprit*,[131] da leviandade folgazã de franceses espirituosos – ele via ao fundo a grande sanguessuga, a aranha do ceticismo, ele suspeitava a desgraça incurável de um coração que não é mais duro o bastante, quer para o mal quer para o bem, uma vontade alquebrada, que não mais ordena, que não *pode* mais ordenar. Mas nesse meio-tempo cresceu em seu filho essa nova espécie de ceticismo mais perigosa e mais dura – *quão* favorecida, quem sabe, justamente pelo ódio do pai e pela gélida melancolia de uma vontade tornada solitária? –, o ceticismo da virilidade temerária, que é aparentado de perto ao gênio da guerra e da conquista e que na figura do grande Frederico fez sua primeira entrada na Alemanha. Esse ceticismo despreza e apesar disso é apoderador; ele mina e toma em seu poder; ele é descrente, mas não se perde por isso; ele dá perigosa liberdade ao espírito, mas conserva o coração austero; é a forma *alemã* do ceticismo que, como um fredericianismo contínuo e elevado ao âmbito mais espiritual, colocou a Europa por

130. "Divisão em pequenos Estados" e "múltiplas vontades" foi nossa tradução para *Kleinstaaterei* e *Vielwollerei* (este último termo é invenção do autor). Como tantos outros vocábulos do idioma alemão terminados em *-erei*, estes também possuem um acento nitidamente pejorativo.

131. "Espírito."

um bom tempo sob o jugo do espírito alemão e de sua desconfiança crítica e histórica. Graças ao caráter viril indomavelmente forte e tenaz dos grandes filólogos e críticos da história alemães (os quais, vistos com atenção, também eram todos artistas da destruição e da desagregação), fixou-se gradativamente, e apesar de todo romantismo na música e na filosofia, um *novo* conceito de espírito alemão, no qual o traço do ceticismo viril se destacava de modo decisivo: por exemplo, como intrepidez do olhar, como valentia e dureza da mão desagregadora, como vontade tenaz de fazer perigosas viagens de descobrimento e espiritualizadas expedições ao polo Norte sob céus desertos e perigosos. Deve haver boas razões para que homens humanitários, superficiais e de sangue quente persignem-se justamente diante desse espírito: *cet esprit fataliste, ironique, méphistophélique* denomina-o Michelet,[132] não sem calafrios. Mas caso se queira compreender quão marcante é esse medo frente ao "homem" no espírito alemão, espírito que despertou a Europa de seu "sono dogmático", que se recorde o conceito antigo que com ele teve de ser superado – e como ainda não faz muito tempo que uma mulher masculinizada pôde ousar com desenfreada arrogância recomendar os alemães à simpatia da Europa como sendo palermas afáveis, bonachões, fracos de vontade e poéticos. Que se entenda afinal com a suficiente profundidade o espanto de Napoleão ao encontrar Goethe: esse espanto revela o que por séculos se entendeu por "espírito alemão". "*Voilà un homme!*"[133] – o que queria dizer: "Eis um *homem*! E eu tinha esperado apenas um alemão!" –

210

Supondo assim que no retrato dos filósofos do futuro algum traço revele a possibilidade de que eles talvez tenham de ser céticos no sentido recém-aludido, com isso, no entanto, apenas estaria indicado um certo aspecto deles – e *não* eles próprios. Com idêntico direito lhes seria permitido denominarem-se críticos; e certamente serão homens do experimento. Através do nome com o qual ousei batizá-los, já sublinhei expressamente a experimentação e o gosto pela experimentação: ocorre isso porque eles,

132. Jules Michelet (1798-1874): historiador francês. A expressão "sono dogmático", empregada logo adiante, é tomada de Kant, que assim designa o estado em que se encontrava antes de entrar em contato com a obra de Hume, que o teria despertado. A "mulher masculinizada" referida pouco depois – esclarece-nos o tradutor espanhol A.S. Pascual – é Madame de Staël (1766-1817), que, com sua obra *De l'Allemagne*, "creó en Francia la imagen de una Alemania habitada por pensadores ajenos al mundo y por poetas soñadores".

133. Ao encontrar-se com Goethe, Napoleão teria dito na verdade *Vous êtes un homme*, "És um homem".

críticos de corpo e alma, gostam de servir-se do experimento em um novo sentido, talvez mais amplo, talvez mais perigoso? Deverão eles, em sua paixão pelo conhecimento, ir mais longe com ousados e dolorosos experimentos do que o gosto amimalhado e de coração mole de um século democrático pode aprovar? – Não resta dúvida: esses vindouros são os que menos poderão dispensar aquelas sérias e nada inofensivas qualidades que distinguem o crítico do cético, quero dizer, a certeza da medida de valor, o consciente manuseio de uma unidade de método, o ânimo atilado, a independência e o poder responsabilizar-se; sim, eles admitem em si próprios um *prazer* em negar e desmembrar, e uma certa crueldade prudente que sabe manejar a faca com segurança e sutileza, mesmo quando o coração sangra. Eles serão *mais duros* (e talvez não sempre apenas em relação a si mesmos) do que homens humanitários o desejariam, eles não se relacionarão com a "verdade" para que ela lhes "agrade" ou os "eleve" e "entusiasme" – será antes pequena a sua crença de que precisamente a *verdade* implique tais prazeres para o sentimento. Eles sorrirão, esses espíritos rigorosos, se alguém disser na sua presença: "Esse pensamento me eleva: como não deveria ser verdadeiro?" Ou: "Essa obra me encanta: como não deveria ser bela?" Ou: "Esse artista me engrandece: como não deveria ele ser grande?" – talvez eles não tenham pronto apenas um sorriso, mas um autêntico nojo para tudo que é de tal modo entusiasta, idealista, feminil, hermafrodita, e quem soubesse segui-los até as câmaras secretas de seu coração, dificilmente encontraria lá a intenção de conciliar "sentimentos cristãos" com o "gosto antigo" ou talvez ainda com o "parlamentarismo moderno" (tal como essa disposição conciliatória, em nosso século muito inseguro e por conseguinte muito conciliador, ocorre mesmo entre filósofos, segundo consta). Esses filósofos do futuro não apenas exigirão de si o cultivo crítico e todo hábito que conduz ao asseio e ao rigor em coisas do espírito: eles poderiam mesmo ostentá-los como sua espécie de ornamento – apesar disso, eles não querem ser chamados de críticos por isso. Parece-lhes uma afronta nada pequena à filosofia quando se decreta, como hoje se faz com tanto gosto, que "a filosofia mesma é crítica e ciência crítica – e nada além disso"! Que essa valoração da filosofia goze do aplauso de todos os positivistas da França e da Alemanha (– e seria possível que ela tivesse lisonjeado inclusive o coração e o gosto de *Kant*: recorde-se o título de suas obras capitais): nossos novos filósofos dirão, apesar disso: críticos são instrumentos do filósofo, e por isso mesmo, como instrumentos, não são nem de longe, eles próprios, filósofos! Também o grande chinês de Königsberg era apenas um grande crítico. –

211

Eu insisto em que finalmente se deixe de confundir os trabalhadores filosóficos, e sobretudo os homens de ciência, com os filósofos – em que justamente aqui se dê com rigor "a cada um o seu" e não demais àqueles e muito pouco a estes. Para a educação do verdadeiro filósofo pode ser preciso que ele próprio também alguma vez tenha pisado todos esses degraus sobre os quais os seus servidores, os trabalhadores científicos da filosofia, se detêm – *têm de* se deter; talvez ele próprio tenha de ter sido crítico e cético e dogmático e historiador, e além disso, poeta e colecionador e viajante e decifrador de enigmas e moralista e adivinho e "espírito livre" e quase tudo para percorrer o âmbito dos valores e sentimentos de valor humanos, e para *poder* olhar, com muitos olhos e consciências, do alto a qualquer lonjura, da profundidade a qualquer altura, do recanto a qualquer amplidão. Mas tudo isso são apenas precondições para a sua tarefa: tarefa que requer, ela própria, algo diferente – ela exige que ele *crie valores*. Esses trabalhadores filosóficos conforme o nobre modelo de Kant e Hegel possuem um grande conjunto factual de valorações – ou seja, de *imposições* de valor, de criações de valor do passado que se tornaram dominantes e durante um determinado período foram chamadas de "verdades" – a determinar e colocar em fórmulas, quer no reino do *lógico* ou do *político* (do moral) ou do *artístico*. Cabe a esses investigadores tornar tudo o que até agora aconteceu e foi valorado abrangível com a vista, com o pensamento, compreensível e manuseável, abreviar tudo o que é demorado, até o próprio "tempo", e *subjugar* todo o passado: uma formidável e magnífica tarefa, a cujo serviço todo orgulho refinado, toda vontade tenaz certamente pode se satisfazer. *Mas os autênticos filósofos são comandantes e legisladores*: eles dizem "assim *deve* ser!", eles determinam, antes, o "para onde?" e o "para quê?" do homem, e nisso dispõe do trabalho prévio de todos os trabalhadores filosóficos, de todos os subjugadores do passado – eles estendem a mão criadora ao futuro, e ao fazê-lo, tudo aquilo que é e que foi se torna para eles meio, instrumento, martelo. Seu "conhecer" é *criar*, seu criar é legislar, sua vontade de verdade é – *vontade de poder*. – Hoje há tais filósofos? Já houve tais filósofos? Não *têm de* haver tais filósofos?....

212

Quer me parecer sempre mais que o filósofo, na condição *necessária* de um homem do amanhã e do depois de amanhã, sempre se achou e *teve de* se achar em contradição com o seu hoje: seu inimigo sempre foi o ideal de hoje. Até agora, todos esses extraordinários fomentadores do homem que são chamados de filósofos, e que raramente sentiram-se amigos da sabedoria, mas antes loucos desagradáveis e pontos de interrogação perigosos – encontraram sua tarefa, sua dura, indesejada, imperiosa tarefa, mas afinal a grandeza de sua tarefa, em ser a má consciência de sua época. Ao colocar o bisturi precisamente sobre o peito das *virtudes da época* para fazer sua vivissecção, eles revelaram qual era seu próprio segredo: que sabiam de uma *nova* grandeza do homem, de um novo caminho não percorrido para o seu engrandecimento. A cada vez eles descobriram quanta hipocrisia, comodismo, deixar-se levar e deixar-se cair, quanta mentira estava escondida sob o mais venerado tipo de moralidade que era contemporânea deles, quanta virtude havia *caducado*; a cada vez eles disseram: "Temos de nos dirigir, de sair, lá para onde *vós*, hoje, menos vos sentis em casa". Face a um mundo de "ideias modernas", que gostaria de cativar a todos em um canto e "especialidade", um filósofo, caso hoje pudessem existir filósofos, seria obrigado a fixar a grandeza do homem, o conceito de "grandeza", precisamente em sua extensão e multiplicidade, em sua inteireza no vário: ele determinaria inclusive o valor e a categoria segundo a quantidade e a variedade que alguém pudesse carregar e tomar a seu cargo, segundo *até onde* alguém pudesse estender sua responsabilidade. Hoje, o gosto da época e a virtude da época enfraquecem e diluem a vontade, nada é mais contemporâneo do que a fraqueza de vontade: assim, no ideal do filósofo, devem ter lugar no conceito de "grandeza" precisamente a fortaleza da vontade, a dureza e a capacidade para resoluções de longa duração; com tanto direito quanto a doutrina contrária e o ideal de uma condição humana imbecil, resignada, humilde e abnegada eram convenientes a uma época contrária, que, como o século XVI, padecia com a sua represada energia de vontade e com as mais selvagens águas e inundações do egoísmo. Na época de Sócrates, em meio a homens, todos eles, de instinto cansado, entre velhos atenienses conservadores que se deixavam levar – "rumo à felicidade", segundo diziam, rumo ao prazer, segundo agiam –, e que nisso ainda pronunciavam as velhas palavras pomposas às quais sua vida há muito já não lhes dava mais qualquer direito, a *ironia* talvez fosse necessária à grandeza da alma, essa socrática certeza malvada do velho médico e plebeu que cortava sem piedade na própria carne, tanto quanto na carne e no coração do "nobre", com um olhar que, bem compreensivelmente, falava: "Sem disfarces na minha frente! Aqui – somos iguais!" Hoje, ao contrário, quando na Europa apenas o animal de rebanho recebe e distribui honras, quando a "igualdade de direitos" poderia se transformar muito facilmente em igualdade na injustiça[134]: quero

134. Em alemão, "igualdade de direitos" é *Gleichheit der Rechte*, e "igualdade na injustiça", *Gleichheit im Unrechte*.

dizer, na guerra mancomunada a tudo que é raro, estranho, privilegiado, ao homem superior, à alma superior, ao dever superior, à responsabilidade superior, à criadora plenitude de poder e à senhorilidade – hoje, o ser-nobre, o querer-ser-independente, o poder-ser-diferente, o ficar-em-pé-sozinho e o ter-de-viver-por-conta-própria pertencem ao conceito de "grandeza"; e o filósofo revelará algo de seu próprio ideal ao estabelecer: "O maior será aquele que puder ser o mais solitário, o mais oculto, o mais divergente, o homem além do bem e do mal, o senhor de suas virtudes, o riquíssimo em vontade; precisamente isto deverá se chamar *grandeza*: poder ser tão múltiplo quanto inteiro, tão vasto quanto pleno". E perguntando mais uma vez: é hoje – *possível* a grandeza?

213

É difícil aprender o que é um filósofo porque não é algo que se possa ensinar: é preciso "sabê-lo", por experiência – ou ter o orgulho de *não* sabê-lo. Mas que hoje em dia todo mundo fala de coisas com respeito às quais não *pode* ter nenhuma experiência, isso se aplica tanto mais e da pior maneira a propósito dos filósofos e dos estados filosóficos – um pequeníssimo número os conhece, tem a permissão de conhecê-los, e todas as opiniões populares acerca deles são equivocadas. Assim, por exemplo, essa genuína associação filosófica de uma espiritualidade ousada e alegre, que corre *presto*, com uma necessidade e rigor dialéticos que não dão nenhum passo em falso, é desconhecida da experiência da maioria dos pensadores e doutos, e por isso, caso alguém quisesse lhes falar a respeito, seria julgada inacreditável. Toda necessidade eles a imaginam como dificuldade[135], como penoso ter-de-obedecer e ser-coagido; e o próprio pensar é por eles considerado algo lerdo, hesitante, quase uma fadiga e com bastante frequência "digno do *suor* dos nobres" – mas de modo nenhum algo leve, divino, parente próximo da dança, da alegria desmedida! "Pensar" e "levar a sério", "considerar com gravidade" um assunto – para eles, coisas mutuamente relacionadas: só essa a "vivência" que tiveram. – Aqui o faro dos artistas talvez seja mais aguçado: eles, que sabem muito bem que precisamente quando não fazem mais nada "de modo voluntário" e tudo de modo necessário, seu sentimento de liberdade, sutileza, plenipotência, de compor, dispor, modelar criativamente

---

135. Jogo entre *Notwendigkeit* (necessidade) e *Not* (dificuldade, mas também "aflição", "miséria", "carência", "urgência"). Logo adiante, "digno do suor dos nobres", conforme A.S. Pascual, é uma citação do poema *Der Zürchersee* (O lago de Zurique), de Friedrich Gottlieb Klopstock (1724-1803), poeta romântico alemão.

alcança o seu máximo – em suma, que necessidade e "livre-arbítrio" são neles então uma só coisa. Há por fim uma hierarquia de estados anímicos que é apropriada à hierarquia dos problemas; e os problemas supremos repelem sem piedade todo aquele que ousa deles se aproximar sem ser predestinado à sua solução por meio da estatura e do poder de sua espiritualidade. De que adianta que ágeis cabeças ordinárias ou canhestros e bem-comportados mecanicistas e empiristas[136] tentem com sua ambição de plebeus, conforme hoje tantas vezes ocorre, achegar-se a eles e como que entrar à força nessa "corte das cortes"! Mas pés grosseiros jamais podem pisar esses tapetes: a lei primordial das coisas já cuidou disso; as portas permanecem fechadas a esses impertinentes, ainda que batam e arrebentem suas cabeças contra elas! Todo mundo superior requer que se tenha nascido para ele; dizendo mais claramente, é preciso ser *criado* para ele: um direito à filosofia – a palavra tomada no seu grande sentido – só se possui graças a sua origem; os antepassados, a "linhagem", também decidem aqui. Muitas gerações precisam ter trabalhado no surgimento do filósofo; cada uma de suas virtudes precisa ter sido adquirida, cultivada, transmitida, incorporada separadamente, e não apenas o andamento ousado, ligeiro, delicado de seus pensamentos, mas sobretudo a disposição para grandes responsabilidades, a altura de dominadores olhares e olhares para baixo, o sentir-se apartado da multidão e de seus deveres e virtudes, a afável proteção e defesa daquilo que é mal-entendido e caluniado, seja deus, seja demônio, o gosto e o exercício da grande justiça, a arte de comandar, a amplidão da vontade, o olho lento que raro admira, raro olha para cima, raro ama....

136. Numa primeira redação desta seção, as "cabeças ordinárias" e os "empiristas" tinham nome: Eduard von Hartmann e Eugen Dühring, respectivamente, segundo informam os editores Colli e Montinari.

Sétima parte

Nossas virtudes

214

Nossas virtudes? – É provável que também nós ainda tenhamos nossas virtudes, embora, como é razoável, não venham a ser aquelas cândidas e robustas virtudes pelas quais respeitamos nossos avós, mas também os mantemos um pouco afastados. Nós, europeus do depois de amanhã, nós, primogênitos do século XX – com toda a nossa perigosa curiosidade, nossa multiplicidade e arte do disfarce, nossa cansada e por assim dizer atenuada crueldade de espírito e de sentidos – nós, presumivelmente, *se* tivermos virtudes, apenas teremos aquelas que melhor aprendam a se harmonizar com nossas mais secretas e mais íntimas inclinações, com nossas mais ardentes carências: pois bem, vamos então a sua procura em nossos labirintos! – onde, como se sabe, tanta coisa é perdida, tanta coisa se perde completamente. E existe algo mais belo do que *procurar* suas próprias virtudes? Isso já quase não significa: *acreditar* em sua própria virtude? Mas este "acreditar em sua virtude" – não é isto, no fundo, o mesmo que outrora se chamava de sua "boa consciência", aquela venerável e longa peruca-conceito que nossos avós fixavam em suas cabeças, com bastante frequência também em seu entendimento? Desse modo, por menos que queiramos nos julgar antiquados e de uma respeitabilidade avoenga, numa coisa, contudo, somos os dignos netos desses avós, nós, os últimos europeus com boa consciência: também usamos ainda a sua peruca. – Ah! Se soubésseis quão em breve, tão em breve – as coisas mudarão!.....

215

Do mesmo modo que no reino das estrelas às vezes há dois sóis que determinam a órbita de um planeta, do mesmo modo que, em certos casos, sóis de diferentes cores iluminam um único planeta, ora com luz vermelha, ora com luz verde, e então, incidindo ao mesmo tempo, inundam-no de cores: é assim que nós, homens modernos, graças à complicada mecânica de nosso "céu estrelado" – somos determinados por *diversas* morais; nossas ações reluzem de modo alternado em cores diversas, elas raramente são inequívocas – e há casos suficientes em que praticamos ações *multicoloridas*.

216

Amar seus inimigos? Acredito que isso foi bem aprendido: isso ocorre hoje de mil maneiras, em pequena e grande escala; até já ocorre às vezes o mais elevado e o mais sublime – aprendemos a *desprezar* quando amamos, e precisamente quando melhor amamos – mas tudo isso inconscientemente, sem ruído, sem pompa, com aquele pudor e ocultamento da bondade que proíbe à boca a palavra solene e a fórmula virtuosa. A moral como pose – repugna ao nosso gosto atual. O que também é um avanço: como foi um avanço de nossos pais que enfim a religião como pose repugnasse ao seu gosto, incluída aí a hostilidade e a amargura voltairiana contra a religião (e tudo o mais que outrora pertencia à linguagem gestual dos livres-pensadores). É a música em nossa consciência, a dança em nosso espírito, aos quais toda litania puritana, toda pregação moral e bom-mocismo não querem se harmonizar.

217

Cuidado com aqueles que dão grande valor ao fato de lhes atribuirmos tato e sutileza moral no discernimento moral! Eles jamais nos perdoam se alguma vez se enganam diante de nós (ou com relação *a* nós) – eles se tornam inevitavelmente nossos caluniadores e detratores instintivos, mesmo quando ainda permanecem nossos "amigos". – Bem-aventurados os esquecidiços: pois eles "sabem lidar" inclusive com suas tolices.

218

Os psicólogos da França – e onde mais hoje existem psicólogos? – ainda não cessaram de saborear o prazer amargo e múltiplo que lhes oferece a *bêtise bourgeoise*,[137] como se..... basta, eles revelam algo com isso. Flaubert, por exemplo, o bem-comportado cidadão de Rouen, não viu, ouviu e experimentou afinal outra coisa: era a sua espécie de autotortura e refinada crueldade. Recomendo agora, para variar – pois isso se torna tedioso –, um outro objeto de encantamento: a inconsciente manha com que todos os bons, gordos, bem-comportados espíritos da mediania procedem para com os

137. "Estupidez burguesa."

espíritos superiores e suas tarefas, essa manha refinada, intrincada, jesuítica, que é mil vezes mais sutil do que o entendimento e o gosto dessa classe média em seus melhores momentos – mais até do que o entendimento de suas vítimas –: o que prova mais uma vez que o "instinto", dentre todas as espécies de inteligência até agora descobertas, é a mais inteligente. Em suma, estudai, vós, psicólogos, a filosofia da "regra" em luta com a "exceção": tendes aí um espetáculo bom o bastante para os deuses e para a maldade divina! Ou, numa linguagem mais atual: praticai a vivissecção do "homem bom", do "*homo bonae voluntatis*"..... de *vós próprios*!

219

O julgamento e a condenação[138] morais constituem a vingança preferida dos espiritualmente limitados contra aqueles que o são menos, também uma espécie de indenização por terem sido precariamente contemplados pela natureza e, por fim, uma ocasião de obterem espírito e se *tornarem* refinados: – a malícia espiritualiza. No fundo, lhes faz bem ao coração que exista um critério diante do qual mesmo aqueles cumulados com os bens e os privilégios do espírito se tornem seus iguais – eles lutam pela "igualdade de todos perante Deus" e quase chegam a *necessitar* da fé em Deus para tanto. Encontram-se entre eles os mais enérgicos adversários do ateísmo. Quem lhes dissesse que "uma espiritualidade elevada não admite comparação com qualquer bom comportamento e respeitabilidade de um homem meramente moral", os deixaria furiosos – terei o cuidado de não fazê-lo. Preferirei, antes, lisonjeá-los com a minha tese de que uma espiritualidade elevada subsiste apenas na condição de último produto de qualidades morais; de que ela é uma síntese de todos aqueles estados atribuídos ao homem "apenas moral", depois destes serem obtidos, isoladamente, através de prolongada disciplina e exercício, talvez ao longo de cadeias inteiras de gerações; que a espiritualidade elevada é precisamente a espiritualização da justiça e daquele bondoso rigor que se sabe incumbido de manter no mundo o *ordenamento hierárquico* entre as próprias coisas – e não apenas entre os homens.

220

Diante do agora tão popular louvor do "homem desinteressado", é preciso, talvez não sem algum perigo, tomar consciência *do que* propriamente interessa ao povo, e quais são afinal as coisas que preocupam radical e

138. Em alemão, *Urteilen und Verurteilen*.

profundamente o homem comum: incluindo os cultos, inclusive os doutos e, se não me engano de todo, quase também os filósofos. O fato que vem à luz é que a maior parte das coisas que interessam e atraem os gostos exigentes e refinados, todas as naturezas superiores, parecem completamente "desinteressantes" para o homem mediano – ao notar, apesar disso, uma inclinação a elas, ele a chama "*désintéressé*" e se espanta de que seja possível agir "desinteressadamente". Houve filósofos que ainda souberam emprestar a esse espanto popular uma expressão sedutora e mística-transmundana (– em razão, talvez, de não conhecerem a natureza superior por experiência?) – em vez de apresentar a verdade nua e bem barata de que a ação "desinteressada" é uma ação *muito* interessante e interessada, desde que... "E o amor?" – Ora! Inclusive uma ação por amor deve ser "não egoísta"? Ora, seus palermas –! "E o louvor daquele que a si mesmo sacrifica?" – Mas quem realmente fez sacrifício sabe que quis algo em troca e recebeu – talvez algo de si em troca de algo de si –, que cedeu aqui para ter mais ali, talvez para ser mais ou sentir-se "mais". Mas este é um reino de perguntas e respostas em que um espírito mais exigente se detém de mau grado: de tal modo a verdade quase precisa reprimir aqui um bocejo quando tem de dar uma resposta. Afinal, ela é uma mulher: não se deve empregar violência com ela.

221

Pode suceder, disse um pedante e niquento dado a moralizar, que eu honre e distinga um homem desinteressado: mas não porque ele é desinteressado, mas porque me parece ter direito de agir às suas próprias custas no interesse de outro homem. Mas isso basta, a questão está sempre em saber quem é *este* e quem é *aquele*. Num homem, por exemplo, que fosse destinado e feito para ordenar, a abnegação e o modesto recuo não seriam uma virtude, mas o desperdício de uma virtude: assim me parece. Toda moral não egoísta que se toma por absoluta e se dirige a todo mundo peca não apenas contra o gosto: ela é uma incitação a pecados por omissão, uma sedução *a mais* sob a máscara da filantropia – e precisamente uma sedução e um dano aos mais elevados, mais raros, privilegiados. É preciso forçar as morais, antes de tudo, a se curvarem diante da *hierarquia*, é preciso imputar-lhes a sua petulância – até que elas se esclareçam mutuamente de que é *imoral* dizer: "O que vale para um, vale para todos"[139]. – Assim diz o meu pedante e *bonhomme* dado a moralizar: será que ele não mereceria que se risse dele quando de tal maneira admoesta as morais à

139. O provérbio alemão diz: *was dem Einen recht ist, ist dem Andern billig*; literalmente: "o que é correto para um, é justo para o outro".

moralidade? Mas não se deve ter lá muita razão quando se quer ter aqueles que riem do *seu* lado; uma pitada de falta de razão pertence inclusive ao bom gosto.

222

Onde hoje se prega a compaixão – e, ouvindo bem, não se prega agora mais outra religião –, o psicólogo pode abrir seus ouvidos: em meio a toda a vaidade, em meio a todo o barulho próprio desses pregadores (como de todos os pregadores), ele ouvirá um som rouco, gemente, genuíno de *autodesprezo*. Este é parte desse ensombrecimento e afeamento da Europa que agora já faz um século que só aumenta (e cujos primeiros sintomas já são documentados por uma carta de Galiani à Madame d'Epinay que dá o que pensar): *se é que ele não é a sua causa*! O homem das "ideias modernas", esse macaco orgulhoso, está irrefreavelmente insatisfeito consigo próprio: isso é certo. Ele padece: e a sua vaidade quer que ele apenas "padeça com"...[140]

223

O mestiço europeu – um plebeu mais ou menos feio, afinal – precisa simplesmente de uma fantasia: ele necessita da história como guarda-roupa de fantasias. Todavia, percebe que nenhuma cai bem em seu corpo – e experimenta outra e mais outra. Que se observe o século XIX a propósito dessas rápidas predileções e mudanças nas mascaradas de estilo; também no que respeita aos momentos de desespero porque nada nos "assenta" –. Inútil exibir-se romântico ou clássico ou cristão ou florentino ou barroco ou "nacional", *in moribus et artibus*[141]: isso "não serve"! Mas o "espírito", em especial o "espírito histórico", ainda tira sua vantagem mesmo desse desespero: sempre outra vez, uma nova peça de passado e de país estrangeiro é experimentada, vestida, desvestida, embrulhada, sobretudo *estudada* – nós somos a primeira época instruída *in puncto* "fantasias", refiro-me às morais, artigos de fé, gostos artísticos e religiões, preparados como nenhuma outra época ainda o foi para o carnaval do grande estilo, para a mais espiritual gargalhada momesca e alegria endiabrada, para a altura transcendental da tolice suprema e da zombaria aristofanesca do mundo. Talvez ainda descubramos precisamente aqui o reino de nossa *invenção*, aquele reino em que também nós ainda possamos ser originais, acaso no papel de parodistas da história universal e de palhaços de Deus – talvez, mesmo que nada de hoje tenha futuro, precisamente nosso *riso* ainda o tenha!

140. No original, "*mit leidet*", decomposição do verbo *mitleiden* ("compadecer"), que substantivado origina *Mitleiden* ("compaixão").

141. "Nos costumes e nas artes." *In puncto*, logo adiante: "a respeito de".

224

O *sentido histórico* (ou a capacidade de adivinhar depressa a hierarquia de valorações segundo as quais viveu um povo, uma sociedade, um homem, o "instinto divinatório" para as relações entre essas valorações, para o relacionamento da autoridade dos valores com a autoridade das forças atuantes): esse sentido histórico, que nós, europeus, reclamamos como nossa particularidade, veio-nos a reboque da cativante e insana *semibarbárie* na qual a Europa foi precipitada através da mistura democrática de classes e raças – somente o século XIX conhece esse sentido, como o seu sexto sentido. Graças a essa mistura, o passado de toda forma e de todo modo de vida, de culturas que outrora se encontravam muito próximas, umas ao lado das outras, umas sobre as outras, deságua em nós, "almas modernas", nossos instintos refluem doravante a todos os lugares, nós próprios somos uma espécie de caos – por fim, como foi dito, "o espírito" enxerga nisso a sua vantagem. Através de nossa semibarbárie de corpo e apetites, temos acessos secretos a todos os lugares, como uma época nobre nunca os possuiu, sobretudo os acessos ao labirinto das culturas incompletas e a qualquer semibarbárie que alguma vez tenha existido sobre a Terra; e na medida em que a parte mais considerável da cultura humana até agora foi semibarbárie, "sentido histórico" quase significa sentido e instinto para tudo, gosto e paladar para tudo: no que logo demonstra ser um sentido *sem nobreza*. Fruímos de Homero outra vez, por exemplo: talvez seja o nosso mais feliz avanço o fato de sabermos saborear Homero, do qual os homens de uma cultura nobre (quem sabe os franceses do século XVII, caso de Saint-Evremond,[142] que lhe reprova o *esprit vaste*, caso inclusive de seu acorde final, Voltaire) não sabem e não souberam se apropriar com tanta facilidade – cuja fruição eles mal se permitiam. Os muito bem definidos sim e não de seu paladar, seu asco sempre a postos, sua hesitante reserva em relação a tudo que é estranho, seu temor à falta de gosto mesmo da curiosidade vivaz, e sobretudo aquela má vontade de toda cultura nobre e autossatisfeita em admitir uma nova cobiça, uma insatisfação com o que é seu, uma admiração pelo alheio: tudo isso as determina e dispõe de modo desfavorável mesmo contra as melhores coisas do mundo que não são propriedade sua ou que não *pudessem* se tornar sua presa – e nenhum sentido é mais incompreensível para tais homens do que justamente o sentido histórico e a sua servil curiosidade plebeia. Não é diferente com Shakespeare, essa espantosa síntese hispano-mourisco-saxã de gosto, da qual um ateniense antigo do círculo de Ésquilo teria se matado de rir ou de raiva: mas nós

142. Charles de Marguetel de Saint Denis, Seigneur de Saint-Evremond (1610-1703): cortesão, militar, escritor e crítico francês.

– nós aceitamos com uma secreta familiaridade e efusão justamente esse colorido selvagem, essa misturada do mais suave, do mais grosseiro e do mais artificial, nós o fruímos como o refinamento da arte reservado precisamente para nós e, ao fazê-lo, nos deixamos perturbar tão pouco pelas exalações repulsivas e pela proximidade da populaça inglesa, nas quais vivem a arte e o gosto de Shakespeare, quanto talvez na Chiaia de Nápoles: onde, com todos os nossos sentidos, encantados e dóceis, seguimos nosso caminho, por mais que as cloacas dos bairros populares estejam a céu aberto. Nós, homens do "sentido histórico": sendo o que somos, temos as nossas virtudes, isso não se pode negar – somos despretensiosos, abnegados, modestos, valentes, cheios de autossuperação, cheios de dedicação, muito agradecidos, muito pacientes, muito corteses – com tudo isso, talvez não demonstremos muito "ter um bom gosto". Admitamos, por fim: o que para nós, homens do "sentido histórico", é o mais difícil de compreender, de sentir, de saborear, de amar, o que no fundo nos encontra desconfiados e quase hostis, é precisamente o perfeito e bem amadurecido em cada cultura e arte, o propriamente nobre em obras e homens, seu instante de mar calmo e alciônica autossatisfação, o áureo e frio que mostram todas as coisas que atingiram a perfeição. Talvez nossa grande virtude do sentido histórico se encontre numa oposição necessária ao *bom* gosto, pelo menos ao melhor dos gostos, e apenas de modo ruim, apenas hesitando, apenas à força sejamos capazes de imitar em nós precisamente os pequenos, breves e supremos golpes de sorte e as transfigurações da vida humana, tal como vez por outra fulguram: esses instantes e prodígios em que uma grande força se deteve voluntariamente diante do desmedido e do ilimitado – em que se frui uma superabundância de prazer sutil na súbita doma e petrificação, no estar firme e no firmar-se sobre um solo ainda trêmulo. A *medida* nos é estranha, admitamos isso a nós próprios; nosso prurido é justamente o prurido do infinito, do imensurado. Tal qual o cavaleiro sobre um corcel que dispara bufando, soltamos as rédeas diante do infinito, nós, homens modernos, nós, semibárbaros – e apenas nos encontramos em *nossa* bem-aventurança ali onde também mais nos achamos – *em perigo*.

225

Seja hedonismo ou pessimismo, seja utilitarismo ou eudemonismo: todos esses modos de pensar que medem o valor das coisas segundo o *prazer* e a *dor*, ou seja, segundo estados acessórios e aspectos secundários, são ingenuidades e pensamentos de fachada que todo aquele que se sabe possuidor de forças *plasmadoras* e de uma consciência de artista não deixará de olhar de cima com zombaria, mesmo com compaixão. Compaixão por *vós*! Esta não é todavia a compaixão segundo a imaginais: não é compaixão pela "miséria" social, pela "sociedade" e seus doentes e desgraçados, pelos viciosos e arruinados desde o princípio que jazem pelo chão ao nosso redor; é muito menos ainda compaixão pelas queixosas, oprimidas, revoltosas camadas escravas que ambicionam o domínio – elas o chamam de "liberdade". A *nossa* compaixão é uma compaixão mais elevada e de vista mais longa – nós vemos de que modo *o homem* se apequena, de que modo *vós* o apequenais! – e há momentos em que observamos precisamente a *vossa* compaixão com uma inquietação indescritível, em que nos defendemos dessa compaixão –, em que achamos vossa seriedade mais perigosa do que qualquer leviandade. Quereis, se possível – e não há mais insano "se possível" –, *eliminar o sofrimento*; e nós? – parece mesmo que *nós* o queremos de preferência mais intenso e pior do que jamais foi! Bem-estar, segundo o entendeis – isso não é nenhuma meta, isso nos parece um *final*! Um estado que torna o homem imediatamente ridículo e desprezível – que faz *desejar* o seu soçobro! A disciplina do sofrimento, do *grande* sofrimento – não sabeis que apenas *esta* disciplina produziu todas as elevações do homem até agora? Essa tensão da alma na infelicidade, que a leva a cultivar a fortaleza, seus calafrios à vista do grande perecer, sua inventividade e valentia em suportar, perseverar, interpretar, aproveitar a infelicidade, e o que quer que alguma vez já lhe foi presenteado de profundidade, mistério, máscara, espírito, astúcia, grandeza – isso não lhe foi presenteado em meio ao sofrimento, em meio ao cultivo do grande sofrimento? No homem estão unidos *criatura* e *criador*: no homem há matéria, fragmento, abundância, argila, lama, absurdo, caos; mas no homem também há criador, escultor, dureza de martelo, divindade espectadora e sétimo dia: – compreendeis esta oposição? E que a *vossa* compaixão se dirige à "criatura no homem", àquele que precisa ser formado, quebrado, forjado, rompido, queimado, incandescido, purificado – àquele que necessariamente tem de *sofrer* e *deve* sofrer? E a *nossa* compaixão – não compreendeis a quem se dirige nossa compaixão *contrária* quando ela se defende da vossa compaixão como do pior de todos os amolecimentos e fraquezas? – Compaixão *contra* compaixão, portanto! – Mas, dito mais uma vez, há problemas mais elevados do que todos os problemas do prazer e do sofrimento e da compaixão; e toda filosofia que apenas destes se ocupa é uma ingenuidade. –

226

Nós, imoralistas! – Esse mundo que a *nós* diz respeito, no qual *nós* temos de temer e de amar, esse mundo quase invisível e inaudível feito de ordens sutis, de obediência sutil, um mundo do "quase" sob todos os aspectos, espinhoso, capcioso, pontiagudo, delicado: sim, ele está bem defendido contra observadores grosseiros e curiosidade confiada! Estamos encasulados em uma firme rede e camisa de deveres, e daí não *podemos* sair – precisamente nisso somos "homens do dever", também nós! Às vezes, é verdade, dançamos em nossos "grilhões" e entre nossas "espadas"; com mais frequência, não é menos verdade, rangemos os dentes debaixo deles e nos impacientamos com toda a secreta dureza de nosso destino. Mas não importa o que façamos: os palermas e a aparência afirmam contra nós que "esses são homens *sem* dever" – sempre temos os palermas e a aparência contra nós!

227

A retidão, supondo que esta seja a nossa virtude, da qual nós, espíritos livres, não podemos nos livrar – bem, nós queremos trabalhá-la com toda malícia e amor, e não nos cansar do "aperfeiçoamento" em *nossa* virtude, a única que nos resta: possa o seu brilho um dia repousar como uma dourada, azul, zombeteira luz vespertina sobre essa cultura envelhecida e a sua tosca, sombria seriedade! E se apesar disso nossa retidão um dia se cansar e suspirar e distender os membros e nos julgar demasiado duros, e quiser que as coisas sejam melhores, mais fáceis, mais suaves, como um vício agradável: permaneçamos *duros*, nós, os últimos estoicos! E mandemos em seu auxílio tudo o que tenhamos em nós de diabolice – nossa repulsa ao tosco e impreciso, nosso "*nitimur in vetitum*"[143], nossa coragem de aventureiros, nossa curiosidade finória e mimada, nossa mais fina, mais oculta, mais espiritual vontade de poder e de superação do mundo, que cobiçosa vagueia e volteia em torno de todos os impérios do futuro – venhamos em auxílio de nosso "deus" com todos os nossos "diabos"! É possível que por isso sejamos incompreendidos e confundidos: que importa! Dirão: "A sua 'retidão' – é a sua diabolice, e nada mais!" Que importa! E mesmo que tivessem razão! Não foram todos os deuses até agora semelhantes a diabos rebatizados e santificados? E o que sabemos afinal de nós mesmos? E como quer se *chamar* o espírito que nos conduz? (É uma questão de nomes.) E quantos espíritos abrigamos? A nossa retidão, nós, espíritos livres – cuidemos para que não se torne nossa vaidade, nosso ornato e aparato, nossa limitação, nossa tolice! Toda virtude tende à tolice, toda tolice, à virtude; "tolo até a santidade", dizem na Rússia – cuidemos para que no fim das contas não nos tornemos ainda santos e maçantes por causa da retidão! Não é a vida demasiado curta para nela ainda – maçar-se? Seria já necessário acreditar na vida eterna para...

143. "Lançamo-nos ao proibido." Ovídio, *Amores*, III, 4, 17.

228

Que me perdoem a descoberta de que até agora toda a filosofia moral foi maçante e fazia parte da categoria dos soníferos – e de que nada prejudicou mais "a virtude", ao meu ver, do que esse *tédio* que provocam os seus advogados; com o que não pretendo ter deixado de reconhecer a utilidade geral destes. É importante que o menor número possível de pessoas reflita acerca da moral – por conseguinte, é *muito* importante que a moral não venha a se tornar interessante algum dia! Sem preocupações, porém! Hoje as coisas ainda estão no mesmo pé em que sempre estiveram: não vejo ninguém na Europa que tenha (ou *dê*) uma noção de que a reflexão acerca da moral pudesse ser praticada de maneira perigosa, capciosa, sedutora – de que pudesse haver *fatalidade* aí! Veja-se, por exemplo, os incansáveis, inevitáveis utilitaristas ingleses, o modo grosseiro e venerável como andam para cá e para lá (uma imagem homérica diz isso mais claramente[144]) nas pegadas de Bentham, assim como ele próprio já andou nas pegadas do venerável Helvétius (não, esse não era um homem perigoso, esse Helvétius, *ce sénateur Pococurante*, para falar com Galiani –). Nenhum pensamento novo, nenhuma virada ou nuance mais sutil de um pensamento antigo, nem sequer uma história efetiva do que outrora foi pensado: uma literatura *impossível* no todo desde que não se saiba fermentá-la com alguma malícia. Nesses moralistas (que devem ser lidos sempre com segundas intenções, caso se *tenha* de lê-los –) também se insinuou aquele antigo vício inglês chamado *cant*[145] e que consiste em *tartufice moral*, dessa vez escondida sob a nova forma da cientificidade; também não falta a secreta defesa contra o remorso, com o qual, como é razoável, uma raça de antigos puritanos sofrerá toda vez que tratar da moral cientificamente. (Um moralista não é o oposto de um puritano? Ou seja, um pensador que toma a moral como algo questionável, digno de pontos de interrogação, em suma, como problema? Moralizar não seria – imoral?) Por fim, todos eles querem que se dê razão à moralidade *inglesa*: na medida em que justamente com ela a humanidade, ou o "proveito geral", ou "a felicidade da maioria", não!, a felicidade da *Inglaterra*, seja melhor servida; eles gostariam

---

144. *Ilíada*, VI, 424, passagem em que Homero faz referência a "bois de passo lento" (segundo nota do tradutor espanhol A.S. Pascual). Jeremy Bentham (1748-1832), filósofo e economista inglês mencionado a seguir, fundou o utilitarismo como sistema moral. Quanto à alcunha de "senador Pococurante" dada ao filósofo francês Claude-Adrien Helvétius (1715-1771), a mesma aparece apenas no exemplar pessoal de Nietzsche, segundo informam Colli e Montinari, que não a incluem no texto principal. Pococurante ("descuidado", em italiano) é uma personagem do *Cândido*, de Voltaire, enfastiada e dada à critiquice.

145. Em inglês, "hipocrisia". Logo adiante, *comfort* e *fashion*: "conforto" e "estilo".

de provar com todas as forças para si mesmos que a aspiração à felicidade *inglesa*, refiro-me à *comfort* e *fashion* (e, como meta suprema, uma cadeira no parlamento), é ao mesmo tempo também a senda correta para a virtude, e até mesmo que o quanto de virtude que até hoje existiu sobre a Terra consistiu precisamente em semelhante aspiração. Nenhum dentre todos esses lerdos animais de rebanho, com a sua consciência intranquila (que vão à frente da causa do egoísmo como causa do bem-estar geral –), quer saber e farejar algo sobre o fato de que o "bem-estar geral" não é um ideal, uma meta, um conceito de algum modo apreensível, mas apenas um vomitivo – de que aquilo que é justo para um, não *pode* absolutamente ser justo para outro, de que a exigência de uma moral para todos é danosa justamente ao homem superior, em suma, que existe uma *hierarquia* entre um homem e outro e, por conseguinte, também entre uma moral e outra. É uma espécie de homem modesta e fundamentalmente medíocre a desses utilitaristas ingleses, e, como foi dito: na medida em que são maçantes, não se pode ter pensamentos elevados o bastante acerca de sua utilidade. Deve-se mesmo *encorajá-los*: como se tenta fazer em parte com as rimas que seguem.

Intrépidos carroceiros, vos saudamos com um viva,
"Quanto mais, tanto melhor", eis a vossa prerrogativa,
De cabeça e joelho ancilosado,
Sem humor, sem entusiasmo,
Robustos, num só marasmo,
De gênio e de espírito acabado! [146]

---

146. Em alemão: *Heil euch, brave Karrenschieber, / Stets "je länger, desto lieber", / Steifer stets an Kopf und Knie, / Unbegeistert, ungespässig, / Unverwüstlich-mittelmässig, Sans génie et sans esprit!*
Numa tradução literal: Salve, honrados carroceiros, / Sempre "quanto maior, tanto melhor", / De cabeça e joelho sempre mais ancilosados, / Sem entusiasmo, sem humor, / Robustamente medíocres, / *Sans génie et sans esprit!*
Colli e Montinari indicam que Nietzsche cortou alguns versos: *Deutsche, solcher Engeländer / Heerdenviehsche Verständer / Ehrt ihr als "Philosophie"? / [Goethe] Spencer neben [Darwin] Hegel setzen – / – Schämt euch, Deutsche! heisst verletzen / Majestatem genii.* Traduzindo literalmente: Alemães, honrais tais ingleses / Gregários entendedores / Como "filosofia"? / Colocar [Goethe] Spencer ao lado de [Darwin] Hegel – / – Envergonhai-vos alemães! Isso significa / Um crime de lesa-majestade contra o gênio. (Observe-se que a palavra *Engeländer*, no primeiro verso, é uma deformação de *Engländer*, "ingleses", sendo que *Engel* significa "anjo" – uma provável alusão ao puritanismo inglês...)

229

Nessas épocas tardias, que podem se orgulhar de seu humanitarismo, sobrevive tanto medo, tanta *superstição* medrosa em relação ao "animal selvagem e cruel", cuja sujeição constitui precisamente o orgulho dessas épocas mais humanitárias, que mesmo verdades manifestas, como que por um acordo, permanecem silenciadas durante séculos, pois aparentemente podem ajudar a trazer outra vez à vida esse animal selvagem, finalmente exterminado. Talvez eu esteja me arriscando ao deixar escapar semelhante verdade: que outros a capturem novamente e lhe deem de beber tanto "leite do modo devoto de pensar"[147] que ela volte a se deitar quieta e esquecida em seu antigo canto. – Deve-se abrir os olhos e aprender uma nova perspectiva acerca da crueldade; deve-se enfim aprender a impaciência para que deixem de circular virtuosa e atrevidamente por aí esses erros gordos e insolentes como são os que dizem respeito à tragédia, por exemplo, alimentados por filósofos antigos e modernos. Quase tudo que chamamos de "cultura elevada" repousa sobre a espiritualização e o aprofundamento da *crueldade* – eis a minha tese; esse "animal selvagem" não foi absolutamente exterminado, ele vive, ele prospera, ele apenas se – divinizou. O que faz a dolorosa volúpia da tragédia é a crueldade; o que atua agradavelmente na assim chamada compaixão trágica, e no fundo inclusive em tudo o que é sublime, chegando até aos mais elevados e delicados arrepios da metafísica, adquire sua doçura apenas a partir da mistura do ingrediente crueldade. O que o romano goza na arena, o cristão nos êxtases da cruz, o espanhol diante das fogueiras ou das touradas, o japonês de hoje que acorre às tragédias, o trabalhador dos subúrbios parisienses que possui uma nostalgia por revoluções sangrentas, a wagneriana que, com a vontade fora dos gonzos, "aguenta" *Tristão e Isolda* – o que todos eles gozam e almejam beber com secreto fervor são as beberagens aromáticas da grande Circe "crueldade". Ao mesmo tempo, é preciso certamente enxotar a parva psicologia de outrora que apenas soube aprender da crueldade que ela surge à vista do sofrimento *alheio*: há também um gozo abundante, superabundante, no próprio sofrimento, no fazer sofrer a si mesmo – e onde quer que o homem se deixe persuadir à autonegação no sentido *religioso* ou à automutilação, como no caso de fenícios e ascetas, ou, de um modo geral, à dessensualização, à descarnalização, à contrição, a convulsões puritanas de penitência, à vivissecção da consciência e ao *sacrifizio dell'intelletto* pascaliano, ali ele é secretamente conduzido e impelido adiante pela sua crueldade, por esses perigosos calafrios da crueldade voltada *contra si mesmo*. Por fim,

147. Schiller, *Guilherme Tell*, IV, 3.

consideremos que mesmo o cognoscente, ao coagir seu espírito a conhecer *contra* a inclinação do espírito, e com bastante frequência também contra os desejos de seu coração – ou seja, a dizer *não* quando ele gostaria de afirmar, amar, adorar –, domina na condição de artista e transfigurador da crueldade; todo ato de tomar algo de modo profundo e radical já é uma violação, um querer-machucar a vontade fundamental do espírito, que quer incessantemente se dirigir rumo à aparência e à superfície – em todo querer-conhecer já existe uma gota de crueldade.

230

Talvez não se compreenda sem maiores dificuldades o que acabei de dizer acerca de uma "vontade fundamental do espírito": permitam-me uma explicação. – O imperioso algo, que é chamado pelo povo de "o espírito", quer ser e sentir-se senhor dentro e em torno de si: ele possui a vontade de transformar a multiplicidade em simplicidade, uma vontade constrangedora, domadora, despótica e realmente senhoril. Suas necessidades e faculdades são aqui as mesmas que os fisiólogos apresentam para tudo que vive, cresce e se multiplica. A força do espírito em se apropriar do estranho se revela numa pronunciada tendência de assimilar o novo ao velho, de simplificar o vário, de não dar pelo que é completamente contraditório ou repeli-lo: do mesmo modo que ele sublinha com mais força, ressalta, falsifica a seu bel-prazer, arbitrariamente, determinados traços e linhas naquilo que é estranho, em cada parte de "mundo exterior". Sua intenção, aqui, dirige-se à incorporação de novas "experiências", à seriação de coisas novas em séries antigas – ao crescimento, portanto; de modo mais preciso, à *sensação* de crescimento, à sensação de força multiplicada. A essa mesma vontade serve um impulso aparentemente oposto do espírito, uma resolução, que irrompe de súbito, à ignorância, à clausura voluntária, um fechar de suas janelas, uma negativa interior a estas coisas ou àquelas, um não-deixar-que-nada-se-aproxime, uma espécie de estado defensivo contra muitas coisas sabíveis, uma satisfação com a escuridão, com o horizonte que se fecha, um dizer que sim e uma aprovação da ignorância: tal como tudo isso é preciso segundo o grau de sua força apropriadora, sua "força digestiva", para falar de modo figurado – e, realmente, "o espírito" se assemelha mais do que tudo a um estômago. Cabe aqui do mesmo modo a ocasional vontade do espírito em se deixar enganar, talvez com uma noção travessa de que as coisas *não* são desta ou daquela maneira, de que apenas aceitamos as coisas como se fossem desta ou daquela maneira, um gosto por toda incerteza e ambiguidade, um gozo jubiloso consigo próprio na estreiteza e no sigilo arbitrários de um recanto, no demasiado próximo, na fachada, no aumentado, diminuído, deslocado, embelezado, um gozo consigo próprio na arbitrariedade de todas essas expressões de poder. Cabe aqui, por fim, essa nada inofensiva disposição do espírito em enganar outros espíritos e dissimular-se diante deles, essa pressão e esse ímpeto constante de uma força criadora, plasmadora, mutável: o espírito goza nisso de sua manha e da multiplicidade de suas máscaras, ele também goza aí a sensação de sua segurança – justamente através de suas artes de Proteu[148] ele melhor se defende e esconde! – *Contra essa* vontade de aparência, de simplificação, de máscara, de capa, em suma, de superfície – pois toda superfície é uma capa –, atua essa sublime inclinação do cognoscente, que toma e *quer* tomar as coisas profunda, múltipla e radicalmente: como uma espécie de crueldade da consciência e do gosto intelectuais, que todo pensador valente reconhecerá em si, desde que ele, como cabe, tenha endurecido e aguçado durante tempo bastante seu olho para si mesmo e esteja habituado a uma severa disciplina, também a palavras severas. Dirá ele: "Há algo cruel na inclinação de meu espírito": – que os virtuosos e amáveis tentem dissuadi-lo disso! De fato, soaria mais cortês se, em vez da crueldade, nos atribuíssem em voz alta, aos cochichos, em tom de louvor, alguma "desbragada retidão" – a nós, espíritos livres, *muito* livres – e talvez soe realmente *assim* um dia a nossa – fama póstuma?[149] Por enquanto – pois há tempo até lá –, nós próprios seremos os menos inclinados a nos adornar com esses brilhos e debruns de um palavreado moral: todo o nosso trabalho até agora tira-nos o prazer precisamente por esse gosto e por sua alegre exuberância. São palavras belas, cintilantes, solenes, tilintantes: retidão, amor à verdade, amor à sabedoria, autossacrifício pelo conhecimento, heroísmo de homem veraz – há algo nelas que faz inchar o orgulho de uma pessoa. Mas nós, eremitas e marmotas, há muito já nos convencemos em toda a intimidade de uma consciência de eremitas que também esse digno aparato de palavras pertence aos velhos e mendazes ornatos, cacarecos e purpurinas da vaidade humana inconsciente, e que mesmo sob essa cor e essa camada de tinta lisonjeiras, o terrível texto original *homo natura* pode ser outra vez reconhecido. Retraduzir o homem de volta à natureza; assenhorear-se das muitas interpretações e conotações vaidosas e exaltadas que até agora foram rabiscadas e pintadas sobre esse

148. Na mitologia grega, divindade marinha que podia assumir diferentes formas.

149. "Fama póstuma": *Nachruhm*. Pouco antes, "nos atribuíssem em voz alta, aos cochichos, em tom de louvor": *wenn man uns (...) nachsagte, nachraunte, nachrühmte.*

eterno texto original *homo natura*; fazer com que doravante o homem se coloque diante do homem tal como hoje, endurecido na disciplina da ciência, ele já se coloca diante da *outra* natureza, com olhos destemidos de Édipo e ouvidos tapados de Ulisses, surdo aos chamados de velhos passarinheiros metafísicos que por tempo demais lhe assobiaram: "Tu és mais! Tu és superior! Tu és de outra proveniência!" – eis uma tarefa que pode ser estranha e louca, mas é uma *tarefa* – quem o negará! Por que a escolhemos, essa louca tarefa? Ou, perguntando de outro modo: "Por que afinal o conhecimento?" – todo mundo nos fará essa pergunta. E nós, de tal maneira pressionados, nós, que centenas de vezes já nos fizemos a mesma pergunta, não encontramos ontem nem hoje resposta melhor....

231

O aprendizado nos transforma, ele faz o que faz toda alimentação, que também não se limita ao "sustento" – como sabe o fisiólogo. Mas no fundo de nós, bem "lá embaixo", há todavia algo ineducável, um granito de fatalidade espiritual, de decisão e resposta predeterminadas a perguntas selecionadas do modo predeterminado. Em todos os problemas cardeais fala um imutável "isto sou eu"; acerca do homem e da mulher, por exemplo, um pensador não pode aprender uma nova perspectiva, mas tão somente levar até o fim o seu aprendizado – apenas descobrir no final aquilo que "está fixo" nele acerca disso. Cedo encontramos certas soluções de problemas, as quais se tornam, justamente para *nós*, crenças firmes; talvez as chamemos daí por diante de nossas "convicções". Mais tarde – vemos nelas apenas pegadas rumo ao autoconhecimento, indicações para o problema que *somos* – mais precisamente, para a grande tolice que somos, para a nossa fatalidade espiritual, para o *ineducável* bem "lá embaixo". – Tendo em vista essa generosa amabilidade, tal como acabo de praticá-la em relação a mim mesmo, talvez já me seja permitido expressar algumas verdades acerca da "mulher em si": supondo que de antemão se saiba o quanto elas são apenas – as *minhas* verdades.

232

A mulher quer se tornar independente: e com esse fim ela começa a esclarecer os homens acerca da "mulher em si" – *isto* pertence aos piores progressos do *afeamento* geral da Europa. Pois quantas coisas não trarão à luz essas deselegantes tentativas de cientificidade e autodesnudamento femininos! A mulher tem razões demais para o pudor; na mulher se esconde muito de pedante, superficial, doutrinário, mesquinho-arrogante, mesquinho-desenfreado e imodesto – basta estudar o seu trato com as crianças! –, e que no fundo, até agora, foi reprimido e domado da melhor maneira pelo *temor* ao homem. Ai, se alguma vez for permitido ao "eterno-tedioso na mulher"[150] – ela é abundante nisso! – ousar aparecer! Se ela começar a desaprender a sua astúcia e arte, a da graça, do jogo, de afugentar preocupações, de aliviar e não tomar a sério, se ela começar a desaprender radical e profundamente a sua habilidade sutil para apetites agradáveis! Já agora se fazem ouvir vozes femininas que, por santo Aristófanes!, são de dar medo: com uma clareza médica falam, ameaçadoras, sobre o que a mulher *quer* do homem em primeiro e último lugar. Não é de um mau gosto extremo que a mulher se disponha de tal maneira a se tornar científica? Até agora o esclarecimento foi, por felicidade, um assunto dos homens, um dom dos homens – algo que ficava "entre nós"; e é preciso, afinal, em relação a tudo aquilo que as mulheres escrevem acerca "da mulher", conservar uma boa dose de desconfiança sobre se a mulher realmente *quer* o esclarecimento acerca de si – e se *pode* querer... Se com isso a mulher não busca um novo *enfeite* para si – estou certo em pensar que o enfeitar-se pertence ao eterno-feminino? –, bem, então ela quer provocar medo: – talvez, com isso, ela queira domínio. Mas ela não *quer* verdade: que importa à mulher a verdade! Nada é, desde o princípio, mais alheio, mais contrário, mais hostil à mulher do que a verdade – sua grande arte é a mentira, sua mais elevada ocupação, a aparência e a beleza. Admitamo-lo, nós, homens: respeitamos e amamos na mulher precisamente *essa* arte e *esse* instinto: nós, para quem as coisas são pesadas e que para o nosso alívio gostamos da companhia de criaturas entre cujas mãos, olhares e delicadas loucuras a nossa seriedade, a nossa gravidade e profundidade, quase se parece a uma loucura. Por fim coloco a pergunta: mesmo uma mulher alguma vez atribuiu profundidade a uma cabeça de mulher, justiça a um coração de mulher? E não é verdade que, de um modo geral, "a mulher" foi até agora, na maior parte das vezes, desprezada pelas próprias mulheres – e de modo algum por nós? – Nós, homens, desejamos que a mulher não continue a se comprometer através do esclarecimento: como foi um cuidado e uma proteção masculina para as mulheres quando a Igreja decretou: *mulier taceat in ecclesia*![151] Foi em proveito da mulher que Napoleão deu a entender a mui

150. Paródia de um dos versos finais de *Fausto*, de Goethe: *Das Ewig-Weibliche / Zieht uns hinan*, "O Eterno-Feminino / Puxa-nos para cima".

151. "Que a mulher esteja calada na igreja." Na *Primeira Epístola aos Coríntios* (14, 34), o apóstolo Paulo escreve: "As vossas mulheres estejam caladas nas igrejas, porque não lhes é permitido falar; mas estejam sujeitas, como também ordena a lei" (trad. de João Ferreira de Almeida).

eloquente Madame de Staël: *mulier taceat in politicis*! – e penso que é um verdadeiro amigo das mulheres quem hoje lhes grita: *mulier taceat de muliere*!

233

Revela corrupção dos instintos – ainda sem considerar que revela mau gosto – que uma mulher invoque justamente Madame Roland ou Madame de Staël ou Monsieur George Sand,[152] como se isso provasse algo em *favor* da "mulher em si". Entre os homens, as citadas são as três mulheres *cômicas* em si – nada mais! –, e precisamente os melhores *contra-argumentos* involuntários contra a emancipação e a soberania femininas.

234

A imbecilidade na cozinha; a mulher no papel de cozinheira; a apavorante irreflexão com que é tratada a alimentação da família e do chefe da casa! A mulher não compreende o que *significa* o alimento: e quer ser cozinheira! Se a mulher fosse uma criatura pensante, deveria ter descoberto, na condição de cozinheira há milênios, os fatos fisiológicos mais importantes e, do mesmo modo, teria dominado as artes curativas! Através de péssimas cozinheiras – através da completa ausência de razão na cozinha, o desenvolvimento do homem foi retardado por muito tempo, prejudicado da maneira mais grave: mesmo hoje as coisas não estão muito melhores. Um sermão para moças de boa família.

235

Há locuções e criações do espírito, há sentenças, um pequeno punhado de palavras, nas quais toda uma cultura, toda uma sociedade se cristaliza de súbito. Dentre elas, estão aquelas palavras ocasionais de Madame de Lambert ao seu filho: *"Mon ami, ne vous permettez jamais que de folies, qui vous feront grand plaisir"*[153] – de passagem, as palavras mais maternais e mais inteligentes que alguma vez foram dirigidas a um filho.

152. Madame Roland (1754-1793) pertenceu ao partido girondino durante a Revolução Francesa. George Sand foi o pseudônimo de Aurore Dupin (1804-1876), escritora francesa. Quanto a Madame de Staël, veja-se nota à seção 209.

153. "Meu amigo, nunca se permita senão loucuras que lhe deem grande prazer." Anne Thérèsè de Marguerat de Courcelles, marquesa de Lambert (1647-1733), foi escritora francesa.

236

O que Dante e Goethe acreditavam acerca da mulher – aquele, ao cantar "*ella guardava suso, ed io in lei*",[154] este, ao traduzir isso por "o eterno-feminino puxa-nos *para cima*" – não duvido que toda mulher mais distinta se defenderá dessas crenças, pois acredita justamente *isso* do eterno-masculino...

237

SETE DITINHOS DE MULHER

Chega-se um homem rastejando a nós, e lá se vai o tédio atroz!

* *

Instruída e com a vida gasta, é bem mais fácil de ser casta.

* *

Vestido preto cai muito bem – e bico fechado também.

* *

Estou tão feliz de dar na vista? Graças a Deus – e à minha modista!

* *

Jovem: florida gruta que é só encanto. Velha: sai um dragão que é só espanto.

* *

Homem, belas pernas e nada plebeu: só o que lhe falta é ser meu!

---

154. *Divina Comédia*, Paraíso, II, 22: *Beatrice in suso, ed io in lei guardava*, "Beatriz olhava para o alto, e eu para ela".

* *

Poucas palavras, muito siso – para a asna, gelo liso![155]

237a

Até agora, as mulheres foram tratadas pelos homens como pássaros que, provindos de alguma região excelsa, junto a eles se extraviaram: como algo mais delicado, mais vulnerável, mais selvagem, mais estranho, mais doce e mais cheio de alma – mas como algo que se precisa trancafiar para que não fuja voando.

238

Enganar-se no problema fundamental "homem e mulher", negar aqui o mais abissal antagonismo e a necessidade de uma tensão eternamente hostil, talvez sonhar aqui com direitos iguais, igual educação e iguais exigências e obrigações: eis um sinal *típico* de cabeça oca, e um pensador que nesse ponto perigoso se demonstrou oco – oco no instinto! – deve ser considerado, antes de tudo, como suspeito, mais ainda, como revelado, como descoberto: é provável que ele seja "curto" demais para todas as questões fundamentais da vida, também da vida futura, e não possa descer a *nenhuma* profundidade. Um homem que, ao contrário, tenha profundidade, tanto em seu espírito

---

155. Em alemão: *Wie die längste Weile fleucht, kommt ein Mann zu uns gekreucht!; Alter, ach! und Wissenschaft gibt auch schwacher Tugend Kraft; Schwarz Gewand und Schweigsamkeit kleidet jeglich Weib – gescheit; Wem im Glück ich dankbar bin? Gott! – und meiner Schneiderin; Jung: beblümtes Höhlenhaus. Alt: ein Drache fährt heraus; Edler Name, hübsches Bein, Mann dazu: o wär er* er *mein!; Kurze Rede, langer Sinn – Glatteis für die Eselin!*
Em tradução literal: Como passa a mais longa hora se um homem chega-se rastejando a nós!; A idade, ó, e a ciência dão força mesmo a mais fraca virtude; O vestido preto e o mutismo vestem a toda mulher – sensatamente; A quem sou grata em minha felicidade? A Deus! – e à minha costureira; Jovem: caverna florida. Velha: sai um dragão; Um nome nobre, formosas pernas e ainda homem: ó, fosse *ele* meu!; Poucas palavras, muito sentido – gelo liso para a asna!
No último destes ditinhos ocorre a inversão de uma proverbial expressão alemã, *lange Rede, kurzer Sinn*, tomada de Schiller (*Piccolomini* I, 2: "*Was ist der langen Rede kurzer Sinn*?", uma incitação para que o interlocutor se exprima mais concisa e claramente). Quanto aos demais, ainda que ambas as traduções consultadas (a espanhola de A.S. Pascual e a brasileira de P.C. de Souza) informem que se tratam de paródias de provérbios alemães, mesmo a pesquisa em obras de referência como o *Deutsches Sprichwörter-Lexikon* (uma coletânea de 250 mil provérbios e locuções organizada por Karl Friedrich Wilhelm Wander e publicada entre 1867 e 1880) não permitiu esclarecer quais os provérbios que teriam servido de ponto de partida para o autor.

quanto em seus apetites, também essa profundidade da benevolência que é capaz de rigor e dureza, e que é facilmente com estes confundido, só pode pensar acerca da mulher ao *modo oriental*: ele precisa tomar a mulher como posse, como propriedade a ser fechada à chave, como algo predeterminado para a servidão e que nela chega à perfeição – ele precisa se apoiar aqui na imensa razão da Ásia, na superioridade de instintos da Ásia: como outrora o fizeram os gregos, os melhores herdeiros e discípulos da Ásia, que, como se sabe, de Homero até a época de Péricles, conforme *crescia* sua cultura e a amplidão de sua força, passo a passo também se tornaram mais *rigorosos* com a mulher, em suma, mais orientais. *Quão* necessário, *quão* lógico, mesmo *quão* humanitário-desejável isso era: que se reflita acerca disso!

239

Em nenhuma época o sexo frágil foi tratado com tal consideração por parte dos homens como na nossa – o que faz parte da inclinação e do gosto fundamental democráticos, do mesmo modo que a irreverência diante da velhice –: como se espantar que logo pratiquem abusos com essa consideração? Querem mais, aprendem a exigir, acabam por achar esse tributo de consideração já quase ofensivo, prefeririam a competição por direitos, até a luta, propriamente: em resumo, a mulher perde o pudor. Acrescentemos logo que ela também perde o gosto. Ela desaprende a *temer* o homem: mas a mulher "que desaprende o temor" renuncia aos seus instintos mais femininos. Que a mulher se torne atrevida quando o que há de amedrontador no homem, digamos com mais precisão, quando o *homem* no homem não é mais querido e cultivado, é bastante razoável, também bastante compreensível; o que se compreende com mais dificuldade é que, justamente com isso – a mulher degenera. É o que ocorre hoje: não nos enganemos a respeito disso! Onde quer que o espírito industrial tenha triunfado sobre o espírito militar e aristocrático, a mulher agora aspira à independência econômica e jurídica de um caixeiro: "A mulher na condição de caixeiro", eis o que está escrito sobre os portões da sociedade moderna que se forma. Enquanto assim se apodera de novos direitos, ambiciona se tornar "senhor" e escreve o "progresso" da mulher em suas bandeiras e bandeirolas, consuma-se com clareza assustadora o contrário: *a mulher regride*. Desde a Revolução Francesa, a influência da mulher na Europa se tornou *menor* na proporção em que aumentaram seus direitos e exigências; e a "emancipação da mulher", na medida em que é exigida e promovida pelas próprias mulheres (e não apenas por cabeças ocas masculinas), mostra-se assim como um sintoma notável do crescente enfraquecimento e embotamento dos instintos mais femininos. Há *estupidez* nesse movimento, uma estupidez quase masculina, diante da qual uma mulher bem constituída – que é sempre uma mulher inteligente – se ruborizaria dos pés à cabeça. Perder o faro para o solo em que se chega com mais certeza à vitória; negligenciar o exercício naquela que é propriamente a sua arte de armas; deixar-se ir frente ao homem, quem sabe "até ao livro", quando outrora a mulher se portava com disciplina e sutil humildade astuta; contrariar com virtuoso atrevimento a crença masculina em um ideal *oculto* radicalmente distinto na mulher, a crença em algum eterno e necessário-feminino; com ênfase e tagarelice, dissuadir o homem de que a mulher precisa ser sustentada, cuidada, protegida e poupada como se faria com um delicado animal doméstico, admiravelmente selvagem e com frequência agradável; a busca indignada e boçal por tudo o que de escravo e servil possuía e ainda possui a posição que a mulher ocupou na sociedade até agora (como se a escravidão fosse um contra-argumento e não antes uma condição de toda cultura elevada, de toda elevação da cultura) – o que significa tudo isso senão um desmoronamento dos instintos femininos, uma desfeminização? Todavia, há um número suficiente de estúpidos amigos das senhoras e corruptores de mulheres dentre os asnos doutos do sexo masculino que recomendam à mulher se desfeminizar dessa maneira e imitar todas as imbecilidades das quais padece o "homem" na Europa, a "masculinidade" europeia – que gostariam de rebaixar a mulher até a "formação geral", inclusive à leitura de jornais e a fazer política. Aqui e ali, querem fazer das mulheres inclusive literatas e espíritos livres: como se uma mulher sem religiosidade não fosse algo completamente contrário ou ridículo para um homem profundo e sem deus –; arruínam por quase toda parte os seus nervos com a mais doentia e mais perigosa de todas as espécies de música (nossa música alemã mais recente) e as tornam a cada dia mais histéricas e mais incapacitadas para o seu primeiro e último ofício, dar à luz crianças robustas. Em geral, querem "cultivá-las" ainda mais e, como se diz, tornar *forte* o "sexo frágil" por meio da cultura: como se a história não mostrasse do modo mais convincente que a "cultivação" do homem e o enfraquecimento – ou seja, enfraquecimento, fragmentação, adoecimento da *força de vontade*, sempre andaram juntos, e que as mais poderosas e mais influentes mulheres do mundo (acrescente-se por fim ainda a mãe de Napoleão) deviam precisamente à sua força de vontade – e não ao mestre-escola! – o seu poder e a sua preponderância sobre os homens. O que inspira respeito pela mulher, e com bastante frequência medo dela, é a sua *natureza*, que é "mais natural" que a do homem, sua genuína, astuciosa agilidade de animal de rapina, sua garra de tigre sob a luva, sua ingenuidade no egoísmo, sua ineducabilidade e selvageria interior, o inapreensível, vasto, errante de seus apetites e virtudes... Ao lado do medo, o que provoca compaixão por esse perigoso e belo felino "mulher" é que ele parece ser mais sofredor, mais vulnerável, mais carente de amor e mais condenado à desilusão do que qualquer animal. Medo e compaixão: com esses sentimentos o homem esteve diante da mulher até agora, sempre já com um pé na tragédia, que dilacera ao mesmo tempo em que encanta –. O quê? E isso deve ter um fim agora? E o *desencantamento* da mulher está em curso? O entediamento da mulher vem lentamente à tona? Ó Europa! Europa! É conhecido o animal de chifres que para ti sempre foi o mais atraente, que sempre volta a te ameaçar com algum perigo![156] Tua antiga fábula poderia outra vez se tornar "história" – outra vez uma imensa estupidez poderia se assenhorear de ti e te levar embora! E nenhum deus escondido debaixo dela, não! Apenas uma "ideia", uma "ideia moderna"!.....

156. Alusão ao mitológico rapto de Europa por Zeus disfarçado de touro.

Oitava parte

Povos e pátrias

240

Ouvi, mais uma vez pela primeira vez – a abertura de Richard Wagner para os *Mestres cantores*: eis uma arte suntuosa, sobrecarregada, pesada e tardia, que possui o orgulho de pressupor para a sua compreensão que dois séculos de música ainda estejam vivos – honra os alemães que semelhante orgulho não se engane! Que vigores e humores, que estações e regiões não estão aqui misturados! Ora nos parece arcaica, ora estranha, áspera e demasiado jovem, tão caprichosa quanto pomposa-tradicional, não raro picaresca, com mais frequência rude e grosseira – existe aí fogo e coragem, e ao mesmo tempo a pálida e descorada pele dos frutos que amadurecem muito tarde. Há um fluir vasto e pleno: e, de repente, um instante de hesitação inexplicável, como que uma lacuna que se abre de súbito entre causa e efeito, um peso que nos faz sonhar, quase um pesadelo[157] – mas já se esparrama e alarga outra vez a antiga torrente do deleite, do mais múltiplo deleite, de felicidade velha e nova, sem esquecer o *muito* de felicidade do artista consigo mesmo, da qual ele não quer fazer segredo, a consciência assombrada e feliz da mestria dos meios ora empregados, meios artísticos novos, recém-adquiridos, ainda não experimentados, como nos parece revelar. Em resumo, nenhuma beleza, nenhum sul, nada da sutil claridade meridional do céu, nada de graça, nenhuma dança, mal uma vontade de lógica; até uma certa deselegância, que ainda é sublinhada, como se o artista quisesse nos dizer: "Estava entre os meus propósitos"; uma vestimenta pesada, algo voluntariamente bárbaro e solene, um reluzir de eruditas e veneráveis preciosidades e rendas; algo alemão, no melhor e no pior sentido da palavra, algo múltiplo, informe e inexaurível à maneira alemã; uma certa pujança e opulência alemãs da alma, que não temem se ocultar sob os refinamentos da decadência – que aí talvez se sintam melhor do que nunca; um verdadeiro, genuíno emblema da alma alemã, que é ao mesmo tempo jovem e envelhecida, superesgotada e ainda

157. Peso/pesadelo: *Druck*/*Alpdruck*. A tradução mais exata para *Druck* seria, na verdade, "pressão".

superabundante em futuro. Essa espécie de música expressa da melhor maneira o que penso dos alemães: eles são do anteontem e do depois de amanhã – *eles ainda não possuem um hoje.*

241

Nós, "bons europeus": também nós temos horas em que nos permitimos uma efusiva patriotice, um tombo e uma recaída em velhos amores e estreitezas – acabei de dar uma prova disso –, horas de fervor nacionalista, ânsias patrióticas e toda espécie de arcaicas enchentes sentimentais. O que para nós se limita a algumas horas e nelas se esgota, espíritos mais pesados do que nós só poderiam dar conta em longos períodos de tempo, meio ano para alguns, metade de uma vida para outros, segundo a rapidez e a força com que digerem e "metabolizam". Sim, eu posso imaginar raças entorpecidas e hesitantes que em nossa Europa célere precisassem de meio século para superar semelhantes acessos atávicos de patriotice e pegajoso apego ao seu torrão[158] para voltar outra vez à razão, ou seja, ao "bom europeísmo". E ao divagar sobre essa possibilidade, sucede que me torno testemunha da conversa de dois velhos "patriotas" – ambos evidentemente ouviam mal, e por isso falavam mais alto. "*Aquele* entende de filosofia e pensa dela o mesmo que um camponio ou um membro de grêmio" – disse um deles –: "ele ainda é inocente. Mas que importa isso hoje! Estamos na época das massas: elas rastejam diante de tudo que é massivo. E assim também *in politicis.* Um estadista que lhes construa uma nova torre de Babel, qualquer colosso de império e poder, será por elas chamado de 'grande' – que importa se nós, os mais prudentes e mais reservados, por enquanto ainda não abandonamos a crença de que é apenas o grande pensamento que confere grandeza a uma ação e a uma causa. Supondo que um estadista levasse seu povo à situação de, doravante, ter de praticar 'grande política', para a qual esse povo está maldotado e malpreparado pela natureza: de tal maneira que ele precisasse sacrificar suas virtudes velhas e certas por amor a uma mediocridade nova e duvidosa – supondo que um estadista condenasse seu povo a 'fazer política' quando este tinha até agora coisas melhores para fazer e pensar, e no fundo de sua alma não se livrou de um asco cauteloso diante da inquietação, do vácuo e das barulhentas querelas dos povos propriamente dados à política: – supondo que tal estadista aguilhoasse as paixões e cobiças adormecidas de seu povo, transformasse em mácula a timidez e o gosto em ficar apartado que até hoje

158. Outra invenção impagável do autor: *Schollenkleberei* (*Scholle,* "torrão" + substantivação sufixada do verbo *kleben,* "colar", "grudar", "pegar").

manifestou, em falta a sua estrangeirice e secreta infinitude, depreciasse suas mais íntimas inclinações, transtornasse sua consciência, estreitasse seu espírito, tornasse 'nacionalista' o seu gosto – o quê! Um estadista que fizesse tudo isso, um estadista que o seu povo tivesse de expiar por todo o futuro, caso tenha futuro, semelhante estadista seria *grande*?". "Sem dúvida!", responde-lhe com veemência o outro velho patriota: "em caso contrário ele não o teria *podido*! Foi louco, talvez, querer algo assim? Mas talvez tudo o que foi grande, no início foi apenas louco!" – "Abuso de palavras!", grita seu interlocutor diante disso: – "Forte! Forte! Forte e louco! Grande, *não*!" – Os velhos tinham se exaltado de maneira evidente ao gritar suas "verdades" de tal modo um na cara do outro; mas eu, em minha felicidade e meu além, considerei quão em breve o forte será subjugado por outro mais forte; e também que há uma compensação para o achatamento espiritual de um povo, a saber, através do aprofundamento de um outro. –

242

Chame-se "civilização" ou "humanização" ou "progresso" àquilo em que agora se busca a distinção dos europeus; chame-se simplesmente, com uma fórmula política, sem louvar ou censurar, de movimento *democrático* da Europa: atrás de todas as fachadas morais e políticas às quais se alude com tal fórmula, realiza-se um formidável processo *fisiológico*, que avança sempre mais – o processo de uma assemelhação dos europeus, sua crescente libertação das condições sob as quais surgem as raças presas ao clima e à classe, sua progressiva independência de todo *milieu*[159] *determinado*, que gostaria de se inscrever no corpo e na alma durante séculos com as mesmas exigências – portanto, a lenta ascensão de uma espécie de homem essencialmente supranacional e nômade, que, falando fisiologicamente, possui como sua peculiaridade típica um máximo de arte e capacidade de adaptação. Esse processo do *europeu em formação*, que pode ser retardado no seu ritmo por grandes recaídas, mas talvez justamente com isso ganhe e cresça em veemência e profundidade – cabem aqui a tempestade e o ímpeto ainda agora enfurecidos do "sentimento nacional", do mesmo modo o anarquismo que acaba de vir à tona –, é provável que esse processo se encaminhe para resultados com os quais os seus ingênuos promotores e panegiristas, os apóstolos das "ideias modernas", dificilmente estejam contando. As mesmas condições novas sob as quais em média se constituirá um aplanamento e uma mediocrização do homem – um animal humano de rebanho, útil e laborioso, de múltiplos usos

159. "Meio."

e habilidades – são adequadas em grau máximo a originar homens de exceção da mais perigosa e mais atraente qualidade. Enquanto aquela capacidade de adaptação, que sempre experimenta condições mutáveis uma após a outra, e que com cada geração, quase com cada década, inicia um novo trabalho, impossibilita completamente a *pujança* do tipo; enquanto a impressão geral de tais europeus do futuro provavelmente será a de trabalhadores múltiplos, tagarelas, pobres de vontade e extremamente hábeis, que tanto *necessitam* de senhor, de comandante, quanto do pão de cada dia; enquanto a democratização da Europa, portanto, acaba na geração de um tipo preparado para a *escravidão* no mais refinado sentido: em casos isolados e excepcionais, o homem *forte* terá de resultar mais forte e mais rico do que talvez jamais foi até agora – graças à ausência de preconceitos de sua instrução, graças à formidável multiplicidade de exercício, arte e máscara. Eu quis dizer: a democratização da Europa é ao mesmo tempo uma organização involuntária para o cultivo de *tiranos* – entendida a palavra em todos os sentidos, inclusive no mais espiritual.

243

Ouço com regozijo que o nosso Sol se encontra em rápido movimento rumo à constelação de *Hércules*: e espero que o homem desta Terra imite nisso o Sol. E nós à frente, nós, bons europeus! –

244

Houve uma época em que se costumava honrar os alemães ao chamá-los de "profundos": agora, quando o mais bem-sucedido tipo do novo germanismo cobiça honras bem diferentes e carece de tudo que possui profundidade, talvez de "brio", é quase oportuno e patriótico duvidar do acerto desse louvor de outrora: em suma, a profundidade alemã poderia ser no fundo algo diferente e pior – e algo de que, graças a Deus, estaríamos prestes a nos livrar com êxito. Façamos, portanto, a tentativa de mudar de ideias acerca da profundidade alemã: para tanto, não precisaremos de mais nada além de um pouco de vivissecção da alma alemã. – Sobretudo, a alma alemã é múltipla, de origem variada, mais composta e superposta que realmente construída: o que se deve à sua origem. Um alemão que ousasse afirmar que "duas almas, ah! vivem no meu peito"[160], faltaria gravemente com a verdade, ou melhor, ficaria aquém da verdade em muitas almas. Na condição de povo da mais formidável

160. *Zwei Seelen wohnen, ach! in meiner Brust*, verso 1.112 do *Fausto* (primeira parte).

mescla e mistura de raças, talvez até com uma preponderância do elemento pré-ariano, na condição de "povo do meio" em todos os sentidos, os alemães são mais incompreensíveis, mais vastos, mais contraditórios, mais desconhecidos, mais imprevisíveis, mais surpreendentes, mesmo mais terríveis do que outros povos o são para si mesmos: – eles se esquivam à *definição*, e com isso já são o desespero dos franceses. Caracteriza os alemães que a pergunta "o que é alemão?"[161] nunca se extinga entre eles. Kotzebue[162] certamente conhecia seus alemães bem o bastante: "fomos reconhecidos", dirigiam-se a ele cheios de júbilo – mas *Sand* também acreditava conhecê-los. Jean Paul sabia o que fazia ao se declarar irritado com as bajulices e exageros mentirosos, mas patrióticos, de Fichte – mas é provável que Goethe pensasse diferente de Jean Paul acerca dos alemães, ainda que lhe desse razão quanto a Fichte. O que Goethe propriamente pensou dos alemães? – Mas de muitas coisas que o cercavam ele nunca falou claramente, e foi exímio no silenciar sutil ao longo de sua vida – provavelmente tinha bons motivos para tanto. Certo é que não foram "as Guerras de Libertação" que deixaram seu olhar mais alegre, tampouco a Revolução Francesa – o acontecimento em razão do qual ele *repensou* seu Fausto, e até mesmo todo o problema "homem", foi o aparecimento de Napoleão. Há palavras de Goethe nas quais, como que do estrangeiro, ele contesta com uma dureza impaciente aquilo de que os alemães se orgulham: certa vez ele definiu a famosa índole alemã como "indulgência com as fraquezas alheias e próprias"[163]. Ele foi injusto ao dizer isso? – caracteriza os alemães o fato de que raramente se é de todo injusto para com eles. A alma alemã possui dentro de si corredores e passagens, há nela cavernas, esconderijos e calabouços; sua desordem tem muito do encanto do misterioso; o alemão é entendido em atalhos secretos que levam ao caos. E como cada coisa ama seu símile, assim o alemão ama as nuvens e tudo que é obscuro, em devir, crepuscular, úmido e encoberto: o incerto, informe, móvel, crescente de toda espécie, ele o sente

161. *Was ist deutsch*? ("O que é alemão?") é também o título de um artigo de Wagner publicado em 1878 nas *Bayreuther Blätter*, "Folhas de Bayreuth", segundo informa o tradutor espanhol A.S. Pascual. Uma alusão zombeteira a essa mesma pergunta aparecerá no poemeto que encerra esta oitava parte.

162. August Friedrich von Kotzebue (1761-1819): dramaturgo alemão; Karl Ludwig Sand (1795-1820): assassino de Kotzebue. Johann Gottlieb Fichte (1762-1814): filósofo idealista alemão, autor de *Discursos à nação alemã*. Sua patriotice foi combatida pelo escritor, também alemão, Jean Paul Richter (1763-1825). As "Guerras de Libertação" (1813-1815), mencionadas logo a seguir, são as guerras contra o domínio napoleônico.

163. Goethe, *Máximas e reflexões*, 340. "Índole" foi a nossa opção para *Gemüt*, que também pode ser traduzido por: ânimo, alma, espírito, coração, mentalidade, sentimento, sensibilidade, caráter, maneira de ser, faculdades afetivas (conforme o *Dicionário de alemão-português* da Porto Editora).

como "profundo". O próprio alemão não *é*, ele *se torna*, ele "se desenvolve". Por isso, o "desenvolvimento" é o achado e o lance propriamente alemão no grande reino das fórmulas filosóficas – um conceito dominador, que, em associação com a cerveja e a música alemãs, se empenha em germanizar toda a Europa. Os estrangeiros se detêm espantados e atraídos diante dos enigmas que lhes oferecem a natureza contraditória no fundo da alma alemã (que Hegel colocou em um sistema, e Richard Wagner, por fim, em música). "Bonachão e pérfido" – semelhante justaposição, absurda com relação a qualquer outro povo, infelizmente se justifica com muita frequência na Alemanha: que se viva durante algum tempo entre suábios! A lerdeza do douto alemão, sua sensaboria social, convive espantosamente bem com um funambulismo interior e uma ousadia ligeira, das quais todos os deuses já aprenderam a ter medo. Caso se queira a "alma alemã" demonstrada *ad oculos*,[164] basta atentar para o gosto alemão, para as artes e costumes alemães: que indiferença campônia em relação ao "gosto"! De que modo o mais nobre e o mais ordinário se encontram lado a lado! Quão desordenada e rica é toda essa economia da alma! O alemão *arrasta* sua alma; ele arrasta tudo que ele vivencia. Ele digere com dificuldade aquilo que lhe acontece, ele nunca "dá conta" disso; a profundidade alemã é com frequência apenas uma "digestão" pesada, vagarosa. E como todos os doentes crônicos, todos os dispépticos possuem inclinação para o comodismo, assim o alemão ama a "franqueza" e a "probidade": como é *cômodo* ser franco e probo! – Talvez o mais perigoso e mais feliz disfarce em que hoje os alemães são entendidos seja o caráter confiado, cortês, cartas-na-mesa, da *honestidade* alemã: ele é a sua autêntica arte mefistofélica, com ele o alemão ainda pode "ir muito longe"! O alemão se deixa ir, e além disso, fita com olhos leais, azuis, vazios, alemães – e logo os outros países o confundem com seu roupão! – Eu quis dizer: não importa o que seja a "profundidade alemã" – por acaso não nos permitimos, apenas entre nós, rir dela? –, fazemos bem ao honrar sua aparência e bom-nome também daqui por diante, e em não vender tão barato nossa velha fama, a de povo da profundidade, em troca de "brio" prussiano e de humor e areia berlinenses. É prudente para um povo que ele seja considerado profundo, desajeitado, bonachão, honesto, imprudente, que ele *deixe* que o considerem como tal: isso até poderia – ser profundo! Por fim: é preciso honrar seu nome – não é à toa que um povo se chama "teutão", o povo da ilusão...[165]

---

164. "Diante dos olhos".

165. No texto alemão: *man heisst nicht umsonst das "tiusche" Volk, das Täusche-Volk...* No alto-alemão médio, a palavra *tiu(t)sch* (posteriormente *deutsch*, "alemão") guardava grande semelhança com *tiuschen*, "mentir", "enganar", o que não denota, contudo, afinidade etimológica.

245

Os "bons velhos tempos" se foram, em Mozart eles cantaram suas últimas notas – felizes de *nós* que o seu rococó ainda nos toca, que a sua "boa companhia", seu terno entusiasmo, seu prazer pueril em chinesices e arabescos, a cortesia de seu coração, sua ânsia por coisas graciosas, enamoradas, dançantes, lacrimosas, sua crença no sul, ainda possam apelar a algum *resto* em nós! Ah, algum dia nada mais restará disso! – Mas quem poderá duvidar de que antes ainda nada mais restará da compreensão e do gosto por Beethoven! – que foi apenas o acorde final de uma transição e ruptura de estilo, e *não*, como Mozart, o acorde final de um grande gosto europeu que durou séculos. Beethoven é o acontecimento intermediário entre uma velha alma cansada, que se despedaça constantemente, e uma alma futura demasiado jovem, em constante *advir*; sobre a sua música repousa aquela meia-luz de eterna perda e eterna desvairada esperança – a mesma luz na qual a Europa jazia banhada ao sonhar junto com Rousseau, ao dançar em torno da árvore libertária da Revolução e, finalmente, quase adorar Napoleão. Mas com que rapidez empalidece agora justamente *esse* sentimento, quão difícil já é *saber* desse sentimento – quão estranha soa ao nosso ouvido a linguagem desses Rousseau, Schiller, Shelley, Byron, nos quais encontrou *conjuntamente* o caminho da palavra o mesmo destino da Europa que em Beethoven soube cantar! – Qualquer música alemã que tenha vindo depois pertence ao romantismo, ou seja, calculando-se historicamente, a um movimento ainda mais curto, ainda mais fugaz, ainda mais superficial do que foi aquele grande entreato, aquela passagem de Rousseau a Napoleão e à ascensão da democracia na Europa. Weber: mas o que são para *nós*, hoje, o *Freischütz* e *Oberon*! Ou *Hans Heiling* e *O vampiro*, de Marschner![166] Ou mesmo o *Tannhäuser* de Wagner! Trata-se de música cujo som esmorece, ainda que não seja música esquecida. Toda essa música do romantismo não foi, além disso, nobre o bastante, música o bastante, para se fazer valer em outros lugares que não o teatro e diante da multidão; ela foi de antemão música de segunda categoria, que pouco importava para verdadeiros músicos. Diverso é o caso de Felix Mendelssohn, esse mestre alciônico, que graças a sua alma mais leve, mais pura, mais ditosa, foi rapidamente venerado e, com a mesma rapidez, esquecido: como o belo *incidente* da música alemã. Mas no que toca a Robert Schumann, que levava as coisas a sério e que desde o início também foi levado a sério – foi o último a fundar uma escola –: não se considera hoje entre nós

166. Carl Maria von Weber (1786-1826): compositor pré-romântico alemão. Heinrich Marschner (1795-1861): compositor de óperas do romantismo alemão.

uma felicidade, um alívio, uma libertação, que justamente esse romantismo schumanniano esteja superado? Schumann, refugiado na "Suíça saxã" de sua alma, de índole meio wertheriana, meio jean-paulina, não beethoveniana, certamente!, não byroniana, certamente! – sua música para o *Manfred* é um equívoco e um mal-entendido que chega às raias da injustiça –, Schumann, com o seu gosto, que no fundo era um gosto *pequeno* (ou seja, um pendor perigoso, entre alemães duplamente perigoso, para o lirismo sossegado e a borrachice do sentimento), constantemente se afastando, encolhendo-se e recolhendo-se, um nobre melindroso, regalando-se apenas em felicidades e dores anônimas, desde o início uma espécie de mocinha e *noli me tangere*[167]: esse Schumann já não passou de um acontecimento *alemão* na música, nada mais de europeu, como o foi Beethoven, como, em medida ainda mais considerável, o foi Mozart – com ele, o maior dos perigos ameaçou a música alemã, o de perder *a voz para a alma da Europa* e se rebaixar a uma mera patriotice. –

246

– Que tortura são os livros escritos em alemão para aquele que possui o *terceiro* ouvido! Com que má vontade ele se detém às margens do pântano a se revolver lentamente dos clangores sem canto, dos ritmos sem dança, que é chamado de "livro" entre os alemães! E o alemão que *lê* livros, então! Que preguiça, que má vontade, que leituras malfeitas! Quantos alemães sabem, e exigem de si mesmos saber, que há *arte* em toda boa frase – arte que precisa ser percebida para que a frase seja compreendida! Um mal-entendido acerca de seu ritmo, por exemplo: e a própria frase é mal-entendida! Que não se deve ter dúvidas acerca das sílabas ritmicamente decisivas, que se sinta a quebra de uma simetria demasiado rigorosa como algo desejado e como um encanto, que se preste atenção com um ouvido sutil e paciente a cada *staccato*, a cada *rubato*,[168] que se perceba o sentido na sequência de vogais e ditongos, e quão delicada e ricamente eles podem se colorir e mudar de cor dentro de sua sequência: quem, dentre os alemães que leem livros, possui boa vontade o bastante para reconhecer tais deveres e exigências, e prestar ouvidos a tanta arte e intenção na linguagem? Não se possui, afinal, justamente "ouvidos para isso": e assim, os mais fortes contrastes do estilo não são ouvidos, e a

167. "Não me toques."

168. *Staccato*: notas curtas, bem destacadas entre si. *Rubato*: trecho ou frase executado com grande liberdade rítmica, tendo algumas notas arbitrariamente estendidas e outras, analogamente, encurtadas ou vice-versa (*Houaiss*).

mais sutil elaboração artística *desaparece* como que diante de surdos. – Essas foram as minhas reflexões ao notar a maneira tosca e ignorante com que confundiram dois mestres na arte da prosa, o primeiro, cujas palavras gotejam hesitantes e frias, como que do teto de uma caverna úmida – ele conta com o seu surdo soar e ressoar –, o segundo, que maneja a língua como uma espada flexível, e que, descendo do seu braço até o dedão do pé, sente a felicidade perigosa da lâmina que vibra superafiada, que quer morder, sibilar, cortar. –

247

Quão pouco o estilo alemão tem a ver com o som e com os ouvidos é demonstrado pelo fato de que justamente os nossos bons músicos escrevem mal. O alemão não lê em voz alta, para os ouvidos, mas apenas com os olhos: ao ler, ele deixa seus ouvidos na gaveta. O homem antigo lia, quando lia – o que acontecia muito raramente –, em voz alta para si mesmo; causava espanto ler em silêncio, e, em segredo, despertava perguntas acerca dos motivos. Em voz alta: isso significa, com todos os crescendos, inflexões, mudanças de tom a alterações de ritmo nos quais o antigo mundo *público* tinha sua alegria. As leis do estilo escrito eram então as mesmas do estilo falado; e suas leis dependiam em parte da admirável formação, das refinadas necessidades do ouvido e da laringe, em parte da força, duração e potência do pulmão antigo. Um período, no sentido dos antigos, é sobretudo um todo fisiológico, na medida em que ele pode ser abrangido em uma respiração. Tais períodos, como eles ocorrem em Demóstenes, em Cícero, subindo duas vezes, descendo duas vezes, e tudo num só fôlego: esses são deleites para homens *antigos*, que sabiam apreciar, a partir de sua instrução, a virtude que há nisso, do que há de raro e difícil na enunciação de tais períodos: – *nós* não temos propriamente nenhum direito ao *grande* período, nós, modernos, nós, homens de fôlego curto em todos os sentidos! No próprio discursar, esses antigos eram todos diletantes, logo conhecedores, logo críticos – com isso eles impulsionavam seus oradores a extremos; do mesmo modo que no século passado, quando todos os italianos e italianas sabiam cantar, o virtuosismo do canto (e com isso também a arte da melódica –) chegou ao ápice. Mas na Alemanha (até há pouco, quando uma espécie de eloquência de palanque agita suas jovens asas de modo tímido e sem jeito) houve propriamente apenas um gênero de discurso público e *mais ou menos* artístico: aquele proferido do alto do púlpito. Apenas o pregador sabia na Alemanha o peso de uma sílaba, de uma palavra, em que medida uma frase escoiceia, salta, se precipita, corre e transcorre, apenas ele tinha consciência em seus ouvidos, com bastante frequência uma má consciência: pois não faltam motivos para que precisamente um alemão raras vezes, quase sempre muito tarde, chegue a ser habilidoso ao discursar. A obra-prima da prosa alemã é por isso, com toda razão, a obra-prima de seu maior pregador: a *Bíblia* foi até agora o melhor livro alemão. Comparado à Bíblia de Lutero, quase todo o resto é apenas "literatura" – uma coisa que não medrou na Alemanha, e por isso também não medrou e não medra nos corações alemães: como o fez a Bíblia.

248

Há dois tipos de gênio: um, que sobretudo gera e quer gerar, e um outro que prefere ser fecundado e dar à luz. E do mesmo modo, há entre os povos geniais aqueles aos quais coube o problema feminino da gestação e a secreta tarefa de formar, amadurecer, aperfeiçoar – os gregos, por exemplo, eram um povo desse tipo, do mesmo modo os franceses –; e outros, que precisam fecundar e se tornam a causa de novas ordens de vida – caso dos judeus, dos romanos e, perguntando com toda a modéstia, dos alemães? –, povos atormentados e encantados por febres desconhecidas e irresistivelmente impelidos para fora de si mesmos, apaixonados e cobiçosos por raças estranhas (por aquelas que se "deixam fecundar" –), e nisso, sequiosas de poder como tudo aquilo que se sabe repleto de forças geradoras, e portanto, "de graça divina". Esses dois tipos de gênio procuram-se do mesmo modo que homem e mulher; mas eles também entendem mal um ao outro – do mesmo modo que homem e mulher.

249

Cada povo tem a sua própria tartufice, e que chama de suas virtudes. – O que se tem de melhor, não se conhece – não se pode conhecer.

250

O que a Europa deve aos judeus? – Muitas coisas, boas e ruins, sobretudo uma, que é ao mesmo tempo a melhor e a pior: o grande estilo na moral, a enormidade e a majestade de exigências infinitas, significados infinitos, toda a sublimidade e o romantismo das dubiedades morais – e, em consequência, precisamente a parte mais atraente, mais capciosa e mais seleta desses jogos de cores e dessas seduções à vida, em cujo brilho remanescente arde – talvez cesse de arder – o céu de nossa cultura europeia atual, seu céu crepuscular. Nós, artistas entre os espectadores e os filósofos, devemos por isso aos judeus a nossa – gratidão.

251

É preciso resignar-se quando sucede a um povo que sofre – que *quer* sofrer – de febre nervosa nacionalista e ambição política que vários tipos de nuvens e perturbações atravessem seu espírito, em suma, pequenos ataques de estupidificação: por exemplo, entre os alemães do hoje, ora a estupidez antifrancesa, ora a antijudaica, ora a antipolonesa, ora a cristã-romântica, ora a wagneriana, ora a teutônica, ora a prussiana (vejam-se esses pobres historiadores, esses Sybel e Treitzschke[169], com suas cabeças estreitamente unidas –) e como quer que se chamem todos esses pequenos enevoamentos do espírito e da consciência alemãs. Que me perdoem o fato de que também eu, numa breve e arriscada permanência em região gravemente infectada, não fui de todo poupado da doença e, a exemplo de todo mundo, quase comecei a ter pensamentos sobre coisas que em nada me dizem respeito: primeiro sinal de infecção política. Por exemplo, sobre os judeus: ouçam-me. – Ainda não encontrei nenhum alemão que quisesse bem aos judeus; e por mais absoluta que seja a recusa da verdadeira antissemitice por parte de todos os cautelosos e políticos, tais cautela e política não se dirigem porém contra a própria espécie do sentimento, mas apenas contra os seus excessos perigosos, em especial contra a expressão aviltante e de mau gosto desse sentimento excessivo – que não nos enganemos acerca disso. Que a Alemanha possui judeus *suficientes*, que o estômago alemão, o sangue alemão, tem dificuldade (e por longo tempo ainda terá dificuldade) em dar conta dessa quantidade de "judeu" – assim como deram conta o italiano, o francês e o inglês graças a uma digestão mais vigorosa –: essa é a evidente declaração e linguagem de um instinto geral que é preciso ouvir, segundo o qual é preciso agir. "Não deixar que entrem novos judeus! E fechar os portões que dão para o leste (também para o império do leste[170])!", assim ordena o instinto de um povo cuja raça ainda é fraca e indeterminada, de maneira que ela pudesse ser facilmente apagada, facilmente extinta por uma raça mais forte. Mas os

169. Nietzsche refere-se a Heinrich von Sybel (1817-1895) e a Heinrich Gotthard von Treitzschke (1834-1896).

170. "Império do leste": *Östreich* na edição de Colli e Montinari e *Österreich* ("Áustria") na edição de Karl Schlechta. O termo utilizado na edição de Colli e Montinari parece permitir a interpretação de que "império do leste" seja uma alusão à Rússia.

judeus são, sem qualquer dúvida, a raça mais forte, mais tenaz e mais pura que agora vive na Europa; eles sabem se impor mesmo sob as piores condições (melhor inclusive do que sob condições favoráveis) devido àquelas virtudes que hoje se gostaria de qualificar como vícios – graças, sobretudo, a uma fé resoluta que não precisa se envergonhar frente às "ideias modernas"; eles se modificam, *quando* se modificam, apenas do modo como o império russo faz as suas conquistas – como um império que tem tempo e que não é de ontem –: ou seja, segundo o princípio do "mais lentamente possível!" Um pensador que carregue na consciência o destino da Europa contará, em todos os projetos que fizer consigo acerca desse futuro, tanto com os judeus quanto com os russos como os fatores de início mais certos e mais prováveis no grande jogo e luta das forças. Aquilo que hoje é chamado na Europa de "nação", e que é propriamente mais uma *res facta* que *nata*[171] (que às vezes até se parece confundir com uma *res ficta et picta* –), é em todo o caso algo em formação, algo jovem, facilmente adiável, que ainda não é raça, para não falar de um tal *aere perennius* como é a raça judia: essas "nações" deveriam se cuidar muito bem de toda concorrência e hostilidade cabeça-quente! Que os judeus, caso quisessem – ou, caso fossem obrigados a isso, como parecem querer os antissemitas –, já agora *poderiam* ter a preponderância, até literalmente o domínio sobre a Europa, é algo certo; que eles *não* trabalham e nem fazem planos nesse sentido, também. Por enquanto eles querem e desejam muito mais, inclusive com alguma impertinência, ser absorvidos e sorvidos na Europa e pela Europa, eles têm sede de se fixar, de ser aceitos, de ser estimados em algum lugar e dar um basta à vida nômade, ao "judeu errante"[172] –; e se deveria considerar e ir ao encontro desse impulso e ímpeto (que talvez já expresse mesmo uma atenuação dos instintos judaicos): para isso talvez fosse útil e justificado desterrar os gritalhões antissemitas. Ir ao encontro com todo o cuidado, com seleção; mais ou menos como o faz a aristocracia inglesa. É algo evidente que os tipos mais fortes e já mais firmemente definidos do novo germanismo poderiam travar relações com eles sem a menor hesitação, por exemplo, o oficial aristocrata da comarca de Brandenburgo: seria de muito interesse ver se à arte hereditária do mando e da obediência – em ambos a mencionada região é clássica hoje – não se deixaria introduzir, implantar o gênio do dinheiro e da paciência (e sobretudo algum espírito e

171. Mais uma *res facta* que *nata*: "mais uma coisa feita que nascida"; *res ficta et picta*: "coisa imaginada e pintada". *Aere perennius*: "mais duradouro que o bronze". Expressão tirada de Horácio, *Odes*, III, 30, 1: *Exegi monumentum aere perennius*, "erigi um monumento mais duradouro que o bronze".

172. Em alemão, *ewigen Juden* (literalmente, "judeu eterno"): figura lendária que teria sido condenada por Jesus a errar pelo mundo até o final dos tempos.

espiritualidade, o que faz muita falta no referido lugar –). Mas aqui convém interromper minha jovial teutomania e meu discurso festivo: pois quase toco em minha *seriedade*, no "problema europeu", como o entendo, no cultivo de uma nova casta que governe a Europa. –

252

Eis uma raça nada filosófica – esses ingleses: Bacon significa um *ataque* ao espírito filosófico em geral, Hobbes, Hume e Locke, um rebaixamento e uma depreciação do conceito "filósofo" por mais de um século. *Contra* Hume elevou e sublevou-se Kant; Locke foi aquele de quem Schelling *pôde* dizer: "*Je méprise Locke*"[173]; na luta contra o aparvalhamento anglo-mecanicista do mundo, Hegel e Schopenhauer (com Goethe) foram unânimes, esses dois gênios-irmãos hostis da filosofia, que almejavam os polos opostos do espírito alemão e nisso eram injustos um com o outro como só irmãos podem sê-lo. – O que falta à Inglaterra e sempre faltou é algo que sabia bem o bastante aquele semicomediante e retórico, o insípido cabeça-confusa Carlyle, que procurou esconder sob esgares passionais o que sabia a seu próprio respeito: ou seja, o que *faltava* a Carlyle – autêntico *poder* da espiritualidade, autêntica *profundidade* do olhar espiritual, em suma, filosofia. – Caracteriza essa raça afilosófica que ela é firmemente fiel ao cristianismo: ela *precisa* de sua disciplina para a "moralização" e a humanização. O inglês, mais sombrio, mais sensual, mais forte de vontade e mais brutal que o alemão – justamente por isso, na condição de mais vulgar de ambos, também mais piedoso que o alemão: para ele, o cristianismo é ainda *mais necessário*. Para narinas mais delicadas, mesmo esse cristianismo inglês ainda possui uma genuína recendência inglesa a *spleen*[174] e abuso alcoólico, contra os quais, por boas razões, ele é empregado como remédio – o veneno mais refinado, portanto, contra o mais grosseiro: um envenenamento mais refinado já é de fato, para povos broncos, um avanço, um degrau para a espiritualização. Através da linguagem gestual cristã e de orações e salmodias, a bronquice e a seriedade campônia inglesas são disfarçadas do modo mais tolerável, melhor: são interpretadas e adquirem um novo sentido; e para esse gado de borrachos e desregrados, que outrora aprendeu a grunhir moralmente sob o poder do metodismo, e outra vez, há pouco, como "exército de salvação", a convulsão de penitência pode na verdade ser a conquista relativamente mais alta de "humanidade" à qual ele pode ser alçado: isso é tudo o que razoavelmente se pode conceder. O que

173. "Eu desprezo Locke."

174. "Enfado", "melancolia", "tédio".

ofende, porém, ainda no mais humano dos ingleses, é a sua carência de música, para usar uma imagem (e sem usar imagem –): nos movimentos de sua alma e de seu corpo, ele não possui nenhum compasso e nenhum passo de dança, nem sequer o apetite por compassos e passos de dança, por "música". Ouça-se quando ele fala; vejam-se as mais belas inglesas *caminhar* – não há em nenhum país do mundo mais belas pombas e cisnes – enfim: ouçam-nas cantar! Mas estou pedindo demais...

253

Há verdades que são mais bem reconhecidas por cabeças medíocres em razão de serem as mais adequadas a elas, há verdades que possuem encantos e forças de sedução apenas para espíritos medíocres – topa-se com essa tese talvez desagradável justamente agora, desde que o espírito de respeitáveis mas medíocres ingleses – menciono Darwin, John Stuart Mill e Herbert Spencer – começa a alcançar o predomínio na região média do gosto europeu. Na verdade, quem colocaria em dúvida a utilidade de *tais* espíritos dominarem temporariamente? Seria um erro tomar os espíritos mais superiormente constituídos e capazes de voos solitários por especialmente hábeis em constatar muitos fatos pequenos e ordinários, colecioná-los e espremê-los em conclusões: – eles estão antes, na condição de exceções, em uma posição de antemão nada favorável comparados à "regra". Afinal, eles têm mais a fazer do que apenas reconhecer – ou seja, *ser* algo novo, *significar* algo novo, *representar* novos valores! O abismo entre saber e poder talvez seja maior, também mais sinistro, do que se pensa: o potente[175] em grande estilo, o criador, terá possivelmente de ser um ignorante – enquanto, por outro lado, para fazer descobertas científicas do gênero daquelas de Darwin, não deve ser pequena a disposição para uma certa estreiteza, aridez e cuidado diligente, em suma, algo inglês. – Não deve ser esquecido, por fim, que os ingleses, com a sua profunda mediocridade, já uma vez provocaram uma depressão geral do espírito europeu: aquilo que se chama de "ideias modernas", ou "as ideias do século XVIII", ou também "as ideias francesas" – aquilo, portanto, contra o que o espírito *alemão* se levantou com profundo asco –, era de origem inglesa, quanto a isso não cabe dúvida. Os franceses foram apenas os macacos e comediantes dessas ideias, também os seus melhores soldados, e do mesmo modo, infelizmente, suas primeiras e mais radicais *vítimas*: pois graças à

175. No original, *der Könnende*, "aquele que pode", termo que Nietzsche deriva do verbo *können*, "poder".

execrável anglomania das "ideias modernas", a *âme française*[176] se tornou por fim tão tênue e emagrecida que hoje nos recordamos quase com descrença de seus séculos XVI e XVII, de sua força profunda e passional, de sua inventiva nobreza. Mas é preciso segurar com unhas e dentes a justiça histórica dessa tese e defendê-la contra o momento e a aparência[177]: a *noblesse* europeia – do sentimento, do gosto, do costume, em suma, tomada essa palavra em todo sentido elevado – é obra e invenção *da França*; a vulgaridade europeia, o plebeísmo das ideias modernas – *da Inglaterra.* –

254

Ainda agora a França é a sede da mais espiritual e mais refinada cultura da Europa e a escola superior do gosto: mas é preciso saber encontrar essa "França do gosto". Quem a ela pertence, conserva-se bem escondido – o número daqueles em que ela vive e viceja pode ser pequeno, entre eles, talvez, homens que não são os mais firmes das pernas, em parte fatalistas, sombrios, doentes, em parte amimalhados e artificiosos, tais que possuem a *ambição* de se ocultar. Todos têm algo em comum: eles tapam os ouvidos para a imbecilidade furibunda e a matraca barulhenta do *bourgeois* democrático. Na verdade, remexe-se atualmente em primeiro plano uma França imbecilizada e abrutalhada – recentemente, por ocasião dos funerais de Victor Hugo, ela celebrou uma verdadeira orgia do mau gosto, e ao mesmo tempo, de autoadmiração. Há outra coisa que eles também têm em comum: uma boa vontade em se defender da germanização espiritual – além da melhor incapacidade para tanto! Nessa França do espírito, que também é uma França do pessimismo, talvez Schopenhauer já esteja agora mais em casa e mais aclimatado do que jamais esteve na Alemanha; para não falar de Heinrich Heine, que há muito tempo já se transformou em carne e sangue dos mais refinados e exigentes poetas de Paris, ou de Hegel, que hoje exerce na figura de Taine – ou seja, do *primeiro* historiador vivo – uma influência quase tirânica. Mas no que toca a Richard Wagner: quanto mais a música francesa aprende a se plasmar segundo as verdadeiras necessidades da *âme moderne*, tanto mais ela irá "wagnerizar", isso se pode prever – agora ela já faz isso o bastante! Há contudo três coisas que ainda hoje os franceses podem exibir com orgulho como a sua herança e posse, e como sinal indelével de uma antiga superioridade cultural na Europa, apesar de toda germanização e plebeização

176. "Alma francesa."

177. Em alemão, *den Augenblick* (momento, instante, piscadela, pestanejo) *und Augenschein* (vista, aparência).

voluntária ou involuntária do gosto: em primeiro lugar, a capacidade para paixões artísticas, para a dedicação à "forma", para a qual o lema *l'art pour l'art*, entre tantos outros, foi inventado: – coisas assim não faltaram na França nos últimos três séculos, e, sem cessar, graças ao respeito pelo "pequeno número", possibilitaram uma espécie de música de câmara da literatura que não se encontrará no resto da Europa –. O segundo ponto sobre o qual os franceses podem fundamentar uma superioridade na Europa é a sua antiga e variada cultura *moralista*, que faz com que, na média, mesmo nos pequenos *romanciers*[178] dos jornais e nos ocasionais *boulevardiers de Paris* encontremos uma sensibilidade e curiosidade psicológicas das quais, por exemplo na Alemanha, não se tem qualquer ideia (para não falar da coisa!). Para tanto faltam aos alemães alguns séculos do gênero moralista,[179] dos quais, como foi dito, a França não se poupou; quem por essa razão chama os alemães de "ingênuos", consegue transformar um defeito em elogio. (Como antítese à inexperiência e inocência alemãs *in voluptate psychologica*, não tão distantemente aparentadas com o tédio do trato social alemão – e como expressão mais bem lograda de uma curiosidade e inventividade genuinamente francesas em relação a esse império de suaves estremecimentos, podemos considerar Henri Beyle, esse homem notável, antecipador e precursor, que corre em um ritmo napoleônico através da *sua* Europa, através de vários séculos de alma europeia, na condição de rastreador e descobridor dessa alma: – foram necessárias duas gerações para de algum modo *alcançá-lo*, para chegar a adivinhar tardiamente alguns dos enigmas que o atormentavam e encantavam, a esse admirável epicurista e homem-interrogação que foi o último grande psicólogo da França –). Há ainda um terceiro título à superioridade: na essência dos franceses ocorreu uma síntese mais ou menos bem-sucedida do norte com o sul, que os faz compreender muitas coisas e lhes ordena fazer outras tantas que um inglês nunca compreenderá; seu temperamento voltado e afastado de modo periódico para o sul, em que de tempos em tempos transborda o sangue provençal e ligúrio, protege-os de ver tudo nos terríveis tons cinzentos do norte, da fantasmagoria conceitual e da anemia privadas de sol – nossa doença *alemã* do gosto, contra cujo excesso se prescreveu no

178. "Romancistas". *Boulevardiers*: "frequentadores dos bulevares". *In voluptate psychologica*: "na volúpia psicológica". Pouco abaixo: Henri Beyle (1783-1842) era o verdadeiro nome de Stendhal.

179. Em alemão, *moralistischer Art*. Parece legítimo subentender que se trata do gênero *literário* moralista. A edição de Karl Schlechta "corrige" Nietzsche e substitui *Art* por *Arbeit* ("trabalho").

momento, com grande determinação, sangue e ferro,[180] quer dizer: "grande política" (segundo uma perigosa terapêutica, que me ensina a esperar e esperar, mas até agora não me ensinou a ter esperança –). Mesmo agora, ainda há na França uma compreensão antecipada e um acolhimento para esses homens raros e raramente satisfeitos, que são muito vastos para encontrar sua satisfação em alguma patriotice e que sabem amar o sul no norte, o norte no sul – para os mediterrâneos natos, os "bons europeus". – Foi para eles que *Bizet* fez música, esse último gênio que viu uma nova beleza e sedução – que descobriu uma parte de *sul da música.*

255

Julgo recomendável tomar alguns cuidados com a música alemã. Supondo que alguém ame o sul como eu o amo, como uma grande escola da convalescença, no aspecto mais espiritual e no mais sensual, como uma indômita abundância de sol e transfiguração solar que se espalha sobre uma existência autocrática, crente em si: bem, alguém assim aprenderá a se cuidar um pouco da música alemã, pois ela, ao arruinar seu gosto, arruína junto sua saúde. Tal homem meridional, não segundo a origem, mas segundo a *crença*, precisa, caso ele sonhe com o futuro da música, sonhar também com a sua libertação do norte, e ter em seus ouvidos o prelúdio de uma música mais profunda, mais pujante, quem sabe mais malvada e mais misteriosa, uma música supra-alemã, que diante da visão do mar azul e voluptuoso, e da claridade celeste mediterrânea, não esmoreça, amareleça, empalideça como o faz toda a música alemã, uma música supra-europeia, que tenha razão mesmo diante dos pores do sol castanhos do deserto, uma música cuja alma seja aparentada com a palmeira, e que saiba se aclimatar e vaguear entre grandes, belos e solitários animais de rapina... Eu poderia imaginar uma música cuja mais rara magia consistisse em que ela nada mais soubesse do bem e do mal, sobre a qual, talvez, apenas passasse correndo vez por outra alguma nostalgia de marinheiro, algumas sombras douradas e fraquezas delicadas: uma arte que visse a uma grande distância que as cores de um mundo *moral* soçobrante, que quase se tornou incompreensível, buscam refúgio junto a ela, e que fosse hospitaleira e profunda o bastante para receber tais fugitivos tardios. –

---

180. Conforme A.S. Pascual, Nietzsche alude a Bismarck, que, em sessão do Parlamento em 30 de setembro de 1862, afirmou: "Não é com discursos nem com acordos da maioria que se decidem as grandes questões da época – esse foi o erro de 1848 e 1849 –, mas com ferro e sangue".

256

Graças ao doentio afastamento que a insanidade nacionalista provocou e ainda provoca entre os povos europeus, graças igualmente aos políticos de vista curta e mão rápida que hoje estão no topo com a ajuda dessa insanidade, e que nem imaginam o quanto a política desagregadora que praticam apenas pode ser, necessariamente, uma política de entreato – graças a tudo isso e a muitas outras coisas hoje absolutamente indizíveis, são agora ignorados ou recebem uma interpretação arbitrária e mendaz os sinais mais inequívocos que expressam que a *Europa quer se tornar uma só*. Em todos os homens mais profundos e mais amplos deste século, a autêntica orientação geral do misterioso trabalho de suas almas foi a de preparar o caminho para essa nova *síntese* e, a título de experiência, antecipar o europeu do futuro: apenas com suas fachadas, ou em momentos de fraqueza, talvez na velhice, eles pertenceram às "pátrias" – eles apenas descansavam de si mesmos ao se tornar "patriotas". Penso em homens como Napoleão, Goethe, Beethoven, Stendhal, Heinrich Heine, Schopenhauer: não me levem a mal se também conto Richard Wagner entre eles, acerca do qual não devemos nos deixar seduzir pelos seus próprios mal-entendidos – gênios de sua espécie raramente têm o direito de compreender a si mesmos. Muito menos, decerto, pelo alarido grosseiro com que os franceses de hoje se opõem a Wagner e dele se defendem – nem por isso deixa de persistir o fato de que a *última fase do romantismo francês* dos anos 40 e Richard Wagner ligam-se um ao outro do modo mais estreito e mais íntimo. Eles são aparentados, radicalmente aparentados, em todas as alturas e profundezas de suas necessidades: é a Europa, a Europa una, cuja alma, através de sua arte múltipla e impetuosa, urge por sair, por subir, e anseia – ir para onde? Rumo a uma nova luz? A um novo sol? Mas quem poderia dizer com exatidão o que todos esses mestres de novos meios linguísticos não souberam dizer claramente? Certo é que a mesma tempestade e o mesmo ímpeto os atormentou, que eles *buscavam* do mesmo modo, esses últimos grandes buscadores! Todos eles com os olhos e ouvidos dominados pela literatura – os primeiros artistas com formação literária universal –, na maioria eles próprios até escritores, poetas, mediadores e misturadores das artes e dos sentidos (na condição de músico, o lugar de Wagner é entre os pintores, na de poeta, entre os músicos, na de artista, entre os comediantes); todos eles fanáticos da *expressão* "a todo custo" – destaco Delacroix, o mais aparentado a Wagner –, todos eles grandes descobridores no império do sublime, também no do feio e do horrendo, ainda maiores descobridores no efeito, na exibição, na arte das vitrines, todos eles talentos muito acima de seus gênios – virtuoses dos pés à cabeça, com inquietantes acessos a tudo que seduz, atrai, coage, derruba, inimigos natos da lógica e da linha reta, cobiçosos do estranho, do exótico, do formidável, do tortuoso, do que se autocontradiz; na condição de homens, Tântalos da vontade,[181] plebeus que ascenderam, que na vida e na criação se sabiam incapazes de um *tempo* nobre, um *lento* – pense-se em Balzac, por exemplo –, trabalhadores desenfreados, quase autoarruinadores através do trabalho; antinomistas e agitadores nos costumes, ambiciosos e insaciáveis sem equilíbrio e satisfação; todos eles, por fim, alquebrados e prostrados diante da cruz cristã (e isso com todo o direito: pois qual deles teria sido profundo e original o bastante para uma filosofia do *anticristo*? –), no todo, uma espécie de homens superiores ousada-atrevida, magnífica-violenta, altaneira e arrebatadora, que tinha a ensinar em primeiro lugar ao seu século – e era o século das *multidões*! –, o conceito "homem superior"... Os amigos alemães de Richard Wagner podem deliberar consigo mesmos se na arte wagneriana existe algo meramente alemão, ou se aquilo que justamente a distingue não é o fato de provir de fontes e incitamentos *supra-alemães*: no que não se pode subestimar o quanto precisamente Paris foi imprescindível para a formação de seu tipo, cidade pela qual a profundeza de seus instintos o fez ansiar no mais decisivo dos momentos, e como toda a sua maneira de entrar em cena, de seu autoapostolado, somente pôde se consumar face ao modelo dos socialistas franceses. Numa comparação mais sutil, talvez se encontre, em honra à natureza alemã de Richard Wagner, que em tudo ele agiu com mais força, mais ousadia, mais dureza, mais elevação do que poderia agir um francês do século XIX – graças à circunstância de que nós, alemães, ainda estamos mais próximos da barbárie do que os franceses –; talvez o que de mais notável Richard Wagner criou seja mesmo para sempre, e não apenas por hoje, inacessível, incompreensível, inimitável para essa inteira raça latina tão tardia: a figura de Siegfried, esse homem *muito livre*, que de fato e de longe pode ser muito livre, muito duro, muito jovial, muito saudável, muito *anticatólico* para o gosto de velhos e cansados povos civilizados. Ele pode ter sido inclusive um pecado contra o romantismo, esse antirromânico Siegfried: bem, Wagner expiou a valer esse pecado em seus últimos e turvos dias, quando – antecipando um gosto que entrementes se transformou em política – começou, se não a seguir, pelo menos a pregar, com a veemência religiosa que lhe era própria, *o caminho para Roma*. – Para que não entendam mal essas minhas últimas palavras, quero recorrer a algumas rimas vigorosas, que também a ouvidos menos sutis revelarão o que quero – o que quero *contra* o "último Wagner" e a música de seu *Parsifal*.

181. Tântalo foi condenado pelos deuses a padecer eternamente de sede amarrado dentro de um lago.

– Será isto ainda alemão? –
Veio de coração alemão esse chiar abafado?
Será alemão o corpo assim autodescarnado?
Seriam alemães todos esses gestos e essa batina,
Esse atiçar dos sentidos com incenso que alucina?
E alemão esse parar, cair, cambalear,
Esse incerto, bimbalhante bambolear?
Esse piscar de olhos da freira, esse repique de sinos,
Toda essa falsidade, esse enlevo, esses hinos?
– Será isto ainda alemão? –
Considerai! Ainda estais à entrada:
Pois, o que ouvis, é *Roma – a fé romana de*

[palavras privada![182]

182. Em alemão: – *Ist das noch deutsch? – / Aus deutschem Herzen kam dies schwüle Kreischen?/ Und deutschen Leibs ist dies Sich-selbst-Entfleischen? / Deutsch ist dies Priester-Händespreizen, / Dies weihrauch-düftelnde Sinne-Reizen? / Und deutsch dies Stocken, Stürzen, Taumeln, / Dies ungewisse Bimbambaumeln? / Dies Nonnen-Äugeln, Ave-Glocken-Bimmeln, / Dies ganze falsch verzückte Himmel-Überhimmeln? / – Ist Das noch deutsch? – / Erwägt! Noch steht ihr an der Pforte: – / Denn, was ihr hört, ist* Rom – Rom's Glaube ohne Worte!
Em uma tradução literal: – Será isto ainda alemão? – / De coração alemão veio esse chiar abafado? / E é de corpo alemão esse descarnar a si mesmo? / Alemão é esse estender de mãos sacerdotal, / Esse atiçar dos sentidos através de incenso oloroso? / E alemão esse parar, cair, cambalear, / Esse incerto, bimbalhante bambolear? / Esse piscar de olhos da freira, esse repique chamando a rezar as ave-marias, / Todo esse falso e enlevado olhar extasiado para os céus? / – Será isto ainda alemão? – / Considerai! Ainda estais nos portões: – / Pois, o que ouvis, é *Roma – a fé de Roma sem palavras!*

Nona parte

O que é nobre?

257

Toda elevação do tipo "homem" foi até hoje obra de uma sociedade aristocrática – e assim será sempre: como uma sociedade que acredita em uma longa escala de hierarquia e diferença de valores entre um homem e outro, e que precisa da escravidão em algum sentido. Sem o *páthos da distância*,[183] tal como ele resulta da arraigada diferença de classes, do constante olhar ao longe e olhar de cima lançado pela casta dominante a súditos e instrumentos, e de seu igualmente constante exercício na obediência e no mando, no manter abaixo e afastado, não poderia absolutamente resultar aquele outro e mais misterioso *páthos*, aquele anelo por sempre novos aumentos de distância no interior da própria alma, a formação de estados sempre mais elevados, mais raros, mais afastados, mais estendidos, mais amplos, em suma, precisamente a elevação do tipo "homem", a contínua "autossuperação do homem", para tomar uma fórmula moral em um sentido supramoral. Todavia: não devemos nos entregar a ilusões humanitárias sobre a história do surgimento de uma sociedade aristocrática (o pressuposto, portanto, dessa elevação do tipo "homem" –): a verdade é dura. Digamos a nós mesmos sem indulgência como foi que até agora toda cultura elevada *começou* sobre a Terra! Homens de uma natureza ainda natural, bárbaros em todo o terrível sentido da palavra, homens de rapina, ainda possuidores de forças de vontade e de apetites de poder intactos, lançaram-se sobre raças mais fracas, mas civilizadas, mais pacíficas, talvez mercantis ou pastoris, ou sobre culturas velhas e cansadas, nas quais a última força vital acabava de se apagar em brilhantes fogos de artifício de espírito e de corrupção. A casta nobre sempre foi, no início, a casta dos bárbaros: sua preponderância não residia em primeiro lugar na força física, mas na da alma – eram os homens *mais inteiros* (o que, em cada etapa, significa o mesmo que "as bestas mais inteiras" –).

183. *Páthos*: palavra grega. Literalmente: dor, sofrimento, paixão.

258

A corrupção como expressão de que a anarquia ameaça no interior dos instintos, e de que o alicerce dos afetos, que se chama "vida", está abalado: segundo a forma de vida em que ela se mostra, a corrupção é algo radicalmente diferente. Quando, por exemplo, uma aristocracia como a da França no início da Revolução lança fora com um sublime asco os seus privilégios e se sacrifica a um desregramento de sua sensibilidade moral, então isso é corrupção – foi propriamente apenas o ato final de uma corrupção que já durava séculos, devido à qual ela tinha cedido passo a passo suas prerrogativas senhoriais e se rebaixado à *função* da realeza (por fim, inclusive a seu ornato e aparato). O essencial em uma boa e saudável aristocracia, porém, é que ela *não* se sinta como função (seja da realeza, seja da coletividade), mas como o seu *sentido* e suprema justificação – que por isso ela aceite com boa consciência o sacrifício de um sem-número de homens que *por sua causa* devem ser calcados e reduzidos a homens incompletos, a escravos, a instrumentos. Sua crença fundamental precisa ser justamente a de que a sociedade *não* deve existir por causa da sociedade, mas somente como fundamento e suporte sobre o qual um gênero seleto de criaturas possa elevar-se à sua tarefa superior, e sobretudo, a uma *existência*[184] superior: à semelhança daquelas trepadeiras ávidas de sol encontradas em Java – são chamadas de cipó-matador – que com os seus braços tanto apertam um carvalho, e por tanto tempo, até que por fim, muito acima dele, mas nele apoiadas, podem abrir sua copa e ostentar sua felicidade em plena luz. –

259

Abster-se mutuamente da ofensa, da violência e da exploração, equiparar sua vontade à do outro: em um certo sentido grosseiro, isso pode se transformar num bom costume entre indivíduos se forem dadas as condições para tanto (a saber, sua efetiva semelhança em quantidades de força e medidas de valor, e seu pertencimento a um mesmo corpo). Logo, porém, que se quisesse levar adiante esse princípio, e quem sabe transformá-lo até em *princípio fundamental da sociedade*, de imediato ele se demonstraria como aquilo que é: como vontade de *negação* da vida, como princípio de desagregação e

184. Na realidade, a palavra empregada por Nietzsche é *Sein* (ser) e não *Dasein* (existência). O contexto, porém, justifica plenamente nossa opção, evitando assim a óbvia confusão que uma expressão como "ser superior" poderia causar.

declínio. Aqui é preciso pensar profundamente a fundo[185] e se defender de toda fraqueza sentimental: a própria vida é *essencialmente* apropriação, ofensa, sujeição do alheio e do mais fraco, opressão, dureza, imposição das próprias formas, incorporação e, pelo menos, no caso mais ameno, exploração – mas para que se deveria usar justamente sempre essas palavras, que, desde sempre, estão marcadas com um propósito caluniador? Mesmo aquele corpo, em cujo interior, como antes foi admitido, os indivíduos se tratam como iguais – isso ocorre em toda aristocracia sã –, precisa, caso ele seja um corpo vivo e não um corpo agonizante, fazer contra outros corpos tudo aquilo de que os indivíduos em seu interior se abstêm de fazer mutuamente: ele terá de ser a vontade de poder encarnada, ele quererá crescer, expandir-se, atrair para si, ganhar a preponderância – não em razão de alguma moralidade ou imoralidade, mas porque *vive*, e porque a vida *é* precisamente vontade de poder. Mas em nenhum ponto a consciência comum dos europeus é mais relutante à instrução do que aqui; por toda parte se delira agora, inclusive sob roupagem científica, com estados vindouros da sociedade aos quais deverá faltar "o caráter explorador": – isso soa aos meus ouvidos como se prometessem inventar uma vida que se abstivesse de todas as funções orgânicas. A "exploração" não é própria de uma sociedade corrompida ou imperfeita e primitiva: ela é própria da *essência* daquilo que é vivo como função orgânica fundamental, ela é uma consequência da autêntica vontade de poder, que é precisamente a vontade de vida. – Supondo que, como teoria, isto seja uma inovação – como realidade, é o *fato primordial* de toda a história: seja-se honesto consigo mesmo até esse ponto! –

260

Em uma excursão através das muitas morais mais refinadas e mais grosseiras que até agora dominaram ou ainda dominam sobre a Terra, encontrei certos traços que retornam juntos com regularidade e ligados entre si: até que finalmente se revelaram para mim dois tipos fundamentais e se ressaltou uma distinção fundamental. Há *moral de senhores* e *moral de escravos* – acrescento de imediato que em todas as culturas mais elevadas e mais miscigenadas também aparecem tentativas de mediação entre ambas as morais, mais frequentemente a barafunda das mesmas e mal-entendidos recíprocos, até, por vezes, a sua dura justaposição – inclusive na mesma pessoa, no interior

185. Em alemão, *gründlich auf den Grund.* Pouco abaixo, "pelo menos, no caso mais ameno" traduz *mindestens, mildestens,* literalmente "no mínimo, no mais ameno". O segundo termo é outra invenção do autor.

de uma só alma. As distinções morais de valor surgiram ou entre uma espécie dominante que se apercebeu com agrado de sua diferença em relação à dominada – ou entre os dominados, os escravos e dependentes em todo grau. No primeiro caso, quando os dominantes determinam o conceito de "bom", são os estados de alma elevados e orgulhosos que são sentidos como o fator distintivo e determinante da hierarquia. O homem nobre afasta de si as criaturas em que se expressa o contrário de tais estados elevados e orgulhosos: ele as despreza. Observe-se de imediato que nesta primeira espécie de moral, a oposição "bom" e "ruim" significa o mesmo que "nobre" e "desprezível": – a oposição "bom" e "*mau*" tem outra origem. Desprezado é o covarde, o medroso, o mesquinho, aquele que pensa na utilidade estreita; igualmente o desconfiado, com seu olhar cativo, aquele que se rebaixa, a espécie canina de homem que se deixa maltratar, o bajulador mendicante, sobretudo o mentiroso – é uma crença fundamental de todos os aristocratas que o povo comum é mentiroso. "Nós, verazes" – assim chamavam a si mesmos os nobres da antiga Grécia. É evidente que as designações morais de valor foram atribuídas por toda parte em primeiro lugar a *homens*, e só derivada e tardiamente a *ações*: razão pela qual é um erro grave quando historiadores da moral partem de perguntas como "por que foi louvada a ação compassiva?" A espécie nobre de homem sente a *si mesma* como determinadora de valores, ela não precisa de aprovações, ela julga que "aquilo que me é danoso, é danoso em si", ela se sabe como aquela que confere honra às coisas, ela é *criadora de valores*. Tudo que ela conhece de si mesma, ela venera: semelhante moral é autoglorificação. Em primeiro plano está o sentimento de plenitude, de poder que quer transbordar, a felicidade da tensão elevada, a consciência de uma riqueza que quer dar e presentear – também o homem nobre ajuda o infeliz, mas não, ou quase não, por compaixão, senão mais por um ímpeto nascido do excesso de poder. O homem nobre honra em si o poderoso, também aquele que tem poder sobre si mesmo, que sabe falar e calar, que exercita com prazer o rigor e a dureza consigo mesmo e que tem reverência para com tudo que é rigoroso e duro. "Um coração duro Wotan colocou em meu peito", consta em uma antiga saga escandinava: um verso que proveio com razão da alma de um orgulhoso viquingue. Semelhante espécie de homem orgulha-se precisamente de *não* ser feita para a compaixão, o que leva o herói da saga a acrescentar a admoestação: "Quem ao ser jovem ainda não tem um coração duro, nunca o terá". Nobres e valentes que assim pensam estão o mais longe possível de toda moral que enxerga precisamente na compaixão, ou no agir para os outros, ou no *désintéressement*, o signo daquilo que é moral; a crença em si mesmo, o orgulho de si mesmo, uma hostilidade radical e uma ironia para com a "abnegação" pertencem tão decididamente à moral nobre quanto um ligeiro menosprezo e cautela em face da compaixão e do "coração cálido". – São os poderosos aqueles que *sabem* honrar, é a sua arte, seu reino de invenções. O profundo respeito para com o antigo e a tradição – todo o direito repousa sobre esse duplo respeito –, a crença e o preconceito em favor dos antepassados e em desfavor dos vindouros são típicos da moral dos poderosos; e se, inversamente, os homens das "ideias modernas" acreditam quase instintivamente no "progresso" e no "futuro", e carecem cada vez mais de respeito para com os antigos, então isso já denuncia suficientemente a origem sem nobreza dessas "ideias". O que mais torna uma moral de dominantes estranha e penosa para o gosto atual, porém, é o rigor de seu princípio fundamental de que se possui deveres apenas para com os seus iguais; de que para com as criaturas de categoria inferior, para com tudo que é estranho, pode-se agir como bem se entender ou "como quiser o coração", e, em todo o caso, "além do bem e do mal" –: aqui podem caber a compaixão e que tais. A capacidade e o dever da prolongada gratidão e da prolongada vingança – ambas apenas entre iguais –, a fineza na retaliação, o refinamento no conceito de amizade, uma certa necessidade de ter inimigos (como que desaguadouros para os afetos da inveja, da ânsia por contendas, da petulância – no fundo, para bem poder ser *amigo*): tudo isso são sinais típicos da moral nobre, a qual, como foi aludido, não é a moral das "ideias modernas", e por isso é hoje difícil de compreender, também difícil de escavar e descobrir. – É diferente com o segundo tipo de moral, a *moral de escravos*. Supondo que os violentados, oprimidos, sofredores, cativos, inseguros e cansados moralizem: o que haverá de análogo em suas valorações morais? Provavelmente ganhará expressão uma suspeita pessimista em relação a toda a situação do homem, talvez uma condenação do homem juntamente com a sua situação. O olhar do escravo é desfavorável às virtudes do poderoso: ele mostra ceticismo e desconfiança, ele mostra *sutileza* na desconfiança em relação a todo o "bom" que lá é venerado – ele gostaria de se persuadir de que ali a própria felicidade não é autêntica. Inversamente, são destacadas e cobertas de luz as qualidades que servem ao alívio da existência dos sofredores: recebem as honras aqui a compaixão, a mão solícita, obsequiosa, o coração cálido, a paciência, a diligência, a humildade, a afabilidade – pois essas são aqui as qualidades mais úteis e quase os únicos meios para suportar o fardo da existência. A moral escrava é, essencialmente, moral utilitária. Aqui é o foco onde se origina aquela célebre oposição entre "bom" e "*mau*" – na maldade sente-se o poder e a periculosidade, uma certa terribilidade, sutileza e fortaleza que não permitem que o desprezo se manifeste. Assim, segundo a moral de escravos, o "mau" inspira medo; segundo a moral de senhores, é precisamente o "bom" que inspira e quer inspirar medo, enquanto o homem "ruim" é sentido como desprezível. A oposição atinge seu ápice quando, segundo a lógica da moral de escravos, liga-se finalmente ao "bom" dessa moral um sopro de menosprezo – que pode ser ligeiro e benevolente –, pois o bom, no modo de pensar escravo, precisa ser de todo modo o homem *inofensivo*: ele é bonachão, fácil de enganar, talvez um pouco bobo, *un bonhomme*. Por toda parte em que a moral de escravos chegou à preponderância, a língua mostra uma tendência a aproximar as palavras "bom" e "bobo". – Uma última distinção fundamental: o anelo por *liberdade*, o instinto para a felicidade e as sutilezas do sentimento de liberdade pertencem tão necessariamente à moral e à moralidade de escravos quanto a exaltação e a arte do respeito, da dedicação são um sintoma regular de um modo aristocrático de pensar e valorar. – A partir disso se compreende sem maiores dificuldades por que o amor *como paixão* – que é nossa especialidade europeia – simplesmente precisa ser de origem nobre: como se sabe, coube sua invenção aos poetas-cavaleiros provençais, aqueles magníficos e inventivos homens do "*gai saber*",[186] aos quais a Europa tanto deve, quase a si mesma. –

261

Dentre as coisas que um homem nobre talvez compreenda mais dificilmente, encontra-se a vaidade: ele será tentado a negá-la mesmo ali onde uma outra espécie de homem julga tocá-la com ambas as mãos. O problema, para ele, é imaginar criaturas que procuram despertar uma boa opinião que elas mesmas não possuem acerca de si – e que, portanto, também não "merecem" –, e que, contudo, *acreditam* posteriormente nessa boa opinião. Isso lhe parece, por um lado, de tanto mau gosto e de tamanho desrespeito para consigo mesmo, e por outro lado, tão barroco-absurdo, que ele gostaria de tomar a vaidade como uma exceção, e duvida de sua existência na maioria dos casos em que dela se fala. Ele dirá, por exemplo: "Posso me enganar acerca de meu valor e, por outro lado, exigir que meu valor também seja reconhecido por outros exatamente assim como eu o estimo – mas isto não é vaidade (porém presunção, ou nos casos mais frequentes, aquilo que é chamado de 'humildade', também de 'modéstia')". Ou também: "Por muitos motivos posso me alegrar com a boa opinião dos outros, talvez porque eu os respeite, ame e me alegre com cada uma de suas alegrias, talvez também porque a sua boa opinião confirma e reforça a crença na minha própria boa opinião, talvez

186. "Gaia ciência", a arte de versejar segundo a praticavam os trovadores provençais do século XI ao XIII, e que se estendeu à escola galego-portuguesa, à escola catalã e outras (*Houaiss*).

porque a boa opinião dos outros, mesmo nos casos em que eu não a partilho, seja-me útil ou prometa vir a sê-lo – mas nada disso é vaidade". Apenas forçado, especialmente com a ajuda da história, é que o homem nobre consegue imaginar que desde tempos imemoriais, em todas as camadas populares de algum modo dependentes, o homem comum apenas *era* aquilo pelo que o *tomavam*: – de modo algum habituado ele próprio a estimar valores, ele também não se atribuía nenhum outro valor além daquele que seus senhores lhe atribuíam (criar valores é o genuíno *direito dos senhores*). O fato de que, também agora, o homem comum primeiro *espera* por uma opinião a seu respeito e então se sujeita instintivamente a ela, pode ser entendido como a consequência de um formidável atavismo: mas de modo algum apenas a uma "boa" opinião, mas também a uma ruim e injusta (pense-se, por exemplo, na maior parte das autoestimações e autosubestimações que as senhoras devotas aprendem de seus confessores e, em geral, o cristão devoto aprende de sua Igreja). Agora, de fato, conforme a lenta ascensão da ordem democrática das coisas (e de sua causa, a mistura do sangue de senhores e escravos), o originalmente nobre e raro ímpeto de atribuir a si próprio, independentemente, um valor e de "pensar bem" de si mesmo é mais e mais encorajado e difundido: mas a cada momento ele possui contra si um pendor mais antigo, mais amplo e profundamente incorporado – e no fenômeno da "vaidade", esse pendor mais antigo domina o mais novo. O vaidoso alegra-se com *toda* boa opinião que ouve acerca de si (deixando completamente de lado quaisquer pontos de vista utilitários, e sem considerar, igualmente, a verdade e a falsidade), assim como sofre com toda opinião ruim: pois ele se submete a ambas, ele *sente-se* submetido a elas por aquele instinto antiquíssimo de sujeição que nele irrompe. – É "o escravo" no sangue do vaidoso, um resto da manha do escravo – e quanto de "escravo", por exemplo, ainda permanece agora na mulher! –, que procura *seduzir* os outros a ter boas opiniões acerca dele; é igualmente o escravo que depois se prostra de imediato diante dessas opiniões, como se ele não as tivesse suscitado. – E dito mais uma vez: a vaidade é um atavismo.

262

Uma *espécie* surge, um tipo se torna firme e forte, através da prolongada luta com condições *desfavoráveis* essencialmente iguais. De modo inverso, sabe-se, pelas experiências de criadores, que espécies que recebem uma alimentação superabundante e, sobretudo, um excesso de proteção e cuidado, logo tendem da maneira mais pronunciada à variação do tipo e são abundantes em portentos e monstruosidades (também em vícios monstruosos). Contemple-se agora uma comunidade aristocrática, talvez uma antiga pólis grega ou Veneza, como uma instituição, seja voluntária, seja involuntária, com fins de *cultivo*: ali há homens que coexistem e dependem de si mesmos que querem impor a sua espécie, na maioria das vezes porque eles *têm de* se impor ou correm o terrível perigo de serem exterminados. Aqui falta aquele favorecimento, aquele excesso, aquela proteção sob os quais a variação é promovida; a espécie precisa de si como espécie, como algo que precisamente graças a sua dureza, uniformidade, simplicidade da forma, pode se impor e se tornar duradouro, em constante luta com o vizinho ou com os oprimidos rebeldes, ou ameaçando rebelião. A mais variada experiência a ensina a que qualidades, principalmente, ela deve o fato de ainda existir apesar de todos os deuses e homens, o fato de sempre ter triunfado: essas qualidades ela chama de virtudes, somente essas virtudes ela cultiva. Ela o faz com dureza, ela até quer a dureza; toda moral aristocrática é intransigente na educação da juventude, nas prescrições acerca das mulheres, nos costumes matrimoniais, nas relações entre velhos e jovens, nas leis penais (que apenas têm em vista os desviantes): – ela conta a própria intransigência entre as virtudes, sob o nome de "justiça". Um tipo com poucos traços, mas muito acentuados, uma espécie de homem rigorosa, guerreira, prudente-calada, fechada e reservada (e, como tal, da mais fina sensibilidade para os encantos e nuances da sociedade), é de tal modo fixada acima da variação das gerações; a constante luta com condições *desfavoráveis* e sempre iguais é, como foi dito, a causa de que um tipo se torne firme e duro. Finalmente, porém, surge uma situação de felicidade, a formidável tensão se atenua; talvez não haja mais inimigos entre os vizinhos, e os meios para a vida, até para o gozo da vida, encontram-se abundantemente disponíveis. De um golpe se rompe o laço e a coação da antiga disciplina: ela não se sente mais necessária, como condicionante da existência – quisesse continuar, apenas poderia fazê-lo como uma forma de *luxo*, de *gosto* arcaizante. A variação, seja como desvio (para o mais elevado, mais sutil, mais raro), seja como degeneração e monstruosidade, está subitamente em cena na sua maior abundância e esplendor, o indivíduo ousa ser indivíduo e se destacar. Nesses pontos de virada da história, apresentam-se magníficos, variados e selvagens crescimentos para o alto e aspirações de ascensão uns ao lado dos outros e, com frequência, confundidos e enredados uns nos outros, uma espécie de andamento *tropical* na competição pelo crescimento, e um formidável soçobro e autoaniquilamento, graças aos egoísmos bestialmente voltados uns contra os outros, como que explodindo, que combatem entre si "por sol e luz" e não sabem mais deduzir qualquer limite, qualquer freio, qualquer consideração da moral até então vigente. Foi essa moral mesma que acumulou a força até esse ponto extremo, que retesou o arco de maneira tão ameaçadora: – agora ela é, ela se torna, "sobrevivente"[187]. Foi alcançado o ponto perigoso e funesto em que a vida maior, mais múltipla, mais ampla, *vive além* da antiga moral; eis o "indivíduo", forçado a legislações próprias, a artes e astúcias próprias de autoconservação, autoelevação, autolibertação. Apenas novos "para que", apenas novos "com que", mais nenhuma fórmula comum, o mal-entendido e o menosprezo em aliança, a decadência, a corrupção e os mais elevados apetites horrendamente enodados, o gênio da raça transbordando de todas as cornucópias de bens e males, uma fatídica simultaneidade de primavera e outono, plena de novos encantos e véus, próprios da corrupção nova, ainda não esgotada, ainda não cansada. Eis novamente presente o perigo, o pai da moral, o grande perigo, desta vez localizado no indivíduo, no próximo e no amigo, na rua, no próprio filho, no próprio coração, em tudo que há de mais próprio e de mais secreto em desejo e vontade: o que haverão de pregar os filósofos da moral que surgem nesse período? Eles descobrem, esses agudos observadores e mandriões, que o fim se aproxima célere, que tudo ao redor deles se corrompe e faz corromper, que nada perdura até depois de amanhã, excetuada uma espécie de homem, os irremediavelmente *medíocres.* Apenas os medíocres possuem perspectivas de prosseguir, de procriar – eles são os homens do futuro, os únicos sobreviventes; "sede como eles! tornai-vos medíocres!", ordena agora a única moral que ainda tem sentido, que ainda encontra ouvidos. – Mas é difícil de pregar, essa moral da mediocridade! – ela jamais deverá admitir o que é e o que quer! Ela precisa falar de medida e dignidade e dever e amor ao próximo – ela terá necessidade *de ocultar a ironia!* –

263

Há um *instinto para a categoria* que, mais do que tudo, já é sinal de uma categoria *elevada*; há um *prazer* nas nuances da reverência que deixa adivinhar origem e costumes nobres. A fineza, a qualidade e a elevação de uma alma são perigosamente colocadas à prova quando passa junto a ela algo que é de primeira categoria, mas que ainda não é protegido de garras e grosserias impertinentes pelos estremecimentos da autoridade: algo que, não distinguido, não descoberto, tateante, talvez voluntariamente velado e disfarçado, segue seu caminho como uma pedra de toque vivente. Àquele

187. Em alemão, *überlebt*, "ultrapassado", "antiquado" – "sobrevivente", portanto, no sentido de sobreviver ao seu tempo.

entre cujas tarefas e exercícios se encontre a investigação de almas, servirão precisamente as várias formas dessa arte para determinar o derradeiro valor de uma alma, a inamovível e inata hierarquia à qual ela pertence: ele a colocará à prova no que respeita ao seu *instinto de reverência. Différence engendre haine*[188]: a vulgaridade de muitas naturezas esguicha subitamente como água suja quando algum vaso sagrado, alguma preciosidade de escrínios fechados à chave, algum livro com os signos do grande destino passa carregado ao seu lado; e, por outro lado, há um emudecer involuntário, um hesitar do olho, um acalmar de todos os gestos que expressam que uma alma *sente* a proximidade do que é mais venerável. O modo como em geral a reverência pela *Bíblia* foi até agora conservada na Europa é talvez a melhor parte de disciplina e refinamento dos costumes que a Europa deve ao cristianismo: tais livros profundos e de suprema importância necessitam para a sua proteção de uma tirania autoritária provinda de fora a fim de ganhar aqueles milênios de *duração* que são necessários para esgotá-los e decifrá-los. Conseguiu-se muito quando finalmente se incutiu na grande multidão (os rasos e os intestinos apressados de toda espécie) aquele sentimento de que ela não deve tocar em tudo; de que há vivências sagradas diante das quais ela deve descalçar os sapatos e manter afastada a mão suja – trata-se, quase, de sua máxima elevação em humanidade. Inversamente, talvez nada seja mais repugnante nos assim chamados homens cultos, nos crentes das "ideias modernas", do que sua falta de pudor, o atrevimento sem-cerimônia de seu olho e de sua mão, com os quais tudo tocam, lambem, apalpam; e é possível que hoje entre o povo, entre o povo baixo, especialmente entre camponeses, ainda se encontre mais *relativa* nobreza de gosto e tato na reverência do que no *demi-monde*[189] do espírito que lê jornais, entre os homens cultos.

264

Não se pode apagar da alma de um homem o que seus antepassados fizeram com mais gosto e mais constância: se foram, talvez, poupadores diligentes e apetrechos de uma escrivaninha ou caixa-forte, modestos e burgueses em seus apetites; ou se viveram habituados a dar ordens da manhã até a tarde, afeiçoados a prazeres rudes e, ao mesmo tempo, talvez a deveres e responsabilidades ainda mais rudes; ou se eles, por fim, alguma vez sacrificaram antigos privilégios de nascimento e de propriedade para viver inteiramente

188. "Diferença gera ódio." Stendhal, *O vermelho e o negro*, Livro primeiro, Cap. XXVII.

189. Nietzsche emprega *Halbwelt* ("meio mundo"), termo tomado justamente do francês, e que indica uma sociedade elegante mas de reputação duvidosa.

segundo sua fé – seu “deus” –, na condição de homens de uma consciência implacável e delicada que se ruboriza diante de todo arranjo. Não é absolutamente possível que um homem *não* tenha em seu corpo as qualidades e predileções de seus pais e ancestrais: não importando o que as aparências digam em contrário. Este é o problema da raça. Supondo que se conheça algo dos pais, então é permitida uma conclusão acerca do filho: qualquer descomedimento repugnante, qualquer inveja mesquinha, qualquer mania grosseira de sempre dar-se razão – conforme essas três coisas juntas, em todas as épocas, sempre constituíram o autêntico tipo plebeu – devem passar ao filho tão seguramente quanto sangue corrompido; e com a ajuda da melhor educação e formação apenas se conseguirá *enganar* acerca de semelhante herança. – E que outra coisa querem hoje a educação e a formação! Em nossa época demasiado popular, quer dizer, plebeia, a “educação” e a “formação” *precisam* ser, essencialmente, arte de enganar – de enganar acerca da origem, da plebe herdada no corpo e na alma. Um educador que hoje pregasse sobretudo a veracidade e gritasse constantemente a seus pupilos: “Sede verazes! Sede naturais! Mostrai-vos como sois!” – mesmo semelhante asno virtuoso e cândido aprenderia, passado algum tempo, a pegar aquela *furca* de Horácio para *naturam expellere*: com que resultado? A “plebe” *usque recurret*[190]. –

265

Com o risco de desagradar a ouvidos inocentes, afirmo: o egoísmo pertence à essência da alma nobre, quero dizer, aquela inamovível crença de que a uma criatura como “nós somos”, outras criaturas devem ser submissas por natureza e a ela tenham de se sacrificar. A alma nobre aceita o fato de seu egoísmo sem qualquer ponto de interrogação, isenta também dos sentimentos de dureza, coação e arbitrariedade, antes como algo que estaria fundado na lei primordial das coisas; – se ela buscasse um nome para isso, diria que “é a própria justiça”. Sob determinadas circunstâncias, que de início a fazem hesitar, ela admite a si mesma que existem almas com direitos iguais aos seus; tão logo esteja com essa questão de categoria tirada a limpo, ela se move entre esses iguais e possuidores de direitos iguais aos seus com a mesma segurança no pudor e delicada reverência que ela possui no trato consigo mesma – segundo uma inata mecânica celeste, da qual entendem todos os astros. É uma porção *mais* de seu egoísmo, essa fineza e autorestrição no trato com seus iguais – cada astro é um tal egoísta –: ela honra a *si mesma* neles e nos direitos

190. Horácio, *Epístolas* I, 10, 24: *Naturam expelles furca, tamen usque recurret* (“mesmo que expulses a natureza com um forcado, ela voltará sempre”).

que a eles cede, ela não duvida de que a permuta de honras e direitos, como *essência* de todo trato, pertença igualmente ao estado natural das coisas. A alma nobre concede da mesma maneira que toma, a partir do passional e sensível instinto de retribuição que se encontra em sua base. O conceito de "graça" não possui qualquer sentido e fragrância *inter pares*[191]; pode haver um modo sublime de, por assim dizer, resignar-se a presentes vindos de cima e sorvê-los até o fim sedentamente como se fossem gotas: mas para essa arte e gestual, a alma nobre não possui qualquer habilidade. Seu egoísmo é aqui um obstáculo: não lhe agrada absolutamente olhar "para cima" – mas, ou à sua *frente*, horizontal e lentamente, ou para baixo: – *ela se sabe no alto.* –

266

"Pode-se estimar verdadeiramente apenas aquele que não *busca* a si mesmo."[192] – Goethe ao conselheiro Schlosser.

267

Há um ditado entre os chineses que as mães ensinam já aos seus filhos: *siao-sin*, "faz *pequeno* o teu coração!". Este é o genuíno pendor fundamental das civilizações tardias: não duvido que o autoapequenamento fosse a primeira coisa que um grego antigo percebesse também em nós, europeus de hoje – só isso já bastaria para que lhe "repugnássemos ao gosto". –

268

O que é afinal a vulgaridade?[193] – Palavras são sinais sonoros para conceitos; conceitos, porém, são sinais imagéticos mais ou menos determinados para sensações que retornam com frequência e em associação, para grupos de sensações. Para o entendimento mútuo não é ainda suficiente que se empreguem as mesmas palavras: é preciso empregar as mesmas palavras

191. "Entre iguais."

192. Em alemão: "*Wahrhaft hochachten kann man nur, wer sich nicht selbst* sucht". Nietzsche faz aqui um jogo entre *selbst sucht*, "busca a si mesmo", e o substantivo *Selbstsucht*, "egoísmo", formado por *selbst*, "si mesmo", e *sucht*, sufixo que denota patologia, adição ou conduta moralmente reprovável, como em *Fallsucht* (epilepsia), *Trunksucht* (alcoolismo) e *Geldsucht* (avareza).

193. Em alemão, *Gemeinheit*. Quanto ao adjetivo *gemein* (vulgar, comum), não foi possível vertê-lo sempre por "vulgar", de modo que em uma expressão como "experiência em *comum*", por exemplo, não se deve perder de vista o subtom desdenhoso e pejorativo: seria uma experiência ordinária, vulgar, baixa.

também para a mesma espécie de vivências interiores, é preciso, enfim, que a sua experiência seja *comum* à de outros. É por isso que homens de um povo se entendem melhor entre si do que membros de povos diferentes, mesmo quando se servem da mesma língua; ou antes, quando homens viveram juntos por longo tempo sob condições semelhantes (de clima, de solo, de perigo, de carências, de trabalho), então *surge* disso algo que "se entende", um povo. Em todas as almas, um mesmo número de vivências que retornam com frequência alcançou a preponderância sobre outras mais raras: graças a elas é que as pessoas se entendem, rápida e sempre mais rapidamente – a história da linguagem é a história de um processo de abreviação –; graças a esse rápido entendimento é que as pessoas se unem de modo mais estreito e sempre mais estreito. Quanto maior a periculosidade, tanto maior é a necessidade de entrar em acordo rápida e facilmente acerca daquilo que é preciso fazer; não se entender mal no perigo, eis do que os homens simplesmente não podem prescindir para se relacionar. Mesmo em cada amizade ou namoro se faz essa prova: nada do gênero perdura logo que se descubra que um dos dois, empregando as mesmas palavras, sente, pensa, pressente, deseja, teme de maneira diferente do outro. (O temor ao "eterno mal-entendido": eis o gênio benevolente que com tanta frequência impede os sexos de estabelecer ligações precipitadas às quais os sentidos e o coração aconselham – e *não* algum "gênio da espécie" schopenhauriano – !) Quais os grupos de sensações que no interior de uma alma mais rapidamente despertam, tomam a palavra, dão as ordens, é isso que decide sobre a completa hierarquia de seus valores, é isso que determina afinal a sua tábua de bens. As valorações de um homem revelam algo da *estrutura* de sua alma e daquilo em que ela vê suas condições vitais, sua genuína necessidade. Supondo, pois, que desde sempre a necessidade aproximou apenas aqueles homens que puderam, com signos semelhantes, indicar carências semelhantes, vivências semelhantes, resulta de modo geral que a fácil *comunicabilidade* da necessidade, ou seja, bem no fundo, o vivenciar tão somente vivências medíocres e *comuns*, deve ter sido, dentre todas as forças que até agora dispuseram do homem, a mais forte. Os homens mais semelhantes, mais ordinários, estiveram e sempre estão em vantagem, e os mais seletos, mais sutis, mais raros, mais difíceis de compreender ficam facilmente sozinhos, entregues, em seu isolamento, às desgraças, e raramente se reproduzem. É preciso invocar formidáveis forças contrárias para fazer frente a esse natural, demasiado natural *progressus in simile*,[194] à transformação progressiva do homem no semelhante, costumeiro, medíocre, gregário – no *vulgar!*

194. "Progresso no assemelhamento."

269

Quanto mais um psicólogo – um nato, um inevitável psicólogo e adivinhador de almas – se voltar para os casos e homens mais seletos, tanto maior será o perigo de sufocar de compaixão: ele *precisa* de dureza e jovialidade mais que qualquer outro homem. Pois a corrupção, o soçobro dos homens superiores, das almas mais singularmente constituídas, é a regra: é terrível ter sempre diante dos olhos semelhante regra. As variadas torturas do psicólogo que descobriu esse soçobro, que pela primeira vez e então *quase* sempre voltou a descobrir, atravessando toda a história, essa completa "irremediabilidade" inerente ao homem elevado, esse eterno "Tarde demais!" em todos os sentidos – isso talvez possa algum dia se tornar a causa de que ele se volte com amargura contra seu próprio destino e faça uma tentativa de autodestruição – que ele próprio "se corrompa". Em quase todo psicólogo será possível perceber uma inclinação e um gosto reveladores para o trato com homens triviais e bem organizados: nisto se revela que ele sempre necessita de uma cura, que ele precisa de uma espécie de fuga e esquecimento, longe do peso que lhe puseram na consciência a sua visão e suas incisões, o seu "ofício". O medo de sua memória é próprio dele. Diante do juízo alheio, ele facilmente emudece: com o rosto impassível, ele escuta como se venera, admira, ama, transfigura lá onde ele *viu* – ou inclusive oculta seu mutismo ao concordar expressamente com alguma opinião de fachada. O paradoxo de sua situação talvez avance tão longe em horror, que a multidão, os homens cultos, os entusiastas, precisamente ali onde ele aprendeu a grande compaixão ao lado do grande desprezo, aprendam de sua parte a grande veneração – a veneração pelos "grandes homens" e animais-prodígio, em razão dos quais se abençoa e se honra a pátria, a Terra, a dignidade do homem, a si mesmo, para os quais se chama a atenção da juventude, que a ela servem de modelo... E quem sabe se até agora, em todos os grandes casos, não ocorreu a mesma coisa: que a multidão adorou um deus – e que o "deus" era apenas um pobre animal de sacrifício! O êxito sempre foi o maior dos mentirosos – e a própria "obra" é um êxito; o grande estadista, o conquistador, o descobridor está disfarçado em suas criações até a irreconhecibilidade; a "obra", a do artista, do filósofo, apenas inventa aquele que a criou, que a teria criado; os "grandes homens", tal como são venerados, são pequenas e péssimas invenções posteriores; no mundo dos valores históricos, *domina* a cunhagem de moeda falsa. Esses grandes escritores, esses Byron, Musset, Poe, Leopardi, Kleist, Gogol, por exemplo – não ouso mencionar nomes muito maiores, mas penso neles[195]

---

195. Essa frase não aparece na edição de Colli e Montinari, na qual é remetida para as notas por ser um acréscimo posterior constante apenas no exemplar pessoal do autor. Logo adiante, *gloria*: em latim no texto alemão.

–, tal como eles são, talvez tenham de ser: homens do momento, entusiasmados, sensuais, criançolas, repentinos e levianos na desconfiança e na confiança; com almas nas quais usualmente alguma ruptura precisa ser ocultada; com frequência vingando-se com suas obras de alguma nódoa interior, com frequência buscando esquecimento em seus voos de uma memória demasiado fiel, com frequência extraviados no lodo e por ele quase apaixonados, até se tornarem iguais aos fogos-fátuos em torno dos pântanos e *passarem* por estrelas – o povo decerto os chama então de idealistas –, com frequência lutando com um asco prolongado, com um fantasma recorrente de descrença que enregela e os coage a suspirar pela *gloria* e comer a "fé em si" das mãos de aduladores arrebatados – que *tortura* são esses grandes artistas e sobretudo os homens superiores para aquele que alguma vez os adivinhou! É assim compreensível que *eles* experimentem justamente da parte da mulher – que é clarividente no mundo do sofrimento e, infelizmente, também é sequiosa de ajudar e salvar muito além de suas forças –, com tanta facilidade, esses transportes de ilimitada e da mais dedicada *compaixão*, os quais a turba, sobretudo a turba veneradora, não compreende e cumula de interpretações curiosas e presumidas. Em regra, essa compaixão se engana acerca de sua força; a mulher gostaria de acreditar que o amor *tudo* pode – é a sua autêntica *fé.* Ah, o conhecedor do coração adivinha quão pobre, bobo, desamparado, pretensioso, equivocado, antes destruidor que salvador também pode ser o melhor e mais profundo amor! – É possível que sob a sagrada fábula e disfarce da vida de Jesus se encontre escondido um dos mais dolorosos casos de martírio do *conhecimento acerca do amor*: o martírio do mais inocente e mais ávido dos corações, para o qual nenhum amor humano era o bastante, que *exigia* o amor, ser amado e nada exceto isso com dureza, com loucura, com terríveis transportes contra aqueles que lhe negavam amor; a história de um pobre insaciado e insaciável no amor, que teve de inventar o inferno a fim de mandar para lá aqueles que não o *quiseram* amar – o qual, por fim, tendo adquirido conhecimento sobre o amor humano, teve de inventar um deus todo amor, todo *poder*-amar – que se apieda do amor humano por ser tão mesquinho, tão ignorante! Quem assim sente, quem de tal modo *conhece* o amor – *busca* a morte. – Mas por que se entregar a essas coisas dolorosas? Supondo que não seja preciso fazê-lo. –

270

A altivez e o asco espirituais de todo homem que sofreu profundamente – determina quase a hierarquia *quão* profundamente homens podem sofrer –, sua arrepiante certeza, que o impregna e tinge por inteiro, de, graças a seu sofrimento, *saber mais* que os mais prudentes e mais sábios podem saber, de ser conhecido e alguma vez ter estado "em casa" em muitos mundos horrendos e distantes dos quais "*vós* nada sabeis!" [.....] essa calada altivez espiritual do sofredor, esse orgulho do escolhido pelo conhecimento, do "iniciado", do quase sacrificado, acham necessárias todas as formas de disfarce para se proteger do contato de mãos impertinentes e compassivas, e sobretudo, de todo aquele que não é seu igual no sofrimento. O sofrimento profundo enobrece; ele separa. Uma das mais sutis formas de disfarce é o epicurismo, bem como uma certa valentia do gosto ostentada doravante, que não leva a sério o sofrimento e se defende contra tudo que é triste e profundo. Há "homens joviais" que se servem da jovialidade pois graças a ela são mal-entendidos: – eles *querem* ser mal-entendidos. Há "homens científicos" que se servem da ciência pois ela confere um aspecto mais jovial, e porque a cientificidade leva à conclusão de que o homem é superficial – eles *querem* seduzir a uma falsa conclusão. Há espíritos livres e atrevidos que gostariam de ocultar e negar que são corações quebrados, orgulhosos, incuráveis (o cinismo de Hamlet – o caso Galiani)[196]; e às vezes a própria loucura é a máscara para um saber infausto, demasiado seguro. – Donde resulta que pertence ao mais sutil humanitarismo ter reverência "diante da máscara" e não praticar a psicologia e a curiosidade no lugar errado.

271

O que mais profundamente separa dois homens são o sentido e o grau distinto de asseio. De que adiantam toda honradez e utilidade recíproca, de que adianta toda boa vontade mútua: afinal, não se vai além do – eles "não suportam o cheiro um do outro!" O supremo instinto do asseio coloca seu possuidor no mais espantoso e mais perigoso isolamento, como a um santo: pois justamente isso é santidade – a suprema espiritualização do mencionado instinto. Alguma ideia acerca de uma indescritível plenitude na felicidade do banho, algum anseio e sede que constantemente impulsiona a alma a sair da noite para a manhã, da turvação, da "mente turvada"[197] para a claridade, o brilhante, o profundo, o sutil –: tanto quanto uma semelhante inclinação *distingue* – é uma inclinação nobre –, também *separa*. – A compaixão do santo é a compaixão para com a *imundície* do que é humano, demasiado humano.

196. Segundo Colli e Montinari, este é outro trecho que consta apenas do exemplar pessoal do autor.

197. Em alemão: *aus dem Trüben, der "Trübsal"*. *Trübsal*, cognato de *trüb* (turvo, opaco, nublado), pode ser traduzido mais propriamente por tristeza, melancolia, aflição, tribulação.

E existem graus e alturas em que a própria compaixão é por ele sentida como desasseio, como imundície.....

272

Sinais de nobreza: jamais pensar em degradar nossos deveres a deveres de todo mundo; não querer ceder, não querer partilhar a própria responsabilidade; contar seus privilégios e seu exercício entre seus *deveres.*

273

Um homem que aspira ao que é grande considera todo aquele que encontra em seu caminho ou como meio ou como atraso e obstáculo – ou como um temporário leito de repouso. Sua peculiar e superiormente constituída *bondade* para com o próximo só é possível quando ele está em sua altura e domina. A impaciência e sua consciência de, até chegar lá, estar sempre condenado à comédia – pois mesmo a guerra é uma comédia e oculta do mesmo modo que todo meio oculta o fim – arruínam-lhe todas as relações: essa espécie de homem conhece a solidão e o que de mais venenoso ela possui.

274

O problema dos que esperam. – São necessários golpes de sorte e muito de imponderável para que um homem superior, no qual dorme a solução de um problema, ainda chegue a agir no momento oportuno – "a irromper", como se poderia dizer. Na média, isso *não* acontece, e em todos os cantos da Terra há homens que esperam, e que dificilmente sabem em que medida esperam, mas muito menos que esperam em vão. Muitas vezes, também chega muito tarde o chamado de despertar, aquele acaso que concede a "permissão" para agir – no momento em que a melhor juventude e energia para agir já foram gastas de tanto ficar sentado em imobilidade; e quantos não há que encontraram com horror, justamente ao se "levantar num pulo", dormentes os seus membros e já muito pesado o seu espírito! "É tarde demais" – dizem consigo, tendo se tornado descrentes acerca de si e daí por diante para sempre inúteis. – Não deveria, no reino do gênio, ser o "Rafael sem mãos"[198],

198. Alusão a uma fala do pintor Conti em diálogo com Hettore Gonzaga, Príncipe de Guastalla (Lessing, *Emília Galotti*, I, 4): "Ou pensas, Príncipe, que Rafael não teria sido o maior dos gênios da pintura se, por uma desgraça, tivesse nascido sem mãos?" Para Conti, a habilidade do pintor residiria não apenas no manejo do pincel, mas sobretudo no olhar acurado – uma tortuosa justificativa para suas limitações...

entendida a expressão no mais vasto sentido, talvez não a exceção, mas a regra? – O gênio talvez não seja assim tão raro: mas o são as quinhentas *mãos* de que precisa para – tiranizar o καιρός, "o momento oportuno", para agarrar o acaso pelos cabelos!

275

Quem não *quer* ver o que há de elevado num homem olha tão mais perspicazmente para aquilo que nele é baixo e fachada – e com isso se delata.

276

No que se refere a toda espécie de ferida e perda, a alma mais baixa e mais grosseira se acha em melhor situação do que a mais nobre: os perigos desta têm de ser maiores, a possibilidade de que seja vitimada por um desastre e sucumba, dada a complexidade de suas condições vitais, é mesmo tremenda. – A uma lagartixa, volta a crescer o dedo que perdeu: não é assim no caso do homem. –

277

– Já é ruim o bastante! Outra vez a velha história! Quando alguém termina de construir sua casa, percebe que, ao fazê-lo, inesperadamente aprendeu algo que simplesmente *teria* de saber antes que a construção fosse – iniciada. O eterno e triste "Tarde demais!" – A melancolia de tudo que *está pronto*!...

278

– Andarilho, quem és tu? Vejo-te seguindo o teu caminho, sem escárnio, sem amor, com olhos inescrutáveis; úmido e triste como uma sonda que insaciada volta novamente à luz saída de toda profundidade – o que procurava lá embaixo? –, com um peito que não suspira, com um lábio que oculta seu asco, com uma mão que segura apenas lentamente: quem és tu? Que fizeste? Descansa aqui: este lugar é hospitaleiro para todo mundo – descansa! E quem quer que sejas: que te agradaria agora? Que te serviria de alívio? Apenas diz: o que eu tenho, te ofereço! – "De alívio? De alívio? Ah, seu curioso, que falas aí! Mas dá-me, peço – –" O quê? O quê? Fala duma vez! – "Uma máscara mais! Uma segunda máscara!"....

279

Os homens de profunda tristeza se delatam quando são felizes: eles têm uma maneira de agarrar a felicidade como se fossem esmagá-la e sufocá-la, de ciúme – ah, eles muito bem sabem que ela lhes escapa correndo!

280

"Terrível! Terrível! O quê? Ele não está – recuando?" – Sim! Mas o entendeis mal, se vos queixais a respeito disso. Ele recua assim como todo aquele que quer dar um grande salto. – –

281

"Alguém acreditará em mim? Mas peço que acreditem: eu sempre pensei mal em mim, sobre mim, apenas em casos bem raros, apenas forçado, sempre sem gosto 'pela coisa', pronto a me desviar de 'mim', sempre sem fé no resultado, graças a uma desconfiança invencível quanto à *possibilidade* do autoconhecimento, que me levou ao ponto de notar, mesmo no conceito de 'conhecimento imediato', que os teóricos se permitem, uma *contradictio in adjecto*[199] – todos esses fatos são quase o que de mais seguro sei a meu respeito. Deve haver em mim uma espécie de relutância a *acreditar* em algo determinado a meu respeito. – Talvez haja nisso um enigma? É possível; mas, felizmente, nenhum para os meus próprios dentes. – Talvez isso delate a *species* à qual pertenço? – Mas não para mim: o que me vem mesmo bem a calhar. –"

282

"Mas o que te aconteceu?" – "Eu não sei", disse ele hesitante; "talvez as harpias[200] tenham voado sobre a minha mesa." – Acontece hoje, por vezes, que um homem benévolo, comedido, reservado, subitamente se enfureça, quebre os pratos, vire a mesa, grite, vocifere, ofenda todo mundo – e por fim se afaste, envergonhado, furioso consigo – para onde? Para quê? Para, à parte, morrer de fome? Para sufocar em suas lembranças? – Quem possua os apetites de uma alma elevada, exigente, e apenas raramente encontre sua mesa posta, sua comida pronta, corre sempre um grande perigo: mas hoje ele

199. "Contradição nos termos."

200. Criaturas mitológicas com corpo de ave de rapina e cabeça de mulher, com fama de sujas e malcheirosas (segundo informa o tradutor espanhol A.S. Pascual).

é extraordinário. Lançado numa época barulhenta e plebeia, com a qual não consegue comer na mesma gamela, ele pode facilmente sucumbir de fome e sede, ou, caso finalmente, contudo, "se sirva" – de um nojo súbito. – Todos provavelmente já nos sentamos a mesas às quais não pertencíamos; e precisamente os mais espirituais de nós, que são os mais difíceis de alimentar, conhecem aquela perigosa *dyspepsia* que surge de uma súbita compreensão e desilusão acerca de nossa comida e vizinhança de mesa – o *nojo à sobremesa.*

283

Supondo que se queira mesmo louvar, é um autodomínio sutil e ao mesmo tempo nobre louvar apenas ali onde *não* se está de acordo – em caso diverso, uma pessoa louvaria a mesma, o que ofende o bom gosto – um autodomínio, todavia, que fornece um gracioso ensejo e estímulo para que se seja constantemente *mal-entendido.* Para poder se permitir esse verdadeiro luxo de gosto e moralidade, é preciso não viver entre palermas do espírito, antes entre homens para os quais mesmo mal-entendidos e equívocos entretenham pela sua sutileza – ou se terá de pagar caro por isso! – "Ele me louva: *logo*, me dá razão" – essa asneira de conclusão nos arruína a metade da nossa vida de eremitas, pois introduz os asnos em nossa vizinhança e em nosso círculo de amigos.

284

Viver com uma serenidade formidável e orgulhosa; sempre além –. Ter e não ter voluntariamente seus afetos, seu pró e contra, condescender com eles por horas a fio; *montá-los* como cavalos, frequentemente como asnos – pois é preciso saber se aproveitar de sua tolice tão bem quanto de seu fogo. Conservar suas trezentas fachadas; também os óculos escuros: pois há casos em que ninguém deve ver nossos olhos, muito menos nosso "fundo"[201]. E escolher para sua companhia aquele vício gaiato e jovial, a cortesia. E permanecer senhor de suas quatro virtudes, a coragem, a inteligência, a simpatia, a solidão. Pois a solidão é uma virtude em nós, como um sublime pendor e ímpeto de asseio que adivinha o quanto no contato entre

201. "Fundo": o termo alemão é *Gründe*, "razões", "motivos", mas no singular também significa "fundo", "base", "fundamento". Nietzsche usa o termo no plural (e entre aspas) não só para incluir também a primeira acepção, mas para ressaltar a oposição a "fachadas", *Vordergründe*, que ocorre um pouco antes. No final da seção, as aspas ressaltam a dupla acepção do termo *gemein*, que também pode significar "vulgar" (veja-se nota à seção 268).

as pessoas – "em sociedade" – as coisas têm de transcorrer inevitavelmente pouco asseadas. Toda comunidade torna, de algum modo, em algum lugar, alguma vez – "comum".

285

Os maiores acontecimentos e pensamentos – mas os maiores pensamentos são os maiores acontecimentos – são os que mais tardiamente são compreendidos: as gerações que lhes são contemporâneas não *vivenciam* tais acontecimentos – vivem ao largo deles. Ocorre aí algo semelhante ao que sucede no reino dos astros. A luz dos astros mais distantes chega mais tardiamente ao homem; e antes que tenha chegado, o homem *nega* que lá – existam astros. "De quantos séculos precisa um espírito para ser compreendido?" – isso também é um metro, com isso se cria também uma hierarquia e uma etiqueta tal como delas se carece: para o espírito e para o astro. –

286

"Aqui a vista é livre, o espírito, elevado."[202] – Mas há uma espécie contrária de homem, que também está no alto e também tem a vista livre – mas olha *para baixo*.

287

– O que é nobre? O que significa hoje para nós, ainda, a palavra "nobre"? Em que se revela, em que se reconhece, sob esse céu pesado e encoberto do incipiente domínio plebeu, que tudo deixa opaco e plúmbeo, o homem nobre? – Não são as ações que o apontam – ações são sempre equívocas, sempre insondáveis –; também não são as "obras". Entre artistas e doutos encontramos hoje em número suficiente aqueles que revelam através de suas obras o quanto um profundo desejo pelo nobre os impele: mas precisamente essa necessidade que anseia *pelo* nobre é distinta de modo radical das necessidades da própria alma nobre e, decididamente, o eloquente e perigoso sinal de sua falta. Não são as obras, é a *fé* que decide aqui, que determina aqui a hierarquia, para retomar uma velha fórmula religiosa em um novo e mais profundo sentido: alguma certeza fundamental que uma alma nobre tem acerca de si mesma, algo que não se pode procurar, nem encontrar e talvez também não se possa perder. – *A alma nobre tem reverência por si mesma.* –

202. Goethe, *Fausto*, Segunda parte, Quinto ato, versos 11.989-90.

288

Há homens que possuem espírito de uma maneira inevitável, virem e voltem-se como quiserem, e coloquem as mãos diante dos olhos delatores (– como se a mão não fosse um delator! –): finalmente sempre se descobre que possuem algo a esconder, ou seja, espírito. Um dos meios mais sutis para enganar ao menos durante o maior tempo possível e, com êxito, parecer mais tolo do que se é – o que na vida ordinária é com frequência tão desejável quanto um guarda-chuva –, chama-se *entusiasmo*: acrescido daquilo que lhe cabe, por exemplo, virtude. Pois, como diz Galiani, que o devia saber –: *vertu est enthousiasme*[203].

289

Nos escritos de um eremita sempre se escuta algo do eco do deserto, algo das vozes sussurradas e do receoso olhar em volta, próprio da solidão; em suas palavras mais enérgicas, mesmo em seu grito, ainda ressoa uma nova e mais perigosa espécie de silenciar, de calar. Quem, entra ano, sai ano, permaneceu dia e noite sentado com sua alma em familiares dissensões e diálogos, quem, em sua caverna – ela pode ser um labirinto, mas também uma mina de ouro – se tornou um urso das cavernas ou um escavador de tesouros ou um guardião de tesouros e um dragão: seus próprios conceitos, por fim, adquirem uma peculiar cor de penumbra, um odor tanto de profundeza quanto de mofo, algo incomunicável e repugnante, que bafeja friamente a todo passante. O eremita não acredita que alguma vez um filósofo – supondo que um filósofo sempre foi em primeiro lugar um eremita – tenha exprimido em livros as suas autênticas e derradeiras opiniões: não se escrevem livros precisamente para ocultar aquilo que se traz dentro de si?[204] –, sim, ele duvidará que um filósofo *possa* mesmo ter "derradeiras e autênticas" opiniões, que por detrás de cada uma das suas cavernas não haja, não tenha de haver, uma caverna ainda mais profunda – um mundo mais amplo, mais estranho, mais rico que à superfície, um abismo por detrás de todo fundamento, sob toda "fundamentação". Toda filosofia é uma filosofia de fachada – eis um juízo de eremita: "Há algo de arbitrário no fato de que *ele* se deteve aqui, olhou para trás, olhou em torno, de que *aqui* ele não cavou mais fundo e deixou a pá de lado – também há algo de suspeito nisso". Toda filosofia *oculta*

203. "Virtude é entusiasmo." *Cartas a Madame d'Epinay*, 2, 276.

204. No texto alemão há um jogo entre os verbos *verbergen* (ocultar) e *bergen* (encerrar, conter). Mais adiante: abismo, *Abgrund*; fundamento, *Grund* (também "solo" e "razão", no sentido de "motivo"); fundamentação, *Begründung*; fachada, *Vordergrund*.

também uma filosofia; toda opinião é também um esconderijo, toda palavra também uma máscara.

290

Todo pensador profundo teme mais a compreensão do que a incompreensão. Com esta última talvez sofra a sua vaidade; mas com a primeira sofre o seu coração, sua simpatia, que sempre diz: "Ah, por que também quereis *vós* carregar um fardo tão pesado quanto aquele que eu carrego?"

291

O homem, um animal complexo, mendaz, artificioso e opaco, inquietante para os outros animais menos por sua força que por sua astúcia e esperteza, inventou a boa consciência para finalmente fruir sua alma como algo *simples*; e toda a moral é uma resoluta e prolongada falsificação graças à qual se torna possível, sobretudo, uma fruição na contemplação da alma. Sob este ponto de vista, talvez caiba muito mais no conceito de "arte" do que comumente se acredita.

292

Um filósofo: eis um homem que constantemente vivencia, enxerga, escuta, suspeita, espera, sonha coisas extraordinárias; que é atingido pelos seus próprios pensamentos, a *sua* espécie de acontecimentos e raios, como que de fora, como que de cima e de baixo; que é ele próprio talvez um temporal a andar prenhe de novos raios; um homem fatídico, em torno do qual as coisas sempre se sucedem de modo inquietante, trovejando, estrondeando, se fendendo. Um filósofo: ah, um ser que com frequência foge de si, com frequência teme a si – mas que é por demais curioso para não "voltar a si" sempre outra vez...

293

Um homem que diz: "Isso me agrada, disso me aproprio e quero protegê-lo e defendê-lo contra todo mundo"; um homem que pode levar uma coisa adiante, cumprir uma resolução, ser fiel a um pensamento, conservar uma mulher, punir e abater um atrevido; um homem que possui sua ira e sua espada, e do qual os fracos, sofredores, aflitos, também os animais, se aproximam com agrado e lhe pertencem por natureza, em suma, um homem que é por natureza *senhor* – quando semelhante homem tem compaixão, bem!, *esta* compaixão tem valor! Mas que importa a compaixão daqueles que sofrem! Ou daqueles que até pregam a compaixão! Há hoje por quase toda parte, na Europa, uma mórbida sensibilidade e suscetibilidade à dor, ao mesmo tempo uma repugnante intemperança na queixa, um amolecimento que busca passar por algo superior adornando-se com religião e quinquilharias filosóficas – há um verdadeiro culto do sofrimento. A *invirilidade* daquilo que em tais círculos de fanáticos é batizado de "compaixão" salta aos olhos, segundo me parece, sempre em primeiro lugar. – Essa novíssima espécie de mau gosto precisa ser banida enérgica e radicalmente; e desejo, por fim, que contra ela se coloque em torno do coração e do pescoço o bom amuleto do "*gai saber*" – da "gaia ciência", para esclarecê-lo aos alemães.

294

O vício olímpico. – A despeito daquele filósofo que, como autêntico inglês, procurou difamar o riso entre todas as cabeças pensantes – "o riso é um grave defeito da natureza humana que toda cabeça pensante procurará superar" (Hobbes) –, eu até me permitiria uma hierarquia dos filósofos segundo a categoria de seu riso – chegando até aqueles que são capazes da *áurea* gargalhada. E supondo que também os deuses filosofem, ao que já fui forçado por várias conclusões – então não duvido de que eles também saibam rir de uma maneira nova e sobre-humana – e às custas de todas as coisas sérias! Os deuses são galhofeiros: parece que mesmo durante as práticas religiosas não podem deixar de rir.

295

O gênio do coração, assim como o possui aquele grande dissimulado, o deus-tentador [205] e nato pega-ratos da consciência, cuja voz sabe descer até o submundo de toda alma, que não diz uma palavra, não lança um olhar em que não se encontre uma consideração e um vinco de sedução, a cuja mestria pertence que ele entenda de aparentar – e não aquilo que ele é, mas aquilo que para os que o seguem constitui uma coerção a *mais* para se aglomerar sempre mais próximo em torno dele, para segui-lo sempre mais

205. Em alemão, *Versucher-Gott*, que também pode significar "deus dos tentadores" ou dos "experimentadores". Acerca da expressão "pega-ratos", veja-se a seção 205.

profunda e radicalmente – o gênio do coração, que a tudo o que é ruidoso e presumido faz emudecer e ensina a escutar, que alisa as almas ásperas e lhes dá de saborear um novo anseio – permanecer quietamente estendidas como um espelho para que o céu profundo nelas se reflita –; o gênio do coração, que ensina a mão apalermada e demasiado apressada a hesitar e a segurar mais graciosamente; que adivinha o tesouro escondido e esquecido, a gota de bondade e a doce espiritualidade sob o opaco e espesso gelo, e que é uma varinha mágica para todo grão de ouro que por longo tempo jazeu soterrado no cárcere de profusa areia e lama; o gênio do coração, de cujo contato cada um segue adiante mais rico, não agraciado e surpreendido, não como que beneficiado e oprimido por bondade alheia, porém mais rico de si próprio, mais jovem do que antes, desabrochado, bafejado e sondado por um vento tépido, talvez mais incerto, mais delicado, mais frágil, mais alquebrado, porém cheio de esperanças que ainda não têm nome, cheio de uma nova vontade e fluir, cheio de uma nova má vontade e refluir... mas o que faço, meus amigos? De quem vos falo? Foi tão longe meu esquecimento que nem sequer vos mencionei seu nome? A não ser que já tenhais adivinhado por conta própria quem é esse questionável espírito e deus, que de tal maneira quer ser *louvado*. Como ocorre a todo aquele que desde criança sempre esteve a caminho e no estrangeiro, assim também me ocorreu encontrar alguns estranhos e nada inofensivos espíritos, mas sobretudo aquele do qual acabo de falar, e repetidas vezes o encontrei, ninguém menos que o deus *Dioniso*, aquele grande ambíguo e deus tentador ao qual certa vez, segundo sabeis, em meio a todo segredo e reverência, ofereci minhas primícias – na condição de último, segundo me parece, a lhe oferecer um *sacrifício*: pois não encontrei ninguém que tivesse compreendido o que fiz então. Nesse meio tempo acrescentei muito, muitíssimo, ao meu aprendizado acerca da filosofia desse deus, e, como já disse, de boca a boca – eu, o último discípulo e iniciado do deus Dioniso: e quem sabe eu finalmente devesse, meus amigos, dar-vos de provar um pouco, até onde me seja permitido, dessa filosofia? A meia-voz, como cabe: pois aqui se trata de muita coisa misteriosa, nova, estranha, singular, inquietante. Apenas o fato de que Dioniso seja um filósofo, e de que, portanto, também os deuses filosofem, parece-me uma novidade nada inofensiva e que talvez desperte desconfiança precisamente entre filósofos – entre vós, meus amigos, ela já tem menos contra si, a não ser que ela chegue muito tarde e fora do momento oportuno: pois, segundo me foi dito, hoje acreditais de má vontade em deus e deuses. Além disso, talvez eu deva ir mais longe na franqueza de minha narrativa do que sempre agrada aos hábitos severos de vossos ouvidos? Certamente o referido deus foi mais longe, muito mais longe, em diálogos semelhantes, e sempre estava muitos passos à frente de mim... Sim, eu lhe atribuiria segundo o uso dos homens, caso fosse permitido, belos e solenes nomes de pompa e virtude, teria de fazer muitos elogios à sua coragem de investigador e descobridor, a sua ousada retidão, veracidade e amor à sabedoria. Mas com todos esses veneráveis trastes e pompas um semelhante deus não sabe o que fazer. "Guarda isso", diria ele, "para ti e teus iguais e para quem quer que o precise! Eu – não tenho nenhum motivo para ocultar a minha nudez!" – Adivinha-se: a essa espécie de divindade e filósofo talvez falte pudor? – Assim disse ele certa vez: "Às vezes amo o homem" – e com isso se referia à Ariadne, que estava presente –: "O homem é para mim um animal agradável, valente, inventivo, que não tem igual sobre a Terra, em todos os labirintos ele ainda encontra a saída. Sou bondoso para com ele: medito frequentemente em como levá-lo adiante e em como torná-lo mais forte, mais malvado e mais profundo do que é." – "Mais forte, mais malvado e mais profundo?", perguntei apavorado. "Sim", disse ele mais uma vez, "mais forte, mais malvado e mais profundo; também mais belo" – e depois o deus-tentador sorriu o seu sorriso alciônico, como se tivesse acabado de dizer uma graça encantadora. Vê-se aqui, ao mesmo tempo: não falta apenas pudor a essa divindade –; e há em geral boas razões para presumir que em algumas coisas todos os deuses teriam a aprender conosco, os homens. Nós, homens, somos – mais humanos...

296

Ah, o que sois afinal, meus pensamentos escritos e pintados! Não faz muito tempo, ainda éreis tão coloridos, jovens e maldosos, cheios de espinhos e secretos condimentos, de modo que me fazíeis espirrar e rir – e agora? Já vos despistes de vossa novidade, e alguns dentre vós estão, assim temo, prestes a se tornar verdades: tão imortais já parecem, tão pungentemente íntegros, tão maçantes! E alguma vez foi diferente? Que coisas escrevemos e pintamos, nós, mandarins com o pincel chinês, nós, eternizadores das coisas que se *deixam* escrever, o que apenas conseguimos pintar afinal? Ah, somente aquilo que logo quer emurchecer e começa a perder o perfume! Ah, somente tempestades esgotadas e a se afastar, e sentimentos tardios, amarelos! Ah, somente pássaros cansados de voar e de perder o rumo de seu voo, e que agora se deixam apanhar com a mão – com a *nossa* mão! Nós eternizamos o que não pode mais viver e voar por muito tempo, apenas coisas cansadas e esgotadas! E é apenas para a vossa *tarde*, meus pensamentos escritos e pintados, somente para ela que possuo cores, muitas cores talvez, muitas delicadezas coloridas e cinquenta amarelos e marrons e verdes e vermelhos – mas a partir disso ninguém consegue adivinhar como era vossa aparência pela manhã, vós, repentinos fulgores e portentos de minha solidão, vós, meus velhos, amados – – *terríveis* pensamentos!

Nas altas montanhas

Canção-epílogo

Ó meio-dia da vida! Solene momento!
    Ó jardim de verão!
Inquieta felicidade em estar de pé e espreitar e esperar: –
Os amigos aguardo, dia e noite a postos,
Onde estais, amigos? Vinde! É tempo! É tempo!

Não foi para vós que o cinzento da geleira
    Hoje se adornou de rosas?
O riacho vos busca, sequiosos hoje se aglomeram e se empurram
O vento e as nuvens nas alturas azuis,
A espreitar por vós a partir da mais distante vista de pássaro.

Em alturas extremas foi posta minha mesa para vós: –
    Quem tão próximo mora
Das estrelas, das distâncias apavorantes do abismo?
Meu reino – que reino mais longe se estendeu?
E o meu mel – quem é que o provou?.....

– Aí *estais*, amigos! – Ai, mas não sou *eu*
    A quem procurais?
Vós hesitais, pasmados – ah, preferia vosso rancor!
Eu – não sou mais eu? Mudados a mão, o passo, a face?
E *o que* sou, amigos – não o sou para vós?

Outro terei me tornado? E estranho a mim mesmo?
    De mim mesmo evadido?
Um lutador que vezes demais a si mesmo subjugou?
Vezes demais se opôs à própria força,
Ferido e tolhido pela vitória sobre si próprio?

Procurei o lugar em que o vento sopra mais cortante?
    Aprendi a morar,
Onde ninguém mora, nas zonas desertas do urso branco,
Desaprendi homem e deus, maldição e oração?
Tornei-me espectro a vagar sobre as geleiras?

– Vós, velhos amigos! Vede! Agora é pálida a vossa aparência,
Plenos de amor e assombro!
Não, ide! Sem ira! Aqui – não podeis *vós* habitar:
Aqui, em meio ao mais remoto reino de gelo e penhascos –
Aqui é preciso ser caçador e semelhante à camurça.

Um *terrível* caçador me tornei! – Vede, quão
Imponentemente retesado o meu arco!
Foi o mais forte de todos a tensionar com essa tensão – –:
Mas agora, ai! Perigosa é *a* seta,
Como *nenhuma* seta – fora daqui! – Para vosso bem!.....

Dais a volta? – Ó coração, tu suportas bastante,
Forte permaneceu a tua esperança:
Mantém a *novos* amigos as tuas portas abertas!
Deixa os velhos! Deixa as recordações!
Outrora eras jovem, agora – és jovem de um modo ainda melhor!

O que no passado nos ligava, o laço de uma só esperança, –
Quem lê os sinais, ainda,
Que o amor uma vez inscreveu, empalidecidos?
Ao pergaminho o comparo, que a mão
Tocar *teme* – igual a ele, escurecido, queimado.

Não amigos mais, mas – que nome então darei? –
Apenas espectros de amigos!
Que à noite decerto ainda batem-me ao coração e à janela,
Que me olham e falam: "Mas não *éramos* amigos?" –
Ó palavra murcha, que uma vez cheirava a rosas!

Ó ânsia juvenil que a si mesma enganou!
Aqueles por quem *eu* ansiei,
Que eu julgava a mim mesmo aparentados-transformados,
O fato de *envelhecerem* os baniu para longe:
Apenas quem se transforma permanece a mim aparentado.

Ó meio-dia da vida! Segunda juventude!
Ó jardim de verão!
Inquieta felicidade em estar de pé e espreitar e esperar!
Aguardo os amigos, dia e noite a postos,
Os *novos* amigos! Vinde! É tempo! É tempo!

* * *

Esta canção terminou – da saudade o doce grito
    Morreu na boca:
Obra de um mago, do amigo na hora oportuna,
Do amigo do meio-dia – não! Não pergunteis quem seja –
Foi ao meio-dia que um se tornou dois.....

Celebramos agora, seguros de unida vitória,
    A festa das festas:
O amigo *Zaratustra* chegou, o hóspede dos hóspedes!
Ri agora o mundo, rasgou-se a horrenda cortina,
Chegou a hora do casamento entre a luz e as trevas.....[206]

---

206. Nossa tradução é literal, ou seja, não apresenta rimas como o texto alemão, abaixo reproduzido.
Aus hohen Bergen. Nachgesang. // Oh Lebens Mittag! Feierliche Zeit! / Oh Sommergarten! / Unruhig Glück im Stehn und Spähn und Warten: – / Der Freunde harr' ich, Tag und Nacht bereit, / Wo bleibt ihr Freunde? Kommt! 's ist Zeit! 's ist Zeit! // War's nicht für euch, dass sich des Gletschers Grau / Heut schmückt mit Rosen? / Euch sucht der Bach, sehnsüchtig drängen, stossen / Sich Wind und Wolke höher heut in's Blau, / Nach euch zu spähn aus fernster Vogel-Schau. // Im Höchsten ward für euch mein Tisch gedeckt: – / Wer wohnt den Sternen / So nahe, wer des Abgrunds grausten Fernen? / Mein Reich – welch Reich hat weiter sich gereckt? / Und meinen Honig – wer hat ihn geschmeckt?..... // – Da seid *ihr, Freunde! – Weh, doch* ich *bins' nicht, / Zu dem ihr wolltet? / Ihr zögert, staunt – ach, dass ihr lieber grolltet! / Ich – bin's nicht mehr? Vertauscht Hand, Schritt, Gesicht? / Und* was *ich bin, euch Freunden – bin ich's nicht? // Ein andrer ward ich? Und mir selber fremd? / Mir selbst entsprungen? / Ein Ringer, der zu oft sich selbst bezwungen? / Zu oft sich gegen eigne Kraft gestemmt, / Durch eignen Sieg verwundet und gehemmt? // Ich suchte, wo der Wind am schärfsten weht? / Ich lernte wohnen, / Wo niemand wohnt, in öden Eisbär-Zonen, / Verlernte Mensch und Gott, Fluch und Gebet? / Ward zum Gespenst, das über Gletscher geht? // – Ihr alten Freunde! Seht! Nun blickt ihr bleich, / Voll Lieb' und Grausen! / Nein, geht! Zürnt nicht! Hier – könntet* ihr *nicht hausen: / Hier zwischen fernstem Eis- und Felsenreich – / Hier muss man Jäger sein und gemsengleich. // Ein* schlimmer *Jäger ward ich! – Seht, wie steil / Gespannt mein Bogen! / Der Stärkste war's, der solchen Zug gezogen – –: / Doch wehe nun! Gefährlich ist* der *Pfeil, / Wie* kein *Pfeil, – fort von hier! Zu eurem Heil!..... // Ihr wendet euch? – Oh Herz, du trugst genung, / Stark blieb dein Hoffen: / Halt* neuen *Freunden deine Türen offen! / Die alten lass! Lass die Erinnerung! / Warst einst du jung, jetzt – bist du besser jung! // Was je uns knüpfte, Einer Hoffnung Band – / Wer liest die Zeichen, / Die Liebe einst hineinschrieb, noch, die bleichen? / Dem Pergament vergleich ich's, das die Hand / Zu fassen* scheut, *– ihm gleich verbräunt, verbrannt. // Nicht Freunde mehr, das sind – wie nenn' ich's doch? – / Nur Freunds-Gespenster! / Das klopft mir wohl noch Nachts an Herz und Fenster, / Das sieht mich an und spricht: "wir* waren's *doch?" – / – O welkes Wort, das einst wie Rosen roch! // Oh Jugend-Sehnen, das sich missverstand! / Die* ich *ersehnte, / Die ich mir selbst verwandt-verwandelt wähnte, / Dass* alt *sie wurden, hat sie weggebannt: / Nur wer sich wandelt, bleibt mit mir verwandt. // Oh Lebens Mittag! Zweite Jugendzeit! / Oh Sommergarten! Unruhig Glück im Stehn und Spähn und Warten! / Der Freunde harr' ich, Tag und Nacht bereit, / Der* neuen *Freunde! Kommt! 's ist Zeit! 's ist Zeit! // * * * //* Dies *Lied ist aus, – der Sehnsucht süsser Schrei / Erstarb im Munde: / Ein Zaubrer that's, der Freund zur rechten Stunde, / Der Mittags-Freund – nein! fragt nicht, wer es sei – / Um Mittag war's, da wurde Eins zu Zwei..... // Nun feiern wir, vereinten Siegs gewiss, / Das Fest der Feste: / Freund* Zarathustra *kam, der Gast der Gäste! / Nun lacht die Welt, der grause Vorhang riss, / Die Hochzeit kam für Licht und Finsterniss.....*

Crepúsculo dos ídolos

ou

Como se filosofa com o martelo

Tradução, apresentação e notas de

Renato Zwick

Apresentação

Renato Zwick[1]

Friedrich Nietzsche nasce em 1844 na pequena cidade de Röcken, no estado alemão da Saxônia, filho do pastor Karl Ludwig Nietzsche e de Franziska Nietzsche, ambos, por sua vez, também filhos de pastores. Em 1846 nasce sua irmã, Elisabeth, e em 1848, um irmão, Joseph. Seu pai falece em 1849, e seu irmão, no ano seguinte. A mãe se muda com as duas crianças para Naumburg, onde Nietzsche faz seus primeiros estudos. Já em 1856, começa a padecer das dores de cabeça e nos olhos que o atormentarão pelo resto da vida.

Destinado a seguir a carreira do pai, começa a estudar teologia em 1864 na universidade de Bonn, que abandona no ano seguinte para se dedicar à filologia em Leipzig, onde também descobre os dois volumes do tratado *O mundo como vontade e representação*, de Arthur Schopenhauer (1788-1860), cuja doutrina pessimista abraça com entusiasmo. Em 1868, ouve as aberturas das óperas *Tristão e Isolda* e *Os mestres cantores*, fato que o transforma em admirador fervoroso do compositor Richard Wagner (1813-1883), que conhece pessoalmente no mesmo ano e de quem se torna amigo.

No ano seguinte, graças à qualidade excepcional de seus trabalhos filológicos, é nomeado professor na universidade de Basileia (Suíça), mesmo sem possuir o título de doutor, que lhe é concedido posteriormente. Durante o período de dez anos em que permanece em Basileia, Nietzsche publica seus primeiros livros, já marcados pela polêmica: *O nascimento da tragédia* (1872) e as quatro *Considerações extemporâneas* (1873-1876). Em 1878, publica *Humano, demasiado humano*, que representa uma dupla ruptura: por um lado, Nietzsche começa a questionar o pessimismo schopenhauriano e, por outro, influenciado pelos chamados moralistas franceses – La Rochefoucauld, La Bruyère e Montaigne, entre outros –, passa a cultivar um gênero que levará à perfeição: o aforismo. Nesse mesmo ano, também rompe a amizade com Wagner, com quem compartilhava a admiração por Schopenhauer.

1. Bacharel em filosofia pela Unijuí e mestrando em letras (língua e literatura alemã) na USP. É tradutor, além de Nietzsche, de Rilke (*Os cadernos de Malte Laurids Brigge*, L&PM, 2009), de Freud (*O futuro de uma ilusão*, L&PM, 2010; *A interpretação dos sonhos*, L&PM, 2012; *Totem e tabu*, L&PM, 2013), entre outros. (N.E.)

A partir de então, tendo abandonado a cátedra de Basileia por motivos de saúde, Nietzsche viverá como "filósofo errante". Viajando principalmente pela Suíça e pela Itália, buscará os lugares que julga mais apropriados para suas reflexões e sua natureza debilitada. Em 1882, depois da publicação de *Ditos e opiniões variadas*, *O andarilho e sua sombra* (continuações de *Humano, demasiado humano*) e *Aurora: pensamentos acerca dos preconceitos morais*, conhece em Roma a jovem russa Lou von Salomé, por quem se apaixona. Sua proposta de casamento é recusada. Não bastassem a desilusão e as complicações em que se envolve – o amigo Paul Rée também se apaixonara por Lou –, ainda se desentende com a mãe e a irmã; as intromissões e intrigas desta última quase o levam ao suicídio.

O ano de 1882, no entanto, ainda veria a publicação de mais uma obra, *A gaia ciência*, que anuncia dois dos motivos de *Assim falou Zaratustra: um livro para todos e para ninguém* (1883-1885), a saber, a morte de Deus e o pensamento do eterno retorno. Seguem-se, em 1886, *Além do bem e do mal* e, em 1887, *A genealogia da moral*, obras que, após os voos poéticos do *Zaratustra*, representam o ápice da elaboração conceitual de Nietzsche.

As obras de 1888, último ano de vida lúcida do pensador, trariam relativamente poucas novidades filosóficas, compensadas, no entanto, por um dos estilos mais vivazes jamais alcançados na prosa alemã. Foram seis títulos: um panfleto, *O caso Wagner*; *Crepúsculo dos ídolos*, "um resumo de minhas heterodoxias filosóficas fundamentais" (palavras do filósofo em carta ao amigo Heinrich Köselitz); o acerto de contas com o cristianismo, *O anticristo*; uma pequena coletânea de poemas, *Ditirambos de Dioniso*; outra coletânea, desta vez de textos sobre Wagner, *Nietzsche contra Wagner*; e, por fim, o autobiográfico *Ecce homo*. Nietzsche ainda planejava uma obra vasta e sistemática, para a qual vinha reunindo anotações há vários anos, que se chamaria *A vontade de poder*. O projeto, depois rebatizado de *A transvaloração de todos os valores*, foi finalmente abandonado, e o que restou foram milhares de páginas de esboços e dois "subprodutos": os já citados *O anticristo* e *Crepúsculo dos ídolos*.

Nesta última obra, cujo título inclui uma ironia contra Wagner (uma de suas óperas se chama *O crepúsculo dos deuses*), Nietzsche ataca ídolos eternos, conforme anuncia no prefácio, mas tampouco deixa intactos ídolos de sua época. Com uma fúria iconoclasta sem igual, investe contra Sócrates (cuja filosofia seria expressão da decadência grega) e contra um conceito específico de razão (que implica a divisão do mundo em dois, um verdadeiro e um aparente, e conceitos problemáticos como vontade, eu, substância e Deus); contra os mais antigos conceitos de moral (que, para o filósofo, seriam antinaturais) e contra as ideias e práticas para melhorar a humanidade ("enfraquecer", corrige Nietzsche). Da mesma forma, não são poupados os ídolos modernos: o sistema educacional alemão, escritores e pensadores em voga, concepções estéticas como a de Schopenhauer e a do movimento *l'art pour l'art*, anarquistas, socialistas e progressistas em geral; e, sobretudo, a presunção moderna de superioridade moral: se os costumes e as instituições modernas são mais amenos, acredita o filósofo, isso não se deveria a algum progresso, mas apenas ao enfraquecimento e à desagregação dos instintos. A exortação à dureza que faz as vezes de epílogo tem em vista precisamente esse estado de coisas.

Crepúsculo dos ídolos seria o último livro que Nietzsche veria publicado; *O anticristo* e *Ecce homo* só viriam a público quando o filósofo já tinha perdido a razão e o seu legado estava entregue à empresa falsificadora da irmã, que era antissemita e mais tarde se tornou simpatizante do nazismo. Elisabeth forjou cartas, escreveu uma biografia do irmão e publicou edições de suas obras que careciam de qualquer rigor filológico, levando a deturpações que prejudicaram sua recepção por décadas, sobretudo pela associação da ideia de super-homem, apresentada no *Zaratustra*, com as fantasias alemãs de superioridade racial então em voga. (Para que se possa ter uma ideia da opinião de Nietzsche acerca da irmã, basta considerar um rascunho para o *Ecce homo* em que afirma joco-seriamente que Elisabeth era uma de suas mais profundas objeções ao pensamento do eterno retorno...)

O abandono do ambicioso projeto de *A vontade de poder*, que a irmã reviveu numa edição espúria, não pode ser creditado somente ao colapso psíquico do filósofo, ocorrido em janeiro de 1889, e depois do qual nada mais escreveria até a sua morte, em 1900. Deve-se também levar em conta que há uma contradição fundamental entre combater todas as formas de metafísica – o mundo das ideias platônico, o além cristão, a coisa em si kantiana – e admitir ao mesmo tempo, ainda que apenas como suposição, um princípio metafísico como a noção de vontade de poder. Pode-se dizer que o pensador entrou num beco sem saída: enquanto em *Além do bem e do mal* levanta a hipótese de que o mundo seria vontade de poder e nada além disso, em *Crepúsculo dos ídolos* declara terminantemente que a vontade é só uma palavra. O que não o impede, contudo, de continuar usando o conceito de vontade de poder...

Por outro lado, a percepção dessa contradição também é um motivo bastante plausível para o naufrágio do projeto subsequente, *A transvaloração de todos os valores*. Para justificar a necessidade de novos valores, Nietzsche alega que os valores modernos são decadentes, niilistas, sintomas de uma vida enfraquecida que carece de vontade de poder: "Onde falta a vontade de poder, ocorre declínio. Minha tese é a de que todos os valores supremos da humanidade *carecem* dessa vontade – que sob os nomes mais sagrados há valores de declínio, valores *niilistas* no comando" (*O anticristo*, seção 6). Dilacerado pela contradição fundamental de pressupor um conceito cuja vacuidade não é desconhecida pelo seu autor ("a vontade é apenas uma palavra"...), o projeto de uma obra sistemática se esboroa – deixando em seu lugar fragmentos brilhantes e afiados como os que leitor conhecerá nesta obra. "Apenas palavras" – porém, algumas das mais engenhosas e mais perturbadoras já escritas.

Crepúsculo dos ídolos

ou

Como se filosofa com o martelo

Prefácio

Friedrich Nietzsche

Não é pouca coisa manter a jovialidade em meio a um assunto sombrio e sobremaneira responsável: e, no entanto, o que seria mais necessário do que a jovialidade? Coisa alguma sai bem se nela não tomar parte uma alegria desmedida. Apenas o excesso de força é prova da força. – Uma *transvaloração de todos os valores*, esse ponto de interrogação tão negro, tão colossal que chega a lançar sombras sobre quem o coloca – uma tarefa dessas por destino obriga a correr para o sol a todo o momento, a sacudir dos ombros uma seriedade que ficou pesada, pesada demais. Qualquer expediente é apropriado para tanto, qualquer "caso" um acaso feliz. Sobretudo a *guerra*. A guerra sempre foi a grande sagacidade de todos os espíritos que se ensimesmaram demais, que se tornaram profundos demais; mesmo no ferimento ainda existe poder curativo. Um dito cuja origem deixo oculta à curiosidade erudita é meu lema há muito tempo:

increscunt animi, virescit volnere virtus.[2]

Uma convalescença de outro gênero, e que eu talvez até prefira, é *auscultar ídolos*... Há mais ídolos do que realidades no mundo: esse é o *meu* "mau-olhado" para este mundo, também o meu "mau-*ouvido*"... Fazer perguntas com o *martelo* e talvez ouvir como resposta aquele célebre som oco que indica entranhas intumescidas – que encanto para quem possui ouvidos mesmo por detrás dos ouvidos, para mim, velho psicólogo e caçador de ratos[3], diante de quem precisamente as coisas que gostariam de permanecer caladas *são forçadas a falar*...

2. "Os espíritos crescem e a força viceja quando são feridos." Verso do poeta Fúrio de Âncio citado pelo gramático Aulo Gélio em *Noites áticas*, 18, 11, 4.

3. Tradução literal de *Rattenfänger*. O termo costuma ter a conotação pejorativa de aliciador, demagogo, numa lembrança da figura medieval do flautista de Hamelin (*Der Rattenfänger von Hameln*). Segundo a lenda, ele foi ludibriado no pagamento que lhe fora prometido se livrasse a cidade de uma praga de ratos e, como vingança, raptou mais de uma centena de crianças que o seguiram encantadas pela sua música. No presente contexto, porém, parece correto entender a palavra no sentido literal de exterminador de pragas – ou de ídolos...

Também este livro – o título o denuncia – é antes de tudo um descanso, um lugar batido pelo sol, uma escapulida na ociosidade de um psicólogo.[4] Talvez também uma nova guerra? E serão auscultados novos ídolos?... Esta pequena obra é uma *grande declaração de guerra*; e quanto à auscultação de ídolos, desta vez não são os ídolos contemporâneos, mas os *eternos* que são tocados com o martelo como por um diapasão – não há, de forma alguma, ídolos mais antigos, mais convencidos, mais inchados... Tampouco mais ocos... O que não impede que sejam os *mais acreditados*; no caso mais nobre, em especial, de maneira alguma são chamados de ídolos...

Turim, 30 de setembro de 1888,
dia em que foi terminado o primeiro livro de
A transvaloração de todos os valores.[5]

---

4. A obra imediatamente anterior de Nietzsche, *O caso Wagner* (o "acaso feliz" a que o autor alude no primeiro parágrafo), abre com a seguinte frase: "Concedo-me um pequeno descanso"; por isso o "também". Além disso, o título inicial de *Crepúsculo dos ídolos* era *Ociosidade de um psicólogo*; daí a observação "o título o denuncia", que não foi alterada para se adaptar ao título finalmente escolhido. Este, conforme Nietzsche afirma numa carta a um amigo, é uma "malícia a mais contra Wagner".

5. Nietzsche alude a *O anticristo*, livro originalmente concebido como parte de uma obra maior, a referida *Transvaloração*.

Ditos e setas

1

A ociosidade é a mãe de toda psicologia. Como? Seria a psicologia um – vício?

2

Mesmo o mais corajoso de nós apenas raramente possui a coragem para aquilo que realmente *sabe*...

3

Para viver sozinho é preciso ser um animal ou um deus – afirma Aristóteles.[6] Falta mencionar o terceiro caso: é preciso ser as duas coisas – *filósofo*...

4

"Toda verdade é simples." – Não é isto uma sofisticada mentira?[7]

5

Há muitas coisas que, de uma vez por todas, *não* quero saber. – A sabedoria traça limites também para o conhecimento.

6

É em nossa natureza selvagem que melhor nos recobramos do que não é natural em nós, de nossa espiritualidade...

6. *Política*, 1253a 29.

7. O alvo da seta é Schopenhauer, para quem a verdade se distingue pela simplicidade.

7

Como? O homem é apenas um erro de Deus? Ou será Deus apenas um erro do homem?

8

Da escola de guerra da vida. – O que não me mata me torna mais forte.

9

Ajuda a ti mesmo: então todos te ajudarão. Princípio do amor ao próximo.

10

Que não sejamos covardes em relação aos nossos atos! Que não os abandonemos uma vez consumados! – O remorso é indecente.

11

Um *asno* pode ser trágico? – Pode-se perecer sob uma carga que não se pode carregar nem lançar por terra?... O caso do filósofo.

12

Quando alguém tem o seu *por quê?* da vida, tolera quase qualquer *como?* – O ser humano *não* aspira à felicidade; isso é coisa que só os ingleses fazem.

13

O homem criou a mulher – a partir do que, afinal? De uma costela de seu deus – de seu "ideal"...

14

O quê? Estás à procura? Gostarias de te multiplicar por dez, por cem? Procuras seguidores? – Procura *zeros!*

15

Os homens póstumos – eu, por exemplo – são menos compreendidos do que aqueles adaptados à sua época, porém melhor *ouvidos*. Dito com mais exatidão: jamais somos compreendidos – e *disso* provém nossa autoridade...

16

Entre mulheres. – "A verdade? Oh, não conheces a verdade! Não é ela um atentado a todos os nossos *pudeurs*?"[8]

17

Eis um artista tal como aprecio os artistas, modesto em suas necessidades: no fundo, só quer duas coisas, seu pão e sua arte – *panem et* Circen...[9]

18

Quem não sabe colocar sua vontade nas coisas, coloca nelas pelo menos um *sentido:* ou seja, acredita que já exista nelas uma vontade (princípio da "fé").

19

Como? Escolhestes a virtude e o peito erguido, mas olhais ao mesmo tempo com inveja para as vantagens dos inescrupulosos? – Mas com a virtude se *renuncia* às "vantagens"... (para ser escrito na porta da casa de um antissemita).

20

A mulher perfeita comete a literatura da mesma forma que comete um pecadilho: para experimentar, de passagem, olhando em volta para ver se alguém percebe e *para que* alguém perceba...

---

8. Pudores.

9. Pão e Circe, paródia do dito *panem et circensis*, "pão e jogos circenses" (Juvenal, *Sátiras*, 10, 81). Circe é a feiticeira que na *Odisseia* transforma os companheiros de Ulisses em porcos.

21

Devemos nos colocar apenas em situações em que não seja permitido ter virtudes aparentes, situações em que, tal como o equilibrista na corda bamba, caímos ou ficamos de pé – ou escapamos...

22

"Homens maus não têm canções."[10] – Como pode ser que os russos as tenham?

23

"Espírito alemão": há dezoito anos uma *contradictio in adjecto.*[11]

24

Em busca dos primórdios, nos tornamos caranguejos. O historiador olha para trás; por fim, também *acredita* para trás.

25

O contentamento protege até de resfriados. Algum dia uma mulher que se soubesse bem vestida já se resfriou? – Suponho que ela mal estivesse vestida.

26

Desconfio de todos os criadores de sistemas e deles me afasto. A vontade de construir sistemas é uma falta de retidão.

27

A mulher é considerada profunda – por quê? Porque nunca se chega ao seu fundo. A mulher não é sequer rasa.

---

10. Do poema *Os cânticos*, de Johann Gottfried Seume (1769-1810).

11. "Contradição nos termos." Nietzsche escreve *Crepúsculo dos ídolos* em 1888; sendo assim, o ano a que se refere é 1870, quando iniciou a guerra franco-prussiana, seguida em 1871 pela fundação do Segundo Reich por Otto von Bismarck (1815-1898), seu primeiro chanceler.

28

É de se sair correndo quando a mulher possui virtudes masculinas; e quando não possui nenhuma virtude masculina, ela própria sai correndo.

29

"O quanto a consciência tinha outrora para remorder! Que bons dentes ela tinha! – E hoje? O que está lhe faltando?" – Pergunta de um dentista.

30

Raramente cometemos uma precipitação isolada. Na primeira delas sempre fazemos demais. Exatamente por isso cometemos em geral ainda uma segunda – e então fazemos muito pouco...

31

O verme se encolhe quando pisado. Uma atitude prudente. Diminui assim a probabilidade de ser pisado outra vez. Na linguagem da moral: *humildade.*

32

Há um ódio à mentira e à dissimulação cuja origem está numa noção sensível de honra; há um ódio idêntico que provém da covardia, na medida em que a mentira é *proibida* por um mandamento divino. Covarde demais para mentir...

33

Quão pouco é preciso para ser feliz! O som de uma gaita de foles. – Sem música a vida seria um erro. O alemão imagina o próprio Deus cantando canções.[12]

---

12. Distorção maliciosa de um verso de Ernst Moritz Arndt (1769-1860): "Até onde soa a língua alemã / E a Deus no céu canta canções" (*A pátria do alemão*, 1813).

34

On ne peut penser et écrire qu'assis[13] (G. Flaubert). – Te peguei, niilista! O sedentarismo é justamente o *pecado* contra o Espírito Santo. Apenas os pensamentos *caminhados* têm valor.

35

Há casos em que nós, psicólogos, somos como cavalos e ficamos agitados: vemos nossa própria sombra oscilando para cima e para baixo diante de nós. O psicólogo deve afastar o olhar de *si* para chegar a ver alguma coisa.

36

Se nós, imoralistas, *prejudicamos* a virtude? – Tão pouco quanto os anarquistas prejudicam os príncipes. Apenas depois de serem alvejados é que eles se sentam outra vez firmemente em seus tronos. Moral: *deve-se alvejar a moral.*

37

Corres *à frente?* – Fazes isso na condição de pastor? Ou de exceção? Uma terceira possibilidade seria o desertor... *Primeiro* caso de consciência.

38

És autêntico? Ou apenas um ator? És um representante? Ou a própria coisa representada? – No fim das contas, talvez sejas meramente a imitação de um ator... *Segundo* caso de consciência.

39

Fala o desiludido. – Procurei grandes homens e sempre encontrei apenas os *macacos* de seu ideal.

40

És alguém que observa? Ou que coloca mãos à obra? – Ou que desvia o olhar e se afasta?... *Terceiro* caso de consciência.

---

13. Só se pode pensar e escrever sentado.

41

Queres ir junto? Ou à frente? Ou andar sozinho?... Devemos saber *o que* queremos e *que* o queremos. *Quarto* caso de consciência.

42

Foram degraus para mim, subi por eles – para tanto, tive de superá-los. Mas eles achavam que eu queria descansar sobre eles...

43

Que importa que *eu* acabe por ter razão! Eu *tenho* razão demais. – E quem hoje ri melhor, também ri por último.

44

Fórmula de minha felicidade: um sim, um não, uma linha reta, um *alvo*...

O problema de Sócrates

1

Em todas as épocas, os grandes sábios pronunciaram o mesmo juízo sobre a vida: *ela não vale nada*... Sempre e em toda parte se ouviu a mesma cantilena sair de suas bocas – uma cantilena cheia de dúvida, cheia de melancolia, cheia de cansaço da vida, cheia de resistência à vida. O próprio Sócrates disse ao morrer: "Viver – isso significa padecer de uma longa doença: devo um galo a Asclépio salvador".[14] O próprio Sócrates estava farto da vida. – O que isso *demonstra*? O que isso *mostra*? – Outrora se teria dito (oh, isso foi dito, e em voz alta o bastante, nossos pessimistas puxando o coro!): "Deve haver alguma verdade aí, em todo caso! O *consensus sapientium*[15] prova a verdade." – Ainda falaremos assim hoje? É *lícito* fazê-lo? "Deve haver alguma *doença* aí, em todo caso" – essa a *nossa* resposta: deveríamos primeiro ver de perto esses grandes sábios de todas as épocas! Será que todos eles já não estavam mais firmes das pernas? Será que estavam acabados? Cambaleantes? *Décadents*? Será que a sabedoria aparece na Terra sob a forma de um corvo que se entusiasma com um ligeiro odor de carniça?...

2

Essa irreverência de considerar os grandes sábios como *tipos decadentes* me ocorreu pela primeira vez exatamente num caso em que o preconceito erudito e não erudito a ela se opõe da maneira mais enérgica: reconheci Sócrates e Platão como sintomas de declínio, como instrumentos da dissolução grega, como pseudogregos, antigregos (*O nascimento da tragédia*, 1872). O que esse *consensus sapientium* menos prova – fui compreendendo isso cada vez melhor – é que eles tivessem razão naquilo em que concordavam: ele prova, antes, que eles próprios, esses mais sábios, concordavam em alguma coisa *fisiologicamente* para assumir a mesma postura negativa em relação à vida –

14. Cf. *Fédon* 118a. Na mitologia greco-romana, Asclépio (ou Esculápio) era o deus da medicina.

15. Consenso dos sábios.

para *ter de* assumi-la. Juízos, juízos de valor sobre a vida, a favor ou contra, não podem, afinal, jamais ser verdadeiros: apenas possuem valor como sintomas, apenas como tal entram em consideração – em si, tais juízos são bobagens. É preciso realmente esticar os dedos nessa direção e fazer a tentativa de apreender a assombrosa *finesse* de que *o valor da vida não pode ser apreciado.* Não por um vivente, porque ele é parte envolvida, inclusive objeto de disputa, e não juiz; não por um morto, por outra razão. – Dessa forma, o fato de um filósofo ver o *valor* da vida como um problema é até uma objeção contra ele, um ponto de interrogação quanto à sua sabedoria, uma ignorância. – Como? Então todos esses grandes sábios – eles não teriam sido apenas *décadents*, eles sequer teriam sido sábios? – Mas volto ao problema de Sócrates.

3

Segundo sua origem, Sócrates pertencia ao povo mais baixo: Sócrates era plebe. Sabemos, ainda chegamos mesmo a ver, como era feio. Porém a feiura, em si mesma uma objeção, entre os gregos é quase uma refutação. Sócrates era mesmo um grego? Com bastante frequência, a feiura é expressão de um desenvolvimento cruzado, *bloqueado* através do cruzamento. Em outros casos, ela aparece como desenvolvimento *declinante.* Os antropólogos dentre os criminalistas nos dizem que o criminoso típico é feio: *monstrum in fronte, monstrum in animo.*[16] Porém o criminoso é um *décadent.* Era Sócrates um criminoso típico? – Aquele célebre juízo de fisionomista, que soou tão escandaloso aos amigos de Sócrates, pelo menos não contradiria isso. Ao passar por Atenas, um estrangeiro que entendia de rostos disse na cara de Sócrates que ele *era* um *monstrum* – que ele tinha dentro de si todos os vícios e apetites nocivos. E Sócrates respondeu apenas: "Tu me conheces, meu senhor!".[17]

4

O confessado desregramento e a anarquia dos instintos não são os únicos indícios de *décadence* em Sócrates: também apontam para ela a superfetação do lógico e aquela *perversidade de raquítico* que o distingue. Também não esqueçamos aquelas alucinações auditivas que, sob o nome de "demônio de Sócrates", receberam uma interpretação religiosa. Tudo nele é exagerado, *buffo*, caricatura; tudo é, ao mesmo tempo, escondido, cheio de segundas intenções, subterrâneo. – Procuro compreender de que idiossincrasia se ori-

16. Rosto monstruoso, alma monstruosa.

17. Cf. Cícero, *Tusculanas*, 4, 37, 80.

gina aquela equação socrática de razão = virtude = felicidade: a equação mais bizarra que existe e que tem contra si, em especial, todos os instintos dos helenos mais antigos.

5

Com Sócrates, o gosto grego muda em favor da dialética: o que realmente acontece aí? Sobretudo, um gosto *nobre* é derrotado; a plebe ascende com a dialética. Antes de Sócrates, as maneiras dialéticas eram repudiadas na boa sociedade: eram consideradas maus modos, eram comprometedoras. Prevenia-se a juventude contra elas. Também se desconfiava de quem apresentasse suas razões dessa maneira. Coisas honestas, da mesma forma que pessoas honestas, não levam suas razões assim nas mãos. É indecoroso mostrar todos os cinco dedos. Aquilo que primeiro precisa ser demonstrado não vale grande coisa. Em todo lugar em que a autoridade ainda faz parte dos bons costumes, em que não se "fundamenta", mas se ordena, o dialético é uma espécie de palhaço: as pessoas riem dele, não o levam a sério. – Sócrates foi o palhaço que se *fez levar a sério*: o que realmente aconteceu aí?

6

Somente se escolhe a dialética quando não se possui outro recurso. Sabe-se que com ela se desperta desconfiança, que ela persuade pouco. Nada é mais fácil de eliminar do que um efeito de dialético: a experiência de todo ajuntamento em que as pessoas falam demonstra isso. A dialética pode ser apenas um *expediente de emergência* nas mãos daqueles que não possuem mais outras armas. É preciso ter de obter seu direito *à força:* antes disso não se faz uso da dialética. Por isso os judeus eram dialéticos; Reineke Raposo[18] o era: como? E Sócrates também?

7

É a ironia de Sócrates uma expressão de revolta? De ressentimento plebeu? Deleita-se ele, na condição de oprimido, com sua própria ferocidade nas punhaladas do silogismo? *Vinga-se* ele dos nobres que fascina? – Como dialético, tem-se um instrumento impiedoso nas mãos; com ele, pode-se bancar o tirano; ao vencer, o outro é ridicularizado. O dialético deixa ao seu oponente o ônus de provar que não é um idiota: ele enfurece ao mesmo tempo em que

18. Figura do folclore alemão.

deixa seu adversário desamparado. O dialético *debilita* o intelecto de seu oponente. – Como? Para Sócrates a dialética é apenas uma forma de *vingança*?

8

Dei a entender de que modo Sócrates podia causar repulsa: o que requer explicações adicionais sobre os *motivos* do fascínio que exercia. – Um deles foi ter descoberto uma nova espécie de *luta* e ter sido o seu primeiro mestre de armas nos círculos nobres de Atenas. Ele fascinou na medida em que tocou no impulso agonístico dos helenos – ele introduziu uma variante no combate entre homens jovens e adolescentes. Sócrates também era um grande *erotista.*

9

Porém Sócrates adivinhou algo mais. Ele viu o que havia *atrás* de seus nobres atenienses; ele compreendeu que o *seu* caso, a idiossincrasia de seu caso, já não era mais uma exceção. A mesma espécie de degenerescência se preparava em silêncio por toda parte: a velha Atenas chegava ao fim. – E Sócrates compreendeu que todo mundo *necessitava* dele – de seu remédio, de sua cura, de seu truque pessoal de autoconservação... Por toda parte, os instintos estavam em anarquia; por toda parte, as pessoas estavam a um passo do excesso: o *monstrum in animo* era o perigo geral. "Os impulsos querem se transformar em tiranos; cabe inventar um *antitirano* que seja mais forte..." Quando aquele fisionomista revelou a Sócrates quem ele era, um antro de todos os apetites nocivos, o grande ironista ainda deixou escapar uma frase que dá a chave para ele. "Isso é verdade", afirmou, "mas eu dominei todos eles." *Como* foi que Sócrates dominou a *si mesmo*? – No fundo, seu caso era apenas o caso extremo, apenas o que mais saltava aos olhos em meio àquilo que na época começou a se tornar uma calamidade geral: o fato de ninguém mais se dominar, de os instintos se voltarem uns *contra* os outros. Ele fascinava como caso extremo – sua feiura aterradora expunha esse caso diante de todos os olhos: ele fascinava com mais força, é óbvio, como resposta, como solução, como aparência de *cura* desse caso.

10

Quando é necessário transformar a *razão* em tirano, como fez Sócrates, o perigo de que alguma outra coisa se transforme em tirano não deve ser nada pequeno. Naquele tempo, a racionalidade foi percebida como *salvadora*;

nem Sócrates nem seus "doentes" eram livres para serem racionais – isso era algo *de rigueur*[19], era o *derradeiro* recurso. O fanatismo com que toda reflexão grega se lança sobre a racionalidade revela uma situação de emergência: as pessoas estavam em perigo e só tinham uma alternativa: ou sucumbir, ou – ser *absurdamente racionais*... O moralismo dos filósofos gregos desde Platão é condicionado patologicamente; do mesmo modo, sua avaliação da dialética. Razão = virtude = felicidade significa apenas: é preciso imitar Sócrates e produzir uma *luz diurna* permanente contra os desejos sombrios – a luz diurna da razão. É preciso ser sagaz, lúcido e claro a todo custo: qualquer concessão aos instintos, ao inconsciente, conduz *para baixo*...

11

Dei a entender de que modo Sócrates fascinava: ele parecia ser um médico, um salvador. Também é necessário apontar o erro que havia em sua crença na "racionalidade a todo custo"? – É um autoengano da parte dos filósofos e moralistas pensar que basta combater a *décadence* para escapar dela. Isso está acima de suas forças: aquilo que escolhem como remédio, como salvação, é apenas outra expressão da *décadence* – eles *modificam* a sua manifestação sem que ela própria seja eliminada. Sócrates foi um mal-entendido; *toda a moral do melhoramento, também a cristã, foi um mal-entendido*... A mais ofuscante luz diurna, a racionalidade a todo custo, a vida lúcida, fria, cautelosa, consciente, sem instinto, em oposição aos instintos, tudo isso era apenas uma doença, mais uma doença – e de forma alguma um retorno à "virtude", à "saúde", à felicidade... Ser *forçado* a combater os instintos – essa é a fórmula da *décadence*: enquanto a vida *ascende*, felicidade é sinônimo de instinto.

12

Será que ele ainda chegou a compreender isso, ele que era o mais sagaz dos autoludibriadores? Será que por fim disse isso a si mesmo na *sabedoria* de sua coragem frente à morte?... Sócrates *queria* morrer: não foi Atenas, mas *ele* que se deu a taça de veneno, ele que forçou Atenas a fazê-lo... "Sócrates não é médico", disse baixinho para si mesmo, "o único médico aqui é a morte... O próprio Sócrates apenas padeceu de uma longa enfermidade..."

19. Imprescindível.

A "RAZÃO" NA FILOSOFIA

1

Os senhores me perguntam quais são as idiossincrasias dos filósofos?... Por exemplo, sua falta de sentido histórico, seu ódio à própria ideia de devir, seu egipcianismo. Eles acreditam *honrar* uma coisa ao despojá-la de seu aspecto histórico *sub specie aeterni*[20] – ao fazer dela uma múmia. Tudo o que os filósofos manusearam há milênios foram múmias conceituais; nenhuma realidade escapou viva de suas mãos. Esses idólatras de conceitos matam e empalham quando adoram – tudo corre perigo de morte quando adoram. A morte, a mudança, a idade, assim como a geração e o crescimento, são objeções para eles – refutações inclusive. O que é não *se torna*; o que se torna não *é*...[21] Todos acreditam, até com desespero, no ser. Como, porém, não conseguem agarrá-lo, buscam as razões pelas quais são privados de possuí-lo. "Deve haver uma aparência, um embuste, que nos impede de perceber o ser: onde está o embusteiro?" – "Nós o apanhamos", gritam radiantes, "é a sensibilidade! Esses sentidos, *que aliás também são tão imorais*, nos enganam acerca do mundo *verdadeiro*. Moral: livrar-se do engano dos sentidos, do devir, da história, da mentira – a história não passa de crença nos sentidos, de crença na mentira. Moral: negar tudo que crê nos sentidos, o resto da humanidade: ela não passa de 'povo'. Ser filósofo, ser múmia, representar o monotonoteísmo fazendo uso de uma mímica de coveiro! – E fora, sobretudo, com o *corpo*, essa deplorável *idée fixe* dos sentidos! Esse corpo acometido por todos os erros de lógica existentes, refutado, até impossível, ainda que seja atrevido o bastante para se portar como se fosse real!..."

---

20. Sob uma perspectiva eterna.

21. Se torna (*wird*): ou seja, está sujeito à transformação, ao devir (*Werden*). "Ser", na frase seguinte, traduz o substantivo *Seiende*, "aquilo que é" – na crença dos metafísicos, o que não está sujeito à transformação.

2

Com profundo respeito, coloco de lado o nome de *Heráclito.* Se o restante do povo dos filósofos rejeitava o testemunho dos sentidos porque estes mostravam multiplicidade e mudança, ele rejeitava seu testemunho porque mostravam as coisas como se tivessem duração e unidade. Também Heráclito foi injusto com os sentidos. Eles não mentem da maneira como os eleatas[22] acreditavam nem da maneira como ele acreditava – eles não mentem de forma alguma. Apenas aquilo que *fazemos* de seu testemunho introduz a mentira, por exemplo, a mentira da unidade, a mentira da concretude, da substância, da duração... A "razão" é a causa de falsearmos o testemunho dos sentidos. Ao mostrar o devir, o perecimento, a mudança, eles não mentem... Heráclito, porém, terá eternamente razão ao afirmar que o ser é uma ficção vazia. O mundo "aparente" é o único: o "mundo verdadeiro" é apenas um *acréscimo mentiroso...*

3

E que instrumentos de observação refinados são os nossos sentidos! O nariz, por exemplo, do qual nenhum filósofo ainda falou com respeito e gratidão, é, por enquanto, o mais delicado instrumento à nossa disposição: ele é capaz de constatar diferenças mínimas de movimento que mesmo o espectroscópio não constata. A ciência que hoje possuímos vai exatamente tão longe quanto nos decidimos a *aceitar* o testemunho dos sentidos – tão longe quanto ainda aprendemos a aguçá-los, armá-los e pensá-los até o fim. O resto é aborto e ainda-não-ciência: quero dizer, metafísica, teologia, psicologia, teoria do conhecimento. *Ou* ciência formal, teoria dos signos: como a lógica e aquela lógica aplicada, a matemática. Nelas, a realidade absolutamente não aparece, nem sequer como problema; tampouco como pergunta acerca do valor que, afinal, possui uma convenção de signos como a lógica.

4

A *outra* idiossincrasia dos filósofos não é menos perigosa: ela consiste em confundir as coisas últimas com as primeiras. Eles colocam no início, *como* início, aquilo que vem no fim – por desgraça, pois não deveria vir de modo algum! –, os "conceitos supremos", quer dizer, os conceitos mais gerais, mais vazios, a última fumaça da realidade evaporante. Mais uma vez,

22. Filósofos pré-socráticos da escola de Eleia (séculos VI-V a.C.: Xenófanes, Parmênides, Zenão), caracterizada pela crença na unidade do ser e na irrealidade do movimento.

isso é apenas a manifestação de sua maneira de venerar: o superior não *pode* crescer do inferior, não *pode* absolutamente ter crescido... Moral: tudo o que é de primeira categoria deve ser *causa sui.*[23] A origem a partir de algo distinto é considerada como objeção, como dúvida acerca do valor desses conceitos supremos. Todos os valores superiores são de primeira categoria, todos os conceitos supremos, o ser, o absoluto, o bem, o verdadeiro, o perfeito – nenhum deles pode ter experimentado o devir; *devem*, por conseguinte, ser *causa sui.* Mas, além disso, esses conceitos não podem ser desiguais entre si, não podem ser contraditórios... E assim os filósofos chegam ao seu estupendo conceito de "Deus"... A coisa última, a mais rarefeita, a mais vazia é colocada em primeiro lugar, como causa em si, como *ens realissimum...*[24] Ah, que a humanidade tenha levado a sério as enfermidades cerebrais desses mórbidos fiadores de patranhas! – Ela pagou caro por isso!...

5

Vamos contrapor a isso, enfim, a maneira distinta como *nós* (digo *nós* por cortesia...) encaramos o problema do erro e da aparência. Outrora se tomava a transformação, a mudança, o devir em geral, como prova da aparência, como sinal de que devia existir alguma coisa que nos induzia ao erro. Hoje, ao contrário, exatamente na medida em que o preconceito da razão nos obriga a estabelecer unidade, identidade, duração, substância, causa, concretude e ser, nos vemos, em certo sentido, enredados no erro, *necessitados* do erro; tão certos estamos, com base numa verificação rigorosa, do *fato* de o erro se encontrar aí. É uma situação idêntica à dos movimentos do grande astro: no caso deles, os nossos olhos são o advogado constante do erro; no caso que ora examinamos, esse advogado é a *linguagem.* A origem da linguagem se encontra na época da forma mais rudimentar de psicologia: quando nos damos conta dos pressupostos fundamentais da metafísica da linguagem – falando claramente: da *razão* –, topamos com um fetichismo grosseiro. Esse fetichismo vê agentes e atos por toda parte: crê que a vontade é a causa geral; crê no "eu", no eu enquanto ser, no eu enquanto substância, e *projeta* a crença na substância-eu em todas as coisas – só assim *cria* o conceito de "coisa"... Por toda parte, o ser é pensado, é *imputado*, como causa; é somente a partir da concepção de "eu" que resulta, como derivado, o conceito de "ser"... No princípio se encontra esta grande fatalidade, o erro de que a vontade é algo que *age* – de que a vontade é uma *faculdade...* Hoje sabemos que ela é apenas

23. Causa de si mesmo.

24. O mais real dos seres.

uma palavra... Muito mais tarde, num mundo milhares de vezes mais esclarecido, os filósofos se deram conta, surpreendidos, da *segurança*, da *certeza* subjetiva no manuseio das categorias da razão: concluíram que elas não poderiam provir da empiria – afinal, toda empiria estava em contradição com elas. *Qual, portanto, a sua origem?* – E tanto na Índia quanto na Grécia se cometeu o mesmo erro: "Já devemos ter estado uma vez num mundo superior" (em vez de *num mundo muito inferior*: o que teria sido a verdade!), "devemos ter sido divinos, *pois* temos a razão!"... Na realidade, nada teve até hoje uma força persuasiva mais ingênua do que o erro do ser, como formulado, por exemplo, pelos eleatas: afinal, ele tem a seu favor cada palavra, cada frase que falamos! – Mesmo os adversários dos eleatas sucumbiram à sedução de seu conceito de ser: entre outros, Demócrito, quando inventou o seu *átomo*... A "razão" na linguagem: oh, que velha mulherzinha mentirosa! Temo que não nos livraremos de Deus porque ainda acreditamos na gramática...

6

Os leitores me serão gratos se eu resumir em quatro teses uma compreensão tão essencial e tão nova: assim facilito o entendimento e estimulo a discordância.

Primeira tese. As razões pelas quais "este" mundo foi chamado de aparente fundamentam, pelo contrário, sua realidade – uma *outra* espécie de realidade é absolutamente indemonstrável.

Segunda tese. As características que foram atribuídas ao "ser verdadeiro" das coisas são características do não-ser, do *nada* – o "mundo verdadeiro" foi construído em oposição ao mundo real: na verdade, ele é um mundo aparente na medida em que é meramente uma ilusão *ótico-moral*.

Terceira tese. Não há sentido algum em fabular acerca de um "outro" mundo além deste se não houver um instinto de calúnia, de amesquinhamento, de suspeita em relação à vida nos dominando: nesse caso, nos *vingamos* dela com a fantasmagoria de uma "outra" vida, de uma vida "melhor".

Quarta tese. Cindir o mundo em um "verdadeiro" e um "aparente", quer à maneira do cristianismo, quer à maneira de Kant (um cristão *pérfido*, no fim das contas), é tão somente uma sugestão da *décadence* – um sintoma de vida *declinante*... O fato de o artista dar mais valor à aparência do que à realidade não constitui objeção a essa tese. Pois, nesse caso, "a aparência" significa a realidade *mais uma vez*, só que selecionada, reforçada, corrigida... O artista trágico *não* é pessimista – ele justamente diz *sim* a tudo aquilo que é questionável e mesmo terrível; ele é *dionisíaco*...

Como o "mundo verdadeiro" acabou se tornando uma fábula

História de um erro

1

O mundo verdadeiro pode ser alcançado pelo sábio, pelo piedoso, pelo virtuoso – vive neles, *é eles.*

(Forma mais antiga da ideia, relativamente inteligente, simples, convincente. Transcrição da tese: "Eu, Platão, *sou* a verdade".)

2

O mundo verdadeiro é inalcançável por ora, mas é prometido ao sábio, ao piedoso, ao virtuoso ("ao pecador que faz penitência").

(Progresso da ideia: ela se torna mais refinada, mais capciosa, mais inapreensível – *torna-se mulher*, torna-se cristã...)

3

O mundo verdadeiro é inalcançável, indemonstrável, não pode ser prometido, mas já como algo pensado é um consolo, um dever, um imperativo.

(No fundo, o velho sol, mas visto através de névoa e ceticismo; a ideia se torna sublime, pálida, nórdica, königsberguense.[25])

4

O mundo verdadeiro é – inalcançável? Em todo caso, não foi alcançado. E como tal também é *desconhecido.* Por conseguinte, também não é consolador nem salvador e não obriga a nada: a que uma coisa desconhecida poderia nos obrigar?...

(Manhã cinzenta. Primeiro bocejo da razão. Canto de galo do positivismo.)

---

25. Ou seja, kantiana. Immanuel Kant (1724-1804) nasceu e passou a maior parte de sua vida na cidade de Königsberg.

5

O "mundo verdadeiro" – uma ideia que não serve mais para nada, que nem sequer obriga a alguma coisa – uma ideia que se tornou inútil, supérflua e, *por conseguinte*, uma ideia refutada: demos um fim nela!

(Dia claro; café da manhã; retorno do *bon sens* e da jovialidade; rubor de Platão; alarido infernal de todos os espíritos livres.)

6

Eliminamos o mundo verdadeiro: que mundo restou? O aparente, talvez?... Mas não! *Ao eliminar o mundo verdadeiro, também eliminamos o aparente!*

(Meio-dia; momento da sombra mais curta; fim do erro mais longo; ápice da humanidade; INCIPIT ZARATHUSTRA.[26])

26. Começa o *Zaratustra*.

A MORAL COMO ANTINATUREZA

1

Todas as paixões têm uma época em que são apenas funestas, em que puxam suas vítimas para baixo com o peso da estupidez – e uma época posterior, muito posterior, em que se casam com o espírito, em que se "espiritualizam". Outrora, em razão da estupidez nas paixões, se combatiam as próprias paixões: conspirava-se para a sua aniquilação – todos os velhos monstros morais são unânimes na opinião de que *il faut tuer les passions.*[27] A mais célebre fórmula para tanto se encontra no Novo Testamento, naquele Sermão da Montanha[28], no qual, diga-se de passagem, as coisas absolutamente não são vistas *de cima.* Ali se diz em relação à sexualidade, por exemplo, que "se teu olho te faz tropeçar, arranca-o e lança-o de ti": felizmente, nenhum cristão age segundo esse preceito. *Aniquilar* as paixões e os apetites apenas para evitar sua estupidez e as consequências desagradáveis dessa estupidez nos parece hoje apenas uma forma aguda de estupidez. Não admiramos mais os dentistas que *arrancam* os dentes para que não doam mais... Por outro lado, admita-se com alguma justiça que o conceito de "*espiritualização* das paixões" de forma alguma pôde ser concebido no solo em que o cristianismo cresceu. Afinal, como é sabido, a Igreja primitiva lutava *contra* os "inteligentes" em favor dos "pobres de espírito": como se poderia esperar dela uma guerra inteligente às paixões? – A Igreja combate as paixões com a excisão em todos os sentidos: seu procedimento, sua "cura", é o *castratismo.* Ela nunca pergunta: "Como se espiritualiza, se embeleza, se diviniza um apetite?" – Em todas as épocas, ela colocou o acento da disciplina na extirpação (da sensualidade, do orgulho, da ambição pelo poder, da cobiça, da sede de vingança). – Porém, arrancar as paixões pela raiz significa arrancar a vida pela raiz: o procedimento da Igreja é *hostil à vida...*

27. Devem-se matar as paixões.

28. Cf. Mateus 5-7.

2

O mesmo expediente – castração, extirpação – é escolhido instintivamente por aqueles que, ao lutarem contra um apetite, são muito fracos de vontade, muito degenerados para serem capazes de se colocar um limite quanto a ele: por aquelas naturezas que, para usar uma imagem (e sem usá-la), necessitam de La Trappe[29], de alguma declaração definitiva de hostilidade, de um *abismo* entre si próprias e uma paixão. Os expedientes radicais são imprescindíveis apenas aos degenerados; a fraqueza da vontade – dito mais exatamente, a incapacidade de *não* reagir a um estímulo – é ela própria apenas outra forma de degenerescência. A hostilidade radical, a hostilidade de morte à sensualidade, é um sintoma que dá o que pensar: ela autoriza a fazer suposições acerca do estado geral de um desses descomedidos. – De resto, essa hostilidade, esse ódio, apenas chega ao extremo quando tais naturezas não têm mais a firmeza suficiente sequer para a cura radical, para a renúncia a seu "demônio". Consideremos toda a história dos sacerdotes e dos filósofos, sem deixar de fora os artistas: as coisas mais venenosas contra os sentidos *não* foram ditas pelos impotentes *nem* pelos ascetas, mas pelos ascetas impossíveis, por aqueles que teriam precisado ser ascetas...

3

A espiritualização da sensualidade se chama *amor*: ela é um grande triunfo sobre o cristianismo. Um outro triunfo é a nossa espiritualização da *hostilidade*. Ela consiste em que compreendamos profundamente o valor de ter inimigos: em suma, que ajamos e tiremos conclusões de modo inverso àquele que outrora se agia e se tiravam conclusões. Em todas as épocas, a Igreja quis a aniquilação de seus inimigos: nós, imoralistas e anticristãos, vemos nossa vantagem no fato de a Igreja continuar existindo... Também no âmbito da política a hostilidade se tornou hoje mais espiritual – muito mais sagaz, muito mais reflexiva, muito *mais cuidadosa*. Quase todo partido considera uma questão de autoconservação que o partido adversário não perca suas forças; o mesmo vale para a grande política. Especialmente uma nova criação, o novo Reich, por exemplo, tem mais necessidade de inimigos do que de amigos: é apenas no antagonismo que ele se sente necessário, apenas no antagonismo que ele se *torna* necessário... Não nos comportamos de forma diferente quanto ao "inimigo interior": também neste caso espiritualizamos a hostilidade, também neste caso compreendemos o seu *valor*. Só se

29. Abadia francesa que deu nome à ordem dos trapistas, fundada no século XVII. Entre suas normas severas estão a alimentação vegetariana, os trabalhos braçais e a proibição de falar.

é *fértil* ao preço de ser rico em oposições; só se permanece *jovem* se a alma não se espreguiça, não anseia pela paz... Nada se tornou mais estranho para nós do que aquele anelo de outrora, o de "paz da alma", o anelo *cristão*; nada nos causa menos inveja do que a vaca moral e a felicidade gorda da consciência tranquila. Renuncia-se à *grande* vida quando se renuncia à guerra... Em muitos casos, todavia, a "paz da alma" é apenas um mal-entendido – alguma *outra coisa* que apenas não sabe dar a si mesma um nome mais respeitável. Sem rodeios e sem preconceitos, cito alguns casos. A "paz da alma" pode ser, por exemplo, a suave irradiação de uma animalidade rica para o interior do âmbito moral (ou religioso). Ou o princípio do cansaço, a primeira sombra lançada pelo entardecer, qualquer espécie de entardecer. Ou um sinal de que o ar está úmido, de que ventos do sul se aproximam. Ou a gratidão, sem sabê-lo, por uma digestão feliz (às vezes chamada de "amor ao próximo"). Ou o silenciar do convalescente, para quem todas as coisas têm um gosto novo e que espera... Ou o estado que se segue a uma satisfação intensa de nossa paixão dominante, o bem-estar de uma saciedade rara. Ou a senilidade de nossa vontade, nossos desejos, nossos vícios. Ou a preguiça, persuadida pela vaidade a se enfeitar moralmente. Ou a entrada em cena de uma certeza, mesmo que seja uma certeza terrível, após longa tensão e tormento causados pela incerteza. Ou a expressão da maturidade e da mestria no fazer, no criar, no agir, no querer, a respiração tranquila, a *alcançada* "liberdade da vontade"... *Crepúsculo dos ídolos*: quem sabe? Talvez isso também seja apenas uma espécie de "paz da alma"...

4

Coloco um princípio numa fórmula. Todo naturalismo na moral, ou seja, toda moral *sadia*, é dominado por um instinto de vida – um mandamento qualquer da vida é preenchido por um cânone determinado de "deves" e "não deves", quaisquer obstáculos e hostilidades no caminho da vida são assim removidos. A moral *antinatural*, ou seja, quase toda moral que até agora foi ensinada, venerada e pregada, volta-se, ao contrário, justamente *contra* os instintos da vida – ela é uma *condenação* desses instintos, ora secreta, ora sonora e atrevida. Ao dizer que "Deus vê o coração"[30], ela nega os desejos mais baixos e mais altos da vida, tomando Deus como *inimigo da vida*... O santo em quem Deus se compraz[31] é o castrado ideal... A vida acaba onde o "reino de Deus" *começa*...

30. Cf. Lucas 16, 15.

31. Cf. Mateus 12, 18 (citação de Isaías 42, 1).

5

Supondo que se tenha compreendido o que há de ultrajante nessa rebelião contra a vida, tal como quase se tornou sacrossanta na moral cristã, também se terá compreendido, felizmente, outra coisa: o que há de inútil, ilusório, absurdo e *mentiroso* numa rebelião dessas. No fim das contas, uma condenação da vida por parte do vivente é apenas o sintoma de uma espécie determinada de vida: a questão de saber se com razão ou não sequer é levantada. Deveríamos assumir uma posição *fora* da vida, e, por outro lado, conhecê-la tão bem quanto um, quanto muitos, quanto todos que a tenham vivido para poder chegar a tocar no problema do *valor* da vida: razões suficientes para se compreender que esse problema é inacessível para nós. Quando falamos de valores, falamos sob a inspiração, sob a ótica da vida: a própria vida nos força a fixar valores, a própria vida valora através de nós *quando* fixamos valores... Segue-se daí que também aquela *moral antinatural* que compreende Deus como conceito contrário à vida e como sua condenação é apenas um juízo de valor da vida – de *que* vida? De *que* espécie de vida? – Mas já dei a resposta: da vida declinante, enfraquecida, cansada, condenada. A moral, como foi compreendida até aqui – como, por fim, também foi formulada por Schopenhauer na forma de "negação da vontade de vida" –, é o próprio *instinto da décadence* que faz de si um imperativo. Ela diz: "*Pereça!*" – ela é o juízo dos condenados...

6

Consideremos ainda, por fim, que ingenuidade é dizer: "O homem *deveria* ser assim e assim!". A realidade nos mostra uma riqueza encantadora de tipos, a exuberância de um pródigo jogo de formas, de uma pródiga mudança de formas: e vem um miserável moralista indolente e diz: "Não! O homem deve ser *diferente*"?... Ele sabe, inclusive, como o homem deveria ser, esse coitado e carola; ele pinta o próprio retrato na parede e diz: "*Ecce homo!*"...[32] Porém, mesmo quando o moralista se dirige apenas ao indivíduo e lhe diz: "*Tu* deverias ser assim e assim!", ele não deixa de ser ridículo. O indivíduo, visto de todos os lados, é um fragmento de *fatum*[33], é uma lei a mais, uma necessidade a mais para tudo que vem e será. Dizer-lhe que "se modifique" significa exigir que tudo se modifique, mesmo o que passou... E, realmente, houve moralistas consequentes que desejavam que o homem fosse diferente,

32. Eis o homem!

33. Destino.

a saber, virtuoso, que desejavam que fosse segundo a imagem deles, a saber, carola: para isso *negaram* o mundo! Uma loucura nada pequena! Uma espécie de imodéstia nada modesta!... A moral, na medida em que *condena* em si, e *não* por considerações, atenções e determinações da vida, é um erro específico pelo qual não se deve ter compaixão, uma *idiossincrasia de degenerados* que provocou danos indizíveis!... Nós, imoralistas, abrimos nosso coração, ao contrário, para toda espécie de compreensão, apreensão, *aprovação.* Não negamos facilmente, procuramos nossa honra no fato de sermos *afirmadores.* Nossos olhos se abriram cada vez mais para aquela economia que sabe usar e aproveitar inclusive tudo aquilo que a santa insanidade do sacerdote, a razão *enferma* do sacerdote, repudia, para aquela economia na lei da vida que tira sua vantagem mesmo da *species* repulsiva do carola, do sacerdote, do virtuoso – *qual* vantagem? – Mas nós próprios, imoralistas, somos a resposta a essa pergunta...

Os quatro grandes erros

1

O erro de confundir causa e consequência. – Não há erro mais perigoso do que *confundir a consequência com a causa:* chamo-o de a verdadeira corrupção da razão. Apesar disso, esse erro se encontra entre os hábitos mais antigos e mais jovens da humanidade: ele é inclusive santificado entre nós, ostentando o nome de "religião", de "moral". *Qualquer* proposição formulada pela religião e pela moral o contém; os sacerdotes e os legisladores morais são os autores dessa corrupção da razão. – Tomo um exemplo: todos conhecem o livro do célebre Cornaro[34], no qual ele aconselha sua dieta escassa como receita para uma vida longa e feliz – e também virtuosa. Poucos livros foram tão lidos, e mesmo hoje muitos milhares de exemplares são impressos anualmente na Inglaterra. Duvido que exista um livro (com exceção da Bíblia, claro está) que tenha promovido tanta desgraça, que tenha *encurtado* tantas vidas, quanto essa curiosidade tão bem-intencionada. A razão para isso: a confusão da consequência com a causa. O honrado italiano via em sua dieta a *causa* de sua vida longa: enquanto a precondição da vida longa, a extraordinária lentidão do metabolismo, o pequeno consumo, eram as causas de sua dieta escassa. Ele não tinha liberdade para comer pouco *ou* muito, sua frugalidade *não* era um "livre-arbítrio": ele ficava doente quando comia mais. Quem não é uma carpa, porém, não apenas faz bem em comer *a valer*, mas também necessita fazê-lo. Um erudito de *nossos* dias, com seu rápido consumo de energia nervosa, se arruinaria com o *régime* de Cornaro. *Crede experto.*[35]

2

Eis a fórmula mais geral que está no fundamento de todas as religiões e morais: "Faça isto e aquilo, não faça isto e aquilo – assim serás feliz! Caso contrário..." Todas as morais, todas as religiões, *são* esse imperativo – eu o

34. Luigi Cornaro (1475-1566), nobre veneziano, autor de *Discorsi della vita sobria*, livro publicado em 1558.

35. Creia naquele que fez a experiência.

chamo de o grande pecado original da razão, a *desrazão imortal*. Em minha boca, essa fórmula se transforma em seu contrário – *primeiro* exemplo de minha "transvaloração de todos os valores": um homem bem constituído, um "homem feliz", *precisa* executar determinadas ações e receia outras por instinto, ele introduz nas suas relações com pessoas e coisas a ordem que representa fisiologicamente. Numa fórmula: sua virtude é a *consequência* de sua felicidade... Uma vida longa e uma prole numerosa *não* são o salário da virtude; a própria virtude é antes aquele retardamento do metabolismo que, entre outras coisas, tem como consequência uma vida longa e uma prole numerosa, em suma, o *cornarismo*. – A Igreja e a moral dizem: "Uma estirpe, um povo, são arruinados pelo vício e pelo luxo". Minha razão *restabelecida* diz: quando um povo se arruína, quando degenera fisiologicamente, então *seguem-se* o vício e o luxo (quer dizer, a necessidade de estímulos cada vez mais fortes e mais frequentes, conforme a conhece toda natureza esgotada). Esse homem jovem fica pálido e murcho precocemente. Seus amigos dizem: a culpa é desta ou daquela doença. Eu digo: o *fato* de ter adoecido, o *fato* de não ter resistido à doença, já foi consequência de uma vida empobrecida, de um esgotamento hereditário. O leitor de jornais diz: com um erro desses, esse partido se arruína. Minha política *superior* diz: um partido que comete um erro desses está acabado – ele perdeu a sua segurança instintiva. Todo erro, em todos os sentidos, é consequência de uma degeneração dos instintos, de uma desagregação da vontade: com isso quase se define aquilo que é *ruim*. Tudo aquilo que é *bom* é instinto – e, consequentemente, leve, necessário, livre. A labuta é uma objeção; o deus é tipicamente distinto do herói (em minha linguagem: os pés *leves* são o primeiro atributo da divindade).

3

O erro de uma causalidade falsa. – Em todas as épocas se acreditou saber o que é uma causa: de onde, porém, tomamos nosso saber, mais precisamente, nossa crença de que sabemos alguma coisa quanto a isso? Do âmbito dos célebres "fatos interiores", dos quais nenhum provou ser fatual até aqui. Acreditávamos que nós próprios éramos causais no ato da vontade; achávamos, pelo menos, poder *surpreender* a causalidade *no ato*. Do mesmo modo, não se duvidava de que todos os *antecedentia* de uma ação, as suas causas, devessem ser buscados na consciência e nela se encontrassem quando procurados – como "motivos": afinal, do contrário não se seria livre *para* praticá-la, não se seria responsável *por* ela. Enfim, quem teria contestado que um pensamento é causado? Que o eu causa o pensamento?... Desses três "fatos interiores" que pareciam garantir a causalidade, o primeiro e mais persuasivo é o da *vontade como causa*; a concepção de uma consciência ("espírito") como causa e, mais tarde, também a do eu (do "sujeito") como causa são apenas produtos posteriores, surgidos depois que a causalidade estava estabelecida pela vontade como dada, como *empiria*... Entrementes, pensamos melhor. Hoje não acreditamos mais em uma só palavra disso tudo. O "mundo interior" está repleto de miragens e fogos-fátuos: um deles é a vontade. Ela não move mais nada e, por conseguinte, também não explica mais nada – meramente acompanha os processos, e também pode se ausentar. O chamado "motivo": outro erro. Um mero fenômeno superficial da consciência, um acessório do ato, que antes oculta do que mostra os *antecedentia* de um ato. E o eu, então! Ele se transformou numa fábula, numa ficção, num jogo de palavras: cessou completamente de pensar, sentir e querer!... Qual a consequência disso? Não há quaisquer causas espirituais! Toda a suposta empiria que demonstrava isso foi para o inferno! *Essa* é a consequência! – E nós tínhamos praticado um gracioso abuso com essa "empiria"; por isso *criamos* o mundo como um mundo de causas, um mundo de vontade, um mundo de espíritos. A mais antiga e mais prolongada psicologia estava obrando aí, e ela não fez outra coisa: para ela, todo acontecimento era um agir, todo agir era consequência de uma vontade, o mundo se transformou para ela numa multiplicidade de agentes, um agente (um "sujeito") foi imputado a todos os acontecimentos. O homem projetou para fora de si os seus três "fatos interiores", aquilo em que mais firmemente acreditava, a vontade, o espírito e o eu – ele tomou o conceito de ser a partir do conceito de eu, estabeleceu as "coisas" como existentes segundo sua própria imagem, segundo seu conceito de eu como causa. Como se admirar de que posteriormente sempre tenha encontrado nas coisas *aquilo que introduziu nelas*? – A própria coisa, repito, o conceito de coisa, é um mero reflexo da crença no eu como causa... E mesmo o vosso átomo, meus senhores mecanicistas e físicos, quanto ainda resta de erro, quanto ainda resta de psicologia rudimentar em vosso átomo! – Isso sem falar da "coisa em si", do *horrendum pudendum*[36] dos metafísicos! O erro do espírito como causa confundido com a realidade! E transformado em medida da realidade! E chamado de *Deus!*

4

O erro das causas imaginárias. – Comecemos pelo sonho: a uma sensação determinada, devida, por exemplo, a um tiro distante de canhão, se atribui

36. Horrenda vergonha.

posteriormente uma causa (com frequência, todo um pequeno romance em que o protagonista é justamente a pessoa que sonha). Nesse meio-tempo, a sensação perdura numa espécie de ressonância: ela aguarda, por assim dizer, que o impulso causal lhe permita passar ao primeiro plano – só que não mais como acaso, mas como "sentido". O tiro de canhão aparece de uma maneira *causal*, numa aparente inversão do tempo. Aquilo que é posterior, a motivação, é vivido em primeiro lugar, frequentemente com centenas de detalhes que passam como um raio, e então vem o tiro... O que aconteceu? As representações *geradas* por um certo estado foram mal entendidas como causa do mesmo. – Na verdade, fazemos a mesma coisa quando acordados. A maioria de nossas sensações gerais – toda espécie de inibição, pressão, tensão e explosão no funcionamento dos órgãos, em especial o estado do *nervus sympathicus* – estimula nosso impulso causal: queremos uma *razão* para nos sentirmos *desta ou daquela* maneira – para nos sentirmos bem ou mal. Jamais nos contentamos em simplesmente constatar o *fato* de nos sentirmos desta ou daquela maneira: apenas admitiremos este fato – nos tornaremos *conscientes* dele – *quando* lhe tivermos dado uma espécie de motivação. – A memória, que em tais casos entra em atividade sem que o saibamos, traz à tona os estados anteriores da mesma espécie e as interpretações causais atreladas a eles – *não* a sua causalidade. Obviamente, a memória também traz à tona a crença de que as representações, os processos concomitantes da consciência, foram as causas. Surge assim uma *habituação* à determinada interpretação causal que, na verdade, bloqueia e mesmo exclui a *investigação* da causa.

5

Explicação psicológica disso. – Reduzir algo desconhecido a algo conhecido alivia, acalma, satisfaz e, além disso, dá uma sensação de poder. Com o desconhecido vem o perigo, a inquietação, a preocupação – o primeiro instinto se volta para a *eliminação* desses estados desagradáveis. Primeiro princípio: qualquer explicação é melhor que nenhuma. Por se tratar, no fundo, apenas de um desejo de se ver livre de representações opressivas, não se é lá muito rigoroso com os expedientes para tanto: a primeira ideia que explica o desconhecido como conhecido faz tão bem que é "tomada por verdadeira". A prova do *prazer* ("da força") como critério de verdade. – O impulso causal, portanto, depende e é estimulado pelo sentimento do medo. O "por quê?" deve, se possível, não tanto fornecer a causa em razão dela mesma, mas, antes, uma *espécie de causa* – uma causa que tranquilize, liberte, alivie. A primeira consequência dessa necessidade é o fato de alguma coisa já *co-*

nhecida, experimentada, inscrita na memória, ser estabelecida como causa. O novo, o não experimentado, o estranho, é excluído como causa. – Assim, não é buscada como causa tão somente uma espécie de explicação, mas uma espécie *escolhida* e *privilegiada* de explicação, daquelas que eliminam do modo mais rápido, mais frequente, a sensação do estranho, do novo, do não experimentado – as explicações *mais habituais*. – Consequência: uma espécie de determinação de causas prevalece sempre mais, se concentra num sistema e enfim se sobressai *dominante*, ou seja, simplesmente excluindo *outras* causas e explicações. – O banqueiro logo pensa no "negócio", o cristão, no "pecado", a mocinha, no seu amor.

6

Todo o âmbito da moral e da religião se inclui nessa noção de causas imaginárias. – "Explicação" das sensações gerais *desagradáveis*. Devem-se a seres que nos são hostis (espíritos malignos: o caso mais célebre – tomar erroneamente as histéricas por bruxas). Devem-se a ações que não podem ser aprovadas (o sentimento do "pecado", da "pecaminosidade", atribuído a um mal-estar fisiológico – sempre se encontram razões para estar descontente consigo mesmo). Devem-se a uma punição, a uma retaliação por alguma coisa que não deveríamos ter feito, que não deveríamos ter *sido* (explicação generalizada de forma impudente por Schopenhauer numa tese em que a moral aparece como aquilo que é, como verdadeira envenenadora e caluniadora da vida: "Toda grande dor, seja corporal, seja espiritual, exprime o que merecemos, pois não a sentiríamos se não a merecêssemos".)[37] Devem-se a consequências de ações impensadas, que acabaram mal (os afetos, os sentidos, estabelecidos como causa, como "culpados"; estados fisiológicos de necessidade interpretados como "merecidos" com o auxílio de *outros* estados de necessidade). – "Explicação" das sensações gerais *agradáveis*. Devem-se à confiança em Deus. Devem-se à consciência das boas ações (a chamada "consciência tranquila", um estado fisiológico que às vezes se parece muito com uma digestão bem-sucedida). Devem-se ao bom resultado de empreendimentos (ingênua conclusão equivocada: o bom resultado de um empreendimento não provoca quaisquer sensações gerais agradáveis num hipocondríaco ou num Pascal). Devem-se à fé, ao amor e à esperança – as virtudes cristãs. Na verdade, todas essas supostas explicações são *produtos* e como que traduções de sensações de prazer ou desprazer num dialeto

37. *O mundo como vontade e representação*, v.2, Adendos à parte 4, cap. 46, "Da nulidade e do sofrimento da vida".

equivocado: uma pessoa está em condições de ter esperança *porque* a sensação fisiológica básica está forte e rica novamente; uma pessoa acredita em Deus *porque* a sensação de plenitude e força lhe dá tranquilidade. – A moral e a religião se incluem inteiramente na *psicologia do erro*: em cada caso individual, se confunde causa e efeito; ou a verdade é confundida com o efeito *daquilo que se acredita* ser verdadeiro, ou um estado de consciência é confundido com a causalidade desse estado.

7

O erro do livre-arbítrio. – Hoje não temos mais qualquer compaixão pelo conceito de "livre-arbítrio": sabemos muito bem o que ele é – o mais infame truque de teólogos que há, cuja finalidade é tornar a humanidade "responsável" no sentido deles, ou seja, *torná-la dependente deles*... Trato aqui apenas da psicologia de toda responsabilização. – Em todo lugar onde se procura responsabilidades, costuma ser o instinto de *querer punir e julgar* que está a procura delas. O devir foi despido de sua inocência quando se busca explicar pela vontade, pelas intenções ou por atos de responsabilidade alguma maneira de ser: a doutrina da vontade foi inventada essencialmente com a finalidade de punir, ou seja, de *querer encontrar culpados*. Toda a psicologia antiga, a psicologia da vontade, pressupõe que seus autores, os sacerdotes à testa das antigas comunidades, queriam se arrogar o *direito* de infligir punições – ou queriam arrogar esse direito a Deus... Os homens foram imaginados "livres" para que pudessem ser condenados, punidos – para que pudessem se tornar *culpados*: em consequência, toda ação *teve de* ser imaginada como querida e sua origem como presente na consciência (o que transformou a *mais radical* falsificação *in psychologicis*[38] em princípio da própria psicologia...). Hoje, quando começamos a nos mover na direção *contrária*, quando nós, imoralistas, procuramos com todas as forças eliminar do mundo sobretudo os conceitos de culpa e de castigo, quando procuramos limpar deles a psicologia, a história, a natureza, as instituições e sanções sociais, não há, aos nossos olhos, antagonismo mais radical do que o dos teólogos, que, com a noção de "ordem moral do mundo", continuam a empestar a inocência do devir por meio da "punição" e da "culpa". O cristianismo é uma metafísica de carrasco...

38. Em assuntos psicológicos.

8

Qual, porém, pode ser a *nossa* doutrina? – Que ninguém *dá* ao homem as suas qualidades, nem Deus, nem a sociedade, nem seus pais e antepassados, nem *ele próprio* (o absurdo dessa ideia que aqui acabamos de rechaçar foi ensinado por Kant, talvez também já por Platão, como "liberdade inteligível"). *Ninguém* é responsável por existir, por ser constituído desta ou daquela forma, por estar nessas circunstâncias, nesse ambiente. A fatalidade de seu ser não pode ser separada da fatalidade de tudo o que foi e será. Ele *não* é a consequência de uma intenção própria, de uma vontade, de uma finalidade; com ele *não* é feita a tentativa de alcançar um "ideal de homem" ou um "ideal de felicidade" ou um "ideal de moralidade" – é absurdo querer *rolar* o seu ser na direção de uma finalidade qualquer. Fomos *nós* que inventamos a noção de "finalidade": a finalidade está *ausente* da realidade... Somos necessários, somos um fragmento de destino, pertencemos ao todo, *estamos* no todo – não há nada que possa julgar, medir, comparar e condenar o nosso ser, pois isso significaria julgar, medir, comparar e condenar o todo... *Mas não há nada fora do todo!* – Que ninguém mais seja responsabilizado, que não seja lícito explicar o tipo de ser mediante uma *causa prima*, que o mundo não constitui uma unidade nem como sensório nem como "espírito", *apenas essa é a grande libertação* – apenas assim a *inocência* do devir é restaurada... O conceito de "Deus" foi até agora a maior *objeção* à existência... Negamos a Deus, negamos a responsabilidade em Deus: apenas *assim* libertamos o mundo.

Os "melhoradores" da humanidade

1

É conhecida a exigência que faço ao filósofo de que se coloque *além* do bem e do mal – de que tenha *abaixo* de si a ilusão do juízo moral. Essa exigência resulta de uma compreensão que fui o primeiro a formular: *a de que não existem quaisquer fatos morais.* O juízo moral tem em comum com o religioso o fato de acreditar em realidades que não são. A moral é apenas uma interpretação de certos fenômenos – para ser mais exato, uma interpretação *errônea.* O juízo moral, tal como o religioso, pertence a um estágio de ignorância ao qual ainda falta inclusive o conceito de real, a distinção entre real e imaginário: de modo que em tal estágio, "verdade" designa somente coisas que hoje chamamos de "ilusões". Por isso, o juízo moral jamais deve ser levado ao pé da letra: como tal, contém apenas disparates. Como *semiótica*, porém, é inestimável: ele revela, pelo menos ao entendido, as mais valiosas realidades de culturas e interioridades que não *sabiam* o bastante para "compreender" a si próprias. A moral é apenas discurso por sinais, apenas sintomatologia: é preciso já saber *do que* se trata para tirar proveito dela.

2

Um primeiro exemplo, bastante provisório. Em todas as épocas se quis "melhorar" os homens: isso, sobretudo, foi chamado de moral. Sob a mesma palavra, porém, se escondem as mais diversas tendências. Tanto a *domesticação* da besta homem quanto o *cultivo* de um determinado gênero de homem foram chamados de "melhoramento": apenas esses *termini*[39] zoológicos expressam realidades – realidades, todavia, das quais o "melhorador" típico, o sacerdote, nada sabe – nada *quer* saber... Chamar a domesticação de um animal de "melhoramento" soa aos nossos ouvidos quase como uma piada. Quem sabe o que acontece nas exposições de feras duvida que nelas a besta seja "melhorada". Ela é enfraquecida, tornada menos

39. Termos.

daninha, transformada numa besta *doentia* através do afeto depressivo do medo, através da dor, dos ferimentos, da fome. – Não é diferente com o homem domesticado que o sacerdote "melhorou". No início da Idade Média, quando a Igreja era de fato sobretudo uma exposição de feras, se caçavam por toda parte os mais belos exemplares da "besta loura" – "melhoraram-se", por exemplo, os nobres germanos. Mas qual era depois a aparência de um desses germanos "melhorados", seduzidos para dentro do convento? A de uma caricatura de homem, de um aborto: ele se transformara em "pecador", estava metido na jaula, fora trancado entre conceitos que eram todos terríveis... E ali estava agora, doente, miserável, malévolo contra si próprio; cheio de ódio contra os impulsos da vida, cheio de suspeita quanto a tudo que ainda era forte e feliz. Em resumo, um "cristão"... Falando fisiologicamente: na luta contra a besta, torná-la doente *pode* ser o único meio de enfraquecê-la. Isso a Igreja entendeu: ela *corrompeu* o homem, ela o enfraqueceu – mas pretendeu tê-lo "melhorado"...

3

Tomemos o outro caso da chamada moral, o caso do *cultivo* de uma determinada raça e espécie. O mais grandioso exemplo é dado pela moral indiana, sancionada como religião sob a forma da Lei de Manu.[40] Nela é colocada a tarefa de cultivar nada menos do que quatro raças ao mesmo tempo: uma sacerdotal, uma guerreira, uma de comerciantes e agricultores, e, por fim, uma raça de servos, os sudras. Evidentemente, não estamos mais entre domadores de animais: uma espécie de homem cem vezes mais benévola e mais racional é o pressuposto para apenas chegar a conceber o plano de semelhante cultivo. Respira-se aliviado por sair da atmosfera cristã de doença e de cárcere e entrar nesse mundo mais sadio, mais elevado, *mais amplo*. Quão miserável é o Novo Testamento comparado a Manu, como cheira mal! – Essa organização, porém, também tinha necessidade de ser *terrível* – neste caso, não na luta contra a besta, mas contra o conceito oposto a *ela*, o homem incultivável, o mestiço, o chandala. E, mais uma vez, ela não tinha outro expediente para torná-lo inofensivo e fraco senão torná-lo *doente* – era a luta contra o "grande número". Talvez não exista nada que se oponha mais aos nossos sentimentos do que *essas* medidas preventivas

40. Elaborado por sacerdotes entre os séculos II a.C. e II d.C, o Código de Manu regulamenta todos os aspectos da vida no mundo indiano. Estabelece, por exemplo, a divisão da sociedade em quatro castas: *brâmanes* (sacerdotes), *xátrias* (guerreiros), *vaixás* (agricultores e comerciantes) e *sudras* (servos). Há ainda uma quinta categoria, excluída do convívio social: os párias ou *chandalas*.

da moral indiana. O terceiro edito, por exemplo (Avadana-Sastra I), o "das verduras impuras", prescreve que a única alimentação permitida ao chandala seja o alho e a cebola, visto que a escritura sagrada proíbe lhe dar grãos, frutas que contenham grãos, *água* ou fogo. O mesmo edito estabelece que a água de que necessitam não pode ser retirada dos rios, nem das fontes, nem dos lagos, mas apenas dos acessos aos pântanos e dos buracos deixados pelas pegadas dos animais. Do mesmo modo, lhes é proibido lavar suas roupas e *lavar a si próprios*, pois a água que lhes é concedida por misericórdia deve ser usada apenas para saciar a sede. Por fim, uma proibição às mulheres sudras de assistir ao parto das mulheres chandalas, bem como a estas últimas de *se assistirem mutuamente*... – O êxito de semelhante polícia sanitária não se fez esperar: epidemias mortíferas, doenças venéreas atrozes e, em consequência disso, "a lei da faca" prescrevendo a circuncisão das crianças do sexo masculino e a ablação dos pequenos lábios das crianças do sexo feminino. – O próprio Manu afirma: "Os chandalas são fruto do adultério, do incesto e do crime" (essa é a consequência *necessária* do conceito de cultivo). "Suas roupas serão apenas os trapos dos cadáveres, sua louça, apenas vasilhas quebradas, seus adornos, somente ferro-velho, e seu culto, apenas o dos espíritos malignos; eles devem vagar sem descanso de um lugar a outro. É-lhes proibido escrever da esquerda para a direita e usar a mão direita para escrever: o uso da mão direita e da escrita da esquerda para a direita é reservado apenas aos *virtuosos*, às pessoas de *raça*."

4

Esses decretos são bastante instrutivos: neles temos, por um lado, a humanidade *ariana*, inteiramente pura, inteiramente original – aprendemos que o conceito de "sangue puro" é o contrário de um conceito inofensivo. Por outro lado, fica claro em *que* povo se perpetuou o ódio, o ódio de chandala, a essa "humanidade", onde se tornou religião, se tornou *gênio*... Sob essa perspectiva, os Evangelhos são um documento de primeira grandeza; mais ainda o livro de Enoque. – O cristianismo, cuja raiz é judaica e só é compreensível como planta desse solo, representa o *movimento contrário* a toda moral do cultivo, da raça, do privilégio – ele é a religião *antiariana* por excelência: o cristianismo é a transvaloração de todos os valores arianos, a vitória dos valores chandalas, o evangelho pregado aos pobres, ao populacho, a revolta conjunta de todos os pisoteados, miseráveis, malogrados e prejudicados contra a "raça" – a vingança imortal dos chandalas na forma de *religião do amor*...

5

A moral do *cultivo* e a moral da *domesticação* são perfeitamente dignas uma da outra quanto aos meios de se impor: podemos estabelecer a tese suprema de que para *fazer* moral é preciso ter a vontade incondicional do contrário. Este é o grande, o *monstruoso* problema que por mais tempo investiguei: a psicologia dos "melhoradores" da humanidade. Um fato pequeno e, no fundo, modesto, o da chamada *pia fraus*[41], me deu o primeiro acesso a esse problema: a *pia fraus*, o patrimônio de todos os filósofos e sacerdotes que "melhoraram" a humanidade. Nem Manu nem Platão, nem Confúcio nem os mestres judaicos e cristãos alguma vez duvidaram de seu *direito* à mentira. Eles não duvidaram de *direitos muito diferentes*... Poderíamos dizer numa fórmula: até o presente, *todos* os meios pelos quais a humanidade deveria se tornar moral foram radicalmente *imorais*.

41. Fraude piedosa. Ou seja, mentira proferida com boas intenções.

O que falta aos alemães

1

Hoje não basta ter espírito entre alemães: ainda é preciso tomá-lo, *atrever-se* a ele...

Talvez eu conheça os alemães, talvez até possa lhes dizer algumas verdades. A nova Alemanha mostra uma grande quantidade de capacidades herdadas e adquiridas, de modo que, por algum tempo, ela pode gastar até prodigamente o patrimônio de energia acumulado. O que chegou ao poder com ela *não* é uma cultura elevada, muito menos um gosto delicado, uma nobre "beleza" dos instintos; porém, virtudes *mais viris* do que qualquer outro país europeu possa ostentar. Muito otimismo e consideração para consigo, muita segurança no trato, na reciprocidade dos deveres, muita laboriosidade, muita perseverança – e uma moderação herdada que mais precisa ser espicaçada do que contida. Acrescento que na Alemanha ainda se obedece sem que a obediência humilhe... E ninguém despreza seu adversário...

Percebe-se que é meu desejo ser justo com os alemães: não gostaria de ser inconsequente quanto a isso – também preciso, portanto, lhes fazer minha objeção. Paga-se caro por chegar ao poder: o poder *imbeciliza*... Os alemães – outrora eram chamados de povo de pensadores: será que ainda pensam hoje? – Agora os alemães se entediam com o espírito, desconfiam dele, a política devora toda a seriedade para coisas realmente espirituais – "Alemanha, Alemanha acima de tudo"[42], temo que isso tenha sido o fim da filosofia alemã... "Há filósofos alemães? Há poetas alemães? Há *bons* livros alemães?" – perguntam-me no exterior. Eu enrubesço, mas respondo com a valentia que me é própria também nos casos desesperados: "Sim, *Bismarck*!" – Seria lícito também confessar que livros são lidos hoje em dia?... Maldito instinto da mediocridade!

42. Primeiro verso do poema "A canção dos alemães" (1841), de August Heinrich Hoffmann von Fallersleben (1798-1874), que se tornou hino oficial alemão em 1922, durante a República de Weimar.

2

Quem já não teve seus pensamentos melancólicos sobre o que o espírito alemão *poderia* ser? Mas esse povo se imbecilizou voluntariamente há quase um milênio: em lugar algum se abusou de modo mais vicioso dos dois grandes narcóticos europeus, o álcool e o cristianismo. Recentemente se somou a eles ainda um terceiro, a música, nossa música alemã constipada e constipadora, que, por si só, já basta para arruinar toda vivacidade sutil e ousada do espírito. – Quanta gravidade aborrecida, torpor, umidade, roupão, quanta *cerveja* há na intelectualidade alemã! Como é possível que jovens que consagram sua existência aos fins mais espirituais não percebam em si o primeiro instinto da espiritualidade, *o instinto de autoconservação do espírito* – e bebam cerveja?... O alcoolismo da juventude erudita talvez não chegue a ser um ponto de interrogação quanto à sua erudição – é possível ser um grande erudito mesmo sem espírito –, mas, sob qualquer outro aspecto, continua sendo um problema. – E onde não encontraríamos a suave degeneração que a cerveja produz no espírito? Certa vez, num caso que quase se tornou célebre, coloquei o dedo numa dessas degenerações – a degeneração de nosso primeiro livre-pensador alemão, o *sagaz* David Strauss[43], em autor de um evangelho de cervejaria e de uma "nova fé"... Não foi à toa que prestou seu juramento em versos à "encantadora morena" – fidelidade até a morte...

3

Falei do espírito alemão: que se torna mais grosseiro, que se torna raso. Será suficiente? – No fundo, o que me apavora é algo bem diferente: como diminuem cada vez mais a seriedade alemã, a profundidade alemã, a *paixão* alemã nos assuntos do espírito. O *páthos* se modificou, não apenas as faculdades intelectuais. – De vez em quando, entro em contato com universidades alemãs: que atmosfera reina entre seus eruditos, que espiritualidade desoladora, satisfeita e amornada! Seria um profundo mal-entendido se neste ponto alguém quisesse me fazer objeções e mencionasse a ciência alemã – e, além disso, uma prova de que não leu uma palavra do que escrevi. Há dezessete anos não me canso de destacar a influência *desespiritualizadora* de nossa atual faina científica. O duro hilotismo a que a formidável extensão das ciências condena hoje todo indivíduo é uma das principais razões para que naturezas

43. Strauss (1808-1874), autor de *A velha e a nova fé*, foi atacado impiedosamente por Nietzsche em sua primeira *Consideração extemporânea*, "David Strauss, o confessor e o escritor", de 1873. "Encantadora morena" é um epíteto de Strauss para a cerveja, que homenageia num poema.

mais plenas, mais ricas, *mais profundas*, não encontrem mais educação *e educadores* apropriados. Não há nada de que nossa cultura *mais* padeça que do excesso de indolentes presunçosos e de humanidades fragmentárias; *contra* a vontade, nossas universidades são verdadeiras estufas para essa espécie de estiolamento dos instintos do espírito. E a Europa inteira já tem uma noção disso – a grande política não engana ninguém... A terra dos alemães é considerada cada vez mais a *terra rasa* da Europa. – Ainda *procuro* por um alemão com quem *eu* possa ser sério à minha maneira – e muito mais por um com quem eu possa ser jovial! *Crepúsculo dos ídolos*: ah, quem compreenderia hoje *de que seriedade* um ermitão se refaz aqui! – A jovialidade é o que há de mais incompreensível em nós...

4

Façamos um cálculo aproximado: não é apenas evidente que a cultura alemã declina; também não falta razão suficiente para tanto. Afinal, ninguém pode gastar mais do que tem – isso vale para indivíduos, isso vale para povos. Se gastarmos nossas energias com o poder, a grande política, a economia, o comércio internacional, o parlamentarismo, os interesses militares – se gastarmos *neste* lado a quantidade de entendimento, seriedade, vontade e autossuperação que somos, então ela faltará do outro. A cultura e o Estado – não nos enganemos quanto a isso – são antagonistas: o "Estado cultural" é só uma ideia moderna. Um vive do outro, um prospera às custas do outro. Todas as grandes épocas da cultura são épocas de decadência política: o que é grande no sentido da cultura foi apolítico, mesmo *antipolítico*. – O coração de Goethe se abriu com o fenômeno Napoleão – ele se *fechou* com as "Guerras de Libertação"... No mesmo momento em que a Alemanha ascende como grande potência, transforma-se a importância da França como *potência cultural*. Já hoje, muita seriedade nova, muita *paixão* nova do espírito se mudou para Paris; a questão do pessimismo, por exemplo, a questão de Wagner, quase todas as questões psicológicas e artísticas, são lá consideradas de uma maneira incomparavelmente mais sutil e mais profunda do que na Alemanha – os alemães são até *incapazes* dessa espécie de seriedade. – Na história da cultura europeia, a ascensão do "Reich" significa sobretudo uma coisa: um *deslocamento do centro de gravidade*. Já se sabe em toda parte: no principal – e isso continua sendo a cultura –, os alemães não entram mais em consideração. Pergunta-se: podeis mostrar pelo menos um espírito *que conte* para a Europa? Que conte como o vosso Goethe, vosso Hegel, vosso Heinrich Heine, vosso Schopenhauer contavam? – Que não haja mais um só filósofo alemão é um fato que provoca assombro sem fim.

5

O sistema inteiro de educação superior da Alemanha perdeu o principal: o *fim*, bem como o *meio* para alcançar o fim. Esqueceu-se de que a educação, a própria *formação*, é o fim – e *não* "o Reich" –, que para alcançar esse fim se necessita de *educadores* – e *não* de professores ginasiais e eruditos universitários... São necessários educadores que sejam *eles próprios educados*, espíritos superiores, nobres, provados a todo instante, provados pela palavra e pelo silêncio, culturas amadurecidas, *doces* – *não* os eruditos grosseirões que o ginásio e a universidade hoje oferecem aos jovens como "amas superiores". Descontadas as exceções das exceções, *faltam* educadores, a *primeira* precondição da educação: *daí* o declínio da cultura alemã. – Uma dessas raríssimas exceções é meu venerável amigo Jakob Burckhardt, de Basileia: é a ele, em primeiro lugar, que Basileia deve sua precedência em humanidade. – O que as "escolas superiores" da Alemanha efetivamente alcançam é um adestramento brutal que, com o menor dispêndio possível de tempo, visa tornar um grande número de jovens aproveitável, *explorável*, para o serviço do Estado. "Educação superior" e *grande número* – coisas que se contradizem de antemão. Toda educação superior pertence apenas à exceção: é preciso ser privilegiado para ter direito a um privilégio tão elevado. Todas as coisas grandes, belas, nunca podem ser bem comum: *pulchrum est paucorum hominum.*[44] A que *se deve* o declínio da cultura alemã? Ao fato de a "educação superior" não ser mais um *privilégio* – ao democratismo da "formação" que se tornou "geral", que se tornou *ordinária*... Sem esquecer que privilégios militares obrigam formalmente à *frequentação excessiva* – ou seja, à decadência – das escolas superiores. – Ninguém mais tem a liberdade de dar uma educação nobre aos seus filhos na Alemanha atual: nossas escolas "superiores", com seus professores, com seus planos e metas de ensino, estão todas orientadas para a mediocridade mais ambígua. E por toda parte reina uma pressa indecorosa, como se alguma coisa houvesse se perdido se o jovem ainda não estivesse "pronto" aos 23 anos, se ainda não soubesse responder à "pergunta capital": *qual* profissão? – Homens de um tipo superior, se me permitem dizê-lo, não gostam de "profissões", precisamente porque sabem que têm vocações... Eles têm tempo, tomam tempo para si, de modo algum pensam em ficar "prontos" – com trinta anos, no sentido de uma cultura superior, se é um iniciante, uma criança. – Nossos ginásios superlotados, nossos professores ginasiais sobrecarregados, estupidificados, são um escândalo: para defender essa situação, como fizeram recentemente os professores de Heidelberg, talvez haja *causas* – razões para tanto não há.

---

44. O belo é para poucos. Cf. Horácio, *Sátiras*, 1, 9, 44.

6

Para não renegar minha índole, que é *afirmativa* e apenas indireta, involuntariamente, tem relação com o protesto e a crítica, apresento de imediato as três tarefas para as quais se precisa de educadores. Deve-se aprender a *ver*, deve-se aprender a *pensar*, deve-se aprender a *falar* e a *escrever*: nos três casos, a meta é uma cultura nobre. – Aprender a *ver* – habituar o olho à calma, à paciência, a deixar que as coisas se aproximem; adiar o juízo, aprender a envolver e cercar o caso particular por todos os lados. Esta é a *primeira* preparação para a espiritualidade: *não* reagir imediatamente a um estímulo, mas lançar mão dos instintos que inibem e isolam. Aprender a *ver*, segundo compreendo, é quase aquilo que o modo de falar não filosófico chama de vontade forte: o essencial, aí, é precisamente *não* "querer", é *poder* suspender a decisão. Toda falta de espiritualidade, toda vulgaridade, repousa sobre a incapacidade de resistir a um estímulo – é *preciso* reagir, segue-se cada impulso. Em muitos casos, semelhante coação já é patologia, declínio, sintoma de esgotamento – quase tudo que a rudeza não filosófica designa pelo nome de "vício" é apenas essa incapacidade fisiológica de *não* reagir. – Uma aplicação de ter aprendido a ver: na condição de *aprendiz*, a pessoa terá, sobretudo, se tornado lenta, desconfiada, resistente. Será com uma calma hostil, de início, que deixará o estranho, o *novo* de qualquer espécie, se aproximar – ela recolherá sua mão. Manter todas as portas abertas, ficar deitado servilmente de bruços diante de qualquer pequeno fato, estar sempre pronto a se colocar, a se *lançar*, em outras pessoas e outras coisas, em resumo, a famosa "objetividade" moderna, é mau gosto, é *não nobre* por excelência.

7

Aprender a *pensar*: não se tem mais noção disso em nossas escolas. Mesmo nas universidades, inclusive entre os verdadeiros eruditos da filosofia, a lógica começa a se extinguir como teoria, como prática, como *ofício*. Leia-se livros alemães: nem sequer a mais remota lembrança de que para pensar se necessita de uma técnica, de um plano de ensino, de uma vontade de alcançar a mestria – de que pensar deve ser aprendido como se aprende a dançar, *como* uma espécie de dança... Quem, entre alemães, ainda conhece por experiência aquele arrepio sutil que os *pés leves* nas coisas do espírito fazem transbordar em todos os músculos? – A acanhada patetice dos gestos espirituais, a mão *tosca* ao pegar – isso é alemão em tal grau que no estrangeiro é confundido com a própria essência alemã. O alemão não tem *dedos* para nuances... O fato de os alemães terem suportado os seus filósofos, sobretudo o mais deformado aleijão conceitual que jamais existiu, o *grande* Kant, dá uma ideia nada pequena da graça alemã. – A *dança* em todas as suas formas não pode ser descontada da *educação nobre*; o poder dançar com os pés, com os conceitos, com as palavras; ainda é necessário que eu diga que é preciso poder fazê-lo com a *pena* – que é preciso aprender a *escrever*? – Neste ponto, porém, eu me tornaria um completo enigma para leitores alemães...

Incursões de um extemporâneo

1

Meus impossíveis. – *Sêneca*: ou o toureiro da virtude. – *Rousseau*: ou o retorno à natureza *in impuris naturalibus*. – *Schiller*: ou o trompetista moral de Säckingen. – *Dante*: ou a hiena que *faz poesia* nos túmulos. – *Kant*: ou a *cant* como caráter inteligível. – *Victor Hugo*: ou o farol no mar do absurdo. – *Liszt*: ou a escola da agilidade – atrás das mulheres. – *George Sand*: ou *lactea ubertas*; dito claramente: a vaca leiteira com "belo estilo". – *Michelet*: ou o entusiasmo que tira o casaco... – *Carlyle*: ou pessimismo como almoço regurgitado. – *John Stuart Mill*: ou a clareza ofensiva. – *Os irmãos Goncourt*: ou os dois Ajaxes em luta contra Homero. Música de Offenbach. – *Zola*: ou "a alegria de feder".[45]

45. Lúcio Aneu Sêneca (4 a.C.-65 d.C.): tragediógrafo e filósofo romano. No fragmento póstumo 25 [347] da primavera de 1884 (conforme a edição crítica das obras de Nietzsche organizada por G. Colli e M. Montinari), encontramos uma explicação para o epíteto: "Sêneca, uma culminação da mendacidade moral antiga – um respeitável espanhol, como Gracián". Sêneca nasceu na Espanha, tal como o jesuíta e moralista Balthasar Gracián (1601-1658).
Jean-Jacques Rousseau (1712-1778): defendia a ideia de que a sociedade corrompe o homem e que este só é livre, saudável e feliz na natureza.
Friedrich Schiller (1759-1805): poeta e dramaturgo alemão, expoente do movimento romântico *Sturm und Drang* (Tempestade e Ímpeto). O qualificativo encerra uma dupla alusão: por um lado, é uma provável referência ao ensaio de Schiller "O palco considerado como instituição moral"; por outro, alude ao poema "O trompetista de Säckingen", de Joseph Viktor von Scheffel (1826-1886), autor que alcançou imenso prestígio na época da unificação alemã, em 1871. Dante Alighieri (1265-1321): poeta italiano, autor de *A divina comédia*.
Immanuel Kant (1724-1804): em inglês, *cant* significa hipocrisia. Na *Genealogia da moral* (Terceira dissertação, seção 12), Nietzsche explica como entende a expressão kantiana "caráter inteligível": "Em Kant, 'caráter inteligível' significa um tipo de constituição das coisas do qual o intelecto compreende apenas que ele é – *inteiramente incompreensível* ao intelecto".
Victor Hugo (1802-1885): escritor francês.
Franz Liszt (1811-1886): compositor e intérprete célebre pelo seu virtuosismo pianístico e por suas conquistas amorosas.
George Sand (1804-1876): pseudônimo da escritora francesa Aurore Dupin. A expressão *lactea ubertas*, usada por Quintiliano (c.35-c.100) para se referir ao estilo do historiador Tito Lívio (*illa Livii lactea ubertas*, "essa copiosidade de Lívio, pura como o leite", *Instituições oratórias*, 10, 1, 32), é transformada por Nietzsche em zombaria: "abundância de leite". O epíteto de (continua)

2

Renan. – Teologia, ou a corrupção da razão pelo "pecado original" (o cristianismo). Prova disso é Renan, que, tão logo arrisca um sim ou um não de caráter mais geral, erra o alvo com regularidade embaraçosa. Ele gostaria, por exemplo, de unificar *la science* e *la noblesse*: mas *la science* pertence à democracia, isso é algo palpável. Com ambição nada pequena, ele deseja representar um aristocratismo do espírito: mas, ao mesmo tempo, está de joelhos, e não só de joelhos, diante da doutrina contrária, o *évangile des humbles*...[46] De que adiantam todo livre-pensamento, toda modernidade, toda zombaria e toda flexibilidade de oportunista[47] se com suas entranhas ainda se continua cristão, católico e até sacerdote! A inventividade de Renan, exatamente como um jesuíta e um confessor, está na sedução; à sua espiritualidade não falta o sorriso largo de padreco – como todos os sacerdotes, ele só se torna perigoso quando ama. Ninguém se iguala a ele na maneira mortalmente perigosa de adorar... Esse espírito de Renan, um espírito que *enerva*, é uma fatalidade a mais para a pobre França doente, doente da vontade.

(cont.) "vaca leiteira" se baseia, provavelmente, nas leituras do *Diário* dos irmãos Goncourt (II, 25): "Madame Sand, uma esfinge ruminante, uma vaca sagrada", segundo informam Colli e Montinari.
Jules Michelet (1798-1874): historiador francês. Os fragmentos póstumos 26 [403] de 1884 e 38 [6] de junho-julho de 1885 esclarecem: "*Michelet*: simpatia suarenta, alguma coisa plebeia nele, como se tirasse o casaco antes de começar um trabalho"; "em seu trato e em sua veneração dos homens do passado há muita imodéstia; até me parece, às vezes, que ele se lança com tal exaltação ao seu trabalho sentimental que precisa tirar o casaco."
Thomas Carlyle (1795-1881): historiador da literatura e filósofo escocês. Cf. a seção 12 destas "Incursões".
John Stuart Mill (1806-1873): filósofo inglês.
Edmond (1822-1896) e Jules de Goncourt (1830-1870): escritores franceses. Segundo Colli e Montinari, no terceiro volume dos *Diários* consta: "...tenho mais prazer ao ler Hugo que Homero". Ainda que Nietzsche os chame de "impossíveis", há muitos traços da leitura dos *Diários* nos aforismos de "Ditos e setas" e nas primeiras seções destas "Incursões".
Jacques Offenbach (1819-1880): compositor teuto-francês.
Émile Zola (1840-1902): escritor naturalista francês. Para Nietzsche, o naturalismo cheirava mal: o epíteto é uma paródia do título de um romance de Zola, *A alegria de viver*. Já num fragmento póstumo do outono de 1881, o de número 12 [2], consta: "a *sobremesa intelectual* agora para muitos: Gorgon-Zola".

46. Evangelho dos humildes.

47. O termo alemão é *Wendehals*, nome de uma ave – em Portugal chamada de torcicolo – que pode virar seu pescoço em 180º. Segundo Heinz Küpper (*Wörterbuch der deutschen Umgangssprache*, Dicionário do alemão coloquial), o sentido figurado de "oportunista" é corrente desde o século XIX.

3

Sainte-Beuve.[48] – Sem virilidade; cheio de um rancor mesquinho contra todos os espíritos viris. Vaga de um lado para o outro, sutil, curioso, entediado, perscrutador – uma mulher, no fundo, com uma sensibilidade e uma sede de vingança femininas. Como psicólogo, um gênio da *médisance*[49]; inesgotavelmente rico em meios para tanto; ninguém melhor do que ele sabe misturar veneno a um elogio. Plebeu nos instintos mais baixos e aparentado ao *ressentiment* de Rousseau: *logo*, romântico – pois por baixo de todo o *romantisme* grunhe e grita o instinto vingativo de Rousseau. Revolucionário, mas ainda razoavelmente contido pelo medo. Sem liberdade frente a tudo que tem força (opinião pública, Academia[50], corte, inclusive Port-Royal). Exasperado com tudo aquilo que é grande nos homens e nas coisas, com tudo que acredita em si. Poeta e meio mulher o bastante para ainda sentir aquilo que é grande como poder; constantemente encolhido como aquele famoso verme, pois se sente constantemente pisado. Como crítico, desprovido de critério, consistência e espinha dorsal, com o paladar do *libertin* cosmopolita para muitas coisas, mas sem a coragem para sequer admitir a *libertinage.* Como historiador, desprovido de filosofia, desprovido do *poder* do olhar filosófico – recusando, por isso, a tarefa de julgar em todos os assuntos capitais, usando a "objetividade" como máscara. Comporta-se de maneira diferente em relação a todas as coisas em que a instância suprema é um gosto refinado, experimentado: neste caso, possui realmente a coragem de ser ele próprio, o gosto em sê-lo – neste caso ele é *mestre.* – Sob alguns aspectos, uma forma prévia de Baudelaire.

4

A *imitatio Christi*[51] está entre os livros que não seguro sem uma resistência fisiológica: ele exala um *parfum* de eterno-feminino[52] para o qual é preciso ser francês – ou wagneriano... Esse santo tem uma maneira de falar

48. Charles-Augustin de Sainte-Beuve (1804-1869): escritor francês, autor, entre outras obras, de *Histoire de Port-Royal.* A abadia de Port-Royal foi a sede do jansenismo, heresia de grande influência durante os séculos XVII e XVIII. Os jansenistas advogavam a predestinação, negavam o livre-arbítrio e sustentavam que a natureza humana era por si só incapaz do bem. A designação se deriva de seu formulador, o bispo Cornelius Jansen (1585-1638).

49. Maledicência.

50. Academia: Nietzsche se refere à *Académie française.*

51. Nietzsche se refere à *Imitação de Cristo*, obra do místico Thomas a Kempis (1379-1471).

52. Eterno-feminino: alusão à cena final do *Fausto* de Goethe.

do amor que até as parisienses ficam curiosas. – Dizem-me que aquele *sagacíssimo* jesuíta, A. Comte, que queria levar seus franceses a Roma pelo *desvio* da ciência, se inspirou nesse livro. Eu acredito: "a religião do coração"...

5

G. Eliot. – Eles se livraram do deus cristão e agora acreditam com fervor tanto maior que precisam conservar a moral cristã: eis uma dedução *inglesa*, não a levemos a mal nas mulherzinhas morais *à la* Eliot. Na Inglaterra, para cada pequena emancipação da teologia se deve recuperar a honra de maneira aterradora na condição de fanático moral. Essa é a *penitência* que lá se paga. – Vemos as coisas de outra maneira. Quando se renuncia à fé cristã, se perde o *direito* de apoiar os pés no solo da moral cristã. Esta *não* é de modo algum evidente: apesar dos cabeças-ocas ingleses, esse ponto precisa ser sempre ressaltado. O cristianismo é um sistema, uma visão coerente e *global* das coisas. Se arrancarmos dele um conceito capital, a fé em Deus, também despedaçamos o todo: não temos mais uma coisa necessária entre os dedos. O cristianismo pressupõe que o homem não sabe, não *pode* saber, o que é bom e o que é mau para ele: acredita em Deus, o único sabedor. A moral cristã é uma ordem; sua origem é transcendente; ela está além de toda crítica, de todo direito à crítica; apenas contém verdade caso Deus seja a verdade – ela depende inteiramente da fé em Deus. – Se os ingleses de fato acreditam saber por si mesmos, "intuitivamente", o que é bom e mau, se acham, por conseguinte, que não precisam mais do cristianismo como garantia da moral, então esse fato mesmo é meramente a *consequência* do domínio do juízo de valor cristão e uma expressão da *força* e da *profundidade* desse domínio: de modo que a origem da moral inglesa foi esquecida, de modo que o caráter deveras condicionado de seu direito à existência não é mais notado. Para o inglês, a moral ainda não é um problema...

6

George Sand. – Li as primeiras *Lettres d'un voyageur*[53]: como tudo que provém de Rousseau, falsas, afetadas, inchadas, exageradas. Não suporto esse estilo colorido, próprio de papel de parede; tampouco a ambição plebeia de sentimentos generosos. O pior, todavia, é o coquetismo feminino com modos masculinos, com maneiras de adolescente malcriado. – Como deve ter sido fria essa artista insuportável! Dava-se corda como a um relógio – e escrevia...

53. *Cartas de um viajante*, obra de Sand.

Fria como Hugo, como Balzac, como todos os românticos sempre que escreviam! E com que presunção devia ficar estendida ao fazê-lo, essa fértil vaca de escrever que tinha algo de alemão no mau sentido da palavra, assim como o próprio Rousseau, seu mestre, e que, em todo o caso, só foi possível com o declínio do gosto francês! – Mas Renan a venera...

7

Moral para psicólogos. – Não praticar psicologia barata! Jamais observar *por* observar! Isso resulta em uma ótica falsa, em estrabismo, em algo forçado e exagerado. Vivenciar como *querer* vivenciar – isso não funciona. Não é *lícito* olhar para si mesmo durante uma vivência, cada olhar se transforma em "mau-olhado". Um psicólogo nato evita instintivamente olhar por olhar; o mesmo vale para o pintor nato. Ele nunca trabalha "segundo a natureza" – ele deixa aos seus instintos, à sua *camera obscura*, a filtragem e a expressão do "caso", da "natureza", do "vivido"... À sua consciência chega apenas o *universal*, a conclusão, o resultado: ele não conhece aquela abstração arbitrária do caso individual. – Qual o resultado se agirmos de outro modo? Se, por exemplo, praticarmos psicologia barata em grande e pequena escala à maneira dos *romanciers* parisienses? *Ela* espreita, por assim dizer, a realidade, *ela* traz para casa um punhado de curiosidades toda noite... Mas veja-se o resultado – um monte de borrões; no melhor dos casos, um mosaico, e, em todo o caso, algo composto, inquieto, de cores berrantes. O pior aí é alcançado pelos Goncourt: não escrevem três frases que simplesmente não firam os olhos, os olhos do *psicólogo*. – A natureza, estimada artisticamente, não é um modelo. Ela exagera, ela deforma, ela deixa lacunas. A natureza é o *acaso*. O estudo "segundo a natureza" me parece um péssimo sinal: revela submissão, fraqueza, fatalismo – ficar deitado na poeira diante de *petits faits*[54] é indigno de um artista *inteiro*. Ver *aquilo que é* – isso é próprio de uma outra classe de espíritos, os *antiartísticos*, os fatuais. É preciso saber *quem* se é...

8

Da psicologia do artista. – Para que exista arte, para que exista algum fazer e contemplar estético, é imprescindível uma condição fisiológica: a *embriaguez*. A embriaguez precisa inicialmente ter intensificado a excitabilidade da máquina inteira: antes disso não se chega a arte alguma. Todos os tipos de embriaguez, por mais distintamente condicionados que sejam, têm força

54. Pequenos fatos.

para tanto: sobretudo a embriaguez da excitação sexual, a mais antiga e mais originária forma de embriaguez. Da mesma maneira, a embriaguez que segue todos os grandes apetites, todos os afetos intensos; a embriaguez da festa, da competição, da façanha, da vitória, todo movimento extremo; a embriaguez da crueldade; a embriaguez na destruição; a embriaguez influenciada por certas condições meteorológicas, por exemplo, a embriaguez primaveril; ou influenciada por narcóticos; por fim, a embriaguez da vontade, a embriaguez de uma vontade acumulada e intumescida. – O essencial na embriaguez é o sentimento de plenitude e de intensificação da força. É a partir desse sentimento que damos às coisas, as *forçamos* a que tomem de nós, as violentamos – esse processo é chamado de *idealização*. Livremo-nos aqui de um preconceito: a idealização *não* consiste, como geralmente se acredita, em tirar ou subtrair o que é pequeno, secundário. O decisivo, antes, é um colossal *transbordar* dos traços principais, de modo que os demais desaparecem.

9

Nesse estado enriquecemos todas as coisas com a nossa própria plenitude: o que se vê, o que se quer, é visto intumescido, apinhado, enérgico, sobrecarregado de força. O homem que se encontra nesse estado transforma as coisas até que reflitam o seu poder – até que sejam reflexos de sua perfeição. Esse *ter de* transformar em perfeição é – arte. Mesmo tudo aquilo que ele não é se torna, apesar disso, um deleite consigo mesmo; na arte, o homem goza a si próprio como perfeição. – Seria permitido imaginar um estado contrário, um específico estado antiartístico do instinto – um modo de ser que deixasse todas as coisas pobres, rarefeitas, esgotadas. E, de fato, a história é rica em tais antiartistas, em tais esfomeados da vida: aqueles que necessariamente precisam se apossar das coisas, consumi-las, deixá-las *mais magras*. Esse é o caso, por exemplo, do cristão genuíno, o caso de Pascal, por exemplo: *não existe* cristão que seja ao mesmo tempo artista... E que ninguém seja infantil e me venha com Rafael ou algum cristão homeopático do século XIX: Rafael era afirmador, Rafael *agia* de modo afirmativo; logo, não era cristão...

10

O que significa a oposição conceitual que introduzi na estética, a oposição entre os conceitos de *apolíneo* e *dionisíaco*, ambos compreendidos como espécies de embriaguez? – A embriaguez apolínea mantém excitado sobretudo o olho, de modo que ele recebe a força visionária. O pintor, o escultor e o poeta épico são visionários *par excellence*. No estado dionisíaco, por outro lado, o sistema inteiro de afetos é excitado e intensificado, de modo que descarrega todos os seus recursos expressivos de uma só vez e libera ao mesmo tempo a força de representar, imitar, transfigurar e transformar, bem como toda espécie de mímica e teatralidade. O essencial é a facilidade de metamorfose, a incapacidade de *não* reagir (de modo semelhante a certos histéricos, que também assumem *qualquer* papel a qualquer indicação). É impossível ao homem dionisíaco não compreender alguma sugestão, ele não ignora nenhum sinal do afeto, ele tem o grau mais alto de instinto compreensivo e divinatório, tal como possui o grau mais alto da arte de comunicar. Ele entra em qualquer pele, em qualquer afeto: ele se metamorfoseia sem cessar. – A música, tal como hoje a compreendemos, é também uma excitação e uma descarga geral dos afetos, contudo apenas o resto de um mundo expressivo do afeto muito mais pleno, um mero *residuum* do histrionismo dionisíaco. Para possibilitar a música como arte específica, alguns sentidos, sobretudo o muscular, foram paralisados (pelo menos relativamente: pois, em certo grau, todo ritmo ainda fala aos nossos músculos): de modo que o homem não mais imita e não mais representa de imediato corporalmente tudo aquilo que sente. Contudo, *esse* é o estado normal propriamente dionisíaco, pelo menos o estado primordial; a música é a especificação lentamente alcançada desse estado à custa das faculdades que lhe são aparentadas de modo mais estreito.

11

O ator, o mimo, o bailarino, o músico e o poeta lírico são profundamente aparentados em seus instintos e, em si, são um só, porém especializados de forma gradativa e separados um do outro – chegando inclusive à oposição. O poeta lírico permaneceu por mais tempo unido ao músico; o ator, ao bailarino. – O *arquiteto* não representa um estado dionisíaco nem apolíneo: o que exige arte neste caso é o grande ato da vontade, a vontade que move montanhas, a embriaguez da grande vontade. Os homens mais poderosos sempre inspiraram os arquitetos; o arquiteto sempre esteve sob a sugestão do poder. No edifício devem se tornar visíveis o orgulho, a vitória sobre a gravidade, a vontade de poder; a arquitetura é uma espécie de eloquência do poder expressa em formas, ora persuasiva e até lisonjeira, ora meramente imperiosa. O mais elevado sentimento de poder e de segurança ganha expressão naquilo que tem *grande estilo*. O poder que não precisa mais de provas; que desdenha agradar; que dificilmente responde; que não percebe testemunhas à sua volta; que vive sem a consciência de que existe oposição a ele; que descansa em *si*, fatalista, uma lei entre leis: é *isso* que fala de si na condição de grande estilo.

12

Li a biografia de *Thomas Carlyle*, essa *farce* inconsciente e involuntária, essa interpretação heroico-moral de estados dispépticos. – Carlyle, um homem de palavras e poses enérgicas, um retórico por *necessidade*, constantemente agastado pelo desejo de ter uma fé forte *e* pelo sentimento da incapacidade para tanto (um romântico típico!). O desejo de ter uma fé forte *não* é a prova dessa fé, mas antes o contrário. *Caso a tenha*, o indivíduo pode se permitir o belo luxo de ser cético: ele é seguro o bastante, firme o bastante, consistente o bastante para tanto. Carlyle atordoa alguma coisa dentro de si através do *fortissimo* de sua veneração por homens de fé forte e através de sua cólera contra os menos simplórios: ele *precisa* de barulho. Uma *desonestidade* consigo mesmo constante e passional – esse é o seu *proprium*, com isso ele é e continua sendo interessante. – Todavia, na Inglaterra ele é admirado justamente por sua honestidade... Bem, isso é inglês; e considerando que os ingleses são o povo da *cant* perfeita, até justo, e não apenas compreensível. No fundo, Carlyle é um ateu inglês que procura sua honra em *não* sê-lo.

13

Emerson. – Muito mais esclarecido, mais errante, mais variado e mais refinado que Carlyle, sobretudo mais feliz... Alguém que se alimenta instintivamente apenas de ambrosia, que deixa para trás o que há de indigesto nas coisas. Comparado a Carlyle, um homem de gosto. – Carlyle, que muito o apreciava, não obstante dizia dele: "Não *nos* dá o suficiente para morder": o que pode ser dito com razão, mas não em detrimento de Emerson. – Emerson tem aquela jovialidade benévola e espirituosa que desencoraja toda seriedade; ele simplesmente não sabe quão velho já é e quão jovem ainda será – usando uma frase de Lope de Vega, ele poderia dizer de si próprio: "*Yo me sucedo a mí mismo*". Seu espírito sempre encontra razões para estar contente e mesmo agradecido; e às vezes ele roça a transcendência jovial daquele homem de bem que voltou de um encontro amoroso *tamquam re bene gesta*. "*Ut desint vires*", disse agradecido, "*tamen est laudanda voluptas*".[55]

55. *Tamquam...*: como de uma coisa bem feita. *Ut desint...*: Ainda que faltem forças, há, contudo, que louvar o prazer. Distorção jocosa de Ovídio (*Epístolas do ponto*, 3, 4, 79): Nietzsche substitui *voluntas* (vontade) por *voluptas* (prazer, volúpia).

14

Anti-Darwin. – No que se refere à famosa "luta pela *vida*", me parece por enquanto mais afirmada do que provada. Ela acontece, mas excepcionalmente; o aspecto global da vida *não* é a situação de emergência, a situação de fome, porém antes a riqueza, a abundância, mesmo o desperdício absurdo – onde se luta, luta-se por *poder*... Não se deve confundir Malthus[56] com a natureza. – Supondo, contudo, que essa luta exista – e, de fato, ela acontece –, por desgraça ela acaba de maneira inversa à desejada pela escola de Darwin, de maneira inversa a que talvez *pudéssemos* desejar juntamente com essa escola: a saber, em detrimento dos fortes, dos privilegiados, das exceções felizes. As espécies *não* crescem em perfeição: os fracos sempre voltam a se tornar senhores dos fortes – pois são o grande número, e também são *mais sagazes*... Darwin esqueceu-se do espírito (isto é inglês!), *os fracos têm mais espírito*... É preciso ser carente de espírito para adquiri-lo – ele se perde quando não se necessita mais dele. Quem possui força, prescinde do espírito ("Deixe que se vá!", se pensa hoje na Alemanha, "ainda temos o *Reich*"...[57]). Entendo por espírito, como se vê, a cautela, a paciência, a astúcia, a dissimulação, o grande autodomínio e tudo que é *mimicry*[58] (cabe a este uma grande parte da chamada virtude).

15

Casuística de psicólogos. – Eis um conhecedor dos seres humanos: para que, propriamente, os estuda? Ele quer tirar pequenas vantagens deles, ou mesmo grandes – ele é um político!... Aquele ali também é um conhecedor dos seres humanos: e os senhores afirmam que não quer nada para si com isso, que é um grande "impessoal". Prestem mais atenção! Talvez ele queira inclusive uma vantagem *muito mais séria:* sentir-se superior às pessoas, poder olhá-las de cima, não ser mais confundido com elas. Esse "impessoal" é um *desprezador* dos seres humanos: e o primeiro é a espécie mais humana, pouco importando o que digam as aparências. Ele ao menos se coloca no mesmo nível, se coloca *dentro*...

---

56. Thomas R. Malthus (1766-1834): economista inglês que defendia a prática da continência sexual voluntária, invocando a disparidade entre o crescimento demográfico e a produção de alimentos.

57. Alusão aos últimos versos do hino *Um castelo forte é o nosso Deus*, de Martinho Lutero. Como bem observa o tradutor espanhol Andrés Sánchez Pascual (*El crepúsculo de los ídolos*, Alianza, 2007), Lutero naturalmente se refere ao "reino de Deus", enquanto Nietzsche alude ao Reich alemão.

58. *Mimicry:* mimetismo.

16

O *tato psicológico* dos alemães me parece posto em questão por toda uma série de casos cujo catálogo minha modéstia impede de apresentar. Em um caso não me faltará uma grande oportunidade para fundamentar minha tese: guardo rancor aos alemães por haverem se enganado sobre *Kant* e sua "filosofia da porta dos fundos" [59], como a chamo – isso *não* foi modelo de honestidade intelectual. – Outra coisa que não consigo ouvir é um famigerado "e": os alemães dizem "Goethe *e* Schiller" – temo que digam "Schiller e Goethe"... Será que ainda não se *conhece* esse Schiller? – Há "es" ainda piores; ouvi com meus próprios ouvidos, contudo apenas entre professores universitários, "Schopenhauer *e* Hartmann"...[60]

17

Os homens mais espirituais, supondo que sejam os mais corajosos, também vivem, de longe, as tragédias mais dolorosas: mas justamente por isso eles honram a vida, por lhes oferecer a sua maior oposição.

18

Da "consciência intelectual". – Nada hoje me parece mais raro do que a genuína hipocrisia. É grande a minha suspeita de que a atmosfera amena de nossa cultura não é propícia para essa planta. A hipocrisia tem lugar nas épocas de fé forte: em que, mesmo com a *obrigação* de ostentar uma outra fé,

---

59. Na *Crítica da razão pura*, Kant demonstra que nosso conhecimento do mundo é limitado, por um lado, pelos nossos sentidos, que só apreendem objetos situados no espaço e no tempo, e por outro, pelo nosso entendimento, que, por assim dizer, classifica os dados dos sentidos em categorias como as de qualidade e quantidade. Assim, não se pode afirmar que um objeto como "Deus" tenha existência, bem como, inversamente, que não a tenha, pois só apreendemos o mundo como *fenômeno*, ou seja, conforme ele nos *aparece*, e não como *de fato é*, como *coisa em si*. Esse limite imposto à *razão pura* não significa, contudo, que a *razão prática* não possa lançar mão de conceitos como "Deus" e "imortalidade da alma", admitidos pelo filósofo como "ideias reguladoras", o que significa que do ponto de vista da razão prática devemos agir *como se* Deus existisse e *como se* a alma fosse imortal. É essa cisão entre razão pura e prática que valeu à filosofia de Kant a alcunha mordaz de "filosofia da porta dos fundos": Kant teria expulsado Deus pela porta da frente (da razão pura) de seu edifício filosófico para readmiti-lo pela porta dos fundos (da razão prática), procedimento que Nietzsche classifica de intelectualmente desonesto.

60. Eduard von Hartmann (1842-1906): filósofo alemão, autor, entre outras obras, de *A filosofia do inconsciente*.

as pessoas não abandonavam aquela que tinham. Hoje elas a abandonam; ou, o que é ainda mais comum, juntam a ela uma segunda – seja como for, a pessoa continua *honesta.* Hoje, sem dúvida, é possível um número de convicções muito maior do que outrora: possível, ou seja, permitido, ou seja, *inofensivo.* Daí provém a tolerância em relação a si próprio. – Essa tolerância permite várias convicções: elas vivem juntas pacificamente – elas evitam, como todo mundo hoje, se comprometer. Quando alguém se compromete hoje? Quando é consequente. Quando anda em linha reta. Quando suas palavras têm menos de cinco sentidos. Quando é genuíno... É grande meu medo de que o homem moderno simplesmente seja acomodado demais para alguns vícios: de modo que estes praticamente se extingam. Todas as coisas más que dependem da vontade forte – e talvez não haja coisas más sem a força da vontade – degeneram, na nossa atmosfera morna, em virtude... Os poucos hipócritas que conheci imitavam a hipocrisia: eram, como hoje em dia quase toda pessoa em cada dez, atores.

19

Belo e feio. – Nada é mais condicionado, digamos *mais limitado,* do que o nosso sentimento do belo. Quem quisesse pensá-lo separado do prazer que o ser humano sente consigo próprio, perderia de imediato o solo debaixo dos pés. O "belo em si" é meramente uma expressão, não é sequer um conceito. No belo, o ser humano define a si mesmo como medida da perfeição; em casos escolhidos, adora nele a si próprio. Uma espécie não *pode* absolutamente dizer sim a si mesma senão dessa forma. Seu instinto *mais básico,* o da autoconservação e da autopropagação, se irradia mesmo em tais sublimidades. O homem acredita que o mundo está cumulado de beleza – *esquece* que ele próprio é a causa disso. Somente ele lhe presenteou a beleza, ah, apenas uma beleza muito humana, demasiado humana... No fundo, o homem se espelha nas coisas, ele julga belo tudo aquilo que devolve sua imagem: o juízo "belo" é a *vaidade da sua espécie...* Pois uma pequena suspeita pode sussurrar ao ouvido do cético a seguinte pergunta: o mundo estaria realmente embelezado pelo fato de logo o homem considerá-lo belo? Ele o *humanizou:* isso é tudo. Mas nada, absolutamente nada, nos garante que logo o homem seja o modelo do belo. Quem sabe como se apresentaria aos olhos de um juiz superior do gosto? Talvez atrevido? Talvez até divertido? Talvez um pouco arbitrário?... "Oh, Dioniso, ser divino, por que puxas minhas orelhas?", perguntou Ariadne certa vez num daqueles célebres diálogos de Naxos ao seu filosófico amante. "Acho uma espécie de graça nas tuas orelhas, Ariadne: por que elas não são ainda mais longas?"[61]

20

Nada é belo, apenas o homem é belo: sobre essa ingenuidade repousa toda estética, ela é sua *primeira* verdade. Acrescentemos de imediato a segunda: nada é feio, a não ser o homem que *degenera* – com isso estão demarcadas as fronteiras do reino do juízo estético. – De uma perspectiva fisiológica, tudo o que é feio enfraquece e entristece o homem. Lembra-lhe declínio, perigo, impotência; ele realmente perde força na sua presença. O efeito do feio pode ser medido com o dinamômetro. Quando o homem se deprime, é porque percebe a proximidade de algo "feio". Sua sensação de poder, sua vontade de poder, sua coragem, seu orgulho – eles baixam com o feio e sobem com o belo... Tanto num caso quanto noutro, *tiramos uma conclusão:* as premissas dela estão acumuladas no instinto em abundância gigantesca. O feio é entendido como um sinal e um sintoma de degenerescência: aquilo que lembrar degenerescência, por mais remotamente que seja, produz em nós o juízo "feio". Todo indício de esgotamento, de gravidade, de velhice, de cansaço, toda espécie de ausência de liberdade sob a forma de convulsão, de paralisia, sobretudo o cheiro, a cor e a forma da dissolução, da decomposição, ainda que, na sua derradeira rarefação, transformada em símbolo – tudo isso produz a mesma reação, o juízo de valor "feio". O que aí irrompe é *ódio*[62]: o que o homem odeia? Mas não resta dúvida: o *declínio de seu tipo.* Ele odeia aí a partir do mais profundo instinto da espécie; nesse ódio há calafrio, cautela, profundidade, perspicácia – é o ódio mais profundo que há. Por sua causa, a arte é *profunda...*

21

Schopenhauer. – Schopenhauer, o último alemão que entra em consideração (que é um acontecimento *europeu* igual a Goethe, a Hegel, a Heinrich Heine, e *não meramente* local, "nacional"), é um caso de primeira categoria para um psicólogo: a saber, como tentativa malignamente genial

61. Diálogos de Naxos: segundo o fragmento póstumo 9 [115] do outono de 1887, Nietzsche imaginou breves diálogos (apenas esboçados) entre Teseu, Dioniso e Ariadne como epílogo do que seria "o livro perfeito".

62. Em alemão, ódio (*Hass*) e feio (*hässlich*) possuem a mesma raiz etimológica.

de alegar em favor de uma total depreciação niilista da vida justamente as instâncias contrárias, as grandes autoafirmações da "vontade de vida", as formas exuberantes da vida. Ele interpretou, sucessivamente, a *arte*, o heroísmo, o gênio, a beleza, a grande compaixão, o conhecimento, a vontade de verdade e a tragédia como consequências da "negação" ou da necessidade de negação da "vontade" – descontando-se o cristianismo, a maior falsificação psicológica da história. Olhando com mais atenção, nisso ele é meramente o herdeiro da interpretação cristã: só que ele ainda soube *aprovar* em um sentido cristão, isto é, niilista, até aquilo que o cristianismo *rejeitou*, os grandes fatos culturais da humanidade (ou seja, como caminhos para a "redenção", como formas prévias da "redenção", como estimulantes da necessidade de "redenção"...).

22

Tomo um caso isolado. Schopenhauer fala da *beleza* com um ardor melancólico – por que, em última análise? Porque vê nela uma *ponte* sobre a qual se chega mais longe, ou se fica com sede de chegar mais longe... Ela é, para ele, a redenção da "vontade" por instantes – ela seduz à redenção para sempre... Ele a louva, em especial, como redentora do "foco da vontade", da sexualidade – na beleza ele vê *negado* o impulso procriador... Que santo esquisito! Alguém te contradiz, e temo que seja a natureza. *Para que*, afinal, existe beleza no som, na cor, no cheiro e no movimento rítmico da natureza? O que *dissemina* a beleza? – Felizmente, um filósofo também o contradiz. Ninguém menos que uma autoridade como a do divino Platão (chamado assim pelo próprio Schopenhauer) sustenta outra tese: a de que toda beleza incita à procriação – de que isso é justamente o *proprium* de seu efeito, do que há de mais sensual ao que há de mais espiritual...[63]

23

Platão vai mais longe. Com uma inocência para a qual é preciso ser grego e não "cristão", ele diz que não haveria qualquer filosofia platônica se em Atenas não houvesse jovens tão belos: seria o seu aspecto que deixaria a alma do filósofo num delírio erótico e não lhe daria sossego até que ela tivesse lançado numa terra tão bela a semente de todas as coisas superiores.[64] Outro santo esquisito! – não se acredita nos próprios ouvidos, mesmo supondo que

63. Cf. Platão, *O banquete*, 206 b-d.

64. Cf. Platão, *Fedro*, 249c-256e.

se acredite em Platão. Adivinha-se, pelo menos, que em Atenas se filosofava de *outra maneira*, sobretudo publicamente. Nada é menos grego do que a fiação de teias de aranha conceituais por parte de um ermitão, o *amor intellectualis dei* à maneira de Espinosa.[65] A filosofia à maneira de Platão poderia ser definida antes como competição erótica, como aperfeiçoamento e interiorização da antiga ginástica agonal e de seus *pressupostos*... O que se desenvolveu, por fim, a partir desse erotismo filosófico de Platão? Uma nova forma artística da competição grega, a dialética. – Recordo ainda, *contra* Schopenhauer e em honra de Platão, que também toda a cultura e toda a literatura superiores da França *clássica* cresceram no solo do interesse sexual. Podem-se procurar nela por toda parte a galanteria, os sentidos, a competição sexual, a "mulher" – nunca se procurará em vão...

24

L'art pour l'art.[66] – A luta contra a finalidade na arte é sempre a luta contra a tendência *moralizante* na arte, contra a sua subordinação à moral. *L'art pour l'art* significa: "Para o inferno com a moral!". – Porém, mesmo essa hostilidade revela o predomínio do preconceito. Quando se exclui da arte a finalidade da pregação moral e do melhoramento do homem, ainda falta muito para se concluir que a arte seja algo sem finalidade, sem meta, sem sentido, em suma, *l'art pour l'art* – um verme que morde a própria cauda. "Melhor não ter finalidade alguma do que ter uma finalidade moral!" – assim fala a mera paixão. Um psicólogo, em compensação, pergunta: o que faz toda arte? Ela não louva? Não glorifica? Não escolhe? Não salienta? Com tudo isso, ela *fortalece* ou *enfraquece* certas valorações... É isso apenas algo secundário? Um acaso? Algo em que o instinto do artista absolutamente não toma parte? Ou isso não é o pressuposto para que o artista *possa*...?[67] O seu instinto mais básico não se dirige para a arte, ou antes, para o sentido da arte, a *vida*? Para uma *aspiração de vida*? – A arte é o grande estimulante da vida: como poderia ser compreendida como desprovida de finalidade, de

65. Em alemão, jogo de palavras com o nome do filósofo e o substantivo *Spinne*, aranha. Além disso, o verbo cognato *spinnen*, "fiar teias", também significa fantasiar, contar patranhas, não regular bem da cabeça. *Amor intellectualis dei:* amor intelectual a Deus.

66. A arte pela arte. Slogan criado pelo filósofo francês Victor Cousin (1792-1867) para a tese de que a arte só pode ser julgada segundo seus próprios critérios, e que foi adotado por uma tendência artística que almejava a separação entre a arte e a vida.

67. Em alemão, o substantivo *Künstler*, artista, relaciona-se etimologicamente aos verbos *können*, poder, e *kennen*, saber, conhecer.

meta, como *l'art pour l'art*? – Resta uma questão: a arte também traz à tona muitas coisas feias, duras e questionáveis da vida – ela não parece, com isso, tirar o gosto pela vida? – E, de fato, houve filósofos que lhe emprestaram esse sentido: Schopenhauer ensinou que o intuito geral da arte era "livrar da vontade" e venerou o "dispor à resignação" como sendo a grande utilidade da tragédia. – Mas isso – já dei a entender – é ótica de pessimistas e "mau-olhado": é preciso apelar aos próprios artistas. *O que comunica de si o artista trágico?* O que ele mostra não é justamente o estado *sem* medo diante do terrível e do questionável? – Esse estado é algo altamente desejável; quem o conhece, honra-o com as honras supremas. Ele o comunica, *precisa* comunicá-lo, pressupondo que seja um artista, um gênio da comunicação. A valentia e a liberdade do sentimento diante de um inimigo poderoso, diante de um infortúnio sublime, diante de um problema que desperta horror – é esse estado *triunfante* que o artista trágico escolhe, que ele glorifica. Diante da tragédia, o que há de guerreiro em nossa alma festeja suas saturnais; quem está habituado ao sofrimento, quem procura sofrimento, o *homem* heroico, enaltece sua existência com a tragédia – apenas a ele o artista trágico serve a bebida dessa dulcíssima crueldade.

25

Dar-se por satisfeito com as pessoas, manter aberta a casa de seu coração, é liberal, mas apenas liberal. Reconhecemos os corações capazes da hospitalidade *nobre* pelas muitas janelas de cortinas puxadas e venezianas fechadas: eles conservam os seus melhores aposentos vazios. Por que, afinal? – Porque aguardam hóspedes com os quais alguém *não* se "dá por satisfeito"...

26

Não nos estimamos mais o bastante quando nos comunicamos. Nossas experiências decisivas não são de forma alguma tagarelas. Elas não poderiam comunicar a si próprias caso quisessem. Isso acontece porque lhes falta a palavra. Aquilo para que temos palavras também já ultrapassamos. Em todo falar há um grão de desprezo. A linguagem, parece, foi inventada só para o que é médio, mediano, comunicável. Com a linguagem, já se *vulgariza* aquele que fala. – De uma moral para surdos-mudos e outros filósofos.

27

"Este retrato é encantadoramente belo!"...[68] A mulher literata, descontente, agitada, de coração e entranhas estéreis, sempre a ouvir com curiosidade aflitiva o imperativo que sussurra das profundezas de sua estrutura *aut liberi aut libri*: a mulher literata, culta o bastante para compreender a voz da natureza, mesmo quando ela fala em latim, e, por outro lado, vaidosa e tola o bastante para, às escondidas, ainda falar consigo mesma em francês: "*Je me verrai, je me lirai, je m'extasierai et je dirai: Possible, que j'aie eu tant d'esprit?*"...

28

Os "impessoais" tomam a palavra. – "Nada é mais fácil para nós do que sermos sábios, pacientes, superiores. Destilamos o óleo da indulgência e da compaixão, somos justos de uma maneira absurda, perdoamos tudo. Por isso mesmo, deveríamos nos portar com um pouco mais de austeridade; por isso mesmo, deveríamos *cultivar* de tempos em tempos uma pequena paixão, um pequeno vício passional. Isso poderá ser difícil; talvez riamos entre nós do aspecto que assim oferecemos. Mas de que serve isso! Não nos resta mais qualquer outra espécie de autossuperação: esse é o *nosso* ascetismo, *nossa* penitência"... *Tornar-se pessoal* – a virtude do "impessoal"...

29

De um exame de doutorado. – "Qual é a tarefa de todo sistema de ensino superior?" – Fazer do homem uma máquina. – "Qual é o meio para tanto?" – Ele precisa aprender a se aborrecer. – "Como se alcança isso?" – Através do conceito de dever. – "Quem é o seu modelo para tanto?" – O filólogo: ele ensina a *trabalhar feito um boi*. – "Quem é o homem perfeito?" – O funcionário público. – "Que filosofia dá a fórmula suprema para o funcionário público?" – A de Kant: o funcionário público enquanto coisa em si investido na função de juiz do funcionário público enquanto fenômeno.

---

68. De uma ópera de Mozart, *A flauta mágica* (Ato 1, Cena 4). *Aut liberi aut libri:* ou filhos, ou livros. No final da seção: "Eu me verei, me lerei, me extasiarei e direi: Será possível que tive tanto espírito?", citação de uma carta de Ferdinando Galiani (1728-1787), economista italiano, a Mme. d'Epinay (1726-1783), protetora dos enciclopedistas e de Rousseau.

30

O direito à estupidez. – O trabalhador cansado e que respira lentamente, de olhar bonachão, que deixa as coisas andar como andam: essa figura típica que agora, na época do trabalho (*e* do "Reich"!), encontramos em todas as classes da sociedade, reivindica hoje precisamente a *arte*, incluindo o livro, sobretudo o jornal – e mais ainda a bela natureza, a Itália... O homem do entardecer, com os "impulsos selvagens adormecidos" de que fala Fausto, necessita do veraneio, do banho de mar, das geleiras, de Bayreuth... Em tais épocas, a arte tem direito à *pura tolice* – como uma espécie de férias para o espírito, o engenho e o ânimo. Wagner entendeu isso. A *pura tolice* restaura...[69]

31

Mais um problema de dieta. – Os expedientes com que Júlio César se defendia de achaques e dores de cabeça: marchas longuíssimas, um modo de vida dos mais simples, permanência ininterrupta ao ar livre, fadigas constantes – estas são, num cálculo grosseiro, as medidas gerais de proteção e de conservação contra a extrema vulnerabilidade dessa máquina sutil e que trabalha sob pressão máxima chamada gênio.

32

Fala o imoralista. – Nada repugna *mais* ao gosto de um filósofo do que o homem *quando deseja*... Quando o vê apenas agindo, quando o vê inclusive perdido em apuros labirínticos, como lhe parece admirável, esse mais valente, mais astuto e mais perseverante dos animais! O homem chega a encorajá-lo... Porém o filósofo despreza o homem desejante, também o "desejável" – e sobretudo todas as desejabilidades, todos os *ideais* do homem. Se um filósofo pudesse ser niilista, ele o seria porque encontra o nada atrás de todos os ideais do homem. Ou nem sequer o nada – mas apenas aquilo que não vale nada, aquilo que é absurdo, doentio, covarde, cansado, toda espécie de borra da taça *esvaziada* de sua vida... Como pode ser que o homem, tão venerável enquanto realidade, não mereça qualquer respeito tão logo deseje? Precisa expiar o fato de ser tão capaz como realidade? Precisa compensar seu agir, a tensão da inteligência e da vontade em todo agir,

---

69. Bayreuth é a cidade em que Wagner construiu um teatro para representar suas óperas. Já o verso do *Fausto* a que Nietzsche se refere se encontra na cena *Quarto de estudo*, na primeira parte da tragédia. Quanto à "pura tolice", é uma expressão que alude a Parsifal, o "tolo puro", personagem da ópera wagneriana homônima.

espreguiçando seus membros no âmbito do imaginário e do absurdo? – Até agora, a história de suas desejabilidades foi a *partie honteuse*[70] do homem: deve-se evitar lê-la por tempo demais. O que justifica o homem é sua realidade – ela o justificará eternamente. Quanto não será maior o valor do homem real se comparado com um homem meramente desejado, sonhado, um logro do princípio ao fim? Com algum homem *ideal?*... E apenas o homem ideal repugna ao gosto do filósofo.

33

O valor natural do egoísmo. – O egoísmo vale tanto quanto vale fisiologicamente aquele que o possui: ele pode valer muito ou pode ser vil e desprezível. Cada indivíduo pode ser observado com a finalidade de sabermos se representa a linha ascendente ou descendente da vida. Com uma decisão acerca disso também temos um cânone para o valor de seu egoísmo. Caso represente a ascensão da linha, seu valor é de fato extraordinário – e, por causa do todo da vida que com ele dá um passo *adiante*, o cuidado com a conservação, com a criação, de seu *optimum* de condições pode mesmo ser extremo. O indivíduo, o "indivisível", tal como o povo e o filósofo o entenderam até agora, é, no fim das contas, um erro: ele não é algo à parte, não é um átomo, não é um "elo da corrente", não é algo meramente herdado de outrora – ele é a linha humana inteira que chega até ele e inclusive o ultrapassa... Caso ele represente o desenvolvimento descendente, o declínio, a degeneração crônica, o adoecimento (as doenças, num cálculo aproximado, já são consequências do declínio, *não* sua causa), então seu valor é pequeno, e quer a justiça mais elementar que ele *tire* o menos possível dos bem constituídos. Ele é apenas um parasita deles...

34

Cristão e anarquista. – Quando o anarquista, na condição de porta-voz das camadas *declinantes* da sociedade, exige "direito", "justiça" e "direitos iguais" com uma bela indignação, apenas se encontra sob a pressão de sua incultura, que não consegue compreender *por que* realmente ele sofre – *do que* é pobre, de vida... Ele é dominado por um impulso causal: alguém deve ser culpado por ele estar mal... Só a "bela indignação" já lhe faz bem, vociferar é um prazer para todos os pobres-diabos – isso dá uma

70. Lado vergonhoso.

pequena embriaguez de poder. Já basta a queixa, o queixar-se, para dar à vida um encanto pelo qual se suporta vivê-la: há uma dose sutil de *vingança* em toda queixa; a pessoa censura aqueles que são diferentes, como se isso fosse uma injustiça, um privilégio *ilícito*, por sua situação ruim, às vezes até por sua ruindade. "Se sou *canaille*, também deverias sê-lo": é com base nessa lógica que se faz revolução. – O queixar-se não vale nada em caso algum: ele provém da fraqueza. Atribuir sua situação ruim a outros ou a *si mesmo* – a primeira atitude é própria do socialista, a última, do cristão, por exemplo – não faz qualquer verdadeira diferença. O que há em comum, digamos o que há de *indigno* nisso, é que alguém deva ser *culpado* por sofrermos – em resumo, que o sofredor prescreva para seu sofrimento o mel da vingança. Os objetos dessa necessidade de vingança, enquanto uma necessidade de *prazer*, são motivos de ocasião: o sofredor encontra motivos para arrefecer sua pequena vingança em toda parte – se for cristão, repito, ele os encontrará em *si*... O cristão e o anarquista – ambos são *décadents*. – Mas também quando o cristão condena, calunia e emporcalha o *mundo*, ele o faz a partir do mesmo instinto que o trabalhador socialista condena, calunia e emporcalha a *sociedade:* mesmo o "Juízo Final" ainda é o doce consolo da vingança – a revolução, tal como o trabalhador socialista também a espera, só que imaginada para um futuro mais distante... O próprio "além" – para que um além, se ele não fosse um meio de emporcalhar o aquém?...

35

Crítica da moral da décadence. – Uma moral "altruísta", uma moral em que o egoísmo *definha*, é, de qualquer maneira, um mau sinal. Isso vale para o indivíduo, isso vale sobretudo para povos. Falta o melhor quando começa a faltar egoísmo. Escolher instintivamente o que é danoso para *si*, ser *atraído* por motivos "desinteressados", é quase a fórmula da *décadence.* "Não buscar o *seu* benefício" – isso é apenas a folha de parreira moral que encobre um fato muito diferente, a saber, um fato fisiológico: "Não sei mais *encontrar* o meu benefício"... Desagregação dos instintos! – Quando o homem se torna altruísta, é o seu fim. – Em vez de dizer, ingenuamente, "*Eu* não valho mais nada", a mentira moral na boca do *décadent* diz: "Nada tem valor – a *vida* não vale nada"... Semelhante juízo, no fim das contas, é um grande perigo, ele tem efeito contagioso – ele brota em todo solo mórbido da sociedade e logo viceja numa vegetação tropical de conceitos, ora como religião (cristianismo), ora como filosofia (schopenhauerismo). Em dadas circunstâncias, semelhante vegetação de árvores-da-morte, crescida da podridão, envenena *a vida* com suas exalações até longas distâncias, por milênios...[71]

36

Moral para médicos. – O doente é um parasita da sociedade. Em certo estado, é indecente viver por mais tempo. Continuar vegetando em covarde dependência de médicos e de tratamentos depois que se perdeu o sentido da vida, o *direito* à vida, deveria ter como consequência um profundo desprezo por parte da sociedade. Os médicos, por sua vez, deveriam ser os mediadores desse desprezo – não receitas, mas todo dia uma nova dose de *nojo* de seus pacientes... Criar uma nova responsabilidade, a do médico, para todos os casos em que o interesse supremo da vida, da vida *ascendente*, exija o mais implacável esmagamento e eliminação da vida *degenerante* – por exemplo, para o direito à procriação, para o direito de nascer, para o direito de viver... Morrer de uma maneira orgulhosa quando não é mais possível viver de maneira orgulhosa. A morte escolhida voluntariamente, a morte no momento oportuno, com clareza e alegria, consumada em meio a filhos e testemunhas: de modo que ainda seja possível uma despedida real, quando *ainda está presente* aquele que se despede, assim como uma avaliação real do que se alcançou e do que se quis, uma *soma* da vida – tudo em oposição à comédia deplorável e horripilante promovida pelo cristianismo com a hora da morte. Nunca se deve esquecer que o cristianismo abusou da fraqueza do moribundo para estuprar sua consciência, que abusou do próprio modo de morrer para fazer juízos de valor sobre a pessoa e seu passado! – Cabe aqui, a despeito de todas as covardias do preconceito, estabelecer antes de tudo a apreciação correta, ou seja, fisiológica, da chamada morte *natural*: que, afinal, também é apenas uma morte "inatural", um suicídio. Nunca se perece pelas mãos de outra pessoa, apenas pelas suas próprias. Só que essa é a morte nas condições mais desprezíveis, uma morte sem liberdade, uma morte no momento *inoportuno*, uma morte de covarde. Por amor à *vida* – deveríamos querer a morte de outra maneira, livre, consciente, sem acaso, sem surpresa... Por fim, um conselho aos senhores pessimistas e outros *décadents*. Não está em nossas mãos impedir nosso nascimento: mas podemos corrigir esse erro – pois às vezes é um erro. Quando alguém se *suprime*, pratica a coisa mais respeitável que há: quase se merece viver por isso... A sociedade, que

71. A chamada árvore-da-morte (*Antiaris toxicaria*) é nativa de regiões tropicais da Ásia e especialmente da África, atinge até trinta metros de altura e é considerada venenosa para todas as formas de vida em suas cercanias.

digo!, a própria *vida*, tira mais vantagem disso do que de alguma "vida" de renúncia, anemia e outras virtudes – a pessoa livra os outros de seu aspecto, ela livra a vida de uma *objeção*... O pessimismo, *pur, vert*[72], *apenas é demonstrado* através da autorrefutação dos senhores pessimistas: é preciso dar um passo adiante na sua lógica, e não negar a vida apenas com "vontade e representação", como fez Schopenhauer – deve-se *negar Schopenhauer em primeiro lugar*... O pessimismo, diga-se de passagem, por mais contagioso que seja, não aumenta, apesar disso, a morbidez de uma época, de uma geração em seu todo: ele é a sua expressão. Sucumbe-se a ele como se sucumbe à cólera: já é preciso ter uma predisposição mórbida o bastante. O próprio pessimismo não produz um único *décadent* a mais; recordo o resultado da estatística segundo a qual os anos em que a cólera grassa não se distinguem de outros anos na cifra total de mortes.

37

Será que nos tornamos mais morais? – Como era de se esperar, toda a *ferocidade* da estupidificação moral, que, como é sabido, na Alemanha é tomada pela própria moral, fez o possível contra o meu conceito de "além do bem e do mal": eu poderia contar boas histórias a respeito. Disseram-me para que refletisse, sobretudo, acerca da "inegável superioridade" de nossa época no juízo moral, acerca do *progresso* que realmente fizemos nesse aspecto: em comparação *conosco*, um César Bórgia[73] não deveria de modo algum ser apresentado como um "homem superior", como uma espécie de *super-homem*, tal como faço... Um redator suíço, do *Bund*, não sem expressar o seu respeito pela coragem de tal façanha, chegou ao ponto de "entender" que o sentido de minha obra era que com ela eu propunha a abolição de todos os sentimentos decentes. Muito agradecido![74] – Como resposta, me permito levantar a questão: *será que realmente nos tornamos mais morais?* O fato de todo mundo acreditar que sim já constitui uma objeção... Nós, homens modernos, muito delicados, muito vulneráveis, recebendo e demonstrando centenas de considerações, imaginamos de fato que essa humanidade delicada que representamos, essa *alcançada* unanimidade na indulgência, na solicitude, na

72. Puro, verde (ou seja, cru, em estado bruto).

73. César Bórgia (1476-1507), definido pelo próprio Nietzsche como "homem de rapina" (*Além do bem e do mal*, seção 197), foi o modelo para o *Príncipe* de Maquiavel.

74. Em alemão, *sehr verbunden*, um trocadilho com o nome do jornal antes citado. O redator, Joseph Viktor Widmann, publicou em setembro de 1886 uma resenha de *Além do bem e do mal* intitulada "O perigoso livro de Nietzsche".

confiança recíproca, seja um progresso positivo, que com isso ultrapassamos em muito os homens da Renascença. Mas todas as épocas pensam assim, elas *precisam* pensar assim. O certo é que não poderíamos nos colocar nas condições da Renascença nem sequer nos imaginar nelas: nossos nervos não suportariam tal realidade, para não falar de nossos músculos. Essa incapacidade, porém, não é uma prova de progresso, mas apenas de uma constituição diferente, mais tardia, mais fraca, mais delicada, mais vulnerável, da qual resulta necessariamente uma moral *rica em considerações.* Se abstrairmos nossa delicadeza e nosso caráter tardio, nosso envelhecimento fisiológico, então nossa moral da "humanização" também perderia de imediato seu valor – nenhuma moral possui valor em si: ela nos causaria inclusive desdém. Não duvidemos, por outro lado, de que nós, modernos, com nossa humanidade espessamente acolchoada, que não quer se chocar contra pedra alguma, ofereceríamos aos contemporâneos de César Bórgia uma comédia que os mataria de rir. De fato, com nossas "virtudes" modernas, somos involuntariamente cômicos além das medidas... A diminuição dos instintos hostis e que despertam desconfiança – e este seria, afinal, o nosso "progresso" – representa apenas uma das consequências na diminuição geral da *vitalidade:* custa cem vezes mais esforço, mais cautela, levar a cabo uma existência tão condicionada, tão tardia. As pessoas se ajudam mutuamente, todo mundo é doente e enfermeiro em certo grau. Isto, então, é chamado de "virtude": entre homens que ainda conheciam a vida de outra forma, mais plena, mais esbanjadora, mais transbordante, isso teria outro nome, talvez "covardia", "miséria", "moral de velhas"... Nossa amenização dos costumes – esta é minha tese, esta é, caso se queira, a minha *inovação* – é uma consequência do declínio; inversamente, costumes duros e terríveis podem ser uma consequência do excesso de vida: pois então também se pode ousar muito, desafiar muito, também se pode *desperdiçar* muito. O que outrora era o tempero da vida, para nós seria *veneno...* Para mostrarmos indiferença – o que também é uma forma de força – somos igualmente velhos demais, tardios demais: nossa moral da compaixão, contra a qual fui o primeiro a fazer advertências, isso que se poderia chamar de *l'impressionisme morale*, é uma expressão a mais de superexcitabilidade fisiológica, própria de tudo o que é *décadent.* Aquele movimento que tentou se apresentar cientificamente com a *moral da compaixão* de Schopenhauer – uma tentativa deveras infeliz! – é o verdadeiro movimento da *décadence* na moral, e, como tal, profundamente aparentado com a moral cristã. As épocas fortes, as culturas *nobres*, veem na compaixão, no "amor ao próximo", na falta de sentimento de si, de orgulho de si, algo desprezível. – As épocas devem ser medidas segundo suas *forças positivas* – e quanto a isso, a época da Renascença, tão esbanjadora e rica em fatalidade, mostra ser a última *grande* época, e nós, modernos, com nossa ansiosa solicitude para conosco mesmos e nosso amor ao próximo, com nossas virtudes do trabalho, da modéstia, da equidade, da cientificidade – acumuladores, econômicos, maquinais –, mostramos ser uma época *fraca*... Nossas virtudes se devem à nossa fraqueza, são *incitadas* por ela... A "igualdade", um certo assemelhamento efetivo que ganha expressão na teoria dos "direitos iguais", é essencialmente própria do declínio: o abismo entre um homem e outro, entre uma classe e outra, a multiplicidade dos tipos, a vontade que a pessoa tem de ser ela mesma, de se distinguir, isso que chamo de *páthos da distância*, é próprio de toda época *forte*. A tensão entre os extremos, a distância entre eles, se torna hoje cada vez menor – os próprios extremos se confundem, por fim, até se tornarem semelhantes... Todas as nossas teorias políticas *e* todas as nossas Constituições, sem excluir de forma alguma o "Reich alemão", são consequências, são efeitos necessários do declínio; a ação inconsciente da *décadence* se tornou dominante até nos ideais de algumas ciências. Minha objeção a toda a sociologia inglesa e francesa consiste em que elas conhecem por experiência apenas as *formações decadentes* da sociedade, tomando, com total inocência, os próprios instintos decadentes como *norma* do juízo sociológico de valor. A vida *declinante*, a diminuição de toda força organizadora, ou seja, separadora, que abre abismos, que subordina e sobrepõe, se formula na sociologia de hoje como *ideal*... Nossos socialistas são *décadents*, mas o sr. Herbert Spencer também – ele vê na vitória do altruísmo algo desejável!...[75]

38

Meu conceito de liberdade. – Às vezes, o valor de uma coisa não se encontra no que com ela se alcança, mas naquilo que por ela se paga – naquilo que ela nos *custa*. Dou um exemplo. As instituições liberais deixam de ser liberais tão logo sejam alcançadas: não há, posteriormente, piores e mais radicais lesadores da liberdade do que as instituições liberais. Sabemos, afinal, *o que* elas conseguem fazer: elas minam a vontade de poder, elas são o nivelamento de montanhas e vales elevado à categoria de moral, elas apequenam, acovardam e incitam à busca de prazeres – com elas triunfa sempre o animal de rebanho. Liberalismo: em linguagem clara, *transformação em animais de rebanho*... Enquanto ainda se luta por elas, essas mesmas instituições produzem efeitos bem diferentes; elas realmente promovem a liberdade de uma maneira impressionante. Olhando-se com mais atenção, é a guerra que

75. Herbert Spencer (1820-1903): filósofo e pedagogo inglês.

produz esses efeitos, a guerra *por* instituições liberais, que, enquanto guerra, faz os instintos *iliberais* perdurarem. E a guerra educa para a liberdade. Pois o que é liberdade? Ter a vontade de ser responsável por si mesmo. Conservar a distância que nos separa. Tornar-se mais indiferente à fadiga, à dureza, à privação, inclusive à vida. Estar pronto a sacrificar homens à sua causa, sem descontar a si próprio. Liberdade significa que os instintos viris, que se alegram com a guerra e com a vitória, possuem o domínio sobre outros instintos; por exemplo, sobre os instintos da "felicidade". O homem *liberto*, e tanto mais o *espírito* liberto, pisoteia a espécie desprezível de bem-estar com que sonham merceeiros, cristãos, vacas, mulheres, ingleses e outros democratas. O homem livre é *guerreiro*. – Pelo que se mede a liberdade, tanto de indivíduos quanto de povos? Pela resistência que precisa ser superada, pelo esforço que custa ficar *em cima*. Teríamos de procurar o tipo mais elevado de homem livre lá onde constantemente se supera a resistência mais elevada: a cinco passos da tirania, próximo ao limiar do perigo da servidão. Isso é psicologicamente verdadeiro se por "tiranos" entendermos instintos implacáveis e terríveis que incitam contra si o máximo de autoridade e de disciplina – o mais belo tipo, Júlio César –; isso também é politicamente verdadeiro, basta dar um passeio pela história. Os povos que valeram alguma coisa, que *chegaram* a valer alguma coisa, nunca chegaram a isso sob instituições liberais: o *grande perigo* fez deles algo que merece respeito, o perigo que, só ele, nos ensina a conhecer nossos recursos, nossas virtudes, nossas armas de defesa e de ataque, nosso *espírito* – que nos *força* a sermos fortes... *Primeiro* princípio: deve-se ter necessidade de ser forte – caso contrário, nunca chegamos a sê-lo. – Aquelas grandes estufas para a espécie forte de homem, para a espécie mais forte que existiu até agora, as comunidades aristocráticas nos moldes de Roma e Veneza, entenderam a liberdade exatamente no mesmo sentido em que entendo essa palavra: como uma coisa que se tem e *não* se tem, que se *quer*, que se *conquista*...

39

Crítica da modernidade. – Nossas instituições não prestam mais: acerca disso somos unânimes. Mas isso não se deve a elas, e sim a *nós*. Depois que perdemos todos os instintos dos quais brotam instituições, perdemos as próprias instituições porque *nós* não prestamos mais para elas. O democratismo sempre foi a forma decadente da força organizadora: em *Humano, demasiado humano* I, seção 472, já qualifiquei a democracia moderna, juntamente com suas precariedades, como o "Reich alemão", de *forma decadente do Estado*.

Para que existam instituições, é preciso existir uma espécie de vontade, instinto, imperativo, que seja antiliberal até a maldade: a vontade de tradição, de autoridade, de responsabilidade por séculos, de *solidariedade* entre séries de gerações para frente e para trás *in infinitum*. Caso exista essa vontade, se funda algo como o *imperium Romanum*: ou como a Rússia, a *única* potência que hoje possui duração em seu corpo, que pode esperar, que ainda pode prometer alguma coisa – Rússia, a antítese aos deploráveis particularismo e nervosismo europeus, os quais entraram num estado crítico com a fundação do Reich alemão... O Ocidente inteiro não possui mais aqueles instintos dos quais brotam instituições, dos quais brota *futuro*: talvez nada desagrade tanto ao seu "espírito moderno". Vive-se para hoje, vive-se muito depressa – vive-se de modo muito irresponsável: precisamente isso é chamado de "liberdade". Aquilo que *faz* das instituições o que elas são é desprezado, odiado, repudiado: basta ouvirem a palavra "autoridade" e as pessoas acreditam estar na iminência de uma nova escravidão. A tal ponto chega a *décadence* nos instintos valorativos dos nossos políticos, dos nossos partidos políticos: *eles preferem instintivamente* aquilo que desagrega, aquilo que acelera o fim... Um testemunho é o *casamento moderno*. É algo evidente que o casamento moderno perdeu toda a racionalidade: o que não constitui uma objeção ao casamento, mas à modernidade. A racionalidade do casamento – ela se encontrava na responsabilidade jurídica exclusiva do marido: assim o casamento tinha um centro de gravidade, enquanto hoje ele manqueja das duas pernas. A racionalidade do casamento – ela se encontrava na sua indissolubilidade por princípio: assim ele tinha uma voz que se sabia *fazer escutar* frente ao acaso do sentimento, da paixão e do instante. Ela se encontrava igualmente na responsabilidade das famílias pela escolha dos noivos. Com a crescente indulgência em favor do casamento por *amor*, foi eliminada terminantemente a base do casamento, aquilo que *faz* dele uma instituição. Em hipótese alguma se funda uma instituição sobre uma idiossincrasia, *não* se funda o casamento, conforme já foi dito, sobre o "amor" – ele é fundado sobre o impulso sexual, sobre o impulso de posse (mulher e filho como posse), sobre o *impulso de domínio*, que organiza duradouramente a menor das formações de domínio, a família, que *precisa* de filhos e de herdeiros para conservar também fisiologicamente uma medida alcançada de poder, influência e riqueza, para preparar tarefas demoradas, para preparar a solidariedade de instintos entre os séculos. O casamento como instituição já compreende em si a afirmação da maior, da mais duradoura forma de organização: se a própria sociedade como um todo não pode se *responsabilizar* por si mesma até as mais remotas gerações, o casamento perde qualquer sentido. – O casamento moderno *perdeu* o seu sentido – logo, ele é abolido.

40

A questão operária. – No fato de existir uma questão operária se encontra a imbecilidade, no fundo, a degeneração dos instintos que é hoje a causa de *todas* as imbecilidades. Acerca de certas coisas *não se fazem questões:* primeiro imperativo do instinto. – Não consigo absolutamente imaginar o que se quer fazer com o trabalhador europeu depois que se fez dele uma questão. Ele se encontra bem demais para, passo a passo, não colocar mais questões, questões cada vez mais imodestas. No fim das contas, ele tem o grande número a seu favor. Dissipou-se inteiramente a esperança de que uma espécie de homem modesta e satisfeita consigo mesma, um tipo de chinês, venha a formar uma classe: e isso teria sido racional, isso teria sido decididamente uma necessidade. O que se fez? Tudo para matar na casca até o pressuposto para isso – através da mais irresponsável irreflexão, se destruíram completamente os instintos graças aos quais um trabalhador se torna possível enquanto classe, se torna possível *para si próprio.* O trabalhador foi tornado apto ao serviço militar, recebeu o direito de associação, o direito de voto: como se espantar quando hoje já sente a sua existência como uma calamidade (falando moralmente, como *injustiça*)? Mas o que se *quer?*, repito a pergunta. Caso se queira um fim, também é preciso querer os meios: caso se queiram escravos, então se é louco ao educá-los para que sejam senhores.

41

"Liberdade que *não* amo..."[76] – Numa época como a de hoje, estar entregue aos seus instintos é uma fatalidade a mais. Esses instintos se contradizem, se atrapalham, se destroem mutuamente; já defini o *moderno* como a autocontradição fisiológica. A racionalidade da educação exigiria que pelo menos um desses sistemas instintuais fosse *paralisado* sob uma pressão férrea para permitir que um outro recuperasse as forças, se tornasse forte, se tornasse senhor. Hoje o indivíduo deveria ser tornado possível na medida em que fosse *podado:* possível, ou seja, *inteiro...* Acontece o contrário: o direito à independência, ao livre desenvolvimento, ao *laisser aller*[77], é reivindicado

76. Paródia do primeiro verso do poema *Liberdade*, de Max von Schenkendorf (1783-1817), *Freiheit, die ich meine*, "Liberdade que amo". Segundo o *Deutsches Wörterbuch* (Dicionário alemão) dos irmãos Grimm, os exemplos de uso do verbo *meinen* no sentido de "amar" desaparecem na prosa depois do século XVII, permanecendo apenas, com um tom arcaizante, na poesia. Nietzsche joga com esse sentido arcaico e com os sentidos modernos de "querer dizer, referir-se a". Assim, o título desta seção também admitiria traduções como "Liberdade a que *não* me refiro".

77. Deixar ir, abandono, desleixo.

com a maior veemência justamente por aqueles aos quais nenhuma rédea *seria firme demais* – isso vale *in politicis*[78], isso vale na arte. Mas isso é um sintoma de *décadence:* nosso moderno conceito de "liberdade" é uma prova a mais da degeneração do instinto.

42

Onde a fé é necessária. – Nada é mais raro entre moralistas e santos do que a retidão; talvez eles digam o contrário, talvez até *acreditem* no contrário. Pois quando uma fé é mais útil, mais eficaz, mais persuasiva do que a hipocrisia *consciente*, tal hipocrisia logo se transforma, por instinto, em *inocência:* primeira tese para a compreensão dos grandes santos. Também no caso dos filósofos, outra espécie de santos, todo o seu ofício implica o fato de admitirem apenas certas verdades: a saber, aquelas pelas quais esse ofício recebe a sanção *pública* – falando kantianamente, verdades da razão *prática.* Eles sabem o que *precisam* provar; nisso eles são práticos – eles se reconhecem entre si no fato de concordarem acerca das "verdades". – "Não mentirás" – falando claramente: *evite* dizer a verdade, meu senhor filósofo...

43

Dito ao ouvido dos conservadores. – O que outrora não se sabia, hoje se sabe, se poderia saber – que uma *regressão,* um regresso em qualquer sentido e grau, não é absolutamente possível. Nós, fisiólogos, pelo menos sabemos disso. Mas todos os sacerdotes e moralistas acreditaram que se poderia fazê-lo – eles *quiseram* levar a humanidade de volta a uma medida *anterior* de virtude, quiseram *girá-la* para trás. A moral sempre foi um leito de Procusto.[79] Mesmo os políticos imitaram os pregadores da virtude nisso: ainda hoje há partidos que sonham com o *passo de caranguejo* de todas as coisas. Mas ninguém é livre para ser caranguejo. De nada adianta: é *preciso* ir em frente, quer dizer, *passo a passo em frente na décadence* (esta é a *minha* definição do "progresso" moderno...). Pode-se *retardar* esse desenvolvimento, e, através do retardo, estancar, acumular e tornar a degeneração mais veemente e *mais repentina:* mais não se pode fazer.

---

78. *In politicis:* em questões políticas.

79. Na mitologia grega, leito em que o bandido Procusto forçava suas vítimas a caberem, cortando os pés dos indivíduos grandes e estirando os pequenos pelos extremos.

44

Meu conceito de gênio. – Assim como as grandes épocas, os grandes homens são explosivos nos quais está acumulada uma energia formidável; seu pressuposto é sempre, histórica e fisiologicamente, que por longo tempo se tenha ajuntado, acumulado, poupado e guardado com vista a eles – que por longo tempo não tenha ocorrido nenhuma explosão. Caso a tensão na massa tenha se tornado muito grande, basta o mais acidental dos estímulos para chamar ao mundo o "gênio", a "ação", o grande destino. Que importam, então, o ambiente, a época, o "espírito da época", a "opinião pública"! – Tomemos o caso de Napoleão. A França da Revolução, e mais ainda a França pré-revolucionária, teria produzido o tipo oposto ao de Napoleão: e ela também o *produziu*. E porque Napoleão era *diferente*, herdeiro de uma civilização mais forte, mais prolongada, mais antiga do que aquela que caía aos pedaços na França, ele se tornou senhor, ele *foi* o único senhor. Os grandes homens são necessários, a época em que surgem é acidental; o fato de quase sempre se tornarem senhores dela reside apenas em serem mais fortes, mais antigos, em que se tenha ajuntado por mais tempo com vista a eles. Entre um gênio e a sua época há uma relação como a existente entre forte e fraco, entre velho e jovem: a época é sempre relativamente muito mais jovem, franzina, imatura, insegura, pueril. – O fato de hoje se pensar de forma *muito diferente* sobre isso na França (e também na Alemanha: mas isso não importa), o fato de a teoria do *milieu*, uma verdadeira teoria de neurótico, ter lá se tornado sacrossanta e quase científica, encontrando crédito até entre fisiólogos, é algo que "não cheira bem", que nos faz ter pensamentos tristes. – Também na Inglaterra não se compreendem as coisas de outro modo, só que ninguém vai se afligir por isso. Para o inglês, existem apenas duas maneiras de entrar em acordo com o gênio e com os "grandes homens": ou *democraticamente* à maneira de Buckle[80], ou *religiosamente* à maneira de Carlyle. – O *perigo* existente em grandes homens e grandes épocas é extraordinário; a esterilidade, toda espécie de esgotamento, os segue de perto. O grande homem é um final; a grande época, a Renascença, por exemplo, é um final. O gênio – em obras, em ações – é necessariamente um esbanjador: sua grandeza está *no fato de se gastar*... O instinto de autoconservação é, por assim dizer, tirado dos gonzos; a pressão avassaladora das energias transbordantes lhe proíbe qualquer proteção e cautela desse gênero. As pessoas chamam isso de "sacrifício"; elas enaltecem o seu "heroísmo", sua indiferença em relação ao próprio bem-estar, sua dedicação a uma ideia, a uma grande causa, a uma pátria: apenas

80. Henry Thomas Buckle (1821-1862): historiador e filósofo inglês.

mal-entendidos... Ele derrama, transborda, se gasta, não se poupa – com fatalidade, de maneira funesta, involuntária, da mesma forma que o transbordamento de um rio é involuntário. Mas porque as pessoas devem muito a esses explosivos, também lhes deram muito em troca, por exemplo, uma espécie de *moral superior*... Este é, afinal, o modo de ser da gratidão humana: ela *entende mal* seus benfeitores.

45

O criminoso e o que lhe é afim. – O tipo do criminoso é o tipo do homem forte sob condições desfavoráveis, um homem forte tornado doente. Faltam-lhe a selva, uma certa natureza e forma de existência mais livres e mais perigosas nas quais *seja permitido por lei* tudo o que é arma de ataque e de defesa no instinto do homem forte. Suas *virtudes* foram banidas pela sociedade; os impulsos mais vivazes que herdou logo se mesclam aos afetos deprimentes, à suspeita, ao medo, à desonra. Mas isso é quase a *receita* para a degeneração fisiológica. Quem precisa fazer em segredo, com tensão, cautela e astúcia prolongadas aquilo que melhor sabe fazer, aquilo que faria com mais gosto, acaba se tornando anêmico; e porque sempre colhe perigo, perseguição e fatalidade de seus instintos, também se inverte o seu sentimento em relação a eles – passa a senti-los de maneira fatalista. É na sociedade, em nossa sociedade domesticada, medíocre e castrada, que um homem que se desenvolveu de forma natural, que vem das montanhas ou das aventuras marítimas, degenera necessariamente em criminoso. Ou quase necessariamente: pois há casos em que tal homem prova ser mais forte do que a sociedade: o corso Napoleão é o mais célebre desses casos. Para o problema aqui em questão é relevante o testemunho de Dostoievski – Dostoievski, o único psicólogo, diga-se de passagem, do qual tive algo a aprender: ele se encontra entre os mais belos golpes de sorte de minha vida, mais até do que a descoberta de Stendhal.[81] Esse homem *profundo*, que tinha toda razão em desprezar os superficiais alemães, teve uma impressão muito diferente daquela que ele próprio esperava acerca dos presidiários da Sibéria entre os quais viveu longo tempo, todos criminosos perigosíssimos para os quais já não havia mais caminho de volta à sociedade – aproximadamente, ele teve a impressão de que eram talhados da melhor, mais dura e mais valiosa madeira que pode se desenvolver em solo russo. Generalizemos o caso do criminoso: imaginemos naturezas às quais, por alguma

81. Ou Henri Beyle (1783-1842), romancista francês, autor de *O vermelho e o negro* e *A cartuxa de Parma*. Em relação a Dostoievski (1821-1881), cartas e fragmentos póstumos atestam que Nietzsche leu *Notas do subsolo, Humilhados e ofendidos, Os demônios* e *Memórias da casa dos mortos*. É a esta última obra que alude no trecho que segue.

razão, falte a aprovação pública, que saibam que não são consideradas benéficas, úteis – aquele sentimento de chandala, o sentimento de não ser considerado como igual, mas como excluído, indigno, impurificador. Todas essas naturezas possuem a cor do subterrâneo em seus pensamentos e ações; nelas tudo se torna mais pálido do que naquelas sobre cuja existência repousa a luz do dia. Porém quase todas as formas de existência que hoje respeitamos viveram outrora nessa atmosfera meio sepulcral: o homem de ciência, o artista, o gênio, o livre-pensador, o ator, o comerciante, o grande descobridor... Enquanto o *sacerdote* foi considerado o tipo supremo, *toda* espécie valiosa de homem foi desvalorizada... Aproxima-se o tempo – eu prometo – em que o sacerdote será considerado como o tipo *mais baixo*, como o *nosso* chandala, como a espécie de homem mais mentirosa, mais indecente... Chamo a atenção para o fato de que mesmo agora, sob o mais ameno regime de costumes que alguma vez já tenha dominado na Terra, ao menos na Europa, toda vida à parte, todo prolongado, demasiado prolongado *estar por baixo*, toda forma de existência insólita, opaca, nos faz compreender aquele tipo que o criminoso leva à perfeição. Todos os inovadores do espírito levam na testa por algum tempo o signo pálido e fatalista do chandala: *não* porque sejam assim considerados, mas porque eles mesmos percebem o terrível abismo que os separa de tudo o que é tradicional e honrado. Quase todo gênio conhece a "existência catilinária" como um de seus desdobramentos, um sentimento de ódio, vingança e rebelião contra tudo o que já *é*, que não mais se *torna*... Catilina[82] – a forma de preexistência de *todo* César.

46

Aqui a vista é livre.[83] – Pode ser elevação de alma quando um filósofo se cala; pode ser amor quando se contradiz; é possível, da parte do homem dedicado ao conhecimento, uma cortesia que minta. Não foi sem sutileza que se disse: "*Il est indigne des grands cœurs de répandre le trouble, qu'ils ressentent*"[84]: apenas precisamos acrescentar que não ter medo *do mais indigno* pode ser igualmente grandeza de alma. Uma mulher que ama sacrifica sua honra; um homem dedicado ao conhecimento, e que "ama", talvez sacrifique sua humanidade; um deus que amava se tornou judeu...

82. Lúcio Sérgio Catilina (c.108-62 a.C.): nobre romano que conspirou contra a república. Foi denunciado por Cícero nos discursos que ficaram conhecidos como *Catilinárias*. O que Catilina não conseguiu foi alcançado por Júlio César (100-44 a.C.), que em 48 a.C. se tornou ditador e assim lançou as bases para o futuro império.

83. Verso do *Fausto*, segunda parte, ato V.

84. É indigno dos grandes corações manifestar a perturbação que sentem.

47

A beleza não é um acaso. – Também a beleza de uma raça ou de uma família, sua graça e amabilidade em todos os gestos, é alcançada por meio de trabalho: ela é, assim como o gênio, o resultado final do trabalho acumulado de gerações. É preciso ter feito grandes sacrifícios ao bom gosto, é preciso ter feito e deixado de fazer muitas coisas por sua causa – nesses dois aspectos, o século XVII na França é admirável –, é preciso que ele tenha sido um princípio de escolha para a companhia, o lugar, o vestuário e a satisfação sexual, é preciso ter preferido a beleza ao proveito, ao hábito, à opinião, à indolência. Norma suprema: é preciso não se "deixar ir" nem mesmo diante de si próprio. As coisas boas são deveras dispendiosas: e sempre vale a lei de que quem as *possui* é diferente daquele que as *adquire.* Tudo o que é bom é herança: o que não é herdado é imperfeito, é começo... Em Atenas, no tempo de Cícero, que exprime a sua surpresa quanto a isso, os homens e rapazes eram de longe superiores em beleza às mulheres: mas que trabalho e esforço a serviço da beleza o sexo masculino exigiu lá de si durante séculos! – Pois não devemos nos equivocar sobre a metodologia: uma mera disciplina de sentimentos e pensamentos é quase nula (aqui reside o grande mal-entendido da formação alemã, que é totalmente ilusória): deve-se persuadir primeiro o *corpo.* A rigorosa sustentação de gestos importantes e seletos, a obrigatoriedade de viver apenas com pessoas que não se "deixam ir" são perfeitamente suficientes para tornar uma pessoa importante e seleta: em duas ou três gerações já está tudo *interiorizado.* É decisivo para o destino dos povos e da humanidade que se comece a cultura pelo lugar *certo – não* pela "alma" (como era a funesta superstição dos sacerdotes e semissacerdotes): o lugar certo é o corpo, o gesto, a dieta e a fisiologia, o *resto* é consequência... É por isso que os gregos são o *primeiro acontecimento cultural* da história – eles sabiam, eles *faziam* o que era necessário; o cristianismo, que desprezava o corpo, foi a maior desgraça da humanidade até agora.

48

Progresso em meu sentido. – Também eu falo de "retorno à natureza", embora não seja exatamente uma volta, mas uma *ascensão* – à natureza e à naturalidade elevadas, livres e mesmo terríveis que brincam, *podem* brincar, com grandes tarefas... Para dizê-lo numa *alegoria:* Napoleão foi uma parcela de "retorno à natureza", tal como a compreendo (por exemplo, *in rebus tacticis*[85], e mais ainda, como sabem os militares, em assuntos estratégicos). – Mas

85. Em assuntos táticos.

Rousseau – para onde *ele* queria exatamente retornar? Rousseau, esse primeiro homem moderno, idealista e *canaille* numa só pessoa; que necessitava da "dignidade" moral para aguentar seu próprio aspecto; doente de vaidade e de autodesprezo desenfreados. Esse aborto que se recostou no umbral da nova época também queria "retorno à natureza" – para onde, repito a pergunta, queria retornar Rousseau? – Eu odeio Rousseau inclusive *na* Revolução: ela é a expressão histórico-universal dessa duplicidade de idealista e *canaille*. A *farce* sangrenta com que transcorreu essa Revolução, a sua "imoralidade", pouco me importa: o que odeio é a sua *moralidade* rousseauniana – as chamadas "verdades" da Revolução, com as quais ela ainda faz efeito e convence para o seu lado tudo o que é raso e medíocre. A doutrina da igualdade!... Mas não há veneno mais venenoso: pois ela *parece* pregada pela própria justiça, enquanto é o *fim* da justiça... "Aos iguais o que é igual, aos desiguais o que é desigual" – *esse* seria o verdadeiro discurso da justiça: e, consequência disso, "jamais igualar o que é desigual." O fato de as coisas terem transcorrido de maneira tão medonha e sangrenta em torno dessa doutrina da igualdade conferiu a essa "ideia moderna" *par excellence* uma espécie de glória e resplendor, de modo que a Revolução como *espetáculo* também seduziu os espíritos mais nobres. Isso não é, no fim das contas, razão para estimá-la mais. – Vejo apenas um homem que a considerou da maneira que ela deve ser considerada, com *nojo* – Goethe...

49

Goethe não foi um acontecimento alemão, mas europeu: uma tentativa grandiosa de superar o século XVIII mediante um retorno à natureza, mediante uma *ascensão* à naturalidade da Renascença, uma espécie de autossuperação por parte daquele século. – Dele, tinha os instintos mais fortes: a sensibilidade, a idolatria da natureza, o caráter anti-histórico, idealista, irreal e revolucionário (este último é apenas uma forma do irreal). Ele se serviu da história, da ciência natural, da Antiguidade, bem como de Espinosa, sobretudo da atividade prática; ele se cercou apenas de horizontes cerrados; não se desligou da vida, mas se introduziu nela; não desanimou, e tomou a seu cargo, assumiu e assimilou tanto quanto foi possível. O que ele queria era *totalidade*; ele combatia a separação entre razão, sensibilidade, sentimento e vontade (pregada por *Kant*, o antípoda de Goethe, numa escolástica das mais apavorantes), ele se disciplinou para o todo, ele se *criou*... Em meio a uma época de inclinações irreais, Goethe foi um realista convicto: ele disse sim a tudo que nessa época lhe era aparentado – ele não teve experiência maior que a daquele *ens realissimum* chamado Napoleão. Goethe concebeu um homem forte, extremamente culto, hábil em toda a vida corporal, com autodomínio, com respeito por si mesmo, que pode ter a ousadia de se permitir toda a extensão e riqueza da naturalidade, que é forte o bastante para essa liberdade; o homem da tolerância, não por fraqueza, mas por força, pois sabe usar em seu proveito mesmo aquilo que faria uma natureza medíocre sucumbir; o homem para o qual nada mais existe de proibido a não ser a *fraqueza*, seja o seu nome vício ou virtude... Semelhante espírito *liberto* se encontra em meio ao universo com um fatalismo alegre e confiante, na *crença* de que apenas a parte isolada é reprovável, de que tudo se redime e se afirma no todo – *ele não nega mais*... Mas semelhante crença é a mais elevada de todas as crenças possíveis: eu a batizei com o nome de *Dioniso.*

50

Poderíamos dizer que, em certo sentido, o século XIX *também* aspirou por tudo aquilo que Goethe aspirava como pessoa: uma universalidade na compreensão, na aprovação, uma receptividade para tudo, um realismo audaz, um respeito por tudo o que é fatual. Como pode ser que o resultado geral não seja um Goethe, mas um caos, um suspiro niilista, um não-saber-por-onde-começar, um instinto de cansaço que, *in praxi*, impele constantemente *a recorrer ao século XVIII*? (Por exemplo, como romantismo sentimental, como altruísmo e hipersentimentalismo, como feminismo no gosto, como socialismo na política.) Não é o século XIX, sobretudo em seu desenlace, meramente um século XVIII reforçado e *embrutecido*, ou seja, um século de *décadence*? De modo que Goethe foi apenas um incidente, um belo acontecimento à toa, não apenas para a Alemanha, mas para a Europa inteira? – Mas as pessoas compreendem mal os grandes homens ao vê-los da perspectiva mesquinha de uma vantagem pública. O fato de não saberem extrair nenhuma vantagem deles *talvez até faça parte de sua grandeza*...

51

Goethe é o último alemão que respeito: ele teria sentido três coisas que sinto – e também nos entendemos acerca da "cruz"...[86] Perguntam-me

86. Nietzsche se refere a um epigrama de Goethe: "Posso tolerar muitas coisas. Suporto a maioria das agruras / Com ânimo sereno, segundo me ordena uma divina luz. / Algumas poucas, porém, me são adversas como a serpente e o veneno; / Quatro são elas: a fumaça do tabaco, os percevejos, o alho e a †" (*Epigramas venezianos*, 66).

com frequência para que exatamente escrevo em *alemão*: em parte alguma eu seria mais mal lido do que na minha pátria. Mas quem sabe, afinal, se *desejo* mesmo ser lido hoje? – Criar coisas nas quais o tempo gaste seus dentes em vão; esforçar-se por alcançar uma pequena eternidade na forma, *na substância* – nunca fui modesto o bastante para pedir menos de mim. O aforismo, a sentença, nos quais sou o primeiro a ser um mestre entre os alemães, são as formas da "eternidade"; minha ambição é dizer em dez frases o que qualquer outro diz num livro – o que qualquer outro *não* diz num livro...

Dei à humanidade o livro mais profundo que ela possui, o meu *Zaratustra*: em breve lhe darei o mais independente.[87]

87. Nietzsche se refere à *Transvaloração de todos os valores*, obra cuja primeira parte se intitularia *O anticristo*. Numa mudança de planos, decide transformar *O anticristo* na inteira transvaloração, acrescentando-lhe o subtítulo de *Transvaloração de todos os valores*, finalmente substituído por *Maldição contra o cristianismo*.

O QUE DEVO AOS ANTIGOS

1

Para terminar, algumas palavras sobre esse mundo para o qual busquei acessos, para o qual talvez eu tenha encontrado um novo acesso – o mundo antigo. O meu gosto, que pode ser o contrário de um gosto tolerante, também nisso está longe de dizer sim em bloco: ele absolutamente não gosta de dizer sim, antes prefere dizer não e, mais que tudo, prefere não dizer nada... Isso vale para culturas inteiras, isso vale para livros – isso também vale para lugares e paisagens. No fundo, é um número bem pequeno de livros antigos que conta em minha vida; os mais famosos não estão entre eles. Meu sentido de estilo, para o epigrama como estilo, despertou quase instantaneamente no contato com Salústio.[88] Não esqueci o espanto de meu venerado professor Corssen quando teve de dar a nota mais alta ao seu pior aluno de latim – num instante eu estava pronto. Conciso, severo, com tanta substância quanto possível em seu fundamento, uma maldade fria em relação à "palavra bela", também ao "sentimento belo" – nisso me descobri. Será reconhecida em minhas obras, até em meu *Zaratustra*, uma ambição muito séria pelo estilo *romano*, pelo *aere perennius*[89] no estilo. – Não foi diferente no meu primeiro contato com Horácio. Até hoje, poeta algum me proporcionou o mesmo encanto artístico que me foi dado desde o início por uma ode horaciana. Em certas línguas não se pode nem mesmo *querer* o que foi alcançado aqui. Esse mosaico de palavras em que cada uma delas, como som, como lugar, como conceito, derrama a sua força à direita e à esquerda e sobre o todo, esse *minimum* em extensão e número de signos, esse *maximum* assim alcançado na energia dos signos – tudo isso é romano e, se quiserem acreditar em mim, *nobre par excellence.* Toda a poesia restante, em comparação, se torna algo popular demais – mera tagarelice sentimental...

88. Gaio Salústio Crispo (86-35 a.C): historiador romano.

89. Mais duradouro que o bronze. De uma das *Odes* (3, 30, 1) de Horácio (65-8 a.C.).

2

Não devo aos gregos quaisquer impressões aparentadas em força; e, para dizê-lo francamente, eles não *podem* ser para nós o que são os romanos. Não se *aprende* dos gregos – sua índole é estrangeira demais, também é fluida demais, para agir de maneira imperativa, "clássica". Quem alguma vez teria aprendido a escrever com um grego? Quem teria aprendido *sem* os romanos?... Que ninguém me venha com Platão. Sou profundamente cético em relação a ele e nunca fui capaz de tomar parte na admiração pelo *artista* Platão, tradicional entre estudiosos. No fim das contas, tenho ao meu lado os mais refinados juízes de gosto entre os próprios antigos. Platão, segundo me parece, mistura todas as formas de estilo e, assim, é um dos *primeiros décadents* do estilo: ele carrega em sua consciência uma culpa semelhante à dos cínicos que inventaram a *satura Menippea.*[90] Para que o diálogo platônico, essa espécie de dialética medonhamente pueril e presunçosa, possa exercer alguma atração, é preciso nunca ter lido bons franceses – Fontenelle, por exemplo.[91] Platão é enfadonho. – Minha desconfiança em relação a ele chega, por fim, ao extremo: acho-o tão desgarrado de todos os instintos básicos dos helenos, tão moralizado, tão pré-cristão – o conceito de "bom" já é o seu conceito supremo –, que gostaria de aplicar a todo o fenômeno Platão, antes de qualquer outra, a dura expressão "patranha superior" – ou, caso preferirem, idealismo. Pagou-se caro pelo fato desse ateniense ter frequentado uma escola egípcia (ou uma escola judaica no Egito?...). Na grande fatalidade do cristianismo, Platão é aquela ambiguidade e fascinação chamada de "ideal" que tornou possível às naturezas nobres da Antiguidade entender mal a si próprias e pisar na *ponte* que levou à "cruz"... E quanto ainda há de Platão no conceito de "Igreja", no edifício, no sistema, na prática da Igreja! – Meu descanso, minha predileção, minha *cura* de todo platonismo, sempre foi *Tucídides.*[92] Tucídides e talvez *O príncipe*, de Maquiavel, são os mais estreitamente aparentados a mim na vontade incondicional de não se deixar enganar e de ver a razão na *realidade* – *não* na "razão", muito menos na "moral"... Nada melhor do que Tucídides para curar do deplorável tingimento idealista dos gregos que o jovem "classicamente formado" leva para

---

90. Sátira menipeia. Na definição precisa e concisa do *Houaiss*: "Gênero de sátira, geralmente em prosa, que se caracteriza pela diversidade dos assuntos abordados e pela forma atraente de expor as ideias. Criada por Menipo (primeira metade do séc. III a.C.), foi introduzida em Roma por Varrão (116 a.C.-27 a.C.)".

91. Bernard Le Bovier de Fontenelle (1657-1757), autor do *Diálogo sobre a multiplicidade dos mundos* e do *Diálogo dos mortos*.

92. Tucídides (c.455-c.396 a.C.): autor da *História da guerra do Peloponeso*.

sua vida como recompensa por seu adestramento ginasial. É preciso virá-lo linha por linha e ler seus pensamentos secretos tão claramente quanto suas palavras: há poucos pensadores tão ricos em pensamentos secretos. A *cultura dos sofistas*, quer dizer, a *cultura dos realistas*, alcança nele sua mais perfeita expressão: esse movimento inestimável em meio à patranha ideal e moral das escolas socráticas que acabava de irromper em toda parte. A filosofia grega como a *décadence* do instinto grego; Tucídides como a grande soma, a derradeira revelação daquela objetividade forte, severa e dura que se encontrava no instinto dos antigos helenos. É a *coragem* para a realidade, afinal, o que distingue entre naturezas como as de Tucídides e Platão: Platão é um covarde frente à realidade – *logo*, ele se refugia no ideal; Tucídides é senhor de *si*; logo, também é senhor das coisas...

3

Descobrir nos gregos "belas almas", "áureas mediocridades" e outras perfeições, admirar neles, por exemplo, a calma na grandeza, a maneira ideal de ser, a elevada simplicidade – dessa "elevada simplicidade", uma *niaiserie allemande*[93] afinal, fui protegido pelo psicólogo que levava em mim. Eu vi seu instinto mais forte, a vontade de poder, eu os vi estremecer diante da violência indômita desse impulso – vi todas as suas instituições brotarem de medidas de proteção para se salvaguardarem mutuamente de seus *explosivos* interiores. A formidável tensão no interior se descarregava então numa terrível e brutal hostilidade contra o exterior: as cidades se despedaçavam entre si para que os cidadãos de cada uma delas tivessem paz consigo mesmos. Ser forte era uma necessidade: o perigo estava próximo – ele espreitava em toda parte. A magnífica agilidade corporal, o realismo e o imoralismo temerários, próprios dos helenos, foram uma *necessidade*, não uma "natureza". Eles foram uma consequência, não estiveram presentes desde o início. E com as artes e os festejos, os gregos não queriam outra coisa senão se sentir *em cima*, se *mostrar* em cima: são meios de glorificar a si mesmo, e às vezes, de inspirar medo a si mesmo... Julgar os gregos pelos seus filósofos, à maneira alemã, usar a bonomia das escolas socráticas para explicar *o que* é, no fundo, helênico!... Os filósofos são, afinal, os *décadents* do helenismo, o movimento contrário ao gosto antigo, nobre (contrário ao instinto agonal, à pólis, ao valor da raça, à autoridade da tradição). As virtudes socráticas foram pregadas *porque* os gregos as tinham perdido: irritadiços, medrosos, instáveis, comediantes na sua totalidade, eles tinham algumas razões de sobra para deixar

93. Tolice alemã.

que alguém lhes pregasse moral. Não que isso tenha ajudado alguma coisa: mas grandes palavras e poses ficam tão bem em *décadents*...

4

Eu fui o primeiro que, para compreender o instinto helênico mais antigo, ainda rico e mesmo transbordante, levou a sério esse magnífico fenômeno que leva o nome de Dioniso: ele apenas é explicável por um *excesso* de força. Quem estuda os gregos, como o maior conhecedor vivo de sua cultura, Jakob Burckhardt, de Basileia, logo soube que com isso eu tinha conseguido alguma coisa: Burckhardt acrescentou à sua *Cultura dos gregos* um capítulo específico acerca do mencionado fenômeno. Caso se queira um contraste, basta dar uma olhada na quase divertida pobreza de instintos dos filólogos alemães quando se acercam do dionisíaco. O célebre Lobeck[94], em especial, que, com a respeitável segurança de um verme ressecado entre livros, se arrastou para dentro desse mundo de estados misteriosos e se convenceu de que assim agia cientificamente, a ponto de ser leviano e pueril até as raias do asco – Lobeck deu a entender, com grande dispêndio de erudição, que todas essas curiosidades realmente não importavam. Na verdade, os sacerdotes podem ter comunicado aos participantes de tais orgias algumas coisas que não eram destituídas de valor: que o vinho estimula a volúpia, que às vezes o homem vive de frutos, que as plantas florescem na primavera e murcham no outono, por exemplo. Quanto à surpreendente riqueza de ritos, símbolos e mitos de origem orgiástica, dos quais o mundo antigo está literalmente coberto, Lobeck encontra nela uma ocasião para elevar a sua engenhosidade em mais um grau. "Os gregos", afirma ele em *Aglaophamus* I, 672, "quando não tinham mais o que fazer, riam, pulavam, corriam a esmo, ou, visto que às vezes o homem também tem vontade disso, se sentavam, choravam e se lamentavam. Vieram *outros* depois e buscaram uma razão qualquer para essa natureza estranha; e assim surgiram, como explicação para esses costumes, aquelas incontáveis lendas festivas e mitos. Por outro lado, se acreditou que aquela *agitação burlesca* que tinha lugar nos dias de festa também pertencesse necessariamente à celebração, e ela foi mantida como parte indispensável do culto." – Isso é tagarelice desprezível, não se levará um Lobeck a sério nem por um momento. Somos tocados de maneira completamente diferente quando examinamos o conceito de "grego" forjado por Winckelmann[95] e por Goethe, e vemos que é incompatível com aquele elemento do qual brota

94. August Lobeck (1781-1860): filólogo clássico.

95. Johann Joachim Winckelmann (1717-1768), autor de *História da arte da Antiguidade*.

a arte dionisíaca – com o orgiasmo.[96] Não duvido, de fato, que Goethe teria excluído radicalmente algo assim das possibilidades da alma grega. *Portanto, Goethe não compreendeu os gregos.* Pois apenas nos mistérios dionisíacos, na psicologia do estado dionisíaco, se manifesta o *fato fundamental* do instinto helênico – sua "vontade de vida". *O que* o heleno garantia a si mesmo com esses mistérios? A vida *eterna*, o eterno retorno da vida; o futuro prometido e consagrado no passado; o sim triunfante à vida ultrapassando a morte e a mudança; a vida *verdadeira* como continuação geral da vida através da geração, através dos mistérios da sexualidade. Por isso, o símbolo *sexual* era para os gregos o símbolo venerável em si, a verdadeira profundidade em toda a devoção antiga. Todos os detalhes do ato de geração, da gravidez, do nascimento, despertavam os sentimentos mais elevados e mais solenes. Na doutrina dos mistérios, a *dor* é santificada: as "dores da parturiente" santificam a dor em geral – todo devir e crescer, tudo o que garante futuro, *requer* a dor... Para que exista a eterna volúpia da criação, para que a vontade de vida afirme a si mesma eternamente, também *precisa* existir o "tormento da parturiente", eternidade afora... A palavra Dioniso significa tudo isso: não conheço simbolismo mais elevado do que esse simbolismo *grego*, o das dionisíacas. Nele, o instinto mais profundo da vida, o de futuro da vida, de eternidade da vida, é considerado religiosamente – o próprio caminho que leva à vida, a geração, é considerado caminho *sagrado*... Só o cristianismo, com seu ressentimento *contra* a vida por fundamento, fez da sexualidade algo impuro: ele jogou *lama* no começo, no pressuposto, de nossa vida...

5

A psicologia do orgiasmo, entendido como um transbordante sentimento de vida e de força no qual mesmo a dor ainda atua como estimulante, me deu a chave para o conceito de sentimento *trágico*, mal compreendido tanto por Aristóteles quanto em especial pelos nossos pessimistas. A tragédia está tão longe de provar algo a favor do pessimismo dos helenos no sentido de Schopenhauer, que ela tem de ser considerada, antes, como sua recusa decisiva e *instância contrária.* O dizer sim à vida mesmo em seus problemas mais estranhos e mais duros; a vontade de vida se alegrando com a própria inesgotabilidade no *sacrifício* de seus tipos mais elevados – foi *isso* o que chamei de dionisíaco, descobri que *isso* era a ponte que levava à psicologia do poeta *trágico*. *Não* para se livrar do horror e da compaixão, não para se purificar de um afeto perigoso através de sua

96. Celebração desenfreada, própria das festas em honra a Dioniso, as dionisíacas.

descarga veemente – essa é a compreensão de Aristóteles –: mas para, ultrapassando o horror e a compaixão, *ser a própria* volúpia eterna do devir – essa volúpia que também inclui a *volúpia na destruição*... E assim toco outra vez o ponto do qual um dia parti – o *Nascimento da tragédia* foi minha primeira transvaloração de todos os valores: assim me recoloco no solo do qual cresce o meu querer, o meu *poder* – eu, o último discípulo do filósofo Dioniso – eu, o mestre do eterno retorno...

Fala o martelo

Assim falou Zaratustra, 3,
"Das velhas e novas tábuas", 29

"Por que tão duro?" – perguntou certa vez ao diamante o carvão de cozinha: "Não somos parentes próximos?"

Por que tão moles? Oh, meus irmãos, essa é a pergunta que vos faço: não sois – meus irmãos?

Por que tão moles, por que cedeis e condescendeis assim? Por que há tanta negação e renegação em vossos corações? Tão pouco destino em vossos olhares?

E se não quereis ser destinos e implacáveis: como podereis algum dia – vencer comigo?

E se vossa dureza não quiser resplandecer e talhar e retalhar: como podereis algum dia – criar comigo?

Pois todos os criadores são duros. E deverá vos parecer bem-aventurança imprimir vossa mão nos milênios como se fossem cera –

Bem-aventurança, escrever na vontade de milênios como se fosse bronze – mais duros que o bronze, mais nobres que o bronze. Só o inteiramente duro é o mais nobre.

Esta nova tábua, oh meus irmãos, coloco acima de vós: tornai-vos duros!

O anticristo

Maldição contra o cristianismo

Tradução, apresentação e notas de

Renato Zwick

Apresentação

Renato Zwick[1]

Redigido em 1888, último ano lúcido da vida de Nietzsche, *O anticristo* foi publicado apenas em 1895. Na primeira edição e em várias que se seguiram, a obra padeceu de incorreções no título, omissões e "melhoramentos" introduzidos pelos editores. Tais desfigurações tiveram quase sempre o propósito de aparar alguma aresta cortante e, de um modo mais ou menos desastrado, abrandar o tom agressivo e combativo do texto. Foi assim, por exemplo, que o subtítulo ("Maldição contra o cristianismo"), um adjetivo para qualificar Jesus ("idiota") e outro para aludir ironicamente ao imperador Guilherme II ("jovem") foram deixados de fora. Apenas com a edição de Karl Schlechta, publicada em 1956, tais problemas foram sanados.

Essas omissões, porém, nada ou pouco afetaram o caráter essencial da obra, uma das mais afiadas análises de que o cristianismo já foi objeto. Nas palavras de Franz Overbeck em carta de 13 de março de 1889 a Peter Gast (ambos amigos de Nietzsche), no *Anticristo* o "cristianismo é tratado como Társias o foi por Apolo" – ou seja, ele é esfolado vivo... Despido de seus mantos, enfeites e até de sua pele, a religião cristã aparece como aquilo que, na opinião do filósofo, realmente é: a vitória da rebelião dos fracos, doentes e rancorosos contra os fortes, orgulhosos e saudáveis. No mesmo espírito dos assim chamados moralistas franceses – "nossas virtudes, muitas vezes, não são mais que vícios disfarçados", afirma La Rochefoucauld –, Nietzsche arranca uma a uma as máscaras benevolentes do cristianismo até que não reste mais do que uma carantonha odiosa.

Friedrich Wilhelm Nietzsche nasceu em 1844 na pequena cidade alemã de Röcken, no seio de uma família de arraigada tradição religiosa: tanto o pai quanto os avôs eram pastores protestantes. Destinado a prosseguir a tradição familiar, Nietzsche chega a cursar dois semestres de teologia na Universidade de Bonn, em 1864, mas desiste. A partir do ano seguinte, passa a estudar filologia na Universidade de Leipzig; nesse mesmo ano, descobre *O mundo como vontade e representação*, a obra máxima do filósofo Arthur Schopenhauer (1788-1860), que o influenciará de maneira decisiva.

1. Ver nota da p. 273.

Schopenhauer, aliás, também é muito admirado pelo compositor Richard Wagner (1813-1883), que Nietzsche conhece pessoalmente em 1868 e cuja música o fascina. Patente em suas primeiras obras, *O nascimento da tragédia* e *Considerações extemporâneas*, a veneração por Wagner e Schopenhauer passa a receber um tratamento crítico a partir de *Humano, demasiado humano* (1878), obra que é a sua declaração de independência como pensador. A partir de então, seus escritos serão marcados por uma postura cada vez mais questionadora dos valores fundamentais (leia-se cristãos) da cultura ocidental. Já no livro seguinte, *Aurora*, de 1881, começa a sua "campanha contra a moral", conforme ele dirá alguns anos depois em sua autobiografia, *Ecce homo*. O filósofo entende que o cristianismo não fez mais do que caluniar e rebaixar *este mundo* ao deslocar o centro da vida para o *outro mundo*, para o *além*. A tais valores negadores da vida e do mundo, Nietzsche oporá, em *Assim falou Zaratustra*, cuja primeira parte foi publicada em 1883, o pensamento do eterno retorno, sua fórmula máxima de afirmação da vida e do *aquém*.

O *Zaratustra* constitui o que Nietzsche denominou de "parte afirmativa de sua tarefa". Depois disso, seguiu-se a "parte negativa", que inclui livros como *Além do bem e do mal* (1886), *A genealogia da moral* (1887) e a maior parte da copiosa produção de seu último ano de lucidez – entre outras obras, *O anticristo*. Nesta, Nietzsche retoma temas e conceitos de obras anteriores (a crítica das morais de Kant e de Schopenhauer, a noção de *décadence*), compara o cristianismo com o budismo e com o Código de Manu – o conjunto de leis que regula a vida na sociedade indiana –, além de apresentar uma nova e singular interpretação das figuras de Cristo e de Paulo, em que exibe todo o seu talento de filólogo. Dessa análise, a figura de Cristo emerge como a de um paspalho relativamente inofensivo mergulhado em suas realidades interiores, enquanto o apóstolo Paulo aparece como um autêntico gênio da perfídia, o verdadeiro responsável pela desgraça que a religião cristã representa na história da humanidade.

Mas se o ataque de Nietzsche se dirige mais aos assim chamados cristãos do que propriamente a Cristo, por que então o livro se intitula "O anticristo", ou seja, "o adversário de Cristo" (numa alusão a uma passagem do *Apocalipse*)? É verdade que o subtítulo já torna as coisas mais claras, mas a explicação de uma peculiaridade do termo alemão esclarece-as plenamente: é que, em alemão, *Antichrist* pode significar tanto "anticristo" quanto "anticristão".

Porém, anticristo ou anticristão (ou ainda, em medidas diferentes, as duas coisas), um fato permanece: o caráter essencialmente negativo, combativo do texto. Mas essa combatividade, é importante notar, não exclui um profundo sentimento afirmativo: "o mundo é perfeito", diz Zaratustra, "o mundo é perfeito", dizem também os sábios hindus que instituíram o Código de Manu. E essa perfeição não exclui sequer as criaturas mais desprezíveis, os párias – ou, no caso de Nietzsche, os cristãos... Possuir inimigos é uma felicidade: se Nietzsche, ao publicar a primeira de suas *Considerações extemporâneas*, entra na sociedade com um duelo (seguindo uma máxima de Stendhal, conforme reconhece em sua autobiografia), pode-se afirmar o mesmo de suas últimas obras, de sua saída da sociedade, por assim dizer. Daquela vez, Nietzsche desmascarou o "filisteu da cultura" na pessoa do escritor David Strauss; desta vez, toda uma visão religiosa de mundo.

Na condição, poderíamos dizer, de um iluminista sem as ilusões do iluminismo (que se atente para o desdém com que o autor encara as ideias de progresso e de igualitarismo que estão na base da modernidade), Nietzsche nos oferece assim a possibilidade de exercitar aquela que talvez seja uma das maiores tarefas do fazer filosófico, a de indagar pelas razões, pelos porquês de interpretações oferecidas muitas vezes como verdades absolutas, algo fundamental numa época em que o mercado de crenças religiosas experimenta novas expansões a cada dia. Se, por um lado, parece correto o diagnóstico de Nietzsche acerca da morte do deus cristão (tal como apresentado nas obras *A gaia ciência* e *Assim falou Zaratustra*), não parece menos certo, por outro, que esse deus insiste em "ressuscitar no terceiro dia" – razão pela qual a afiada crítica de Nietzsche, mais de um século depois de sua publicação, ainda não perdeu sua razão de ser.

O anticristo

Maldição contra o cristianismo

Prólogo

Friedrich Nietzsche

Este livro se destina a pouquíssimos. Talvez ainda não viva nenhum deles. Quem sabe sejam os que compreendem meu *Zaratustra*: como eu *poderia* me confundir com aqueles a quem já hoje se dá ouvidos? – Só o depois de amanhã me pertence. Alguns nascem póstumos.

As condições para me compreender, e então compreender *necessariamente*, eu as conheço muito bem. É preciso ser íntegro até a dureza nas questões do espírito para tão somente suportar a minha seriedade, a minha paixão. É preciso estar afeito à vida nas montanhas – a ver *abaixo* de si a deplorável tagarelice atual da política e do egoísmo dos povos. É preciso ter se tornado indiferente, é preciso nunca perguntar se a verdade é útil, se ela pode desgraçar alguém... Uma predileção, própria da força, por perguntas para as quais ninguém hoje tem coragem; a coragem para o *proibido*; a predestinação ao labirinto. Uma experiência haurida de sete solidões. Ouvidos novos para música nova. Olhos novos para o mais longínquo. Uma consciência nova para verdades que até agora permaneceram mudas. *E* a vontade de praticar a economia do grande estilo: conservar a sua força, o seu *entusiasmo*... O respeito por si mesmo; o amor a si mesmo; a liberdade incondicional frente a si mesmo...

Pois bem! Apenas esses são os meus leitores, meus verdadeiros leitores, meus leitores predestinados: que importa o *resto*? – O resto é apenas a humanidade. – É preciso ser superior à humanidade pela força, pela *altura* da alma – pelo desprezo...

1

Olhemo-nos no rosto. Nós somos hiperbóreos – sabemos muito bem o quão à parte vivemos. "Nem por terra nem por mar encontrarás o caminho que leva aos hiperbóreos": Píndaro já sabia isso a nosso respeito.[2] Além do norte, do gelo, da morte – *nossa* vida, *nossa* felicidade... Nós descobrimos a felicidade, conhecemos o caminho, encontramos a saída de milênios inteiros de labirinto. Quem *mais* a encontrou? – Acaso o homem moderno? "Eu não sei entrar nem sair; eu sou tudo aquilo que não sabe entrar nem sair" – suspira o homem moderno... *Dessa* modernidade estávamos doentes – da paz preguiçosa, do compromisso covarde, de toda a imundície virtuosa do sim e do não modernos. Essa tolerância e *largeur*[3] de coração, que tudo "perdoa" porque tudo "compreende", é siroco para nós. Antes viver no gelo do que entre virtudes modernas e outros ventos do sul!... Nós fomos valentes o bastante, não poupamos a nós nem aos outros: mas por muito tempo não soubemos *o que fazer* de nossa valentia. Tornamo-nos sombrios, chamaram-nos de fatalistas. *Nosso* destino – *era* a plenitude, a tensão, o represamento das forças. Ansiávamos por relâmpagos e atos, ficávamos o mais longe possível da felicidade dos fracotes, da "resignação"... Havia uma tempestade em nossa atmosfera, a natureza que somos escureceu – *pois não havia caminho para nós.* Fórmula de nossa felicidade: um sim, um não, uma linha reta, uma *meta*...

2

O que é bom? – Tudo o que eleva a sensação de poder, a vontade de poder, o próprio poder no homem.

O que é ruim? – Tudo o que provém da fraqueza.

O que é a felicidade? – A sensação de que o poder *cresce*, de que uma resistência é superada.

Não o contentamento, porém mais poder; acima de tudo *não* a paz, mas a guerra; *não* a virtude, mas a excelência (virtude no estilo da Renascença, *virtù*, virtude sem moralina).[4]

---

2. *Píticas*, X, 29-30. Para os antigos gregos, os hiperbóreos eram um povo lendário que habitava uma região perpetuamente ensolarada na extremidade setentrional da Terra, além do vento norte (Bóreas).

3. Largueza.

4. Em alemão, "sem moralina" é *moralinfrei*. O termo "moralina" (*Moralin*) designa a suposta "substância" da moral, e é uma das tantas contribuições zombeteiras de Nietzsche ao idioma alemão.

Os fracos e os malogrados devem sucumbir: primeira tese de *nosso* amor à humanidade. E ainda devem ser ajudados nisso.

O que é mais danoso do que qualquer vício? – A compaixão ativa por todos os malogrados e fracos – o cristianismo...

3

O problema que com isso coloco não se refere ao que deve substituir a humanidade na sucessão dos seres (o homem é um *final*), mas ao tipo de homem que se deve *cultivar*, se deve *querer* como sendo o de mais alto valor, mais digno de vida, mais seguro de futuro.

Esse tipo de alto valor já existiu com bastante frequência: mas como um acaso feliz, uma exceção, jamais como algo *desejado*. Pelo contrário, precisamente *ele* foi o mais temido, foi até agora quase *o* temível; – e foi por temor que se quis, se cultivou, se *alcançou* o tipo contrário: o animal doméstico, o animal de rebanho, o animal doente homem – o cristão...

4

A humanidade *não* representa um desenvolvimento rumo ao melhor ou ao mais forte ou ao mais elevado tal como hoje se acredita. O "progresso" é meramente uma ideia moderna, ou seja, uma ideia errônea. O valor do europeu de hoje fica muito abaixo do valor do europeu da Renascença; *não* há qualquer relação necessária entre evolução e elevação, intensificação, fortalecimento.

Em um outro sentido, há um êxito permanente de casos isolados, nos mais diferentes lugares da Terra e no interior das mais diferentes culturas, que representam de fato um *tipo superior*: algo que, comparado ao todo da humanidade, é uma espécie de super-homem.[5] Tais acasos felizes de grande êxito sempre foram possíveis, e talvez sempre o sejam. E mesmo gerações, tribos e povos inteiros podem, às vezes, representar semelhante *acerto*.

---

5. "Super-homem" ainda continua sendo a melhor tradução para *Übermensch*, preferível, a nosso ver, a "além-do-homem", opção de Rubens Rodrigues Torres Filho, e mesmo à excelente "além-homem", de Donaldo Schüler, forjada numa analogia com "além-mar". Ainda que esta última seja especialmente interessante, é deveras questionável, pois perde-se a clara referência a um distanciamento *vertical*, que é indicada por *über* (sobre, acima), tão recorrente e importante em Nietzsche.

5

Não se deve adornar e enfeitar o cristianismo: ele travou uma *guerra de morte* contra esse tipo *superior* de homem, ele proscreveu todos os instintos fundamentais desse tipo, ele destilou o mal, *o* homem mau, a partir desses instintos – o homem forte como o que há de tipicamente reprovável, o "réprobo". O cristianismo tomou o partido de tudo o que é fraco, vil e malogrado, ele fez um ideal a partir da *contradição* aos instintos de conservação da vida forte; ele corrompeu a própria razão das naturezas mais fortes espiritualmente quando ensinou a sentir os valores supremos da espiritualidade como pecaminosos, enganadores, como *tentações*. O exemplo mais deplorável – a corrupção de Pascal, que acreditava na corrupção de sua razão através do pecado original, enquanto ela apenas fora corrompida pelo seu cristianismo!

6

Foi um espetáculo doloroso, horripilante, que se abriu para mim: puxei a cortina que escondia a *corrupção* do homem. Em minha boca, essa palavra está protegida ao menos de uma suspeita: a de conter uma acusação moral contra o homem. Ela é pensada – gostaria de sublinhá-lo mais uma vez – *sem moralina*: e isso a tal ponto, que senti essa corrupção com mais intensidade exatamente lá onde até agora se aspirou do modo mais consciente à "virtude", à "divindade". Entendo a corrupção, já se percebe, no sentido de *décadence*: minha tese é a de que todos os valores em que a humanidade agora concentra a sua aspiração suprema são *valores da décadence*.

Chamo um animal, uma espécie, um indivíduo de corrompidos quando eles perdem os seus instintos, quando escolhem, quando *preferem* o que lhes é prejudicial. Uma história dos "sentimentos superiores", dos "ideais da humanidade" – e é possível que eu tenha de narrá-la – também seria quase a explicação de *por que* o homem está tão corrompido.

Considero a própria vida como instinto de crescimento, de duração, de acumulação de forças, como instinto para o *poder*: onde falta a vontade de poder, ocorre declínio. Minha tese é a de que todos os valores supremos da humanidade *carecem* dessa vontade – que sob os nomes mais sagrados há valores de declínio, valores *niilistas* no comando.

7

O cristianismo é chamado de religião da *compaixão*. – A compaixão se encontra em oposição aos afetos tônicos que elevam a energia da disposição para viver: ela tem efeito depressivo. Perde-se força quando se é compassivo. Através da compaixão, aumenta e se multiplica ainda mais a perda de força que, em si, o sofrimento já traz à vida.[6] O próprio sofrimento se torna contagioso através da compaixão; sob determinadas circunstâncias, pode-se alcançar com ela uma perda total de vida e de energia vital que está numa proporção absurda com o *quantum*[7] da causa (o caso da morte do nazareno). Esse é o primeiro aspecto; mas há ainda um mais importante. Supondo-se que se meça a compaixão segundo o valor das reações que costuma produzir, seu caráter perigoso à vida aparece sob uma luz ainda mais clara. A compaixão se opõe de um modo geral à lei da evolução, que é a lei da *seleção*. Ela conserva o que está maduro para o soçobro, ela luta em favor dos deserdados e condenados pela vida, ela dá à própria vida um aspecto sombrio e questionável através da abundância de malogrados de todo tipo que *conserva* vivos. Ousou-se chamar a compaixão de virtude (em toda moral *nobre* ela é considerada fraqueza); foi-se mais longe, fez-se dela *a* virtude, o solo e a fonte de todas as virtudes – todavia, que se tenha isso sempre em mente, a partir do ponto de vista de uma filosofia que era niilista, que inscreveu a *negação da vida* em seu brasão. Schopenhauer tinha razão de fazê-lo: a vida é negada pela compaixão, é tornada *mais digna de negação* – a compaixão é a *prática* do niilismo. Repito: esse instinto depressivo e contagioso se opõe àqueles instintos voltados à conservação e à elevação do valor da vida: tanto como *multiplicador* da desgraça quanto como *conservador* de tudo que é desgraçado, ele é um instrumento capital para a intensificação da *décadence* – a compaixão persuade ao *nada*!... Não se diz "o nada": em vez disso, diz-se "o além"; ou "Deus"; ou "a vida *verdadeira*"; ou nirvana, salvação, bem-aventurança... Essa retórica inocente do âmbito da idiossincrasia moral-religiosa aparece de imediato *muito menos inocente* quando se compreende *qual* tendência aí se envolve no manto de palavras sublimes: a tendência *hostil à vida*. Schopenhauer era hostil à vida: *por isso* a compaixão se tornou uma virtude para ele... Aristóteles, como se sabe, via na compaixão um estado doentio e perigoso, do qual era bom dar conta,

---

6. Em alemão, "compaixão" é *Mitleiden*, e "sofrimento", *Leiden*. "Afeto", pouco antes, é a nossa tradução para *Affekt*, termo que em alemão costuma ter uma conotação mais intensa, veemente (emoção, paixão) – também presente no português, mas significativamente atenuada pelas conotações mais comuns de "ternura" ou de "sentimento amoroso".

7. Quantidade.

vez por outra, com um purgativo: ele entendia a tragédia como purgativo.[8] A partir do instinto da vida, seria realmente necessário procurar um meio de dar uma agulhada nessa acumulação doentia e perigosa de compaixão, como representada pelo caso de Schopenhauer (e, infelizmente, também de toda a nossa *décadence* literária e artística de São Petersburgo a Paris, de Tolstói a Wagner): para que ela *estoure*... Nada é mais malsão, em meio à nossa malsã modernidade, que a compaixão cristã. Ser médico *aí*, ser impiedoso *aí*, manejar *aí* o bisturi – é o que cabe a *nós*, é a *nossa* espécie de amor à humanidade, assim *nós* somos filósofos, nós, os hiperbóreos!

8

É necessário dizer *quem* julgamos como o nosso oposto – os teólogos e todos os que possuem sangue de teólogo nas veias –, como oposto à toda a nossa filosofia... É preciso ter visto a fatalidade de perto, melhor ainda, é preciso tê-la experimentado em si mesmo, é preciso ter quase perecido por causa dela para não aceitar mais nenhum gracejo nesses assuntos (a atitude livre-pensante de nossos senhores naturalistas e fisiólogos é, a meu ver, um *gracejo* – falta-lhes a paixão nessas coisas, o *padecer* por elas). Esse envenenamento vai muito mais longe do que se pensa: reencontrei o instinto teológico da soberba em toda parte onde alguém hoje se considera "idealista" – onde, graças a uma linhagem superior, alguém se arroga o direito de olhar a realidade altivamente e como se não a conhecesse... O idealista, exatamente do mesmo modo que o sacerdote, tem nas mãos todos os grandes conceitos (e não apenas nas mãos!), ele os lança com um desprezo benevolente contra o "entendimento", os "sentidos", as "honras", a "vida boa", a "ciência", ele vê tais coisas *abaixo* de si, como se fossem forças danosas e sedutoras acima das quais "o espírito" paira em puro isolamento[9]: como se a humildade, a castidade, a pobreza, em uma palavra, a *santidade*, não tivessem causado até agora à vida danos indizivelmente maiores que quaisquer horrores e vícios... O espírito puro é a pura mentira... Enquanto o sacerdote, esse negador, caluniador, envenenador da vida por *ofício* ainda for considerado uma espécie *superior* de homem, não haverá resposta à pergunta: o que *é* a verdade? Já se *colocou* a verdade de pernas para o ar quando o consciente advogado do nada e da negação é tido por representante da "verdade"...

8. Aristóteles, *Poética*, 1449b 27-28; 1453b 1ss.

9. No texto alemão: *in reiner Für-sich-heit*. Nietzsche substantiva a expressão *für sich*, ou seja, "para si", "isolado", "sozinho", "à parte".

9

Eu guerreio contra esse instinto teológico: encontrei suas pegadas por toda parte. Quem possui sangue de teólogo nas veias se encontra de antemão em uma posição equivocada e desonesta em relação a todas as coisas. O *páthos*[10] que a partir disso se desenvolve chama a si mesmo de *fé*: fechar os olhos de uma vez por todas para não sofrer com o aspecto da falsidade incurável. A partir dessa ótica defeituosa em relação a todas as coisas, as pessoas fazem para si uma moral, uma virtude, uma santidade, as pessoas ligam a *boa* consciência à visão *falsa* – as pessoas exigem que mais nenhuma *outra* espécie de ótica deva ter valor depois que a sua própria foi tornada sacrossanta com os nomes de "Deus", "salvação" e "eternidade". Eu desenterrei o instinto teológico por toda parte: ele é a forma de falsidade mais difundida, autenticamente *subterrânea* que há na Terra. Aquilo que um teólogo considera como verdadeiro *deve* ser falso: temos aí quase um critério de verdade. É o seu instinto mais básico de autoconservação que proíbe à realidade receber as honras ou apenas tomar a palavra em qualquer ponto que seja. Até onde chega o instinto teológico, o *juízo de valor* está de pernas para o ar, os conceitos de "verdadeiro" e "falso" estão invertidos: aquilo que é mais danoso à vida é chamado de "verdadeiro", aquilo que a eleva, intensifica, afirma, justifica e faz triunfar é chamado de "falso"... Caso aconteça que teólogos estendam a mão ao poder por meio da "consciência" dos príncipes (*ou* dos povos), não duvidemos *do que* sempre ocorre no fundo: a vontade que anseia pelo fim, a vontade *niilista* quer chegar ao poder...

10

Os alemães entendem de imediato quando digo que a filosofia está corrompida por sangue de teólogos. O pastor protestante é o avô da filosofia alemã, o próprio protestantismo é o seu *peccatum originale*. Definição do protestantismo: a hemiplegia do cristianismo – *e* da razão... Basta pronunciar as palavras "Seminário de Tübingen" para compreender *o que* é, no fundo, a filosofia alemã – uma *insidiosa* teologia...[11] Os suábios são os maiores mentirosos da Alemanha; eles mentem inocentemente... Qual a razão do júbilo que percorreu o mundo erudito alemão, formado em suas três quartas partes por filhos de pastores e de professores, quando *Kant* entrou em cena – qual a razão da convicção alemã, que ainda hoje encontra eco, de que Kant iniciou

10. Paixão, emoção.

11. Nietzsche alude ao seminário em que estudaram, entre outros, Hegel e Schelling.

uma mudança para *melhor*? Foi o instinto de teólogo no erudito alemão que adivinhou *o que* a partir de então era outra vez possível... Abriu-se uma passagem secreta para o velho ideal, os conceitos de "mundo *verdadeiro*" e da moral como *essência* do mundo (os dois erros mais perniciosos que existem!) eram novamente, graças a um ceticismo ardiloso e esperto, se não demonstráveis, pelo menos não mais *refutáveis*... A razão, o *direito* da razão não vai tão longe... Fez-se da realidade uma "aparência"; transformou-se um mundo completamente *inventado*, o do ente, em realidade... O êxito de Kant é meramente um êxito de teólogo: do mesmo modo que Lutero, que Leibniz, Kant foi mais um entrave à retidão alemã, já em si carente de firmeza.

11

Uma palavra ainda contra Kant como *moralista*. Uma virtude precisa ser *nossa* invenção, *nossa* legítima defesa e necessidade mais pessoal: em qualquer outro sentido ela é apenas um perigo. O que não é exigido pela nossa vida, a *prejudica*: uma virtude que se origine apenas de um sentimento de respeito diante do conceito "virtude", conforme queria Kant, é prejudicial. A "virtude", o "dever", o "bem em si", o bem com o caráter da impessoalidade e da universalidade – quimeras em que se expressam o declínio, a derradeira extenuação da vida, o chinesismo königsberguense.[12] As leis mais básicas da conservação e do crescimento ordenam o contrário: que cada indivíduo invente a *sua* virtude, o *seu* imperativo categórico. Um povo sucumbe ao confundir o *seu* dever com o conceito de dever em geral. Nada arruína mais profunda, mais intimamente do que todo dever "impessoal", do que todo sacrifício ao moloque da abstração.[13] – Que não se tenha percebido o imperativo categórico de Kant como *perigoso à vida*!... Apenas o instinto teológico o tomou sob sua proteção! – Uma ação à qual o instinto de vida compele, tem no prazer a prova de ser uma ação *correta*: e esse niilista de entranhas dogmático-cristãs entendeu que o prazer era uma *objeção*... O que destrói mais rapidamente do que trabalhar, pensar, sentir sem uma necessidade interna, sem

---

12. Nietzsche considerava que o apelo universalizante da filosofia de Kant (que nasceu e morreu em Königsberg, onde também passou quase toda a sua vida) tinha o propósito de apequenar e nivelar o homem, tal como ocorre entre os chineses (cf., por exemplo, a seção 267 de *Além do bem e do mal*).

13. Moloque: designação do sacrifício humano, especialmente de crianças, entre os cartagineses e no Antigo Testamento, tomada erroneamente pelo nome de uma divindade. No idioma alemão, palavra empregada como apelativo (ou seja, substantivo comum que designa uma classe de seres) desde o século XVII para designar qualquer potência cruel que exija sacrifícios incessantes: "o moloque guerra" (conforme definição do *Duden Deutsches Universalwörterbuch*).

uma escolha profundamente pessoal, sem *prazer*? Na condição de autômato do "dever"? Essa é precisamente a *receita* para a *décadence*, até para o idiotismo... Kant tornou-se idiota.[14] – E ele era contemporâneo de *Goethe*! Essa aranha funesta teve fama de filósofo *alemão* – ainda tem!... Guardo-me de dizer o que penso dos alemães... Não viu Kant na Revolução Francesa a passagem da forma inorgânica de Estado à *orgânica*? Não se perguntou ele se existe um acontecimento que não pode ser explicado de qualquer outra maneira senão através de uma disposição moral da humanidade, de tal modo que ele *provaria*, de uma vez por todas, a "tendência da humanidade para o bem"?[15] A resposta de Kant: "Esse acontecimento é a Revolução". O instinto equivocado no todo e na parte, a antinatureza como instinto, a *décadence* alemã como filosofia – *isso é Kant!*

12

Ponho de lado alguns céticos, o tipo decente na história da filosofia: mas o resto não conhece as exigências primeiras da retidão intelectual. Todos eles fazem o mesmo que as mulherzinhas, esses grandes entusiastas e bichos raros – eles tomam os "belos sentimentos" já por argumentos, o "peito erguido" por um fole da divindade, a convicção por um *critério* de verdade. Por último, ainda Kant, com inocência "alemã", tentou tornar científica, sob o conceito de "razão prática", essa forma de corrupção, essa falta de consciência intelectual: ele inventou uma razão expressamente para o caso em que não é preciso se preocupar com a razão, ou seja, quando a moral, quando a sublime exigência "tu deves" se faz ouvir. Se considerarmos que em quase todos os povos o filósofo é apenas a continuação do tipo sacerdotal, então essa herança do sacerdote, a *cunhagem de moeda falsa diante de si mesmo*, não surpreende mais. Quando se tem tarefas sagradas – por exemplo, melhorar, salvar, redimir a humanidade –, quando se leva a divindade no peito, quando se é porta-voz de imperativos do além, então, com semelhante missão, já se está do lado de fora de todas as valorações meramente racionais – já se está mesmo santificado através de tal tarefa, já se é mesmo o tipo de uma ordem

14. Idiota: "do grego *idiotes*, indivíduo particular, homem privado (em oposição a homem do Estado), cidadão plebeu; por extensão de sentido, ignorante em determinado ofício, homem sem educação, do próprio país, indígena", conforme nota etimológica do *Houaiss*. Ao lado das acepções ordinárias de "estúpido, parvo, ignorante", Nietzsche também parece ter em mente a acepção grega do termo, o que se torna mais evidente a partir da caracterização (como veremos adiante) que faz do tipo de Jesus – também chamado de idiota – como um tipo que só compreende "realidades interiores" – particulares, privadas, portanto.

15. Kant, *A disputa das faculdades*, Segunda parte, seção 6.

superior!... Que importa a *ciência* a um sacerdote! Ele está em uma posição elevada demais para tanto! – E o sacerdote *dominou* até agora! Ele *determinou* os conceitos de "verdadeiro" e "falso"!...

13

Não subestimemos o seguinte: *nós próprios*, nós, espíritos livres, já somos uma "transvaloração de todos os valores", uma declaração, *em pessoa*, de guerra e de vitória a todos os velhos conceitos de "verdadeiro" e "falso". As compreensões mais valiosas são encontradas mais tardiamente; porém as compreensões mais valiosas são os *métodos*. *Todos* os métodos, *todos* os pressupostos de nossa cientificidade atual tiveram o mais profundo desprezo contra si durante milênios, por causa deles era-se excluído do trato com homens "honestos" – era-se considerado "inimigo de Deus", desprezador da verdade, "possesso". O homem de ciência era chandala...[16] Nós tínhamos todo o *páthos* da humanidade contra nós – seus conceitos do que *deveria* ser verdade, do que *deveria* ser o serviço à verdade: todo "tu deves" foi até agora dirigido *contra* nós... Nossos objetos, nossas práticas, nossa maneira calada, cautelosa, desconfiada – tudo lhe parecia inteiramente indigno e desprezível. – No fim das contas, seria justificado perguntar se não foi propriamente um gosto estético que manteve a humanidade em tão prolongada cegueira: ela exigia da verdade um efeito *pitoresco*, ela exigia igualmente do homem do conhecimento que atuasse com intensidade sobre os sentidos. Nossa *modéstia* repugnou ao seu gosto durante o mais longo tempo... Oh, como adivinharam isso, esses perus[17] de Deus.

14

Aprendemos a ver as coisas de outro modo. Nós nos tornamos mais modestos em tudo. Não derivamos mais o homem do "espírito", da "divindade", nós o recolocamos entre os animais. Nós o consideramos o mais forte dos animais porque é o mais astuto: uma consequência disso é a sua espiritualidade. Por outro lado, resistimos a uma vaidade que também aqui

16. Chandala: pária. Os chandalas eram os "excluídos" da sociedade indiana, não pertencendo a nenhuma das quatro castas: *brâmanes* (sacerdotes), *xátrias* (guerreiros), *vaixás* (agricultores e comerciantes) e *sudras* (servos). Nietzsche emprega a palavra "chandala" reiteradamente em suas últimas obras, usando-a de modo especial para se referir aos cristãos, cujos valores qualifica de "valores chandalas".

17. Ave-símbolo da presunção, do orgulho e, tal como o pavão, da vaidade.

gostaria de se fazer ouvir: como se o homem tivesse sido o grande propósito oculto da evolução animal. Ele não é de modo algum a coroa da criação; toda criatura, comparada com ele, se encontra em um mesmo nível de perfeição... E ao afirmar isso, ainda afirmamos demais: tomado relativamente, o homem é o mais malogrado dos animais, o mais doentio, o que mais perigosamente se desviou de seus instintos – todavia, apesar disso tudo, também o *mais interessante*! – Quanto aos animais, Descartes foi o primeiro, com respeitável temeridade, a ousar o pensamento de entender o animal como *machina*: toda a nossa fisiologia se esforça em provar essa tese. Logicamente, também não deixamos o homem de lado, conforme Descartes ainda o fez: o que hoje de fato foi compreendido acerca do homem vai exatamente até onde ele é compreendido como uma máquina. Outrora se concedia ao homem o "livre-arbítrio"[18] como seu dote de uma ordem superior: hoje lhe tiramos inclusive a vontade, no sentido de que sob essa palavra não se deve mais entender qualquer faculdade. A velha palavra "vontade" serve apenas para designar uma resultante, uma espécie de reação individual que se segue necessariamente a uma quantidade de estímulos em parte contraditórios, em parte concordantes: a vontade não "atua" mais, não "move" mais... Outrora se via na consciência do homem, no "espírito", a prova de sua origem superior, de sua divindade; para que se tornasse *perfeito*, o homem era aconselhado a retrair os sentidos para dentro de si ao modo da tartaruga, a suspender as relações com as coisas terrenas, a se despojar do envoltório mortal: então restaria o principal, o "espírito puro". Mas pensamos melhor também sobre isso: consideramos o tornar-se consciente, o "espírito", precisamente como sintoma de uma relativa imperfeição do organismo, como um tentar, um tatear, um enganar-se, como uma labuta em que se gasta desnecessariamente muita energia nervosa – nós negamos que alguma coisa possa ser feita à perfeição enquanto ainda for feita conscientemente. O "espírito puro" é uma pura bobagem: se descontarmos o sistema nervoso e os sentidos, o "envoltório mortal", *então nos enganamos na conta* – nada mais!...

15

No cristianismo, nem a moral nem a religião possuem qualquer ponto de contato com a realidade. Apenas *causas* imaginárias ("Deus", "alma", "eu", "espírito", o "livre-arbítrio – ou também o "não livre"); apenas *efeitos* imaginários ("pecado", "salvação", "graça", "castigo", "perdão dos pecados"). Uma relação entre *criaturas* imaginárias ("Deus", "espíritos", "almas"); uma

18. Literalmente, vontade livre (*freien Willen*).

ciência *natural* imaginária (antropocêntrica; carência completa da noção de causas naturais); uma *psicologia* imaginária (apenas mal-entendidos acerca de si mesmo, interpretações de sensações gerais agradáveis ou desagradáveis, por exemplo, dos estados do *nervus sympathicus*, com a ajuda da linguagem de sinais da idiossincrasia moral-religiosa – "arrependimento", "remorso", "tentação do Demônio", "proximidade de Deus"); uma *teleologia* imaginária ("o reino de Deus", "o Juízo Final", "a vida eterna"). – Esse puro *mundo de ficções* se distingue muito a seu desfavor do mundo dos sonhos pelo fato de que este *reflete* a realidade, enquanto *ele* a falsifica, desvaloriza, nega. Somente depois que o conceito de "natureza" foi inventado como conceito oposto a "Deus" é que "natural" teve de ser a palavra para "reprovável" – todo esse mundo de ficções tem sua raiz no *ódio* contra o natural (a realidade!), ele é a expressão de um profundo mal-estar com o real... *Mas assim tudo se explica.* Quem é o único a possuir razões para se *esquivar mentirosamente* da realidade? Quem *sofre* por sua causa. Contudo, sofrer por causa da realidade significa ser uma realidade *malograda*... A preponderância das sensações de desprazer sobre as de prazer é a *causa* dessa moral e dessa religião fictícias: mas semelhante preponderância dá a *fórmula* para a *décadence*...

16

Uma crítica do *conceito cristão de Deus* obriga à mesma conclusão. – Um povo que ainda acredita em si mesmo ainda possui o seu próprio deus. Neste ele venera as condições através das quais está no topo, as suas virtudes – ele projeta seu prazer consigo mesmo, seu sentimento de poder, em uma criatura à qual se possa agradecer por isso. Quem é rico quer dar; um povo orgulhoso precisa de um deus para lhe *fazer sacrifícios*... Religião, dentro de tais pressupostos, é uma forma de gratidão. É-se grato por si mesmo: para isso se precisa de um deus. – Tal deus deve poder servir e prejudicar, ser amigo e inimigo – ele é admirado tanto pela bondade quanto pela maldade. A castração *antinatural* de um deus transformado em um deus apenas da bondade seria aí completamente indesejável. Precisa-se do deus mau tanto quanto do bom: afinal, não se deve a própria existência exatamente à tolerância, ao humanitarismo... Qual a importância de um deus que não conhecesse ira, vingança, inveja, escárnio, astúcia, atos violentos? Que talvez nem sequer conhecesse os *ardeurs*[19] encantadores da vitória e da aniquilação? Não se entenderia semelhante deus: para que ter um deus assim? – Todavia: quando um povo perece; quando ele sente diminuir definitivamente a crença no futuro,

19. Ardores.

a sua esperança de liberdade; quando a submissão entra em sua consciência como utilidade primeira, e as virtudes dos subjugados como condições de conservação, então o seu deus também *precisa* se modificar. Ele se torna fingido, medroso, modesto, aconselha a "paz da alma", a não odiar mais, a indulgência, a "amar" amigos e inimigos. Ele moraliza sem cessar, ele rasteja para a caverna de todas as virtudes privadas, ele se torna deus de todos, se torna homem privado, cosmopolita... Antes ele representava um povo, a fortaleza de um povo, tudo que há de agressivo e de sedento de poder na alma de um povo: agora ele é meramente o bom deus... De fato, não há qualquer outra alternativa para os deuses: *ou* eles são a vontade de poder – e enquanto isso serão deuses de um povo –, *ou* a impotência do poder – e então eles se tornam necessariamente *bons*...

17

Onde a vontade de poder declina de alguma forma, há sempre também uma involução fisiológica, uma *décadence*. A divindade da *décadence*, castrada em suas virtudes e impulsos mais viris, transforma-se doravante de modo necessário em deus dos fisiologicamente involuídos, dos fracos. Eles não chamam a si mesmos de fracos, eles se chamam de "os bons"... Sem que seja necessária mais alguma indicação, compreende-se em que momentos da história a ficção dualista de um deus bom e de outro mau se torna possível pela primeira vez. Com o mesmo instinto que leva os subjugados a reduzir seu deus ao "bem em si", eles riscam as qualidades boas do deus de seus dominadores; eles se vingam de seus senhores ao *demonizar* o deus deles. – O *bom* Deus e igualmente o Demônio: ambos são produtos da *décadence*. – Como se pode ainda hoje transigir de tal forma com a simploriedade dos teólogos cristãos e decretar com eles que a evolução do conceito de deus, do "Deus de Israel", do deus de um povo até o deus cristão, suma de todo o bem, é um *progresso*? – Porém mesmo Renan o faz.[20] Como se Renan tivesse direito à simploriedade! É o contrário que salta aos olhos. Quando são eliminados os pressupostos da vida *ascendente*, quando é eliminado do conceito de deus tudo o que é forte, valente, senhoril e orgulhoso, quando ele se degrada passo a passo em símbolo de um bastão para os cansados, uma âncora de salvação para todos os afogadiços, quando ele se transforma em deus das pobres gentes, deus dos pecadores, deus dos doentes *par excellence*, e o predicado "Salvador", "Redentor", é o que *resta*, por assim dizer, como predicado divino

---

20. Ernest Renan: (1823-1892) teólogo racionalista francês. Autor de uma *Vida de Jesus*, tal como David Strauss (1808-1874), alvo da primeira *Consideração extemporânea* de Nietzsche.

acima de qualquer outro: *de que* fala semelhante transformação? Semelhante *redução* do divino? – Todavia: com isso "o reino de Deus" se tornou maior. No passado ele tinha apenas o seu povo, seu povo "eleito". Nesse meio-tempo, tal como o seu próprio povo, ele foi para o estrangeiro, em peregrinação, desde então ele não mais ficou quieto em parte alguma: até que enfim se aclimatou por toda parte, o grande cosmopolita – até que conseguiu ter "o grande número" e meio mundo do seu lado. Mas o deus do "grande número", o democrata entre os deuses, não se transformou, apesar disso, em um orgulhoso deus pagão: ele permaneceu judeu, ele permaneceu o deus dos recantos, o deus de todos os cantos e lugares escuros, de todos os bairros insalubres do mundo inteiro!... Como até então, seu império mundano é um império do submundo, um hospital, um império do subterrâneo, um império do gueto... E ele mesmo, tão pálido, tão fraco, tão *décadent*... Mesmo os mais pálidos entre os pálidos se assenhorearam dele, os senhores metafísicos, os albinos do conceito. Esses tanto fiaram sua teia ao redor dele, que ele próprio, hipnotizado pelos seus movimentos, se tornou aranha, se tornou especialista em metafísica.[21] Desde então ele passou a fiar a teia do mundo – *sub specie Spinozae* –, desde então ele se transfigurou em algo sempre mais tênue e mais pálido, se tornou "ideal", se tornou "espírito puro", se tornou "*absolutum*", se tornou "coisa em si"... *Derrocada de um deus*: Deus se tornou "coisa em si"...

18

O conceito cristão de deus – Deus na condição de deus dos doentes, Deus na condição de aranha, Deus na condição de espírito – é um dos mais corruptos conceitos de deus que foram alcançados sobre a Terra; talvez ele até represente o nível mais baixo na evolução descendente dos tipos divinos. Deus degenerado em *contradição à vida*, em vez de ser sua transfiguração e seu eterno *sim*! Em Deus declarada a hostilidade à vida, à natureza, à vontade de vida! Deus, a fórmula para toda calúnia do "aquém", para toda mentira do "além"! O nada divinizado em Deus, a vontade de nada santificada!...

---

21. Em alemão, "fiar" é *spinnen*, verbo que também pode significar "fantasiar, contar patranhas". "Aranha", por sua vez, é *Spinne*, palavra cuja pronúncia permite um jogo malicioso com o nome do filósofo Espinosa, que aparece na paródia da expressão *sub specie aeternitatis*, "sob a perspectiva da eternidade".

19

Que as raças fortes do norte da Europa não tenham repudiado o deus cristão é algo que realmente não honra o seu talento religioso, para não falar do gosto. Elas *deveriam* ter dado cabo de semelhante produto doentio e decrépito da *décadence*. Mas por não terem dado cabo dele, paira uma maldição sobre elas: elas acolheram a doença, a velhice, a contradição em todos os seus instintos – desde então, elas não *criaram* mais nenhum deus! Quase dois milênios e nem um único novo deus! Mas sempre e como que existindo por direito, como um *ultimatum* e um *maximum* da força criadora de deuses, do *creator spiritus* no homem, esse deplorável deus do monotonoteísmo cristão! Essa formação híbrida da derrocada, composta de nulidade, conceito e contradição, na qual todos os instintos da *décadence*, todas as covardias e cansaços da alma têm a sua sanção!

20

Com a minha condenação do cristianismo espero não ter cometido nenhuma injustiça com uma religião aparentada cujo número de seguidores é até maior – o *budismo*. Ambas, sendo religiões niilistas, se relacionam – elas são religiões da *décadence* –, e ambas estão afastadas uma da outra do modo mais notável. O crítico do cristianismo fica profundamente grato aos eruditos hindus pelo fato de que agora se possa *compará-las*. – O budismo é cem vezes mais realista que o cristianismo – ele tem nas veias a herança da colocação objetiva e fria dos problemas, ele vem *depois* de um movimento filosófico que durou algumas centenas de anos; o conceito "deus" já está eliminado quando ele surge. O budismo é a única religião propriamente *positivista* que a história nos mostra, mesmo em sua teoria do conhecimento (um fenomenalismo rigoroso); ele não diz mais "luta contra o *pecado*", mas, dando inteira razão à realidade, "luta contra o *sofrimento*". Ele já deixou para trás – é isso que o distingue profundamente do cristianismo – o autoengano dos conceitos morais – ele se encontra, falando na minha linguagem, *além* do bem e do mal. – Os *dois* fatos fisiológicos em que ele repousa e que tem em vista são: *em primeiro lugar*, uma excitabilidade excessiva da sensibilidade, que se exprime como refinada suscetibilidade à dor; *em segundo lugar*, uma superespiritualização, uma vida demasiado demorada entre conceitos e procedimentos lógicos, na qual o instinto pessoal foi prejudicado em favor do que é "impessoal" (ambos são estados que pelo menos alguns de meus leitores, os "objetivos", conhecerão por experiência, tal como eu). Em virtude dessas condições fisiológicas surgiu uma *depressão*: contra esta, Buda procede higienicamente. Ele a combate com a vida ao ar livre, a vida nômade, a moderação e a escolha do alimento; a cautela com todas as bebidas alcoólicas; do mesmo modo, a cautela com todos os afetos que produzem bile, que esquentam o sangue; nenhuma *preocupação*, seja consigo, seja com os outros. Ele exige ideias que ou dão sossego ou alegram – ele inventa meios para se desacostumar das outras. Ele entende a bondade, o ser bondoso, como algo que promove a saúde. A *oração* é excluída, do mesmo modo que a *ascese*; nenhum imperativo categórico, sobretudo nenhuma *coação*, nem mesmo dentro da comunidade monástica (pode-se sair dela). Todos esses seriam meios para intensificar aquela excitabilidade excessiva. Precisamente por isso, ele também não exige nenhuma luta contra aqueles que pensam diferente; não há coisa contra a qual a sua doutrina mais se oponha do que ao sentimento de vingança, de antipatia, de *ressentiment* ("não é através da inimizade que a inimizade acaba": o refrão tocante de todo o budismo...). E isso com razão: justamente esses afetos seriam de todo *insalubres* com relação ao intuito dietético principal. O cansaço espiritual que ele encontra, e que se exprime em uma "objetividade" demasiada (ou seja, enfraquecimento do interesse individual, perda de centro de gravidade, de "egoísmo"), é combatido com uma rígida recondução de interesses, inclusive dos mais espirituais, à *pessoa*. Na doutrina de Buda, o egoísmo se torna dever: o "uma só coisa é necessária"[22], o "de que maneira *tu* te libertas do sofrimento" regula e limita toda a dieta espiritual (talvez devamos nos lembrar daquele ateniense que igualmente travou guerra com a pura "cientificidade", Sócrates, que elevou o egoísmo pessoal, também no reino dos problemas, à categoria de moral).

21

Os pressupostos para o budismo são um clima bastante ameno, uma grande mansidão e liberalidade nos costumes, *nenhum* militarismo; e que o foco do movimento se encontre nas classes altas e mesmo eruditas. As metas supremas que se quer alcançar são a jovialidade, a calma e a ausência de desejos, e elas *são alcançadas*. O budismo não é uma religião em que meramente se aspira à perfeição: o perfeito é o caso normal.

No cristianismo, os instintos dos subjugados e oprimidos chegam ao primeiro plano: são as classes mais baixas que procuram nele a sua salvação. Aqui se pratica como *ocupação*, como remédio contra o aborrecimento, a

22. De uma passagem do Novo Testamento (Lucas 10, 41), na tradução de João Ferreira de Almeida (São Paulo: Gideões Internacionais, s.d.), também empregada nas demais citações bíblicas.

casuística do pecado, a autocrítica, a inquisição da consciência; aqui se sustenta constantemente o afeto em relação a um *poderoso*, chamado "Deus" (através da oração); aqui se considera o mais elevado como inatingível, como dádiva, como "graça". Aqui também falta a vida pública; são cristãos o esconderijo, o quarto escuro. Aqui o corpo é desprezado, a higiene é repelida como sensualidade; a Igreja chega mesmo a se opor à limpeza (a primeira medida cristã após a expulsão dos mouros foi o fechamento dos banhos públicos, dos quais apenas Córdoba possuía 270). É cristão um certo sentido para a crueldade, contra si e contra outros; o ódio contra os que pensam diferente; a vontade de perseguir. Ideias sombrias e comoventes estão em primeiro plano; os estados mais desejados, designados com os nomes mais elevados, são epileptoides; a dieta é escolhida[23] de modo a favorecer manifestações mórbidas e superexcitar os nervos. Cristã é a hostilidade de morte contra os senhores da Terra, contra os "nobres" – e, ao mesmo tempo, uma disputa oculta, dissimulada (deixa-se o "corpo" para eles, quer-se *apenas* a "alma"...). Cristão é o ódio contra o *espírito*, contra o orgulho, a coragem, a liberdade, a *libertinage* do espírito; cristão é o ódio contra os *sentidos*, contra as alegrias dos sentidos, contra a própria alegria...

22

Esse cristianismo, ao deixar o seu primeiro solo, as camadas mais baixas, o *submundo* do mundo antigo, ao sair em busca de poder entre povos bárbaros, não tinha mais homens *cansados* como seu pressuposto, mas interiormente asselvajados e que dilaceravam a si mesmos – o homem forte, mas malogrado. A insatisfação consigo, o sofrimento consigo, *não* é aqui, como no caso do budista, uma excessiva excitabilidade e suscetibilidade à dor; antes, pelo contrário, uma ânsia irresistível de causar dor, de exteriorizar a tensão interna em atos e ideias hostis. O cristianismo precisou de conceitos e valores *bárbaros* para se tornar senhor de bárbaros, tais como o sacrifício do primogênito, o beber sangue na ceia, o desprezo pelo espírito e pela cultura; a tortura em todas as formas, físicas e não físicas; a grande pompa do culto. O budismo é uma religião para homens *tardios*, para raças bondosas, suaves, que se tornaram superespirituais, que sentem dor com muita facilidade (ainda falta muito até que a Europa esteja madura para ele): ele é uma

23. Na edição que empregamos (a de Colli e Montinari, Munique / Berlim: DTV/ de Gruyter, 1999), o termo é *gewährt* (concedida, outorgada; consentida, aprovada; oferecida; permitida). Uma palavra um pouco diferente, porém, parece mais adequada: *gewählt*, "escolhida". Uma outra edição, a de Karl Schlechta (Munique: Hanser, 1954), faz precisamente essa substituição.

recondução deles à paz e à jovialidade, à dieta no âmbito do espírito, a um certo robustecimento no âmbito do corpo. O cristianismo quer se tornar senhor de *animais de rapina*; seu meio é *adoecê-los* – o enfraquecimento é a receita cristã para a *domesticação*, para a "civilização". O budismo é uma religião para o fim e para o cansaço da civilização; o cristianismo nem sequer a encontra – em determinadas circunstâncias, funda-a.

23

O budismo, repito, é cem vezes mais frio, mais veraz, mais objetivo. Ele não precisa mais tornar *decente* o seu sofrimento, sua suscetibilidade à dor, pela interpretação do pecado – ele diz apenas o que pensa: "Eu sofro". Para o bárbaro, ao contrário, o sofrimento em si não é algo decente: ele necessita primeiramente de uma interpretação para admitir a si mesmo *o fato* de que sofre (seu instinto o aconselha antes a negar o sofrimento, a suportá-lo calado). Nisso a palavra "demônio" foi um benefício: tinha-se um inimigo poderosíssimo e terrível – não era preciso se envergonhar por sofrer em razão de semelhante inimigo.

Em seus fundamentos, o cristianismo tem algumas sutilezas que são próprias do Oriente. Sobretudo, ele sabe que em si é completamente indiferente que algo seja verdadeiro, mas que é de suprema importância *em que medida* se acredita que seja verdadeiro. A verdade e a *crença* de que algo seja verdadeiro: dois mundos, completamente distintos, de interesses, quase mundos *contrários* – chega-se a um e a outro por caminhos radicalmente diferentes. Ter ciência disso – no Oriente, isso quase *faz* o sábio: assim o entendem os brâmanes, assim o entende Platão, assim o entende todo discípulo de uma sabedoria esotérica. Se, por exemplo, houver alguma *felicidade* em acreditar-se redimido do pecado, então *não* é condição para tanto que o homem seja pecador, porém que ele se *sinta* pecador. Mas quando a *fé* é necessária acima de tudo, então é preciso desacreditar a razão, o conhecimento, a investigação: o caminho que leva à verdade se transforma em caminho *proibido*. – A *esperança* intensa é um estimulante da vida muito mais forte do que qualquer felicidade isolada que realmente se concretize. É preciso manter os sofredores em pé mediante uma esperança que não possa ser contradita por nenhuma realidade – que não seja *eliminada* mediante uma realização: uma esperança no além. (Precisamente por causa dessa capacidade de entreter os infelizes, a esperança era considerada entre os gregos o mal dos males, o mal propriamente *pérfido*: ela restou dentro da caixa de Pandora.) – Para que o *amor* seja possível, Deus tem de ser uma pessoa; para que os instintos inferiores possam ter voz, Deus tem de ser jovem. Para o fervor das mulheres é preciso colocar um belo santo em primeiro plano, para o dos homens, uma Maria. Isso sob o pressuposto de que o cristianismo quer se tornar senhor em um solo no qual os cultos de Afrodite ou Adonis já determinaram o *conceito* de culto. A exigência de *castidade* intensifica a veemência e a profundidade do instinto religioso – ela torna o culto mais caloroso, mais exaltado, mais animado. – O amor é o estado em que o homem mais vê as coisas como elas *não* são. Nele, a força ilusória se encontra em seu máximo, assim como a força dulcificante, *transfiguradora*. No amor, suporta-se mais do que o normal, tolera-se tudo. Tratou-se de inventar uma religião em que se possa amar: dessa maneira, se está acima do pior que a vida traz consigo – ele nem sequer é visto mais. – É o que basta acerca das três virtudes cristãs, a fé, o amor, a esperança[24]: eu as chamo de as três *espertezas* cristãs. – O budismo é muito tardio, muito positivista para ainda ser esperto dessa maneira.

24

Aqui eu apenas aludo ao problema da *gênese* do cristianismo. A *primeira* tese para a sua solução é a seguinte: o cristianismo pode ser entendido unicamente a partir do solo em que cresceu – ele *não* é um movimento contrário ao instinto judaico, é a sua própria consequência necessária, uma conclusão a mais em sua lógica aterradora. Na fórmula do Redentor: "a salvação vem dos judeus".[25] – Eis a *segunda* tese: o tipo psicológico do galileu ainda é reconhecível, mas apenas em sua completa degeneração (que é simultaneamente mutilação e sobrecarga com traços alheios) é que ele pôde servir àquilo para que foi utilizado, para tipo de um *redentor* da humanidade.

Os judeus são o povo mais notável da história universal, pois, colocados diante da questão de ser ou de não ser, preferiram, com uma intencionalidade completamente sinistra, ser *a qualquer preço*: esse preço foi a *falsificação* radical de toda a natureza, de toda a naturalidade, de toda a realidade, de todo o mundo interior bem como do exterior. Eles se isolaram *contra* todas as condições sob as quais um povo conseguiu, *pôde* viver até então; eles criaram a partir de si mesmos um conceito opositivo às condições *naturais* – de uma maneira irremediável, eles torceram, nessa ordem, a religião, o culto, a moral, a história e a psicologia até transformá-los na *contradição a seus valores naturais*. Encontramos esse fenômeno mais uma vez e

24. "Agora, pois, permanecem a fé, a esperança e o amor, estes três, mas o maior destes é o amor" (1 Coríntios 13, 13).

25. João 4, 22.

em uma proporção indizivelmente maior, apesar disso, apenas como cópia: a Igreja cristã, comparada ao "povo dos santos"[26], carece de toda pretensão à originalidade. Exatamente por isso, os judeus são o povo *mais funesto* da história universal: com sua influência posterior, eles falsearam a humanidade a tal ponto que mesmo hoje o cristão pode ter uma sensibilidade antijudaica, sem compreender-se como a *última consequência judaica.*

Em minha *Genealogia da moral* apresentei pela primeira vez, psicologicamente, os conceitos opostos de uma moral *nobre* e de uma moral do *ressentiment*, a segunda originada *a partir do não* à primeira: mas a segunda é a moral judaico-cristã sem tirar nem pôr. Para poder dizer *não* a tudo que representa na Terra o movimento *ascendente* da vida, a boa constituição, o poder, a beleza e a autoafirmação, o instinto do *ressentiment*, tornado gênio, teve de inventar um *outro* mundo a partir do qual essa *afirmação da vida* aparecesse como o mal, como o reprovável em si. Feitas as contas a partir de uma perspectiva psicológica, o povo judeu é um povo dotado da mais tenaz força vital, e que, deslocado para condições impossíveis, tomou voluntariamente, a partir da mais profunda esperteza da autoconservação, o partido de todos os instintos da *décadence* – *não* sendo dominado por eles, mas porque adivinhou neles um poder com o qual é possível se impor *contra* "o mundo". Eles são o oposto de todos os *décadents*: eles tiveram de *representá-los* até obter a ilusão de que o eram; eles souberam, com um *non plus ultra*[27] de gênio teatral, se colocar na vanguarda de todos os movimentos da *décadence* (como cristianismo de *Paulo*) para criar a partir deles algo que é mais forte do que qualquer partido *afirmativo* da vida. Para a espécie de homem que aspira ao poder no judaísmo e no cristianismo, uma espécie *sacerdotal*, a *décadence* é apenas um *meio*: essa espécie de homem tem um interesse vital em *adoecer* a humanidade e torcer os conceitos "bom" e "mau", "verdadeiro" e "falso" em um sentido perigoso à vida e caluniador do mundo.

25[28]

A história de Israel é inestimável como história típica de toda *desnaturação* dos valores naturais: indico cinco fatos dessa história. Originalmente, sobretudo no tempo dos reis, também Israel se encontrava na relação *correta*,

26. Em Êxodo 19, 6 o povo de Israel é chamado de "reino de sacerdotes e nação santa".

27. Extremo, perfeição última.

28. Conforme indicam os editores Colli e Montinari, a fonte para as seções 25 e 26 é uma obra do teólogo e orientalista Julius Wellhausen (1844-1918), *Prolegômenos à história de Israel* (Berlim, 1883). Nas seções 27 a 47, as fontes são obras de Renan, Tolstói e Dostoiévski. Para a seção 48, a fonte é novamente a citada obra de Wellhausen.

quer dizer, natural, com todas as coisas. Seu Jeová era a expressão da consciência de poder, da alegria consigo mesmo, da esperança em si: nele se esperava a vitória e a salvação, com ele se confiava que a natureza daria aquilo de que o povo necessitava – chuva, sobretudo. Jeová é o deus de Israel e, *por conseguinte*, o deus da justiça: é a lógica de qualquer povo que está no poder e tem uma consciência tranquila em relação a isso. No culto festivo se expressam esses dois lados da autoafirmação de um povo: ele é grato pelos grandiosos destinos que o levaram ao topo, ele é grato em relação ao ciclo das estações e a todo o êxito na pecuária e na agricultura. – Esse estado de coisas ainda permaneceu o ideal por longo tempo, mesmo quando foi suprimido de uma maneira triste: a anarquia no interior, os assírios no exterior. Mas o povo manteve como anelo supremo aquela visão de um rei que é um bom soldado e um juiz severo: sobretudo aquele profeta típico (ou seja, crítico e satírico do momento), Isaías. – Mas toda esperança permaneceu irrealizada. O velho deus não *podia* mais nada daquilo que outrora pôde. Ele deveria ter sido mandado às favas. O que aconteceu? Seu conceito foi *modificado* – seu conceito foi *desnaturado*: ele foi conservado a esse preço. – Jeová, o deus da "justiça" – *não mais* uma unidade com Israel, uma expressão da consciência que um povo tem de sua dignidade própria: apenas um deus sob condições... Seu conceito se torna um instrumento nas mãos de agitadores sacerdotais, que daí por diante interpretam toda felicidade como prêmio, toda infelicidade como punição pela desobediência a Deus, pelo "pecado": a mais mendaz atitude interpretativa de uma suposta "ordem moral do mundo", com que, de uma vez por todas, os conceitos naturais de "causa" e "efeito" são colocados de pernas para o ar. Quando se elimina do mundo, com prêmio e punição, a causalidade natural, precisa-se de uma causalidade *antinatural*: segue-se, daí por diante, o que mais houver de desnatureza. Um deus que *exige* – em lugar de um deus que presta auxílio, que dá conselhos, que é, no fundo, a palavra para toda inspiração feliz de coragem e de autoconfiança... A *moral*, não mais a expressão das condições de vida e de crescimento de um povo, não mais o seu instinto mais básico de vida, mas transformada em abstração, em oposição à vida – moral como piora geral da imaginação, como "mau-olhado" para todas as coisas. *O que* é a moral judaica, *o que* é a moral cristã? O acaso privado de sua inocência; a infelicidade emporcalhada com o conceito de "pecado"; o bem-estar como perigo, como "tentação"; o mal-estar fisiológico envenenado com o verme da consciência...[29]

29. Em alemão, *Gewissens-Wurm*. "Consciência" não é aqui a percepção dos estados físicos e mentais (que em alemão seria *Bewusstsein*), mas a consciência moral. O que fizeram os agitadores sacerdotais foi, portanto, infestar o homem com o verme roedor da culpa.

26

O conceito de deus falsificado; o conceito de moral falsificado: o clero judaico não parou por aí. Toda a *história* de Israel não servia para nada: fora com ela! – Tais sacerdotes realizaram esse prodígio de falsificação cujo documento constitui uma boa parte da Bíblia: com um desdém sem igual por toda tradição, por toda realidade histórica, eles *traduziram para a língua da religião* o próprio passado de seu povo, ou seja, fizeram dele um estúpido mecanismo salvífico de culpa em relação a Jeová e castigo, de devoção em relação a Jeová e prêmio. Esse ato deveras ignominioso de falsificação histórica seria sentido por nós de modo muito mais doloroso se a milenar interpretação *eclesiástica* da história não nos tivesse praticamente embotado para as exigências de retidão *in historicis.*[30] E os filósofos secundaram a Igreja: a *mentira* "da ordem moral do mundo" atravessa inclusive todo o desenvolvimento da filosofia moderna. O que significa "ordem moral do mundo"? Que existe, de uma vez por todas, uma vontade divina acerca do que o homem deve fazer e deixar de fazer; que o valor de um povo ou de um indivíduo é medido pelo muito ou pouco que ele obedece à vontade de Deus; que a vontade divina se mostra *dominante* nos destinos de um povo ou de um indivíduo, ou seja, se mostra punidora ou premiadora de acordo com o grau de obediência. A *realidade* no lugar dessa mentira deplorável significa: uma espécie parasitária de homem, que prospera apenas à custa de todas as formações de vida saudáveis, o *sacerdote*, abusa do nome de Deus: a um estado de coisas em que o sacerdote determina o valor das coisas ele chama "reino de Deus"; aos meios pelos quais alcança ou mantém tal estado, "a vontade divina"; com um cinismo frio, ele mede os povos, as épocas e os indivíduos segundo o critério de sua utilidade ou sua oposição à preponderância sacerdotal. Vejamo-los em ação: nas mãos dos sacerdotes judeus, a *grande* época da história de Israel se tornou uma época de declínio; o exílio, a infelicidade prolongada, se transformou em uma *punição* eterna pela grande época – uma época em que o sacerdote ainda não era nada... Das figuras imponentes, de constituição *muito livre* da história de Israel, eles fizeram, conforme a necessidade, miseráveis santarrões e beatos ou "homens sem-deus", eles simplificaram a psicologia de todo grande evento na fórmula idiota da "obediência *ou* desobediência a Deus". – Um passo adiante: a "vontade de Deus", ou seja, as condições para a conservação do poder do sacerdote, precisa ser *conhecida* – para este fim se necessita de uma "revelação". Dito sem rodeios: torna-se necessária uma grande falsificação literária, descobre-se uma "sagrada escritura" – com toda

30. Em questões históricas.

a pompa hierática, com dias de penitência e gritarias de lamento por causa do longo tempo de "pecado", ela é tornada pública. A "vontade de Deus" já estava fixada há muito tempo: toda a desgraça reside no fato de que as pessoas se afastaram da "sagrada escritura"... A "vontade de Deus" já havia sido revelada a Moisés... O que aconteceu? O sacerdote formulou de uma vez por todas, com rigor, com pedantismo, chegando até aos pequenos e grandes impostos que lhe deviam ser pagos (sem esquecer os mais saborosos pedaços de carne: pois o sacerdote é um devorador de bifes), *o que ele quer ter*, "qual a vontade de Deus"... Desde então, todos os assuntos da vida são ordenados de tal modo que o sacerdote se torne *imprescindível em toda parte*; em todos os acontecimentos naturais da vida, no nascimento, no casamento, na doença, na morte, para não falar do sacrifício ("a refeição"), eis que aparece o santo parasita para *desnaturá-los*: em sua linguagem, para "santificá-los"... Pois é preciso entender uma coisa: todo costume natural, toda instituição natural (Estado, ordenamento jurídico, casamento, cuidado com os doentes e os pobres), toda exigência inspirada pelo instinto da vida, em suma, tudo que possui o seu valor *em si*, é tornado sem valor por princípio, é colocado em *oposição* a todo valor através do parasitismo do sacerdote (ou da "ordem moral do mundo"): tudo isso necessita de uma sanção posterior – é preciso um poder *outorgador de valor* que negue aí a natureza, um poder que, precisamente com isso, *cria* um valor... O sacerdote desvaloriza, *dessacraliza* a natureza: é a esse preço, afinal, que ele subsiste. – A desobediência a Deus, ou seja, ao sacerdote, à "lei", recebe então o nome de "pecado"; os meios para se "reconciliar com Deus" são, é claro, meios com que a sujeição ao sacerdote é garantida de modo ainda mais radical: somente o sacerdote "redime"... Fazendo as contas de uma perspectiva psicológica, os "pecados" se tornam imprescindíveis em qualquer sociedade organizada sacerdotalmente: eles são os verdadeiros pontos de apoio do poder, o sacerdote *vive* dos pecados, ele precisa que se "peque"... Norma suprema: "Deus perdoa quem cumpre penitência" – dito sem rodeios: *quem se sujeita ao sacerdote.*

27

Sobre um solo de tal modo *falso*, em que toda natureza, todo valor natural, toda *realidade* tinha contra si os mais profundos instintos da classe dominante, cresceu o *cristianismo*, uma forma até agora não ultrapassada de hostilidade mortal à realidade. O "povo santo", que para todas as coisas apenas tinha conservado valores sacerdotais, palavras sacerdotais[31], e que, com uma

31. Em alemão, *nur Priester-Werthe, nur Priester-Worte.*

lógica de dar medo, tinha afastado de si tudo que ainda havia de poder na Terra, considerando-o "profano", "mundo", "pecado" – esse povo produziu uma última fórmula para seu instinto, que era lógica ao ponto de chegar à autonegação: ele negou, na condição de *cristianismo*, inclusive a última forma de realidade, o "povo santo", o "povo dos eleitos", a própria realidade *judaica*. O caso é de primeira categoria: o pequeno movimento revoltoso que foi batizado com o nome de Jesus de Nazaré é o instinto judaico *mais uma vez* – dito de outro modo, o instinto sacerdotal que não suporta mais o sacerdote como realidade, a invenção de uma forma de existência ainda *mais abstratizada*, de uma visão do mundo ainda *mais irreal* do que a exigida pela organização de uma Igreja. O cristianismo *nega* a Igreja...

Não consigo ver contra o que foi dirigida a revolta da qual Jesus foi entendido, ou *mal-entendido*, como iniciador, senão contra a Igreja judaica, tomada a palavra "Igreja" precisamente no mesmo sentido em que hoje a tomamos. Foi uma revolta contra "os bons e os justos", contra "os santos de Israel", contra a hierarquia da sociedade – *não* contra a sua corrupção, mas contra a casta, o privilégio, a ordem, a fórmula; foi a *descrença* nos "homens superiores", o *não* pronunciado contra tudo que era sacerdote e teólogo. Mas a hierarquia que com isso foi colocada em questão, ainda que apenas por um momento, era a palafita sobre a qual o povo judeu, em meio à "água", ainda prosseguia existindo, a *última* possibilidade, alcançada com esforço, de perdurar, o *residuum* de sua existência política apartada: um ataque a ela era um ataque ao mais profundo instinto do povo, à mais tenaz vontade de viver de um povo que alguma vez houve na Terra. Esse anarquista sagrado que incitou o povinho, os excluídos e "pecadores", os *chandalas* no interior do judaísmo, à oposição contra a ordem dominante, empregando uma linguagem que, caso se pudesse confiar nos evangelhos, ainda hoje levaria à Sibéria, foi um criminoso político, tanto quanto criminosos políticos eram possíveis em uma comunidade *absurdamente apolítica*. Foi isso que o levou à cruz: a prova é a inscrição em cima dela. Ele morreu por *sua* culpa – falta toda razão, por mais que se tenha repetido isso, para que ele tenha morrido pela culpa alheia.

28

Uma questão completamente distinta é se ele tinha de fato consciência dessa oposição – se ele não foi meramente *percebido* como essa oposição. E somente aqui toco o problema da *psicologia do Redentor*. – Confesso que leio poucos livros com tamanhas dificuldades quanto os evangelhos. Essas dificuldades são diferentes daquelas em cuja demonstração a curiosidade erudita do espírito alemão celebrou um de seus mais inesquecíveis triunfos. Está longe o tempo em que também eu, assim como qualquer jovem erudito, saboreei a obra do incomparável Strauss com a astuta lentidão de um filólogo refinado. Naquela época eu tinha vinte anos: agora estou sério demais para isso. Que me importam as contradições da "tradição"? Como é que lendas de santos podem ser chamadas de "tradição"? As histórias de santos são a literatura mais ambígua que existe: aplicar o método científico a elas, *quando não há quaisquer outros documentos*, me parece algo condenado de antemão – mera ociosidade erudita...

29

O que importa *a mim* é o tipo psicológico do Redentor. Ele *poderia* estar contido nos evangelhos apesar dos evangelhos, por mais que tenha sido mutilado e sobrecarregado com traços alheios: tal como o de Francisco de Assis está conservado em suas lendas apesar de suas lendas. *Não* a verdade acerca do que ele fez, do que disse, da maneira como de fato morreu: mas a questão de saber *se* o seu tipo ainda é imaginável, se o seu tipo foi "transmitido". – As tentativas que conheço de ler nos evangelhos inclusive a *história* de uma "alma" me parecem provas de uma leviandade psicológica detestável. Para a sua explicação do tipo Jesus, o senhor Renan, esse palhaço *in psychologicis*[32], apresentou os dois conceitos *mais descabidos* que poderia haver aqui: o conceito de *gênio* e o conceito de *herói* ("*héros*"). Mas se existe algo que não seja evangélico, então é o conceito de herói. Precisamente a oposição a toda luta, a todo sentir-se em luta, tornou-se instinto aqui: a incapacidade para a resistência se torna moral aqui ("não resistais ao mal"[33], a frase mais profunda dos evangelhos, a sua chave, em certo sentido), a bem-aventurança na paz, na mansidão, na *incapacidade* de ser inimigo. O que significa "boa-nova"? A vida verdadeira, a vida eterna foi encontrada – ela não é prometida, ela está aí, ela está *em vós*: como vida no amor, no amor sem subtração e sem exclusão, sem distância. Todos são filhos de Deus – de modo algum Jesus reivindica algo só para si –, na condição de filhos de Deus, todos são iguais entre si... Fazer de Jesus um *herói*! – E que equívoco não é a palavra "gênio"! Todo o nosso conceito de "espírito", um conceito de nossa cultura, não tinha qualquer sentido no mundo em que Jesus vivia. Pronunciada com o rigor do fisiólogo, uma outra palavra seria mais adequada aqui: a palavra "idiota". Conhecemos um estado de excitabilidade mórbida do *tato* em

32. Em questões psicológicas.

33. Mateus 5, 39.

que este recua horrorizado a todo contato, a toda apreensão de um objeto sólido. Traduza-se semelhante *habitus* fisiológico em sua lógica derradeira – como ódio instintivo a *toda* realidade, como fuga para o "impalpável", para o "inapreensível", como repulsa a qualquer fórmula, a qualquer conceito de espaço e de tempo, a tudo que é sólido, costume, instituição, Igreja, como estar em casa em um mundo que não é mais tocado por nenhuma espécie de realidade, um mundo meramente "interior", um mundo "verdadeiro", um mundo "eterno"... "O reino de Deus está *em vós*"[34]...

30

O ódio instintivo à realidade: consequência de uma extrema suscetibilidade ao sofrimento e à excitação, que não quer mais absolutamente ser "tocada" por sentir qualquer toque de maneira demasiado intensa.

A exclusão instintiva de toda aversão, de toda inimizade, de todos os limites e distâncias no sentimento: consequência de uma extrema suscetibilidade ao sofrimento e à excitação, que já sente toda resistência, toda obrigação de resistir, como *desprazer* insuportável (quer dizer, como *prejudicial*, como *desaconselhado* pelo instinto de autoconservação), e que apenas encontra a bem-aventurança (o prazer) em não resistir mais, a ninguém mais, nem ao infortúnio nem ao mal – o amor como única, *última* possibilidade de vida...

Essas são as duas *realidades fisiológicas* sobre as quais, a partir das quais, cresceu a doutrina da redenção. Eu a defino como uma sublime continuação do hedonismo sobre fundamentos inteiramente mórbidos. Seu parente próximo, embora com um grande acréscimo de vitalidade e força nervosa gregas, é o epicurismo, a doutrina redentora do paganismo. Epicuro, um *décadent típico*: fui o primeiro a reconhecê-lo como tal. – O medo da dor, mesmo do infinitamente pequeno na dor – ele não *pode* acabar de outra maneira senão em uma *religião do amor*...

31

Dei minha resposta ao problema antecipadamente. O pressuposto dela é que o tipo do Redentor nos ficou conservado apenas em uma severa desfiguração. Essa desfiguração é bastante provável: semelhante tipo não poderia, por várias razões, ficar puro, inteiro, isento de adições. Tanto o *milieu*[35] em que se moveu essa estranha figura deve ter deixado nela as suas marcas,

34. Cf. Lucas 17, 20.

35. Meio.

quanto, ainda mais, a história, o *destino* da primeira comunidade cristã: a partir dele, retroativamente, o tipo foi enriquecido com traços que só se tornam compreensíveis a partir da guerra e dos fins da propaganda. Esse mundo estranho e doentio em que os evangelhos nos introduzem – um mundo como que saído de um romance russo, em que o rebotalho da sociedade, as doenças nervosas e o idiotismo "infantil" parecem ter marcado um encontro – deve ter, de todo modo, *embrutecido* o tipo: os primeiros discípulos, em especial, traduziram para a própria crueza um ser que flutuava inteiramente em símbolos e impalpabilidades para assim poder entender pelo menos alguma coisa dele – para eles, o tipo só *existiu* depois de uma enformação em formas mais conhecidas... O profeta, o Messias, o futuro juiz, o mestre de moral, o milagreiro, João Batista – outras tantas ocasiões para desconhecer o tipo... Não subestimemos, por fim, o *proprium* de toda grande veneração, especialmente da veneração sectária: ela apaga os traços e as idiossincrasias originais, com frequência embaraçosamente estranhos, da criatura venerada – *ela nem sequer os vê.* É de se lamentar que não tenha vivido um Dostoiévski nas proximidades desse interessantíssimo *décadent*, quero dizer, alguém que soubesse sentir precisamente o encanto comovedor de semelhante mistura de sublime, doentio e infantil. Um último aspecto: o tipo *poderia*, como tipo da *décadence*, ter sido de fato singularmente múltiplo e contraditório: semelhante possibilidade não pode ser de todo excluída. No entanto, tudo desaconselha isso: precisamente a tradição, nesse caso, teria de ser fiel e objetiva de uma maneira notável: donde temos razões para admitir o contrário. Entretanto, abre-se uma contradição entre o pregador das montanhas, lagos e prados, cuja aparição dá a impressão de um buda em uma terra bem pouco hindu, e aquele fanático do ataque, o inimigo de morte dos teólogos e sacerdotes que a malícia de Renan glorificou com o título de "*le grand maître en ironie*". Eu mesmo não duvido que a abundante medida de fel (e mesmo de *esprit*[36]) somente transbordou sobre o tipo do mestre a partir do estado alvoroçado da propaganda cristã: é bastante conhecida a falta de escrúpulos com que todos os sectários elaboram sua *apologia* a partir de seu mestre. Quando a primeira comunidade precisou, *contra* teólogos, de um teólogo julgador, querelante, colérico, maldosamente arguto, ela *criou* seu "Deus" de acordo com suas necessidades: do mesmo modo que também colocou em sua boca, sem hesitar, estes conceitos completamente não evangélicos, de que então não podia prescindir, "retorno", "Juízo Final", e toda sorte de expectativa e promessa temporal.

---

36. Espírito, engenho. Pouco antes: o grande mestre da ironia.

32

Eu me oponho, repito, à introdução do fanático no tipo do Redentor: a palavra *impérieux*, que Renan utiliza, já *anula* por si mesma o tipo. A "boa-nova" é justamente que não há mais oposições; o reino dos céus pertence às *crianças*; a fé que aqui faz ouvir sua voz não é conquistada com luta – ela está aí, está desde o princípio, ela é, por assim dizer, uma infantilidade que recuou para o âmbito do espírito. O caso da puberdade atrasada e não desenvolvida no organismo como consequência da degenerescência é, pelo menos, familiar aos fisiólogos. – Uma fé dessas não se encoleriza, não disputa, não se defende: ela não traz "a espada"[37] – ela nem faz ideia em que medida alguma vez poderia provocar dissensões. Ela não dá provas de si, nem por milagre, nem por recompensa e promessa, muito menos "através da escritura": ela própria é, a cada instante, o seu milagre, sua recompensa, sua prova, seu "reino de Deus". Essa fé também não formula a si mesma – ela *vive*, ela se opõe a fórmulas. Sem dúvida o acaso do ambiente, da língua, da formação prévia, determina um certo círculo de conceitos: o primeiro cristianismo lida *apenas* com conceitos judaico-semitas (entram aí o comer e o beber na ceia, essas noções, como tudo que é judaico, tão gravemente abusadas pela Igreja). Mas é preciso se guardar de ver nisso mais do que uma linguagem de sinais, uma semiótica, uma ocasião para parábolas. O fato de que nenhuma palavra seja tomada ao pé da letra é justamente a precondição para que esse antirrealista chegue a dizer algo. Entre hindus, ele teria se servido dos conceitos sanquias, entre chineses, dos de Lao-Tsé – e não sentiria diferença nenhuma nisso. – Com alguma tolerância na expressão, poderíamos chamar Jesus de um "espírito livre" – nada que é sólido lhe importa: a palavra *mata*[38], tudo que é sólido *mata*. O conceito, a *experiência* "vida", tal como só ele a entende, resiste nele a toda espécie de palavra, fórmula, lei, fé, dogma. Ele fala apenas do que é mais interior: "vida" ou "verdade" ou "luz" são as suas palavras para o que é mais interior – todo o resto, toda a realidade, toda a natureza, a própria linguagem, tem para ele apenas o valor de um símbolo, de uma parábola. Não devemos absolutamente nos enganar neste ponto, por maior que seja a sedução que se encontra no preconceito cristão, quer dizer, *eclesiástico*: semelhante simbolismo *par excellence* se encontra fora de toda religião, de todos os conceitos de culto, toda história, toda ciência natural, toda experiência de mundo, todos os conhecimentos, toda política, toda psicologia,

37. "Não cuideis que vim trazer paz à Terra; não vim trazer paz, mas espada" (Mateus 10, 34).

38. "[Deus] nos fez também capazes de ser ministros de um novo testamento, não da letra, mas do espírito; porque a letra mata e o espírito vivifica" (2 Coríntios 3, 6).

todos os livros, toda arte – o seu "saber" é justamente a *pura tolice*[39] acerca do *fato* de que coisas assim existam. Ele não conhece a *cultura* nem de ouvir dizer, ele não necessita de luta nenhuma contra ela – ele não a nega... O mesmo vale para o *Estado*, para toda a ordem e sociedade civil, para o *trabalho*, para a guerra – ele nunca teve uma razão para negar "o mundo", ele nunca imaginou o conceito eclesiástico de "mundo"... O *negar* é justamente o que lhe é de todo impossível. – Falta, igualmente, a dialética, falta a ideia de que uma fé, uma "verdade", pudesse ser provada por meio de razões (as *suas* provas são "luzes" interiores, sentimentos interiores de prazer e autoafirmações interiores, apenas "provas de força"). Uma doutrina dessas também não *pode* contradizer; ela absolutamente não entende que existam, *possam* existir outras doutrinas; ela nem consegue imaginar um juízo contrário... Quando o encontra, ela se lamentará, com sua mais íntima simpatia, acerca da "cegueira" – pois ela vê a "luz" –, mas não fará qualquer objeção...

33

Em toda a psicologia do "evangelho" faltam os conceitos de culpa e de castigo; igualmente o conceito de prêmio. O "pecado", qualquer relação de distância entre Deus e homem, é suprimido – *precisamente isso é a "boa-nova"*. A bem-aventurança não é prometida, não é ligada a condições: ela é a *única* realidade – o resto é símbolo para falar dela...

A *consequência* de semelhante estado se projeta em uma nova *prática*, a prática verdadeiramente evangélica. Não é uma "fé" que distingue o cristão: o cristão age, ele se distingue por agir de um *outro modo*. Ele não opõe resistência, nem com palavras nem em seu coração, a quem lhe quer mal. Ele não faz diferença entre estrangeiros e nativos, entre judeus e não judeus ("o próximo" é na verdade o correligionário, o judeu). Ele não se encoleriza com ninguém, não menospreza ninguém. Ele não comparece a tribunais nem permite que eles o convoquem ("não jurar"). Em circunstância alguma, mesmo no caso de infidelidade comprovada, ele se separa da mulher.[40] – Tudo, no fundo, uma só norma, tudo consequência de um só instinto.

A vida do Redentor não foi outra coisa senão *essa* prática – sua morte também não foi outra coisa... Ele não tinha mais necessidade de nenhuma fórmula, de nenhum rito para se relacionar com Deus – nem sequer da oração. Ele ajustou contas com toda a doutrina judaica de penitência e

39. Segundo Colli e Montinari, essa expressão é uma alusão a Parsifal, o "puro tolo", personagem da ópera homônima de Wagner.

40. Cf. Mateus 5, o primeiro capítulo do "Sermão da Montanha".

reconciliação; ele sabe que é apenas a *prática* da vida que faz alguém se sentir "divino", "bem-aventurado", "evangélico", sempre um "filho de Deus". *Não* a "penitência", *não* "orar pedindo perdão" são os caminhos para Deus: *somente a prática evangélica* conduz a Deus, ela justamente *é* "Deus". – Com o evangelho, foi *eliminado* o judaísmo dos conceitos "pecado", "perdão dos pecados", "fé", "redenção através da fé" – toda a doutrina *eclesiástica* judaica foi negada na "boa-nova".

O profundo instinto para o modo como alguém deve *viver* para sentir-se "no céu", para sentir-se "eterno", enquanto qualquer outro comportamento absolutamente *não* leva alguém a "sentir-se no céu": somente isso é a realidade psicológica da "redenção". – Uma nova conduta, *não* uma nova fé...

34

Se entendo alguma coisa desse grande simbolista, então é o fato de que ele apenas tomou realidades *interiores* por realidades, por "verdades" – de que ele entendeu o resto, tudo o que é natural, temporal, espacial e histórico apenas como símbolo, como ocasião para parábolas. O conceito "filho do homem" não se refere a uma pessoa concreta, com seu lugar na história, algo individual, único, mas a um fato "eterno", um símbolo psicológico redimido do conceito de tempo. O mesmo vale também, e no mais elevado sentido, para o *deus* desse típico simbolista, o "reino de Deus", o "reino dos céus", a "filiação a Deus". Nada é menos cristão do que as *cruezas eclesiásticas* de um deus na condição de *pessoa*, de um "reino de Deus" que *virá*, de um "reino dos céus" *além*, de um "filho de Deus", a *segunda pessoa* da trindade. Tudo isso – que me perdoem a expressão – é um *soco* no olho – oh, que olho! – do evangelho; um *cinismo histórico-universal* no escárnio do símbolo...[41] Mas é evidente o que é tocado com os símbolos "pai" e "filho" – não para qualquer um, admito: com a palavra "filho" é exprimida a *entrada* no sentimento de transfiguração completa de todas as coisas (a bem-aventurança); com a palavra "pai", *esse sentimento mesmo*, o sentimento de eternidade, de perfeição. – Fico com vergonha ao me lembrar do que a Igreja fez desse simbolismo: ela não pôs uma história de

41. "Um *soco* no olho": nossa tradução foi literal. O autor faz um jogo com o dito "*das passt wie die Faust aufs Auge*" ("isso combina tanto quanto o punho no olho"), expressão que, ao contrastar a delicadeza do olho e a grosseria do punho que agride, tem o sentido de "uma coisa nada tem a ver com a outra", mais ou menos equivalente à nossa "misturar alhos com bugalhos". Ou seja: para Nietzsche, as "cruezas eclesiásticas" não só distorceram o evangelho como também foram uma tremenda violência contra ele.

Anfitrião[42] no limiar da "fé" cristã? E, ainda por cima, um dogma da "imaculada concepção"?... *Mas com isso ela maculou a concepção.*

O "reino dos céus" é um estado do coração – não é algo que vem "acima da Terra" ou "após a morte". No evangelho *falta* qualquer conceito de morte natural: a morte não é uma ponte, uma passagem; ela falta porque pertence a um mundo completamente diferente, apenas aparente, útil apenas para símbolos. A "hora da morte" *não* é um conceito cristão – a "hora", o tempo, a vida física e suas crises absolutamente não existem para o mestre da "boa-nova"... O "reino de Deus" não é algo que se espera; ele não tem ontem nem depois de amanhã, não vem em "mil anos"[43] – é uma experiência de um coração; ele está em toda parte, não está em parte alguma...

35

Esse "bom mensageiro" morreu tal como viveu, como *ensinou* – *não* para "redimir os homens", mas para mostrar como se deve viver. A *prática* foi o que ele deixou para a humanidade: sua atitude diante dos juízes, diante dos esbirros, diante dos acusadores e de todo tipo de calúnia e escárnio – sua atitude na *cruz.* Ele não resiste, não defende seu direito, não dá um passo que afaste dele o extremo, mais ainda, *ele o provoca...* E ele pede, ele sofre, ele ama *com* aqueles, *naqueles* que lhe fazem mal... As palavras ditas ao *ladrão* na cruz contêm todo o evangelho. "Este era verdadeiramente um homem *divino*, um 'filho de Deus'.", diz o ladrão.[44] "Se tu sentes isso", responde o Redentor, "*então estás no paraíso*, então também tu és um filho de Deus...". *Não* se defender, *não* se encolerizar, *não* responsabilizar... Mas também não resistir ao malvado – *amá-lo...*

36

Somente nós, nós, espíritos *libertados*, temos o pressuposto para entender algo que dezenove séculos entenderam mal – aquela retidão, convertida em instinto e paixão, que faz guerra à "santa mentira" muito mais do que a qualquer outra mentira... Estava-se indizivelmente afastado de nossa neutralidade amorável e precavida, daquela disciplina do espírito que, só ela,

42. Lendário rei de Tirinto. Enquanto se encontrava ausente tomando parte de uma guerra, Zeus assumiu sua forma e possuiu sua mulher, Alcmena, gerando Hércules.

43. Cf. Apocalipse, 20, 4: "...e viveram e reinaram com Cristo durante mil anos" .

44. Na verdade, quem diz isso é o centurião e os que com ele guardavam a Jesus, *depois* de sua morte (Mateus 27, 54). Quanto à frase seguinte, refere-se a Lucas 23, 43.

possibilita descobrir coisas tão estranhas, tão delicadas: o que sempre se quis, com um egoísmo desavergonhado, foi apenas a *sua* vantagem; da oposição ao evangelho se construiu a *Igreja*...

Quem procurasse por sinais de que uma irônica divindade mexe os dedos por detrás do grande teatro do mundo encontraria um apoio nada pequeno no *formidável ponto de interrogação* que se chama cristianismo. Que a humanidade esteja de joelhos diante do oposto do que foi a gênese, o sentido, o *direito* do evangelho, que ela tenha santificado no conceito "Igreja" justamente aquilo que o "bom mensageiro" considerava *abaixo* de si, que julgava ter deixado *atrás* de si – procura-se em vão por uma forma maior de *ironia histórico-universal*.

37

Nossa época se orgulha de seu sentido histórico: como conseguiu acreditar no absurdo de que nos primórdios do cristianismo se encontra a *grosseira fábula do milagreiro e do redentor* – e que tudo o que é espiritual e simbólico seja somente um desenvolvimento ulterior? Pelo contrário: a história do cristianismo – a partir da morte na cruz – é a história do mal-entendido, passo a passo mais grosseiro, de um simbolismo *original*. A cada expansão do cristianismo sobre massas ainda mais amplas, ainda mais toscas, às quais faltavam sempre mais os pressupostos dos quais ele nasceu, tornou-se mais necessário *vulgarizar*, *barbarizar* o cristianismo – ele incorporou doutrinas e ritos de todos os cultos *subterrâneos* do *imperium Romanum*, o absurdo de toda espécie de razão doente. O destino do cristianismo reside na necessidade que teve sua fé de se tornar tão doente, tão vil e vulgar quanto eram doentes, vis e vulgares as carências que com ela deveriam ser satisfeitas. Na condição de Igreja, a própria *barbárie doente* finalmente se expande até chegar ao poder – a Igreja, essa forma de hostilidade mortal a toda retidão, a toda *altura* da alma, a toda disciplina do espírito, a toda humanidade franca e benévola. – Os valores cristãos – os valores *nobres*: somente nós, nós, espíritos *libertados*, restabelecemos essa que é a maior de todas as oposições de valor existentes!

38

Neste ponto não reprimo um suspiro. Há dias em que me atormenta um sentimento mais negro que a mais negríssima melancolia – o *desprezo pelo homem*. E para que não restem dúvidas acerca do *que* desprezo, de *quem* desprezo: trata-se do homem de hoje, o homem do qual sou fatalmente contemporâneo. O homem de hoje – eu sufoco com a sua respiração impura... Quanto ao passado, tal como todos os homens do conhecimento, sou de uma grande tolerância, quer dizer, de um *generoso* autodomínio: atravesso o mundo-manicômio de milênios inteiros, chame-se ele "cristianismo", "fé cristã" ou "Igreja cristã", com uma cautela sombria – guardo-me de responsabilizar a humanidade por suas doenças mentais. Mas o meu sentimento muda, ele estoura, tão logo adentro a época moderna, a *nossa* época. Nossa época é *sabedora*... O que no passado era apenas doente, hoje se torna indecente – hoje é indecente ser cristão. *E aqui começa meu nojo.* – Olho em torno: não restou uma só palavra daquilo que outrora era chamado "verdade", nem sequer suportamos mais quando um sacerdote apenas pronuncia a palavra "verdade". Mesmo com a mais modesta reivindicação de retidão, hoje é *preciso* saber que um teólogo, um sacerdote, um papa, não apenas erra a cada frase que pronuncia, mas *mente* – que ele não tem mais a liberdade de mentir por "inocência", por "ignorância". O sacerdote, tanto quanto qualquer um, também sabe que não há mais nenhum "Deus", nenhum "pecador", nenhum "Redentor" – que "livre arbítrio", "ordem moral do mundo" são *mentiras*: a seriedade, a profunda autossuperação do espírito não *permitem* a mais ninguém *não* saber a respeito disso... *Todos* os conceitos da Igreja são reconhecidos como aquilo que são, como a mais perversa cunhagem de moeda falsa que existe, e cujo objetivo é *desvalorizar* a natureza, os valores naturais; o próprio sacerdote é reconhecido como aquilo que é, como a mais perigosa espécie de parasita, como a verdadeira aranha venenosa da vida... Hoje nós sabemos, nossa *consciência* sabe – *qual* é afinal o valor que tem, *para que serviram* essas sinistras invenções dos sacerdotes e da Igreja com que se alcançou esse estado de autoviolação do homem capaz de provocar nojo do seu aspecto – os conceitos "além", "Juízo Final", "imortalidade da alma", a própria "alma"; isso são instrumentos de tortura, são sistemas de crueldades graças aos quais o sacerdote se tornou senhor, permaneceu senhor... Todo mundo sabe disso: *e, no entanto, tudo permanece como antes.* Onde foi parar o último sentimento de decência, de respeito por si mesmo, se até nossos estadistas[45], usualmente homens de uma espécie muito desenvolta e anticristãos resolutos da cabeça aos pés, ainda hoje se denominam cristãos e tomam parte na Santa Ceia?... Um jovem príncipe, à frente de seus regimentos, magnífico como expressão do egoísmo e da petulância de seu povo – mas, *sem* qualquer vergonha, confessando-se cristão!... *A quem*, pois, nega o cristianismo? *O que*

45. Uma alusão a Otto von Bismarck (1815-1898). O "jovem príncipe" é Guilherme II (1859-1941), imperador da Alemanha de 1888 a 1918.

ele chama de "mundo"? Que se seja soldado, juiz, patriota; que as pessoas se defendam; que as pessoas honrem a si mesmas; que as pessoas queiram a sua vantagem própria; que se seja *orgulhoso*... Toda ação a todo instante, todo instinto, toda valoração que se transforma em *ato* é hoje anticristã: que *aborto de falsidade* deve ser o homem moderno para que, apesar disso, *não se envergonhe* de ainda se chamar cristão!

39

Eu volto para trás, eu narro a *verdadeira* história do cristianismo. – Já a palavra "cristianismo" é um mal-entendido – no fundo, houve apenas um cristão, e esse morreu na cruz. O "evangelho" *morreu* na cruz. O que a partir de então se chamou "evangelho" já era o oposto do que *ele* tinha vivido: uma "*má* nova", um *disangelho.* É falso até o absurdo ver em uma "fé", a fé, por exemplo, na salvação por Cristo, o sinal distintivo do cristão: apenas a *prática* cristã, uma vida como a que *viveu* aquele que morreu na cruz, é cristã... Ainda hoje uma vida *dessas* é possível, para *certos* homens até necessária: o cristianismo original, verdadeiro, sempre será possível... *Não* uma fé, mas um fazer, sobretudo um *não* fazer muitas coisas, um *ser* de outro modo... Estados de consciência, uma fé qualquer, um tomar por verdadeiro, por exemplo – qualquer psicólogo sabe disso –, são algo completamente indiferente e de quinta categoria se comparados ao valor dos instintos: dito com mais rigor, o conceito inteiro de causalidade espiritual é falso. Reduzir o fato de ser cristão, a cristandade[46], a um tomar por verdadeiro, a uma mera fenomenalidade da consciência, significa negar a cristandade. *Na realidade, não houve nenhum cristão.* O "cristão", aquilo que há dois milênios é chamado de cristão, é apenas um mal-entendido psicológico em relação a si próprio. Olhando-se com mais atenção, dominaram nele, *apesar* de toda "fé", *apenas* os instintos – e *que instintos!* – A "fé" sempre foi, por exemplo, em Lutero, apenas um manto, um pretexto, uma *cortina* atrás da qual os instintos representavam sua peça – uma *cegueira* esperta com relação ao domínio de *certos* instintos... A "fé" – eu já a chamei de a verdadeira *esperteza* cristã –, sempre se falou de "fé", sempre se *agiu* apenas por instinto... No mundo de ideias do cristão não se encontra nada que sequer chegue a tocar a realidade: em compensação, reconhecemos no ódio instintivo *a* toda realidade o impulsor, o único elemento impulsor na raiz do cristianismo. O que se conclui disso? Que também *in psychologicis* o erro é neste ponto radical, ou seja, determinante da essência, ou seja,

---

46. Em alemão, *die Christlichkeit.* Não se trata aqui do "conjunto dos cristãos", mas da "qualidade ou característica do que é cristão", acepção menos usual do termo "cristandade".

substância. Tire-se *um só* conceito daqui, coloque-se uma única realidade em seu lugar – e o cristianismo inteiro se precipitará no nada! – Visto do alto, esse mais estranho dentre todos os fatos, uma religião não apenas condicionada por erros, mas inventiva, e mesmo genial, *apenas* em erros perniciosos, *apenas* em erros envenenadores da vida e do coração, é um *espetáculo para deuses* – para aquelas divindades que são, ao mesmo tempo, filósofos, e que encontrei, por exemplo, naqueles célebres diálogos de Naxos.[47] No momento em que o *nojo* os abandona (*e* a nós!), eles ficam gratos pelo espetáculo do cristão: talvez apenas por causa *desse* caso curioso, o pequeno e miserável astro que se chama Terra mereça um olhar divino, um interesse divino... Não subestimemos, pois, o cristão: o cristão, falso *ao ponto de ser inocente*, está muito acima do macaco – a propósito do cristão, uma conhecida teoria da origem se converte em mera gentileza...

40

O destino do evangelho decidiu-se com a morte – ele pendeu da "cruz"... Apenas a morte, essa morte ignominiosa e inesperada, apenas a cruz, em geral reservada somente para a *canaille* – apenas esse horribilíssimo paradoxo colocou os discípulos diante do verdadeiro enigma: "*Quem foi esse? O que foi isso?*". – O sentimento abalado e profundamente ofendido, a suspeita de que uma morte dessas seria a *refutação* da causa deles, a terrível pergunta "por que justamente assim?" – esse estado é fácil de entender. Tudo aí *tinha* de ser necessário, ter sentido, razão, suprema razão; o amor de um discípulo não conhece acaso. Somente agora o abismo se abriu: "*Quem* o matou? *Quem* era o seu inimigo natural?" – essa questão surgiu com a violência de um raio. Resposta: o judaísmo *dominante*, sua camada mais alta. A partir desse momento, os discípulos se consideraram em revolta contra a ordem; eles entenderam Jesus, retrospectivamente, como *em revolta contra a ordem*. Até então *faltava* em seu retrato esse traço guerreiro, que nega, que age negativamente; mais ainda, ele era a contradição a esse traço. É evidente que a pequena comunidade *não* entendeu justamente o principal, o que havia de exemplar em morrer dessa maneira, a liberdade, a superioridade *sobre* todo sentimento de *ressentiment*: um sinal de quão pouco, afinal, ela o entendia![48]

47. "Diálogos de Naxos": conforme o fragmento póstumo 9 [115] do outono de 1887, Nietzsche imagina breves diálogos (que apenas esboça) entre Teseu, Dioniso e Ariadne como epílogo do que seria "o livro perfeito". Um contraponto evidente a Platão, em cujo *Banquete* Diotima afirma que os deuses não filosofam.

48. "Não se vive impunemente entre pescadores", lembra Nietzsche mordazmente no fragmento póstumo 11 [378] de novembro de 1887 – março de 1888.

Em si, Jesus nada poderia querer com sua morte senão dar publicamente a prova mais forte, a *demonstração* de sua doutrina... Mas seus discípulos estavam longe de *perdoar* essa morte – o que teria sido evangélico no mais elevado sentido – ou até de se *oferecerem* a uma morte igual com uma tranquilidade de coração suave e terna... Precisamente o menos evangélico dos sentimentos, a *vingança*, prevaleceu outra vez. Era impossível que a causa estivesse acabada com essa morte: precisava-se de "retaliação", "julgamento" (e, no entanto, o que pode ser menos evangélico do que "retaliação", "castigo", "julgamento"!). Mais uma vez a expectativa popular de um messias veio para o primeiro plano; passou-se a ter em vista um momento histórico: o "reino de Deus" virá para julgar seus inimigos... Mas assim tudo foi entendido errado: o "reino de Deus" como ato final, como promessa! O evangelho era justamente a existência, o cumprimento, a *realidade* desse "reino". Precisamente uma morte assim *era* esse "reino de Deus"... Foi somente então que se introduziu no tipo do mestre todo o desprezo e toda a amargura contra os fariseus e teólogos – e com isso se *fez* dele um fariseu e teólogo! Por outro lado, a veneração asselvajada dessas almas saídas completamente dos eixos não suportou mais aquela igualdade evangélica de direitos, ensinada por Jesus, que transformava todos em filhos de Deus: a vingança delas foi *elevar* Jesus de uma maneira exagerada, segregá-lo delas: exatamente como fizeram outrora os judeus, que por vingança contra seus inimigos separaram Deus de si mesmos e o colocaram nas alturas. O Deus único e o filho unigênito de Deus: ambos produtos do *ressentiment*...

41

E a partir de então surgiu um problema absurdo: "como Deus *pôde* permitir isso?". A razão perturbada da pequena comunidade achou uma resposta terrivelmente absurda: Deus deu o seu filho para o perdão dos pecados, em *sacrifício*. E de um só golpe o evangelho estava acabado! O *sacrifício expiatório*, e precisamente em sua forma mais repulsiva, mais bárbara, o sacrifício do *inocente* pelos pecados dos culpados! Que paganismo medonho! – Jesus tinha eliminado o próprio conceito de "culpa" – ele negou todo abismo entre Deus e homem, ele *viveu* essa unidade de Deus e homem como a *sua* "boa-nova"... E *não* como privilégio! – A partir de então, entraram passo a passo no tipo do Redentor: a doutrina do julgamento e do retorno, a doutrina da morte como uma morte sacrificial e a doutrina da *ressurreição*, com a qual é escamoteado o conceito inteiro de "bem-aventurança", a realidade inteira e única do evangelho – em favor de um estado *após* a morte!... Paulo logicizou essa concepção, essa *obscenidade* de concepção, com aquele descaramento rabínico que o distingue em tudo: "*Se* Cristo não ressuscitou dos mortos, logo é vã a nossa fé".[49] – E de um só golpe se fez do evangelho a mais desprezível de todas as promessas irrealizáveis, a doutrina *desavergonhada* da imortalidade pessoal... O próprio Paulo ainda a ensinou como *prêmio*!...

42

Vê-se *o que* chegou ao fim com a morte na cruz: um novo começo, completamente original, de um movimento de paz budista, de uma efetiva, *não* apenas prometida, *felicidade na Terra*. Pois esta – já o destaquei – é a diferença fundamental entre as duas religiões da *décadence*: o budismo não promete, mas cumpre; o cristianismo promete tudo, mas não *cumpre nada*. – Nos calcanhares da "boa-nova" veio *a pior de todas*: a de Paulo. Em Paulo se corporifica o tipo oposto ao "bom mensageiro", o gênio no ódio, na visão do ódio, na lógica implacável do ódio. *Quantas coisas* esse disangelista não sacrificou ao ódio! Sobretudo o Redentor: ele o pregou na *sua* cruz. A vida, o exemplo, a doutrina, a morte, o sentido e o direito do evangelho inteiro – tudo desapareceu quando esse falsário movido pelo ódio entendeu quais as únicas coisas que poderiam lhe servir. *Não* a realidade, *não* a verdade histórica!... E mais uma vez o instinto sacerdotal do judeu cometeu o mesmo grande crime contra a história – ele simplesmente riscou o ontem, o anteontem do cristianismo, ele *inventou uma história do cristianismo primitivo*. Mais ainda: ele falsificou outra vez a história de Israel, para que ela aparecesse como a pré-história do ato *dele*: todos os profetas haviam falado do "Redentor" *dele*... Mais tarde, a Igreja falsificou inclusive a história da humanidade, transformando-a em pré-história do cristianismo... O tipo do Redentor, a doutrina, a prática, a morte, o sentido da morte, mesmo o depois da morte – nada ficou intocado, nada ficou sequer parecido com a realidade. Paulo simplesmente deslocou o centro de gravidade daquela existência inteira para *detrás* dessa existência – para a *mentira* do Jesus "ressurreto". No fundo, a vida do Redentor não lhe serviu para coisa alguma – ele precisava da morte na cruz *e* de algo mais... Tomar por honesto um Paulo, cuja pátria estava na sede do Esclarecimento estoico, quando ele engendra a partir de uma alucinação a *prova* de que o Redentor *ainda* vive, ou mesmo apenas dar crédito ao seu relato de que teve essa alucinação, seria uma verdadeira *niaiserie*[50] da parte de um psicólogo: Paulo queria os fins; *logo*, também queria os meios... No

49. Cf. 1 Coríntios 15, 14.

50. Tolice.

que ele mesmo não acreditava, os idiotas, entre os quais lançou a *sua* doutrina, acreditaram. – A *sua* necessidade era o *poder*; com Paulo, o sacerdote quis chegar mais uma vez ao poder – ele apenas pôde utilizar conceitos, doutrinas e símbolos com que se tiranizam as massas, se formam rebanhos. – Qual a *única coisa* que Maomé tomou emprestado mais tarde do cristianismo? A invenção de Paulo, seu meio para a tirania sacerdotal, para a formação de rebanhos: a crença na imortalidade – *ou seja, a doutrina do "Juízo"*...

43

Quando se coloca o centro de gravidade da vida *não* na vida, mas no "além" – *no nada* –, então se priva a vida de qualquer centro de gravidade. A grande mentira da imortalidade pessoal destrói toda razão, toda natureza no instinto – tudo o que nos instintos é benéfico, que promove a vida, que garante o futuro, agora suscita desconfiança. Viver de *tal modo* que não há mais *sentido* em viver: *isso* se torna agora o "sentido" da vida... Para que espírito comunitário, para que continuar sendo grato com a ascendência e os antepassados, para que colaborar, confiar, promover algum bem comum e tê-lo em vista?... Outras tantas "tentações", outros tantos desvios do "caminho reto" – "*uma só coisa* é necessária"... O fato de que todos, na condição de "almas imortais", sejam iguais entre si, de que na totalidade dos seres a "salvação" de *cada* indivíduo possa reivindicar uma importância eterna, de que pequenos beatos e malucos três-quartos possam imaginar que por sua causa as leis da natureza serão constantemente *infringidas* – semelhante intensificação até ao infinito, até a *desvergonha*, de toda espécie de egoísmo não pode ser estigmatizada com o suficiente desprezo. E, no entanto, o cristianismo deve sua *vitória* a *essa* deplorável adulação da vaidade pessoal – ele ganhou para a sua causa justamente todos os malogrados, os de mentalidade revoltosa, os que se deram mal, toda a escória e restolho da humanidade. A "salvação da alma" – dito claramente: "O mundo gira em torno de *mim*"... O veneno da doutrina dos "direitos *iguais* para todos" – o cristianismo o semeou do modo mais radical; a partir dos recantos mais secretos de instintos ruins, o cristianismo travou uma guerra de morte a todo sentimento de respeito e distância entre um homem e outro, ou seja, ao *pressuposto* de toda elevação, de todo crescimento da cultura – do ressentimento das massas ele forjou a sua *principal arma* contra *nós*, contra tudo na Terra que é nobre, alegre, generoso, contra a nossa felicidade na Terra... A "imortalidade" concedida a todo Pedro e Paulo foi até agora o maior, o mais maligno atentado contra a humanidade[51]

51. O termo alemão é *Menschlichkeit*, e designa o conjunto de características próprias do ser humano. Para designar o conjunto dos seres humanos, a palavra seria *Menschheit*.

nobre. – *E* não subestimemos a fatalidade que, originando-se no cristianismo, se insinuou até na política! Hoje ninguém mais tem coragem para privilégios, para direitos senhoris, para um sentimento de respeito por si e seus iguais – para um *páthos da distância*... Nossa política está *doente* dessa falta de coragem! – A mentalidade aristocrática foi solapada em seus fundamentos mais subterrâneos pela mentira da igualdade das almas; e se a fé no "privilégio da maioria" faz e *fará* revoluções, não se duvide que é o cristianismo, que são os juízos de valor *cristãos* aquilo que toda revolução meramente traduz em sangue e crimes! O cristianismo é uma rebelião de tudo que rasteja pelo chão contra aquilo que tem *altura*: o evangelho da "gente baixa" *torna* baixo...

44

Os evangelhos são inestimáveis como testemunho da já incontrolável corrupção *no interior* da primeira comunidade. O que Paulo terminou mais tarde com um cinismo de lógico, próprio de um rabino, era, apesar disso, meramente o processo de declínio que começou com a morte do Redentor. – Esses evangelhos não podem ser lidos com suficiente cautela; suas dificuldades estão atrás de cada palavra. Confesso, e espero ser desculpado por isso, que justamente por esse motivo eles são um deleite de primeira categoria para um psicólogo – como *oposto* a toda corrupção ingênua, como o refinamento *par excellence*, como gênio artístico na corrupção psicológica. Os evangelhos não têm par. A Bíblia, sobretudo, não admite qualquer comparação. Está-se entre judeus: *primeiro* aspecto para não perder completamente o fio da meada. A autodissimulação no "sagrado", aí tornada gênio, nem de longe antes alcançada entre livros e homens, essa cunhagem de moeda falsa em palavras e gestos elevada à condição de *arte*, não é o acaso de algum talento individual, de alguma natureza excepcional. Isso requer *raça*. No cristianismo, entendido como a arte de mentir santamente, o judaísmo inteiro, um exercício preliminar e uma técnica judaicos conduzidos com a maior seriedade por vários séculos, alcança a sua última mestria. O cristão, essa *ultima ratio* da mentira, é o judeu outra vez – *três* vezes até... – A vontade fundamental de empregar apenas conceitos, símbolos e poses comprovados pela prática do sacerdote, a rejeição instintiva de qualquer *outra* prática, de qualquer *outra* espécie de perspectiva valorativa e utilitária – isso não é apenas tradição, isso é *herança*: apenas a herança atua como natureza. A humanidade inteira, inclusive as melhores cabeças das melhores épocas (com exceção de uma, que talvez seja meramente uma criatura inumana), se deixou enganar. O evangelho foi lido como *livro da inocência*...: indício nada pequeno da mestria com que aí se representou. – Todavia: se, ainda que de passagem, os *víssemos*, todos esses admiráveis beatos e santos postiços, a coisa estaria no fim – e justamente porque *eu* não leio palavra sem ver gestos é que *dou cabo deles*... Não suporto neles uma certa maneira de levantar os olhos. – Felizmente, para a maioria os livros são apenas *literatura*. – Que não nos deixemos enganar: "Não julgueis!"[52], dizem eles, mas mandam para o inferno tudo que estiver em seu caminho. Ao fazer com que Deus julgue, eles mesmos julgam; ao glorificar a Deus, glorificam a si mesmos; enquanto *exigem* precisamente as virtudes de que são capazes – mais ainda, de que necessitam para permanecer no topo –, dão a si mesmos a grande impressão de uma luta pela virtude, de um combate pelo domínio da virtude. "Nós vivemos, morremos, nos sacrificamos *pelo bem*" (a "verdade", "a luz", o "reino de Deus"): na verdade, eles fazem o que não podem deixar de fazer. Enquanto se impõem à maneira dos beatos, ficam sentados pelos cantos e vegetam sombriamente nas sombras, fazem disso um *dever*: como dever, a vida deles lhes aparece como humildade, como humildade ela é uma prova a mais de devoção... Ah, essa espécie humilde, casta, misericordiosa de mendacidade! "A própria virtude deve prestar testemunho a favor de nós"... Leiam-se os evangelhos como livros da sedução com *moral*: essa gentinha reivindica a moral só para si – eles sabem a importância que ela tem! A moral é o melhor meio para *ludibriar* a humanidade! – No fundo, a mais consciente *presunção de eleitos* se faz passar aqui por modéstia: eles colocaram, de uma vez por todas, a *si próprios*, a "comunidade", os "bons e os justos", de um lado, o da "verdade" – e o resto, "o mundo", do outro... *Essa* foi a mais funesta espécie de megalomania que houve até agora na Terra: pequenos abortos de hipócritas e mentirosos começaram a reivindicar para si os conceitos de "Deus", "verdade", "luz", "espírito", "amor", "sabedoria" e "vida" como se fossem sinônimos deles, e assim poder segregar o "mundo"; pequenos judeus superlativos, maduros para toda espécie de manicômio, torceram os valores a *seu* favor, como se apenas o cristão fosse o sentido, o sal, a medida, também o *juízo final* de todo o resto... Essa fatalidade toda só foi possível porque já havia no mundo uma espécie de megalomania aparentada, aparentada pela raça, a megalomania *judaica*: logo que se abriu o abismo entre judeus e judeu-cristãos, não restou a estes outra escolha senão empregar *contra* os próprios judeus os mesmos procedimentos de autoconservação aconselhados pelo instinto judaico, enquanto os judeus os empregaram até agora apenas contra tudo que era *não* judeu. O cristão é apenas um judeu de confissão "mais livre".

---

52. "Não julgueis, para que não sejais julgados" (Mateus 7, 1).

45

Apresento algumas amostras do que essa gentinha se colocou na cabeça, do que *pôs na boca* de seu mestre: só confissões de "belas almas".[53]

"E tantos quantos vos não receberem, nem vos ouvirem, saindo dali, sacudi o pó que estiver debaixo dos vossos pés, em testemunho contra eles. Em verdade vos digo que haverá mais tolerância no dia do juízo para Sodoma e Gomorra do que para os daquela cidade" (Marcos 6, 11). – Quão *evangélico*!...

"E qualquer que escandalizar um destes pequeninos que creem em mim, melhor lhe fora que lhe pusessem ao pescoço uma mó de atafona, e que fosse lançado ao mar" (Marcos 9, 42). – Quão *evangélico*!...

"E, se o teu olho te escandalizar, lança-o fora; melhor é para ti entrares no reino de Deus com um só olho do que, tendo dois olhos, seres lançado no fogo do inferno, onde o seu bicho não morre, e o fogo nunca se apaga" (Marcos 9, 47). – Não é exatamente o olho que está em questão...

"Em verdade vos digo que, dos que aqui estão, alguns há que não provarão a morte sem que vejam chegado o reino de Deus com poder" (Marcos 9, 1). – *Bem mentido*, leão...[54]

"Se alguém quiser vir após mim, negue-se a si mesmo, e tome a sua cruz, e siga-me. *Porque*..." (Marcos 8, 34). (*Observação de um psicólogo*. A moral cristã é refutada pelos seus *porquês*: suas "razões" refutam – eis o que é cristão.)

"Não julgueis, *para que* não sejais julgados. Com a medida com que tiverdes medido vos hão de medir a *vós*" (Mateus 7, 1). – Que conceito de justiça da parte de um juiz "justo"!...

"Pois, se amardes os que vos amam, *que galardão tereis?* Não fazem os publicanos também o mesmo? E, se saudardes unicamente os vossos irmãos, *que fazeis de mais?* Não fazem os publicanos também assim?" (Mateus 5, 46-47). Princípio do "amor cristão": no fim das contas, ele quer ser bem *pago*...

"Se, porém, não perdoardes aos homens as suas ofensas, também vosso Pai vos não perdoará as vossas ofensas" (Mateus 6, 15). – Muito comprometedor para o referido "Pai"...

"Mas buscai primeiro o reino de Deus, e a sua justiça, e todas estas coisas vos serão acrescentadas" (Mateus 6, 33). Todas estas coisas: a saber, alimento, roupas, todas as necessidades da vida. Um *erro*, para dizer o mínimo... Logo depois[55], Deus aparece como alfaiate, pelo menos em certos casos...

---

53. Sarcástica alusão ao título do livro sexto ("Confissões de uma bela alma") de *Os anos de aprendizado de Wilhelm Meister*, romance de Goethe.

54. Paródia de um verso de Shakespeare, "Bem rugido, leão!" (*Sonho de uma noite de verão*, V, 1). O leão é o símbolo do evangelista Marcos.

55. Na verdade, pouco antes, versículos 28-30, a célebre passagem acerca dos "lírios do campo".

"Folgai nesse dia, exultai; *porque* eis que é grande o vosso galardão no céu, pois assim faziam os seus pais aos profetas" (Lucas 6, 23). Canalha *desavergonhada*! Já se compara com os profetas...

"Não sabeis vós que sois o templo de Deus e que o Espírito de Deus habita em vós? Se alguém destruir o templo de Deus, *Deus o destruirá*; porque o templo de Deus, *que sois vós*, é santo" (1 Coríntios 3, 16-17). – Algo assim não se pode desprezar o bastante...

"Não sabeis vós que os santos hão de julgar o mundo? Ora, se o mundo deve ser julgado por vós, sois porventura indignos de julgar as coisas mínimas?" (1 Coríntios 6, 2). Infelizmente, não é apenas a fala de um doido... Esse *terrível farsante* prossegue textualmente: "Não sabeis vós que havemos de julgar os anjos? Quanto mais as coisas pertencentes a esta vida!"...

"Porventura não tornou Deus louca a sabedoria deste mundo? Visto como na sabedoria de Deus o mundo não conheceu a Deus pela sua sabedoria, aprouve a Deus salvar os crentes pela loucura da pregação. [...] não são muitos os sábios segundo a carne, nem muitos os poderosos, nem muitos os nobres que são chamados. *Mas Deus escolheu* as coisas loucas deste mundo para confundir as sábias; e Deus escolheu as coisas fracas deste mundo para confundir as fortes; e Deus escolheu as coisas vis deste mundo, e as desprezíveis, e as que não são, para aniquilar as que são; para que nenhuma carne se glorie perante ele" (1 Coríntios 20-21; 26-29). – Para *compreender* esta passagem, um testemunho de primeiríssima categoria da psicologia de toda moral chandala, leia-se a primeira dissertação de minha *Genealogia da moral*: nela foi trazida à luz pela primeira vez a oposição entre uma moral *nobre* e uma moral chandala nascida do ressentimento e da vingança impotente. Paulo foi o maior de todos os apóstolos da vingança...

46

O que se conclui disso? Que se faz bem ao calçar luvas quando se lê o Novo Testamento. A proximidade de tanta imundície quase obriga a tanto. Assim como não escolheríamos judeus poloneses por companhia, tampouco o faríamos com "cristãos primitivos": não que se precise de alguma objeção contra eles... Ambos não cheiram bem. – Procurei em vão por um único traço simpático no Novo Testamento; não há nada nele que seja livre, bondoso, franco, reto. Nele, a humanidade[56] ainda não deu os seus primeiros passos – os instintos do *asseio* estão ausentes... Há apenas instintos *ruins* no Novo Testamento; não há sequer a coragem para esses instintos ruins. Tudo

56. Cf. nota à seção 43.

nele é covardia, tudo é fechar de olhos e autoengano. Todo livro se torna limpo quando se acabou de ler o Novo Testamento: para dar um exemplo, li com arrebatamento, logo depois de Paulo, aquele gracioso e buliçoso zombador chamado Petrônio, de quem se poderia dizer o que Domenico Boccaccio escreveu ao duque de Parma acerca de César Bórgia: "*È tutto festo*"[57] – imortalmente saudável, imortalmente jovial e bem-constituído... Pois esses pequenos hipócritas se enganam no principal. Eles atacam, mas tudo que por eles é atacado é assim *distinguido*. Um "cristão primitivo" *não* mancha aquele que ataca... Ao contrário: é uma honra ter "cristãos primitivos" contra si. Não se lê o Novo Testamento sem uma predileção por aquilo que nele é maltratado – para não falar da "sabedoria deste mundo", que um fanfarrão descarado procura aniquilar em vão "pela loucura da pregação"... Mas mesmo fariseus e escribas tiram a sua vantagem de tal antagonismo: eles devem ter tido lá o seu valor para serem odiados de uma maneira tão indecente. Hipocrisia – eis uma censura que "cristãos primitivos" *poderiam* fazer! – Afinal, os fariseus e os escribas eram os *privilegiados*: é o que basta, o ódio chandala não precisa de mais razões. O "cristão primitivo" – eu temo que também o "último cristão", *que eu talvez ainda veja* – é um rebelde, a partir do seu instinto mais básico, contra tudo que é privilegiado – ele vive, ele luta sempre por "direitos *iguais*"... Olhando-se com mais atenção, ele não tem escolha. Caso se queira ser um "eleito de Deus" – ou um "templo de Deus", ou um "juiz dos anjos" –, então qualquer *outro* princípio de seleção, por exemplo, segundo a retidão, segundo o espírito, segundo a virilidade e o orgulho, segundo a beleza e a liberdade do coração, é simplesmente "mundo" – *o mal em si*... Moral: toda palavra na boca de um "cristão primitivo" é uma mentira, todo ato que ele pratica é uma falsidade instintiva – todos os seus valores, todas as suas metas são nocivas, mas *quem* ele odeia, *o que* ele odeia, *isso tem valor*... O cristão, o cristão sacerdotal em particular, é um *critério de valores*. – Ainda preciso dizer que em todo o Novo Testamento aparece apenas uma *única* figura que é preciso respeitar? Pilatos, o governador romano. Levar *a sério* uma demanda de judeus – a isso ele não se deixa convencer. Um judeu a mais ou a menos – que importa isso?... O nobre escárnio de um romano, diante do qual se faz um abuso desavergonhado da palavra "verdade", enriqueceu o Novo Testamento com a única frase *que tem valor* – que é a sua crítica, a sua própria *aniquilação*: "Que é a verdade?"... [58]

---

57. "Ele é inteiramente festivo."

58. João 18, 38.

47

O que *nos* distingue não é o fato de não encontrarmos nenhum deus na história, nem na natureza, nem atrás da natureza – mas que não consideramos "divino" aquilo que foi venerado como deus, e sim como deplorável, absurdo, danoso, não apenas como erro, mas como *crime contra a vida*... Nós negamos Deus na condição de Deus... Caso nos *provassem* esse deus dos cristãos, acreditaríamos nele menos ainda. – Em uma fórmula: *deus, qualem Paulus creavit, dei negatio.*[59] – Uma religião como o cristianismo, que não toca a realidade em ponto algum, que logo desmorona quando a realidade faz valer os seus direitos ainda que em um só ponto, tem de ser obviamente inimiga mortal da "sabedoria do mundo", quer dizer, da *ciência* – ela aprovará todos os meios com que a disciplina do espírito, a integridade e a severidade nas questões de consciência do espírito, a nobre frieza e liberdade do espírito possam ser envenenadas, caluniadas, *difamadas*. A "fé" como imperativo é o *veto* contra a ciência – *in praxi*, a mentira a todo custo... Paulo *compreendeu* que a mentira – que a "fé" era necessária; mais tarde, por sua vez, a Igreja compreendeu Paulo. – Esse "deus" que Paulo inventou, um deus que "confunde a sabedoria do mundo" (em sentido estrito, as duas grandes adversárias de toda superstição, a filologia e a medicina), é, na verdade, apenas a *decisão* resoluta do próprio Paulo: chamar de "Deus" a sua própria vontade, *torah*[60], eis algo muito judaico. Paulo *quer* confundir "a sabedoria do mundo": seus inimigos são os *bons* filólogos e médicos de formação alexandrina – é contra eles que guerreia. Na verdade, não se é filólogo e médico sem ser ao mesmo tempo *anticristão*. Pois na condição de filólogo, olha-se *atrás* dos "livros sagrados", na condição de médico, *atrás* da ruína fisiológica do cristão típico. O médico diz "incurável"; o filólogo, "embuste"...

48

Compreendeu-se realmente a célebre história que se encontra no início da Bíblia – a do medo infernal de Deus à *ciência*?... Ela não foi compreendida. Esse livro sacerdotal *par excellence* começa, é claro, com a grande dificuldade interior do sacerdote: *ele* corre apenas um grande perigo, *logo*, "Deus" corre apenas um grande perigo. –

O velho Deus, todo "espírito", todo sumo sacerdote, todo perfeição, passeia em seu jardim: só que ele se entedia. Contra o tédio, mesmo os deuses

59. "Deus, conforme Paulo o criou, é a negação de Deus."

60. Lei (mosaica).

lutam em vão.[61] O que ele faz? Inventa o homem – o homem é uma distração... Mas vejam só, o homem também se entedia. A misericórdia divina pela única miséria de que padecem todos os paraísos não conhece limites: de imediato ele criou outros animais. *Primeiro* erro de Deus: o homem não se distraiu com os animais – ele os dominou, nem sequer quis ser "animal". – Por isso, Deus criou a mulher. E, realmente, o tédio acabou – mas outras coisas também! A mulher foi o *segundo* erro de Deus. – "De acordo com sua essência, a mulher é serpente, Eva" – todo sacerdote sabe disso; "da mulher provém *toda* desgraça do mundo" – isso todo sacerdote também sabe. "*Logo*, a *ciência* também provém dela"... Apenas através da mulher o homem aprendeu a saborear da árvore do conhecimento. – O que tinha acontecido? O velho Deus foi tomado por um medo infernal. O próprio homem se transformou no seu *maior* erro, ele tinha criado um rival, a ciência *iguala o homem a Deus* – se o homem se torna científico, é o fim dos sacerdotes e dos deuses! – *Moral*: a ciência é o proibido em si – só ela é proibida. A ciência é o *primeiro* pecado, o germe de todos os pecados, o pecado *original. A moral é apenas isto.* – "Tu *não* deves conhecer": o resto segue daí. O medo infernal que se apossou de Deus não o impediu de ser esperto. Como se *defender* da ciência? Esse foi, por longo tempo, o seu problema capital. Resposta: fora do paraíso com o homem! A felicidade, o ócio, leva a ter pensamentos – todos os pensamentos são pensamentos ruins... O homem *não deve* pensar. – E o "sacerdote em si" inventa a carência, a morte, o perigo de morte na gravidez, toda espécie de miséria, velhice, labuta, sobretudo a *doença* – todos meios na luta contra a ciência! A carência não *permite* ao homem pensar... E apesar disso! Que horror! A obra do conhecimento se eleva como uma torre, assaltando os céus, precipitando o crepúsculo dos deuses – o que fazer? – O velho Deus inventa a *guerra*, separa os povos, faz com que os homens se aniquilem mutuamente (os sacerdotes sempre tiveram necessidade da guerra...). A guerra – entre outras coisas, um grande empecilho para a ciência! – Inacreditável! O conhecimento, a *emancipação em relação ao sacerdote*, aumenta mesmo apesar da guerra. – E uma última decisão ocorre ao velho Deus: "O homem se tornou científico – *não adianta, é preciso afogá-lo!*"...

49

Fui compreendido. O início da Bíblia contém *toda* a psicologia do sacerdote. – O sacerdote conhece apenas um grande perigo: a ciência – o sadio conceito de causa e efeito. Mas, de um modo geral, a ciência prospera apenas

61. Paródia de um verso de Schiller (*A donzela de Orleans*, III, 6).

em condições favoráveis – para "conhecer" é preciso ter tempo, é preciso ter espírito *de sobra*... "*Logo*, é preciso fazer o homem infeliz" – essa sempre foi a lógica do sacerdote. – Já se adivinha *o que*, de acordo com essa lógica, veio então ao mundo: o "*pecado*"... Os conceitos de culpa e castigo, a inteira "ordem moral do mundo", foram inventados *contra* a ciência – *contra* a libertação do homem em relação ao sacerdote... O homem *não* deve olhar para fora, ele deve olhar para dentro de si; ele *não* deve, como alguém que aprende, olhar *para dentro* das coisas astuta e cautelosamente, ele não deve ver de modo algum: ele deve *sofrer*... E deve sofrer de tal modo que sempre tenha necessidade do sacerdote. – Fora com os médicos! *O que se precisa é de um salvador*. Os conceitos de culpa e castigo, incluída a doutrina da "graça", da "redenção", do "perdão" – *mentiras* de ponta a ponta e sem qualquer realidade psicológica – são invenções para aniquilar o *sentido causal* do homem: são o atentado contra os conceitos de causa e efeito! – E *não* um atentado com o punho, com o punhal, com a honestidade no amor e no ódio! Mas a partir dos instintos mais covardes, mais ardilosos, mais baixos! Um atentado de *sacerdotes*! Um atentado de *parasitas*! Um vampirismo de pálidos e subterrâneos sugadores de sangue!... Se as consequências naturais de um ato não são mais "naturais", mas se imagina que são causadas por fantasmas conceituais da superstição, por "Deus", por "espíritos", por "almas", como consequências meramente "morais", como prêmio, castigo, advertência, meio de educação, então se destruiu o pressuposto do conhecimento – *então se cometeu o maior crime contra a humanidade*. – O pecado, repito, essa forma de autoviolação do homem *par excellence*, foi inventado para tornar impossíveis a ciência, a cultura, toda elevação e nobreza do homem; por meio da invenção do pecado, o sacerdote *domina*.

50

Neste ponto, não posso me dispensar de uma psicologia da "fé", dos "crentes", em benefício, como é justo, precisamente dos "crentes". Se ainda hoje não faltam aqueles que não sabem em que medida é *indecente* ser "crente" – *ou* um sinal de *décadence*, de uma vontade de vida alquebrada –, já amanhã eles saberão. Minha voz chega também aos duros de ouvido. – Parece que há entre cristãos, se é que não entendi mal, uma espécie de critério de verdade que se chama "a prova da força". "A fé torna bem-aventurado: *portanto*, é verdadeira." – Em primeiro lugar, seria preciso objetar que justamente o tornar bem-aventurado não está provado, mas apenas *prometido*: a bem-aventurança ligada à condição da "fé" – a pessoa *deve* se tornar bem-aventurada *porque* tem fé... Mas que *de fato* se cumpra aquilo que o sacerdote promete ao crente para o "além", inacessível a qualquer verificação – como se prova *isso*? – A suposta "prova da força" é pois, no fundo, apenas uma fé de que o efeito esperado da fé não faltará. Em uma fórmula: "Eu acredito que a fé torna bem-aventurado; *logo*, ela é verdadeira". – Mas com isso já chegamos ao fim. Esse "logo" como critério de verdade seria o próprio *absurdum*. – Admitamos, porém, com alguma condescendência, que o tornar bem-aventurado através da fé esteja provado – *não* apenas desejado, *não* apenas prometido pela boca algo suspeita de um sacerdote: seria a bem-aventurança – falando mais tecnicamente, o *prazer* – alguma vez uma prova da verdade? Tão pouco, que, se sensações de prazer se intrometem na questão acerca "do que é verdadeiro", isso quase fornece a contraprova, em todo caso, a máxima suspeita em relação à verdade. A prova do "prazer" é uma prova *a favor* do "prazer" – nada mais; onde, por tudo neste mundo, está fixado que precisamente juízos *verdadeiros* geram mais contentamento do que falsos e, de acordo com uma harmonia pre-estabelecida, trazem necessariamente consigo sensações agradáveis? – A experiência de todos os espíritos rigorosos, dotados de profundidade, ensina *o contrário*. Eles tiveram de lutar por cada palmo de verdade, sacrificar em troca quase tudo aquilo a que de hábito se apega nosso coração, nosso amor, nossa confiança na vida. É preciso grandeza de alma para tanto: o serviço da verdade é o serviço mais duro. – O que significa, pois, ser *reto* em coisas espirituais? Ser rigoroso com seu coração, desprezar os "belos sentimentos", fazer de cada *sim* e de cada *não* um caso de consciência! – A fé torna bem-aventurado: *logo*, ela mente...

51

Que a fé às vezes torne bem-aventurado, que a bem-aventurança não consiga transformar uma ideia fixa em uma ideia *verdadeira*, que a fé não remova montanhas mas talvez *promova* o seu aparecimento onde não existem: um ligeiro passeio por um *manicômio* esclarece essas questões a contento. *Não*, todavia, um sacerdote: pois ele nega por instinto que doença seja doença, que manicômio seja manicômio. O cristianismo *necessita* da doença, mais ou menos como os gregos necessitam de um excedente de saúde – tornar *doente* é a verdadeira intenção oculta de todo o sistema de procedimentos de cura empregado pela Igreja. E a própria Igreja – ela não é o manicômio católico[62] como último ideal? – A Terra inteira como manicômio? – O homem religioso, tal como a Igreja o *quer*, é um *décadent* típico; a época em que

62. Etimologicamente: "universal". Acerca da "fé que move montanhas", cf. Mateus 17, 20.

uma crise religiosa se apodera de um povo é sempre marcada por epidemias nervosas; o "mundo interior" do homem religioso se parece tanto com o "mundo interior" dos neurastênicos e esgotados que se pode tomar um pelo outro; os estados "supremos", que o cristianismo estendeu sobre a humanidade como valor entre todos os valores, são formas epileptoides – a Igreja santificou apenas malucos *ou* grandes intrujões *in majorem dei honorem...*[63] Certa vez me permiti designar todo o *training*[64] cristão de penitência e redenção (que hoje é estudado da melhor maneira na Inglaterra) como uma *folie circulaire* metodicamente produzida, e como é razoável, em um solo já preparado para isso, ou seja, um solo basicamente mórbido. Ninguém é livre para se tornar cristão: não se é "convertido" ao cristianismo – é preciso ser doente o bastante para tanto... Nós, que temos a *coragem* para a saúde *e* para o desprezo, o quanto não devemos desprezar uma religião que ensina a entender mal o corpo! Que não quer se livrar da superstição da alma! Que faz da alimentação insuficiente um "mérito"! Que combate na saúde uma espécie de inimigo, demônio, tentação! Que se convenceu de que se pode carregar por aí uma "alma perfeita" em um corpo cadavérico, e que para tanto teve de arranjar um novo conceito de "perfeição", uma natureza pálida, doentia, idiotamente exaltada, a assim chamada "santidade" – santidade, meramente uma série de sintomas do corpo empobrecido, de nervos esgotados, incuravelmente arruinado!... O movimento cristão, como um movimento europeu, é desde o princípio um movimento geral dos elementos de todo tipo de rebotalho e escória: ele quer chegar ao poder com o cristianismo. Ele *não* expressa o declínio de uma raça, ele é um agregado de formas de *décadence* de toda parte que se aglomeram e se buscam. *Não* foi, como se acredita, a corrupção da própria Antiguidade, da Antiguidade *nobre*, o que possibilitou o cristianismo: não se pode contradizer com dureza suficiente o idiotismo erudito que ainda hoje sustenta algo assim. Na época em que as doentias, arruinadas camadas chandalas se cristianizavam em todo o *imperium*, o *tipo contrário*, a nobreza, estava presente em sua forma mais bela e mais madura. O grande número se tornou senhor; o democratismo dos instintos cristãos *venceu*... O cristianismo não era "nacional", não era condicionado por uma raça – ele se dirigia a toda espécie de deserdados da vida, ele tinha seus aliados em toda parte. O cristianismo tem a *rancune*[65] dos doentes em seu fundamento, o instinto voltado *contra* os sãos, *contra* a saúde. Tudo que é bem-constituído,

63. Para maior honra de Deus.

64. Treino. *Folie circulaire*, pouco depois: loucura circular. Segundo Colli e Montinari, expressão que Nietzsche tomou da obra *Dégénérescence et criminalité* (Paris, 1888), de Charles Féré.

65. Rancor.

orgulhoso, altivo, sobretudo a beleza, dói em seus olhos e ouvidos. Recordo mais uma vez as palavras inestimáveis de Paulo. "Deus escolheu as coisas *fracas* deste mundo, as coisas *loucas* deste mundo, as coisas *vis* deste mundo, e as *desprezíveis*": *essa* foi a fórmula, *in* hoc *signo*[66] venceu a *décadence*. – *Deus na cruz* – ainda não se compreendem as terríveis intenções ocultas desse símbolo? – Tudo que sofre, tudo que pende da cruz é divino... Estamos todos pendurados na cruz, logo *nós* somos divinos... Apenas nós somos divinos... O cristianismo foi uma vitória, uma postura *mais nobre* pereceu por sua causa – até agora, o cristianismo foi a maior desgraça da humanidade.

52

O cristianismo também se encontra em oposição a toda boa constituição *espiritual* – ele *pode* fazer uso apenas da razão doente, ele toma o partido de tudo o que é idiota, pronuncia a maldição contra o "espírito", contra a *superbia*[67] do espírito saudável. Pelo fato de que a doença pertence à essência do cristianismo, o típico estado cristão, "a fé", *tem de* ser uma forma de doença; todos os caminhos retos, honestos e científicos para o conhecimento *têm de* ser recusados pela Igreja como caminhos *proibidos*. Já a dúvida é um pecado... A completa carência de asseio psicológico por parte do sacerdote – que se revela no olhar – é uma *consequência* da *décadence* – que se observem as mulheres histéricas e também as crianças de constituição raquítica para ver com que regularidade a falsidade por instinto, o gosto de mentir por mentir, a incapacidade de olhar e caminhar de forma reta são a expressão da *décadence*. "Fé" significa não *querer* saber o que é verdadeiro. O pietista, o sacerdote de ambos os sexos, é falso *porque* é doente: seu instinto *exige* que a verdade não faça valer seus direitos em nenhum ponto sequer. "O que adoece é *bom*; o que provém da plenitude, da abundância, do poder, é *mau*": assim julga o crente. A *compulsão à mentira* – nisso percebo todo aquele predestinado a ser teólogo. – Um outro sinal distintivo do teólogo é a sua *incapacidade para a filologia*. Por "filologia" deve-se entender aqui, em um sentido muito geral, a arte de bem ler – ser capaz de ler fatos *sem* falsificá-los através de interpretações, *sem* perder, no desejo de compreensão, a cautela, a paciência, a sutileza. Filologia como *ephexis*[68] na interpretação: quer se trate de livros,

66. Com *este* símbolo. Referência a uma visão de Constantino (272-337), primeiro imperador romano cristão, que às vésperas de uma batalha teria visto uma cruz no céu e ouvido uma voz que lhe teria dito: *in hoc signo vinces*, "com este símbolo vencerás".

67. Soberba.

68. Palavra grega (έφεξις) que significa "reserva".

notícias de jornal, destinos ou fatos meteorológicos – sem falar da "salvação da alma"... A maneira que um teólogo, seja em Berlim ou em Roma, interpreta uma "passagem da escritura" ou uma experiência, uma vitória do exército de seu país, por exemplo, à suprema luz dos salmos de Davi, é sempre de tal modo *atrevida* que faz um filólogo arrancar os cabelos. E o que ele deve fazer quando pietistas e outras vacas da Suábia transformam, com o "dedo de Deus", o cotidiano miserável e a fumaça de cubículo de suas existências em um milagre de "graça", de "providência", de "experiências de salvação"? O mais modesto dispêndio de espírito, para não falar de *decência*, teria de levar esses intérpretes a se convencer da completa infantilidade e indignidade de tal abuso da destreza dos dedos divinos. Com outro tantinho de devoção nas veias, um deus que cura do resfriado no momento oportuno, ou que nos manda subir na carruagem no exato instante em que começa a cair um temporal, nos deveria parecer tão absurdo que teria de ser eliminado, mesmo que existisse. Um deus na função de criado, carteiro, autor de almanaques[69] – no fundo, uma palavra para a mais estúpida espécie de acaso... A "providência divina", tal como ainda hoje uma em cada três pessoas acredita nela na "Alemanha culta", seria a mais forte objeção a Deus que se poderia imaginar. E, em todo o caso, é uma objeção contra os alemães!...

53

Que *mártires* provem algo em favor da verdade de uma causa é tão pouco verdadeiro que eu gostaria de negar que alguma vez um mártir teve qualquer coisa a ver com a verdade. No tom com que um mártir lança na cara do mundo aquilo que toma por verdadeiro já se expressa um grau tão baixo de retidão intelectual, um tal *embotamento* para a questão da verdade, que jamais é necessário refutar um mártir. A verdade não é algo que uma pessoa possa ter e outra não: no máximo, campônios ou apóstolos campônios à maneira de Lutero podem pensar assim sobre ela. Pode-se estar certo de que a modéstia, a *moderação*, neste ponto, torna-se sempre maior segundo o grau de conscienciosidade nas coisas do espírito. *Saber* algumas coisas e recusar, delicadamente, saber *outras*... "Verdade", tal como todo profeta, todo sectário, todo livre-pensador, todo socialista, todo sacerdote entende a palavra, é uma prova perfeita de que nem sequer teve início aquela disciplina do espírito e aquela autossuperação necessárias para encontrar qualquer

69. Em alemão, *Kalendermann*, termo não dicionarizado. Pode ser entendido, porém, como uma alusão ao fato de que os almanaques (*Kalender*) continham, além das indicações dos dias, semanas e meses, previsões meteorológicas e toda sorte de conselhos.

pequena, minúscula verdade. – As mortes de mártires, diga-se de passagem, foram uma enorme desgraça na história: elas *seduziram*... A conclusão de todos os idiotas, incluindo as mulheres e o povo, de que uma causa pela qual alguém morre (ou que, caso do cristianismo primitivo, produz epidemias de anseio pela morte) tem lá a sua importância – essa conclusão se tornou um tremendo empecilho para a investigação, para o espírito da investigação e da cautela. Os mártires *prejudicaram* a verdade... Mesmo hoje, basta apenas alguma crueza na perseguição para dar um nome *honroso* a qualquer sectarismo por si só indiferente. – O quê? Altera-se o valor de uma causa se alguém abandona sua vida por ela? – Um erro que se torna honroso é um erro que possui um encanto de sedução a mais: acreditais, senhores teólogos, que lhes daríamos ocasião de se tornarem mártires pela vossa mentira? – Refuta-se uma causa ao se colocá-la cuidadosamente no gelo – do mesmo modo também se refutam teólogos... Justamente esta foi a bobagem de todos os perseguidores através da história universal, dar à causa adversária a aparência de algo honroso – presentear-lhe a fascinação do martírio... A mulher ainda hoje se encontra ajoelhada diante de um erro porque lhe foi dito que alguém morreu na cruz por causa dele. *É pois a cruz um argumento?* – Mas sobre todas essas coisas, o único que disse as palavras que há milênios precisavam ser ditas foi – *Zaratustra.*

Eles escreveram letras de sangue no caminho que seguiam, e sua tolice ensinava que a verdade se prova com sangue.

Mas o sangue é o pior testemunho da verdade; o sangue envenena até a doutrina mais pura transformando-a em ilusão e ódio do coração.

E se alguém atravessa o fogo pela sua doutrina – o que isso prova! Maior coisa, em verdade, é que da própria chama venha a própria doutrina.[70]

54

Não nos deixemos enganar: grandes espíritos são céticos. Zaratustra é um cético. A fortaleza, a *liberdade* haurida da força e do excesso de força do espírito se *prova* pelo ceticismo. Homens com convicções não entram absolutamente em consideração quando se trata de tudo aquilo que é fundamental em questões de valor e desvalor. Convicções são prisões. Não se enxerga longe o bastante, não se enxerga *abaixo* de si: mas para poder intervir em questões de valor e desvalor, é preciso ver quinhentas convicções *abaixo* de si – *atrás* de si... Um espírito que quer algo grande, que também quer os meios para tanto, é necessariamente cético. A liberdade em relação a toda espécie de

70. *Assim falou Zaratustra*, II, "Dos sacerdotes".

convicções *pertence* à fortaleza, o *poder* olhar livremente... A grande paixão, o fundamento e o poder do seu ser, ainda mais esclarecida, mais despótica do que ele próprio, toma todo o seu intelecto a seu serviço; ela torna inescrupuloso; ela lhe dá coragem inclusive para meios nada santos; por vezes, *permite-lhe* convicções. A convicção como *meio*: muitas coisas só se alcançam mediante uma convicção. A grande paixão necessita de convicções, consome convicções, sem se sujeitar a elas – ela se reconhece soberana. – Pelo contrário: a necessidade de crenças, de afirmações e negações absolutas, o carlylismo[71], se não me levarem a mal essa palavra, é uma necessidade da *fraqueza*. O homem de fé, o "crente" de qualquer espécie, é necessariamente um homem dependente – alguém que não pode colocar a *si mesmo* como fim, que não pode absolutamente colocar fins a partir de si mesmo. O "crente" não pertence a *si mesmo*, pode ser apenas meio, precisa ser *consumido*, precisa de alguém que o consuma. Seu instinto confere a honra suprema a uma moral da autorrenúncia: tudo o persuade a ela, sua astúcia, sua experiência, sua vaidade. Toda espécie de fé é uma expressão de autorrenúncia, de alienação de si mesmo... Se considerarmos o quanto é necessário um regulador para a maioria, que os amarre de fora e os prenda, como a coação, em um sentido mais elevado a *escravidão*, a única e última condição sob a qual o homem de vontade fraca, sobretudo a mulher, prospera: então entenderemos também a convicção, a "fé". Para o homem que tem uma convicção, ela é a sua espinha dorsal. *Não* ver muitas coisas, não ser imparcial em ponto algum, ser partidário da cabeça aos pés, possuir uma ótica rigorosa e necessária em todos os valores – apenas isso condiciona a existência de semelhante espécie de homem. Mas assim ela é a oposição, a *antagonista* do homem veraz – da verdade... O crente não é livre para ter uma consciência acerca do "verdadeiro" e do "falso": ser honesto *nesse* ponto seria a sua ruína imediata. A limitação patológica de sua ótica transforma os convictos em fanáticos – Savonarola, Lutero, Rousseau, Robespierre, Saint-Simon –, o tipo contrário do espírito forte, *liberto*. Mas os grandes gestos desses espíritos *doentes*, desses epilépticos do conceito, agem sobre a grande massa – os fanáticos são pitorescos, a humanidade prefere ver gestos a ouvir *razões*...

55

Um passo adiante na psicologia da convicção, da "fé". Já faz tempo que propus que se considerasse se as convicções não seriam inimigas mais

71. Referência a Thomas Carlyle (1795-1881), historiador e ensaísta escocês, autor, entre outras obras, de *História da Revolução Francesa*.

perigosas da verdade do que as mentiras (*Humano, demasiado humano I*, seção 483). Desta vez, gostaria de colocar a questão decisiva: existe, afinal, uma oposição entre mentira e convicção? – Todo mundo acredita que sim; mas no que todo mundo não acredita! – Cada convicção tem a sua história, suas formas prévias, suas tentativas e erros: ela se *torna* convicção depois de *não* o ser por muito tempo, depois de *dificilmente* sê-lo por um tempo maior ainda. O quê? Entre essas formas embrionárias da convicção não poderia estar também a mentira? – Muitas vezes, basta apenas uma mudança de pessoa: no filho se torna convicção o que no pai ainda era mentira. – Chamo de mentira *não* querer ver algo que se vê, não querer ver algo da *maneira* que se vê: se a mentira tem lugar diante de testemunhas ou sem elas, é algo que não entra em consideração. A mentira mais habitual é aquela com que alguém engana a si mesmo; enganar os outros é, relativamente, a exceção. – Esse *não* querer ver o que se vê, esse não querer ver da *maneira* que se vê, é quase a condição primeira de todos que são *partidários* em algum sentido: o homem de partido se torna necessariamente mentiroso. A historiografia alemã, por exemplo, está convencida de que Roma era o despotismo, de que os germanos trouxeram o espírito da liberdade ao mundo: há alguma diferença entre essa convicção e uma mentira? Deve causar alguma admiração que todos os partidos, também os historiadores alemães, papagueiem por instinto as grandes palavras da moral – que a moral quase *continue existindo* pelo fato de que o partidário de toda espécie a necessite a todo o momento? – "Eis a *nossa* convicção: nós a professamos diante do mundo inteiro, nós vivemos e morremos por ela – respeito por todos que têm convicções!" – ouvi coisas assim até da boca de antissemitas. Pelo contrário, meus senhores! Um antissemita não se torna de modo algum mais decente pelo fato de mentir por princípio... Os sacerdotes, que são mais sutis nessas coisas e que entendem muito bem a objeção que se encontra no conceito de uma convicção, ou seja, de uma mendacidade por princípio, *porque* útil, tomaram dos judeus a esperteza de introduzir neste ponto o conceito de "Deus", "vontade divina", "revelação divina". Também Kant, com o seu imperativo categórico, seguiu o mesmo caminho: sua razão tornou-se aí *prática*. – Há questões cuja verdade ou falsidade *não* cabe ao homem decidir; todas as questões supremas, todos os problemas supremos de valor estão além da razão humana... Apreender os limites da razão – apenas *isso*, em verdade, é filosofia... Para que Deus deu a revelação ao homem? Teria Deus feito algo supérfluo? O homem não é *capaz* de saber por si mesmo o que é bom e o que é mau, por isso Deus lhe ensinou a sua vontade... Moral: o sacerdote *não* mente – a questão acerca da "verdade" e da "falsidade" em tais assuntos de que falam os sacerdotes absolutamente não permite mentir. Pois para mentir, teria de ser possível decidir *o que* aí é verdadeiro. Mas justamente disso o homem não é *capaz*; o sacerdote, assim, é apenas o porta-voz de Deus. – Semelhante silogismo sacerdotal não é de modo algum meramente judaico ou cristão: o direito à mentira e a *esperteza* da "revelação" pertencem ao tipo sacerdote, tanto ao sacerdote da *décadence* quanto ao sacerdote do paganismo (pagãos são todos aqueles que dizem *sim* à vida, cujo "deus" é o sinônimo do grande *sim* a todas as coisas). – A "lei", a "vontade de Deus", a "sagrada escritura", a "inspiração" – apenas palavras para as condições *sob* as quais o sacerdote chega ao poder, *com* as quais conserva o seu poder – esses conceitos se encontram na base de todas as organizações sacerdotais, de todas as formações de domínio sacerdotais ou filosófico-sacerdotais. A "santa mentira" – comum a Confúcio, ao Código de Manu[72], a Maomé, à Igreja cristã: ela não falta em Platão. "Eis a verdade": isso significa, onde quer que seja dito, que *o sacerdote está mentindo*...

56

Por fim, trata-se de saber com que *finalidade* se está mentindo. O fato de que o cristianismo careça de finalidades "santas" é a *minha* objeção contra os seus meios. Apenas finalidades *ruins*: envenenamento, calúnia, negação da vida, o desprezo pelo corpo, o aviltamento e a autoviolação do homem por meio do conceito de pecado – *logo*, seus meios também são ruins. – Com um sentimento oposto, leio o Código de *Manu*, uma obra incomparavelmente espiritual e superior, cuja mera menção em um mesmo fôlego junto com a Bíblia seria um pecado contra o *espírito*. Logo se percebe: ele tem uma verdadeira filosofia atrás de si, *em* si, não apenas uma judaína[73] malcheirosa de rabinismo e superstição – mesmo ao filósofo mais exigente, ele dá o que morder. *Sem* esquecer o principal, a diferença fundamental em relação a toda espécie de Bíblia: as camadas *nobres*, os filósofos e os guerreiros, estendem com ele a sua mão sobre a multidão; por toda parte, valores nobres, um sentimento de perfeição, um dizer *sim* à vida, um bem-estar triunfante consigo mesmo e com a vida – o *Sol* brilha no livro inteiro. – Todas as coisas acerca das quais o cristianismo manifesta a sua insondável vulgaridade, por exemplo, a geração, a mulher, o casamento, são aí tratadas seriamente,

72. Elaborado por sacerdotes entre os séculos II a.C. e II d.C, o Código de Manu regulamenta todos os aspectos da vida no mundo indiano.

73. A "substância" do judaísmo. A palavra, informa o tradutor espanhol Andrés Sánchez Pascual, é invenção de Paul de Lagarde (1827-1891), que a emprega na obra *Da relação do Estado alemão com a teologia, a Igreja e a religião.*

com respeito, com amor e confiança. Como se pode deixar cair nas mãos de crianças e mulheres um livro que contém a seguinte passagem infame: "Mas, por causa da prostituição, cada um tenha a sua própria mulher, e cada uma tenha o seu próprio marido: porque é melhor casar do que abrasar-se"?[74] E é *lícito* ser cristão enquanto a origem do homem estiver cristianizada, ou seja, *emporcalhada*, com o conceito de *immaculata conceptio*?... Não conheço nenhum livro em que sejam ditas à mulher tantas coisas delicadas e bondosas como no Código de Manu; esses anciãos e santos têm um modo de ser corteses com as mulheres que talvez nunca tenha sido superado. "A boca de uma mulher" – diz um trecho –, "o seio de uma donzela, a oração de uma criança e a fumaça do sacrifício são sempre puros." Em outra parte: "Não há nada mais puro do que a luz do sol, a sombra de uma vaca, o ar, a água, o fogo e o hálito de uma donzela". Um último trecho – talvez também uma santa mentira –: "Todas as aberturas do corpo acima do umbigo são puras, todas as que ficam abaixo são impuras. Apenas na donzela o corpo inteiro é puro".

57

Surpreende-se a *falta de santidade* dos meios cristãos *in flagranti* quando se compara a *finalidade cristã* com a finalidade do Código de Manu – quando se coloca essa enorme oposição de finalidades sob uma luz forte. O crítico do cristianismo não pode se poupar de tornar o cristianismo *desprezível*. – Um código como o de Manu surge como todo bom código: ele resume a experiência, a prudência e a moral experimental de longos séculos; ele encerra, não cria mais nada. O pressuposto de uma codificação desse tipo é a compreensão de que os meios de dar autoridade a uma verdade alcançada de modo lento e dispendioso são fundamentalmente diferentes daqueles com que ela seria provada. Um código não menciona jamais a utilidade, as razões, a casuística na pré-história de uma lei: precisamente com isso ele perderia o tom imperativo, o "tu deves", o pressuposto para se fazer obedecer. Justamente aí está o problema. – Em um determinado ponto do desenvolvimento de um povo, sua camada mais circunspecta, ou seja, aquela que mais olha para trás e para fora, declara encerrada a experiência segundo a qual se deve – ou seja, se *pode* – viver. Seu objetivo é armazenar a colheita mais rica e completa possível das épocas de experimentação e *péssima* experiência. Por conseguinte, o que cabe impedir acima de tudo é o prosseguimento das experiências, a continuação do estado fluido dos valores, o exame, a escolha, o exercício da crítica dos valores *in infinitum*. Contra isso, coloca-se uma

74. 1 Coríntios 7, 2 e 9.

dupla barreira: primeiramente, a *revelação*, ou seja, a afirmação de que a razão dessas leis *não* é de origem humana, *não* foi procurada e encontrada de modo lento e repleto de erros, mas, sendo de origem divina, é completa, perfeita, sem história, uma dádiva, um milagre, meramente comunicada... Em seguida, a *tradição*, ou seja, a afirmação de que a lei já existe há tempos imemoriais, de que colocá-la em dúvida é desrespeitoso, um crime contra os antepassados. A autoridade da lei se fundamenta nas seguintes teses: Deus a *concedeu*, os antepassados a *viveram*. – A elevada razão de semelhante procedimento reside no propósito de reprimir passo a passo a consciência acerca da vida reconhecida como correta (quer dizer, *comprovada* através de uma experiência enorme e finamente peneirada): de modo que se alcance o completo automatismo do instinto – esse pressuposto de toda espécie de mestria, de toda espécie de perfeição na arte da vida. Elaborar um código como o de Manu significa permitir a um povo que doravante se torne mestre, se torne perfeito – que ambicione a suprema arte da vida. *Para tanto, é preciso torná-lo inconsciente*: essa a finalidade de toda santa mentira. – O *ordenamento em castas*, a lei dominante, suprema, é apenas a sanção de uma *ordem natural*, de uma legitimidade natural de primeira categoria, sobre a qual nenhuma arbitrariedade, nenhuma "ideia moderna" tem poder. Em toda sociedade sã diferenciam-se três tipos de distinta gravitação fisiológica que se condicionam mutuamente, cada um dos quais com a sua própria higiene, seu próprio campo de trabalho, sua própria espécie de mestria e sentimento de perfeição. É a natureza, *não* Manu, que separa os predominantemente espirituais, os predominantemente fortes de músculos e temperamento, e os que não se distinguem nem em uma coisa nem em outra, os medíocres – estes são o maior número, os primeiros são a elite. A casta superior – cujos membros chamo de *os pouquíssimos* –, na condição de casta perfeita, também possui os privilégios dos pouquíssimos: entre eles, o de representar a felicidade, a beleza, a bondade na Terra. Apenas os homens mais espirituais possuem a permissão à beleza, *ao* belo: somente neles a bondade não é fraqueza. *Pulchrum est paucorum hominum*[75]: o bom é um privilégio. Em compensação, nada lhes é menos permitido do que os maus modos ou um olhar pessimista, um olho que *afeie* – ou qualquer indignação com o aspecto geral das coisas. A indignação é o privilégio dos chandalas; do mesmo modo, o pessimismo. "*O mundo é perfeito*"[76] – assim fala o instinto dos mais espirituais, o instinto que diz *sim*: "A imperfeição, o *abaixo* de nós de qualquer espécie, a distância, o *páthos* da distância, mesmo o chandala fazem parte dessa perfeição". Os

75. "O belo é para poucos" (Horácio, *Sátiras*, I, 9, 44).

76. *Assim falou Zaratustra*, IV, "Meio-dia".

homens mais espirituais, sendo os *mais fortes*, encontram sua felicidade onde outros encontrariam sua destruição: no labirinto, na dureza consigo próprios e com os outros, na experimentação; seu prazer é o autodomínio: neles, o ascetismo se torna natureza, necessidade, instinto. Eles consideram a tarefa difícil como privilégio; brincar com fardos que a outros esmagam, uma *recreação*... Conhecimento – uma forma de ascetismo. – Eles são a espécie mais respeitável de homem: o que não exclui que sejam a mais alegre, a mais amável. Eles não dominam porque querem, mas porque *são*, eles não são livres para serem os segundos. – Os *segundos*: são os vigias do direito, os guardiões da ordem e da segurança, são os guerreiros nobres, sobretudo o *rei*, como a fórmula máxima de guerreiro, juiz e mantenedor da lei. Os segundos são os executivos dos mais espirituais, os que lhes estão mais próximos, aqueles que os aliviam de tudo o que há de *grosseiro* no trabalho de comandar – são o seu séquito, sua mão direita, seus melhores discípulos. – Em tudo isso, repito, não há qualquer arbitrariedade, nada de "artificioso"; o que é *de outro modo*, é artificioso – a natureza é então afrontada... O ordenamento em castas, a *hierarquia*, apenas formula a lei suprema da própria vida; a separação dos três tipos é necessária à conservação da sociedade, à possibilitação de tipos elevados e elevadíssimos – a *desigualdade* de direitos é a condição para que existam direitos. – Um direito é um privilégio.[77] No seu modo de ser, cada um também possui o seu privilégio. Não subestimemos os privilégios dos *medíocres*. Conforme a *altura*, a vida se torna sempre mais dura – aumenta o frio, aumenta a responsabilidade. Uma cultura elevada é uma pirâmide: ela pode se erguer apenas sobre um solo amplo, ela tem como pressuposto, antes de mais nada, uma mediocridade forte e sadiamente consolidada. Os ofícios manuais, o comércio, a agricultura, a *ciência*, a maior parcela da arte, em uma palavra, todo o complexo das atividades profissionais, é compatível apenas com uma mediania nas capacidades e ambições: coisas assim estariam deslocadas entre exceções, o instinto correspondente contradiria tanto o aristocratismo quanto o anarquismo. Há uma determinação natural no fato de que alguém seja uma utilidade pública, uma engrenagem, uma função: *não* a sociedade, mas a espécie de *felicidade* de que apenas o grande número é capaz, faz deles máquinas inteligentes. Para os medíocres, ser medíocre é uma felicidade; a mestria em uma só coisa, a especialidade, é um instinto natural. Seria completamente indigno de um espírito profundo ver na mediocridade como tal uma objeção. Ela é inclusive a necessidade *primeira* para que possam existir exceções: uma cultura elevada é condicionada por ela. Se o homem de exceção trata justamente os medíocres com mãos mais delicadas

77. Em alemão: *Ein Recht ist ein Vorrecht*, jogo de palavras que se perdeu na tradução.

do que a si mesmo e a seus iguais, isso não é mera cortesia do coração – é simplesmente o seu *dever*... A quem mais odeio entre a canalha de hoje? A canalha socialista, os apóstolos chandalas, aqueles que minam o instinto, o prazer, o sentimento de satisfação do trabalhador com sua pequena existência – aqueles que o tornam invejoso, que lhe ensinam a vingança... A injustiça não se encontra de modo algum nos direitos desiguais, ela se encontra na reivindicação por direitos "*iguais*"... O que é *ruim*? Mas já o disse: tudo o que provém da fraqueza, da inveja, da *vingança*. – O anarquista e o cristão têm a mesma origem...

58

De fato, a finalidade com que se mente faz diferença: se com ela se conserva ou se *destrói*. É possível estabelecer uma relação de completa igualdade entre o *cristão* e o *anarquista*: sua finalidade, seu instinto, dirige-se apenas à destruição. Para comprovar essa tese, basta ler a história: nela a encontramos com uma clareza terrível. Se acabamos de conhecer uma legislação religiosa cuja finalidade era "eternizar" uma grande organização da sociedade, a suprema condição para que a vida *prospere*, o cristianismo encontrou sua missão em dar cabo de uma organização exatamente como essa *porque nela a vida prosperava*. Ali o ganho da razão, resultado de prolongadas épocas de experimentação e incerteza, seria investido para uso futuro, e a colheita seria armazenada de forma tão grande, tão rica, tão completa quanto fosse possível: aqui, ao contrário, ela foi *envenenada* de um dia para o outro... Aquilo que lá estava *aere perennius*[78], o *imperium Romanum*, a mais grandiosa forma de organização sob condições difíceis até agora alcançada, comparada com a qual tudo o que veio antes, tudo o que veio depois é coisa malfeita, mal-acabada, diletantismo – esses anarquistas santos fizeram da destruição do "mundo", *quer dizer*, do *imperium Romanum*, até que não restasse pedra sobre pedra, uma questão de "devoção" – até o ponto em que mesmo germanos e outros grosseirões pudessem dominá-lo... O cristão e o anarquista: ambos *décadents*, ambos incapazes de agir de outro modo que não seja desagregando, envenenando, estiolando, *sugando o sangue*, ambos com o instinto do *ódio mortal* contra tudo que está de pé, que está grandiosamente de pé, que tem duração, que promete futuro à vida... O cristianismo foi o vampiro do *imperium Romanum* – de um dia para o outro, ele reduziu a nada o formidável feito dos romanos de conquistar o solo para uma grande cultura, *que tem*

78. De um verso de Horácio (*Odes* III, 30, 1): *Exegi monumentum aere perennius*, "Erigi um monumento mais duradouro que o bronze".

tempo. – Ainda não se compreende isso? O *imperium Romanum* que conhecemos, que a história da província romana nos ensina a conhecer cada vez melhor, essa admirabilíssima obra de arte do grande estilo, era um começo; sua construção foi calculada para ser *provada* com os milênios – até hoje não se construiu assim, nem sequer se sonhou construir em tal medida *sub specie aeterni*![79] Essa organização era sólida o bastante para resistir a imperadores ruins: o acaso de pessoas não deve ter relação alguma com tais coisas – *primeiro* princípio de toda grande arquitetura. Mas ela não foi sólida o bastante frente à *mais corrupta* espécie de corrupção, frente aos *cristãos*... Esses vermes dissimulados, envoltos em noite, névoa e ambiguidade, se aproximaram furtivamente de todos os indivíduos e de cada um deles sugaram a seriedade para coisas *verdadeiras*, o instinto para *realidades*; essa corja covarde, feminina e açucarada desviou as "almas" passo a passo dessa formidável construção – aquelas naturezas valiosas, virilmente nobres, que consideravam a causa de Roma sua própria causa, sua própria seriedade, seu próprio *orgulho*. A hipocrisia dos santarrões, os segredinhos de conventículo, conceitos sombrios como inferno, sacrifício do inocente, *unio mystica*[80] ao beber sangue, sobretudo o fogo lentamente atiçado da vingança, da vingança chandala – *isso* tornou-se senhor de Roma, a mesma espécie de religião que, já em sua forma preexistente, foi combatida por Epicuro. Leia-se Lucrécio[81] para entender *o que* Epicuro combateu, *não* o paganismo, mas "o cristianismo", quer dizer, a corrupção das almas através dos conceitos de culpa, punição e imortalidade. – Ele combateu os cultos *subterrâneos*, todo o cristianismo latente – já então, negar a imortalidade era uma verdadeira *redenção*. – E Epicuro teria vencido, todo espírito respeitável no império romano era epicurista: *então apareceu Paulo*... Paulo, o ódio chandala contra Roma, contra "o mundo", tornado carne e gênio, o judeu, o judeu *errante*[82] por excelência... O que ele adivinhou foi como poderia botar "fogo no mundo" com o auxílio do pequeno movimento sectário cristão à margem do judaísmo, como se poderia reunir em uma potência formidável, sob o símbolo "Deus na cruz", tudo o que estava por baixo, tudo o que era secretamente revoltoso, toda a herança das conspirações anarquistas no império. "A salvação vem dos judeus." – O cristianismo como fórmula para sobrepujar os cultos subterrâneos de todo

79. "Sob a perspectiva da eternidade."

80. União mística.

81. Tito Lucrécio Caro (c.97-c.55 a.C.), seguidor de Epicuro, foi autor do poema *De rerum natura*, "Da natureza das coisas".

82. Em alemão, *ewige Jude* (literalmente, "judeu eterno"): figura lendária que teria sido condenada por Jesus a errar pelo mundo até o final dos tempos.

tipo, o de Osíris, o da Grande Mãe, o de Mitra, por exemplo – *e* reuni-los: nesse lampejo consiste o gênio de Paulo. Seu instinto foi tão certeiro nisso que ele pôs na boca do "salvador" de sua invenção, e não apenas na boca, em uma implacável violência à verdade, as ideias com que aquelas religiões chandalas fascinavam – que *fez* dele algo que também um sacerdote de Mitra pudesse entender... Esse foi o seu instante de Damasco: ele compreendeu que *necessitava* da crença na imortalidade para depreciar "o mundo", que o conceito "inferno" ainda se tornaria senhor de Roma – que se *mata a vida* com o "além"... Niilista e cristão: isso rima, e não apenas rima...[83]

59

Todo o trabalho do mundo antigo *em vão*: não tenho palavras que exprimam meu sentimento acerca de algo tão monstruoso. E, considerando que seu trabalho era um trabalho prévio, que, com uma granítica consciência de si, fora assentado tão somente o alicerce para um trabalho de milênios, todo o *sentido* do mundo antigo em vão!... Para que gregos? Para que romanos? – Todos os pressupostos para uma cultura erudita, todos os *métodos* científicos já existiam, a grande, incomparável arte de bem ler já estava estabelecida – esse pressuposto à tradição da cultura, à unidade da ciência; a ciência natural, aliada à matemática e à mecânica, estava no melhor dos caminhos, o *sentido para os fatos*, o último e mais valioso de todos os sentidos, tinha as suas escolas, sua tradição de séculos! Compreende-se isso? Tudo o que era *essencial* para poder lançar-se ao trabalho fora encontrado: os métodos, é preciso dizê-lo dez vezes, *são* o essencial, também o mais difícil, também aquilo que por mais longo tempo possui os hábitos e a preguiça contra si. O que hoje reconquistamos com indizível autodomínio – pois, de algum modo, todos ainda possuímos no corpo os instintos ruins, cristãos –, o olhar livre frente à realidade, a mão cautelosa, a paciência e a seriedade para as pequeníssimas coisas, toda a *retidão* do conhecimento – tais coisas já existiam! Há mais de dois milênios! *E*, somado a isso, o gosto e o tato bons e refinados! *Não* como adestramento do cérebro! *Não* como formação "alemã" com modos de grosseirões! Mas como corpo, gesto, instinto – em uma palavra, como realidade... *Tudo em vão*! De um dia para o outro, apenas uma lembrança! – Gregos! Romanos! A nobreza do instinto, do gosto, a investigação metódica, o gênio da organização e da administração, a crença, a *vontade* de que o homem tenha futuro, o grande *sim* a todas as coisas tornado visível, visível para todos os sentidos, como *imperium Romanum*, o

83. Em alemão, naturalmente: *Nihilist und Christ.*

grande estilo não mais apenas arte, mas tornado realidade, verdade, *vida*... – E não sepultado de um dia para o outro por um desastre natural! Não pisoteado por germanos e outros patudos! Mas arruinado por vampiros astutos, dissimulados, invisíveis, anêmicos! Não derrotado – apenas sugado!... A sede oculta de vingança, a pequena inveja tornada *senhor*! Tudo o que havia de deplorável, que sofria consigo mesmo, que era atormentado por sentimentos ruins, todo o *mundo-gueto* da alma repentinamente *no topo*! – Leia-se qualquer um dos agitadores cristãos, santo Agostinho, por exemplo, para compreender, para *cheirar* que tipo de camarada chegou ao topo. Estaríamos completamente enganados ao pressupor alguma falta de inteligência por parte dos líderes do movimento cristão: oh, eles são espertos, espertos até a santidade, esses senhores Padres da Igreja! O que lhes falta é algo bem diferente. A natureza os negligenciou – ela esqueceu de lhes dar um dote modesto de instintos respeitáveis, decentes, *limpos*... Cá entre nós, eles nem sequer são homens... Se o islã despreza o cristianismo, tem mil vezes razão para tanto: o islã tem homens como pressuposto...

60

O cristianismo nos privou da colheita da cultura antiga, posteriormente nos privou também da colheita da cultura *islâmica*. O admirável mundo cultural mourisco da Espanha, no fundo a *nós* mais aparentado, que fala mais aos nossos sentidos e ao nosso gosto do que Roma e Grécia, foi *pisoteado* – não digo por que pés –, e por quê? Porque devia sua origem a instintos nobres, viris, porque dizia *sim* à vida até com as mais raras e refinadas preciosidades da vida mourisca!... Mais tarde, os cruzados combateram algo diante do que lhes teria sido mais adequado deitarem-se na poeira – uma cultura diante da qual mesmo o nosso século XIX deveria parecer muito pobre, muito "atrasado". – Todavia, eles queriam fazer pilhagem: o Oriente era rico... Sejamos francos! As cruzadas – a suprema pirataria, nada mais! – A aristocracia alemã, aristocracia viquingue, no fundo, estava assim em seu elemento: a Igreja sabia muito bem com que meios se *tem* a aristocracia alemã... A aristocracia alemã, sempre a "Guarda Suiça" da Igreja, sempre a serviço dos maus instintos da Igreja – mas *bem paga*... Que a Igreja tenha travado a sua guerra de hostilidade mortal com tudo o que é nobre na Terra justamente com o auxílio de espadas alemãs, da coragem e do sangue alemães! Neste ponto, há uma série de questões dolorosas. A aristocracia alemã está praticamente *ausente* na história da cultura elevada: percebe-se o motivo... Cristianismo, álcool – os dois *grandes* meios da corrupção... Em si, não deveria mesmo haver escolha entre o islã e o cristianismo, tão pouco quanto entre um árabe e um judeu. A decisão está dada, ninguém é livre para ainda escolher no que diz respeito a isso. Ou se *é* um chandala ou *não* se é... "Guerra a Roma por todos os meios! Paz, amizade, com o islã": assim sentiu, assim *agiu* aquele grande espírito livre, o gênio dentre os imperadores alemães, Frederico II.[84] Como? Um alemão deve primeiro ser gênio, primeiro ser espírito livre, para sentir *decentemente*? – Não compreendo como um alemão alguma vez pôde ter uma sensibilidade *cristã*...

61

Neste ponto é necessário tocar em uma lembrança ainda cem vezes mais embaraçosa para os alemães. Os alemães privaram a Europa da última grande colheita cultural que lhe cabia armazenar – a da *Renascença*. Compreende-se, afinal, *quer-se* compreender, *o que* foi a Renascença? A *transvaloração dos valores cristãos*, a tentativa, empreendida por todos os meios, com todos os instintos, com todo o gênio, de levar à vitória os valores *contrários*, os valores *nobres*... Até agora, houve apenas *essa* grande guerra, até agora não houve nenhum questionamento mais decisivo que o da Renascença – a *minha* questão é a sua questão –: também nunca houve uma forma de *ataque* mais radical, mais direta, mais severa em todo o front e contra o centro! Atacar no lugar decisivo, na própria sede do cristianismo, colocar aí no trono os valores *nobres*, quer dizer, *introduzi-los* nos instintos, necessidades e apetites mais básicos do próprio ocupante do trono... Diante de mim, vejo uma *possibilidade* de encanto e colorido completamente sobrenaturais: parece-me que ela brilha com todos os estremecimentos da beleza refinada, que nela atua uma arte tão divina, tão diabolicamente divina, que se procura em vão ao longo de milênios por uma segunda possibilidade dessas; eu vejo uma comédia tão engenhosa, ao mesmo tempo tão magnificamente paradoxal, que todos os deuses do Olimpo teriam ocasião para uma gargalhada imortal – *César Bórgia feito papa*...[85] Compreende-se o que digo?... Pois bem, *essa* teria sido a única vitória pela qual *eu* anseio hoje: com ela o cristianismo teria sido *eliminado*! – O que aconteceu? Um monge alemão, Lutero, veio à Roma. Esse monge, que levava em seu corpo todos os instintos vingativos de um sacerdote malogrado, indignou-se em Roma *contra* a Renascença... Em vez de compreender com profunda gratidão a coisa formidável que acontecera, a superação do cristianismo em sua *sede* – seu ódio apenas soube extrair

84. Frederico II (1194-1250) foi imperador da Alemanha a partir de 1220.

85. César Bórgia (1476-1507): político italiano, foi o modelo do *Príncipe* de Maquiavel.

alimento dessa comédia. Um homem religioso pensa apenas em si. – Lutero viu a *corrupção* do papado enquanto o que saltava aos olhos era justamente o contrário: a velha corrupção, o *peccatum originale*, o cristianismo, *não* estava mais sentado na cadeira do papa! Mas a vida! Mas o triunfo da vida! Mas o grande *sim* a todas as coisas elevadas, belas, ousadas!... E Lutero *restabeleceu a Igreja*: ele a atacou... A Renascença – um acontecimento sem sentido, um grande *em vão*! – Ah, esses alemães, o que já não nos custaram! Em vão – essa sempre foi a *obra* dos alemães. – A Reforma; Leibniz; Kant e a assim chamada filosofia alemã; as Guerras de Libertação; o *Reich* – a cada vez um *em vão* para algo que já existia, para algo *irrecuperável*...[86] Eles são *meus* inimigos, confesso, esses alemães: detesto neles toda espécie de desasseio conceitual e valorativo, de *covardia* frente a todo *sim* e *não* honestos. Há quase um milênio, eles enredaram e confundiram tudo que tocaram, eles carregam na consciência todas as coisas feitas pela metade – ou nem pela metade! – das quais a Europa padece – eles também carregam na consciência a mais imunda espécie de cristianismo que existe, a mais incurável, a mais irrefutável, o protestantismo... Se não se conseguir dar um fim no cristianismo, os *alemães* serão culpados disso...

62

Com isso chego ao fim e dou meu veredicto. Eu *condeno* o cristianismo, eu instauro contra a Igreja cristã a mais terrível das acusações que alguma vez tenha sido feita por um promotor. Para mim, ela é a maior das corrupções imagináveis, ela teve a vontade até para a última das corrupções possíveis. A Igreja cristã não deixou nada intocado com a sua depravação, ela fez de cada valor um desvalor, de cada verdade uma mentira, de cada retidão uma vileza da alma. Que alguém ouse me falar de suas bênçãos "humanitárias"! *Abolir* qualquer calamidade iria contra o seu interesse mais profundo – ela vive de calamidades, ela *cria* calamidades para *se* eternizar... O verme do pecado, por exemplo: foi a Igreja que enriqueceu a humanidade com essa desgraça! – A "igualdade das almas perante Deus", essa falsidade, esse *pretexto* para as *rancunes*[87] de todos os que tinham intenções vis, esse explosivo conceitual que por fim se transformou em revolução, ideia moderna e princípio de declínio de toda ordem social – é dinamite *cristã*... Bênçãos "humanitárias" do

86. As "Guerras de Libertação": as guerras contra o domínio napoleônico (1813-1815). O *Reich*: trata-se do Segundo *Reich*, resultado da unificação dos estados alemães por Bismarck em 1871.

87. Rancores.

cristianismo! Fazer da *humanitas* algo que se contradiz, uma arte da autoviolação, uma vontade de mentira a todo custo, uma repulsa, um desprezo a todos os instintos bons e retos! – Essas seriam as bênçãos do cristianismo! – O parasitismo como a *única* prática da Igreja; com seus ideais de anemia, de "santidade", bebendo todo sangue, todo amor, toda esperança na vida; o além como vontade de negar toda a realidade; a cruz como distintivo da mais subterrânea conspiração que já existiu – contra a saúde, a beleza, a boa constituição, a valentia, o espírito, a *bondade* de alma, *contra a própria vida...*

Quero escrever essa acusação eterna ao cristianismo em todos os muros, onde quer que existam muros – tenho letras que também farão os cegos enxergar... Chamo o cristianismo de a única grande maldição, a única grande corrupção e a mais profunda, o único grande instinto de vingança, para o qual nenhum meio é venenoso, dissimulado, subterrâneo, *pequeno* o bastante – chamo-o de a única mácula imortal da humanidade...

E o tempo é contado a partir do *dies nefastus*88 em que essa fatalidade começou – a partir do *primeiro* dia do cristianismo! – *Por que não a partir de seu último dia? – A partir de hoje?* – Transvaloração de todos os valores!...

88. Dia nefasto.

Lei contra o cristianismo

Promulgada no dia da salvação, dia 1º do ano 1 (30 de setembro de 1888 da equivocada contagem de tempo).

Guerra de morte contra o vício: o vício é o cristianismo.

Artigo primeiro – Viciosa é toda espécie de antinatureza. A mais viciosa espécie de homem é o sacerdote: ele *ensina* a antinatureza. Contra o sacerdote não se tem razões, tem-se a prisão.

Artigo segundo – Toda participação em um ofício religioso é um atentado à moralidade pública. Deve-se ser mais duro com os protestantes do que com os católicos, mais duro com os protestantes liberais do que com os ortodoxos. O que há de criminoso no fato de ser cristão aumenta à medida que alguém se aproxima da ciência. O criminoso dos criminosos, portanto, é o *filósofo*.

Artigo terceiro – O lugar maldito em que o cristianismo chocou seus ovos de basilisco deve ser arrasado e, como lugar *infame* da Terra, será o terror de toda a posteridade. Nele deverão ser criadas serpentes venenosas.

Artigo quarto – A pregação da castidade é uma incitação pública à antinatureza. Todo desprezo da vida sexual, toda impurificação da mesma mediante o conceito de "impuro" é o verdadeiro pecado contra o espírito santo da vida.

Artigo quinto – Sentar à mesa com um sacerdote leva à expulsão: com isso uma pessoa se excomunga da sociedade honesta. O sacerdote é o *nosso* chandala – ele deve ser proscrito, condenado à fome, enxotado para toda espécie de deserto.

Artigo sexto – A história "sagrada" deve ser chamada pelo nome que merece, o de história *maldita*; as palavras "Deus", "Salvador", "Redentor", "santo" devem ser usadas como insultos, como distintivos para os criminosos.

Artigo sétimo – O resto segue-se daí.

O anticristo

Ecce homo

De como a gente se torna o que a gente é

Organização, tradução, apresentação, glossário e notas de

Marcelo Backes

Apresentação

Breve introdução à importância de Nietzsche

Marcelo Backes[1]

Os intérpretes de Nietzsche sempre colocaram o filósofo no apogeu de um desenvolvimento, no fim de uma evolução, no auge de um processo histórico.

Karl Jaspers, o filósofo alemão, dividiu a história do pensamento ocidental em dois períodos, fazendo de Nietzsche um divisor de águas. Se antes dele dominava o "conhece-te a ti mesmo" socrático – que perdurou até Hegel, com o qual alcançou o ápice –, depois dele a filosofia se caracteriza por um profundo desengano em relação à racionalidade, pela dissolução de todos os elos e pela queda de todas as autoridades.

György Lukács, o crítico literário húngaro, esclareceu Nietzsche como o "destruidor da razão", a "expressão da ideologia reacionária do imperialismo mundial", principalmente no livro intitulado *De Nietzsche a Hitler ou o Irracionalismo e a Política Alemã*. Martin Heidegger, por sua vez, identificou Nietzsche como o último dos filósofos metafísicos e colocou o divisor de águas em si mesmo, dizendo ter sido ele o primeiro filósofo não metafísico da história da filosofia ocidental.

Max Weber, de sua parte, disse: "O mundo onde nós existimos em termos de pensamento é um mundo cunhado pelas figuras de Marx e Nietzsche". Michel Foucault desenvolveu a Teoria do Filósofo e a base de todo seu pensamento sobre a visão que desenvolvera a respeito da obra do pensador alemão. Foucault vê Marx e Hegel como os responsáveis pelo humanismo de seu tempo e Nietzsche como a opção não dialética – e, portanto, não humanista – a esse ponto de vista.

Fato é que Nietzsche foi um dos mais importantes pensadores alemães de todos os tempos e estendeu a área de suas influências para muito além da filosofia, adentrando a literatura, a poesia e todos os âmbitos das belas-artes. Influenciou movimentos que vão do naturalismo alemão ao modernismo vienense, e escritores tão diferentes quanto Heinrich e Thomas Mann. Com sua obra quebradiça e aparentemente fragmentária, que no fundo adquire

1. Ver nota da p. 85. (N.E.)

uma vitalidade orgânica que lhe dá unidade através do aforismo, Nietzsche mostrou, desde o início, que todo artista genuíno tem de, de uma maneira ou de outra, conspurcar o próprio ninho. E Nietzsche, que nasceu cercado de moral por todos os lados, fez da moral o alvo de seus combates e considerou sua guerra pessoal contra ela sua maior vitória.

CHISPAS DA OBRA

Nietzsche viveu sobre a navalha da interpretação. Mal-interpretado como filósofo, já em função de seu estilo poético, já devido à exploração de certos aspectos de seu pensamento – malversados pela irmã e pelo nazismo[2] –, Nietzsche foi, na realidade, um dos críticos mais ferozes da religião, da moral e da tradição filosófica do Ocidente.

O vigoroso espírito crítico de Nietzsche dirigiu-se especialmente contra a ética cristã. Se para ela o bom é o humilde, o pacífico, o maleável, e o mau é o forte, o enérgico e o altivo, para Nietzsche essa é a moralidade de um mundo dividido entre senhores e escravos. O valor supremo que deve nortear o critério do que é bom, verdadeiro e belo é, para Nietzsche, a vontade do forte. Trocando em miúdos e esculpindo o pensamento de Nietzsche a grosso modo: é bom o que vem da força, é mau o que vem da fraqueza.

Nos "Ditos e Flechas" de *O crepúsculo dos ídolos*, Nietzsche faz um de seus alertas contra a moral, foco de seus ataques desde o princípio da vida filosófica. Ele, que sempre seguiu o mandato de Goethe que dizia que a "humildade é o postulado dos vagabundos", assegura que a humildade é (boa) para os vermes. Em *Humano, demasiado humano*, Nietzsche chegaria a corrigir o evangelista Lucas, que dissera no capítulo 18, versículo 14, de seu evangelho: "Quem rebaixa aos outros, quer elevar a si mesmo". Nietzsche alega que melhorou a sentença bíblica com a sua versão, rematadamente irônica e nitidamente realista: "Quem rebaixa a si mesmo, quer ser elevado".

Para Nietzsche o homem aspira à imortalidade, mas isso não significa – nem importa – nada, já que a realidade se repete a si mesma num devir renitente, que constitui o eterno retorno. O homem só se salva pela aceitação da finitude, pois assim se converte em dono de seu destino, se liberta do desespero para afirmar-se no gozo e na dor de existir. De modo que o futuro da humanidade depende dos super-homens[3], capazes de se sobrepor à fraqueza, e não da integração destes ao rebanho comum dos fracos.

2. Ver dados biobibliográficos acerca de Nietzsche.

3. Ver nota 41.

O impressionismo de Nietzsche desvendava o mundo aforisticamente – sobretudo na parte intermediária de sua obra. Na verdade, o autor parece capaz de filosofar apenas através do espasmo do aforismo e do fulgor poético do ditirambo. Nietzsche filosofou em aforismos e ditirambos e – a humildade jamais fez parte de suas características – considerava-se o mestre do gênero na pátria literária de Lichtenberg. Num desses aforismos, o filósofo chegou a dizer: "O aforismo, a sentença, gêneros nos quais eu sou o primeiro entre os mestres alemães, são as formas da **Eternidade**; minha ambição é dizer, em dez frases, o que todos os outros dizem num livro... o que todos os outros **não** dizem num livro...".[4]

Ecce homo

De quebra – e talvez em resposta antecipada à barafunda de interpretações de que sua filosofia foi vítima – Nietzsche escreveu, ele mesmo, a melhor obra para entender a obra de Nietzsche. É o *Ecce homo*, sua autobiografia escrita aos quarenta e quatro anos, o último suspiro antes do declínio, um dos mais belos livros da história da literofilosofia universal.

Ecce homo. De como a gente se torna o que a gente é é a mais poética – e a mais grandiosa – dentre as obras dedicadas ao egocentrismo humano, a mais singular entre as autobiografias que o mundo um dia conheceu. Gerada no limiar – inclusive temporal – entre a razão e a loucura, *Ecce homo* está longe de ser apenas o produto da insânia, inclusive porque – conforme Freud – preserva o domínio da forma. Além da referência crística do título – *Ecce homo* –, há a citação pindárica do subtítulo – *Como a gente se torna o que a gente é.* O *Genói hoios essí* ("Torna-te aquilo que tu és") de Píndaro fascinou Nietzsche desde os tempos de colegial, serviu de epígrafe a um de seus primeiros trabalhos filológicos, foi usado em diversas ocasiões e virou subtítulo de sua obra mais íntima, o *Ecce homo.*[5]

Antes de escrever a obra em prosa, Nietzsche escreveu o "Ecce homo" em versos. Ele faz parte de "Chiste, manha e vingança – Prelúdio em rimas alemãs", a maravilha que introduz a *Gaia ciência* e declara:

---

4. Uma coletânea dos aforismos mais combativos de Nietzsche – além de vários outros fulgores combativos dos principais escritores alemães – pode ser encontrada em meu livro *A Arte do Combate*, editado pela Boitempo Editorial.

5. O título do *Ecce homo*, assim como o da maior parte das obras de Nietzsche, é o resultado de várias mudanças. Nas anotações do legado do autor, pode ser constatado que o *Ecce homo*, antes de receber o título pelo qual foi conhecido, recebera o título provisório de *O espelho* (*Der Spiegel*), mais tarde de *In media vita*, e, mais tarde ainda, de *Ecce homo. In media vita.* Depois de mais um punhado de mudanças, o título final acabou sendo *Ecce homo. Wie man wird, was man ist.*

Ecce homo

Sim! Eu sei muito bem de onde venho!
Insaciável como a chama no lenho
Eu me inflamo e me consumo.
Tudo que eu toco vira luz,
Tudo que eu deixo, carvão e fumo.
Chama eu sou, sem dúvida.

Nos versos desse poema, Nietzsche resume sua filosofia, mostrando que ousa e arrisca, mandando a humildade às favas. "Ecce homo", o poema, antecipa *Ecce homo*, a autobiografia definitiva do autor. "De tudo aquilo que é escrito, me faz gosto de fato apenas aquilo que alguém escreve com sangue. Escreva com sangue e haverás de experimentar que sangue é espírito", disse Nietzsche em outro de seus aforismos. *Ecce homo* é uma obra em sangue, o sumo mais autêntico de um "eu" genial, que fez seu primeiro exercício autobiográfico já aos quatorze anos – com o opúsculo intitulado "Da minha vida" – e jamais deixou de se exprimir autobiograficamente, de buscar em sua própria vida a matéria-prima para a sua obra. Ou alguém é capaz de ler o *Zaratustra* sem pensar na biografia de Nietzsche? Ou por acaso muitos dos aforismos de Nietzsche não são confissões em três linhas? Mesmo quando falava dos outros, sem usar o "eu" – caso das *Considerações extemporâneas* –, Nietzsche chega à conclusão de que no fundo falava "apenas de mim mesmo". Em *Além do bem e do mal*, as últimas dúvidas a respeito da questão foram dirimidas: "Toda a grande filosofia é a autoconfissão de seu autor e uma espécie de *mémoire* involuntária e despercebida". O *Ecce homo* é – portanto – o último elo de uma cadeia de observações acerca de si mesmo. Nele, conforme o já citado Freud, Nietzsche alcançou um grau de introspecção anímica que jamais foi alcançado por alguém e que dificilmente alguém voltará a alcançar um dia.

Depois de escrever que acha impreterível dizer ao mundo quem Nietzsche de fato é, Nietzsche abre o *Ecce homo* declarando que seu retrato surgirá da proclamação da diferença existente entre sua própria grandeza e a pequenez de sua época. Ao mesmo tempo em que diz que a última dentre as coisas que desejou com sua filosofia foi a de melhorar o mundo, declara que o que mais fez foi derrubar ídolos, macular deuses.

Já que a humildade nunca fez parte de sua índole, Nietzsche alerta desde logo que a sua é uma obra das alturas, e que se tem de ir muito alto para alcançá-la. Declara, ainda no prefácio, que o *Zaratustra* é o centro de sua produção, e não só o mais elevado dos livros que a humanidade concebeu, mas que a própria humanidade está numa distância incalculável abaixo dele. Diz também que o *Zaratustra* é o mais profundo dos livros surgidos do reino interior da verdade, uma fonte inesgotável da qual nenhum balde sobe sem estar carregado de ouro e bondade. E prossegue com a avaliação de sua vida e de sua obra...

Ecce homo. "Eis o homem", pois. Os príncipes dos sacerdotes e os ministros gritaram "Crucifica-o! Crucifica-o!", outros transformaram-no naquilo que ele jamais quis ser, o fundador de uma religião. Lavar as mãos diante dele, ninguém jamais lavou...

Nota sobre a tradução

A presente tradução vem acompanhada de um adendo em que recupero alguns trechos – e um poema inteiro – redigidos por Nietzsche e destinados ao *Ecce homo,* mas que acabaram – devido às circunstâncias mais diversas – não fazendo parte da versão final – e crítica – da obra. Todos eles são interessantes no esclarecimento da obra e do pensamento nietzschiano. Além dos trechos, cito duas cartas que dizem respeito direto ao *Ecce homo.* Tanto as cartas quanto os trechos e o poema foram buscados no polêmico livro de Erich Podach *Friedrich Nietzsches Werke des Zusammenbruchs* (As obras do colapso, Wolfgang Rothe Verlag, Heidelberg, 1961), embora constem também – alguns na condição de apêndice – na edição crítica de Colli e Montinari, que serviu de base a esta edição. Podach chega a afirmar categoricamente que o *Ecce homo,* na condição de obra acabada, é um fantasma, uma invenção daqueles que controlaram o legado de Nietzsche; ao fim declara, inclusive, que Peter Gast deitou e rolou sobre a obra, fazendo dela o que bem quis, por amor ao filósofo. As conclusões de Montinari não são tão categóricas nesse sentido e tendem a considerar o *Ecce homo* uma obra acabada. Unidade e forma, em todo caso, não faltam à presente obra.

As notas de rodapé resumem-se a comentar o texto da autobiografia nietzschiana e seus arredores e a dar a procedência de suas citações. Nomes de lugares – os mais significativos –, de autores, deuses, figuras mitológicas – bem como as adjetivações delas advindas –, palavras pouco usuais e significativas e expressões estrangeiras (latinas e francesas sobretudo) poderão ser encontrados no glossário geral – que vem ao final do livro, em ordem alfabética – sempre com comentários esclarecedores a respeito de sua função e/ou importância no trecho ou na obra de Nietzsche. Assim, por exemplo, quando o leitor consultar o nome de Wagner, encontrará um apanhado breve e geral de suas relações com Nietzsche; o mesmo acontecerá com os principais lugares pelos quais Nietzsche passou. De modo que o glossário é, também, aparelho fundamental na constituição da biografia de Nietzsche e na compreensão de sua obra.

As partes destacadas por Nietzsche com espaçamento maior no texto original da Edição Crítica de suas obras aparecem destacadas nesta tradução por negrito. As expressões estrangeiras, Nietzsche as usa sem destaque; mas elas são visíveis no original devido à caixa-baixa dos substantivos, que lhes dá relevo em meio ao texto alemão, e sua caixa-alta, aos substantivos. Por isso, a opção – aliás usual – pelo itálico, que ademais não confundirá o destaque intencional de Nietzsche – para o qual usei o negrito – com a usualidade da expressão estrangeira.

Ecce homo

De como a gente se torna o que a gente é

Prólogo

Friedrich Nietzsche

1

Prevendo que em pouco terei de me dirigir à humanidade com a mais pesada das exigências que jamais foi colocada a ela,[6] parece-me imprescindível dizer **quem eu sou.** Na verdade, todo mundo já deveria saber disso: pois não negligenciei "testemunhos" a meu respeito. O desequilíbrio entre a grandeza da minha tarefa e a **pequenez** de meus contemporâneos ficou expresso no fato de que não me ouviram, nem sequer me viram. Eu vivo jogado à minha própria sorte... e talvez seja apenas um preconceito o fato de eu viver?... Basta apenas dirigir-me a um "homem culto" qualquer, que no verão chega até Alta Engadina, para ficar convencido de que eu **não** vivo... Sob essas circunstâncias, há uma obrigação contra a qual os meus hábitos, e ainda mais o orgulho de meus instintos, se revolta, a obrigação de dizer: **Ouçam-me! pois eu sou assim e assado. E, acima de tudo, não me confundam**![7]

2

Por exemplo... eu não sou, nem de longe, um bicho-papão, um monstro moral – eu inclusive sou uma natureza contrária a esse tipo de gente que até hoje foi venerada como virtuosa. Cá entre nós, parece-me que é exatamente isso que me deixa cheio de orgulho. Eu sou um aprendiz do filósofo

6. Nietzsche refere-se – ao que tudo indica – a seu livro *Transvaloração de todos os valores* (*Umwertung aller Werte*), a obra derradeira, que o autor jamais levaria a cabo, à qual o *Ecce homo* seria uma espécie de prelúdio.

7. Em 1888, época da escritura do *Ecce homo* (o texto-base teria sido escrito, segundo a maior parte dos pesquisadores, de 15 de outubro, data em que completou 44 anos, a 4 de novembro), a fama de Nietzsche ainda era escassa e seus livros não vendiam. O filósofo chegou a pagar – ele mesmo – a edição de uma de suas principais obras: *Além do bem e do mal* (*Jenseits von Gut und Böse*) e imprimir em pequena edição privada a quarta parte do *Zaratustra*. Sua autobiografia tinha, portanto, um grande objetivo: dizer de si o que os outros ainda não haviam dito. Ademais, Nietzsche confessou a intenção (em carta a seu editor, de 6 de novembro de 1888) de testar os limites da liberdade de expressão entre os alemães e preparar o caminho para a obra definitiva que tinha em mente, a já mencionada *Transvaloração de todos os valores* ou *O anticristo*, que foi o que resultou dela.

Dioniso, e faço gosto antes em ser um sátiro do que um santo. Mas leiam esta minha obra... Talvez eu tenha logrado alcançá-lo, talvez esta obra não tenha nenhum outro objetivo que não o de expressar essa oposição de uma maneira serena e amável. A última coisa que **eu** haveria de prometer seria "melhorar" a humanidade. Eu não haverei de erigir nenhuns novos ídolos; que os velhos aprendam o que significa ter pés de barro. **Derribar ídolos** (a minha palavra para "ideais") –[8] isso sim é que faz parte de meu ofício. A realidade foi despojada de seu valor, de seu sentido, de sua veracidade justamente no mesmo grau em que foi **falsificado** um mundo ideal... O "mundo verdadeiro" e o "mundo aparente" – em alemão: o mundo **falsificado** e a realidade... A **mentira** do ideal foi, até agora, a blasfêmia contra a realidade; a própria humanidade foi enganada por ela e tornou-se falsa até o mais baixo de seus instintos – a ponto de adorar os valores **inversos** como se fossem aqueles com os quais ela poderia garantir para si a prosperidade, o futuro, o **direito** altivo ao futuro.

3

– Quem sabe respirar o ar das minhas obras, sabe que ele é um ar das alturas, um ar **vigoroso.** A gente tem de ter sido feito para ele, caso contrário não é nem um pouco insignificante o perigo de se resfriar no contato com ele. O gelo está próximo, a solidão é terrível – mas como todas as coisas repousam calmas à luz! como se respira com liberdade! quantas coisas a gente não sente **abaixo** da gente!... A filosofia, assim como a entendi e vivenciei até agora, é a vida espontânea no gelo e nas montanhas mais altas – a procura de tudo que é estranho e duvidoso na existência, de tudo aquilo que até agora foi excomungado pela moral. De uma longa experiência, concedida por tais andanças nas terras do **proibido,** aprendi a ver os motivos a partir dos quais se praticou a moral e se construiu o ideal, de um modo bem diferente do que eventualmente poderia se desejar: a história **oculta** dos filósofos, a psicologia de seus nomes grandiosos veio à luz para mim. – Quanta é a verdade que um espírito **suporta,** quanta é a verdade que ele **ousa?** essa foi, para mim, e cada vez mais, a tábua para medir valores. Engano (– a crença no ideal –) não é cegueira, engano é **covardia**... Toda a conquista, todo o passo adiante no conhecimento é **consequência** da coragem, da dureza em relação a si mesmo, da decência consigo mesmo... Eu não refuto os ideais, eu apenas visto luvas

8. O travessão é chamado, na língua alemã, de *Gedankenstrich,* o que significa, *ipsis verbis,* "traço do pensamento". Nietzsche faz uso constante dele, e sempre para antecipar um arremate decisivo. Na obra de Nietzsche o travessão tem a função estilística da pausa antes do golpe, do raio silencioso que antecede o trovão.

diante deles... *Nitimur in **vetitum**:*[9] é sob esse signo que a minha filosofia sai vitoriosa, pois até agora sempre foi proibida fundamentalmente apenas a verdade...

4

– Entre minhas obras o meu **Zaratustra**[10] ocupa um lugar à parte. Com ele dei à humanidade o maior presente que lhe foi dado até hoje. Esse livro, com sua voz que será ouvida ainda em milênios, não é apenas o livro mais alto que existe, o livro que traz o verdadeiro ar das alturas – o fato "homem", como um todo, se encontra numa distância monstruosa **abaixo** dele –, ele é também o **mais profundo,** que veio ao mundo da riqueza mais profunda da verdade, uma fonte inesgotável para a qual nenhum balde desce sem voltar a subir carregado de ouro e bondade. Ali não fala nenhum "profeta", nenhum desses híbridos horríveis de enfermidade e vontade de poder, aos quais se chama de fundadores de religiões. Antes de tudo a gente tem de **ouvir** corretamente o tom que sai dessa boca, esse tom alciônico, a fim de não cometer injustiças lastimáveis com o sentido de sua verdade. "As palavras mais calmas são aquelas que trazem a tempestade, pensamentos que se aproximam em passos de pomba dirigem o mundo..."[11]

> Os figos caem das árvores, eles são doces e saborosos; e ao caírem, sua pele rubra se rompe. Eu sou um vento norte para os figos maduros.
> Pois bem, assim como figos, caiam sobre vós esses ensinamentos, meus amigos: bebei, pois, o seu sumo, comei sua polpa doce! É outono à nossa volta e céu límpido e meio-dia...

Aqui não fala um fanático, aqui não se "prega", aqui não se exige **fé:** os ensinamentos caem de uma abundância inesgotável de luz e felicidade

---

9. "Nós buscamos o proibido", referência à famosa frase do poeta latino Ovídio (43 a. C.-17), autor da *Ars amatoria* (ou *A arte de amar*), dos *Fasti* (*Os fastos*) e das *Metamorfoses*, entre outras obras. A tradução para as expressões estrangeiras – quando não forem citação expressa de um autor –, bem como alguma explicação sobre elas – quando for o caso –, deve ser buscada no glossário que incrementa essa edição.

10. Muitas vezes Nietzsche refere os títulos de suas obras no interior de seu texto sem o menor destaque – até mesmo sem o espaçamento, no caso presente substituído pelo negrito –, como se eles fizessem parte orgânica e indistinta dele, conforme o leitor verá um punhado de vezes a seguir.

11. Citação de sua própria obra *Assim falou Zaratustra,* Parte II, seção intitulada "A hora mais silenciosa". O trecho que vem logo a seguir é da mesma obra, mesma parte, da seção intitulada "Nas ilhas bem-aventuradas". A citação que encerra a apresentação também é um trecho do *Zaratustra,* mas da Parte I, "Da virtude dadivosa".

profunda, gota a gota, palavra por palavra – uma lentidão suave é a velocidade dessa conversa. Coisas desse tipo só logram ser alcançadas para os melhores dentre os eleitos; é um privilégio sem igual, poder ser um ouvinte aqui; não é a todos que é dado ter ouvidos para Zaratustra... E, com tudo isso, Zaratustra não é um **desencaminhador**?... Mas o que ele mesmo diz quando volta pela vez primeira para a sua solidão? Exatamente o contrário daquilo que um "sábio", um "santo", um "salvador do mundo" ou outro *décadent* qualquer haveria de dizer em semelhante caso... Ele não apenas fala diferente, ele **também é** diferente...

> Eu vou sozinho, pois, meus discípulos! E também vós ireis embora sozinhos! É assim que eu quero e deve ser.
> Afastai-vos de mim e defendei-vos contra Zaratustra! E, melhor ainda: senti vergonha dele! Talvez ele vos haja enganado.
> O homem do conhecimento não tem apenas de amar seus inimigos, ele também tem de poder odiar seus amigos.
> A gente retribui mal a um professor, quando permanece sendo sempre apenas seu aluno. E por que vós não haveríeis de querer arrancar os louros da minha coroa?
> Vós me venerais: mas como, se vossa veneração um dia **irá ao chão**? Guardai-vos de não serdes abatidos por uma coluna!
> Vós dizeis que acreditais em Zaratustra? Mas que importa isso a Zaratustra! Vós sois meus crentes, mas que importam crentes!
> Vós ainda não havíeis vos procurado: aí encontrastes a mim. É assim que fazem todos os crentes; e por isso valem pouco todas as crenças.
> Agora eu vos ordeno: perder a mim para vos encontrardes; e apenas quando **todos vós tiverdes me renegado,** é que haverei de querer voltar a vós...

Nesse dia perfeito, em que tudo amadurece e não apenas a uva se torna escura, caiu sobre a minha vida um olhar do sol: eu olhei para trás, eu olhei para frente e jamais vi tantas e tão boas coisas de uma só vez. Não é por acaso que hoje enterrei meu quadragésimo quarto ano, eu **pude** enterrá-lo – o que havia de vida nele está salvo, é imortal. O primeiro livro da **Transvaloração de todos os valores,**[12] as **Canções de Zaratustra**, o **Crepúsculo dos ídolos**, minha tentativa de filosofar com o martelo... foram, todos eles, presentes deste ano, inclusive do último trimestre deste ano! **Como eu não haveria de ser agradecido a minha vida inteira?...** – E assim eu me conto a minha vida.

12. Nietzsche refere-se a *O anticristo,* recém-acabado à época da escritura do *Ecce homo* e planejado na condição de primeiro de uma série de quatro livros que constituiria a *Transvaloração de todos os valores,* que acabara substituindo o projeto anterior intitulado *A vontade de poder* (*Der Wille zur Macht*). Em 3 de janeiro de 1889, imediatamente após ter "terminado" o *Ecce homo,* aconteceria o colapso mental – final – de Nietzsche e o plano da *Transvaloração* – consequentemente – seria abortado. As *Canções de Zaratustra* – mencionadas a seguir – receberam o título de *Ditirambos de Dioniso* (*Dionysos-Dithyramben*) e foram publicadas em 1892, já após o colapso do autor.

POR QUE EU SOU TÃO SÁBIO

1

A ventura da minha existência, sua unicidade talvez, repousa em sua fatalidade: eu estou, para expressá-lo em forma de enigma, morto na condição de meu pai, ao passo em que na condição de minha mãe ainda vivo e envelheço. Essa origem dupla, rebento ao mesmo tempo do mais alto e do mais baixo degrau na escada da vida, *décadent* e **princípio** a um só golpe – tudo isso, se é que há algo, esclarece aquela neutralidade, aquela liberdade de partido na relação com o problema geral da vida, que talvez me distinga dos outros. Eu tenho um faro mais apurado do que jamais teve homem algum para os sinais de princípio e de ocaso, eu sou o mestre *par excellence* nesse assunto – eu conheço ambos, eu sou ambos... Meu pai morreu com trinta e seis anos: ele era frágil, amável e mórbido, como um ser destinado apenas à transitoriedade – antes uma lembrança bondosa da vida do que a vida em si. No mesmo ano em que sua vida foi ao chão, também a minha declinou: aos trinta e seis anos cheguei ao ponto mais baixo de minha vitalidade – eu ainda vivia, mas sem enxergar mais do que três passos a minha frente. Naquela época – era 1879 – eu abdiquei da minha cátedra na Universidade de Basileia, vivi aquele verão como se fosse uma sombra em Saint Moritz e o inverno seguinte, o mais pobre em sol da minha vida inteira, **como se fosse** sombra em Naumburg. Esse foi o meu mínimo: "O andarilho e sua sombra" é produção desse período. Indubitavelmente, eu entendia de sombras naquela época... No inverno seguinte, meu primeiro inverno genovês, aquele adoçamento, aquela espiritualização, que quase era condicionada por uma miséria extrema em sangue e músculos, produziram "Aurora". [13] A clareza e a serenidade totais, até mesmo a exuberância do espírito que a obra mencionada reflete, pode ser entendida em mim não apenas devido à fraqueza psicológica mais profunda, mas inclusive por um excesso de sensações de dor. Em meio a martírios, que trouxeram consigo uma enxaqueca ininterrupta de três dias, mais vômitos

13. O título da obra foi dado por Peter Gast, secretário de Nietzsche, a partir da epígrafe indiana que o mesmo Gast sugerira: "Há tantas auroras que ainda não brilharam" (*Rig Veda*).

de muco dos mais penosos... eu possuí uma clareza dialética *par excellence* e examinei a fundo e friamente coisas que não sou alpinista, não sou refinado, não sou **frio** o suficiente para pensar quando me encontro em situações mais saudáveis. Meus leitores talvez saibam até que ponto considero a dialética como um sintoma de *décadence*, por exemplo no mais famoso dos casos: o caso de Sócrates... Todos os distúrbios doentios do intelecto, até mesmo aquele semiatordoamento, séquito da febre, permaneceram sendo coisas de todo estranhas para mim até hoje, coisas sobre cuja natureza e frequência eu apenas fui me instruir em caminho douto. Meu sangue corre lento. Jamais alguém conseguiu constatar febre em meu sangue. Um médico, que me tratou como doente nervoso por longo tempo, disse ao fim: "Não! o problema não está em seus nervos, eu mesmo estou apenas nervoso". Era simplesmente impossível de ser demonstrada qualquer degeneração local; nenhuma moléstia do estômago condicionada de forma orgânica, por mais que sempre, como consequência do esgotamento geral, se revelasse a profunda fraqueza do meu sistema gástrico. Também a moléstia nos olhos, a cegueira se aproximando pouco a pouco e perigosamente, era apenas consequência, não era causa. De modo que com cada acréscimo em força vital também a visão ficava mais forte... Convalescença significa para mim uma longa, demasiado longa série de anos – mas lamentavelmente ela significa também, ao mesmo tempo, recaída, declínio, periodismo de uma espécie de *décadence*. Será que preciso dizer, depois de tudo isso, que sou **experimentado** em questões de *décadence*? Eu a soletrei do início ao fim e de trás pra frente. Até mesmo aquela arte filigrânica de prender e compreender, aquele dedo para nuances, aquela psicologia de "ver-além-da-esquina" e tudo aquilo de que me apossei foi aprendido apenas naquela época, é o verdadeiro presente daquele tempo em que tudo se aprimorou em mim, a observação em si e todos os órgãos da observação. A partir da ótica do doente ver conceitos e valores **mais saudáveis**, e, pelo lado inverso, da abundância e da autoconfiança da vida **abastada**, olhar para baixo em direção ao trabalho clandestino do instinto da *décadence* – esse foi o meu exercício mais longo, a minha verdadeira experiência; se me tornei mestre em alguma coisa, então foi nisso. Agora o tenho às mãos, agora tenho a mão para **inverter perspectivas**: primeiro motivo pelo qual talvez chegue a ser possível para mim uma "transvaloração de todos os valores"...

2

Desconsiderado o fato de que eu sou um *décadent*, sou também o seu contrário. Minha prova para isso é, entre outras coisas, o fato de eu sempre ter escolhido instintivamente os meios **corretos** contra as situações graves: enquanto o *décadent* costuma escolher sempre os meios prejudiciais a si mesmo. Como *summa summarum*, eu era saudável; como parcela, como especialidade, eu era um *décadent*. Aquela energia para o isolamento e para o rompimento de relações costumeiras, a compulsão contra mim mesmo, a vontade de não deixar mais me tratarem, me servirem, me **medicarem**... tudo traía o instinto de certeza incondicional acerca daquilo **que** naquela época me era necessário mais do que tudo. Eu mesmo me tomei pela mão, eu mesmo voltei a me tornar são: a condição para isso – não há psicologia que não o reconheceria – é **que ao cabo de contas a gente seja saudável**. Um ser tipicamente mórbido não pode vir a se tornar são e muito menos vir a se tornar são por sua própria conta; para alguém que é tipicamente saudável uma doença pode, ao contrário, até ser uma **estimulação** enérgica à vida, a viver mais. É assim que vejo **agora** aquele longo tempo de enfermidade: é como se eu tivesse redescoberto a vida de novo, incluindo-me dentro dela; eu degustei todas as coisas boas e até mesmo coisas insignificantes, como outros não as podem degustar com tanta facilidade – eu fiz de minha vontade para a saúde, para a **vida**, a minha filosofia...[14] Pois é preciso que se dê atenção a isso: os anos em que minha vitalidade foi mais débil foram os anos em que **deixei de ser** pessimista: o instinto do autorreestabelecimento me **proibiu** uma filosofia da miséria e do desânimo... E é nisso que se reconhece, no fundo, a **vida-que-deu-certo**![15] No fato de um homem bem-educado fazer bem aos nossos sentidos: no fato de ele ser talhado em uma madeira que é dura, suave e cheirosa ao mesmo tempo. A ele só faz gosto o que lhe é salutar; seu prazer, seu desejo acabam lá onde as fronteiras do salutar passam a estar em perigo. Ele adivinha meios curativos contra lesões, ele aproveita acasos desagradáveis em seu próprio favor; o que não acaba com ele, fortalece-o. Ele acumula por instinto tudo aquilo que vê, ouve e experimenta à **sua** soma: ele é um princípio selecionador, ele reprova muito. Ele está sempre em **sua** própria companhia, mesmo que esteja em contato com livros, pessoas ou paisagens: ele honra pelo ato de **selecionar**, pelo ato de **permitir**, pelo ato de **confiar**. A

---

14. Com a declaração, Nietzsche quer mostrar como superou a *décadence*, da qual era vítima inclusive por afinidade hereditária; como foi exitoso na batalha contra ela e como é, por isso, o mais creditado dentre os homens para combatê-la. Sua filosofia não é, portanto, o simples resultado de sua doença, mas sim a reação saudável contra ela.

15. No original *Wohlgeratenheit*, substantivo criado por Nietzsche a partir das palavras *wohl* (bem) e *geraten* (dar certo, crescer). Se nesse caso o original não tem hífen de divisão, esse é um sinal que é usado constantemente por Nietzsche na justaposição de outras palavras: só isso já justifica seu emprego aqui, tanto estilística quanto conteudisticamente.

todo o tipo de estímulo ele reage lentamente, com aquela lentidão que uma longa cautela e um orgulho desejado inculcaram nele – ele testa o estímulo que se aproxima; ele está longe de ir ao encontro dele. Ele não acredita nem no "infortúnio" nem na "culpa": ele dá conta de si mesmo e dos outros; ele sabe **esquecer**... Ele é forte o suficiente a ponto de fazer com que tudo **tenha** de vir para o seu bem... Vá lá, eu sou o **antípoda** de um *décadent*: pois acabei de descrever a **mim mesmo**.

3

{Essa dupla série de experiências, essa acessibilidade a mundos aparentemente segregados se repete em minha natureza em todos os sentidos – eu sou um duplo, eu também tenho um "segundo" rosto, além do primeiro. **E** talvez também um terceiro... Tão só a minha origem me permite um olhar além de toda e qualquer perspectiva condicionada pelo meramente local, pelo meramente nacional; não me custa esforço nenhum ser um "bom europeu". Por outro lado talvez eu seja mais alemão do que alguns alemães atuais, do que alguns simples alemães imperiais[16] ainda desejariam ser – eu, o último alemão **antipolítico**. E mesmo assim meus antepassados eram nobres poloneses: por isso tenho vários instintos raciais em meu corpo, e, quem sabe?, ao fim talvez até o *liberum veto*. Quando penso nas vezes em que se dirigem a mim pensando que sou polonês, inclusive os poloneses, em quão raras são as vezes em que me tomam por alemão, poderia parecer que eu pertenço àqueles alemães **levemente matizados**. Mas minha mãe, Franziska Oehler, é, em todo caso, uma coisa assaz alemã; e o mesmo tenho de dizer da minha avó paterna, Erdmuthe Krause. Ela viveu sua juventude inteira em meio à velha Weimar, não sem se relacionar com o círculo de Goethe. Seu irmão, o professor de Teologia Krause, de Königsberg, foi chamado para ser superintendente geral em Weimar depois da morte de Herder. É possível que a mãe dela, minha bisavó, apareça sob o nome de "Muthgen" no diário do jovem Goethe. Ela se casou pela segunda vez com o superintendente Nietzsche, em Eilenburg; no dia do grande ano da guerra de 1813, quando Napoleão e seu estado-maior avançaram sobre Eilenburg, em 10 de outubro, ela teve o seu parto. Assim como toda a saxã, ela era uma admiradora de Napoleão; pode ser que também eu ainda o seja. Meu pai, nascido em 1813, morreu em

16. *Reichsdeutsche* no original, ou seja, alemães do *Reich*, do império, imperiais. Nietzsche refere-se ao Estado criado por Bismarck em 1871, com a unificação alemã, e que vigoraria até 1918, quando foi proclamada a República de Weimar.

1849. Antes de assumir o cargo de pastor da comunidade de Röcken, perto de Lützen, meu pai viveu por alguns anos no castelo de Altenburg e deu aulas a suas quatro princesas. Suas alunas hoje são a rainha de Hanôver, a grã-duquesa Constantin, a grã-duqueza de Oldenburg e a princesa Therese, da Saxônia-Altenburg. Ele era cheio de uma piedade profunda para com o rei prussiano Frederico Guilherme IV,[17] do qual recebeu o cargo de pastor; os acontecimentos de 1848 afligiram-no em alto grau. Eu próprio, nascido no mesmo dia em que o rei mencionado nasceu, em 15 de outubro, recebi, conforme me parece adequado, o nome dos Hohenzollern: **Friedrich** Wilhelm. Pelo menos uma vantagem existia no fato de eu ter nascido naquele dia: meu aniversário foi, durante toda a minha infância, um dia de festa. – Eu considero um privilégio grandioso ter tido um pai assim: me parece, inclusive, que com isso ficam esclarecidos todos os outros privilégios que eu tenho – a vida, **não** incluído o grande sim à vida. E antes de tudo, o fato de eu não necessitar nenhuma intenção, mas apenas a simples espera, para adentrar involuntariamente em um mundo de coisas altaneiras e suaves: é lá que estou em casa, é só lá que minhas paixões mais internas se tornam livres. O fato de eu quase ter pago com a vida por esse privilégio, por certo não é um preço irrisório. – Para entender alguma coisa do meu Zaratustra, talvez tenha-se de ser condicionado de maneira semelhante como eu o fui – com um pé **além** da vida...}[18]

Eu considero um grande privilégio ter tido um pai assim: os camponeses, diante dos quais ele pronunciava seus sermões – pois, depois de viver alguns anos na corte de Altenburg, ele foi pregador durante os últimos anos

17. Em alemão Friedrich Wilhelm, exatamente como o nome que Nietzsche viria a receber – ele o diz a seguir. A política conservadora de Frederico Guilherme IV, inspirada no direito divino, provocou a Revolução de 1848, o que esclarece a referência aos "acontecimentos de 1848" que vem a seguir e é detalhada no glossário.

18. Toda essa parte entre chaves matemáticas ({}) aparece apenas nas edições anteriores à Edição Crítica das obras de Nietzsche, encaminhada por Giorgio Colli e Mazzino Montinari, em 1969. Ela é assaz fantasiosa, sobretudo no que diz respeito à origem nobre e polonesa que Nietzsche diz ser a sua – pesquisas na árvore genealógica do autor só encontram alemães entre seus ascendentes –, fantasia que aliás continua viva naquele que ficou estabelecido como o Capítulo 3 da parte intitulada "Por que eu sou tão sábio", e começa de fato a seguir. No final de dezembro de 1888 – sobretudo –, Nietzsche ainda faria uma série de correções ao manuscrito do *Ecce homo*. E este Capítulo 3 – refeito – foi encontrado pelos editores da Obra Crítica entre os papéis de Peter Gast, compositor, aluno e amigo de Nietzsche, nos Arquivos de Weimar. Gast havia enviado o manuscrito da revisão à irmã do filósofo, mas esta o destruiu; afortunadamente, o amigo fizera uma cópia antes de enviá-lo. Desde a primeira edição da obra – que, como a "morte espiritual" de Nietzsche, só viria a ocorrer em 1908 – até 1969, o que existiu foi apenas a parte entre chaves matemáticas.

de sua vida –, diziam que assim como ele era é que, por certo, devia ser um anjo... E com isso eu toco a questão da raça. Eu sou um nobre polonês *pur sang*, no qual não se misturou uma gota sequer de sangue ruim, muito menos de sangue alemão. Quando eu procuro o mais profundo dos antagonismos a mim mesmo, a baixeza incalculável dos instintos, eu sempre encontro minha mãe e minha irmã[19] – acreditar no parentesco com uma *canaille* do tipo seria uma blasfêmia contra minha divindade. O tratamento que minha mãe e minha irmã me aplicaram até o presente instante instilam em mim um horror indizível: aqui trabalha uma máquina infernal perfeita, com uma certeza infalível a respeito dos instantes em que podem me arrancar sangue – nos meus instantes mais altaneiros... pois é nesses instantes que me falta qualquer força para a defesa contra a bicheira venenosa... A contiguidade fisiológica é que torna possível essa *disharmonia praestabilita*... Eu confesso que a mais profunda objeção contra o "eterno retorno", meu pensamento verdadeiramente **abismal**, sempre são minha mãe e minha irmã... Mas também na condição de polonês eu sou um atavismo colossal. Ter-se-á de voltar séculos no tempo, para encontrar essa mais nobre das raças que jamais existiu sobre a terra, na proporção livre de instintos em que eu a represento. Eu tenho, contra tudo aquilo que hoje chamam de *noblesse*, um sentimento soberano de distinção – eu não haveria de conceder ao jovem imperador alemão a honra de ser meu cocheiro. Existe apenas um único caso em que reconheço minha igualha – e eu o confesso com profunda gratidão. A senhora Cosima Wagner é, de longe, a natureza mais nobre;[20] e, a fim de que eu não acabe dizendo nenhuma palavra de menos, digo que Richard Wagner foi, de longe, o homem mais aparentado comigo... O resto é silêncio... Todos os conceitos dominantes a respeito de grau de parentesco são um contrassenso fisiológico que não pode ser superado. O papa ainda hoje faz negócios com esse contrassenso. Com ninguém a gente é **menos** aparentado do que com seus pais: seria o sinal mais visível de baixeza ser aparentado com os próprios pais. As naturezas mais altas têm sua origem em tempos infinitamente anteriores; para que elas surgissem foi necessário coletar, poupar, acumular por muito tempo. Os **grandes** indivíduos são os mais velhos: eu não compreendo isso, mas Júlio César poderia ser meu pai – **ou** Alexandre, esse Dioniso corporal...

---

19. Eis, pois, a razão do auto de fé – da fogueira inquisitiva – fraterno. A violência do ataque de Nietzsche à irmã, Elisabeth – e à mãe –, seria a desforra – antecipada – pela malversação de seu legado, da qual sua família foi a mola propulsora.

20. Numa carta da virada do ano de 1888 para o ano de 1889 – que já imaginava o livro pronto, e inclusive impresso –, Nietzsche diz à Cosima Wagner que ela é a única mulher digna de receber o primeiro exemplar do *Ecce homo;* e assina *O anticristo.*

No instante em que escrevo o que estou escrevendo, o correio me traz uma cabeça de Dioniso...[21]

4

Eu jamais compreendi a arte de me indispor comigo mesmo – e também isso eu devo a meu pai incomparável –, mesmo quando isso me pareceu ser de grande valor. Eu inclusive não me senti, por mais que uma afirmativa dessas possa parecer pagã, uma só vez que fosse, indisposto comigo mesmo; pode-se virar minha vida de frente e do avesso e apenas raramente, na verdade apenas uma única vez, se encontrará rastros de que alguém teve contra mim más intenções – mas talvez venha a se encontrar rastros um tanto demasiados de **boas** intenções... Minhas próprias experiências com esse tipo de gente, com o qual todo mundo tem más experiências, falam, sem exceção, em favor deles; eu amanso qualquer urso e sou capaz até de fazer de um palhaço uma pessoa decente. Durante os sete anos em que ensinei grego nas classes mais altas do Liceu de Basileia,[22] jamais tive motivo para pôr alguém de castigo; os mais vagabundos eram diligentes comigo. Sempre fui capaz de superar o acaso – eu tenho de estar despreparado, para me tornar senhor de mim mesmo. O instrumento, qualquer que seja, por mais desafinado que esteja, e mesmo que esteja tão desafinado como apenas o intrumento "homem" pode se apresentar – eu tinha de estar enfermo para não ser capaz de arrancar dele algo que fosse agradável de se ouvir... E quantas vezes ouvi dos próprios "instrumentos" que eles mesmos jamais haviam se ouvido assim, tão bem... O mais belo dos sons talvez tenha vindo daquele Heinrich von Stein, hoje imperdoavelmente morto, que certa vez, depois de alcançar uma permissão solicitada com todo o receio, apareceu por três dias em Sils-Maria, esclarecendo a todo mundo que **não** havia vindo por causa de Engadina. Esse homem excelente, que com toda a ingenuidade impetuosa de um nobre prussiano havia mergulhado no brejo wagneriano (e também, ainda por

---

21. O *Ecce homo* é um dos últimos – o último de vulto – suspiros de Nietzsche antes do abismo. Depois dele viriam apenas os *Ditirambos de Dioniso*. A "insânia" – genial, seja dito – que assolava o filósofo aumentava a cada página. Assim, os sinais do abismo são mais visíveis no capítulo revisado – posterior e definitivo a partir da edição de Montinari – do que nas versões anteriores. Após o colapso, ocorrido alguns dias depois, em 3 de janeiro na cidade de Turim, Nietzsche escreveu uma série de cartas e bilhetes assinando ora com o nome de "Dioniso", ora com o epíteto "O Crucificado"; uma delas seria enviada a Cosima Wagner (nota anterior) a outra a Bismarck (Ver adendo).

22. Na Universidade da Basileia, os professores da Faculdade de Filosofia tinham de lecionar também às classes superiores do *Pädagogium* ou Liceu Clássico, a escola secundária.

cima, no dühringuiano![23]), transformou-se durante esses três dias como se tivesse sido bafejado pelo furacão da liberdade, como alguém que de repente é elevado à **sua** altura e então ganha asas. Eu sempre lhe disse que quem realizava isso eram os bons ares daqui de cima e que isso acontece a todo mundo, que não é debalde que se está seis mil pés acima de Bayreuth[24] – mas ele não quis acreditar em mim... Se, apesar disso, foi cometido contra mim algum delito grande ou pequeno, não foi "a intenção", e menos ainda a **má** intenção que o motivou: eu teria de me queixar, muito antes – e já o insinuei há pouco –, contra a boa intenção, que acabou provocando um abuso nem um pouco insignificante em minha vida. Minhas experiências me dão o direito de desconfiar, mormente no que diz respeito aos assim chamados impulsos "desinteressados", de tudo aquilo que tem a ver com o "amor ao próximo", sempre disposto à ação e ao conselho. Para mim, o "amor ao próximo" é nada mais do que uma fraqueza, um caso isolado que demonstra a incapacidade de opôr resistência a um estímulo – a **piedade** é uma virtude apenas entre os *décadents*. Eu acuso os piedosos de se perderem em sua vergonha, em sua reverência, em seu instinto delicado para as distâncias; a piedade, por sua vez, acuso-a de feder a povo num simples piscar de olhos, e de ser muito parecida com as más maneiras, com as quais facilmente pode ser confundida, aliás – olhos piedosos podem, conforme as circunstâncias, interferir de modo destruidor em um destino grandioso, em um isolamento entre feridas, em um **privilégio** para grandes culpas. A superação da piedade, eu a coloco entre as virtudes **nobres**: eu chamei de "a tentação de Zaratustra"[25] um caso em que um grande grito de desespero chegou até ele, em que a piedade tomou conta dele como se fosse o último pecado, tentando aliená-lo de **si** mesmo. Continuar senhor de si mesmo num caso desses, manter a **grandeza** de sua tarefa livre dos vários impulsos mesquinhos e míopes que se mostram nas assim chamadas ações desinteressadas, essa é a provação, talvez a última provação pela qual um Zaratustra tem de passar – a sua verdadeira **prova** de força...

5

Também em outro ponto eu sou igual a meu pai e, ao mesmo tempo, a continuação de sua vida depois de sua morte demasiado precoce. Assim

---

23. Referência a Karl Eugen Dühring. Ver glossário.

24. A ironia é maravilhosa. Bayreuth é a capital do distrito da Alta Francônia, na Baviera, e sede anual do famoso festival wagneriano. Por que a ironia é maravilhosa? Foi lá que Wagner viveu e produziu...

25. Na Parte IV da obra *Assim falou Zaratustra*.

como qualquer um que jamais tenha vivido entre seus iguais, e para o qual o conceito "desforra" é tão inacessível como por exemplo o conceito "direitos iguais", eu veto a mim mesmo qualquer retaliação, qualquer atitude de proteção em casos nos quais é cometida contra mim uma pequena ou até mesmo uma **grande bobagem** – e, como seria de se esperar, também qualquer defesa, qualquer "justificação". O meu método de desforra consiste em mandar, o mais rápido possível, uma atitude inteligente atrás de uma burrice: assim, talvez a mesma ainda possa ser alcançada. Para falar numa comparação: eu mando um pote de confeites para me livrar de uma história **azeda**... Basta que me façam algo de mau, que eu vou à "desforra" por causa disso, isso é certo: em pouco tempo encontro uma oportunidade de expressar meu agradecimento ao "malfeitor" (inclusive agradecendo-lhe o malfeito) – ou de **pedir** algo a ele, o que pode ser mais cortês do que dar alguma coisa... Também me parece que a palavra mais grosseira, a carta mais grosseira, ainda é mais bondosa, mais honesta do que o silêncio. Àqueles que silenciam quase sempre lhes falta algo em fineza e polidez de coração; silenciar é uma objeção; engolir sapos faz, irremediavelmente, um mau caráter – e inclusive estraga o estômago... Todos aqueles que silenciam são dispépticos. – Vede bem, eu não pretendo ver a grosseria sendo desprezada, ela é, de longe, a forma **mais humana** da objeção e, em meio à suavização moderna, uma de nossas maiores virtudes. Se a gente é rico o suficiente, é até mesmo uma ventura não ter razão. Um deus, que viesse à terra, por certo não haveria de **fazer** nada a não ser injustiças – tomar não o castigo, mas sim a **culpa** sobre as costas, isso é que seria divino.

6

A libertação do ressentimento, a elucidação sobre o ressentimento – quem é capaz de saber o quanto sou obrigado a agradecer à minha longa enfermidade também por causa disso! O problema não é exatamente simples: a gente tem de tê-lo vivido em toda a sua força e em toda a sua fraqueza. Se há alguma coisa que deve ser valorizada contra o estar enfermo, contra o estar fraco, então é o fato de que nesse estado o verdadeiro instinto à cura, ou seja, o **instinto armado e de defesa** se torna lasso. A gente não consegue mais se livrar de nada, a gente não consegue mais dar conta de nada, a gente não consegue mais evitar nada – tudo machuca. Homem e coisa se aproximam de maneira atrevida, as vivências atingem fundo demais, a recordação é uma ferida purulenta. Estar doente **é** uma espécie de mágoa em si. – Contra tudo isso o enfermo tem apenas um grande remédio – eu o chamo de **fatalismo russo,** aquele fatalismo sem revolta com o qual um soldado russo, para o qual a campanha se torna dura por demais, fica deitado sobre a neve. Não aceitar absolutamente mais nada, não tomar mais nada, não ingerir nada, não levar mais nada **para dentro** de si – não reagir, em última instância... A grande razão desse fatalismo, que nem sempre é apenas a coragem para a morte, que mantém alguém vivo sob as circunstâncias mais ameaçadoras à vida, é a diminuição do metabolismo, seu retardamento, uma espécie de vontade de hibernar. Alguns passos adiante nessa lógica e temos o faquir, que é capaz de dormir por semanas inteiras em sua cova... Porque a gente se consumiria com demasiada rapidez, **caso** reagisse, a gente passa a não reagir mais: essa é a lógica. E nada é capaz de nos haurir de modo mais rápido do que as emoções da mágoa. O desgosto, a suscetibilidade doentia, a impotência para a vingança, o desejo, a sede de vingança, o ato de mexer nos venenos da alma em todos os sentidos – por certo é, para os esgotados, a pior maneira de reagir: um consumo rápido da força nervosa, uma elevação doentia de despejos nefastos, por exemplo da bílis no estômago, são condicionados por essas coisas. A mágoa, o ressentimento, é o proibido **em si** para os enfermos – **sua** propensão malévola, mas, lamente-se, também a sua propensão mais natural. Tudo isso já foi compreendido por aquele psicólogo profundo: Buda. Sua "religião", que poderia ser melhor classificada como uma **higiene**, a fim de não misturá-la a coisas tão altamente dignas de pena como o cristianismo, fazia seus efeitos dependerem do triunfo sobre o ressentimento: libertar a alma **disso** – eis o primeiro passo para o restabelecimento. "Não é através da hostilidade que se põe um fim à hostilidade, é através da amizade que se põe um fim à hostilidade": é isso que está no princípio dos ensinamentos de Buda – e assim **não** fala a moral, assim fala a psicologia. O ressentimento, nascido da fraqueza, não é prejudicial a ninguém mais do que ao próprio fraco – no caso inverso, em que uma natureza rica é o pressuposto, ele é um sentimento **desnecessário**, um sentimento que, dominado, já concede, por assim dizer, a prova da riqueza de quem o domina. Quem conhece a seriedade com a qual minha filosofia principiou a batalha contra o sentimento da vingança e da revanche, até chegar à doutrina do "livre-arbítrio" – a batalha contra o cristianismo é apenas um caso isolado dentro dela –, haverá de entender por que trago à luz minha conduta pessoal, minha **certeza instintiva** na práxis. Nos tempos da *décadence* eu os **proibi** a mim mesmo por serem daninhos; e assim que a vida voltou a ser abundante e orgulhosa o suficiente, proibi-os por estarem **abaixo** de mim. Aquele "fatalismo russo" do qual falei apareceu ao palco de minhas atitudes, a ponto de fazer com que me aferrasse durante anos a situações quase insuportáveis, a lugares, moradas, companhias, depois de me serem concedidos uma vez pelo acaso... Era melhor do que tentar mudá-los, do que **senti-los** capaz de serem mudados – do que me insubordinar contra eles... Se era importunado nesse fatalismo, se era despertado com violência, eu o levava mortalmente a mal – na verdade isso era, em todas as vezes, mortalmente perigoso... Tomar-se a si mesmo como um fado, não se querer "diferente" – isso é, em tais situações, a **grande razão** em si.

7

Outra coisa é a guerra. A minha maneira de ser é guerreira. Atacar faz parte dos meus instintos. **Poder** ser inimigo, ser inimigo – isso talvez pressuponha uma natureza forte, em todo caso é uma condição de toda a natureza forte. Ela precisa de resistências, por isso ela busca resistência: o *páthos* **agressivo** faz parte, necessariamente, da força, assim como os sentimentos da vingança e da revanche fazem parte da fraqueza. A mulher, por exemplo, é vingativa: isso é condicionado por sua fraqueza tanto quanto pelo seu interesse pela penúria alheia. – A força daquele que ataca tem na resistência, que ele necessita, uma espécie de **medida**; todo crescimento se revela na procura de um inimigo – ou de um problema – poderoso: pois um filósofo que é guerreiro também desafia os problemas a duelar com ele. A tarefa **não** é, absolutamente, se tornar senhor sobre as resistências comuns, mas sim sobre aquelas que exigem que a gente acione toda a força, toda a flexibilidade e a maestria nas armas – subjugar inimigos **iguais**... Igualdade ante o inimigo – o primeiro pressuposto de um duelo **honesto**. Onde a gente despreza, não se **pode** fazer guerra; onde a gente ordena, onde a gente vê alguma coisa **abaixo** de si, não se deve fazer guerra. – Minha práxis na guerra pode ser resumida em quatro sentenças. Primeiro: eu apenas ataco coisas que são vitoriosas – caso for necessário eu espero até que elas sejam vitoriosas. Segundo: eu apenas ataco coisas contra as quais jamais encontraria aliados, contra as quais tenho de me virar sozinho – contra as quais tenho de me comprometer sozinho... Jamais dei um passo em público que não comprometesse: é esse o **meu** critério da ação correta. Terceiro: eu jamais ataco pessoas – eu apenas me sirvo da pessoa como de uma poderosa lente de aumento, através da qual é possível tornar manifesta uma situação de necessidade comum, mas furtiva e pouco tangível. Foi assim que ataquei David Strauss, ou, mais precisamente, o **sucesso** de um livro caquético junto à "formação" alemã – e peguei essa formação em flagrante... Foi assim que eu ataquei Wagner, ou, mais precisamente, a falsidade, o hibridismo instintivo de nossa "cultura", que confundia os refinados com os ricos, os tardios com os grandes. Quarto: eu apenas ataco coisas contra as quais todo o tipo de diferença pessoal é excluído, contra as quais não existe qualquer segundo plano relativo a más intenções. Pelo contrário, atacar é uma prova de bem-querer em mim e, conforme a circunstância, de agradecimento. Eu honro, eu distingo com o fato de unir meu nome a uma coisa, a uma pessoa: contra ou a favor – para mim não importa. Se declarei guerra ao cristianismo, isso me é permitido porque não experimentei da parte dele quaisquer fatalidades ou embaraços – os cristãos mais sérios sempre foram ponderados em relação a mim. Eu mesmo, um opositor *de rigueur* do cristianismo, estou longe de guardar rancor a um indivíduo por causa de algo que representa o infortúnio de milênios...

8

Posso permitir-me a ousadia de insinuar ainda um último traço da minha natureza, que me apronta grandes dificuldades no convívio com as pessoas? É própria de mim uma sensibilidade completa e sinistra do instinto de limpeza, de modo que eu percebo fisicamente – **farejo** – a proximidade ou – o que estou dizendo? – as partes mais internas, as "entranhas" de todas as almas... Eu tenho antenas psicológicas nessa sensibilidade, com as quais apalpo todos os segredos, me apossando deles: a imensa sujeira **escondida** no fundo de algumas naturezas, talvez condicionada pelo sangue ruim, mas caiada pela educação, eu já a percebo quase ao primeiro toque. Se é que observei corretamente, essas naturezas insuportáveis ao meu asseio sentem – também elas – as precauções do meu asco: mas nem por isso passam a cheirar melhor... Conforme sempre foi meu hábito – uma pureza extrema em relação a mim mesmo é o pressuposto da minha existência, eu sucumbo em meio a condições impuras –, eu nado, tomo banho e fico a patinhar, sem parar jamais, nem me cansar, como se estivesse na água ou em qualquer outro elemento completo, transparente e brilhante. Isso torna o contato com as pessoas uma prova de paciência nem um pouco desprezível para mim; minha humanidade **não** consiste em sentir junto com a pessoa como ela é, mas sim em **suportar** o fato de senti-la... Minha humanidade é uma constante autossuperação... Mas eu tenho necessidade da **solidão**, quero dizer da convalescença, do retorno a mim mesmo, de um ar livre, leve e solto... Todo o meu Zaratustra é um ditirambo à solidão, ou, caso tenham me entendido de verdade, um hino à **pureza**... Por sorte não um hino à **pura tolice**...[26] Quem tiver olhos para as cores haverá de chamá-lo de diamante... O asco ao ser

26. *Reine Torheit,* no original. Ironia ao *Parsifal* de Wagner. O nome Parsifal tem origem árabe e significa algo como "tolo puro", ou seja, um herói casto e ingênuo, à prova de qualquer tentação de ordem mundana.

humano, à "gentalha" sempre foi meu maior perigo... Quereis ouvir as palavras nas quais Zaratustra fala da **salvação** do asco?

> O que foi que aconteceu comigo? Como foi que me salvei do asco? O que foi que rejuvenesceu meu olho? Como foi que alcancei as alturas nas quais não há mais gentalha sentada junto à fonte?
> Foi o próprio asco que me deu asas e forças capazes de pressentir as fontes? De verdade, eu tive de voar ao lugar mais alto para poder reencontrar a nascente do prazer!...
> Ah, e eu a encontrei, meus irmãos! Aqui, no lugar mais alto, a nascente do prazer jorra sobre mim! E há uma vida na qual não há gentalha nenhuma bebendo junto!
> Quase jorras demasiado violenta sobre mim, oh, fonte do prazer! E muitas vezes esvazias a caneca ao quereres enchê-la.
> E mesmo assim tenho de aprender a me aproximar de ti de um modo mais humilde: meu coração ainda corre ao teu encontro com demasiada violência:
> – Meu coração, sobre o qual meu verão queima, esse verão curto, quente, taciturno e supra-aventurado: como o meu coração canicular clama por teu frescor!
> Passada é a tristeza vacilante da minha primavera! Foram-se os flocos de neve da minha maldade em junho! Verão eu me tornei, verão à tarde...
> – Um verão no alto, com fontes frescas e sossego venturoso: oh, vinde, meus amigos, a fim de que o sossego se torne ainda mais venturoso!
> Pois esta é a **nossa** altura e a nossa pátria: nós moramos num lugar alto e escarpado por demais para as pessoas impuras e sua sede.
> Lançai apenas vossos olhos puros à nascente do meu prazer, amigos! Por que ela haveria de se turvar? Rir ao vosso encontro com **sua** pureza, é o que ela há de fazer.
> Sobre a árvore Futuro nós faremos nosso ninho; águias haverão de trazer alimento para nós, solitários, em seus bicos!
> De verdade, nenhum alimento do qual poderão comer os impuros! Eles pensariam estar devorando fogo e queimariam suas bocas.
> De verdade, não mantemos aqui nenhuma morada disponível a impuros! Seus corpos e seus espíritos chamariam nossa ventura de cavernas de gelo!
> E que ventos fortes nós queremos vivenciar sobre eles; vizinhos das águias, vizinhos da neve, vizinhos do sol: vivam, portanto, os ventos fortes.
> E como um vento quero, ainda uma vez, soprar entre eles, e com meu espírito roubar o fôlego ao espírito deles: é assim que o quer meu futuro.
> De verdade, Zaratustra é um vento forte para todas as planícies; e um conselho desses ele dá a seus inimigos e a tudo que cospe e escarra: guardai-vos de escarrar **contra** o vento!...[27]

27. Citação do *Zaratustra*, Parte II, "Da gentalha".

Por que eu sou tão inteligente

1

– Por que eu sei algo **mais**? Por que, acima de tudo, eu sou tão inteligente? Jamais me pus a pensar a respeito de perguntas que não são perguntas – eu não me esbanjei... Dificuldades **religiosas** de verdade, por exemplo, eu jamais as conheci por minha própria experiência. Sequer me dei conta até que ponto eu deveria me sentir "pecaminoso". Do mesmo modo me falta um critério confiável para saber o que é um sentimento de culpa: segundo aquilo que se **ouve** a respeito disso, um sentimento de culpa não me parece nada digno de atenção... Eu não gostaria de abandonar uma ação a seu próprio destino **depois** de cometê-la; preferiria, muito antes, nem avaliar de maneira definitiva um desfecho ruim, as **consequências** de um ato. A gente perde mui facilmente o olhar **correto** para aquilo que a gente fez quando o desfecho é ruim: um sentimento de culpa me parece uma espécie de "olhar **maldoso**". Guardar na honra aquilo que acaba dando errado, tanto mais **pelo fato** de ter dado errado – isso está bem mais perto de fazer parte da minha moral... "Deus", "imortalidade da alma", "salvação", "além" são conceitos para os quais nunca dediquei atenção, nem mesmo tempo, inclusive quando era criança – talvez eu jamais tenha sido criança o suficiente para tanto... Estou longe de conhecer o ateísmo na condição de resultado, menos ainda como acontecimento: em mim ele é compreensível na qualidade de instinto. Eu sou curioso por demais, **questionável** por demais, animado por demais para poder aceitar uma resposta esbofeteada. Deus é uma resposta esbofeteada e grosseira, uma indelicadeza contra nós, os pensadores – no fundo apenas uma **proibição** esbofeteada e grosseira contra nós: vós não deveis pensar!... Me interessa de maneira bem diferente uma questão à qual a "sorte da humanidade" está ligada muito mais intimamente do que a qualquer curiosidade teológica: a questão da **nutrição**. A gente pode formulá-la da seguinte forma para suas próprias conveniências: "Como é que deves te alimentar a fim de alcançares teu máximo em forças, em *virtù*, segundo o conceito renascentista, ou seja, em virtude livre de moralina[28]?" Minhas experiências são tão ruins quanto possíveis nesse âmbito; estou atônito por ter ouvido esta pergunta tão tarde, por ter aprendido a "razão" tão tarde a partir dessas experiências. Apenas a indignidade absoluta de nossa formação alemã – seu "idealismo" – é capaz de explicar mais ou menos por que eu, justamente nesse aspecto, fiquei atrasado a ponto de quase atingir a santidade.[29] Essa "formação", que desde o princípio ensina a perder a **realidade** de vista, a fim de perseguir objetivos bem mais problemáticos e assim chamados de "ideais", como por exemplo a "formação clássica" – como se já desde o princípio não se estivesse condenado a unir em um só conceito as palavras "clássico" e "alemão"! Isso chega a soar divertido... É só pensar em um alemão de Leipzig, "formado de maneira clássica"!... De fato, até os meus anos mais maduros eu sempre me alimentei **mal** – o que, expressado em linguagem moral, quer dizer, "impessoalmente", "desinteressadamente", "altruistamente", para a salvação dos cozinheiros e dos outros irmãos em Cristo. Eu neguei, por exemplo, graças à cozinha de Leipzig – ao mesmo tempo em que fazia meus primeiros estudos de Schopenhauer (em 1865) –, de maneira bastante séria a minha "vontade de viver". Devido à alimentação insuficiente ainda vir a estragar seu estômago – esse problema me pareceu ser resolvido de modo surpreendentemente feliz pela cozinha mencionada. (Diz-se que o ano de 1866 trouxe uma mudança bastante sensível nesse sentido...)[30] Todavia a cozinha alemã como um todo – quantas são as coisas, quantos são os homens que lhe pesam na consciência! A sopa **antes** da refeição (chamada de *alla tedesca* ainda nos livros de cozinha venezianos do século XVI); as carnes cozidas em demasia, as saladas engorduradas e farinhentas; a degeneração dos pudins em pesa-papéis! E se ainda for acrescentado a tudo isso a necessidade bestial dos velhos, mas nem de longe **apenas** dos velhos alemães, de regar tudo o que foi comido e entender-se-á também a origem do **espírito alemão** – vísceras enturvadas... O espírito alemão é uma indigestão, ele não é capaz de dar conta de nada... Mas também a dieta **inglesa,** que, em comparação com a alemã, e até mesmo com a francesa, é uma espécie de "volta à natureza", ou seja, ao canibalismo, repugna profundamente o meu próprio instinto; me parece que ela dá pés **de chumbo** ao espírito – pés de inglesa... A melhor cozinha é a do **Piemonte**... Alcoólicos

28. Moralina: Neologismo – cheio de ironia e com sufixo adequado – criado por Nietzsche.

29. A libertação do "idealismo" – de raiz alemã – corre paralela à libertação da enfermidade narrada por Nietzsche anteriormente. O "idealismo" é o fado não apenas de Nietzsche em particular, mas também o fado – e a doença – do mundo inteiro.

30. Provável referência – ademais irônica – à ocupação da Saxônia (Leipzig é uma das principais cidades saxãs) por parte da Prússia durante a Guerra Austro-Prussiana de 1866.

são prejudiciais a mim; um copo de vinho ou de cerveja por dia é o que basta para fazer da minha vida um "vale de lágrimas" – em Munique vivem os meus antípodas...[31] Admitindo que o entendi um pouco tarde, posso dizer que o **vivenciei** já na infância. Quando eu era garoto, acreditava que beber vinho fosse, assim como fumar tabaco, apenas uma *vanitas* de pessoas jovens no começo, para mais tarde virar um hábito ruim. É possível que o vinho de Naumburg também tenha alguma culpa nesse juízo **azedo**. Para acreditar que o vinho **alegra** eu teria de ser cristão, quero dizer, teria de acreditar, o que para mim é uma absurdidade. O estranho é que uma pequena – e até mesmo bem-diluída – dose de álcool pode me levar a um melindre extremo, mas quando se trata de doses **fortes** eu quase me transformo num marinheiro. Já quando era garoto provei minha bravura nesse sentido. Escrever um longo tratado em latim em uma noite de vigília, e de quebra passá-lo a limpo, sentindo o orgulho conduzir minha pena na imitação de meu ídolo, Salústio, em sua austeridade e concisão, e ainda por cima verter um grogue do mais grosso calibre sobre o meu latim, isso já me era possível nos tempos de estudante no venerável Schulpforta e não se contrapunha à minha fisiologia, e talvez nem mesmo à de Salústio – por mais que se oponha à do venerável Schulpforta...[32] Mais tarde, por volta da metade da minha vida, eu me decidi livremente e de modo cada vez mais duro **contra** todo o tipo de bebida "espirituosa": eu, um inimigo do vegetarianismo por experiência, exatamente conforme Richard Wagner, que foi quem me converteu, não saberia recomendar com seriedade suficiente a abstenção incondicional de bebidas alcólicas a todas as naturezas **mais espirituosas**. A **água** é suficiente... Eu prefiro lugares nos quais se tem – em todos os locais – a oportunidade de buscar água em fontes correntes (Nice, Turim, Sils); um pequeno copo me segue como se fosse um cão. *In vino* ***veritas***: parece que também aqui eu discordo do mundo inteiro a respeito do conceito "verdade"... No meu caso o espírito paira sobre a **água**...[33] Mais algumas indicações a respeito da minha moral. Uma refeição vigorosa

31. Aqui, assim como nos dois travessões anteriores, fica ainda mais clara a função de silêncio antes do estrondo que Nietzsche concede à aplicação do travessão. Conforme disse Heine, "Nada é mais silencioso do que um canhão antes do tiro"... e a ironia de Nietzsche é genial: o espírito alemão tem vísceras enturvadas, as inglesas têm pés de chumbo e os muniquenses são borrachos.

32. Mais um exemplo da ironia cheia de elipses e insinuações praticada por Nietzsche; um pensamento é interrompido de maneira brusca, e a ele se segue um complemento irônico. Schulpforta era uma escola severa – com internato –, de larga tradição pedagógica, fundada por Moritz da Saxônia (1696-1750), o filho de Augusto, o Forte. Ficava no antigo mosteiro dos monges cistercienses, levantado em 1136.

33. Referência ao livro do Gênesis, na Bíblia, Cap. 1, Vers. 1.

é mais fácil de ser digerida do que uma refeição demasiado pequena. O fato de o estômago entrar em atividade como um todo é o primeiro pressuposto de uma boa digestão. A gente tem de **conhecer** o tamanho de seu estômago. Pelo mesmo motivo não se pode recomendar aquelas refeições demoradas, as quais chamo de sacrifício festivo interrompido e têm lugar na *table d'hôte*... Nada de comer entre as refeições, nada de café: o café nos torna sombrios. **Chá** saudável apenas pela manhã.[34] Pouco, mas enérgico; chá assaz prejudicial e adoentador durante um dia inteiro quando estiver apenas um tantinho fraco demais. Todos têm sua medida nesse aspecto, muitas vezes as diferenças são mínimas e delicadas. Num clima irritante em demasia o chá não é recomendável para o começo: é melhor tomar, uma hora antes, uma xícara de cacau bem grosso e desengordurado para começar... **Sentar** o menos possível; não acreditar em nenhum pensamento que não tenha nascido ao ar livre e em livre movimentação – quando também os músculos estiverem participando da festa. Todos os preconceitos vêm das vísceras... A vida sobre as nádegas – eu já o disse uma vez[35] – é que é o verdadeiro **pecado** contra o espírito santo...

2

Aparentadas à questão da nutrição são as questões relativas ao **lugar** e ao **clima**. Ninguém é livre para viver em qualquer lugar; e quem tem grandes tarefas a realizar, que desafiam toda a sua força, inclusive tem um campo de escolha bem restrito nesse aspecto. A influência climática sobre o **metabolismo**, sua redução e seu aumento, vai tão longe que uma escolha errada no que diz respeito ao lugar e ao clima pode não apenas alienar alguém de sua tarefa, como também chegar ao ponto de evitar que ele chegue até ela: e então ele jamais fica cara a cara com ela. O vigor animal nunca se tornou grande o suficiente nele a ponto de fazer com que ele alcançasse aquela liberdade que transborda em direção ao espiritual, na qual alguém é capaz de reconhecer: **isso** eu posso fazer sozinho... Uma indolência das vísceras, por menor que seja, se levada à condição de mau hábito, é perfeitamente suficiente para fazer de um gênio algo mediano, algo "alemão" – só o clima alemão já basta para desencorajar vísceras robustas e até mesmo heroicas. A velocidade do me-

34. Um exemplo – desta vez claríssimo – da elipse nietzschiana. Aqui, o autor simplesmente ignora o verbo e dá um caráter ainda mais receitante – e portanto adequado – ao trecho, ao dizer que o chá apenas é saudável pela manhã.

35. Referência a *O crepúsculo dos ídolos*, sua própria obra, escrita em oposição a *O crepúsculo dos deuses*, a última ópera da tetralogia de Wagner *O anel dos nibelungos*.

tabolismo está intimamente ligada à capacidade de movimento ou à capenguice dos **pés** do espírito; o próprio "espírito" na verdade não passa de uma forma desse metabolismo. Se juntarmos os lugares em que houve e há pessoas espirituosas, que além de tudo e por sorte tinham humor, refinamento e malícia, nos quais o gênio se tornou familiar quase por obrigação... veremos que todos eles possuem um ar primorosamente seco. Paris, a Provença, Florença, Jerusalém, Atenas – ora, esses nomes provam alguma coisa: o gênio é **condicionado** pelo ar seco, pelo céu límpido... quer dizer, por um metabolismo acentuado, pela possibilidade de ajuntar sempre de novo quantidades grandes, e até mesmo monstruosas, de força. Tenho um caso em mente, no qual um espírito importante e motivado à liberdade, só por causa da falta instintiva de fineza na escolha do clima, se tornou estreito e recolhido, um tipo azedo, um mero especialista. Eu mesmo poderia ter acabado vítima do mesmo destino, se a enfermidade não me tivesse obrigado à razão, a refletir sobre a razão na realidade. Agora que aprendi a conhecer os efeitos de ordem climática e meteorológica depois de uma longa experiência comigo mesmo, e sou capaz de lê-los num instrumento bastante preciso e confiável, que me faz sentir fisiologicamente a mudança nos graus de umidade numa simples viagem de Turim a Milão, penso com horror no fato **sinistro** de que passei a minha vida inteira, excetuados os últimos dez anos – os anos mais perigosos –, sempre em lugares errados, francamente **proibidos** à minha situação pessoal. Naumburg, Schulpforta, e a Turíngia inteira, Leipzig, Basileia – todos eles são lugares pouco felizes para a minha constituição fisiológica. Se não tenho a menor lembrança bem-vinda de minha infância e de minha juventude inteira, seria tolice querer creditá-lo aos assim chamados motivos "morais"... por exemplo à falta indiscutível de companhias **adequadas**: pois essa falta existiu sempre, como ainda hoje existe, sem que me causasse o menor prejuízo no fato de ser alegre e bravoso. A verdadeira fatalidade na minha vida é a ignorância *in physiologicis*, o maldito "idealismo" e tudo que ele tem de supérfluo, de estúpido, algo do qual não pode nascer nada de bom, para o qual não existe compensação nem contracálculo. Das consequências desse "idealismo" eu entendo todas as minhas tentativas erradas, todas as gigantescas aberrações nos instintos e "modéstias" à parte da **tarefa** da minha vida, como por exemplo o fato de ter me tornado filólogo... Por que, pelo menos, não me tornei médico ou alguma outra coisa capaz de abrir os olhos? Nos meus tempos em Basileia toda a minha dieta espiritual, incluída a divisão do dia, era um abuso completo e sem sentido de forças extraordinárias, sem o menor abastecimento de forças que compensasse o consumo, e inclusive sem a menor reflexão a respeito do consumo e da reposição. Não existia um fumo sequer de egoísmo, de **amparo** vindo de um instinto de comando; era tudo um se-tornar-igual a qualquer um, uma "ausência-de-si", um esquecer-se de suas próprias distâncias – algo que eu jamais me perdoarei. Quando eu estava quase chegando ao fim, **porque** estava quase no fim, eu passei a refletir sobre essa irracionalidade fundamental de minha vida – o "idealismo". Só a **enfermidade** me trouxe à razão...

3

A escolha da alimentação; a escolha do clima e do lugar... A terceira coisa na qual a gente não pode errar – a nenhum preço – é na escolha do **seu tipo de recreação**. Também aqui, conforme o grau em que um espírito é *sui generis*, os limites daquilo que lhe é permitido, quer dizer, daquilo que lhe é **útil**, são estreitos, bem estreitos. No meu caso, faz parte da minha recreação **ler** tudo: consequentemente, ler aquilo que me livra de mim mesmo, que me deixa passear em ciências e almas desconhecidas – aquilo que eu não levo mais a sério. Ler me relaxa de **minha** própria seriedade. Em tempos de trabalho profundo não se vê livro algum em volta de mim: eu me guardo de deixar alguém discursar ou até mesmo pensar perto de mim. Pois isso significaria ler... Por acaso já foi observado que naquela tensão profunda, à qual a gravidez condena o espírito e inclusive o organismo inteiro, o acaso e todo o tipo de estímulo externo atua de modo demasiado veemente, "penetra" demasiado profundo? A gente tem de sair do caminho do acaso, do estímulo externo tão rápido quanto for possível; uma espécie de construir-um-muro-em-volta-de-si-mesmo faz parte das primeiras sagacidades instintivas da gravidez espiritual. Haverei de permitir que um pensamento **estranho** escale em segredo o muro?... Isso significaria ler... Ao tempo do trabalho e da frutificação segue o tempo do recreio: vinde, pois, vós, os livros agradáveis, espirituosos e argutos! – Haverão de ser livros alemães?... Tenho de voltar meio ano no tempo para me surpreender com um livro na mão. E qual era?... Um excelente estudo de Victor Brochard, *Les Sceptiques Grecs*, no qual também as minhas Laertianas[36] foram muito bem utilizadas. Os céticos, o único tipo **respeitável**[37] entre essa gente cheia de duplicidade, até de quintuplicidade, formada pela massa dos filósofos!... No mais eu costumo fugir quase sem-

36. Referência a seus próprios estudos filológicos sobre as fontes de Diógenes Laércio (séc. III), escritor grego, autor de uma recompilação de dados biográficos de filósofos e da maioria das doutrinas filosóficas gregas desde o século VI a.C.

37. A mudança elíptica do plural para o singular também acontece. De modo que a elipse é uma das características mais importantes – tanto estrutural quanto linguisticamente – do *Ecce homo* de Nietzsche.

pre para os mesmos livros, no fundo um número bastante reduzido deles, livros já **provados** justamente para mim. Talvez não faça parte do meu feitio ler muito e muitas coisas: um quarto de leitura me deixa doente. Também não faz parte do meu feitio amar muito e muitas coisas. Cuidado, é provável que até mesmo a hostilidade contra livros novos faça parte dos meus instintos mais do que a "tolerância", "*largeur du coeur*" e outros tipos de "amor ao próximo"... No fundo, é um pequeno número de franceses mais velhos aos quais eu sempre retorno: eu acredito apenas na formação francesa e considero todo o resto que se faz na Europa em termos de "formação" um equívoco – sem falar da formação alemã... Os poucos casos de alta formação que encontrei na Alemanha tinham, todos eles, origem francesa; sobretudo a senhora Cosima Wagner, de longe a maior autoridade no que diz respeito às questões do gosto que eu conheci em minha vida inteira... O fato de eu não ler Pascal, mas sim **amar** Pascal, na condição de vítima mais significativa do cristianismo, que o foi matando pouco a pouco, primeiro física, depois psicologicamente, com toda a lógica dessa forma pavorosíssima da crueldade humana; o fato de eu ter algo da petulância de Montaigne no espírito e, quem sabe?, talvez também no corpo; o fato de meu gosto de artista defender os nomes de Molière, Corneille e Racine, não sem sentir raiva, contra um gênio caótico como Shakespeare; tudo isso não me impede de ver, ao fim, até mesmo no último dos franceses, uma companhia charmosa. Eu não sou capaz de ver em que século da história podem ser pescados aos montes tantos psicólogos da alma humana, tão curiosos e ao mesmo tempo tão delicados, quanto os que existem na Paris atual: só para exemplar – pois seu número não é nem um pouco desprezível – eu cito os senhores Paul Bourget, Pierre Loti, Gyp, Meilhac, Anatole France, Jules Lemaître, ou, para destacar um da raça dos fortes, um latino dos mais genuínos, ao qual sou afeiçoado de modo especial – Guy de Maupassant. Dito entre nós, eu até prefiro **essa** geração a de seus grandes mestres, que estavam – todos eles – deteriorados pela filosofia alemã: o senhor Taine, por exemplo, estava deteriorado por Hegel, a quem ele deve o fato de ter compreendido mal grandes pessoas e grandes tempos. Até onde a Alemanha alcança, ela **deteriora** a cultura. Foi apenas a guerra que "libertou" o espírito na França... Stendhal, um dos acasos mais belos da minha vida – pois tudo o que fez época nele foi levado até mim pelo acaso e não por uma recomendação de qualquer ordem –, é totalmente impagável com seus olhos antecipadores de psicólogo, com seu domínio dos fatos, que chega a lembrar o maior dos fatos (*ex ungue Napoleonem*),[38] enfim, e não

38. Em latim no original. "Pela unha (se reconhece) Napoleão". Variação da célebre frase de Plutarco *ex ungue leonem pingere,* quer dizer, "a partir da unha pintar o leão".

menos por causa disso, um ateísta **honesto**, espécie bastante rara e quase impossível de ser encontrada na França – com toda a deferência que Prosper Mérimée merece... Talvez eu sinta inveja de Stendhal ao fim das contas? Ele me arrancou a melhor piada de ateísta, que justamente eu seria a pessoa mais indicada a fazer: "A única desculpa de Deus é o fato de não existir"... Eu mesmo disse em algum lugar: qual foi a maior objeção à existência feita até hoje? **Deus...**

4

O mais alto conceito de poeta lírico quem me deu foi **Heinrich Heine**. Em vão eu procuro em todos os reinos e pelos séculos dos séculos uma música tão apaixonada e doce quanto a dele. Ele possuía aquela maldade divina sem a qual eu não me julgo capaz de imaginar a perfeição... Eu calculo o valor das pessoas, das raças, segundo sua capacidade de entender quão pouco Deus está distante de um sátiro...[39] E como ele maneja e domina o alemão! Um dia haverão de dizer que Heine e eu fomos, de longe, os maiores artistas da língua alemã... e que o que fizemos com ela está a uma distância incalculável daquilo que meros alemães[40] fizeram com ela... Com o Manfredo de **Byron** eu devo ter um parentesco muito próximo: eu encontrei todos seus abismos dentro de mim – com treze anos eu estava maduro para essa obra. Eu não tenho sequer uma palavra, mas apenas um olhar, para aqueles que ousam proferir a palavra Fausto na presença de Manfredo. Os alemães são **incapazes** de alcançar o conceito grandeza: prova-o Schumann. No passado, de tanto ódio a esse saxão adocicado, eu compus uma contra-abertura ao Manfredo, da qual Hans von Bülow disse que jamais havia visto coisa parecida escrita em notas: que isso era uma violação a Euterpe... Quando eu procuro minha mais alta fórmula para caracterizar **Shakespeare** eu sempre acabo achando apenas essa: a de que ele concebeu o tipo César. Coisas desse tipo a gente

---

39. No final de suas *Confissões* Heine chama a Deus de sátiro, por tê-lo abandonado à "cova dos colchões", vítima da paralisia geral, durante os últimos oito anos de sua vida. Já que a beleza é muita – e tendo em vista a importância de Heine na obra de Nietzsche –, mando a citação heineana inteira. "Ah! o escárnio de Deus pesa como chumbo sobre mim. O grande autor do universo, o Aristófanes dos céus, quis mostrar direitinho e de modo bastante evidente ao pequeno e terreno Aristófanes alemão – pois é assim que me chamam – como os sarcasmos espirituosos do mesmo foram apenas zombarias miseráveis em comparação às suas, e como estou lamentavelmente distante dele em termos de humor, em termos de gracinhas colossais. Sim, a barrela do escárnio que o mestre despejou sobre mim é terrível, e horrorosamente cruel é seu gracejo. Reconheço, humilde, a sua superioridade e me curvo sobre o pó à frente dele."

40. Meros alemães? Heine era judeu e Nietzsche fantasiava ser polonês.

não intui – a gente é ou não é. O grande poeta bebe **apenas** de sua própria realidade – a ponto de no fim nem suportar mais a sua obra... Depois de ter lançado um olhar a meu Zaratustra eu caminho durante meia hora pelo quarto, para lá e para cá, incapaz de dominar uma convulsão insuportável de soluços... Eu não conheço nenhuma leitura capaz de arrebentar tanto o coração quanto Shakespeare: quanto um homem deve ter sofrido para ter uma tal necessidade de ser bufão! **Entende-se** o Hamlet? Não é a dúvida, é a **certeza** que enlouquece... Mas para isso a gente tem de ser profundo, tem de ser abismo, tem de ser filósofo para sentir assim... Nós todos temos **medo** da verdade... Eu confesso: tenho a certeza instintiva e absoluta de que Lord Bacon é o criador, o autoatormentador-em-si que primeiro experimentou essa espécie de literatura sinistra até a raiz... Que **me** importa a conversa fiada, aliás digna de pena, desses paspalhos e taroucos americanos?[41] Mas a força para a mais poderosa realidade da visão não é apenas suportável com a força mais poderosa para a ação, para a monstruosidade da ação, para o crime – **ela se pressupõe a si mesma**... Estamos longe de saber o suficiente acerca de Lord Bacon, o primeiro grande realista, em todos os sentidos nobres que essa palavra adquire, para saber **o que** ele fez, **o que** ele quis, **o que** ele experimentou no interior de si mesmo... E com os diabos, senhores meus críticos! Supondo que eu tivesse batizado o meu Zaratustra com um nome estranho, por exemplo com o nome de Richard Wagner, e a perspicácia de dois milênios não seria suficiente para adivinhar que o escritor de "Humano, demasiado humano" é o visionário do Zaratustra...

5

Aqui, onde eu falo das recreações de minha vida, me é necessária uma palavra para expressar meu agradecimento àquilo que de longe foi o que a recreou de maneira mais profunda. E isso foi, sem a menor dúvida, o contato íntimo com Richard Wagner. Eu vendo barato todo o resto das minhas relações humanas; e não cederia, a nenhum preço, os dias de minha vida que passei em Tribschen: foram dias de confiança, de alegria, de acasos sublimes – de instantes **profundos**... Não sei o que outras pessoas vivenciaram com Wagner: sobre o nosso céu jamais pairou uma nuvem... E com isso volto a falar da França... Eu não tenho motivos, tenho apenas uma careta cheia de desprezo para dedicar aos wagnerianos *et hoc genus omne*, que acreditam

41. Alusão à origem americana do movimento baconiano (de Francis Bacon, criador da "teoria dos ídolos") e a negação peremptória de Nietzsche de que suas próprias visões tenham alguma coisa a ver com esse movimento.

honrar a Wagner pelo fato de **se** acharem semelhantes a ele... Assim como eu sou, em todos os meus instintos mais profundos, estranho a tudo aquilo que é alemão, de modo que tão só a proximidade de um alemão retarda a minha digestão, assim também o primeiro contato com Wagner foi o primeiro suspiro aliviado da minha vida: eu o sentia, eu o venerava como o **país estrangeiro**, como o antagonismo, como o protesto corpóreo contra todas as "virtudes alemãs"... Nós, que fomos crianças no ar pantanoso dos anos cinquenta, somos – necessariamente – pessimistas em relação ao conceito "alemão"; nós sequer podemos ser outra coisa que não revolucionários – nós jamais haveremos de admitir uma situação de coisas em que **o santarrão** estiver no topo. Para mim é completamente indiferente se ele hoje defende outras cores, se ele se veste de escarlate e usa uniformes de hussardo... Vá lá! Wagner foi um revolucionário – ele fugia dos alemães... Na condição de **artista** a gente não encontra pátria na Europa, a não ser Paris; a *délicatesse* em todos os cinco sentidos da arte, pressuposta pela arte de Wagner, o tato para nuances, a morbidez psicológica só podem ser encontradas em Paris. Em nenhum outro lugar do mundo se tem essa paixão no que diz respeito a questões de forma, essa seriedade no *mise en scène* – isso é a seriedade parisiense *par excellence.* Na Alemanha a gente nem tem ideia acerca da ambição monstruosa que vive na alma de um artista parisiense. O alemão é bonzinho – Wagner estava longe de ser bonzinho... Mas eu já falei mais do que o suficiente (em "Além do bem e do mal", § 256 ss.) sobre o lugar digno de Wagner, em quem ele tem seus parentes mais próximos: o romantismo francês tardio, essa espécie de artistas que voam alto e se arremessam para o alto – como Delacroix, como Berlioz –, com um fundo de enfermidade, de incurabilidade no ser, todos eles puros fanáticos da **expressão,** virtuoses de cabo a rabo... Qual foi, aliás, o primeiro partidário **inteligente** de Wagner? Charles Baudelaire, o mesmo que foi o primeiro a entender Delacroix, aquele típico *décadent,* no qual toda uma estirpe de artistas se reconheceu – e talvez ele tenha sido também o último... O que eu jamais perdoei a Wagner? O fato de ter **condescendido** com os alemães... o fato de ter descido à condição de alemão imperial... Até onde a Alemanha alcança, ela **deteriora** a cultura...

6

Balançando as coisas, eu não teria suportado minha juventude sem a música de Wagner. Pois eu estava **condenado** a alemães. Quando a gente quer se livrar de uma pressão insuportável o haxixe é necessário. Vá lá, Wagner foi necessário para mim. Wagner é o contraveneno para tudo aquilo que é alemão *par excellence* – veneno, eu não o contesto... A partir do instante em que existiu um fragmento pianístico do Tristão – meus cumprimentos, senhor von Bülow! – eu era um wagneriano. As obras mais antigas de Wagner eu as via abaixo de mim – elas ainda eram demasiado simples, demasiado "alemãs"... Mas ainda hoje procuro por uma obra que tenha a mesma fascinação perigosa, a mesma infinitude doce e terrível do Tristão – e procuro entre todas as artes em vão. Todas as extravagâncias de Leonardo da Vinci se desencantam ante o primeiro acorde do Tristão. Essa obra é, sem dúvida, o *non plus ultra* de Wagner; ele se recreou do trabalho nela compondo os Mestres Cantores e o Anel dos Nibelungos. Tornar-se saudável – isso é um **retrocesso** em uma natureza como a de Wagner... Eu tomo como sendo uma felicidade do mais alto nível o fato de ter vivido no tempo certo e justamente entre alemães, para poder ser **maduro** o suficiente para essa obra: tão longe vai em mim a curiosidade do psicólogo. O mundo é pobre para aquele que jamais foi doente o bastante para essa "volúpia do inferno": é permitido, é quase imperioso aplicar aqui uma fórmula mística... Eu penso conhecer, mais do que qualquer outra pessoa, a mostruosidade da qual Wagner foi capaz, os cinquenta mundos de encantos estranhos para os quais ninguém, a não ser ele, teve asas; e assim como eu sou, forte o bastante para transformar também aquilo que é mais duvidoso e mais perigoso em meu favor tornando-me ainda mais forte, eu declaro Wagner o maior benfeitor da minha vida. Aquilo – no que aliás somos aparentados – que nós sofremos profundamente, também um por causa do outro, aquilo que fomos capazes de aguentar na condição de pessoas desse século, haverá de voltar a juntar nossos nomes de maneira eterna; e tão certo quanto o fato de Wagner ser apenas um mal-entendido entre os alemães, tão certo também eu o sou e sempre haverei de ser um mal-entendido... Dois séculos de disciplina psicológica e artística **primeiro,** meus senhores germanos!... Mas isso ninguém consegue recuperar...

7

– Eu direi ainda uma palavrinha para os ouvidos mais selecionados: o que **eu** quero da música, na realidade. Que ela seja alegre, serena e profunda como uma tarde de outubro.[42] Que ela seja peculiar, animada, suave, uma mulher pequena e doce, de humildade e graça... Jamais haverei de admitir que um alemão **possa** saber o que é música. O que a gente chama de músicos alemães, os maiores entre eles, são **estrangeiros**, eslavos, croatas, italianos,

42. Outubro é a época da escritura do *Ecce homo*, quer dizer, no princípio do outono europeu. Logo após – em novembro – tudo fica cinzento e melancólico...

holandeses – ou judeus; e, nos outros casos, alemães da raça forte, alemães **extintos** como Heinrich Schütz, Bach e Händel. Eu mesmo sempre fui polonês o suficiente para trocar, por Chopin, todo o resto da música universal: por três razões eu excetuo também o Idílio de Siegfried, de Wagner, e talvez também Liszt, que supera todos os outros músicos com seus acentos orquestrais nobres, e finalmente tudo que cresceu além dos alpes – **desse lado**... Eu não saberia como haver-me sem Rossini, e menos ainda sem o **meu** Sul na música, a música de meu maestro veneziano Pietro Gasti.[43] E quando eu digo além dos Alpes, quero dizer apenas Veneza, na verdade. Quando eu procuro uma outra palavra para a palavra música, eu sempre acabo encontrando apenas a palavra Veneza. Eu não sei fazer diferença entre lágrimas e música – eu conheço a ventura de ser incapaz de pensar o **Sul** sem o arrepio do temor.

Sobre a ponte eu estava,
Há dias, na noite cinzenta.
Ao longe ouvi uma canção:
Ela pingava gotas de ouro
Pela superfície trêmula.
Gôndolas, luzes, música –
Ébria, ela nadou para a escuridão...

Minha alma, um alaúde,
cantou a si, invisível e ferida,
uma canção veneziana, e segredou,
trêmula de ventura colorida.
– Será que alguém a escutou?...

8

Em tudo isso – na escolha da alimentação, do lugar e do clima, da recreação – quem comanda é um instinto de autopreservação, que se manifesta de maneira menos ambígua na condição de instinto de **autodefesa**. Não ver, não ouvir, não deixar muita coisa se aproximar – primeira mostra de inteligência, primeira prova do fato de que a gente não é um acaso, mas sim uma necessidade. A palavra usual para esse instinto de autodefesa é a palavra **gosto**. Seu imperativo não apenas ordena a dizer não, onde o sim seria uma "atitude desinteressada", mas também a dizer **não o menos possível**... Separar-se, amputar-se daquilo em que o não sempre voltaria a ser necessário. A racionalidade nisso é o fato de que as despesas defensivas, por mais pequenas

43. Peter Gast. Ver glossário.

que sejam, quando levadas à categoria de regra, de hábito, acabam condicionando um empobrecimento extraordinário e completamente desnecessário. Nossas **grandes** despesas são o grande número de despesas pequenas. O ato de defender, de não deixar-se-aproximar é uma despesa – ninguém se iluda a respeito disso –, uma força **esbanjada** para objetivos negativos. A gente pode, apenas na necessidade constante da defesa, ficar tão fraco a ponto de não conseguir se defender mais... Supondo que, pondo meus pés fora de casa, eu encontrasse, em vez da calma e aristocrática Turim, uma cidadezinha provinciana alemã: meu instinto teria de se trancar, para evitar a entrada de tudo aquilo que costuma vir desse mundinho chão e covarde e nos perseguir. Ou supondo que eu encontrasse a metrópole alemã, esse vício construído, onde nada cresce, onde qualquer coisa que seja, boa ou má, se acoitou. Não teria eu de me transformar em um **ouriço** por causa dela?... Porém ter espinhos é um desperdício, um luxo duplo, inclusive, quando se é livre para não ter espinhos, mas sim mãos **abertas**...

Uma outra mostra de inteligência e autodefesa consiste em **reagir tão raramente quanto possível** e em evitar lugares e condições nas quais se estaria condenado a suspender de imediato sua "liberdade", sua iniciativa, para se tornar um simples reagente. Eu tomo a relação com os livros como parâmetro comparativo. O erudito, que no fundo apenas se limita a "moer" livros – o filólogo de atividade mediana, cerca de duzentos por dia –, ao fim das contas acaba perdendo por completo a capacidade de pensar por si mesmo. Quando ele não mói, ele não é capaz de pensar. Ele **responde** a um estímulo (um pensamento lido) quando ele pensa... ao fim e ao cabo ele apenas reage. O erudito gasta toda sua força em dizer sim e não, na crítica do já pensado – ele mesmo não pensa mais... O instinto da autodefesa tornou-se frouxo nele; pois se assim não fosse ele iria se precaver contra os livros. O erudito – um *décadent*... Isso eu vi com meus próprios olhos: naturezas talentosas, de tendência livre e fértil, "lidas à ruína" já aos trinta anos, simples palitos de fósforo, que têm de ser friccionados para soltar faíscas – soltar "pensamentos"... Ler um **livro** de manhã bem cedo, ao nascer do dia, em todo o frescor, na aurora de suas forças – isso eu chamo de vicioso!...

9

Nesse ponto já não é mais possível se desviar da verdadeira resposta para a pergunta **como a gente se torna o que a gente é**... E com isso eu toco a obra-prima na arte da autopreservação – do **egocentrismo**... Assumindo, pois, que a tarefa, a determinação, o **destino** da tarefa está bem acima de uma medida regular, nenhum perigo seria maior do que ver a si mesmo, cara a cara, **através** dessa tarefa. Que a gente se torne o que a gente é pressupõe que a gente não saiba, nem de longe, **o que** a gente é. A partir desse ponto de vista, até mesmo as **decisões erradas** da vida – os desvios e descaminhos, os atrasos, as "modéstias", a seriedade esbanjada em tarefas que não fazem parte **da** tarefa – têm seu valor e seu sentido peculiar... Nisso pode chegar a se expressar uma grande sabedoria, até mesmo a maior das sabedorias: onde o *nosce te ipsum* seria a receita para o naufrágio, se-esquecer, não **se-compreender**, se-apequenar, se-estreitar, se-medianizar acabam se transformando na razão em si. Expressado moralmente: amor ao próximo, viver para os outros e outras coisas **pode** ser a medida de defesa para a manutenção do mais duro dos egocentrismos. Mas essa é a exceção na qual eu, contra as minhas regras e convicções, tomo o partido dos impulsos "desinteressados": aqui eles trabalham a serviço do **egocentrismo**, da **egocultivação**... A gente tem de manter toda a superfície da consciência – a consciência **é** uma superfície – limpa de qualquer um dos grandes imperativos. Precaução até mesmo ante toda e qualquer palavra grandiosa, qualquer atitude grandiosa! São, todas elas, perigos de o instinto "se entender" demasiado cedo... Nesse meio tempo a "ideia" organizadora, a "ideia" chamada ao poder cresce e cresce nas profundezas – ela começa a dar ordens, aos poucos ela vai evitando desvios e descaminhos, trazendo **de volta**, ela prepara qualidades e capacidades **individuais**, que um dia haverão de se mostrar indispensáveis como meios para alcançar o todo – ela treina, um por um, todos os recursos **ancilares**, antes de dar qualquer notícia a respeito da tarefa principal, do "objetivo", da "finalidade", do "sentido"... Considerada por esse lado, minha vida é simplesmente maravilhosa. Para realizar a tarefa de uma **transvaloração dos valores** talvez fossem necessários mais recursos do que jamais existiram juntos em qualquer outra pessoa, e sobretudo também recursos antitéticos, sem que eles se obstruíssem, se destruíssem uns aos outros. Ordem hierárquica dos recursos: distância; a arte de separar sem tornar inimigo; não misturar nada, não "reconciliar" nada; uma multiplicidade monstruosa, que mesmo assim é o contrário do caos – essa foi a condição prévia, o trabalho longo e secreto e o caráter artístico do meu instinto. Seu **amparo imenso** se mostrou tão forte que eu, por nenhum momento, sequer pressenti o que crescia em mim – que todas as minhas aptidões repentinas, maduras, **brotaram** certo dia em toda sua completude final. Não me ocorre à lembrança o fato de eu, quando quer que fosse, ter me esforçado para isso... não se pode comprovar sequer um traço de **luta** em minha vida inteira – eu sou a antítese de uma natureza heroica. "Querer" algo, "aspirar" a algo, ter em vista um "objetivo", um "desejo" – eu não conheço nada disso por experiência. Mesmo neste instante eu olho para o meu futuro – um futuro **distante!** – como para um mar plácido: nenhuma nostalgia se levanta sobre ele. Eu não quero que nada, nem em seu mais ínfimo aspecto, se torne diferente do que é; eu mesmo não quero ser nada diferente. Mas foi assim que eu sempre vivi. Não tive nenhum desejo. Alguém que, depois de seu quadragésimo quarto aniversário, ainda pode dizer que jamais se esforçou para alcançar **honras, mulheres, dinheiro**!... Não que eles tenham me faltado... Foi assim que, por exemplo, me tornei professor universitário um dia... Eu jamais havia pensado – por mais vagamente que fosse – em coisa desse tipo, pois eu recém havia chegado aos 24 anos. Foi assim que, dois anos antes, eu era filólogo: no sentido de que meu **primeiro** trabalho filológico, meu princípio em todos os sentidos, foi exigido pelo meu professor Ritschl para ser impresso em seu "Museu Renano" (**Ritschl** – eu o digo com veneração –, o único erudito genial que eu vim a conhecer até o dia de hoje. Ele possuía aquela deterioração agradável que caracteriza a nós, os turíngios, e com a qual até mesmo um alemão se torna simpático – nós, para chegar à verdade, ainda preferimos andar por caminhos tortos. Com essas palavras, eu não quero, nem de longe aliás, subestimar meu compatriota mais próximo, o **inteligente** Leopold von Ranke...)

10

– Haverão de me perguntar por que foi que contei todas essas pequenas coisas, que segundo o juízo convencional inclusive não guardam o menor interesse; eu prejudico a mim mesmo com isso, tanto mais pelo fato de eu estar destinado a representar tarefas grandiosas. Resposta: essas pequenas coisas – alimentação, lugar, clima, recreação e toda a casuística do egocentrismo – são mais importantes – quaisquer que sejam os conceitos – do que tudo aquilo que foi tido como importante até o momento. É justo aqui que se tem de começar a **reaprender**. Aquilo que a humanidade ponderou seriamente até o presente momento nem sequer são realidades, são puras ilusões, ou, para dizê-lo de um modo mais duro, **mentiras** advindas dos instintos ruins de naturezas enfermas, prejudiciais no mais profundo dos sentidos – toda essa série de noções: "Deus", "alma", "virtude", "pecado", "além", "verdade", "vida eterna"... Mas nelas se procurou a grandeza da natureza humana, seu "caráter divino" – todas as questões relativas à política, à ordem social, à educação são, por isso, falsificadas até a raiz, de modo que foram tomados por grandes os homens mais perniciosos... De modo que se ensinou a desprezar as "pequenas" coisas, quero dizer, as questões fundamentais da vida... Nossa cultura atual é ambígua no mais alto grau... O imperador alemão pactua com o papa como se o papa não fosse o representante dos inimigos mortais da vida!... Isso que hoje está sendo construído em três anos já não existirá mais... Se eu quiser medir-me por aquilo que eu **posso** – e nem estou falando daquilo que virá depois de mim, uma revolução, e uma reconstrução sem igual –, então por certo tenho, mais do que qualquer um dentre os mortais, o direito de reivindicar para mim a palavra grandeza. Se eu me comparo com os homens que até hoje foram louvados como homens **de primeira,** a diferença é palpável. Os assim chamados "primeiros", eu sequer os conto entre os homens – eles são, para mim, refugos da humanidade, frutos de enfermidades e instintos vingativos: eles são apenas monstros nefastos e, no fundo, infaustos, que estão na vida para se vingar dela... Eu quero ser o antípoda de tudo isso: meu privilégio é ter a maior das finuras para todos os sinais que têm a ver com instintos sadios. Em mim falta qualquer indício doentio; mesmo em tempos de doenças graves eu jamais me tornei enfermo; embalde haverão de procurar em mim um traço de fanatismo. Jamais poderão provar em mim, em qualquer momento de minha vida, qualquer postura arrogante ou patética. O *páthos* da atitude **não** pertence à grandeza; aliás, quem tem necessidade de atitudes é **falso**... Cuidado ante os homens pitorescos!... A vida ficou fácil para mim, e tanto mais fácil por exigir de mim o mais difícil. Quem me viu durante os setenta dias deste outono, em que, sem interrupções, eu produzi apenas coisas de primeira categoria – coisas que nenhum ser humano é capaz de fazer depois de mim, imitando... ou de fazer antes de mim, fingindo –, com uma responsabilidade tal em relação aos milênios que se seguirão a mim, não haverá de ter percebido sequer um traço de tensão em mim, mas apenas – e tanto mais – um frescor transbordante, uma serenidade sem fim. Jamais comi com sensações tão agradáveis, jamais dormi tão bem... Não conheço nenhuma outra maneira de se relacionar com grandes tarefas a não ser o **jogo**: ele é, como indício de grandeza, um pressuposto fundamental. A coação mais ínfima, o semblante sombrio, qualquer acorde mais duro na garganta são, todos eles, objeções contra um homem, quanto mais contra sua obra!... Não se pode ter nervos... **Sofrer** por causa da solidão também é uma objeção – eu sempre sofri tão só por causa da "multidão"... Em um tempo absurdamente remoto, quando eu tinha apenas sete anos, eu já sabia que uma palavra humana jamais seria capaz de me alcançar: e será que alguém me viu consternado algum dia por causa disso?... Ainda hoje guardo a mesma comunicatividade em relação a todo mundo, e inclusive com os mais baixos me mostro cheio de distinção: e em tudo isso não há sequer um grão de soberba, de desprezo secreto. Aquele que eu desprezo **adivinha** que é desprezado por mim: tão só através da minha existência eu deixo indignado tudo aquilo que tem sangue ruim no corpo... Minha fórmula para a grandeza no homem é ***amor fati***:[44] não querer ter nada de diferente, nem para a frente, nem para trás, por toda a eternidade... Não apenas suportar aquilo que é necessário, muito menos dissimulá-lo – todo o idealismo é falsidade diante daquilo que é necessário –, mas sim **amá-lo**...

44. Conceito central do *Ecce homo*. É o dizer-sim dionisíaco em antítese à constante negação promovida pelo cristianismo.

Por que eu escrevo livros tão bons

1

Uma coisa sou eu, outra são meus escritos... Aqui, antes de chegar a falar deles mesmos, quero tocar a questão da compreensão ou da não compreensão desses escritos. Eu o faço de maneira tão relaxada quanto me parece ser conveniente: pois o tempo para essa questão por certo ainda não chegou. O tempo não chegou nem mesmo para mim; alguns apenas nascem postumamente... Um dia serão necessárias instituições, nas quais será ensinado e vivido como eu compreendo o ensino e a vida; quem sabe não serão instituídas, também, algumas disciplinas para a interpretação do Zaratustra. Mas seria uma contradição total a mim mesmo esperar ouvidos **e mãos** para as **minhas** verdades já hoje em dia: o fato de hoje não me ouvirem, o fato de não saberem o que fazer de mim não é apenas compreensível, ele inclusive me parece ser a coisa mais correta. Eu não quero ser confundido – e disso faz parte o fato de eu não confundir a mim mesmo... Para dizê-lo de novo, são mínimas as provas de "má-vontade" em minha vida; também de "má--vontade" literária eu mal poderia contar um caso sequer. Mas, ao contrário, há muito a respeito de **pura tolice**... Me parece ser uma das distinções mais raras que alguém pode provar a si mesmo, o ato de tomar em suas mãos um livro meu – eu suponho, inclusive, que ele tire as sandálias para fazê-lo;[45] de botas não quero nem falar... Quando, certa vez, o doutor Heinrich von Stein se queixou honestamente por não ter entendido uma palavra sequer do meu Zaratustra, eu lhe disse que isso estava em ordem: ter entendido seis frases desse livro – isso quer dizer **vivenciá-las** – já elevaria a um nível mais alto da escala mortal, mais alto do que homens "modernos" jamais poderiam alcançar. Como é que eu **poderia** – com **esse** sentimento de distância – tão só desejar ser lido pelos "modernos" que eu conheço!... Meu triunfo é justamente o contrário daquele que foi alcançado por Schopenhauer – eu digo: "***Non*** *legor,* ***non*** *legar*"... Não que eu queira menosprezar a satisfação que a **inocência** me proporcionou por tantas vezes ao dizer não aos meus escritos. Ainda no verão passado, em um tempo em que pretendi arrancar do equilíbrio

45. Referência ao Livro do Êxodo, na Bíblia, Cap. 3, Vers. 5.

todo o resto da literatura universal com minha literatura pesada, demasiado pesada, um professor da Universidade de Berlim me deu a entender, benevolente, que eu deveria tentar fazer uso de uma outra forma para dizer aquilo que digo: coisas dessas ninguém lê... Por fim, não foi a Alemanha, mas sim a Suíça que providenciou os dois casos mais extremos nesse sentido. Um ensaio do Dr. V. Widmann sobre "Além do bem e do mal", publicado no "Bund" sob o título "O livro perigoso de Nietzsche", e uma notícia geral a respeito dos meus livros encaminhada pelo senhor Karl Spitteler, também no "Bund", alcançaram um ponto máximo em minha vida – eu me guardo de dizer em que sentido... O último, por exemplo, dizia que o meu Zaratustra era um "exercício estilístico altaneiro", manifestando o desejo de que, nas obras que ainda viriam, eu me preocupasse também com o conteúdo; Dr. Widmann me expressou sua atenção pela coragem com que eu me empenhava em acabar com todos os sentimentos decentes... Por uma pequena maldade do destino cada uma das sentenças do doutor era – com uma lógica que eu cheguei a admirar – uma verdade de ponta-cabeça: no fundo a gente não teria nada a fazer a não ser "transvalorar todos os valores", a fim de, num golpe aliás notável, acertar a cabeça do prego em cheio naquilo que diz respeito a mim – em vez de acertar minha cabeça com um prego... Tanto mais eu me empenho em buscar uma explicação para tudo isso... No fim das contas ninguém pode captar nas coisas, incluídos os livros, mais do que ele mesmo já sabe. Para aquilo que a gente não alcança através da vivência, a gente também não tem ouvidos. Tomemos, pois, um caso extremo: um livro que só fala de vivências que se encontram além das possibilidades de uma experiência frequente, ou até mesmo rara – que seja a **primeira** língua para uma série de novas experiências. Nesse caso simplesmente não se escuta nada, com a ilusão acústica de que onde não se escuta nada **também não existe nada**... Esta é, ao fim e ao cabo, minha experiência média e, caso quiserem, a **originalidade** da minha experiência. Quem acreditou ter entendido alguma coisa de mim, tomou posse de algo que veio de mim, segundo a sua imagem – e não raro isso aconteceu com alguém que é antagônico a mim, por exemplo com um "idealista". Quem não entendeu nada de mim, negou inclusive o fato de considerar minha importância... A palavra **"super-homem"**[46] para caracterizar um

46. "Se opto por "super-homem" para traduzir *Übermensch*, sei que a opção é discutível, conforme já ensinou o mestre Antonio Candido. E o conceito gerou discussões e mal-entendidos não apenas em sua versão portuguesa, mas também no original alemão, conforme Nietzsche deixa claro no presente trecho. Ademais, sabe-se que o *super* latino assim como o *über* de *Übermensch*, significa, também, "além de", o que dispensa uma opção poeticamente complicada como "além-do-homem", talvez mais precisa em termos nietzschianos, mas nem de longe tão multifacetada quanto o original alemão no que diz respeito à etimologia. (continua)

tipo do mais alto feitio, em oposição aos homens "modernos", aos homens "bons", aos cristãos e outros niilistas – uma palavra que na boca de um Zaratustra, o **aniquilador** da moral, se torna uma palavra assaz reflexiva, quase em todos os lugares foi entendida, com uma inocência completa, no sentido daqueles valores cuja antítese foi trazida à luz na figura de Zaratustra, quero dizer, como tipo "idealista" de uma espécie mais elevada de homem, meio "santo", meio "gênio"... Outros bovinos eruditos me puseram sob a suspeita de darwinismo por causa do conceito; até mesmo o "culto ao herói", que eu rejeitei com tanta maldade e veemência, daquele grande falsário inconsciente e involuntário – Carlyle –, foi reconhecido nele. Aquele ao qual sussurrei ao ouvido ser preferível tentar encontrar um Cesare Borgia a um Parsifal, não confiou em seus ouvidos...[47] Que eu não tenha a menor curiosidade em relação a discussões acerca de meus livros, sobretudo aquelas que são publicadas em jornais, ter-se-á de me perdoar. Meus amigos, meus editores sabem disso e não me falam nada sobre coisas do tipo. Em um caso especial fiquei cara a cara com tudo aquilo que foi cometido contra um único livro meu: era "Além do bem e do mal"... Eu teria um relatório bastante detalhado a fazer a respeito. Poder-se-ia acreditar que o Nationalzeitung – um jornal prussiano, conforme tenho de dizer a meus leitores estrangeiros; eu mesmo leio apenas, com licença, o Journal des Débats –, com toda a seriedade do mundo, soube compreender o livro como um "sinal dos tempos", como a **filosofia** genuína e direitista **dos aristocratas rurais,** para a qual o Kreuzzeitung apenas se mostrava covarde demais?[48]

2

Isso foi dito para os alemães: pois em todos os outros lugares eu tenho leitores – nada além de inteligências **selecionadas**, caracteres conservados, educados em posições e obrigações elevadas; eu tenho até mesmo

(cont.) E, além do mais, "super-homem" é expressão tão consagrada, que já foi dicionarizada por Houaiss. Está lá: "Super-homem: 2. Rubrica: filosofia. No nietzschianismo, cada um dos indivíduos que um dia será capaz de desenvolver plenamente a condição humana, criando novos valores e sentidos para a realidade, e afirmando intensamente a vida, a despeito do inevitável sofrimento que a cerca".

47. Melhor a maldade soberana de um Cesare Bórgia, portanto, do que a ingenuidade fraca de um pobre Parsifal.

48. Para o momento, basta dizer que o *Kreuzzeitung* (Jornal da Cruz) talvez tenha sido o jornal mais reacionário que o mundo jamais conheceu. Nietzsche quer dizer que o *Nationalzeitung* (Jornal Nacional) interpretou o que ele disse em *Além do bem e do mal* como sendo tão conservador, a ponto de considerar que Nietzsche apenas dizia aquilo que o *Kreuzzeitung* – conservador ao extremo – não tinha coragem de dizer. Mais, no glossário.

gênios de verdade entre os meus leitores. Em Viena, em São Petersburgo, em Estocolmo, em Copenhague, em Paris e Nova York – fui descoberto em todos os lugares da terra: **não** fui descoberto na terra rasa da Europa, na terra dos alemães... E, tenho de confessá-lo, me alegro ainda mais com meus não leitores, aqueles que nunca ouviram nem o meu nome, nem a palavra filosofia; mas onde eu chego, aqui em Turim por exemplo, cada rosto se anima e se torna bondoso ao me ver. O que até hoje mais me lisonjeou, dentre todas as coisas que já me aconteceram, é que as velhas mulheres do mercado não ficam em paz antes de terem juntado para mim as mais doces dentre as suas uvas. Para chegar **tão longe** a gente tem de ser filósofo... Não é por acaso que os poloneses são considerados os franceses entre os eslavos. Uma russa charmosa não se enganaria por um instante sequer a respeito do meu verdadeiro lugar. Não tenho êxito nas tentativas de ser festivo, no máximo alcanço o embaraço... Pensar em alemão, sentir em alemão – eu posso tudo, mas **isso** está acima das minhas forças... Meu velho professor Ritschl chegou a afirmar que eu concebo até mesmo meus ensaios filológicos como um romancista parisiense – absurdamente empolgantes. Em Paris ficam surpreendidos a respeito de "*toutes mes audaces et finesses*" – a expressão é de Monsieur Taine –; eu temo que até mesmo nas altíssimas formas de meus ditirambos pode ser encontrado um pouco daquele sal, que jamais será bobão – "alemão" –, o *esprit*... Eu não sei fazer diferente. Deus me ajude! Amém...[49] Todos nós sabemos, alguns inclusive pela experiência, o que é um orelhudo. Pois bem, eu ouso dizer que eu possuo as menores orelhas do mundo. E isso está longe de ter pouco interesse para as mulherinhas – me parece que elas se sentem melhor compreendidas por mim?... Eu sou o **antiasno** *par excellence* e por isso um monstro histórico-universal – eu sou, em grego, e não apenas em grego, o **Anticristo**...

3

Eu conheço mais ou menos os meus privilégios como escritor; em casos específicos chegaram a testemunhar para mim o quanto a adaptação aos meus escritos "deteriora" o gosto. Simplesmente não se suporta mais outros livros, menos ainda os filosóficos. É uma distinção sem igual adentrar esse mundo elegante e delicado – mas para isso não se deve ser, em nenhuma hipótese, alemão; no fim das contas esta é uma distinção que tem de ser merecida. Todavia quem, pela **altura** do querer, for meu parente vive os verdadeiros êxtases do aprender nessa experiência: pois eu venho de alturas que

49. *Ich kann nicht anders. Gott helfe mir! Amen.* Célebres palavras de Lutero.

pássaro algum jamais voou, eu conheço abismos nos quais pé algum um dia se perdeu. Me disseram que não é possível largar um livro meu quando se o tem nas mãos – que eu perturbo inclusive o descanso noturno... Entre todos os livros do mundo não existem livros tão orgulhosos e ao mesmo tempo tão refinados quanto os meus: eles alcançam, aqui e ali, o cume daquilo que pode ser alcançado na terra, o cinismo; eles têm de ser conquistados tanto com os dedos mais suaves quanto com os punhos mais bravosos. Toda a fraqueza da alma é excluída deles, de uma vez por todas, até mesmo a dispepsia: não se deve ter nervos, deve-se ter um ventre alegre. Não apenas a pobreza, o vácuo de uma alma é excluído deles, mas também e muito antes o covarde, o sujo, o secretamente-vingativo das entranhas: uma palavra minha obriga todos os instintos ruins a mostrarem a cara. Eu tenho entre meus conhecidos várias cobaias nas quais testo as mais diferentes – instrutivamente diferentes – reações aos meus escritos. Quem não quiser ter nada a ver com o conteúdo deles, os assim chamados meus amigos, por exemplo, torna-se "impessoal" no assunto: me congratula pelo fato de ter chegado "tão longe" e ainda diz que houve um progresso em direção a uma maior serenidade no tom... Os "espíritos" completamente viciosos, as "almas belas",[50] falsas até a raiz dos cabelos, simplesmente nem sabem o que fazer com esses livros – por consequência, eles veem os mesmos **abaixo** de si, abaixo da bela lógica de todas as "almas belas". Os bovinos entre os meus conhecidos, todos eles alemães, com licença, dão a entender que nem sempre é possível ter a minha opinião, mas de vez em quando sim. Por exemplo – eu cheguei a ouvir isso acerca do meu Zaratustra... Do mesmo jeito, todo o "feminismo" na pessoa humana, também no homem, é, para mim, uma porta fechada: ninguém jamais haverá de entrar nesse labirinto de conhecimentos arrojados. A gente não deve jamais poupar a si mesmo, a gente tem de ter a **dureza** entre seus hábitos a fim de poder permanecer alegre e contente em meio a tantas verdades duras. Quando eu fico a idealizar a imagem de um leitor perfeito, acaba surgindo sempre um monstro de coragem e curiosidade, e além disso algo flexível, cheio de manhas, precavido, um aventureiro nato, um descobridor. Por fim: eu não saberia dizer melhor a quem eu me dirijo, no fundo, do que Zaratustra o disse: **para quem,** apenas, ele quer narrar seu enigma?

> A vós, os que buscam com ousadia, a vós, os que tentam, a todos que um dia se lançaram ao mar terrível com suas velas cheias de manha,
> a vós, os bêbados-de-enigmas, os alegres-do-lusco-fusco, cuja alma é atraída por flautas a todo abismo enganador:

---

50. Expressão do *Wilhelm Meister* de Goethe.

– a vós, que não quereis tatear em busca de um fio com mão covarde; onde vós podeis **adivinhar**, ali odiais **calcular**...[51]

4

Quero dizer, ao mesmo tempo, uma palavra geral acerca da minha **arte do estilo**. **Comunicar** um estado, uma tensão interna de *páthos* através de sinais, incluída a velocidade desses sinais – esse é o sentido de todo o estilo. E, considerando que a multiplicidade de estados internos em mim é extraordinária, existem em mim várias possibilidades de estilo – aliás a mais múltipla arte de estilos que um homem jamais teve a seu dispor. **Bom** é todo o estilo que de fato comunica um estado interior, o estilo que não se equivoca na escolha dos sinais, da velocidade dos sinais, dos **gestos** – e todas as leis do período frasal são arte do gesto. Meu instinto é infalível nesse sentido... Um bom estilo **em si** – **pura estupidez**, mero "idealismo", algo como o "belo **em si**"... Sempre tendo em vista o fato de que existem ouvidos – de que existem ouvidos que são capazes e dignos de um *páthos* igual, de que não faltam aqueles com os quais a gente **pode** se comunicar... Meu Zaratustra, por exemplo, até hoje procura por ouvidos assim – ah! e ele ainda haverá de procurar por muito tempo!... A gente tem de ser **merecedor** de ouvi-lo... E até esse momento não existirá, por certo, ninguém capaz de entender a **arte** que ali foi desperdiçada: jamais houve alguém que teve em mãos tantos meios artísticos novos, inéditos, verdadeiramente criados para tanto, para desperdiçar. Que uma coisa dessas tenha sido possível justamente na língua alemã, ainda é necessário achar as causas para tanto: eu mesmo teria me recusado a acreditar nisso com a maior severidade antes do Zaratustra. Antes de mim jamais se soube o que é possível alcançar com a língua alemã – o que é possível alcançar com uma língua qualquer... A arte do ritmo **grandioso**, o estilo **grandioso** do período disposto à expressão de um subir e descer colossal de paixões sublimes e sobre-humanas, fui apenas eu quem o descobriu... Com um ditirambo como o último do **terceiro** Zaratustra, intitulado "os sete selos", eu me elevei mil milhas acima daquilo que até hoje foi chamado de poesia.

5

– Que do fundo dos meus escritos fala um **psicólogo** sem igual, talvez seja a primeira conclusão a qual chega um bom leitor – um leitor como eu o mereço, um leitor que me lê como os velhos e bons filólogos liam seu

51. Citação do *Zaratustra*, Parte III, "Da visão e do enigma".

Horácio. As sentenças, sobre as quais em última análise o mundo inteiro está de acordo – sem contar os filósofos-do-mundo-inteiro, os moralistas e outros cabeças ocas: cabeças de repolho –, em mim parecem simples ingenuidades do engano: por exemplo, aquela crença que assegura que "egoísta" e "altruísta" são antônimos, enquanto o ego em si seria apenas uma "fraude ainda maior", um "ideal"... Não existem **nem** ações egoístas, **nem** ações altruístas: os dois conceitos são contrassensos psicológicos... Ou a sentença "o homem luta pela felicidade"... Ou a sentença "disposição e indisposição são antônimos"... A Circe da humanidade, a moral, falsificou – **desmoralizou** – todas as faculdades psicológicas até a raiz, até aquele disparate terrível de que o amor tenha de ser algo "altruísta"... A gente tem de estar firme sobre o **seu** assento, a gente tem de se sentir bravoso sobre as pernas, caso contrário nem sequer **se pode** amar. Isso as mulherinhas sabem bem demais: elas fazem o diabo com homens que são apenas altruístas, meramente objetivos... Será que posso ousar dizer, por tabela, que eu **conheço** as mulherinhas? Isso faz parte dos meus dotes dionisíacos. Quem sabe? talvez eu seja o primeiro psicólogo do eterno-feminino.[52] Elas todas me amam – uma velha história: descontadas as mulherinhas **fracassadas**, as "emancipadas", as incapazes de ter filhos... Por fortuna não tenho a menor intenção de deixar que me arrebentem: a mulher completa arrebenta, quando ela ama... Eu conheço essas mênades amáveis... Oh, que predadora sutil, perigosa, subterrânea, baixa! E é tão agradável ao mesmo tempo!... Uma mulher baixa, que vai atrás de sua vingança, seria capaz de passar a perna até mesmo no destino... A mulher é indizivelmente mais má do que o homem, e também mais esperta; a bondade na mulher já é uma espécie de **degeneração**... No fundamento de todas as assim chamadas "almas belas" existe uma inconveniência psicológica – eu não vou dizer tudo, senão eu acabaria adentrando o terreno da medicina. A luta por direitos **iguais** inclusive é um sintoma de doença: qualquer médico sabe disso... A mulher, quanto mais mulher ela é, se defende com unhas e dentes contra todo o tipo de direitos: o estado natural, a eterna **guerra** entre os sexos lhe dá, de longe, o primeiro lugar... Alguém teve ouvidos para a minha definição do amor? ela é a única digna de um filósofo. O amor – em seus meios, a guerra; em seu fundamento, o ódio mortal dos sexos... Alguém ouviu minha resposta à pergunta sobre como a gente **cura** – "liberta" – uma mulher? A gente faz um filho nela. A mulher tem necessidade de filhos, o homem é sempre apenas um meio: assim falou Zaratustra... "A emancipação da mulher" – esse é o ódio instintivo da mulher **malograda**, quer dizer, da mulher incapaz de procriar, contra tudo aquilo que é exitoso... Sua luta contra

52. Conceito que aparece no final do *Fausto* de Goethe.

o "homem" é sempre apenas um meio, um pretexto, uma tática. Quando as mulheres **se** elevam à condição de "mulher em si", de "mulher mais alta", de mulher "idealista", elas acabam **baixando** a posição geral da mulher; não existe nenhum meio mais certeiro para isso do que a formação ginasial, o direito às calças e ao voto bovino. No fundo, as emancipadas são as **anarquistas** no mundo do "eterno-feminino", aquelas que se deram mal, cujo instinto mais baixo é a vingança... Um gênero inteiro do "idealismo" mais maldoso – que aliás também ocorre entre os homens, por exemplo em Henrik Ibsen, essa típica virgem senil – tem por objetivo **envenenar** a consciência limpa e a natureza no amor sexual... E para que não reste dúvidas acerca da minha convicção, que é tanto honesta quanto severa, acerca desse ponto, quero comunicar mais uma sentença do meu código moral contra o **vício**: com a palavra vício eu combato toda a espécie de antinatureza ou, caso sejam preferidas palavras belas, o idealismo. A sentença diz: "A pregação da castidade é um incitamento público ao antinatural. Toda expressão de desprezo à vida sexual, toda a contaminação da mesma pelo conceito 'impura' é um crime contra a vida em si – é o pecado intrínseco contra o espírito santo da vida."...

6

Para dar uma ideia a respeito de mim na condição de psicólogo, tomo uma peça curiosa de psicologia, que comparece em "Além do bem e do mal" – eu proíbo, aliás, toda e qualquer suposição acerca de quem é que eu descrevo nessa passagem. "O gênio do coração, assim como aquele grande oculto o possui, o deus-tentador e rateiro nato da consciência, cuja voz sabe mergulhar no submundo de qualquer alma, aquele que não diz uma palavra, não lança um olhar sequer no qual não haja uma tentativa e uma franja de sedução, a cujas maestrias pertencem o ato de saber parecer ser – e não aquilo que ele é, mas sim aquilo que, para os que o seguem, é uma **coação** a mais, para se aproximar, se apertar junto a ele cada vez mais, para segui-lo cada vez mais interna e profundamente... O gênio do coração, que faz calar e ensina a ouvir a tudo o que é ruidoso e vaidoso, que alisa as almas ásperas e lhes dá um novo desejo para experimentar – deitar em paz, como um espelho, para que o céu profundo se espelhe nele... O gênio do coração, que ensina a mão apatetada e ultrarrápida a pegar de leve e hesitantemente; que adivinha o tesouro escondido e esquecido, a gota de bondade e de espiritualidade doce sob o gelo turvo e grosso e é uma varinha de condão para todo o grão de ouro que jazeu enterrado no cárcere de muita lama e areia... O gênio do coração, de cujo toque todo mundo sai mais rico, não por ser anistiado ou surpreendido, não por ser alegrado ou oprimido por uma bondade alheia, mas sim mais rico em si mesmo, mais novo do que antes, desabrochado, bafejado e auscultado por um vento brando, talvez mais incerto, mais suave, mais frágil, mais quebrado, mas cheio de esperanças que ainda não têm nome, cheio de novas vontades e energias, cheio de novas más-vontades e contraenergias..."[53]

53. § 295 de *Além do bem e do mal.*

O NASCIMENTO DA TRAGÉDIA

1

Para ser justo em relação ao "Nascimento da tragédia" (1872), ter-se-á de esquecer algumas coisas. A obra **fez efeito** e até mesmo fascinou por aquilo que tinha de falho – por sua aplicação proveitosa ao **wagnerismo**, como se o mesmo fosse um sintoma de **ascensão**. E com isso ela foi um acontecimento na vida de Wagner: foi apenas a partir dela que começaram a existir grandes esperanças acerca do nome de Wagner. Ainda hoje as pessoas me lembram, em algumas circunstâncias no meio do Parsifal: como **eu**, na verdade, sou o culpado por existir uma opinião tão favorável a respeito do **valor cultural** desse movimento... Mais de uma vez encontrei a obra referenciada como "o **re**nascimento da tragédia a partir do espírito da música": as pessoas tiveram ouvidos apenas para uma nova fórmula da arte, para a intenção, para a **tarefa de Wagner** – e, com isso, foi ignorado o valor fundamental oculto na obra. "Helenismo e pessimismo": este seria um título nem um pouco ambíguo: ou seja, a primeira lição a mostrar como os gregos deram conta do pessimismo – com o que eles o **superaram**... Justo a tragédia é a prova de que os gregos **não** foram pessimistas: Schopenhauer se engana neste, como em todos os outros pontos... Tomada nas mãos com alguma neutralidade, o "Nascimento da tragédia" é uma obra bastante extemporânea: ninguém jamais chegaria a sonhar que ela foi **começada** sob os trovões da Batalha de Wörth. Eu pensei e elaborei esses problemas ante os muros de Metz, em frias noites de setembro, em meio ao serviço no corpo médico; seria mais fácil pensar que a obra é cinquenta anos mais velha do que de fato é. Ela é politicamente indiferente – "nada alemã", dir-se-ia hoje –, cheira escandalosamente hegeliana e em apenas algumas fórmulas é acometida pelo perfume amargo-cadavérico de Schopenhauer. É uma "ideia" – a antítese dionisíaco e apolíneo – traduzida ao metafísico; a própria história na condição de desenvolvimento dessa "ideia"; a antítese elevada à categoria de unidade na tragédia; e, sob essa ótica, o confronto de coisas que jamais estiveram cara a cara umas com as outras, fazendo com que elas se iluminassem e se **compreendessem** mutuamente...

A ópera e a revolução, por exemplo... As **renovações** mais decisivas do livro são, de um lado, a compreensão do fênomeno **dionisíaco** entre os gregos – ele revela a primeira psicologia desse fenômeno e vê nele a raiz de toda a arte grega – e, de outro, a compreensão do socratismo: Sócrates na condição de instrumento da dissolução grega, reconhecido pela primeira vez na condição de *décadent* típico. "Racionalidade" **contra** instinto. A "racionalidade" a qualquer preço, como violência perigosa, solapadora da vida!... Silêncio profundo e hostil a respeito do cristianismo em todo livro... Ele não é nem apolíneo nem dionisíaco; ele **nega** todos os valores **estéticos** – os únicos valores que o "Nascimento da tragédia" reconhece: ele é, no mais profundo dos sentidos, niilista, ao passo em que no símbolo dionisíaco é alcançada a fronteira mais extrema da **afirmação**. Um dia o mundo haverá de se referir aos sacerdotes cristãos como uma "espécie traiçoeira de anões", de "seres subterrâneos"...

2

Este começo é singular acima de todas as medidas. Eu havia **descoberto** a única comparação, o único paralelo à minha própria experiência interna que a história possui – e justamente com isso fui o primeiro a compreender o fenômeno maravilhoso do dionisíaco. Ao mesmo tempo, com o fato de reconhecer em Sócrates um *décadent*, estava dada uma prova irrefutável de quão pouco seria o perigo de a certeza do meu alcance psicológico sofrer ataques vindos do lado de uma idiossincrasia moral qualquer... A própria moral na condição de sintoma de decadência é um aspecto novo, uma unicidade de primeiro nível na história do conhecimento. A que alturas, além da lamentável conversa fiada sobre otimismo e pessimismo, eu não chegava com as duas conclusões!... Eu fui o primeiro a perceber a verdadeira antítese: o instinto **degenerado**, que se volta contra a vida com uma fúria vingativa subterrânea (– o cristianismo, a filosofia de Schopenhauer, em certo sentido até mesmo a filosofia de Platão e o idealismo inteiro como formas típicas) e uma fórmula da **mais alta afirmação**, nascida da abundância, da superabundância, um dizer-sim sem reservas, até mesmo para o sofrimento, para a culpa, para tudo o que é discutível e estranho na própria existência... Esse último, alegríssimo, mais grávido, mais excitado sim para a vida não é apenas a maior e a mais clara entre as compreensões, ele é também a **mais profunda**, a que mais foi confirmada e comprovada pela verdade e pela ciência. Nada nesse sim pode ser subtraído, nada nele pode ser considerado dispensável – os aspectos da existência negados pelos cristãos e outros niilistas inclusive têm uma posição infinitamente superior na ordem dos valores do que aquilo que o instinto de *décadence* aprovaria, do que aquilo que ele **poderia aprovar**. Para compreender isso é preciso ter **coragem** e a condição para que ela exista: um excedente de **forças** – pois precisamente tão longe quanto a coragem **pode** ousar adiantar-se é o que determina a medida das forças com as quais a gente se aproxima da verdade. O discernimento, o dizer-sim à realidade é, para o forte, uma necessidade tão grande quanto a covardia e a **fuga** da realidade – o "ideal" – o é para o fraco, subjugado sob a inspiração da fraqueza... Eles não têm liberdade para reconhecer: os *décadents* têm **necessidade** da mentira; a mentira é uma das condições de sua conservação... Quem não apenas compreende a palavra "dionisíaco", mas também **se** compreende na palavra "dionisíaco", não tem necessidade de refutar Platão, ou o cristianismo, ou Schopenhauer – ele **fareja a decomposição**...

3

Até que ponto eu também havia descoberto, justamente com isso, o conceito "trágico", o discernimento final sobre o que é a psicologia da tragédia, eu já o trouxe à baila várias vezes, a última delas no **Crepúsculo dos ídolos**, página 139. "O dizer-sim à vida, até mesmo em seus problemas mais estranhos e mais duros, a vontade para a vida, que se alegra com a própria inesgotabilidade até mesmo no **sacrifício** de seus mais altos tipos – **foi isso** que eu chamei de dionisíaco, foi isso que eu entendi como ponte para a psicologia do poeta **trágico**... **Não** para poder se livrar do susto e da compaixão, não para se purificar da própria emoção perigosa através de uma descarga veemente – foi assim que Aristóteles a entendeu, e mal; mas sim para **ser**, muito além do susto e da compaixão, o **próprio** prazer eterno do vir a ser **em si**, aquele prazer que ainda encerra em si o **prazer da aniquilação**..." Nesse sentido, eu tenho o direito de me reconhecer a mim mesmo como o primeiro **filósofo trágico** – quer dizer, a antítese mais extrema, o antípoda mais decidido de um filósofo pessimista. Antes de mim não existiu essa transferência do dionisíaco para o *páthos* filosófico: faltava a **sabedoria trágica**... Eu procurei sinais dela até mesmo entre os **grandes** gregos da filosofia, aqueles que existiram dois séculos **antes** de Sócrates. Em relação a **Heráclito** até ficou uma dúvida para trás; em sua presença eu sinto mais calor, eu me sinto melhor do que em qualquer outro lugar. A afirmação do delito **e da aniquilação**, o aspecto decisivo em uma filosofia dionisíaca, o dizer-sim à antítese e à guerra, o **vir a ser**, com a refutação radical até mesmo do conceito "ser" – dentro disso eu tenho de reconhecer aquilo que mais se aparenta a mim entre tudo o que foi pensado até hoje. A lição do "eterno retorno", quer dizer do ciclo incondicional e infinitamente repetido de todas as coisas – a lição de Zaratustra **poderia**, em última instância, já ter sido ensinada por Heráclito. Pelo menos a Stoa,[54] que herdou quase todas as ideias fundamentais de Heráclito, mostra rastros dela...

4

Do interior dessa obra fala uma esperança colossal. Ao fim e ao cabo, falta-me qualquer motivo para retirar a esperança em um futuro dionisíaco da música. Lancemos um olhar um século à frente, suponhamos que meu atentado a dois séculos de antinatureza e violação do homem tenha sucesso... Esse novo partido da vida, que irá tomar nas mãos a maior dentre todas as atividades, a educação elevada da humanidade, incluída a aniquilação implacável de tudo aquilo que é degenerado e parasitário, haverá de voltar a tornar possível sobre a terra aquele **excesso de vida**, do qual também terá de voltar a crescer e vigorar o estado dionisíaco. Eu prometo uma época **trágica**: a arte mais elevada de dizer-sim à vida, a tragédia, haverá de voltar a renascer, quando a humanidade tiver atrás de si a consciência das guerras mais duras, mas mais necessárias, **sem sofrer por causa disso**... Um psicólogo ainda poderia acrescentar que aquilo que em anos recentes fez parte da música de Wagner não tem absolutamente nada a ver com Wagner; que se eu descrevi a música dionisíaca, eu apenas descrevi aquilo que **eu** ouvi – que eu tinha de traduzir e transfigurar tudo no novo espírito que eu trazia dentro de mim... A prova para tanto, **tão forte quanto apenas uma prova pode ser**, é minha obra "Wagner em Bayreuth": em todas as partes decisivas e psicológicas ela fala apenas de mim – pode-se, sem a menor consideração, colocar o meu nome ou a palavra "Zaratustra" onde o texto menciona a palavra Wagner. Toda a imagem do artista **ditirâmbico** é a imagem do poeta **preexistente** do "Zaratustra", insinuado com uma profundeza abismal e sem tocar a realidade wagneriana por um instante que seja. O próprio Wagner chegou a compreendê-lo assim; ele não se reconheceu mais nessa obra... Do mesmo modo "o pensamento de Bayreuth" havia se transformado em algo que ao conhecedor do meu Zaratustra não haverá de ser nenhum conceito enigmático: naquela **tarde grandiosa**, na qual os maiores dentre os eleitos se consa-

54. Escola filosófica fundada por Zenão de Cício, por volta do ano 308 a. C., na *Stoà poikilé*, espécie de salão adornado com quadros de várias cores, onde Zenão se reunia com seus discípulos. Devido ao nome do salão, a escola recebeu o nome de estoicismo, pelo qual é conhecida até hoje.

gram à maior dentre todas as tarefas – quem sabe? a visão de uma festa que eu ainda haverei de vivenciar... O *páthos* das primeiras páginas é histórico-universal; o **olhar**, do qual se fala na sétima página, é, na verdade, o olhar-de-Zaratustra: Wagner, Bayreuth, toda a pequena miséria alemã é apenas uma nuvem, na qual se reflete a fata morgana infinita do futuro. Até mesmo no que diz respeito aos aspectos psicológicos, todos os traços mais decisivos da minha própria natureza estão marcados na de Wagner – o paralelismo das forças mais luminosas e funestas, a vontade de poder, assim como homem algum jamais a possuiu, a bravura insolente no espiritual, a força ilimitada de aprender sem que com isso a vontade para a ação seja sufocada... Tudo está anunciado por antecipação nessa obra: a proximidade do retorno do espírito grego, a necessidade de **contra-Alexandres**, que voltem a **atar** o nó górdio da cultura grega depois de ele ter sido desfeito... Escute-se o tom histórico-universal com o qual é encaminhado o conceito "mentalidade trágica", na página 30: há apenas tons puramente histórico-universais nessa obra. Essa é a "objetividade" mais estranha que pode existir: a absoluta certeza acerca do que **eu** sou se projeta sobre uma realidade qualquer e casual – a verdade sobre mim falou de uma profundeza assustadora. Na página 71 o **estilo** de Zaratustra é descrito com uma certeza cortante e antecipado de vez; e jamais alguém haverá de achar uma expressão mais grandiosa para o **acontecimento** Zaratustra – o ato de uma purificação colossal e da consagração da humanidade – do que a que foi encontrada entre as páginas 43 e 46...[55]

55. Nietzsche se refere às páginas da primeira edição de "Richard Wagner em Bayreuth", uma das *Considerações extemporâneas.*

As extemporâneas

1

As quatro considerações **extemporâneas** são absolutamente guerreiras. Elas provam que eu não fui nenhum "João Sonhador", que tenho prazer em desembainhar a espada – e talvez também que tenho o pulso perigosamente livre e destro. O **primeiro** ataque (1873) foi contra a formação alemã, para a qual eu descia um olhar de desprezo implacável já naquela época. Sem sentido, sem substância, sem objetivo: apenas uma "opinião pública". Não existe nenhum mal-entendido mais maldoso do que acreditar que o grande triunfo armado dos alemães prove alguma coisa em favor dessa formação – até mesmo **sua** vitória contra a França... A **segunda** extemporânea (1874) traz à luz o aspecto perigoso, que corrói e envenena a vida no modo através do qual operamos a ciência: a vida **enferma** por causa dessas roldanas e mecanismos desumanizados, por causa da "**im**pessoalidade" do trabalhador, por causa da falsa economia da "divisão do trabalho". A **finalidade** se perde, a cultura – o meio, a operação moderna da ciência, se **barbariza**... Nesse ensaio o "sentido histórico", pelo qual esse século se orgulha, foi reconhecido pela primeira vez como uma doença, como um sinal típico de ocaso... Na **terceira** e na **quarta** extemporâneas são erigidas duas imagens do mais duro **egoísmo**, da mais dura **autodisciplina** em oposição a isso, na condição de sinal para um conceito **mais alto** de cultura, para a restauração do conceito "cultura"; essas imagens são tipos extemporâneos, cheios de desprezo soberano contra tudo o que em volta deles se chame "império", "formação", "cristianismo", "Bismarck", "sucesso" – Schopenhauer e Wagner **ou**, em uma palavra, Nietzsche...

2

Desses quatro atentados, o primeiro teve um sucesso extraordinário. O barulho que ele acabou provocando foi, em todos os sentidos, pomposo. Eu havia tocado uma nação vitoriosa em seu ponto fraco – sua vitória **não** era um acontecimento cultural, mas talvez apenas... talvez algo bem diferente... A resposta veio de todos os lados e, nem de longe, apenas dos velhos amigos de David Strauss, que eu ridicularizei na condição de tipo ideal de filisteu cultural alemão e *satisfait*, curto e grosso, na condição de autor de seu evangelho de cervejaria sobre "a velha e a nova crença"[56] (o conceito filisteu cultural acabou perdurando na língua, a partir da minha obra). Esses velhos amigos aos quais eu aguilhoara profundamente acusando-os de würtembergueses e suábios, ao achar cômica sua *avis rara*, Strauss,[57] responderam de maneira tão singela e grosseira como eu, de certa maneira, apenas poderia desejar; as réplicas prussianas foram mais inteligentes – elas tinham mais "azul berlinense"[58] em si. A maior indecência foi cometida por um jornal de Leipzig, o mui afamado "Grenzboten"; eu tive dificuldades em impedir passos mais indignados do pessoal de Basileia.[59] Incondicionalmente a meu favor, decidiram-se apenas alguns senhores idosos, por razões embrulhadas e em parte difíceis de serem descobertas. Entre eles, Ewald, de Göttingen, que deu a entender que meu atentado acabou sendo fatal a Strauss. O mesmo aconteceu com o velho hegeliano Bruno Bauer, no qual passei a ter, a partir de então, um dos meus leitores mais atentos. Ele gostava muito de se referir a mim em seus últimos anos, por exemplo dando ao senhor von Treitschke – o historiador prussiano – um sinal de onde poderia encontrar informações sobre o conceito "cultura", que acabara se perdendo para ele. O mais pensativo, e também o mais longo a respeito da obra e de seu autor foi produzido por um velho aluno do filósofo von Baader, um tal professor Hoffmann, de Würzburg. Ele via, a partir dessa obra, uma grande função para mim – levar a uma espécie de crise e decisão maior no problema do ateísmo, do qual ele adivinhou em mim o advogado mais instintivo e mais inclemente. O ateísmo foi aquilo que me levou a Schopenhauer... Mas de longe mais ouvida, e sentida de maneira muito mais amarga, foi uma recomendação extraordinariamente forte e bravorosa do em outras situações tão suave Karl Hillebrand, esse último alemão **humano**, que sabia conduzir como poucos a pena. A gente leu seu ensaio no "Augsburger Zeitung"; hoje pode-se lê-lo, em uma forma um

56. Referência à obra homônima de David Strauss, ponto de partida para a primeira das *Considerações extemporâneas* (*Unzeitgemässe Betrachtungen*).

57. A ironia na frase é que "Strauss" também significa "avestruz", em alemão.

58. A partir do "azul berlinense" (*Berliner Blau*, conhecido também como azul da prússia; Berlim era a capital da Prússia) obteve-se o ácido prússico – ou ácido cianídrico –, um veneno.

59. Quer para defender a ele, Nietzsche, quer para despedi-lo da universidade onde trabalhava.

pouco mais cuidadosa e precavida, em suas obras completas. No jornal, a minha obra era representada como um acontecimento, um momento de transição, a primeira autoconsciência, o melhor sinal, como um **retorno** autêntico da seriedade alemã e da paixão alemã nas coisas espirituais. Hillebrand foi cheio de distinção no que diz respeito à forma da obra, a seu gosto maduro, a seu compasso perfeito na diferenciação entre pessoa e coisa: ele a distinguiu como a melhor obra polêmica escrita em alemão – justamente nessa arte tão perigosa, tão desaconselhável para os alemães: a arte da polêmica. Seu dizer-sim foi incondicional e ele chegou até a me afiar mais ainda naquilo que eu havia ousado dizer sobre a vulgarização da língua na Alemanha (– hoje em dia eles fazem o papel de puristas e já não podem mais construir uma frase –), mostrando o mesmo desprezo contra os "maiores escritores" dessa nação; terminou mostrando sua admiração pela minha **coragem** – aquela "coragem mais elevada que é capaz de levar o favorito de um povo ao banco dos réus"... A repercussão desse escrito é de todo incalculável em minha vida... Ninguém procurou a disputa comigo até hoje. Todo mundo silencia e na Alemanha me tratam com uma cautela sombria: há anos faço uso de uma liberdade de discurso incondicional, para a qual ninguém, muito menos no "império", tem **mãos** livres o bastante. Meu paraíso é "sob a sombra da minha espada"... No fundo eu sempre pratiquei uma máxima de Stendhal: ele aconselha a todo mundo fazer sua entrada na sociedade através de um **duelo**. E como eu escolhi meu inimigo! o primeiro livre-pensador alemão!... Com efeito, uma espécie totalmente **nova** de livre-pensamento ficou expressa pela primeira vez: até hoje não há nada mais estranho e pouco aparentado a mim do que esses espécimes todos de europeus e americanos "*libres penseurs*". Com eles e com os paspalhos e bufões das "ideias modernas" eu inclusive me encontro em divergência ainda maior do que com qualquer de seus opositores. Eles também querem, a seu modo, "melhorar" a humanidade; segundo seu modelo, no entanto, eles haveriam de entrar em uma guerra irreconciliável comigo por causa daquilo que eu sou, por causa daquilo que eu **quero**, estabelecido o fato de que tenham me entendido – todos eles ainda acreditam no "ideal".... Eu sou o primeiro **imoralista**...

3

Que as extemporâneas que foram rubricadas com os nomes de Wagner e de Schopenhauer poderiam ter um papel especial na compreensão ou até mesmo na discussão psicológica dos dois casos eu não chegaria a afirmar;

excluídos alguns aspectos bem particulares, fique claro. Assim, por exemplo, o caráter elementar da natureza de Wagner é identificado com profunda certeza instintiva como sendo um talento de ator, ao passo que seus métodos e intenções são apenas uma consequência desse talento. No fundo eu quis fazer coisa bem diferente da psicologia com esses escritos – um problema educativo sem igual, um novo conceito para a **autodisciplina,** para a **autodefesa** até alcançar a rigidez, um caminho para a grandeza e para tarefas histórico-universais exigia sua primeira expressão. Calculando por alto eu tomei dois tipos famosos e ainda vacilantes como um todo, a partir de seu conteúdo – assim como a gente agarra uma oportunidade à mão pelo topete –, a fim de declarar algo, a fim de manusear melhor um par de fórmulas, sinais e meios de expressão. Isso já está, em última instância – e com uma sagacidade sinistramente perfeita –, insinuado também na página 93 da terceira extemporânea. Da mesma maneira, Platão fez uso de Sócrates, como se ele fosse uma semiótica para Platão... Agora que volto meus olhos de alguma distância para aquelas circunstâncias, cujo testemunho são os escritos mencionados, eu não haveria de negar que no fundo eles falam apenas de mim. O texto "Wagner em Bayreuth" é uma visão do meu próprio futuro; "Schopenhauer como educador" é, ao contrário, a minha história mais íntima, incluído meu **vir a ser**. E antes de tudo minha **promessa**!... Aquilo que eu hoje sou, **onde** eu hoje estou – em uma altura na qual eu não falo mais através de palavras, mas sim através de raios –, oh, como eu ainda estava longe disso naquela época!... Mas eu **via** a terra – não me enganei por um instante sequer a respeito do caminho, do mar e do perigo – **e a respeito do sucesso**! A grande calma no ato de prometer, esse olhar venturoso para um futuro que não deveria ficar apenas na condição de juramento!... Ali todas as palavras são vividas, profundamente, interiormente; não faltam experiências das mais dolorosas, e há palavras que chegam a ser sanguinárias. Mas o vento da **grande** liberdade já sopra sobre tudo; a própria ferida **não** age como objeção... Sobre a minha compreensão dos filósofos como um tremendo material explosivo, ante o qual tudo está em perigo; sobre a renovação que promovo com meu conceito de "filósofo", colocando-o a milhas de distância de um conceito capaz de ainda encerrar em si um Kant – sem contar os "ruminantes" acadêmicos e outros professores de filosofia... O meu texto dá uma aula impagável, reconhecido inclusive o fato de que no fundo não é "Schopenhauer como educador", mas sim sua **antítese**, "Nietzsche como educador", que é chamado às falas... Considerando que na época meus instrumentos eram os de um erudito e, talvez, que eu **compreendia** meus instrumentos, também adquire importância uma peça áspera de psicologia do erudito que de repente vem à luz nesse texto: ela exprime o **sentimento de distância**, a profunda certeza sobre aquilo que em mim é **tarefa**, sobre aquilo que pode apenas ser meio, entreato e obra paralela... É minha sagacidade, ter sido muitas coisas em muitos lugares a fim de poder me tornar uno – a fim de poder chegar a ser um... Eu também **tinha** de ser, por algum tempo, um erudito...

Humano, demasiado humano

Com duas continuações

1

"Humano, demasiado humano" é o monumento de uma crise. Ele se chama um livro para espíritos **livres**: praticamente cada uma de suas sentenças exprime uma vitória – com o mesmo, eu me livrei daquilo que **não faz-parte-de-mim** em minha natureza. Não faz parte de mim o idealismo: o título diz "onde **vós** vedes coisas ideais, **eu** vejo – coisas humanas, ah, coisas demasiado humanas!"... Eu conheço **melhor** o homem... Em nenhum outro sentido a palavra "espírito livre" quer ser entendida: um espírito que **se tornou livre**, que voltou a tomar posse de si mesmo. O tom, o timbre mudou por completo: as pessoas haverão de achar o livro sagaz, frio e, dadas as circunstâncias, duro e sarcástico. Uma certa espirituosidade de sabor **nobre** parece se manter de maneira constante à superfície, dominando uma corrente mais passional. Nesse contexto faz sentido o fato de que a publicação do livro no ano de 1878 pareça ser justificada pela celebração dos cem anos da morte de **Voltaire**... Pois Voltaire é, ao contrário de tudo aquilo que se escreveu depois dele, um *grand seigneur* do espírito: exatamente aquilo que eu também sou... O nome de Voltaire em um texto meu – isso foi de fato um progresso em direção **a mim**... Se alguém observar com mais atenção, descobrirá um espírito impiedoso, que conhece todos os esconderijos nos quais o ideal se encontra em casa – nos quais ele tem seus calabouços e ao mesmo tempo seu último lugar seguro. Uma tocha nas mãos, que está longe de fazer a luz vacilante da tocha, mas ilumina com claridade cortante o **submundo** do ideal... É a guerra, mas uma guerra sem chumbo nem pólvora, sem atitudes guerreiras, sem *páthos* e membros deslocados – tudo isso ainda seria "idealismo". Um erro atrás do outro é deitado sobre o gelo com tranquilidade, o ideal não é refutado – **ele morre de frio**... Ali, por exemplo, "o gênio" morre de frio; num **cantinho** adiante, "o santo" morre de frio; sob um grosso tampão de gelo, ainda mais adiante, "o herói" morre de frio; no fim morre de frio "a crença", a assim chamada "convicção", e também a "piedade" se esfria significativamente – quase em todos os lugares morre de frio "a coisa em si"...

2

Os começos desse livro datam das semanas do primeiro Festival de Música de Bayreuth; uma profunda estranheza contra tudo aquilo que me cercava por lá é um dos seus pressupostos. Quem tem ideia a respeito das visões que já naquela época atravessaram meu caminho pode adivinhar como foi que eu me senti ao despertar em Bayreuth, certo dia... Exatamente como se eu tivesse sonhado... Onde é que eu estava? Eu não reconhecia mais nada, eu mal reconhecia Wagner. Em vão folheei em minhas recordações. Tribschen – uma distante ilha dos bem-aventurados: nenhuma sombra de semelhança. Os dias incomparáveis da colocação da pedra fundamental, a pequena companhia de **iniciados** que a festejou e que mostrou dedos suaves no manejo das coisas: nenhuma sombra de semelhança. **O que havia acontecido**?... Haviam traduzido Wagner para o alemão! O wagneriano se tornou senhor sobre o próprio Wagner!... A arte **alemã**! o mestre **alemão**! a cerveja **alemã**!... Nós, os outros, que sabíamos bem até demais que a arte de Wagner é capaz apenas de falar de perto ao cosmopolitismo do gosto, estávamos fora de nós ao reencontrar Wagner coberto de "virtudes" alemãs... Eu penso conhecer o wagneriano, eu "vivenciei" três de suas gerações, desde o falecido Brendel, que confundia Wagner com Hegel, até os "idealistas" da "Bayreuther Blätter", que confundem Wagner consigo mesmos – eu ouvi todo o tipo de confissões, das mais diversas "belas almas" acerca de Wagner. Um reino por uma palavra sensata!... Na verdade, uma sociedade de arrepiar os cabelos! Nohl, Pohl, **Kohl**[60] com graça *in infinitum*! Nenhuma monstruosidade falta entre eles, nem mesmo a do antissemita[61]... O pobre Wagner! Onde é que ele foi acabar!... Se pelo menos tivesse se lançado entre os porcos![62] Mas entre os alemães!... Por último ter-se-ia de, para que as gerações futuras aprendessem, empalhar um bayreutiano autêntico ou, melhor ainda, conservá-lo num vidro de espirituoso – pois há tanta falta de espírito –, com a seguinte inscrição: essa é a cara do "espírito" sobre o qual foi construído o "império".... Basta!

---

60. O trocadilho é outra das características do talento poético nietzschiano (anteriormente: "cabeças ocas: cabeças de repolho"). Aqui, Nietzsche refere-se a Ludwig Nohl e Richard Pohl, wagnerianos de ofício, emendando seus nomes com o substantivo *Kohl*, que significa – denotativamente – "couve", mas pode significar também – conotativamente – "bobagem", ou coisa do tipo. Os acontecimentos do primeiro festival de Bayreuth remetem a agosto de 1876; Nietzsche assiste a apenas uma parte dos festejos e depois abandona a cidade, desiludido, afastando-se de Wagner.

61. Eis, pois, outra prova cabal – e desta vez **preto no branco** – da malversação do legado filosófico de Nietzsche.

62. Outra referência bíblica. Desta vez à "Parábola do Filho Pródigo", em Mateus, Cap. 8.

Eu viajei, em meio aos festejos, por algumas semanas, de maneira bem repentina, ainda que uma parisiense charmosa tivesse procurado me consolar; apenas me desculpei junto a Wagner com um telegrama fatalista. Num lugar escondido nas profundezas da Floresta Boêmia, em Klingenbrunn, eu carreguei comigo minha melancolia e meu profundo desprezo aos alemães como se fossem uma doença – **e**, de tempos em tempos, escrevia uma frase em meu caderno de notas, sob o título geral de "a relha do arado"; eram, todas elas, **duras** análises psicológicas, que talvez ainda possam ser encontradas em "Humano, demasiado humano".

3

O que se decidiu em meu interior naquela época não foi um rompimento com Wagner – eu sentia uma aberração geral de meu instinto, da qual a única decisão equivocada, fosse ela chamada de Wagner ou de cadeira de professor em Basileia, era apenas um sinal. Uma **impaciência** comigo mesmo tomou conta de mim; eu reconheci que havia chegado o tempo de **me** voltar para mim mesmo. De uma vez por todas ficou claro para mim, de uma maneira terrível, quanto tempo já havia sido desperdiçado – quão inútil e arbitrariamente toda a minha existência de filólogo destoava da minha verdadeira tarefa. Eu me envergonhei por essa **falsa** humildade... Dez anos passados, nos quais a **alimentação** do meu espírito havia cessado de todo, nos quais eu não havia acrescentado nada de útil ao meu saber, nos quais eu havia esquecido absurdamente muito, só por causa das quinquilharias de uma erudição empoeirada. Arrastar-se por métricas antigas com minuciosidade e olhos fracos – foi a isso que eu cheguei!... Cheio de compaixão me vi bem magro, totalmente esfomeado: as **realidades** faltavam por completo no interior de meu saber e as "idealidades" prestavam seu serviço ao diabo!... Uma sede ardente tomou conta de mim: e daquele instante em diante não fiz mais nada a não ser fisiologia, medicina e ciências naturais – até mesmo para estudos meramente históricos eu só fui retornar quando a **tarefa** me obrigou em tom imperativo. Foi naquela época que eu me dei conta da relação existente entre uma atividade eleita contra os instintos – uma assim chamada "carreira", da qual a gente normalmente **faz tudo** para sair correndo – e aquela necessidade de **anestesiar** o sentimento de vazio e de fome através de uma arte narcótica: por exemplo, a arte de Wagner. Depois de um olhar cuidadoso em volta de mim, eu descobri que para um grande número de homens jovens vigora o mesmo estado de emergência: uma antinatureza acaba **forçando**, por assim dizer, uma segunda. Na Alemanha, no "império" – para falar sem ambiguidade – é demasiado grande a parcela dos condenados a se decidir precocemente para depois **definhar aos poucos** sob uma carga que já não pode mais ser jogada às favas... Esses necessitam de Wagner como de um **opiato** – pois com ele se esquecem, se livram de si mesmos por um momento... O que estou dizendo! **Cinco a seis horas**!...

4

Naquela época meu instinto decidiu-se de maneira inexorável contra a continuação da condescendência, do seguir-aos-outros, do enganar-a-mim-mesmo. Qualquer modo de vida, as condições mais desfavoráveis, enfermidade, pobreza – tudo me parecia preferível àquela "ausência-de-si" indigna à qual eu me entregara por ignorância, por **juventude**, e na qual eu acabara ficando pendurado mais tarde por preguiça, devido ao assim chamado "sentimento do dever"... Foi então que – de uma forma que eu jamais cansarei de admirar e justamente no tempo exato – aquela **terrível** herança do lado de meu pai veio em minha ajuda: no fundo apenas uma predestinação a uma morte precoce. A enfermidade **foi me livrando aos poucos de tudo** – ela me poupou qualquer rompimento, qualquer passo violento e ofensivo. Eu não perdi nenhuma simpatia na época, e ainda acabei acrescentando muito àquilo que já tinha. Ao mesmo tempo, a enfermidade me dava o direito a uma volta completa em direção a todos os meus hábitos; ela permitiu, ela **ordenou** que eu esquecesse; ela me presenteou com a **urgência** de deitar quieto, de caminhar ocioso, de esperar e de ser paciente... Mas isso significa pensar!... E meus olhos, só eles, já puseram um fim em meus hábitos de rato de biblioteca – em alemão: filologia – e eu estava livre do "livro" e durante anos não li mais nada: o **maior** favor que eu jamais provei a mim mesmo!... Aquele mais baixo dos seres, soterrado e ao mesmo tempo acalmado sob um constante **ter-de-ouvir** o que outros seres diziam (e é isso que significa ler!) despertou devagar, tímida e duvidosamente – até que enfim **voltou a falar**. Jamais me senti tão feliz comigo mesmo em minha vida do que nos tempos em que estive mais doente e senti mais dor: é preciso observar apenas a "aurora" ou até mesmo o "andarilho e sua sombra" para compreender o que esse "retorno a **mim**" significou – uma espécie mais elevada do **restabelecimento** em si!... A outra apenas surgiu dessa...

5

Humano, demasiado humano, esse monumento de uma rigorosa autodisciplina, através do qual eu encaminhei um fim abrupto a todos os "embustes elevados", "idealismos", "sentimentos bondosos" e outras feminilidades que havia em mim, foi escrito – em todos os seus aspectos básicos – em Sorrento; recebeu sua conclusão, sua forma final, num inverno de Basileia, sob condições bem menos favoráveis se comparadas às de Sorrento. No fundo é o senhor **Peter Gast**, que na época estudava na Universidade de Basileia e era muito afeiçoado a mim, o culpado pelo livro. Eu ditei, de cabeça enfaixada e cheia de dor, ele escreveu, e também corrigiu – em última análise foi ele o verdadeiro escritor do livro, ao passo que eu fui meramente seu autor. Quando o livro enfim chegou pronto às minhas mãos – para a profunda surpresa de alguém que estava gravemente enfermo –, eu enviei, entre outros, também a Bayreuth dois exemplares. Por um milagre de sentido havido no acaso chegou para mim, ao mesmo tempo, um belo exemplar do texto do Parsifal, com a dedicatória de Wagner a mim, "de Richard Wagner, Conselheiro Eclesiástico, a seu caro amigo Friedrich Nietzsche"... Esse cruzamento dos dois livros – para mim era como se ouvisse um tom ominoso provindo dele. O som não foi o de duas **espadas** que se cruzam?... Em todo o caso foi assim que nós dois o sentimos, pois nós dois silenciamos... Foi nessa época que foram publicadas as primeiras "Bayreuther Blätter": eu entendi **para que** havia chegado o tempo... Inacreditável! Wagner havia se tornado devoto...

6

Sobre o que eu pensava a respeito de mim mesmo naquela época (1876), com que certeza colossal eu tomei nas mãos minha atividade e seu aspecto histórico-universal, o livro inteiro, mas em especial uma de suas passagens mais expressivas, dá o testemunho: todavia mais uma vez, com uma astúcia instintiva típica em mim, dei uma volta passando ao longe da palavrinha "eu"... E se dessa vez não falei de Schopenhauer e Wagner, cobri de glória histórico-universal o nome de um de meus amigos, o excelente Dr. Paul Rée – por sorte uma criatura bem mais refinada... **Outros** já se mostraram bem mais grossos do que ele: eu sempre reconheci os sem-esperança entre meus leitores, por exemplo o típico professor alemão, no fato de acreditarem ter de entender, por causa dessa passagem, o livro inteiro como um réealismo[63] superior... Na verdade ela continha a objeção contra cinco ou seis sentenças

63. União de Rée (Paul Rée) com "realismo".

do meu amigo: quem quiser esclarecer tudo pode reler o prefácio à genealogia da moral... A passagem diz o seguinte: mas qual é a sentença principal à qual chegou um dos pensadores mais ousados e frios, o autor do livro "sobre a origem das sensações morais" (*lisez*: Nietzsche, o primeiro **imoralista**) em virtude de suas análises incisivas e cortantes da ação humana? "O homem moral não está mais próximo do mundo inteligível do que o físico – **pois** o mundo inteligível não existe..." Essa frase, que se tornou dura e cortante sob o golpe de martelo do conhecimento histórico (*lisez*: **Transvaloração de todos os valores**), talvez um dia possa, em um futuro qualquer – 1890! – servir de machado para atingir a raiz da "necessidade metafísica" da humanidade – se para a benção ou para a maldição da humanidade, quem saberia dizê-lo? Em todo caso, porém, na condição de tese das mais sérias consequências, profícua e medonha ao mesmo tempo, e com aquele **duplo olhar** para o mundo, que todos os grandes conhecimentos possuem...[64]

64. A passagem toda (após os dois pontos, Nietzsche não a coloca entre aspas) é uma citação – levemente alterada, com elipses e interpolações facilmente identificáveis – de *Humano, demasiado humano*, § 37.

Aurora

Pensamentos sobre a moral como preconceito

1

Com esse livro começa a minha campanha contra a **moral**. Não que ele manifeste o menor cheiro de pólvora – nele serão percebidos odores completamente diferentes e bem mais agradáveis, desde que se tenha alguma finura nas narinas. Nem artilharia pesada, nem leve: se o efeito do livro é negativo, seus meios o são tanto menos, esses meios aos quais o efeito segue como uma conclusão, **não** como um tiro de canhão. Que a gente se despeça do livro com uma cautela acanhada ante tudo aquilo que até hoje foi honrado e até mesmo adorado sob o nome de moral não está em contradição com o fato de que no livro inteiro não apareça sequer uma palavra negativa, nenhum ataque, nenhuma maldade – que ele muito antes esteja deitado ao sol, redondo, feliz, semelhante a um animal marinho a lagartear entre as rochas. Por fim, eu mesmo era esse animal marinho: quase todas as sentenças do livro são refletidas, **pescadas** naquela confusão de rochedos próxima a Gênova, onde eu estava sozinho e ainda tinha meus segredos com o mar. Ainda hoje, quando toco por acaso esse livro, quase cada frase se transforma em ponta, na qual eu volto a arrancar algo incomparável das profundezas: toda a sua pele vibra em tremores de recordação. A arte em que ele sobressai não é nada insignificante: reter por pouco tempo coisas que passam por nós leves e sem fazer ruído, momentos que eu chamo de lagartixas divinas – não com a crueldade daquele jovem deus grego que simplesmente trespassava a pobre lagartixa, mas pelo menos ainda com algo pontiagudo, com a pena... “Há tantas auroras que ainda não brilharam” – essa inscrição **indiana** está às portas desse livro. Onde o seu criador **procura** aquela nova manhã, aquele rubor delicado desconhecido até agora, com o qual um novo dia – ah, toda uma série, um mundo inteiro de novos dias – romperá? Em uma **transvaloração de todos os valores**, em um desprender-se de todos os valores morais, em um dizer-sim e um ter-confiança em tudo que até hoje foi proibido, desprezado, amaldiçoado. Esse livro **afirmativo** jorra sua luz, seu amor, sua ternura sobre coisas puramente ruins, ele volta a lhes devolver “a alma”, a consciência limpa, o direito altivo e o **privilégio** à existência. A moral não é atacada, ela apenas não é mais considerada... Esse livro termina com um "Ou?" – ele é o único livro que termina com um "Ou?"...

2

Minha tarefa de preparar para a humanidade um momento de suprema tomada de consciência, um grande **meio-dia**, no qual ela olhe para trás e para a frente, no qual ela fuja ao império do acaso e dos sacerdotes e coloque pela primeira vez a pergunta do por quê?, do para quê? **como um todo** – essa tarefa resulta, necessariamente, da compreensão de que a humanidade **não** está por si mesma no caminho correto, que ela **está longe** de ser regida de maneira divina, que, muito antes, justo entre suas mais sagradas noções de valor, o instinto da negação, da deterioração, o instinto da *décadence* reinou com toda sua sedução. A pergunta acerca da origem dos valores morais é, por isso, uma pergunta de **primeira ordem** para mim – porque ela condiciona o futuro da humanidade. A exigência de que a gente deva **acreditar**, de que no fundo tudo se encontra nas melhores mãos, de que um livro, a Bíblia, concede a tranquilização definitiva no que diz respeito à sabedoria divina na condução do destino da humanidade, é, retraduzida na realidade, a vontade de não deixar surgir a verdade sobre a lamentável antítese disso tudo, ou seja, o fato de que a humanidade até hoje esteve nas **piores** mãos, de que ela foi regida pelos malogrados, pelos vingativos-astutos, pelos assim chamados "santos", esses caluniadores do mundo e violadores do homem. O sinal decisivo no qual se revela que o sacerdote – inclusive os sacerdotes **mascarados**, os filósofos – tornou-se o senhor absoluto de tudo e não apenas de uma determinada comunidade religiosa, de que a moral da *décadence*, a vontade para o fim, vale como moral **em si**, é o valor incondicional atribuído em todo o lugar àquilo que é altruísta, e a hostilidade àquilo que é egoísta. Quem está em desacordo comigo acerca desse ponto, esse eu considero **infectado**... Mas o mundo inteiro está em desacordo comigo... Para um fisiólogo, tal antinomia de valores não deixa a menor dúvida. Quando, no interior do organismo, o mais ínfimo dos órgãos deixa de impor por um instante que seja a sua autoconservação, a sua renovação de forças, o seu "egoísmo" com absoluta certeza, o todo degenera. O fisiólogo exige a **extirpação** da parte degenerada, renega qualquer solidariedade com o degenerado, é quem está mais distante de mostrar piedade com ele. Mas o sacerdote **quer** justamente a degeneração do todo, da humanidade: por isso ele **conserva** o degenerado – e a esse preço ele a domina... Que sentido têm aqueles conceitos mentirosos, os conceitos **auxiliares** da moral, da "alma", do "espírito", do "livre-arbítrio", de "Deus", se não o de arruinar fisiologicamente a humanidade?... Quando se desvia a seriedade da autoconservação, da fortificação do corpo, **quer dizer, da vida**, quando se faz da anemia um ideal, quando se constrói "a salvação da alma" sobre o desprezo ao corpo, o que é isso se não uma **receita** para a *décadence*? – A perda do equilíbrio, a resistência contra os instintos naturais, em uma palavra, a "ausência-de-si" – tudo isso foi chamado de **moral** até agora... Com a "aurora" iniciei, pela vez primeira, a luta contra a moral da renúncia a si mesmo...

A GAIA CIÊNCIA

1

"Aurora" é um livro afirmativo, profundo, mas claro e bondoso. O mesmo vale – e no mais alto grau – para a *gaya scienza*: quase em todas as suas frases a profundez e a exuberância andam de mãos dadas. Um poema em agradecimento ao mês de janeiro, o mais maravilhoso que já vivi – o livro inteiro é um presente seu –, revela à suficiência de que funduras a "ciência" se fez **gaia** nesse livro:

Tu, que com o fogo da tua lança
Divides o gelo de minha alma,
Fazendo-a buscar o mar, sem calma,
Em busca de sua maior esperança:
Sempre mais clara, e mais saudável,
Liberta no dever mais amável
Ela preza o teu milagre,
Mais belo entre os janeiros!

O que aqui quer dizer "maior esperança" – quem pode ter dúvidas a respeito depois de ver a beleza diamantina das primeiras palavras de Zaratustra brilhando no final do quarto livro?... Ou de ler as sentenças graníticas no final do terceiro livro, através das quais um destino **para todos os tempos** toma fórmula pela primeira vez?... As **canções do príncipe Livre-como-um--Pássaro,**[65] em sua maior parte concebidas na Sicília, lembram com muita expressão o conceito provençal da "*gaya scienza*", aquela unidade composta por **trovador, cavaleiro e espírito livre**, através da qual a cultura precoce maravilhosa dos provençais se eleva diante de qualquer cultura ambígua; o último poema, especialmente – **"ao Mistral"** –, uma canção de dança exuberante, em que – peço a permissão! – danço muito além da moral, é um provençalismo perfeito...

65. No original *Lieder des Prinzen Vogelfrei.* Interessante é que *Vogelfrei* – viva a poeticidade da língua alemã – significa fora da lei em alemão. As canções do príncipe constituem uma espécie de adendo à obra *A gaia ciência,* ora discutida. "Ao Mistral", citada a seguir, é a canção que encerra o ciclo e recebe o epíteto de "Uma canção dançante".

Assim falou Zaratustra

Um livro para todos e para ninguém

1

Eis que conto, a partir de agora, a história do Zaratustra. A concepção fundamental da obra, o **pensamento do eterno retorno**, essa mais alta fórmula da afirmação que um dia pôde ser alcançada – é de agosto do ano de 1881. Ele está atirado sobre uma folha com a assinatura: "6.000 pés além do homem e do tempo". Naquele dia eu atravessei as florestas junto ao lago de Silvaplana; próximo a um bloco poderoso, que se elevava para o alto em forma de pirâmide, não muito longe de Surlei. Foi então que me veio esse pensamento... Se eu volto um par de meses no tempo antes desse dia, eu encontro, como um prenúncio, uma mudança repentina e profundamente decisiva no meu gosto, sobretudo no que diz respeito à música. Talvez a gente tenha de colocar o Zaratustra inteiro na conta da música – por certo era possível **ouvir** um renascimento na arte, uma condição antecipada para que ele acontecesse. Em uma pequena estação de cura, nas montanhas próximas a Vicenza – Recoaro –, na qual passei a primavera do ano de 1881, eu descobri, junto com meu maestro e amigo Peter Gast, também um "renascido", que a fênix música passou voando por nós, vestida de uma penugem mais leve e luminosa do que jamais ela havia mostrado. Se vou adiante no tempo a partir daquele dia e chego ao parto repentino, acontecido sob as circunstâncias menos prováveis, em fevereiro de 1883 – a seção final, a mesma da qual citei um par de frases no **prólogo**, chegou ao termo justo na hora sagrada em que Richard Wagner morreu em Veneza[66] –, e teremos dezoito meses de gravidez. Esse número, exatos dezoito meses, por certo aciona recordações, pelo menos entre os budistas, e faz pensar que no fundo sou uma fêmea de elefante...[67] A "*gaya scienza*" é desse ínterim e dá mil indícios da proximidade

66. Ou seja, às 15h30 da tarde do dia 13 de fevereiro de 1883, se a afirmação de Nietzsche for acatada literalmente.

67. Reza a tradição que, uma noite antes do parto de Buda, sua mãe sonhou que um elefante branco lhe penetrava o ventre. Os brâmanes interpretaram que a criança se tornaria um monarca universal ou um místico de altíssima hierarquia, um buda (o termo já existia e significava "o iluminado" em sânscrito). Mahamaya, a rainha, teve o filho ao ar livre, durante uma visita a seus pais, nas pradarias de Lumbini, depois Rummindei, no Nepal, onde até hoje se ergue um monumento comemorativo.

de algo incomparável; por fim, ela dá também o princípio do Zaratustra, ela dá o pensamento final de Zaratustra na penúltima peça do quarto livro... Pertence a esse ínterim, do mesmo jeito, aquele **Hino à vida** (para coro misto e orquestra), cuja partitura foi publicada há dois anos por E. W. Fritzsch, em Leipzig: talvez um sintoma de algum significado para a situação desse ano, no qual o *páthos* **afirmativo** *par excellence* – chamado por mim de *páthos* trágico – habitava em mim em seu mais alto grau. No futuro haverão de cantá-lo em minha memória... O texto – quero expressá-lo categoricamente, uma vez que circulam uma série de mal-entendidos a respeito dele – não é meu: ele é fruto da inspiração surpreendente de uma jovem russa, da qual fui amigo na época, a Senhorita Lou von Salomé. Quem é capaz de arrancar algum sentido das últimas palavras do poema haverá de adivinhar por que eu o privilegiei e admirei: elas têm grandeza. A dor **não** serve de objeção contra a vida: "Não tens mais ventura de sobra para me dar, vá lá! **ainda tens teu tormento**..." Talvez também a minha música tenha grandeza nessa passagem. (A última nota do oboé é dó sustenido e não dó. Erro de impressão)... No inverno que se seguiu a esses acontecimentos, eu vivi naquela enseada graciosa e calma de Rapallo, próxima a Gênova, que divide Chiavari e o cabo promontório de Porto Fino. A minha saúde não era das melhores; o inverno frio e chuvoso acima das medidas; um pequeno albergue, situado junto ao mar, tão perto que a maré alta tornava o sono impossível à noite, oferecia – quase em tudo – exatamente o contrário daquilo que seria desejável. Apesar disso, e quase provando a minha sentença de que tudo aquilo que é decisivo nasce "apesar de tudo", o meu Zaratustra nasceu sob esse inverno e sob o caráter desfavorável dessas circunstâncias... Pela manhã eu subia em direção ao sul, pela magnífica estrada que leva a Zoagli e dali ao alto, passando por pinheiros e olhando o mar do alto, a distância; à tarde, por tantas vezes quantas a saúde me permitiu, eu circundava a enseada inteira, de Santa Marguerita até chegar em Porto Fino. Esse lugar e essa paisagem tornaram-se ainda mais caros ao meu coração pelo grande amor que o inesquecível imperador alemão Frederico III sentia por eles; no outono de 1886 voltei a estar por acaso nessa encosta, quando ele visitou pela última vez esse pequeno mundo de venturas, esquecido no tempo... Por esses dois caminhos – o da manhã e o da tarde – todo o primeiro Zaratustra veio até mim, e sobretudo o próprio Zaratustra, na condição de tipo: mais corretamente, ele **caiu sobre mim**...

2

Para compreender esse tipo, tem de se deixar claro, primeiro, seu pressuposto fisiológico: ele é aquilo que eu chamo de **grande saúde**. Eu não sei esclarecer esse conceito melhor, de maneira **mais pessoal**, do que já o fiz anteriormente em um dos parágrafos finais do quinto livro da "gaia ciência". "Nós, os novos, os sem-nome, os difíceis de serem entendidos – é dito lá –, nós, os filhos prematuros de um futuro ainda não demonstrado, temos a necessidade, para um novo objetivo, de um novo meio, quer dizer, de uma nova saúde, uma saúde mais forte mais afinada mais tenaz mais ousada mais divertida do que todas as saúdes conseguiram ser até agora. Aqueles cuja alma tem sede de experimentar toda a extensão dos valores e desideratos e navegar por todas as costas desse "mar inferior" idealista, aqueles que querem saber, das aventuras de suas experiências mais pessoais, como é que um conquistador e descobridor do ideal sente-se, e, da mesma forma, como um artista, um santo, um legislador, um sábio, um erudito, um devoto, um eremita divino do velho estilo sentem-se: eles têm necessidade, antes de tudo, da **grande saúde** – uma saúde que a gente não apenas tem, mas adquire e tem de adquirir constantemente, porque sempre se volta a abandoná-la, sempre tem de se abandoná-la... E agora, depois de termos estado assim por muito tempo a caminho, nós, os argonautas do ideal, mais corajosos do que a prudência recomenda e muitas vezes náufragos e prejudicados, perigosamente saudáveis, sempre saudáveis de novo – quer nos parecer que nós, em pagamento a tudo isso, ainda temos um país a descobrir à nossa frente, cujas fronteiras ninguém jamais marcou, um além de todos os países descobertos até agora e de todos os ângulos do ideal que até agora perduraram, um mundo tão ultrarrico em beleza, em estranheza, em dubiedade, em terribilidade e em coisas divinas, que a nossa curiosidade, bem como a nossa sede de possuir quedam ambas fora de si – oh, nós já não podemos mais ser satisfeitos por nada!... Como nós poderíamos, depois de instantes desses e com tal fome ardente de ciência e consciência, nos deixar satisfazer pelo **homem presente**? É bem ruim, mas ao mesmo tempo inevitável, o fato de termos de contemplar – talvez nem os contemplemos mais – seus objetivos e esperanças mais dignos com uma seriedade mantida em pé aos trancos e barrancos... Um outro ideal corre à nossa frente, um ideal maravilhoso, sedutor e cheio de perigos, para o qual não pretendemos convencer ninguém, porque não concedemos com facilidade a ninguém **o direito a ele**: o ideal de um espírito que brinca de maneira ingênua – quer dizer, de maneira involuntária, e devido a uma completude e um poder transbordantes – com tudo aquilo que até hoje foi considerado santo, bom, intocável, divino; para o qual o mais elevado, aquilo onde o povo estabelece, baratamente, sua medida de valor, não significaria mais do que perigo, ocaso, humilhação ou, pelo menos, recreação, cegueira, esquecimento temporário de si mesmo; o ideal de um bem-estar e de um bem-querer humano-sobre-humano, que por várias vezes haverá de parecer **inumano**, por exemplo, quando se postar ao lado de toda a seriedade terrena existente até hoje, ao lado de todas as solenidades no gesto, nas palavras, no tom, no olhar, na moral e na tarefa, como se fosse sua paródia mais corporal e apesar disso involuntária – e com isso, apesar de tudo isso, talvez se levante pela primeira vez **a grande seriedade**, se estabeleça a verdadeira pergunta, o destino da alma se vire de cabeça para baixo, o ponteiro se mexa, a tragédia **comece**..."[68]

3

-- Alguém tem uma ideia precisa, no final do século XIX, sobre o que os poetas de épocas fortes chamavam de **inspiração**? Se assim não for, eu a descreverei... Com os restos mais ínfimos de superstição dentro de si, de fato qualquer um teria dificuldades em refutar a noção de que é apenas encarnação, apenas porta-voz, apenas *medium* de forças superpoderosas. O conceito da revelação, no sentido de que, de repente, com uma seriedade e uma fineza indizíveis, algo se torna **visível**, audível, algo que é capaz de sacudir e modificar uma pessoa no mais profundo de seu ser, descreve de maneira simples a situação. A gente ouve, a gente não procura; a gente toma, a gente não pergunta quem está dando; como se fosse um raio, um pensamento vem à luz, por necessidade, em uma forma sem hesitações – eu jamais tive uma escolha. Um encantamento, cuja tensão monstruosa se dissolve numa torrente de lágrimas, no qual o passo ora toma de assalto, ora se torna vagaroso, involuntariamente; um estar-fora-de-si completo, com a consciência mais distintiva de um sem-número de tremores e transbordamentos finíssimos, que são sentidos até os dedos dos pés; uma profundidade venturosa, na qual o mais dolorido e o mais sombrio não têm efeito de antítese, mas sim de condição, de desafio, como se fosse uma cor **necessária** no interior de uma tal abundância de luz; um instinto de relações rítmicas, que cobre vastos espaços – a longitude, o desejo de um ritmo **estendido ao longe** é quase a medida para a força da inspiração, uma espécie de equilíbrio contra sua pressão e sua tensão... Tudo acontece, no mais alto grau, de maneira involuntária, mas como se fosse em um temporal de sentimentos de liberdade, de incon-

68. As últimas palavras aludem ao tempo faustiano, à ampulheta que passa a funcionar, e o trecho é uma citação de *A gaia ciência*.

dicionalidade, de potência, de divindade... A involuntariedade da imagem, da comparação é o aspecto mais singular; não se tem mais ideia; o que é imagem, o que é comparação, tudo se oferece como se fosse a expressão mais próxima, a mais correta, a mais simples. Parece de fato, para recordar uma palavra de Zaratustra, que as coisas se aproximam com vontade própria, se oferecendo a comparações (– "aqui todas as coisas vêm acariciantes em busca do teu discurso e te adulam, pois elas querem cavalgar sobre as tuas costas. Sobre todas as comparações tu cavalgas em direção a todas as verdades; tudo o que é ser quer se tornar palavra, tudo o que é vir a ser quer aprender a falar contigo –").[69] Esta é a **minha** experiência com a inspiração; eu não tenho dúvidas de que é necessário voltar milênios no tempo a fim de encontrar alguém que possa dizer comigo: "Esta também é a minha"...

4

Fiquei deitado em Gênova, doente, por algumas semanas. Depois disso veio uma primavera taciturna em Roma, onde retomei a vida – não foi fácil. No fundo aborreceu-me, bem acima da medida do suportável, esse lugar, o mais indecente da terra para o poeta do Zaratustra, um lugar que eu não escolhera livremente; eu até tentara me livrar dele – eu quis ir para **Aquila**, o contraconceito de Roma, fundado por hostilidade a Roma, assim como eu um dia haverei de fundar um lugar, a fim de manter viva a lembrança de um ateísta e inimigo da igreja *comme il faut*, um de meus parentes mais próximos, o grande imperador dos Hohenstaufen, Frederico II. Mas havia uma fatalidade a gorar tudo isso: eu tive de voltar. Por fim acabei me satisfazendo com a *piazza* Barberini, depois de meus esforços por uma região **anticristã** terem me esgotado. Receio que um dia, para afastar os maus cheiros da melhor maneira possível de meu caminho, eu tenha perguntado no próprio *palazzo del Quirinale* se não tinham um quarto tranquilo para abrigar um filósofo.... Em uma *loggia*, acima da *piazza* mencionada – da qual se podia abranger com a vista a cidade de Roma inteira e ouvir, lá no fundo, a *fontana* marulhando –, foi escrita aquela canção solitária, a canção mais solitária que jamais foi escrita, a **Canção da noite**; naquela época sempre me rondava uma melodia de tristeza indizível, cujo refrão eu voltei a reencontrar nas palavras "morto de imortalidade..." No verão, retornando ao lar sagrado, onde o primeiro raio do pensamento de Zaratustra havia me iluminado, encontrei o segundo Zaratustra. Dez dias bastaram; em nenhum outro, nem no primeiro, nem no terceiro, nem no último precisei de mais. No inverno seguinte, sob o

69. Citação – levemente alterada – do *Zaratustra*, Parte III, "O regresso".

alciônico céu de Nice, que naquela época brilhou pela primeira vez dentro da minha vida, eu encontrei o terceiro Zaratustra – e estava pronto. Pouco mais de um ano, contada toda a obra. Muitos lugares escondidos e alturas da paisagem de Nice são sagradas para mim devido a seus momentos inesquecíveis; aquela seção decisiva, intitulada "de novas e velhas tábuas", foi composta na subida dificílima da estação ao maravilhoso castelo mouro de Eza – a agilidade dos músculos sempre foi maior em mim quando a força criativa fluía em maior abundância. O **corpo** está animado nessas ocasiões: quanto à "alma", deixemo-la fora da jogada... Eu pude ser visto dançando por várias vezes; naquela época eu podia, sem notar o menor sinal de cansaço, caminhar durante sete ou oito horas pelas montanhas. Eu dormia bem, eu ria muito – eu era de uma robustez e de uma paciência total.

5

À parte essas obras-de-dez-dias, os anos em que o Zaratustra durou, e sobretudo os que vieram **depois** dele, foram de uma calamidade sem igual. A gente paga caro por ser imortal: morre-se mais de uma vez durante a vida por causa disso... Existe algo que eu chamo de *rancune* do grande: tudo o que é grande, uma obra, uma ação volta-se – assim que está acabada – sem demora **contra** aquele que a executou. Justamente pelo fato de tê-la encaminhado, ele passa a estar **fraco** – ele não suporta mais sua ação, não olha mais para o rosto dela. Deixar **atrás** de si algo que a gente jamais deveria ter desejado, algo em cujo interior se encontra atado o nó do destino da humanidade – e depois passar a senti-lo **sobre** si!... Isso quase esmaga... A *rancune* do grande!... Outra coisa é a calmaria terrível que a gente ouve a sua volta. A solidão tem sete couros: nada mais a atravessa. A gente se aproxima das pessoas, cumprimenta amigos: tudo é ermo, nenhum olhar cumprimenta mais. No melhor dos casos, uma espécie de revolta... Pelo menos uma dessas revoltas eu experimentei, sempre em graus muito diferentes, em quase todos aqueles que estiveram próximos a mim; parece que nada ofende de maneira mais profunda do que deixar que seja percebida, de repente, uma distância – as naturezas **nobres**, que não sabem viver sem venerar, são raras... Um terceiro aspecto é a irritabilidade da pele contra pequenas ferroadas, uma espécie de desamparo ante tudo aquilo que é pequeno. Isso me parece estar condicionado pelo esbanjamento monstruoso de forças defensivas que cada ação **criativa**, cada ação vinda dos lugares mais pessoais, mais interiores, mais profundos tem como pressuposto. As **pequenas** propriedades defensivas são, com isso, logo suspendidas; as forças deixam de abastecê-las... Eu ouso insinuar, inclusive, que a gente digere pior, se move a contragosto e fica demasiado vulnerável às sensações de frio e também à desconfiança – à desconfiança, que na maior parte dos casos é apenas um engano etiológico... Em uma situação dessas eu senti, certa vez, a proximidade de um rebanho de vacas através do retorno de pensamentos mais suaves e mais filantrópicos, antes mesmo de vê-lo: **isso** tem calor dentro de si...

6

Essa obra ocupa um lugar à parte em minha obra. Deixemos o poeta de lado: talvez, inclusive, jamais tenha sido feito algo a partir de uma tal abundância de forças. Meu conceito "dionisíaco" tornou-se, ali, **mais alta ação**; se comparada a ela, todo o resto do fazer humano parece pobre e limitado. Que até mesmo um Goethe, um Shakespeare não saberiam respirar por um instante sequer nessa altura e nessa paisagem colossal, que Dante, comparado a Zaratustra, é um simples crente e não alguém que **cria** a verdade, um espírito que **governa o mundo**, um destino – que os poetas do Veda são apenas sacerdotes e nem sequer se mostram dignos de atar as sandálias de um Zaratustra... tudo isso é o mínimo e não dá ideia da distância, da solidão **cerúlea** na qual vive essa obra... Zaratustra tem o direito eterno de dizer: "Eu fecho círculos em volta de mim e fronteiras sagradas; é cada vez menor o número dos que sobem comigo a montanhas cada vez mais altas – eu construo uma cadeia de montanhas a partir de montanhas cada vez mais sagradas"[70]. Junte-se o espírito e a bondade de todas as grandes almas em uma só: todas juntas não estariam em condições de proferir um dos discursos de Zaratustra. A escada em que ele sobe e desce é monstruosa; ele viu mais longe, ele quis mais, ele **alcançou** mais do que qualquer outro homem. Ele contraria com cada uma de suas palavras, ele, que é o mais afirmativo dos espíritos; nele todas as oposições foram atadas para alcançar uma nova unidade. As forças mais altas e mais baixas da natureza humana, aquilo que é mais doce, mais leviano e mais terrível jorra de uma só fonte com segurança imortal. Até o instante em que ele apareceu não se sabia o que é altura, o que é profundidade; e muito menos o que é verdade. Não há um instante nessa revelação da verdade que já tenha sido antecipado um dia por qualquer um dos grandes. Não há sabedoria, não há psicologia, não há arte do discurso antes do Zaratustra; o mais próximo, o mais cotidiano fala aqui de coisas inauditas. A sentença treme de paixão; a eloquência torna-se música; raios se antecipam, iluminando futuros jamais

70. Citação ao *Zaratustra*, Parte III, "De velhas e novas tábuas". A citação que vem logo a seguir é da mesma parte, mesma seção.

adivinhados. A força mais poderosa para a comparação que existiu até hoje é pobre, uma simples brincadeira, diante desse retorno da língua à natureza da imagem... E como Zaratustra desce para dizer a todo mundo aquilo que é mais bondoso! Como ele toca seus oponentes, os sacerdotes, com mãos suaves, e sofre com eles por causa deles!... Aqui o homem é superado a cada instante e o conceito "super-homem" se torna mais alta realidade – em uma distância infinita, **abaixo** dele, se encontra tudo aquilo que até hoje foi considerado grande. O caráter alciônico, os pés leves, a onipresença da malícia e da exuberância, e de tudo aquilo que é típico no tipo Zaratustra, jamais foi sonhado sem visar, essencialmente, à grandeza. É justamente nessa extensão de espaço, nessa acessibilidade ao oposto, que Zaratustra se sente **a mais alta espécie de tudo aquilo que é**; e quando se ouve como ele a define, imediatamente se abre mão de procurar uma comparação digna dele.

> – a alma, que tem a escada mais longa e pode ir mais fundo, abaixo,
> a alma mais vasta, que pode correr e errar e vaguear mais longe dentro de si,
> a mais necessária, que se precipita com prazer no acaso,
> a alma que é e busca o vir a ser, a que tem e **quer** o querer e o exigir –
> a que foge de si mesma, e alcança a si mesma nos círculos mais distantes,
> a alma mais sábia, que fala à estultice da maneira mais doce,
> que ama a si mais do que a ninguém, na qual todas as coisas têm sua corrente
> e sua contracorrente e sua maré alta e sua maré baixa – –

Mas essa é a própria ideia de Dioniso. – E uma outra consideração leva à mesma conclusão. O problema psicológico do tipo Zaratustra é o problema daquele que, em grau inaudito, diz-não, **faz**-não a tudo aquilo que se disse sim até hoje, e apesar disso apenas pode ser a antítese de um espírito que nega; o problema do espírito sobrecarregado com o peso de um destino e com a fatalidade de uma tarefa, mas que apesar disso pode ser o mais leve, o mais desprendido – Zaratustra é um dançarino –; o problema daquele que tem a mais dura, a mais terrível visão da realidade, que teve o "pensamento mais abismal", mas apesar disso não encontra nesse fado qualquer objeção à existência, nem mesmo contra seu eterno retorno – mas vê nele, muito antes, um motivo para **ser, ele mesmo**, o sim eterno a todas as coisas, "o monstruoso e ilimitado dizer-sim e amém"... **Mas isso é a ideia de Dioniso mais uma vez.**

7

– Qual é a língua que um espírito desses haverá de falar, quando falar consigo mesmo? A língua do **ditirambo**. Eu sou o descobridor do ditirambo. Escutai como Zaratustra fala consigo mesmo **antes de o sol nascer** (III, 18): uma ventura tão esmeráldica, uma suavidade tão divina, nenhuma língua a teve antes de mim. Também a tristeza mais profunda de um Dioniso como esse se torna ditirambo; eu tomo, na condição de sinal, a **canção da noite**,[71] a lamentação imortal de um ser condenado a não amar por causa do excesso de luz e poder, por causa de sua natureza-**ensolarada**.

> É noite: agora falam mais alto todas as fontes cascateantes. E também a minha alma é uma fonte cascateante.
> É noite: só agora despertam as canções dos amantes. E também a minha alma é a canção de um amante.
> Tenho algo desassossegado, insossegável em mim, que quer se tornar público.
> Tenho uma cobiça por amor em mim, que fala, ela própria, a língua do amor.
> Luz eu sou: ah, se eu fosse noite! Mas esta é a minha solitude, estar cercado de luz.
> Ah, se eu fosse escuro e noturno! Como eu gostaria de mamar nos seios da luz!
> E vós mesmos eu ainda queria abençoar, vós, pequenas estrelas cadentes e vaga-lumes, lá longe! – e ser feliz por vossos presentes de luz.
> Mas eu vivo a minha própria luz, eu sorvo de volta a mim as centelhas que de mim partem.
> Eu não conheço a ventura daquele que recebe; e muitas vezes sonhei que roubar pudesse deixar ainda mais feliz do que receber.
> Esta é a minha pobreza, que minha mão jamais se cansa de presentear; esta é a minha inveja: ver olhos que esperam e as noites claras da saudade.
> Oh, desgraça de todos os que presenteiam! Oh, eclipse do meu sol! Oh, desejo de desejar! Oh, fome canina na saciedade!
> Eles tomam de mim: mas será que ainda toco em suas almas? Há um abismo entre dar e receber; e o menor dos abismos é o último a ser sobrepujado.
> Uma fome cresce da minha beleza: gostaria de causar dor àqueles que ilumino, gostaria de roubar àqueles que presenteio – sinto fome, pois, de ser mau.
> Ir tirando a mão, quando a outra mão já foi estendida; semelhante à cascata que, ao cair, ainda vacila: sinto fome, pois, de ser mau.
> Tal vingança é preparada pela minha completude, tal traição brota da minha solitude.
> Minha ventura no ato de presentear morreu ao presentear, minha virtude ficou cansada de si mesma por seu excesso!

71. Título de um "ditirambo" – citado a seguir – do *Zaratustra*, Parte II.

> Quem sempre presenteia corre o risco de perder a vergonha; quem sempre distribui tem as mãos e o coração calosos de tanto distribuir.
> Meu olho não transborda mais ante a vergonha dos pedintes; minha mão tornou-se tão dura para o tremor das mãos cheias.
> Para onde foi a lágrima do meu olho e a flor do meu coração? Oh, solidão de todos os que presenteiam! Oh, silêncio de todos os que iluminam!
> Muitos sóis circulam no espaço ermo: a tudo que é escuro eles falam com sua luz – para mim eles silenciam.
> Oh, essa é a hostilidade da luz contra aquilo que ilumina: sem misericórdia ela percorre sua órbita.
> Injusto contra tudo o que ilumina, do fundo do coração, frio em relação aos sóis – todo o sol segue sua órbita, portanto.
> Semelhantes a uma tempestade, os sóis seguem suas trajetórias, e perseguem seu desejo inexorável; esta é a sua frieza.
> Oh, só vós, os escuros, vós, os noturnos, sois quem produzis calor para vós mesmos daquilo que ilumina! Oh, só vós é que bebeis leite e bálsamo das tetas da luz!
> Ah, é só gelo à minha volta, minha mão se queima no gelado! Ah, há sede em mim, e ela tem sede das vossas sedes.
> É noite: ah, que eu tenha de ser luz! E sede do noturno! E solitude!
> É noite: agora minha ânsia jorra como uma fonte de dentro de mim – e tenho ânsia de falar.
> É noite: agora falam mais alto todas as fontes cascateantes. E também a minha alma é uma fonte cascateante.
> É noite: só agora despertam as canções dos amantes. E também a minha alma é a canção de um amante. –

8

Coisa semelhante jamais foi escrita, jamais foi sentida, jamais foi **sofrida**: assim sofre um Deus, um Dioniso. A resposta a tal ditirambo da solitude-solar na luz seria Ariadne... Quem sabe, além de mim, o que é Ariadne!... De todos esses enigmas ninguém jamais até hoje tinha a solução, eu duvido que alguém sequer um dia tenha visto, também aqui, a solução... Zaratustra determina uma vez, com dureza, a sua tarefa – e ela também é a minha –, de que a gente não pode se enganar a respeito do **sentido**: ele é **afirmativo** até a justiça, até a salvação, inclusive de tudo aquilo que passou.

> Eu, andarilho entre homens como entre fragmentos do futuro: daquele futuro que eu contemplo.
> E isso é todo o meu pensamento e todo o meu interesse, que eu junte e una em um tudo aquilo que é fragmento e enigma e acaso terrível.

> E como eu suportaria ser homem, se o homem não fosse também poeta e adivinhão de enigmas e redentor do destino?
> **Redimir o passado** e transformar tudo aquilo que "era uma vez" em "era assim que eu o queria!" – apenas isso seria redenção para mim.[72]

Em outra passagem ele determina, de modo tão duro quanto possível, o que, apenas, pode ser para ele "o homem" – **nenhum** objeto do amor ou até mesmo da compaixão –; Zaratustra também foi capaz de se tornar senhor sobre seu **grande asco** ao homem: o homem é para ele uma pré-forma, uma matéria, uma pedra feia que precisa do escultor.

> Não mais-**querer** e não mais-**valorizar** e não mais-**criar:** oh, que esse grande cansaço tenha de ficar para sempre longe de mim!
> Também no ato de conhecer eu sinto apenas a vontade de testemunhar, a vontade de ser do meu querer; e se há inocência no meu conhecimento, isso acontece porque há nele **vontade para a procriação.**
> Essa vontade me atraiu para longe de Deus e dos deuses: o que poderia ser criado, se os deuses estivessem aqui?
> Mas para o homem ela sempre volta a me tanger de novo, a minha ardente vontade de criar; é assim que o martelo é tangido à pedra.
> Ah, vós, os homens, para mim uma imagem dorme na pedra, a imagem das imagens! Ah, que ela tenha de dormir na pedra mais dura, na pedra mais feia!
> **Eis, pois, que meu martelo dá golpes terríveis contra sua prisão.** Da pedra saltam fragmentos: que me importa?
> Quero completá-lo, pois uma sombra veio até mim – a mais calma e leve de todas as coisas um dia veio até mim!
> A beleza do super-homem veio até mim na condição de sombra: que me importam – depois disso – os deuses!...

Eu levanto ainda um último ponto de vista: o verso destacado concede o ensejo para tanto. Para uma tarefa **dionisíaca** é preciso ter a dureza do martelo, **a vontade em si de aniquilar** de um modo decisivo faz parte dos pressupostos. O imperativo "sede duros!", a certeza mais íntima de que **todos os criadores são duros** é a verdadeira insígnia de uma natureza dionisíaca...

---

72. Citação do *Zaratustra,* Parte II. O mesmo é o caso da citação que vem a seguir – também destacada.

Além do bem e do mal

Prelúdio
a uma filosofia do futuro

1

A tarefa para os anos seguintes estava traçada de maneira tão rigorosa quanto possível. Depois que a parte afirmativa da minha tarefa estava encaminhada, chegou a vez da metade negativa, da que **não faz**: a transvaloração de todos os valores existentes até agora, a grande guerra – a invocação de um dia da decisão. E nisso está incluída a busca vagarosa de aparentados, de pessoas que poderiam me oferecer sua mão forte na **obra da destruição**. – De então em diante todas as minhas obras são anzóis: talvez eu me entenda como sendo alguém a pescar?... Quando não foi possível **fisgar** nada, a culpa não foi minha. **Não havia peixes...**

2

Esse livro (1886) é, em tudo que ele tem de essencial, uma **crítica da modernidade**, incluídas as ciências modernas, as artes modernas e até mesmo a política moderna; ao lado da indicação de um tipo-antítese, que é tão pouco moderno quanto possível, um tipo nobre, um tipo afirmativo. No último dos sentidos, o livro é uma **escola do *gentilhomme***, tomando-se o conceito de maneira mais espiritual **e mais radical** do que jamais foi admitido. A gente tem de ter coragem no corpo até para conseguir suportá-lo, não se pode ter aprendido o medo... Todas as coisas das quais a época se orgulha são sentidas como objeção a esse tipo, quase como se fossem maus modos; a famosa "objetividade", por exemplo, a "compaixão por tudo o que sofre", o "sentido histórico" com sua sujeição ante o gosto estranho, com sua prostração ante *petits faits*, a "cientificidade". – Se for considerado que o livro surgiu **depois** do Zaratustra, talvez também se adivinhe o *régime* dietético ao qual ele deve sua origem. O olho, acostumado a olhar **longe** devido a uma compulsão tremenda – Zaratustra vê ainda mais longe do que o czar[73] –, é

73. A ironia da última afirmativa é inclusive fônica: o começo vocálico da palavra Zaratustra é igual ao da palavra *Czar*, em alemão. Pronuncia-se *Tsaratustra* e *Tsar*.

obrigado aqui a fechar o foco sobre aquilo que está mais próximo, o tempo, o **ao-redor-de-nós**. Achar-se-á, em todos os aspectos do livro, e sobretudo também na forma, a mesma renúncia **voluntária** aos instintos, a partir dos quais um Zaratustra se tornou possível. O refinamento da forma, da intenção, da arte do **silêncio**, está em primeiro plano, a psicologia é dominada com uma dureza e uma crueldade confessadas – o livro prescinde de toda e qualquer palavra bondosa... Tudo isso restabelece: quem é capaz de adivinhar, ao fim das contas, **que tipo** de restabelecimento é necessário a um tal esbanjamento de bondade, como é o Zaratustra?... Dito teologicamente – escutai, pois são raras as vezes em que falo como teólogo –, foi o próprio Deus que ao fim de sua obra se disfarçou de serpente indo se deitar sob a árvore do conhecimento: assim ele se restabeleceu do fato de ser Deus... Ele havia feito tudo demasiado belo... O diabo é apenas a ociosidade de Deus a cada sétimo dia...

A genealogia da moral

Um escrito polêmico

1

As três dissertações que compõem essa genealogia são, talvez, no que diz respeito à expressão, intenção e arte de surpreender, a coisa mais sinistra que já foi escrita até hoje. Dioniso é, a gente o sabe, também o deus das trevas... A cada vez, um princípio **calculado** para desorientar, frio, científico, até mesmo irônico, intencionalmente em primeiro plano, intencionalmente demorado. Aos poucos, mais intranquilidade; raios esparsos; verdades assaz desagradáveis vindas da distância e cada vez mais altas em seu ribombar surdo – até que enfim se alcançou um *tempo feroce*, onde tudo impulsiona adiante com uma tensão colossal. No final de cada vez, sob detonações totalmente assustadoras, uma **nova** verdade se torna visível entre as nuvens pesadas... A verdade da **primeira** dissertação é a psicologia do cristianismo: o nascimento do cristianismo a partir do espírito do ressentimento, **não**, conforme se acredita, apenas do "espírito" – um contramovimento essencial, a grande revolta contra o reinado de valores **nobres**. A **segunda** dissertação traz a psicologia da **consciência: a** mesma **não** é, conforme se acredita, "a voz de Deus no interior do homem" – ela é o instinto da crueldade, que se volta para trás, e para dentro, depois de ver que não pode mais se descarregar para fora. A crueldade, na condição de um dos mais velhos e intransitáveis substratos culturais, é trazida à luz pela primeira vez. A **terceira** dissertação traz a resposta para a pergunta sobre a origem do **poder** monstruoso do ideal ascético, do ideal dos sacerdotes, ainda que o mesmo seja o ideal **nefasto** *par excellence*, uma vontade para o fim, um ideal da *décadence*. Resposta: **não** porque Deus é ativo na retaguarda dos sacerdotes, conforme sei que se acredita, mas *faute de mieux* – porque ele foi o único ideal até hoje, porque ele não teve concorrentes. "Pois o homem ainda prefere querer o nada a **não** querer"[74]... E, sobretudo, faltava um **contraideal – até vir o Zaratustra**... Eu fui compreendido. Três pré-trabalhos decisivos para uma transvaloração de todos os valores... Esse livro contém a primeira psicologia do sacerdote.

74. Extraído da terceira dissertação d'*A genealogia da moral*.

Crepúsculo dos Ídolos

Como se filosofa com o martelo

1

Essa obra de menos de cento e cinquenta páginas, serena e funesta no tom, um demônio que ri – a obra de tão poucos dias, que eu sou tomado por um certo recato ao revelar seu número, é a suprema exceção entre os livros: não há nada mais substancioso, mais independente, mais subversivo – mais mau. Se alguém quiser ter uma ideia a respeito, de maneira mui breve, como tudo estava de ponta-cabeça antes de mim, comece por essa obra. Aquilo que chamo de **ídolos** no título é, simplesmente, tudo aquilo que foi chamado de verdade até hoje. **O crepúsculo dos ídolos** – em alemão: a velha verdade chegou ao fim.

2

Não existe realidade, não existe "idealidade" que não seja tocada nessa obra (– tocada: que eufemismo cauteloso!...). Não apenas os ídolos **eternos,** também os mais jovens, os mais inexperientes. As "ideias modernas", por exemplo. Um vento grandioso sopra entre as árvores e por todos os lugares caem frutas – verdades. Há nele o esbanjamento de um outono demasiado rico: a gente tropeça em verdades, algumas delas a gente chega a matar pisoteadas – elas são excessivas... Mas aquilo que a gente toma nas mãos, já não tem mais nada de duvidoso – são decisões. Só eu é que alcancei ter o parâmetro para a "verdade" nas mãos, só eu é que **posso** decidir. Como se em mim tivesse crescido uma **segunda consciência**, como se em mim "a vontade" tivesse acendido uma luz sobre a pista **torta**, sobre a qual o parâmetro até hoje apenas corria abaixo... A pista **torta** – ela era chamada de caminho para a "verdade"... É chegado o fim para todos os "impulsos sombrios", o homem **bom** era justamente aquele que menos tinha certeza a respeito de qual era o caminho correto...[75] E, falando sério, ninguém sabia antes de mim o caminho correto, o caminho

75. Alusão aos versos do Prólogo de *Fausto* de Goethe que rezam: "Um homem bom, em seus impulsos sombrios/ Por certo sabe o caminho correto".

que leva **acima**: só a partir de mim é que se pode voltar a ter esperanças, tarefas, caminhos a prescrever para a cultura – **e eu sou aquele que traz a boa nova**... E justamente por isso sou também um destino... –

3

Imediatamente após o término da obra que acabei de mencionar, e sem perder um dia sequer, tomei nas mãos a tarefa monstruosa da **transvaloração**, com uma sensação soberana de orgulho – à qual nada pode ser igualado – de estar gravando cada momento de minha imortalidade, sinal por sinal, com a certeza de um destino, sobre quadros de bronze. O prefácio veio à luz no dia 3 de setembro de 1888: quando, pela manhã, depois da escritura do texto, fui ao ar livre, encontrei à minha volta o mais belo dos dias que Alta Engadina jamais havia me oferecido – transparente, ardente, contendo em si todas as oposições, todos os tons médios entre gelo e Sul... Só no dia 20 de setembro eu deixei Sils-Maria, retido por inundações, de longe o único hóspede desse lugar maravilhoso, ao qual minha gratidão quer presentear dando-lhe um nome eterno. Depois de uma viagem cheia de incidentes, em que inclusive corri perigo de vida na inundação de Como, cidade que fui alcançar apenas à noite, cheguei na tarde do dia 21 de setembro a Turim, meu lugar **provado**, minha residência de então em diante. Voltei para a mesma moradia em que havia ficado na primavera, via Carlo Alberto 6, III, em frente ao poderoso *palazzo* Carignano, no qual nasceu Vittore Emanuele, com vista para a *piazza* Carlo Alberto e, acima dela, para as cadeias montanhosas. Sem hesitar e sem me deixar distrair por um instante que fosse, voltei ao trabalho: faltava apenas o último quarto da obra a escrever.[76] No dia 30 de setembro, a grande vitória: o fim da transvaloração; um Deus curtia seu ócio ao longo do Pó. Ainda no mesmo dia escrevi o **prefácio** ao "crepúsculo dos ídolos", cuja correção das provas havia sido meu recreio no mês de setembro... Eu jamais vivi um outono assim e também jamais havia julgado ser possível sobre a terra uma coisa do tipo – um Claude Lorrain pensado ao infinito, cada dia a mesma perfeição indomável...

---

76. Entre o dia 3 e o dia 30 de setembro – a "tarefa monstruosa da transvaloração", Eric Podach, editor tardio do legado de Nietzsche, assegura que as datas referidas pelo filósofo são fantasiosas –, Nietzsche escreveu *O anticristo,* que estava destinado a ser uma das partes da *Transvaloração de todos os valores,* obra que o autor abandonaria em seguida por causa da moléstia. Nietzsche planejava a edição simultânea da *Transvaloração de todos os valores* em várias línguas e inclusive fizera os contatos com os tradutores (Jean Bourdeau, redator do *Journal des Débats,* para o francês; Helen Zimmern, tradutora de Schopenhauer, para o inglês etc.). Com isso e com crítica radical ao cristianismo proposta pela obra, o filósofo queria alcançar a queda abrupta de todas as instituições em vigor, provocando uma revolução geral.

O CASO WAGNER[77]

UM PROBLEMA PARA MÚSICOS

1

Para ser imparcial com essa obra, tem de se sofrer pelo destino da música assim como se sofre por uma ferida aberta. **Por que** eu sofro quando eu sofro com o destino da música? Porque a música foi amputada de seu caráter afirmativo e esclarecedor do mundo – porque ela é a música da *décadence* e não mais a flauta de Dioniso. Supondo, portanto, que se sinta as coisas da música como suas **próprias** coisas, como sua **própria** história de sofrimentos, haver-se-á de ter respeito por essa obra e achá-la suave acima das medidas. Permanecer sereno em tais casos, e ainda ridicularizar a si mesmo com bondade – *ridendo dicere severum*, onde o *verum dicere* justificaria qualquer dureza – é a própria humanidade. Quem tem dúvidas de que eu, na condição de artilheiro – que eu sou[78] –, tenho em mãos a possibilidade de voltar contra Wagner minha munição **pesada**?... Tudo o que era decisivo nessa batalha eu retive comigo – eu um dia amei Wagner... No fim das contas essa obra é um ataque contra um "desconhecido" mais sutil, que não é fácil de ser adivinhado por alguém outro, que faz parte dos objetivos e caminhos da minha tarefa – oh, eu tenho "desconhecidos" bem diferentes a revelar do que um Cagliostro da música –, e mais ainda um ataque àqueles que se mostram cada vez mais preguiçosos e pobres de instinto no que tange às coisas espirituais, à cada vez mais **honesta** nação alemã, que prossegue seu caminho com um apetite digno de inveja, se alimentando das oposições e devorando sem o menor constrangimento digestivo tanto "a crença" quanto a cientificidade, tanto o "amor cristão" quanto o antissemitismo, tanto a vontade para o poder (para o "império") quanto o *évangile des humbles.* Essa carência de partido entre oposições! essa neutralidade estomacal e essa "ausência-de-si"! Esse sentido imparcial do **paladar** alemão, que a tudo concede direitos iguais

77. Ainda que venha depois de *Crepúsculo dos ídolos* na ordem do *Ecce homo,* foi escrito antes.

78. Nietzsche fala, aqui, de sua posição de atacante na filosofia, mas se refere, ao mesmo tempo, ao serviço militar de um ano, prestado entre os anos de 1867 e 1868.

– que a tudo acha saboroso... Sem a menor dúvida, os alemães são idealistas... Na última vez em que visitei a Alemanha, encontrei o gosto alemão ocupado em conceder a Wagner e ao trompetista de Säckingen[79] os mesmos direitos; eu mesmo fui testemunha **pessoal** de como em Leipzig, em honra de um dos músicos mais genuínos e mais alemães – no velho sentido da palavra alemão e não apenas no sentido imperial-alemão de hoje em dia –, o mestre **Heinrich Schütz**, foi fundado um Clube Liszt, destinado à conservação e divulgação da música **listada**[80] pela manha da igreja... Sem a menor dúvida, os alemães são idealistas...

2

Mas aqui nada deve perturbar minha intenção de ser rude e de dizer algumas verdades aos alemães: **se não o farei, quem o fará?**... Eu falo de sua indecência *in historicis*. Não apenas que o **olhar amplo** para o caminho, para os valores da cultura fugiu completamente às mãos dos historiadores alemães, que todos eles são bufões da política (ou da igreja...): esse olhar amplo inclusive foi **mandado ao exílio** por eles. Primeiro alguém tem de ser "alemão", ter "raça", para aí poder decidir *in historicis* a respeito de todos os valores e desvalores – a gente os determina... "Alemão" é um argumento, "Alemanha, Alemanha sobre tudo"[81] um princípio, os germanos são a "ordem mundial da decência" na história; em relação ao *imperium romanum*, os detentores da liberdade, em relação ao século XVIII, os restabelecedores da moral, do "imperativo categórico"... Existe uma historiografia imperial-alemã, existe – eu temo – até mesmo uma historiografia anti-semita – existe uma historiografia **cortesã**, e o senhor von Treitschke não tem a menor vergonha dela... Há pouco tempo um julgamento idiota *in historicis*, uma sentença do afortunadamente já saudoso esteticista suábio Vischer, circulou por todos os jornais alemães como se fosse uma "verdade" para a qual todos

79. Poema de Joseph Viktor von Scheffel (1853), que alcançou grande popularidade na Alemanha; Nietzsche pode estar se referindo também à ópera de Victor Nessler baseada no poema e estreada em 1884 também com grande sucesso.

80. Aqui se perde a amplitude da ironia do original. Nietzsche diz: "destinado à conservação e divulgação *listiger Kirchenmusik*". *Listig* refere-se diretamente ao compositor Liszt (mais no glossário), claro, mas também significa "astuto, manhoso, matreiro".

81. Título e início da primeira – e também da quarta – estrofe do hino alemão, também conhecido como *Das Lied der Deutschen* (A canção dos alemães). Devido à sua carga nacionalista e negativamente patriótica, essa primeira estrofe não é mais cantada nos dias de hoje. O atual hino alemão corresponde à terceira estrofe do poema, escrito por Hoffmann von Fallersleben – em 1841 – e musicado por Haydn.

os alemães **tinham de dizer sim**: "A renascença e **também** a reforma, apenas os dois juntos, constituem um inteiro – o renascimento estético e **também** o renascimento ético." ... Em face a tais frases minha paciência chega ao fim e eu sinto vontade, eu sinto até mesmo a obrigação de dizer aos alemães, de uma vez por todas, **do que** eles são culpados. **Todos os crimes culturais de quatro séculos pesam na consciência dos alemães!**... E sempre por causa do mesmo motivo, por causa da sua **covardia** inerente ante a realidade, que é também a covardia ante a verdade, por causa da inverdade que se tornou instintiva neles, por causa do "idealismo"... Os alemães arrancaram da Europa as conquistas e o sentido da última **grande** época, a época da renascença, num momento em que uma hierarquia mais elevada dos valores, em que os valores nobres, afirmativos em relação à vida, garantidores do futuro, haviam tomado o lugar dos valores contrários a eles, dos **valores do ocaso**, alcançando a vitória – **chegando a penetrar o instinto dos que lá estavam assentados**! Lutero, essa fatalidade de monge, restabeleceu a igreja e, o que é mil vezes pior, o cristianismo inteiro, exatamente no instante **em que ele havia sucumbido**... O cristianismo, essa **negação da vontade para a vida** feita religião!... Lutero, um monge impossível que, por causa da sua "impossibilidade", atacou a igreja e – consequentemente! – a restabeleceu... Os católicos teriam motivos para fazerem festas em homenagem a Lutero, escreverem poemas em louvor a Lutero – Lutero... e o "renascimento ético"! Para o diabo com toda a psicologia!, é a ordem deles... Sem a menor dúvida, os alemães são idealistas... Os alemães souberam muito bem achar desvios para o velho "ideal", reconciliações entre verdade e "ideal", em última instância fórmulas para um direito à negação da ciência, para um direito à **mentira**... E por duas vezes, justo quando havia sido alcançada, através de uma bravura monstruosa e de uma superação de si mesmo jamais vista, uma maneira de pensar íntegra, nem um pouco ambígua e completamente científica. Leibniz e Kant – esses dois travões maiores da integridade intelectual da Europa!... Por fim, quando sobre a ponte entre dois séculos de *décadence* ficou visível uma *force majeure* de gênio e de vontade, forte o suficiente para fazer da Europa uma unidade, uma unidade política **e econômica**, capaz de objetivar o governo da terra, os alemães mais uma vez confundiram a Europa com suas "guerras de libertação", acabando com o milagre da existência de Napoleão – e por causa disso eles são culpados de tudo aquilo que veio, que hoje está aí, essa enfermidade e essa irracionalidade **anticulturais**, o nacionalismo, essa ***névrose nationale***, sob a qual a Europa padece, essa eternalização dos Estadinhos europeus, da política **caseira**: eles despojaram a Europa de seu próprio sentido, de sua **razão** – eles a conduziram a um beco sem saída... E por acaso alguém, a não ser eu, sabe um **caminho** para fugir a esse beco sem saída?... Uma tarefa grande o bastante para voltar a **unir** os povos?...

3

– E, por último, por que eu não haveria de dar palavras à minha suspeita? Também no meu caso os alemães voltarão a tentar tudo a fim de fazer com que de um destino colossal nasça um camundongo. Até agora eles estiveram em má situação comigo, duvido que no futuro farão melhor... Ah, quanto não me custa ser um **mau** profeta nesse caso!... Meus leitores e ouvintes naturais já hoje são russos, escandinavos e franceses – será que eles sempre o serão, será que aumentarão?... Os alemães estão inscritos na história do conhecimento apenas com nomes duvidosos, eles apenas produziram moedeiros falsos "inconscientes" (Fichte, Schelling, Schopenhauer, Hegel, Schleiermacher, todos eles simples "fazedores de véu" como Schleiermacher,[82] assim como Kant e Leibniz): eles jamais devem merecer a honra de ver que o primeiro espírito **íntegro** na história do espírito, o espírito no qual a verdade sobre a falsificação praticada durante quatro séculos é levada ao tribunal, é relacionado como parte do espírito alemão. O "espírito alemão" é **meu** ar nefasto: eu respiro com dificuldade *in psychologicis* quando estou próximo dessa sujeira feita instinto, revelada por qualquer palavra, qualquer careta vinda de um alemão. Eles jamais passaram por um século XVII, de dura autoprovação, como os franceses; um La Rochefoucauld, um Descartes são cem vezes superiores ao primeiro dentre os alemães no que diz respeito à integridade – eles até hoje não tiveram nenhum psicólogo.[83] Mas psicologia é quase o parâmetro da **pureza** ou da **impureza** de uma raça... E quando não se é nem puro, como é que se poderia alcançar a **profundidade**? No alemão, quase como na mulher, a gente nunca consegue chegar ao fundamento, **ele**

82. Nietzsche faz um trocadilho entre Schleiermacher, o filósofo, e o significado de seu nome: "fazedor de véu". E diz, portanto, que tanto Schleiermacher quanto Kant, Leibniz e os anteriores são, todos eles, simples Schleiermacher; fazedores de véus (que encobrem a realidade).

83. Em afirmações como essa – viva a crítica! – fica patente a unilateralidade do juízo nietzschiano. Vá lá, a crítica ao "idealismo" é maravilhosa, mas Lichtenberg, por exemplo, é um dos "psicólogos" – no sentido que Nietzsche concede à palavra – mais interessantes do mundo. E ele viveu no século XVIII, e é superior – em todos os sentidos – ao citado La Rochefoucauld. Menos mal que em trechos que acabaram não fazendo parte da versão final do *Ecce homo* (ver adendo), Nietzsche reconhece o imenso valor de Lichtenberg, por exemplo.

não tem fundamento: isso é tudo. Mas com isso a gente sequer é superficial... Aquilo que na Alemanha é chamado de "profundo" é justamente essa sujeira instintiva contra si mesmo, da qual eu acabei de falar: ninguém **quer** ter clareza a respeito de si mesmo. Será que eu não poderia sugerir a palavra "alemão" como moeda internacional para **essa** deterioração psicológica?... Nesse instante, por exemplo, o kaiser alemão chama de "sua obrigação cristã" a libertação dos escravos na África: entre nós, **outros** europeus, isso passaria a ser chamado, depois da minha proposta, simplesmente de "alemão"... Os alemães foram capazes de trazer ao mundo um só livro que tivesse profundidade? Até mesmo o conceito para o que é a profundidade de um livro foge a seu alcance. Eu conheci eruditos que consideram Kant profundo; na corte prussiana, temo que se considere o senhor von Treitschke profundo. E se de quando em quando louvo Stendhal como psicólogo profundo, cheguei a encontrar professores universitários alemães que pediram para que eu soletrasse seu nome...

4

– E por que eu não haveria de ir até o fim? Eu gosto de pôr as coisas em pratos limpos. Inclusive faz parte da minha ambição ser considerado o contemptor dos alemães *par excellence*. Minha **desconfiança** contra o caráter alemão eu já a expressei com vinte e seis anos (terceira extemporânea, p. 71) – os alemães são impossíveis para mim. Quando imagino uma espécie de homem que se oponha a todos os meus instintos, acaba sempre surgindo um alemão. A primeira coisa em que "peso o coração" de um homem é no fato de ver se ele tem ou não sensibilidade para a distância no corpo, se ele é capaz de ver posição, grau, ordem entre homem e homem, se ele é capaz de **distinguir**: com isso, se é um *gentilhomme;* em todos os outros casos se está, sem a menor salvação, entre os "grandes de coração", oh, esse conceito tão bondoso da *canaille* – ah, eles são todos tão bondosos... A gente se apequena ao se relacionar com alemães: o alemão **igualiza tudo**... Se eu descontar minha relação com alguns artistas, sobretudo com Richard Wagner, eu chegarei à conclusão de que não vivi sequer uma hora boa com alemães... Supondo que o mais profundo dos espíritos, em todos os séculos dos séculos, tivesse surgido entre os alemães... e um salvador do Capitólio[84] qualquer haveria de dizer que sua alma desprovida de beleza também seria pelo menos igualmente tão digna de merecer essa glória... Eu não suporto essa raça, com a qual a

84. Ou seja, um ganso qualquer.

gente sempre está em má companhia, que não tem mão para as nuances – ai de mim! eu sou uma nuance —, que não tem *esprit* nos pés e nem sequer sabe caminhar... Ao fim das contas os alemães nem têm pés, mas apenas pernas... Os alemães não têm a menor ideia de como eles são vulgares, mas esse é o superlativo da vulgaridade – eles nem sequer se **envergonham** de ser apenas alemães... Eles sabem falar a respeito de tudo, eles se consideram decisivos e eu temo que já tenham se decidido inclusive a respeito de mim... Minha vida inteira é a prova *de rigueur* para essas sentenças. É em vão que procuro neles por um sinal de tato, de *délicatesse* para comigo. De judeus sim, mas jamais de alemães. Meu modo de ser quer que eu seja suave e benfazejo em relação a todo mundo – eu tenho o **direito** de não fazer diferenças... e isso me atrapalha; o fato de ter os olhos abertos. Eu não faço nenhuma exceção, muito menos a meus amigos – e por fim tenho a esperança de que isso não tenha causado uma ruptura na minha humanidade em relação a eles! Há cinco ou seis coisas às quais eu sempre considerei uma questão de honra... Mesmo assim permanece sendo verdadeiro o fato de que sinto quase todas as cartas que há anos me alcançam como um cinismo: há mais cinismo na benevolência para comigo do que no ódio de qualquer tipo... Eu digo na cara de todos os meus amigos que eles jamais consideraram valer a pena **estudar** qualquer uma de minhas obras; eu adivinho, a partir do mais ínfimo dos sinais, que eles sequer sabem do que elas tratam. Até mesmo no que diz respeito ao meu Zaratustra, qual dos meus amigos teria visto nele mais do que uma presunção ilícita que por sorte os deixa completamente indiferentes?... Dez anos: e ninguém na Alemanha sentiu peso na consciência pelo fato de não defender meu nome contra o silêncio absurdo em que jaz enterrado: foi um estrangeiro, um dinamarquês, o primeiro a mostrar suficiente perspicácia de instinto **e coragem** para se indignar contra aqueles que se dizem meus amigos... Em que universidade alemã seriam possíveis seminários acerca da minha filosofia, assim como aquele que o – com isso mais uma vez provado – psicólogo Dr. Georg Brandes deu em Copenhage?... Eu mesmo jamais sofri por causa disso; o **necessário** não me machuca; *amor fati* é a minha natureza mais interior. Mas isso não exclui o fato de eu amar a ironia, inclusive a ironia histórico-universal. E assim mandei ao mundo, mais ou menos dois anos antes do raio fulminante da **transvaloração**, que haverá de pôr o mundo em convulsão, o "caso Wagner": os alemães tinham de ser condenados a se enganar e a se **eternizar** em mim, para sempre, mais uma vez! ainda há tempo para isso!... E isso foi alcançado? – De um modo encantador, meus senhores germanos! Eu vos faço um cumprimento... Há bem pouco, a fim de que também não faltem os amigos, me escreveu uma velha amiga dizendo que agora ela **ri** de mim...[85] E isso em um momento em que uma responsabilidade indizível pesa sobre mim – um momento em que cada palavra não pode ser suave o suficiente, cada olhar não pode ser reverente o bastante em relação a mim. Pois eu trago o destino da humanidade sobre os ombros...

85. Referência a Malwida von Meysenburg, amiga de Nietzsche. Em carta a Cosima Wagner, o filósofo menciona uma sátira à moça, que faria parte do *Ecce homo*, mas que jamais foi encontrada. Na carta, Nietzsche a chama de Kundry – referindo a personagem do *Parsifal* – uma vez que ela, assim como a personagem, "riu no momento em que o mundo balançava". Para Erich Podach, a ausência dessa sátira é a prova mais cabal de que algumas das passagens do *Ecce homo* foram sumariamente eliminadas, seja por Peter Gast, seja pela irmã de Nietzsche, Elisabeth.

Por que eu sou um destino

1

Eu conheço meu fado. Um dia haverão de unir ao meu nome a lembrança de algo monstruoso – uma crise como jamais houve outra na Terra, na mais profunda colisão de consciência, em uma decisão evocada **contra** tudo aquilo que até então havia sido acreditado, reivindicado, santificado... Eu não sou homem, eu sou dinamite.[86] – E com tudo isso não há nada em mim que me torne o fundador de uma religião; religiões são negócios do populacho, e eu sempre tive a necessidade de lavar minhas mãos ao entrar em contato com pessoas religiosas... Eu **não** quero "crentes", eu penso que eu mesmo sou demasiado mau para acreditar em mim mesmo; no mais, jamais invoquei as massas... Eu tenho um medo terrível de um dia ser declarado **santo**: e até por isso hão de adivinhar por que escrevi esse livro **antes**; ele foi feito para evitar que se cometam disparates em relação a mim. Eu não quero ser um santo, eu prefiro ser um maganão... Talvez eu seja um maganão... E apesar disso ou, muito antes, **não** apesar disso – pois até hoje não houve nada mais mentiroso do que os santos –, a verdade fala através de mim... Mas a minha verdade é **terrível**: pois até hoje a **mentira** é que foi chamada de verdade... **Transvaloração de todos os valores**: esta é a minha fórmula para um ato supremo da autoconscientização da humanidade, que se tornou gênio e carne dentro de mim. Meu fado quer que eu seja o primeiro homem **decente**, que eu me saiba a antítese contra a mentira de milênios... Só eu é que **descobri** a verdade, pelo fato de eu ter sido o primeiro a sentir – **a farejar** – que a mentira era mentira... Meu gênio está em minhas narinas... Eu contradigo conforme jamais foi contradito e ainda assim sou a antítese de um espírito negador. Eu sou um **mensageiro alegre**, conforme jamais existiu outro, eu conheço tarefas de uma altura para a qual inclusive faltou um conceito até agora; só a partir de mim é que voltaram a existir esperanças... E com tudo isso sou também, necessariamente, o homem da fatalidade. Pois se a verdade

86. Em carta a seu editor, C. G. Naumann, Nietzsche chama o próprio *Ecce homo* de "mais alto superlativo da dinamite" e diz que a obra vai tão além do conceito "Literatura", que nem mesmo na natureza ele poderia encontrar uma comparação digna dela.

entra em luta com a mentira de milênios, haveremos de ter abalos tremendos, uma convulsão de terremotos, uma transposição de montanhas e vales, conforme jamais sequer foi sonhada. O conceito política, então, estará completamente envolvido em uma guerra de espíritos, todas as imagens de poder da velha sociedade explodirão ao ar – todas elas descansam sobre a mentira: haverá guerras conforme jamais as houve sobre a terra. Só a partir de mim é que há na terra **grande política**[87]...

2

E se a gente quiser uma fórmula para um tal destino, **que se torna homem**? – Ela se encontra no meu Zaratustra.

> – e quem quiser ser um criador, no bem e no mal, tem de ser, antes de tudo, um destruidor e arrebentar valores.
>
> Assim, pois, o mal maior é próprio do maior bem: este, porém, é o criador.[88]

Eu sou, de longe, o homem mais terrível que existiu até hoje; isso não exclui o fato de que eu venha a ser o mais benéfico. Eu conheço o prazer de **aniquilar** em um grau que corresponde à minha **força** para a aniquilação – e em ambos os casos eu obedeço à minha natureza dionisíaca, que não sabe separar o "fazer-não" do "dizer-sim". Eu sou o primeiro **imoralista**: e com isso sou o **aniquilador** *par excellence.*

3

Não me perguntaram, deveriam ter me perguntado, o que justamente em minha boca, na boca do primeiro imoralista, significa o nome **Zaratustra**, pois o que constitui a monstruosa singularidade deste persa na história é precisamente o contrário disso. Zaratustra foi o primeiro a ver na luta entre o bem e o mal a verdadeira roda motriz na engrenagem das coisas – a transposição da moral para o metafísico, na condição de força, causa e objetivo em si é obra **sua**. Mas esta pergunta já seria, no fundo, a resposta. Zaratustra **criou** esse mais fatal dos erros, a moral: por consequência, ele também tem

87. Com esse conceito Nietzsche chama a atenção para a "guerra espiritual", o conflito final e decisivo, que dessa vez não ocorrerá entre povos, Estados ou religiões, mas sim entre as naturezas fracas e *décadents,* de um lado, e as naturezas fortes, as vidas-que-deram-certo, de outro. E preparar essa "grande política" era a tarefa do *Ecce homo.*

88. Citado, com algumas alterações de pouca monta, do *Zaratustra,* Parte II, "Da autossuperação".

de ser o primeiro a **reconhecê-lo**. Não apenas que ele tenha neste ponto uma experiência maior e mais longa do que qualquer outro pensador – pois a história inteira já é a refutação experimental da sentença, da sentença da assim chamada "ordem moral universal" –: mais importante é que Zaratustra é mais verdadeiro do que qualquer outro pensador. Sua lição, e só ela, tem a veracidade como sua mais alta virtude – isso significa o contrário da **covardia** do "idealista", que se põe em fuga diante da realidade; Zaratustra tem mais bravura no corpo do que todos os pensadores reunidos. Falar a verdade **e ser certeiro com as flechas**, essa é a virtude persa. – Vocês me compreendem?... A autossuperação da moral através da veracidade, a autossuperação do moralista em seu contrário – **em mim** – é isso que significa em minha boca o nome Zaratustra.

4

No fundo são duas as negações que a minha palavra **imoralista** encerra em si. Por um lado eu nego um tipo de homem que até agora foi tido como o mais elevado, o **bom**, o **benévolo**, o **benéfico**; por outro lado eu nego uma espécie de moral que alcançou vigência e domínio como moral em si – a moral de *décadence,* falando de um modo mais concreto, a moral **cristã.** Seria legítimo ver a segunda contestação como a mais decisiva, uma vez que a superestimação da bondade e da benevolência já me parece ser, vista por alto, um resultado da *décadence,* um sintoma de fraqueza, incompatível com uma vida ascendente e afirmativa: negar **e aniquilar** são condições no ato de afirmar... – Detenho-me inicialmente na psicologia do homem bom. Para estimar o que vale um tipo de homem, tem de se calcular o preço que custa sua preservação – tem de se conhecer as condições de sua existência. A condição de existência dos bons é **a mentira**... Expresso de maneira diferente: o não **querer**-ver, a toda custa, como a realidade é constituída no fundo, ou seja, **não** de modo a admitir, a toda hora, a interferência de mãos míopes e bondosas. Considerar os **estados de emergência** de toda a espécie como objeção, como algo que é preciso **abolir**, é a *niaiserie par excellence,* vista por alto uma verdadeira desgraça em suas consequências, uma fatalidade de estupidez – quase tão estúpida quanto seria a vontade de abolir o mau tempo – por compaixão aos pobres, digamos... Na grande economia do todo, os horrores da realidade (nas emoções, nas cobiças, na vontade de poder) são incalculavelmente mais necessários do que aquela forma da pequena felicidade, a assim chamada "bondade"; é preciso até mesmo ser indulgente para chegar a conceder a esta última um lugar que seja, pois ela é condicionada pelo caráter mentiroso do instinto. Eu terei uma grande oportunidade para demonstrar as consequências desmedidamente funestas do **otimismo**, esse rebento dos *homines optimi*, para toda a história. Zaratustra, o primeiro a compreender que o otimista é tão *décadent* quanto o pessimista, e talvez mais daninho do que ele, diz: **homens bons jamais falam a verdade. Falsos portos e certezas ensinaram-vos os bons; nas mentiras dos bons fostes nascidos e mantidos. Tudo foi distorcido e mentido até o âmago pelos bons.** Por fortuna o mundo não foi construído sobre instintos, de modo que apenas os bondosos animais de rebanho nele achassem sua estreita fortuna; exigir que tudo se tornasse "bom homem", animal de rebanho, de olho azul,[89] benévolo, "bela alma" – ou, conforme deseja o senhor Spencer, altruísta – significaria privar a existência de seu **grande** caráter, castrar a humanidade e reduzi-la a uma mísera chinesice... **E isso se tentou fazer!... Exatamente a isso que se chama moral...** Neste sentido Zaratustra chama os bons ora de "os últimos homens", ora de "princípio do fim"; e sobretudo ele os sente como **a espécie mais nociva de homens**, porque impõem sua existência tanto às custas da **verdade** quanto às custas do **futuro.**

> Os bons – eles não podem **criar,** eles são sempre o princípio do fim –
> – eles crucificam aquele que escreve **novos** valores sobre novas tábuas, eles sacrificam **a si** o futuro, eles crucificam todo o futuro dos homens!
> Os bons – eles foram sempre o princípio do fim...
> E sejam quais forem os danos que possam causar os caluniadores do mundo, **o dano dos bons é o mais danoso dos danos.**[90]

5

Zaratustra, o primeiro psicólogo dos bons, é – por consequência – um amigo dos maus. Se uma espécie-*décadence* de homem ascendeu à posição de espécie suprema, isso pôde acontecer somente às custas de sua espécie contrária, a espécie de homem forte e segura da vida. Se o animal de rebanho resplandesce no brilho da mais pura das virtudes, o homem-exceção tem de ser rebaixado ao mal. Se a falsidade reivindica a toda custa a palavra "verdade" para a sua óptica, o verdadeiro de fato deverá ser encontrado sob os piores nomes. Zaratustra não deixa nenhuma dúvida acerca disso: ele

89. A crítica antecipada à praga do nazismo chega a ser visionária em trechos como esse e referenda pela enésima vez a malversação da qual Nietzsche foi vítima. O tom visionário do *Ecce homo* já pôde ser sentido anteriormente, aliás, quando o filósofo prenunciou catástrofes e guerras sem igual: o século XX.

90. Citação do *Zaratustra,* Parte III, "De novas e velhas tábuas".

diz ter sido precisamente o conhecimento dos bons, dos "melhores" que lhe inspirou o horror ao homem; **dessa** repulsa lhe teriam crescido as asas para "voejar a futuros longínquos" – ele não esconde que o **seu** tipo de homem, um tipo relativamente sobre-humano, é sobre-humano justamente em relação aos **bons**, e que os bons e justos chamariam o seu super-homem de **demônio**...

> Vós, os homens mais altaneiros que meu olhar alcançou, eis a minha dúvida quanto a vós, e o meu riso secreto: eu adivinho que ao meu super-homem chamaríeis – demônio!
> Tão estranhos sois ao grande em vossa alma, que o super-homem vos seria **terrível** em sua bondade...[91]

Nessa passagem, e em nenhum outro lugar, deve-se fazer o começo, a fim de compreender o que quer Zaratustra: essa espécie de homem que ele concebe, concebe a realidade **como ela é**: ela é forte o bastante para isso – ela não lhe é estranha, ele não fugiu a ela, ela é **ela mesma**, ela ainda carrega em si tudo o que é terrível e questionável nela, **e só com isso o homem pode ter grandeza**...

6

– Mas ainda em outro sentido escolhi para mim a palavra **imoralista** como distintivo, como distinção; eu tenho orgulho de possuir essa palavra, que me distingue de toda a humanidade. Ninguém ainda sentiu a moral **cristã** como se estivesse **abaixo** de si: isso requereria uma altura, uma longividência, uma profundidade psicológica e uma abissalidade até hoje inauditas. A moral cristã foi, até agora, a Circe de todos os pensadores – eles estavam a seu serviço... Quem antes de mim adentrou as cavernas, donde sobe o bafio venenoso dessa espécie de ideal – **a difamação do mundo**? Quem tão somente ousou pressentir o que **são** cavernas? Quem, entre os filósofos, foi **psicólogo** antes de mim, e não o seu oposto, o "embusteiro superior", o "idealista"? Antes de mim não havia sequer psicologia. – Ser o primeiro nisso pode ser uma maldição; é, em todo caso, um destino, **pois também se despreza sendo o primeiro**... O **asco** do homem é o meu perigo...

91. Citação do *Zaratustra*, Parte II, "Da prudência dos homens".

7

Fui compreendido? – O que me separa, o que me coloca à parte de todo o resto da humanidade é haver **descoberto** a moral cristã. Por isso tive a necessidade de fazer uso de uma palavra que mantivesse o sentido de um desafio a cada homem. Não ter aberto os olhos mais cedo nesse ponto me parece ter sido a grande impureza que a humanidade carrega na consciência, como automistificação tornada instinto, como vontade radical de **não** enxergar nenhum acontecimento, nenhuma causalidade, nenhuma realidade, como falsificação *in psychologicis* que chega ao crime. A cegueira ante o cristianismo é o **crime** *par excellence* – o crime **contra a vida**... Os milênios, os povos, os primeiros e os últimos, os filósofos e as mulheres velhas – descontados cinco ou seis momentos da história, eu como o sétimo – são todos dignos uns dos outros nesse ponto. O cristão foi, até agora, **o** "ser moral", uma curiosidade ímpar – e, **como** "ser moral" , mais absurdo, falso, vaidoso, leviano, mais **prejudicial a si mesmo** do que o maior dentre os desprezadores da humanidade jamais ousaria sonhar... A moral cristã – a forma mais maligna da vontade de mentira, a verdadeira Circe da humanidade: aquilo que a **deteriorou. Não** é o erro na condição de erro que me assusta à visão disso tudo, **não** é a milenária falta de "boa vontade", de disciplina, de decência, de bravura nas coisas do espírito, que se revela em sua vitória – é a falta de natureza, é o fato terrível, é a situação completamente terrível de que a própria **antinatureza** recebeu as supremas honras como moral, e, na condição de lei, de imperativo categórico, permaneceu suspensa sobre a humanidade!... Enganar-se a tal ponto, **não** na condição de ser individual, **não** na condição de povo, mas sim na condição de humanidade!... Que se tenha ensinado o desprezo pelos primeiríssimos instintos da vida, que se tenha **inventado** uma "alma", um "espírito" para arruinar o corpo; que se ensine a ver algo impuro no pressuposto da vida, a sexualidade; que se busque o princípio ruim naquilo que é mais básico e necessário ao florescer, o **estrito** amor-a-si-mesmo (tão só a palavra já é difamante!); que, pelo contrário, se veja nos signos típicos do declínio e da contradição de instinto, no que é "desinteressado", na perda do centro de gravidade, na "despersonalização" e no "amor ao próximo" (**vício** pelo próximo!) o valor **mais elevado**, que digo? – o valor **em si**!... Como?! Será que a humanidade inteira está em *décadence?* Será que ela sempre esteve? – Certo é que lhe **ensinaram** sempre os valores de *décadence* como sendo os valores supremos. A moral da renúncia-a-si-mesmo é a moral do declínio *par excellence,* o fato "eu vou ao chão" traduzido no imperativo: "Todos vós **deveis** ir ao chão!" – e **não apenas** no imperativo!... Essa única moral que foi ensinada até hoje, a moral da renúncia-a-si-mesmo trai uma vontade de fim, **nega** a vida em seus fundamentos. – Aqui ficaria aberta a possibilidade de que não é a humanidade que está em degenerescência, mas apenas aquela espécie parasitária de homem, a do **sacerdote**, que através da moral elevou-se fraudulentamente à definidora dos valores, que na moral cristã divisou o seu meio de alcançar o **poder**... E esta é, de fato, a **minha** percepção: os professores, os guias da humanidade, teólogos todos eles, foram todos eles também *décadents:* **daí**, a moral... **Definição da moral**: Moral – a idiossincrasia dos *décadents*, com o desígnio oculto de **vingar-se da vida** – e com êxito. Eu dou valor a **esta** definição...

8

– Fui compreendido?... Eu não disse uma palavra que já não houvesse dito há cinco anos pela boca de Zaratustra. – A **descoberta** da moral cristã é um acontecimento que não tem igual, uma verdadeira catástrofe. Quem esclarece algo acerca dela é uma *force majeure*, um destino – ele quebra a história da humanidade em dois pedaços. Vive-se **antes** dele, vive-se **depois** dele... O raio da verdade atingiu justamente aquilo que até hoje ocupava o lugar mais alto: quem compreende **o que** foi aniquilado tenha o cuidado de observar se ainda sobrou algo em suas mãos. Tudo o que era chamado de "verdade" até hoje foi reconhecido como a mais nociva, pérfida e subterrânea forma de mentira; o pretexto sagrado de "melhorar" a humanidade foi reconhecido como ardil para **sugar** a própria vida, torná-la anêmica. Moral na condição de **vampirismo**... Quem descobre a moral, descobriu junto o não valor de todos os valores nos quais se acreditou e ainda se acredita; ele não vê mais nada de venerável nos tipos mais venerados, e inclusive naqueles que foram proclamados **santos**; vê neles a espécie mais fatal de aborto, fatal porque **fascinavam**... A noção "Deus", inventada como noção-antítese à vida – tudo nocivo, venenoso, caluniador, toda a hostilidade mortal contra a vida enfeixada em uma unidade horrível! O conceito "além", inventado como "mundo verdadeiro" para arrancar o valor ao **único** mundo existente – a fim de não deixar à nossa realidade terrena nenhum objetivo, nenhuma razão, nenhuma tarefa! A noção de "alma", "espírito", e por fim até a de "alma imortal", inventada para desprezar o corpo, torná-lo enfermo – "santo" –, para tratar com uma frivolidade terrível todas as coisas que na vida merecem seriedade, as questões de alimentação, moradia, dieta espiritual, tratamento a doentes, limpeza, clima! Ao invés da saúde, a "salvação da alma" – quer dizer, uma *folie circulaire* entre convulsões de penitência e histeria de redenção! A noção "pecado", inventada junto com o instrumento de tortura correspondente, o conceito "livre-arbítrio", a fim de confundir os instintos, a fim de fazer da desconfiança frente aos instintos uma segunda natureza! Na noção do "ausente-de-si", do "negador-de-si-mesmo", a verdadeira marca da *décadence*, a **sedução** do nocivo, a **incapacidade** de-encontrar-o-próprio-proveito, a autodestruição convertida em signo de valor absoluto, em "obrigação", em "santidade", em "divindade" no ser humano! Por fim – e isso é o mais terrível – na noção do homem **bom** a defesa de tudo aquilo que é fraco, doentio, malogrado, que-sofre-de-si-mesmo, de tudo **o que deve ir ao chão** – crucificada a lei da **seleção**, transformada em ideal a oposição ao orgulhoso e bem-sucedido, àquele que diz sim, que está seguro, que dá garantia do futuro – e que a partir de agora se chamará de **o mau**... E tudo isso foi acreditado **como moral**! – ***Ecrasez l'infâme***![92] – –

9

– Fui compreendido? – **Dioniso contra o crucificado...**

92. "Esmagai a infame!" Célebre frase de Voltaire a respeito da Igreja.

ADENDO

CARTAS

PRIMEIRA MENÇÃO DO *ECCE HOMO*

O primeiro documento em que Nietzsche anuncia o *Ecce homo* é uma carta dirigida à irmã em final de outubro de 1888. Essa carta acabaria creditando a irmã a assumir o poder sobre o legado de Nietzsche. Elisabeth praticamente arrancou o legado do filósofo às mãos de Peter Gast em 1893, quando voltou do Paraguai, depois do suicídio do marido, desiludido com o fracasso de sua empresa germânica na América Latina. A carta de Nietzsche diz, entre outras coisas:

"Neste verão dourado, o mais belo que vivi até hoje, escrevo uma retrospectiva de minha vida, apenas para mim mesmo. Ninguém deverá lê-la, excetuado um certo Lama bondoso, quando de novo atravessar o mar a fim de visitar o irmão. Ela não é feita para alemães... Quero enterrar e esconder o manuscrito; ele pode até embolorar, e quando todos tivermos embolorado junto, talvez ele festeje a sua ressurreição. Talvez então os alemães se tornem mais dignos do grande presente que penso em lhes fazer". (PODACH, Erich. *Friedrich Nietzsches Werke des Zusammenbruchs.* Heidelberg, 1961, p. 163.)

UMA CARTA A BISMARCK

Embora Nietzsche tenha – em outra carta – assegurado que Cosima Wagner seria a primeira a receber um exemplar do *Ecce homo,* faria o mesmo com Bismarck, a quem – conforme pode ser visto na obra – considerava um de seus maiores inimigos. Em outra carta – desta vez diretamente ao imperador alemão –, Nietzsche diz que este será o contemplado com o primeiro exemplar de seu livro, usando no interior da missiva alguns dos trechos da obra atinentes aos alemães. Na carta a Bismarck, Nietzsche escreve:

"A Sua Alteza, o príncipe Bismarck.

Eu demonstro, ao maior entre os homens de Estado de nosso tempo, a honra de, através da entrega do primeiro *exemplar de* Ecce homo, *anunciar-lhe minha inimizade. Junto, mando um segundo exemplar: fazer com que o mesmo chegue às mãos do jovem imperador é o único pedido que me ocorreria encaminhar ao príncipe Bismarck...*

O anticristo
Friedrich Nietzsche
Turim, via Carlo Alberto 6, III." (PODACH, op. cit., p. 167.)

O DITIRAMBO FINAL

O ditirambo a seguir estaria destinado a fechar o *Ecce homo,* segundo a opinião de pelo menos dois editores da obra de Nietzsche (Erich Podach e Raoul Richter), e não a fazer parte, simplesmente, dos *Ditirambos de Dioniso,* conforme a opinião de outros editores do filósofo. Da mesma maneira, aliás, algumas das partes de *O anticristo* – bem como a poesia "Da pobreza dos mais ricos", de *Nietzsche contra Wagner* – teriam sido escritas para o *Ecce homo,* a princípio, mas transferidas para as obras mencionadas mais tarde. Eis aqui, pois, o ditirambo final do *Ecce homo,* conforme aparece em pelo menos duas edições da obra de Nietzsche:

"Glória e Eternidade

1.

Quanto tempo já, te assentas
sobre o teu infortúnio?
Atenção! Ainda chocarás
um ovo,
um ovo de basilisco
Da tua longa desgraça.

O que faz Zaratustra, pé ante pé ao longo da montanha? –

Desconfiado, ulcerado, sombrio
um espreitante distante –,
mas de repente, um raio,
claro, terrível, um golpe
contra o céu, vindo do abismo:
– até a montanha sente tremer
sua entranha...

Onde o ódio e o raio
eram unos, uma praga –
sobre as montanhas agora mora a fúria de Zaratustra,
numa nuvem borrascosa ele disfarça seu caminho.

Que se esconda, o que tiver uma última coberta!
À cama com vocês, seus frágeis!
Agora os trovões rolam sobre as abóbadas,
agora treme o que é vigamento e muro,
agora estremecem raios e verdades cinza-sulfúreas —
Zaratustra pragueja...

2.

Essa moeda, com a qual
todo mundo paga,
glória –
só com luvas é que toco essa moeda,
com asco a pisoteio debaixo de mim.
Quem quer ser pago?
Os que podem ser comprados...
Quem está à venda agarra
com mãos sebosas,
buscando o latão blim-blão da glória mundana!

– Queres comprá-los?
Eles podem ser todos comprados.
Mas ofereça muito!
tilinte a bolsa, com força!
– pois senão tu os fortaleces
fortaleces senão a sua virtude...

Todos eles são virtuosos.
Glória, e a virtude da vitória – isso até rima.
Enquanto o mundo viver,
a virtude-tagarela paga
com glória-sem-taramela –
e o mundo vive dessa balbúrdia...
Ante todos os virtuosos

quero ser culpado,
ser chamado culpado de toda a grande culpa!
Ante todos os juízes provisórios da glória
minha ambição se tornará verme –
pois entre tipos assim faço gosto
em ser o mais vil...
Essa moeda, com a qual

todo mundo paga,
glória –
só com luvas é que toco essa moeda,
com asco a pisoteio debaixo de mim.

3.

Silêncio! –
Sobre grandes coisas – eu vejo coisas grandes! –
a gente deve calar
ou falar grande:
fale grande, minha sabedoria encantada!

Eu olho para o alto –
lá rolam mares de luz:
– oh, noite, oh, silêncio, oh, balbúrdia mortalmente silenciosa!...
Eu vejo um sinal –
da distância mais distante
uma constelação se inclina, lentamente cintilante, até mim...

4.

Mais alto astro do ser!
Quadro de obras plásticas eternas!
Tu vens até mim? –
Aquilo que ninguém vislumbrou
a tua beleza muda –
como? ela não foge aos meus olhares?

Placa da necessidade!
Quadro de obras plásticas eternas!
– mas tu sabes muito bem:
o que todos odeiam,
o que só eu amo,
que tu és eterno!
que tu és necessário!
Meu amor se acende
eternamente apenas na necessidade.

Placa da necessidade!
Mais alto astro do ser!
– que não é alcançado por nenhum desejo,
que não é manchado por nenhum não,
sim eterno do ser,
sou teu sim eterno:
pois eu te amo, oh, eternidade! –"

ADENDOS EM PROSA AO *ECCE HOMO*

Por que eu sou tão inteligente – "aposto" ao parágrafo número 3.

" *(...) Emerson, com seus ensaios, foi para mim um bom amigo e também um animador em tempos sombrios: ele possui tanto ceticismo, tantas "possibilidades" em si, que até mesmo a virtude se torna espirituosa nele... Um caso único!... Já quando era garoto eu gostava de ouvi-lo. O mesmo é o caso do Tristram Shandy, que também faz parte dos primeiros e mais saborosos entre meus livros; como senti Sterne ao entrar em contato com ele é revelado por um trecho bastante reflexivo de "Humano, demasiado humano"* (Parêntesis de Peter Gast: Aforismo 113). *Talvez pelos mesmos motivos eu tenha preferido Lichtenberg entre os livros alemães, ao passo que já aos treze anos não conseguia engolir o "idealista" Schiller... Eu gostaria de não esquecer o Abade Galiani, esse maganão profundo, o maior que jamais viveu. – Entre todos os livros, uma de minhas impressões mais fortes vem daquele provençal petulante, Petrônio, que escreveu a última* Satura menippea.[93] *Essa soberana libertação da "moral", do "sério", e até mesmo do gosto sublime, esse refinamento na mistura do latim vulgar e do latim "culto", esse indomável bom humor, que salta com graça e malícia sobre todas as anomalidades da alma "antiga" – eu não saberia mencionar um só livro que teve sobre mim uma semelhante impressão libertadora: seu efeito foi dionisíaco. Em casos em que tenho a necessidade de me restabelecer rapidamente de uma impressão mesquinha – quando, por exemplo, devido à minha crítica ao cristianismo tive de respirar por muito tempo o ar pestilento do apóstolo Paulo –, bastam-me, como remédio heroico, algumas páginas de Petrônio e de imediato volto a me sentir saudável."* (PODACH, op. cit., p. 236-37.)

Por que eu escrevo livros tão bons, "opção" ao parágrafo número 2.

"(...) Por sorte falta em mim qualquer aspecto singelo e eu procuro minha honra no ato de ser mestre em toda arte da sedução – minha última ambição seria convencer suábios e outras vacas a virem até mim; mas o que mais anima os leitores acostumados a mim em meus escritos é a minha coragem: eu me meto em perigos a cada esquina e não por acaso a gente é amigo da bela Ariadne, para a qual o labirinto se constitui em uma curiosidade de caráter próprio – e o contato com o senhor Minotauro está longe de ser evitado... Platão, para não falar de filósofos da "porta dos fundos" – de Kant – é um simples poltrão perto de mim... Meus escritos dão trabalho – isso não haverá de ser uma objeção a eles, espero?... Para se compreender a linguagem mais concisa jamais falada por um filósofo – e além disso a mais pobre em clichês, a mais viva, a mais artística – é preciso seguir o procedimento oposto ao que normalmente pede a literatura filosófica. Esta tem

93. Referência ao *Satiricon.*

de ser condensada, caso contrário se estraga o estômago – eu tenho de ser diluído, liquefeito, aguado: caso contrário se estraga o estômago... O ato de silenciar é tão instintivo em mim quanto nos senhores filósofos é instintivo o ato de fofocar. Eu sou breve: meus leitores, eles mesmos, devem se fazer extensos, se tornar volumosos a fim de trazer à tona e juntar tudo aquilo que foi pensado por mim, e pensado até o fundo. – Há, por outro lado, pressupostos para se "compreender" o que ali vai escrito, pressupostos à altura dos quais poucos e raros se encontram: é preciso saber colocar um problema em seu justo lugar, isto é, em relação com os problemas a ele atinentes – e para isso é preciso ter ao alcance da mão a topografia dos recantos e áreas complicadas de ciências inteiras, e sobretudo da própria filosofia... Por último, eu falo apenas do vivido, não meramente do "pensado"; a antítese pensar/viver não existe em mim. Minha "teoria" cresce a partir da minha práxis!... Escutemos o que Zaratustra dá a entender a respeito disso, o mesmo Zaratustra que foi probo o bastante para proferir a sentença 'bons homens jamais dizem a verdade':

– A ousadia forçada, a longa desconfiança, o não cruel, o cortar no vivo – quão raras são as vezes em que tudo isso se reúne! Mas é de uma semente dessas que a verdade é criada.

Tudo o que para os bons é chamado de mau tem de se reunir a fim de que a verdade possa nascer..." (PODACH, op. cit., p. 251-52.)

O caso Wagner. "Aposto" no interior do parágrafo número 3, depois de "eu chegarei à conclusão de que não vivi sequer uma hora boa com alemães".

"Quereis que eu revele aqui minhas experiências "alemãs"? – Förster: pernas compridas, olhos azuis, louro (cabeça de palha!), alemão de raça com veneno e bílis, sempre investindo contra tudo o que guarda espírito e futuro: judaísmo, vivissecção e assim por diante – mas por causa dele a minha irmã abandonou seus "próximos", precipitando-se em um mundo cheio de perigos e acasos maldosos. – Köselitz:[94] fraco à maneira saxã, por vezes pateta, impossível de ser arrancado a seu lugar, uma personificação da lei da gravidade – mas sua música é de primeiro nível e anda sobre passos leves... Overbeck: seco, azedo, submisso a sua mulher, estende a mim, assim como Mime,[95] a bebida envenenada da dúvida e da desconfiança contra mim mesmo – mas ele se mostra benévolo, preocupado comigo e diz que é meu 'amigo mais complacente'... Contemplai-os – eles são três tipos alemães! Canalhas!..." (PODACH, op. cit., p. 314.)

94. Peter Gast.

95. Personagem do *Anel dos nibelungos* de Wagner.

O caso Wagner. "Rascunho" de um parágrafo que recebe o número 5 e viria após o parágrafo 4, portanto.

> *"– Um último ponto de vista, o mais elevado talvez: eu justifico os alemães, apenas eu, sozinho. Nós estamos em oposição, nós somos intocáveis mutuamente – não há ponte, não há pergunta, não há olhar entre nós. Mas essa apenas é a condição para aquele grau mais extremo de autopreservação, de autoconsciência, de autossalvação, que em mim se fez homem: eu sou a solidão feita homem... O fato de nenhuma palavra jamais ter me alcançado obrigou-me a alcançar-me a mim mesmo... Eu não teria sido possível sem essa espécie-oposta de raça, sem os alemães, sem esses alemães, sem Bismarck, sem 1848, sem "guerras de libertação", sem Kant, até mesmo sem Lutero... Os grandes crimes culturais dos alemães justificam-se em uma economia mais alta da cultura... Eu não quero nada diferente, nem mesmo retroativamente – eu não poderia querer nada diferente...* Amor fati... *Até mesmo o cristianismo torna-se necessário: só a forma mais elevada, a mais perigosa e sedutora em seu não à vida, provoca a sua mais elevada afirmação – Eu... O que são, no fim das contas, esses dois milênios? Nosso experimento mais instrutivo, uma vivissecção na própria vida... Apenas dois milênios!..."* (PODACH, op. cit., p. 318-19.)

Ao final do livro, depois dos capítulos finais que acabaram eliminados, um deles transferido ao *Crepúsculo dos ídolos* ("O martelo fala" – *Der Hammer redet*) o outro jamais encontrado ("Declaração de guerra" – *Kriegserklärung*)[96], mas antes do poema "Glória e Eternidade", Podach ainda refere um último parágrafo, intitulado:

> *"Última ponderação*
> *Pudéssemos não aconselhar a guerra, tanto melhor. Eu saberia fazer um uso bem mais produtivo dos doze bilhões que a paz armada custa à Europa anualmente; existem outros meios de fazer honra à fisiologia que não os hospitais militares de campanha... Curto e grosso, e bom ainda por cima: depois de o velho Deus estar enfim abolido, estou pronto para governar o mundo..."* (PODACH, op. cit., p. 332.)

96. Em uma carta enviada ao amigo Strindberg, o grande dramaturgo sueco, pouco antes do Natal de 1888, Nietzsche anuncia que deu ordens aos príncipes europeus para se reunirem em Roma, a fim de planejar o fuzilamento do jovem imperador alemão; o dramaturgo tomou a epístola como sendo uma brincadeira do filósofo, prestes a adentrar a insânia. A irmã Elisabeth e a mãe admitiram ter eliminado trechos do *Ecce homo* em que o imperador alemão (Guilherme II,1859-1941, que chegara ao poder com menos de trinta anos, depois do governo de três meses de seu pai, Frederico III) era atacado ainda mais fortemente do que naqueles que restaram incólumes, alegando que eles continham crime de lesa-majestade.

Glossário alfabético geral

ACONTECIMENTOS DE 1848. As Revoluções de 1848 dão nome ao surto revolucionário que se estendeu em 1848 pela França, Itália, Alemanha, Áustria e Hungria, em geral com aspirações liberais e democráticas. Em grande parte, foram provocadas pela política de Frederico Guilherme IV, da Prússia.

ALCIÔNICO. Relativo a *alcíone* (uma ave fabulosa da antiguidade), com o significado de "sereno, bonançoso, agradável". O adjetivo inclusive é dicionarizado no Brasil.

ALEXANDRE, o Grande (356-323 a.C.). Rei da Macedônia de 336 a 323 e talvez o maior conquistador militar da história. Edificou um grande império que viria a ser a base da civilização helenística.

ALLA TEDESCA. Em italiano no original; "à maneira alemã".

ALTA ENGADINA. A região da Suíça em que fica Sils-Maria, localidade mencionada por Nietzsche várias vezes. A partir de 1881 – depois de abandonar a Universidade de Basileia, em 1879, e receber uma pensão anual –, o autor passaria seus verões nas montanhas de Sils-Maria e os invernos junto ao mar, na Riviera francesa ou italiana.

APOLÍNEO. Referente a Apolo, deus grego do Sol, da música, do intelecto e da profecia; a ele era consagrado o templo de Delfos, o mais importante da Grécia. Nietzsche sustenta que a tragédia grega teria surgido da fusão de dois componentes: o "apolíneo", que representava a medida e a ordem, e o "dionisíaco", símbolo da paixão vital e da intuição; Sócrates, ao impor o ideal "racionalista apolíneo", teria causado a morte da tragédia e a progressiva separação entre pensamento e vida.

AQUILA. Originalmente uma fortaleza, levantada por Conrado I, da Sicília, filho de Frederico II, durante o conflito ocorrido no século XIII entre o papado e a dinastia dos Hohenstaufen.

ARIADNE. Personagem da mitologia grega; forneceu a seu amado, Teseu, o fio que lhe permitiu sair do labirinto onde se encontrava o Minotauro. Abandonada na ilha de Naxos, Ariadne teve um fim trágico.

ARISTÓTELES (384-322 a. C.). Filósofo grego e principal discípulo de Platão; escreveu obras sobre lógica, fenômenos naturais, metafísica, ética, vida animal, política, retórica e poética. Nietzsche o critica por compreender "negativamente" a tragédia grega.

AUGSBURGER ZEITUNG. "Jornal de Augsburgo", de grande influência no século XIX; Heine foi um de seus colaboradores, inclusive.

BAADER, Franz Xaver von (1765-1841). Filósofo e teólogo alemão; opôs-se ao liberalismo com uma concepção orgânica da sociedade e do Estado. Baader defendeu o uso da razão para complementar a fé e a tradição da Igreja.

BACH, Johann Sebastian (1685-1750). Compositor alemão. Um dos maiores compositores de todos os tempos, Bach promoveu a síntese de formas, estilos e tradições nacionais das gerações anteriores.

BACON, Lord (1561-1626). Filósofo inglês; criou a "teoria dos ídolos" e propôs o método indutivo como nova maneira de estudar os fenômenos naturais. Para Bacon, o conhecimento científico tem por finalidade servir o homem e dar-lhe poder sobre a natureza; a ciência antiga, de origem aristotélica, que se assemelha a um puro passatempo mental, é criticada pelo autor – daí, o elogio nietzschiano. No pensamento baconiano, a ciência deve restabelecer o *imperium hominis* – o império do homem sobre as coisas.

BATALHA DE WÖRTH. Wörth é uma cidade próxima a Regensburg; lá ocorreu uma das Batalhas da Guerra Franco-Prussiana de 1870-1871, que acabou com a hegemonia francesa e resultou na fundação do império alemão.

BAUDELAIRE, Charles (1821-1867). Poeta francês; famoso por suas *Fleurs du mal*, influenciou toda a poesia simbolista mundial e lançou as bases da poesia moderna.

BAUER, Bruno (1809-1882). Filósofo, historiador da religião e publicista; jovem hegeliano; criticou a Bíblia e o conceito ortodoxo de Deus a partir do ponto de vista idealista; foi hegeliano de esquerda – e demitido da Universidade de Bonn por seu radicalismo –, depois passou a conservador, defendendo a reação prussiana.

BAYREUTHER BLÄTTER. Traduzindo diretamente, "Folhas de Bayreuth", revista fundada em 1878 pelos wagnerianos.

BERLIOZ, Hector (1803-1869). Compositor francês; revolucionou as técnicas orquestrais e criou a música de programa. Berlioz tardou a impor sua arte, e a pobreza o perseguiu até seus últimos dias; o ambiente de Paris lhe era em tudo adverso: a música sinfônica e instrumental via-se inteiramente desprezada, em benefício das óperas medíocres – daí, também, a afinidade manifestada por

Nietzsche. Para sobreviver, o compositor tornou-se crítico musical e colaborou em órgãos como o *Courrier de l'Europe* e o *Journal des Débats* – o único jornal que Nietzsche dizia ler.

BISMARCK, Otto von (1815-1898). Político alemão, cognominado "Chanceler de Ferro"; consolidou a unificação da Alemanha na segunda metade do século XIX e, como tal, era, para Nietzsche, o representante *par excellence* do "germânico", do "imperial", que causava tanto asco ao filósofo.

BOURGET, Paul (1852-1935). Escritor francês; conservador, representante da mentalidade dos círculos aristocráticos franceses e grande cultor do romance psicológico.

BRANDES, Georg (1842-1927). Crítico literário dinamarquês de ascendência judaica; adotou uma postura antirromântica e tornou-se líder do movimento naturalista na literatura escandinava; foi o primeiro a organizar um seminário sobre Nietzsche, quando o mundo ainda não o conhecia.

BRENDEL, Franz (1811-1868). Compositor e wagneriano da primeira geração.

BROCHARD, Victor (1848-1907). Filósofo francês.

BUDA (c. 563-483 a. C.). Siddharta Gautama, príncipe indiano; fundador do budismo, uma das principais religiões do mundo.

BÜLOW, Hans Guido von (1830-1894). Músico alemão, regente e pianista, especialista nas peças de Wagner. Era casado com Cosima antes de esta o abandonar para seguir Wagner. Achou a composição de Nietzsche referida no trecho em que é citado muito ruim.

BUND. "Aliança", em alemão; jornal suíço que publicou uma série de resenhas acerca de Nietzsche e sua obra.

BYRON, Lord (1788-1824). Poeta inglês; sua obra, de tom marcadamente subjetivo e autobiográfico, resumiu e influenciou o movimento romântico em todo o mundo. O *Manfredo*, poema dramático enigmático e demoníaco de 1817, é uma de suas principais obras.

CAGLIOSTRO. Referência ao conde Alessandro Cagliostro (1743-1795), alquimista e aventureiro italiano, famoso junto à alta sociedade parisiense, na corte de Luís XVI.

CANAILLE. Em francês no original; "canalha".

CARLYLE, Thomas (1795-1881). Historiador e ensaísta inglês; sua obra é caracterizada por uma concepção original da história como fruto da vontade divina e do heroísmo dos grandes homens. O aspecto carregadamente cristão do pensamento de Carlyle – o autor chegou a defender a recuperação dos valores espirituais diante do materialismo do século XIX – valeu-lhe a chicotada de Nietzsche.

CERÚLEA. Da cor do céu, cérula.

CESARE BORGIA (c. 1475-1507). Religioso e nobre italiano; político inescrupuloso, um dos homens mais admirados e temidos de seu tempo, modelo de ambição e inteligência. Irmão de Lucrécia Borgia. Seu temperamento combinava a ambição desmedida de poder e o gosto pelas artes, completando o retrato de um personagem odioso e temido em sua época, mas com inegáveis qualidades. Maquiavel viu nele o modelo para os demais governantes da época, conforme retratou em *O príncipe*.

CHINESICE. Tem o mesmo significado que *Chineserie* possui no original, em sua multiplicidade de significados no português: "chinesice" significa, também, "bugiganga, miudeza, bagatela" ou "artifício que revela grande paciência" ou ainda "coisa ou ação complicada e de utilidade incerta".

CHOPIN, Frédéric (1810-1849). Compositor polonês; notável pianista. Morou em Paris – a Paris tão louvada por Nietzsche – desde 1831, chegando a viver um amor conturbado com a escritora George Sand durante doze anos. A obra de Chopin suscitou inúmeros equívocos ao longo dos anos, devido à facilidade melódica de algumas de suas peças, que o tornaram famoso. Para "os do ramo", Chopin é autor de uma obra original, atemporal e universal, apesar – ou quem sabe por causa delas – das influências locais do folclore de sua terra, a Polônia, visível sobretudo nas mazurcas e polonaises que compôs. Após sua morte, Franz Liszt, seu amigo, assegurou que a posteridade teria um reconhecimento "menos frívolo" pela arte de Chopin do que os contemporâneos.

CIRCE. Personagem da mitologia grega; feiticeira, filha de Hélio e da ninfa Persis. Famosa pelo episódio em que reteve Ulisses em sua ilha durante um ano, transformando seus companheiros em porcos. Para Nietzsche, a moral é a Circe da humanidade, quer dizer, aprisiona alguns e transforma os outros em porcos.

COMME IL FAUT. Expressão francesa; "conforme deve ser".

CORNEILLE, Pierre (1606-1684). Dramaturgo francês; responsável por dar forma definitiva à tragédia clássica francesa.

DA VINCI, Leonardo (1452-1519). O "homem total" do renascimento. Pintor, escultor, inventor, arquiteto e cientista; sua obra constitui a síntese dos ideais estéticos que deram origem à renascença.

DANTE Alighieri (1265-1321). Poeta italiano; sua *Divina comédia* (1308-1321) é uma das obras fundamentais da história da literatura universal.

DARWINISMO. Teoria evolucionista proposta por Charles Darwin em meados do século XIX. Ainda marcado pelo pensamento de Lamarck, o darwinismo creditava ao ambiente a capacidade de fazer surgir nos indivíduos novos caracteres adaptativos, que se tornam hereditários. O aperfeiçoamento da teoria propiciou o surgimento da moderna teoria da evolução.

DE RIGUEUR. Em francês no original, um opositor "rigoroso", conforme o texto.

DÉCADENCE. "Decadência" em francês.

DÉCADENT. Em francês, no original. Para Nietzsche – provavelmente – a palavra francesa guardava mais fielmente o vigor de sua origem latina. As palavras alemãs "Verfall" ou "Nidergang" certamente não são tão precisas quanto a versão francesa, que inclusive é conhecida também no alemão; ademais, elas não se servem para conceituar uma pessoa conforme acontece com o binômio *décadence-décadent.*

DELACROIX, Eugène (1798-1863). Pintor francês; romântico, influenciou os grandes mestres do final do século XIX e vários artistas contemporâneos.

DÉLICATESSE. "Delicadeza" em francês.

DESCARTES, René (1596-1650). Filósofo francês; criador do sistema filosófico conhecido como cartesianismo.

DIONISÍACO. Referente a Dioniso e em oposição a apolíneo (de Apolo).

DIONISO. Divindade grega do vinho e da embriaguez; era, na origem, deus da vegetação, cultuado na Trácia e na Frígia. Segundo a tradição clássica, Dioniso era filho de Zeus e Sêmele, filha mortal do rei de Tebas. Tocada pelo ciúme, Hera – a esposa de Zeus – persuadiu Sêmele a pedir ao rei do Olimpo que se mostrasse em todo o esplendor de sua majestade; ao fazê-lo, Sêmele morreu fulminada pelos raios emitidos por Zeus, mas este salvou o filho que ela trazia no ventre e enxertou-o em sua própria coxa. Quando Dioniso nasceu, Zeus enviou-o a Nisa a fim de protegê-lo de Hera. Lá Dioniso cresceu e descobriu a videira e o fabrico do vinho; depois realizou numerosas viagens para expandir seu culto e ensinar aos homens a arte da vinicultura. Antes de subir ao Olimpo, desceu aos infernos para buscar a mãe e levou-a consigo.

DISHARMONIA PRAESTABILITA. Desarmonia preestabelecida.

DITIRAMBO. Do grego *dithýrambos*, pelo latim *dithyrambu.* Gênero poético no qual Nietzsche foi mestre. Nas origens do teatro grego, o ditirambo era um canto coral de caráter apaixonado (alegre ou sombrio), constituído de uma parte narrativa, recitada pelo cantor principal, ou corifeu, e de outra propriamente coral, executada por personagens vestidos de faunos e sátiros, considerados companheiros do deus Dioniso, em honra do qual se prestava essa homenagem ritualística.

DÜHRING, Karl Eugen (1833-1901). Filósofo e economista político alemão; egresso da esquerda hegeliana, discípulo de Feuerbach e positivista; tornou-se famoso pelo ataque que Engels moveu contra ele em *Anti-Dühring*.

EMERSON, Ralph Waldo (1803-1882). Escritor e filósofo americano; sua obra – sobretudo *Nature*, de 1836 – exortava seus contemporâneos a evitar a inércia e a procurar "uma poesia e uma filosofia intuitivas, e não meramente tradicionais". A obra-prima de Emerson são seus *Ensaios*, publicados entre 1841 e 1844.

ESPRIT. Palavra de múltiplos significados em francês; eles vão de "espírito" a "humor", passando por "inteligência"; virtude tida como tipicamente francesa e como tal usada por Nietzsche.

ET HOC GENUS OMNE. Em latim no original; "e toda a gente do tipo".

EUTERPE. Uma das nove musas, a deusa da música. É representada como uma jovem coroada de flores com uma flauta – é a ela que se atribui a invenção do instrumento – nas mãos.

ÉVANGILE DES HUMBLES. Em francês no original; "evangelho dos humildes".

EWALD, Heinrich (1803-1875). Teólogo de Göttingen e orientalista.

FAUTE DE MIEUX. Em francês no original; "por falta de coisa melhor".

FÊNIX. Ave fabulosa egípcia, ligada ao culto do deus Ra; semelhante à águia, com asas douradas e vermelhas, vivia mais de mil anos. Ao sentir a morte, a fênix se deixava consumir pelo Sol, para em seguida renascer das próprias cinzas.

FICHTE, Johann Gottlieb (1762-1814). Filósofo alemão; um dos representantes do idealismo derivado do pensamento de Imannuel Kant e como tal "surrado" por Nietzsche. Postulou a existência de uma ordem moral absoluta, fundamento de toda a realidade, que se identificaria com o "eu" espiritual.

FOLIE CIRCULAIRE. "Loucura circular" em francês.

FONTANA. "Fonte", "chafariz" em italiano.

FORCE MAJEURE. Em francês no original; "força maior".

FÖRSTER, Bernhard (1843-1889). Marido de Elisabeth, irmã de Nietzsche; antissemita e nacionalista exacerbado, mudou-se com a mulher ao Paraguai, onde tentou constituir uma colônia germânica. Acabou se suicidando após o fracasso da empreitada.

FRANCE, Anatole (1844-1924). Jacques Anatole François Thibault, escritor francês, notável por seu estilo fluente e sarcástico, na crítica aos costumes e instituições; foi Prêmio Nobel de Literatura em 1921, bem após os elogios nietzschianos.

FREDERICO GUILHERME IV (1795-1861). Rei da Prússia de 1840 a 1861; sua política conservadora, inspirada no direito divino, provocou a Revolução de 1848.

FREDERICO II (1194-1250). Nietzsche diz – e não apenas uma vez em sua obra – considerar-se próximo ao imperador da dinastia dos Hohenstaufen. Rei da Alemanha, Sicília e Jerusalém, elevado ao trono do Sacro Império Romano-Germânico em 1220, Frederico II nunca teve grande interesse pelo império germânico – e as semelhanças com Nietzsche continuam – e preferiu o reino da Sicília, que transformou no primeiro estado moderno da história. Poliglota, matemático e escritor, reuniu sábios judeus, árabes e cristãos e fez da Corte um ponto de encontro das diversas correntes culturais da época. Foi chamado de anticristo pelos críticos, por adotar alguns costumes muçulmanos. Para cumprir promessa feita ao papa Gregório IX, partiu em cruzada à Terra Santa no ano de 1228, mas, em vez de lutar, negociou com o sultão al-Kamil e conquistou pacificamente Nazaré, Belém e Jerusalém. A luta pelo poder levou-o a se desentender com o papa, que convocou um concílio ecumênico. Frederico impediu a reunião ao prender cardeais e bispos que dela participariam e promoveu a eleição do papa Inocêncio IV, seu amigo. Mas as divergências logo os puseram em confronto. O imperador apelou para a mediação de Luís IX, rei da França, mas foi deposto em 1245 e se retirou para o sul da Itália, onde permaneceu até morrer em Apulia.

FREDERICO III, da Prússia (1831-1888). Filho de Guilherme I, destacou-se nas guerras contra a Áustria em 1866 e contra a França em 1870, quando comandou os exércitos prussianos; chegou ao trono em 1888 e ocupou-o por apenas três meses. Seu filho Guilherme I o substitui e é invocado – e criticado – por Nietzsche várias vezes como "o jovem imperador alemão".

FRITZSCH, E. W. (Ernst Wilhelm, 1840-1902). Editor estabelecido em Leipzig.

GALIANI, Abade (1728-1787). Referência a Ferdinando Galiani, economista italiano. Pioneiro nos estudos sobre a teoria do valor, Galiani combateu as teorias fisiocratas. Galiani foi – daí a importância que Nietzsche lhe concede – o precursor da doutrina de valores subjetiva; sua obra mais conhecida é *As cartas do abade Galiani*. Sua obra *Della moneta* foi utilizada por Marx na escritura d'*O capital*.

GAST, Peter (1854-1918). Pseudônimo de Heinrich Köselitz, compositor, amigo e discípulo de Nietzsche.

GENTILHOMME. Em francês no original; "fidalgo".

GOETHE, Johann Wolfgang von (1749-1832). O maior clássico alemão de todos os tempos e um dos escritores mais importantes da literatura universal. Nietzsche o humilha diante de Byron na comparação entre *Manfredo* e *Fausto*.

GRAND SEIGNEUR. "Grão-mestre" em francês.

GRENZBOTEN. "Mensageiro da fronteira"; publicação semanal sobre política, literatura e arte, fundada por I. Kuranda em Bruxelas no ano de 1841, a fim de cultivar as relações diplomáticas entre o liberalismo alemão e flamengo. Se Nietzsche diz que a publicação é de Leipzig é porque a partir de 1842 o jornal foi publicado na cidade alemã.

GYP (1850-1932). Pseudônimo da escritora Gabrielle, Condessa Martel de Janville; em romances vivazes e cheios de humor, Gyp criticou – com alguns matizes socialistas – a aristocracia francesa.

HÄNDEL, Georg Friedrich (1685-1759). Compositor alemão, naturalizado inglês. Na Inglaterra, Händel foi "único" em seu tempo, cativou o público e obteve o reconhecimento da aristocracia do país.

HEGEL, Georg W. Friedrich (1770-1831). Filósofo alemão; último dos grandes criadores de sistemas filosóficos dos tempos modernos, lançou as bases das principais tendências filosóficas posteriores. Na condição de maior expoente do idealismo alemão foi vítima constante das chicotadas de Nietzsche. Para Hegel, o fundamento supremo da realidade não podia ser o "absoluto" de Schelling nem o "eu" de Fichte, mas sim a "ideia", que se desenvolve numa linha de estrita necessidade. A dinâmica dessa necessidade não teria sua lógica determinada pelos princípios de identidade e contradição, mas sim pela "dialética", realizada em três fases: tese, antítese e síntese. Assim, toda realidade primeiro "se apresenta", depois se nega a si própria e num terceiro momento supera e elimina essa contradição.

HERÁCLITO (c. 540-c.480 a. C.). Filósofo grego e um dos mais notáveis entre os pensadores pré-socráticos; primeiro representante da dialética. Nietzsche elogia Heráclito por ser o filósofo do vir a ser, do devir (em oposição a Parmênides, filósofo do ser). Para Heráclito, tudo está em contínuo movimento, tudo flui; ninguém toma banho duas vezes no mesmo rio, porque tanto a água quanto o homem mudam incessantemente. Além do mais, Heráclito ridicularizava os cultos e ritos de seu povo, e, por ter um estilo de difícil compreensão, foi cognominado "o obscuro", o que também o aproxima da iconoclastia – e da acusada "obscuridade" – nietzschiana.

HERDER, Johann Gottfried von (1744-1803). Filósofo e escritor alemão; um dos teóricos do *Sturm und Drang*, movimento precursor do romantismo na Alemanha.

HILLEBRAND, Karl (1829-1884). Crítico e historiador alemão; grande ensaísta, foi também secretário de Heine.

HOFFMANN, Franz (1804-1881). Filósofo alemão de pouca expressão.

HOHENSTAUFEN. Dinastia alemã que ocupou o trono do Sacro Império Romano-Germânico de 1138 a 1254; também conhecida pelo nome de Staufer.

HOMINES OPTIMI. Em latim, no original; traduzindo *ipsis verbis*: "homens ótimos".

HORÁCIO (65-8 a. C.). Poeta latino; um dos grandes nomes da sátira – e da lírica – universal. A obra de Horácio compreende quatro livros de odes, um de epodos, dois de sátiras, dois de epístolas, um hino e uma carta. Seu livro mais conhecido, as *Sátiras*, é de 35 a. C., e contém dez poemas nos quais o autor discute questões éticas. Na carta dedicada à família dos Pisões, conhecida pelo título de *Ars poetica* (Arte poética), Horácio resume as normas do classicismo, a pretexto de dar conselhos aos jovens que desejam ser poetas. Na mesma obra, o autor aborda a unidade da obra de arte, o estilo, o vocabulário e o metro; fala da originalidade em oposição à imitação, da relação entre talento e trabalho, da finalidade da arte e do combate à mediocridade. A estética de Horácio se define pela precisão dos metros, pela sobriedade de expressão e pela serenidade diante da vida.

IBSEN, Henrik (1828-1906). Dramaturgo norueguês, um dos pais do drama realista moderno, de feitio burguês e fundamento psicológico. A cutucada de Nietzsche – que era amigo de Strindberg – é violenta...

IMPERIUM ROMANUM. "Império romano" em latim.

IN HISTORICIS. Em latim no original; "em questões históricas".

IN INFINITUM. "No infinito", "até o infinito" em latim.

IN PHYSIOLOGICIS. Grego, no original; "em questões de fisiologia".

JOURNAL DES DÉBATS. Célebre jornal francês, primeiro veículo a publicar o folhetim. Jean Bourdeau, redator do *Journal des Débats* à época de Nietzsche, seria o tradutor da *Transvaloração de todos os valores* para o francês, no projeto do filósofo, que previa a tradução simultânea da obra para as principais línguas europeias.

JÚLIO CÉSAR (100-44 a. C.). Militar e estadista romano; personalidade célebre do império. Seu nome, símbolo de poder e prestígio, tornou-se título honorífico dos sucessores. Júlio César – a quem Nietzsche se compara – é o modelo do conquistador para o filósofo, junto com Alexandre, o macedônio.

KANT, Immanuel (1724-1804). Filósofo alemão; seu idealismo transcendental, ou crítico, é um marco importante da filosofia ocidental. A partir da filosofia de Kant, desenvolveu-se o idealismo metafísico alemão – daí, a pimenta de Nietzsche – de Fichte (e a identificação do espírito universal com o "eu") e de Friedrich Schelling (no qual o idealismo adotou uma forma próxima do panteísmo religioso).

KÖNIGSBERG. Antiga capital do império prussiano; hoje Kaliningrado, cidade e porto da Rússia, no enclave entre Polônia e Lituânia, às margens do mar Báltico.

KÖSELITZ. Ver GAST, Peter.

KREUZZEITUNG. "Jornal da Cruz"; referência ao Neue Preussische Zeitung ("Novo Jornal Prussiano"), veículo situado à extrema direita dos conservadores prussianos.

LA ROCHEFOUCAULD, François de (1613-1680). Escritor francês; conhecido por suas máximas, típicas do classicismo francês e marcadas sobretudo pelo desencanto com o gênero humano.

LARGEUR DU COEUR. Em francês no original: "largueza de coração".

LEIBNIZ, Gottfried Wilhelm (1646-1716). Filósofo e matemático alemão; descobridor dos princípios do cálculo diferencial, ao mesmo tempo que Newton. Leibniz defendeu uma linguagem científica universal que, complementada por um sistema dedutivo simbólico, pudesse substituir a argumentação discursiva pelo cálculo em todos os campos do saber. Seu "racionalismo" é profundamente idealista.

LEMAÎTRE, Jules (1853-1914). Escritor e crítico literário francês; destacado pelo caráter impressionista de seus ensaios críticos, livres de dogmatismos.

LIBERUM VETO. "A liberdade de dizer: eu proíbo". No velho congresso imperial polonês (1652-1791), o direito de cada membro de revogar decisões através de seu veto pessoal.

LIBRES PENSEURS. Em francês no original; "livres-pensadores".

LICHTENBERG, Georg Christoph (1742-1799). Filósofo, escritor e matemático alemão; um dos maiores aforistas de todos os tempos.

LISEZ. Em francês no original; "leia-se".

LISZT, Franz (1811-1886). Compositor húngaro, de ascendência alemã; gênio no piano, foi aclamado como o maior pianista do século XIX, mas também foi revolucionário na arte de compor. Suas *Rapsódias húngaras* – dezenove, ao todo – estão entre suas obras mais conhecidas.

LOGGIA. Em italiano no original; usado no sentido de "quarto".

LORRAIN, Claude (1600-1682). Pintor francês; mestre da paisagem clássica, idealizou a natureza com acentuado equilíbrio e discrição.

LOTI, Pierre (1850-1923). Louis-Marie-Julien Viaud, escritor francês; as principais características de seus romances são a melancolia e a busca espacial de cenários exóticos.

LUTERO, Martinho (1483-1546). Teólogo alemão, líder da Reforma, que levou à fundação do protestantismo no século XVI. Nietzsche o culpa de ter salvado o "cristianismo" da morte eminente, e junto com ele o catolicismo, inclusive.

MAUPASSANT, Guy de (1850-1893). Escritor francês; um dos maiores contistas da língua francesa.

MEDIUM. "Meio" em latim.

MEILHAC, Henri (1831-1897). Escritor francês; autor de romances, comédias e libretos para óperas de compositores famosos, como Offenbach e Bizet; atuou muito tempo em colaboração com Ludovic Halévy.

MÊNADE. Ou bacante, sacerdotisa de Baco. Por extensão, mulher devassa, dissoluta, libertina.

MÉRIMÉE, Prospèr (1803-1870). Escritor francês; autor de algumas das obras mais significativas do romantismo de seu país. Sua novela *Carmen* inspirou a ópera homônima de Georges Bizet, que Nietzsche chegou a dizer – por birra segundo alguns – que suplantou qualquer dos trabalhos de Wagner.

METZ. Cidade francesa, capital do departamento de Moselle, região de Lorena, na confluência dos rios Moselle e Seille. Sede de importante batalha na guerra Franco-Prussiana.

MINOTAURO. Figura mitológica grega; ser monstruoso com corpo de homem e cabeça de touro. Foi concebido por Pasífae, mulher do rei Minos de Creta; encerrado num labirinto, lá viveu até ser morto por Teseu.

MISE EN SCÈNE. "Encenação" em francês.

MOLIÈRE (1622-1673). Jean-Baptiste Poquelin, dramaturgo francês e um dos grandes recriadores da comédia moderna. A obra de Molière, de caráter inimitável, mostra aguda percepção do absurdo da vida cotidiana.

MONTAIGNE, Michel de (1533-1592). Pensador francês e "criador" de uma nova forma literária que exerceu profunda influência sobre o pensamento moral europeu dos séculos XVII e XVIII: o ensaio.

NAPOLEÃO Bonaparte (1769-1821). Imperador da França de 1804 a 1814; gênio militar e político, figura influente na Europa nos vinte anos que se seguiram à Revolução Francesa. Assim como Heine, Nietzsche o admirava.

NAUMBURG. A cidade em que viviam a mãe e a irmã, na Turíngia; região produtora de vinhos, conforme Nietzsche chega a referir, de trivela e com ironia.

NÉVROSE NATIONALE. "Neurose nacional" em francês.

NIAISERIE. Em francês no original; "simplicidade", "tolice", "ingenuidade".

NOBLESSE. "Nobreza" em francês.

NON LEGOR, NON LEGAR. Em latim, no original. "Eu não li, eu não quero ser lido."

NON PLUS ULTRA. Expressão latina que designa um limite insuperável.

NOSCE TE IPSUM. "Conhece-te a ti mesmo", o lema central da filosofia de Sócrates (c. 470-c. 399 a. C.). Conforme as palavras de Cícero, "Sócrates fez a filosofia descer dos céus à terra". Antes dele, os filósofos se limitavam a buscar obsessivamente uma explicação para o mundo natural, a *physis*; para Sócrates, a especulação filosófica devia se voltar para outro assunto, bem mais urgente: o homem e tudo o que é humano, por exemplo, a ética e a política. Sócrates dizia que a filosofia não era possível enquanto o indivíduo não se voltasse para si próprio e reconhecesse suas limitações. Daí, o "Conhece-te a ti mesmo".

OPIATO. Conceito da farmácia, hoje desusado. Eletuário (preparado farmacêutico) em que foi acrescentado ópio.

OVERBECK, Franz Camille (1837-1905). Historiador alemão nascido na Rússia, amigo de Nietzsche; agnóstico radical, considerava a cristandade oposta à civilização.

PALAZZO DEL QUIRINALE. A residência oficial do rei e, portanto, livre dos maus odores dos quais – é o que Nietzsche insinua – Roma estava cheia.

PAR EXCELLENCE. Expressão francesa repetida por Nietzsche inúmeras vezes. "Por excelência", "no grau mais alto".

PARSIFAL. Ópera em três atos e cinco quadros; a última obra de Richard Wagner. Iniciada em 1877, foi apresentada em Bayreuth em 1882. O tema, a busca do Santo Graal, é baseado no épico *Parzival* (século XIII), do autor alemão Wolfram von Eschenbach, que – por sua vez – foi influenciado pelo *Perceval* (século XII), do escritor francês Chrétien de Troyes.

PASCAL, Blaise (1623-1662). Filósofo, físico, matemático e escritor francês; sua doutrina filosófica procura contrapor razão e emoção como os dois elementos básicos do conhecimento humano.

PÁTHOS. Em grego, no original; o patético artístico, de caráter nobre.

PETITS FAITS. Em francês no original; "pequenos fatos".

PETRÔNIO (morto em 66 d. C.). Escritor latino; célebre como autor do *Satiricon*, retrato sarcástico da sociedade romana do século I. Recebe um elogio sonoro de Nietzsche, que acabou não aparecendo na versão final do *Ecce homo*.

PIAZZA. Em italiano no original; "praça".

PIEMONTE. Região do noroeste da Itália, cercada pelos Alpes e Apeninos da Ligúria. Turim é a principal cidade da região, que se caracteriza pela fertilidade e pela produção de queijos, frutos e vinhos, matéria que adquire importância por dizer respeito à "alimentação", tema caro a Nietzsche. Foi em Turim que Nietzsche sofreu o colapso mental de 3 de janeiro de 1889.

PLATÃO (c. 428-c. 348 a. C.). Filósofo grego; um dos pensadores mais influentes de todos os tempos, estabeleceu – junto com Sócrates e Aristóteles – as bases da filosofia ocidental. Nietzsche o critica de leve – e com violência chistosa em um dos trechos do "Adendo" –, sinalizando para a fácil absorção do pensamento platônico por parte do cristianismo e o fundo metafísico e idealista de sua filosofia.

PÓ. O rio que atravessa Turim; nasce no monte Viso e desemboca num grande delta no mar Adriático.

PUR SANG. Francês, no original; "puro-sangue".

RACINE, Jean (1639-1699). Dramaturgo francês; consagrado como a expressão genuína da tragédia clássica na França do século XVII.

RANCUNE. Em francês no original; "rancor".

RANKE, Leopold von (1795-1886). Historiador alemão, nascido na Turíngia, em uma família de pastores protestantes – assim como Nietzsche. Teve influência decisiva sobre a moderna historiografia ocidental ao aliar a visão universalista da história, própria do século XIX, à concepção romântica. Professor titular da Universidade de Berlim a partir de 1834, introduziu um novo método de ensino, o sistema de "seminários", posteriormente adotado na Alemanha – e na Europa – inteira.

RÉE, Paul (1849-1901). Filósofo e médico, amigo de Nietzsche. Foi ele quem apresentou Lou Salomé a Nietzsche, que imediatamente se apaixonou pela moça, vivendo com ela e com Rée um "*ménage à trois* platônico", conforme a expressão de R. J. Hollingdale, tradutor de Nietzsche.

RÉGIME. Em francês no original; "regime".

RIDENDO DICERE SEVERUM / VERUM DICERE. Em latim, no original; "dizer o que é sério rindo" (mote de *O caso Wagner*) / "dizer a verdade".

RITSCHL, Friedrich Wilhelm (1806-1876). Filólogo clássico; seus trabalhos foram fundamentais no estudo do latim antigo. Foi professor em Halle, Bonn e Leipzig.

ROSSINI, Gioacchino (1792-1868). Compositor italiano; tornou-se famoso por suas óperas cômicas, que procuraram transformar as estruturas tradicionais do gênero. Sua ópera mais conhecida é *O barbeiro de Sevilha* (1816); mas é também o compositor de *Tancredo* (1813, quando tinha apenas 21 anos), de *Armida* (1817) e de *Guilherme Tell* (1829), sua ópera derradeira, mais complexa e "séria". Depois dessa obra, Rossini nunca mais voltou a escrever óperas, limitando-se a peças religiosas e concertos.

SAINT MORITZ. Lugar montanhoso na Suíça, hoje em dia um paraíso da *richesse.*

SALOMÉ, Lou (1861-1937). Escritora e pensadora, amiga de Nietzsche e, mais tarde, amiga e discípula de Freud. Nietzsche chegou a pedi-la em casamento, querendo fazer dela sua discípula e companheira e rivalizando com Paul Rée no amor a ela. A moça só queria a amizade dos dois, no entanto, num jogo "amoroso" para lá de estranho. Depois do episódio – e também devido às intrigas da irmã –, Nietzsche esteve à beira do suicídio.

SATISFAIT. "Satisfeito" em francês.

SCHELLING, Friedrich W. J. von (1775-1854). Filósofo alemão; destacou-se como um dos principais pensadores do idealismo na Alemanha, e como tal recebe as lambadas nietzschianas em cheio.

SCHILLER, Friedrich von (1759-1805). Poeta e dramaturgo alemão; renovou a literatura dramática de seu país, com uma obra marcada pelo amor à liberdade e fraternidade humanas.

SCHLEIERMACHER, Friedrich (1768-1834). Filósofo idealista alemão, com o agravante – aos olhos de Nietzsche – de ser teólogo; influenciou profundamente o pensamento protestante do século XIX. Schleiermacher procurou harmonizar o pensamento religioso com o pensamento filosófico. A consciência que o homem tem de depender de algo superior, sobrenatural, é – para Schleiermacher – a base de toda a religião, cujo objetivo deve ser o de ligar as coisas finitas ao infinito; Cristo, como redentor, dá ao cristianismo seu elemento especial, pois em sua pessoa o infinito se reconciliou com o finito, e a vida se fez imortal.

SCHOPENHAUER, Arthur (1788-1860). Filósofo alemão; irracionalista, formulou a doutrina do mundo como vontade e representação com base em ideias budistas. Ainda que tenha sido uma das influências mais caras a Nietzsche, este discorda dele em vários pontos, entre eles o da interpretação "negativa" da tragédia grega, mas também em virtude do "pessimismo" básico de sua filosofia e da concepção idealista do mundo que ela apresenta.

SCHUMANN, Robert (1810-1856). Compositor romântico alemão, famoso sobretudo por suas canções e peças pianísticas. Talento literário – muito além das composições sobre poemas de Heine, Eichendorff e outros autores –, Schumann também escreveu peças teatrais, poemas e fez traduções de Horácio. Nietzsche o admirava muito na juventude, ainda que no *Ecce homo* se mostre profundamente crítico em relação a ele.

SCHÜTZ, Heinrich (1585-1672). Compositor alemão; precursor de Bach, aliou a técnica italiana à devoção luterana. Conforme Nietzsche, Schütz faz parte dos "alemães de raça forte" – mas extintos – junto com Bach e Händel.

SIEGFRIED. Herói da mitologia germânica e escandinava; personagem principal da epopeia medieval *Canção dos nibelungos*, a genuína epopeia do povo alemão. É também personagem da tetralogia de Wagner, *O anel dos nibelungos.* A primeira das óperas da tetralogia – *O crepúsculo dos deuses* – narra musicalmente a morte do herói.

SILVAPLANA. Estação termal em Alta Enganina, junto ao lago de Silvaplana, na Suíça.

SÓCRATES (c. 470-c. 399 a. C.). Filósofo grego; o primeiro a estabelecer, na antiguidade clássica, os fundamentos filosóficos da cultura ocidental. Para Nietzsche, ao impor o ideal "racionalista apolíneo", Sócrates teria causado a morte da tragédia e a progressiva separação entre pensamento e vida.

SOCRATISMO. Relativo a Sócrates.

SPENCER, Herbert (1820-1903). Filósofo britânico; sua obra baseia-se no conceito da evolução natural como princípio subjacente a todas as ordens da realidade. Leva uma espicaçada de Nietzsche por considerar a moralidade como a aspiração da consciência humana a uma harmonização cada vez mais perfeita entre homem e sociedade.

SPITTELER, Karl (1845-1924). Escritor suíço; Prêmio Nobel de Literatura em 1919.

STEIN, Heinrich von (1857-1887). Foi preceptor de Siegfried, filho de Wagner. A última publicação escrita de Wagner foi uma introdução ao livro *Heróis e mundo,* de Stein, publicado em 1883.

STENDHAL (1783-1842). Marie-Henri Beyle, escritor francês; um dos maiores escritores da primeira metade do século XIX, famoso pela complexidade psicológica de seus personagens. Talvez – universalmente falando – o maior contemplado com os elogios de Nietzsche.

STERNE, Laurence (1713-1768). Escritor irlandês; seu estilo irônico e inventivo, marcado por aforismos e diálogos filosóficos, exerceu grande influência sobre a obra de Machado de Assis.

STOA. Escola filosófica fundada por Zenão de Cício, por volta do ano 308 a. C., na *Stoà poikilé,* espécie de salão adornado com quadros de várias cores, onde Zenão se reunia com seus discípulos. Devido ao nome do salão, a escola recebeu o nome de estoicismo, pelo qual é conhecida até hoje.

STRAUSS, David Friedrich (1808-1874). Filósofo e teólogo alemão; sua obra abriu um novo campo de interpretação bíblica, ao explicar mitologicamente os relatos sobre a vida de Jesus. Jovem hegeliano, suábio, Strauss é uma das vítimas preferidas de Nietzsche.

SUÁBIO. Indivíduo da Suábia, região do sudoeste da Alemanha. No século XIX, a Suábia tinha uma prestigiada "escola poética" – muitas vezes ironizada por Heine. Os suábios são tidos como ricos, trabalhadores, religiosos e pães-duros.

SUI GENERIS. "De seu próprio gênero" e, portanto, que não apresenta analogia com nenhuma outra pessoa ou coisa; peculiar.

SUMMA SUMMARUM. Ou seja, como "totalidade".

TABLE D'HÔTE. "Mesa de pensão" em francês.

TAINE, Hippolyte (1828-1893). Filósofo e historiador francês; um dos principais representantes do positivismo, tentou aplicar métodos científicos ao estudo das ciências humanas.

TEMPO FEROCE. Em italiano no original; Nietzsche quer dizer algo como "velocidade alucinante".

TOUTES MES AUDACES ET FINESSES. Em francês no original. "Todas as minhas audácias e finezas."

TREITSCHKE, Heinrich von (1834-1893). Historiador alemão, conservador ao extremo; favorável à unificação alemã sob o controle da Prússia.

TRIBSCHEN. Lugarejo na Suíça, próximo a Lucerna. A primeira vez em que Nietzsche visitou Richard e Cosima Wagner, que por lá moravam, foi em maio de 1869, ano em que foi chamado para a cátedra na Universidade da Basileia. Depois disso, as visitas prosseguiram e foram constantes; em três anos Nietzsche visitou os Wagner por vinte e três vezes. *O nascimento da tragédia* foi publicado em 1872, três anos depois do primeiro encontro com o compositor e sua esposa.

TRISTRAM SHANDY. Personagem de *The Life and Opinions of Tristram Shandy* (1759-1767, *A vida e as opiniões de Tristram Shandy*), obra em nove volumes de Laurence Sterne, iniciada no princípio da década de 1740.

VANITAS. "Vaidade".

VEDA. Conjunto de textos sagrados do hinduísmo bramânico que transmite hinos, fórmulas mágicas e exposições doutrinais; foram escritos em sânscrito a partir do segundo milênio antes da era cristã.

VIRTÙ. Em francês no original; "virtude".

VISCHER, Friedrich Theodor (1807-1887). Esteticista suábio, professor de literatura alemã e de estética; amigo do poeta Mörike e de David Strauss, uma das vítimas de Nietzsche. Sua estética – bastante respeitada no século XIX – é construída sobre a estrutura da filosofia de Hegel.

VITTORE EMANUELE. Ou Vítor Emanuel II (1820-1878), rei da Itália de 1849 a 1878; primeiro rei de seu país, desempenhou um papel decisivo no processo de unificação da Itália no fim do século XIX.

VOLTAIRE (1694-1778). Escritor francês, que merece o elogio de Nietzsche. Voltaire foi uma das figuras mais influentes do pensamento europeu no século XVIII, notável por seu combate ao clericalismo e à intolerância.

WAGNER, Richard (1813-1883). Compositor alemão. *Tristão e Isolda* – a ópera reverenciada por Nietzsche, composta de 1857 a 1859 – leva às últimas consequências o cromatismo romântico e chega a questionar o próprio sistema tonal – coisa que também já havia sido sinalizada por Liszt, seja dito –, predominante na música do Ocidente, e abre caminho às novas teorias musicais surgidas no século XX. A influência revolucionária da obra de Wagner deve-se tanto ao sucesso de suas criações quanto à violenta oposição que despertaram. Entre as primeiras obras de Wagner – aquelas que Nietzsche ainda considera "demasiado alemãs" – estão *Rienzi* (1840), uma ópera ao estilo de Meyerbeer, menosprezada pelos críticos e, mais tarde, pelo próprio autor; *O navio fantasma* (1841), influenciada pelo compositor Carl Maria von Weber, mas já apresentando o estilo pessoal de Wagner; *Tannhäuser* (1843), obra-prima de forte dramaticidade; e *Lohengrin* (1848), o primeiro drama musical, que concretizou o rompimento com a forma convencional da ópera. A tetralogia *O anel dos nibelungos* foi composta de 1856 a 1874. O "recreio" após o *Tristão* – Os mestres cantores de Nuremberg – foi composto em 1861.

WAGNER, Cosima (1837-1930). Diretora de arte francesa, filha de Franz Liszt e segunda mulher de Richard Wagner. A ironia da história toda é que Cosima era casada com o wagneriano Von Bülow ao se apaixonar por Wagner. A mulher organizou os festivais de música de Bayreuth depois da morte do marido, em 1883, até 1908; à época da escritura do *Ecce homo* ela já era viúva.

WIDMANN, Dr. V. (1842-1911). Poeta suíço de marca menor.

Cronologia biobibliográfica

Marcelo Backes

1844 Em 15 de outubro, nasce Friedrich Wilhelm Nietzsche, em Röcken, na Saxônia, mais velho entre os três filhos de uma família de pastores protestantes. Seu pai e seus dois avôs eram pastores. Aos 10 anos já fazia suas primeiras poesias e composições musicais e aos 14 tornou-se professor numa Escola Rural em Pforta.

1846 Em 10 de julho, nasce sua irmã Elisabeth.

1848 Em 27 de fevereiro, nasce seu irmão Ludwig Joseph.

1849 Morre o pai de Nietzsche, Karl Ludwig, em 30 de julho, com apenas 35 anos de idade.

1850 Morre Ludwig Joseph, seu irmão. A família se muda a Naumburg. Nietzsche passa a viver cercado apenas de mulheres. Além da mãe e da irmã, é cercado pela avó e por duas tias solteironas.

1858 De outubro de 1858 a setembro de 1964 estuda Teologia e Filologia Clássica na Universidade de Bonn. Em 1858 começa a escrever seu diário, esboçando, já na época, uma autobiografia e sinalizando para o *Ecce homo*, escrito apenas trinta anos depois. "Da minha vida" é o título da obra de um autor que, em tenra idade, já se sabia destinado a grandes tarefas.

1865 Prossegue os estudos em Leipzig. Entra em contato com a obra de Schopenhauer.

1868 Primeiro encontro, em 8 de novembro, com Richard Wagner, cuja música o deixa fascinado.

1869 Em fevereiro, com apenas 24 anos – e isso apenas confirma um gênio que se manifestou sempre precoce –, Nietzsche é chamado para a cadeira de Língua e Literatura Grega na Universidade de Basileia, na Suíça, ocupando-se também da disciplina de Filologia Clássica. O grau de Doutor – indispensável nas universidades alemãs – seria concedido a Nietzsche apenas alguns meses depois, pela Universidade de Leipzig. Sem qualquer prova e com um trabalho sobre "Homero e a filologia clássica", Nietzsche assumiu o título e mudou-se definitivamente para Basileia. Em 17 de maio, pouco antes, visita Wagner em Tribschen, junto a Lucerna.

1870 Com 26 anos, Nietzsche desenvolve os aspectos teóricos de uma nova métrica na poesia, para ele, "o melhor achado filológico que tinha feito até então". Em agosto participa da Guerra Franco-Alemã na condição de enfermeiro voluntário; adoece gravemente. Em outubro volta a Basileia e começa a amizade com o teólogo Franz Overbeck.

1872 Escreve sua primeira grande obra, *O nascimento da tragédia*, sobre a qual Wagner disse: "jamais li obra tão bela quanto esta". O ensaio viria a se tornar um clássico na história da estética. Nele, Nietzsche sustenta que a tragédia grega surgiu da fusão de dois componentes: o apolíneo, que representava a medida e a ordem; e o dionisíaco, símbolo da paixão vital e da intuição. Segundo a tese de Nietzsche, Sócrates teria causado a morte da tragédia e a progressiva separação entre pensamento e vida ao impor o ideal racionalista apolíneo. As dez últimas seções da obra constituem uma rapsódia sobre o renascimento da tragédia a partir do espírito da música de Wagner. Daí que, elogiando Nietzsche, Wagner estava, na verdade, elogiando a si mesmo.

1873 Ano da primeira e da segunda *Considerações extemporâneas*. Na primeira, ocupa-se do escritor e teólogo David Straus (1808-1874), na segunda das vantagens e desvantagens da História para a vida humana.

1874 Escreve a terceira *Consideração extemporânea*, dedicada ao estudo de Schopenhauer.

1875-76 Escreve a quarta *Consideração extemporânea*, voltando a tratar diretamente de Wagner. Em outubro de 1875 conhece o músico Peter Gast (Heinrich Köselitz), em setembro de 1876 começa a amizade com o psicólogo Paul Reé. Adoece mais gravemente e em outubro do mesmo ano recebe férias da Universidade de Basileia para cuidar de sua saúde. Passa o inverno em Sorrento com Paul Rée e Malwida von Meysenburg. Em novembro, em Sorrento, acontece o último encontro entre Nietzsche e Wagner e a amizade é rompida, depois de uma série de desentendimentos e alguns ataques mútuos via imprensa.

1876-78 Trabalha em *Humano, demasiado Humano – Um livro para espíritos livres*, depois de entrar em contato com a obra de Voltaire. As dores que Nietzsche já sentia há algum tempo progridem nessa época, e o filósofo escreve numa carta a uma amiga: "De dor e cansaço estou quase morto". Daí para diante a enxaqueca e o tormento nos olhos apenas fariam progredir.

1879 Adoece ainda mais gravemente e é obrigado a abandonar a Universidade de Basileia.

1880 Publica *O peregrino e sua sombra. Humano demasiado humano*, segunda parte. Entre março e junho passa a primeira temporada em Veneza. Em novembro, vivencia seu primeiro inverno em Gênova.

1880-81 Escreve *Aurora.* Em 1881 passa o primeiro verão em Sils-Maria, em 27 de novembro ouve pela primeira vez, em Gênova, a *Carmen*, de Bizet.

1882 Publica *A gaia ciência.* Em março viaja pela Sicília, em abril conhece Lou Salomé e, junto com Paul Reé, mantém uma amizade a três, perturbada por constantes declarações de amor da parte dos dois homens a Lou Salomé. Os três viajaram e moraram juntos em várias cidades.

1883 Em fevereiro, em Rapallo, começa a escrever *Assim falou Zaratustra*, cujas primeira e segunda partes são publicadas ainda no mesmo ano. A partir de novembro passa o primeiro verão em Nice.

1884 Terceira parte do *Zaratustra*, sua obra-prima, é escrita em Nice. Entre novembro do mesmo ano e fevereiro de 1885, escreve a quarta e última parte, dividido entre Mentone e Nice. Sob a máscara do lendário sábio persa, Nietzsche anuncia sua filosofia do eterno retorno e do super-homem, disposta a derrotar a moral cristã e o ascetismo servil.

1885 Lê e estuda as *Confissões* de Santo Agostinho.

1886 Publica *Além do bem e do mal*, obra com a qual se ocupou nos dois anos anteriores, depois do término do *Zaratustra.*

1887 Escreve *Genealogia da moral* e descobre Dostoiévski, aprofundando-se em sua leitura.

1888 Produz uma enxurrada de obras, entre elas *O caso Wagner*, *Crepúsculo dos ídolos*, que seria publicada em janeiro do ano seguinte, *O anticristo* e *Ecce homo*, que seria publicada apenas em 1908. Em abril, passa sua primeira temporada em Turim. Georg Brandes (1842-1927), crítico literário, filósofo e escritor dinamarquês dá um curso sobre a obra de Nietzsche na Universidade de Copenhague.

1889 Em janeiro sofre um colapso ao passear pelas ruas de Turim e perde definitivamente a razão. Em Basileia, foi diagnosticada uma "paralisia progressiva", provavelmente originada por uma infecção sifilítica contraída na juventude.

1891 Aproveitando-se da fraqueza de Nietzsche, a irmã Elisabeth faz o primeiro ataque à obra do filósofo, impedindo a segunda edição do *Zaratustra.* A partir de então a irmã (que voltara a Alemanha depois de viver durante anos no Paraguai com o marido, o líder antissemita

Bernhard Förster, que se suicidou depois de ver malogrado seu projeto de fundar uma colônia ariana na América do Sul. Nietzsche sempre foi terminantemente contra o casamento) passou a ditar as regras em relação ao legado de Nietzsche. E assim seria até 1935, quando Elisabeth veio a falecer.

1895 Os sinais da paralisia avançam e Nietzsche passa a apresentar sinais visíveis de perturbação nos movimentos dos membros.

1897 Morre a mãe de Nietzsche e a família se muda para Weimar, levando o filósofo gravemente enfermo, junto com o arquivo de suas obras e escritos.

1900 Em 25 de agosto, depois de penar sob o jugo da dor e da irmã, Nietzsche falece em Weimar.